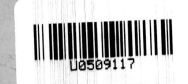

巨赞法师（1908～1984）

巨贊法師全集

張瑞齡題

第七卷

主编·朱哲
副主编·李千 马小琳

社会科学文献出版社
SOCIAL SCIENCES ACADEMIC PRESS (CHINA)

绀珠集甲

绀珠集甲

编者按：

一、在读经笔记中，有些经名如：《成唯识论了义灯》，巨法师原文缩写为《灯》，《成唯识论学记》，巨师缩写为《学》，这次改版时，基本上已将巨师缩写的经名改成全称。但因校对人员缺乏，编者又顾此失彼，一时疏忽，致有些缩写的经名，未能全部改成全称。爰将巨师缩写的经名及该经全称罗列于下，以供参照：

《灯》——即《成唯识论了义灯》，

《学》——即《成唯识论学记》，

《蕴》——即《成唯识论学记义蕴》，

《秘》——即《成唯识论演秘》，

《识论》——即《成唯识论》，

《识述》或《述》曰——即《成唯识论述记》，

《论》云，或《论》曰——即《成唯识论》。

《枢》——即《成唯识论掌中枢要》。

二、有些常用经名，巨师辄以符号代替，此次改版时，亦基本上将这些符号换成经名，但也由于上述原因，可能也有遗漏未改的，为特将这些代替经名的符号，也一一列下：

 ——即《百法义论》

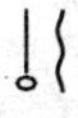 ——即《百法论疏》

 ——即《瑜伽师地论》

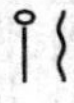 ——即《五蕴论》

 ——即《对法论》

 ——即《瑜伽略纂》

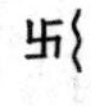 ——即《显扬论》

又巨法师读经笔记中的绀珠集（甲）字体非常小，一页八开帋上密密麻麻几乎写了五千多字，改为印刷体后，一页要分成几页，而这本绀珠集（甲）原稿为 177 页，其中有一百多页为表格（表格特多）如也改成横排，一表分成几页后，看起来很不方便，如一表仍为一大页，则很难装订。不得已而仍只能竖排，竖排也是一表要分几页，但看起来比较顺眼。然而表格一经分散，就难以一目了然，为此乃将原稿影印附在书后，以便读者对照。

有为法（一）（注二）（注三）（注四）

- 心法
  - 义（考《瑜伽师地论》卷三十七续注六）《百法论疏》
    1. 集起名心——唯属第八集诸种子起现行故，或属前七转，现行共集熏起种故。又《义演》卷六云：「菩萨因中熏习种集名心，果位无此。然果位中有前因位熏习种在，故且名心。」
    2. 积集名心——属前七转识能熏积集诸法种故，或属第八，积集诸法种故。
    3. 缘虑名心——俱能缘虑自分境故。
    4. 或名为识——了别义故。
    5. 或名为意——等无间故。
    6. 或第八名心，第七名意，前六名识。
    7. 心转依即是真如转依者。《对法论》卷十说。《成唯识论义蕴》卷二云：「彼论何故说真如为心？答：心有三义：一缘虑，二积集，三真实。真如既是诸法实性，即真实义故名心也。」考《宗镜》卷三云：「真心以灵知寂照为心，不空无性为体，实相为相。妄心以六尘缘影为心，无性为体，攀缘思虑为相。」以一心而分真妄，真俗义分，随真俗而立言诠，迷误斯别。又云：「依教所说真妄二心约义似分，归宗匪别何者真心约理体？妄心据相用，今以理恒是心不得心相，心恒是理不动心相，如水即波不得波相，波即是水，不坏波相，是以动静无际，性相一原，当凡心而是佛心，观世谛而成真谛。」
  - 相——能变实。
  - 心差别相《显扬论》
    - 所依力——立眼识乃至意识。
    - 所缘力——立色识乃至法识，如青识苦识等。
    - 差别相——不可知相续久住器差别相，多种相境差别相，俱有差别相，能所治速疾回转差别相，习气差别相，续生差别相，解脱心差别相。
    - 心被缚因——于所缘境不自在，安住秽恶所依止，随众缘力而转变。
    - 缘境界——常缘境，非常缘境，遍满境，净行境，善巧境，净惑境。
    - 所治心
      - 欲界系心——生得善心，方便善心，不善心，有覆无记心，无覆无记心（此分为四：异熟生心，威仪路心，工巧处心，变化心。）（注八）
      - 色界系心——六除不善工巧处。
      - 无色界系心——四又除威仪路变化心。
      - 不系心——学心，无学心。
      - 又欲界系五心：谓见所断心，乃至修道所断心，如是色无色亦各五及无漏心为十六。
    - 安住心
      - 初发安住心——修定方便
      - 证得安住心——已得未至定
      - 圆满安住心——已得根本静虑定
      - 自在安住心——于此得随所欲
      - 有动安住心——于下三静虑
      - 无动安住心——三静虑
      - 此一寂静安住心——寂静无色解脱
      - 最胜寂静安住心——想受灭解脱
      - 信解安住心——闻所生智
      - 决定安住心——思所生智
      - 影像安住心——世间修所生智
      - 成实安住心——出世间修所生智
      - 有增上慢出离安住心——世间静虑无色
      - 无增上慢出离安住心——出离世间静虑无色
      - 三行杂染安住心——谓识缘随依色而住如是至行

有为法（一）（注二）（注三）（注四）

心法

- **心生起诸力**（按《对法论》五卷此在等无间隙下明。）
  - 相续力——命终心与自体爱相应，于三界中各令欲色无色界生相续，此有九种谓从欲界没还生欲界者，
  - 作意力——由观察作意思维种种净妙相貌。
  - 忆念力——忆念分别过去境界而生戏论。
  - 境界力——净相势力增上境界现前故，能随顺生贪等烦恼。
  - 因力——先以积习能退障故，决定应退。
  - 引发力——从三摩地起，乃至现行定地心，与不定刹那心间杂随转，乃至由彼相违，烦恼现行故；即便退失，此相违烦恼相应心，复由因等四力方得现行。
  - 等至力——已入清静三摩钵底，或时还生清净等至，或时生染。
  - 方便力——初修行者唯欲界善心无间色界心生，未至定，善心无间初根本静虑心生，初根本静虑善心无间第二静虑地心生。余如此说。
  - 乐欲力——已得第二静虑者入初静虑已，若欲以第二静虑地心出，或欲以欲界善及无覆无记心出，即能现前而出于定，余当知。
  - 串习力
    - 上品——既了达复善串习，随其所欲或越一切，若顺逆入诸等至。
    - 中品——已了达未善串习，亦色无色定亦能超越入，唯能方便超越一间。
    - 下品——于诸定入住出相未了达，于诸静虑诸无色定唯能次第入。
- **心生次第**《瑜伽师地论》卷三（注九）
  - 五心缘境之世——意识任运散乱缘不串习境时，无欲等生，尔时意识名率尔堕心（非作意力起。），虽缘过去境，五识无间所生意识，或寻求或决定，唯应说缘现在境，若此即缘彼境生。《瑜伽师地论略纂》云：唯缘过去境当连于下读。）
  - 一心刹那——一处为依止于一境界事有尔所了别生，总尔所时名一心刹那，又相似相续亦说名一。（虽多念仍名一心）（考《瑜伽师地论》卷五十七、《三性》，及注
  - 五心差别——意识中所有由二种因，在五识唯由先所引，不由分别。彼无分别故，由此说眼等识随意识转。
  - 明五识刹那——非五识身有二刹那相随俱生，亦无展转无间更互而生。又一刹那五识身生已从此无间（？）必意识生，若时散乱即不定。不尔，决定心生。染净心生由分别（曾未得境令分别。）先所引（前已得境谙悉故生。）二因。

即以欲界自体爱相应命终心结生相续，若生上二界者，即以上二界自体爱相应命终结生相续，如是从色无色界没若即生彼若生余处又有六种心，此自体爱唯是俱生，不了所缘境，有覆无记性摄，□□能分别我自体，生差别境界。由此势力诸异生□□令无间中有相续，已离欲圣者，虽未永断此爱不复现行，彼由随眠势力令生相续中有，初相续刹那唯无覆无记，以是异熟摄故，从此以后或善不善无记随其所应，除彼谓（没？）心。此中有谓（没？）心常是染污，犹如死有生有相续心刹那，亦唯无覆无记，未离欲圣者，中亦起此爱现行，然能了别，以对治力之所摄伏。菩萨愿力受生者，命终等心一切一向是善。

心生不生因缘——《瑜伽师地论》卷十三云：「八因缘故其心或生不生，谓：根破坏故，境不现前故，缺作意故，未得故，相违故，已断故，已灭故，已生故，心不得生，与此反心生。」又《瑜伽师地论》卷六十三云：有七因缘，惟境不现前作缘缺，復无第一。

如来心生起之相——《瑜伽师地论》卷七十八云：「如来心生起之相，然非心意识生起所显，然诸如来有无加行心法生起，谓如来由先修习方便般若加行力故，当知復有心生起，如来化身非是有心，亦非无心，何以故？无自依心故，有依他心故。」

种类《百法论疏》——眼识、耳识、鼻识、舌识、身识、意识、末那识（《百法论义》云：传送识），阿赖耶识（《百法论义》云无没识）。（《疏抄》卷四云：「此二惟佛能知，余十地菩萨皆不能知。」）——心法八种造善造恶，五趣轮回乃至成佛皆此心，有为法中此最胜。

心所有法（注十）

义《百法论疏》
1、恒依心起
2、与心相应
3、系属于心

要心为依，方得起故。触等恒与心相应故。既云与心相应，盖心不与自心相应故，心非心所故。他性相应非自性故，相应之义有四：谓时、依、所缘及事皆同，乃相应也。又《宗镜》卷四引《中边》云：「了尘通相名，取尘别相名心法。」又《三十论》卷五云：「心于所缘唯取总相，心所于彼亦取别相，助成心事。」

相——相应行，能变，实。《百法论义》云属八识之见分。《五蕴论》云心所与心王常相应。望于心王，此即为劣。（注五）

数别——《百法论》唯五十一心所法，《瑜伽师地论》有五十三，谓于随烦恼中多邪欲邪胜解二。又按《义演》等云《瑜伽师地论》随烦恼或廿二，或廿四，或廿六。四不定亦摄入故。又《瑜伽师地论》卷八九说有七十随惑。《对述》卷四云：「《对法论》说五十五，据十本惑说。又可据《瑜伽师地论》总一百零四，又《法蕴足》《杂事品》说七十三。」如彼文中详其开合废立道理。」

《百法论疏》(一)

类别

五位四一切差别(《瑜伽师地论》卷三(注六)

- 遍行——一切处(三性处心生)，一切地(或云有寻等三地，或云欲界乃至非想)，一切时(心生必有)，一切刹那俱(随自位起必俱)。(按《识述》卷十云：「一切地二说，有寻等三地说胜，轻安不遍三界九地故。」)
- 别境——非后二(《识述》卷十云：「不缘一切境，亦非相续，非心有即有，故无时，又此未必并生，无俱。」)
- 善——善非一切处心生，然一切地，非一切时(非心生时，则皆起故。)非一切俱(虽十并聚起而轻安不定故)。
- 烦恼——(合随烦恼)唯依染污非一切处心生，非一切地，非一切时，非一切俱(按《瑜伽师地论》卷三合根本及随为一门，俱是染故。)
- 不定——一切处心生，非一切地，非一切时，非一切俱。

遍行别境二作用别——《百法论义》云：「第八识原一精明之体，本无善恶二路，其前五识乃八识精明应五根照镜之用，同一现量，亦无善恶。六七二识正属八识之见分，七乃虚假，六原属智照，今在迷中，虽善无别以是待缘，亦本无善恶，若无遍行五法则一念不生，智光圆满。无奈八识田中含藏诸种子，内熏鼓荡，不觉动念，是名作意……参禅只要断此念。别境正是作善恶之心，若无此五，纵有善恶之念亦不能作成事业，即出世修行亦须此五乃能成办。」

遍行

- 义——遍四一切心得行故，谓三性八识九地一切时俱能遍。《识述》卷五云：「虽复不增亦不可减，定俱生灭名遍行。」《疏抄》卷六云：「望于圣道无多力能各不能断惑。」
- 类别(考《瑜伽师地论》卷四十八之相应)
  - 触——令心心所触境为性，受想思等所依为业，《百法论义》云：「《瑜伽师地论》以作意为首，《识论》以触为首。以《瑜伽师地论》约二乘及权教菩萨现行皆依作意而修，此通凡圣。《识论》以触为首，直就三和(根境识)生触，乃以境为先，单就识说，但属凡夫。」《识述》卷六云：「约和合触乃先明，约警作意初说，各据一门。不相违。」(考《瑜伽师地论》卷三《触》)
  - 作意——惊觉应起心种为性，引心令趣自性为业。
  - 受——令心等起欢戚舍相。《对述》卷二云：「受有二种，一者觉受，唯是身识觉苦乐故，二者领受诸心心所领为身故。」(考《瑜伽师地论》九《注》十四。)
  - 想——于境取相为性，施设种种名言为业。《瑜伽师地论》卷五十五云：「想有二：谓随觉想，言说随眠想随觉想者谓善言说人天等想，言说随眠想者，谓不善言说婴儿等类乃至禽兽等想。」
  - 思——于境造作为性，于善品等，役心为业。

义——别别缘境而得生，所缘境有四：所乐境，决定境，曾习境，所观境，各缘不同故云。《瑜伽师地论》卷五十五云：「不遍行五种心法，于所爱决定，串习，观察四境事生，三摩地慧于最后，余随次第于前三境。」

（附二）

因相——有二因相，谓系缚因相，和合因相。《瑜》卷五云：「因义有七相：一、无常是因。(即刹那灭有取与故，此辩因缘故除无为《瑜伽略纂》。)二、化性为因，(即果俱有同念生亦有与后念自性为因，非即此刹那，即恒随转。)三、已生未灭方能为因(显与果俱及恒随转)。四、得余缘方能为因。五、变异方能为因。六、功能相应方能为因。七、相称相顺方能为因」。若与六种子义相合，一、即刹那灭，二、即恒随转，三、即果俱有及恒随转，四、五待从缘，六、性决定，七、引自果。

相——《瑜》卷五十六云：「从因已生及应生义是有为。」又《瑜》卷六十五云：「由五相故建立有为诸法差别，后际未生故，前际已灭故，中际自相安住故。因缘相续故，果相续故，无为反此。」又《资粮论》云：「有为谓因缘和合生，以因缘和合生故，彼无我所以有为故，彼是无常，若是无常，彼为他所逼迫故苦。」(考《深密疏》卷六，少广明有无为义故。)

二门分别——《百法论纂》云：「前九十四法名烦恼障，六无为名所知障。」《百法论义》云：「前九十四法乃凡夫所执人法二我，六种无为乃二乘、菩萨所执人法二我，以虽证真如犹属迷悟对待，总属生灭边收，故今生灭忘情，圣凡不立，极一心之源，故皆无之。」《圆测疏》云：「凡夫二执未断，二乘人我虽除，法我犹在。我有二种，一分别，二俱生，俱生之我任运而生，分别之我因教方起，凡夫因教分别，二我得生，二乘因师分别，法我得起。」

五门分别——《百法论纂》云：「六位心所识之相应，十一色法乃识之所缘，不相应即识之分位，识是其体，无为是前四位真实之性，故云识实性。」

四门分别及余——《识述》云：「略有四种：一摄相归性门，皆如为体，故经说一切法亦如也，至于弥勒亦如也。二摄境从心，一切唯识，如经中说一切唯心。三摄假随实，如不相应，色心分位，《对法》此说是假故也。四性用别论，色心假实各别处收。」《疏抄》云：「如第三摄假随实门，其百法中唯得有四十九法，即五十一假法，故亦得，若准第二摄境从心，百法中唯得有八识，若准第一，百法中唯一真如，无为不离如故。」又《学记》云：「测师分五门，三藏分八门，《义灯》卷一又广有说。又《料简》卷三分十门。(《义林》卷一亦立四门，又有四：一真如，二无相，三唯识，四因缘。云此二四体摄法义同，随应释一切法。)测师之说考《深密疏》卷一。

(注一)百法之假实体用——《疏抄》云：「百法中实法为性，假□□□□谓作用，性谓体性，然有作用，而无体性，谓百法□□□□□应行，忿等十法□□□□等假法□□。命根，但有任持，色心不断之作用亦无实体，若灭定，但有防心不起功能，亦无实体。有体而无用谓虚空，非择灭□□。此二就实言之，即用真□为体。俱有者谓贪等遍行别境及善中有实体者。色心各有实体……百法中二十四不相应即是假。六无为中前五无为亦是假，第六是实。十一善中，三是假，余八实。十根本中，后五见假，依慧立故。四不定中寻伺是假。二十随中，十小三大是假。」(按此有四十八假法，而彼云有五十一。)

(注七)

别境类别(考《瑜伽师地论》四十九卷之五《受》。)

欲——于所乐境希望为性，勤依为业。

胜解——于决定境印持为性，不可引转为业。又《识论》卷十云：「谓邪正等教，理，证，力于所取境审决印持，由此异缘，不能引转，故犹豫境及非审决心，皆非胜解。」又有部异师说心等取自境时，无拘碍故皆有胜解。故遍行摄，非。有破。

念——于曾习境令心明记不忘为性，定依为业。

三摩地——此云等持。于所观境令心专注不散为性。智依为业。《疏抄》卷六云：「于圣

慧——于所观境拣择为性，断疑为业。闻思修慧□□

道中有用，能断惑等。」

有为法（注二）

（《显扬论》《瑜》卷五言之甚详）

- **依处**（考《瑜》六十、六十二）
  - 语
  - 领受
  - 习气
  - 有润种子
  - 无间灭
  - 境界
  - 根
  - 作用
  - 士夫用（附三）
  - 真实见
  - 随顺
  - 差别功能
  - 和合
  - 障碍
  - 不障碍

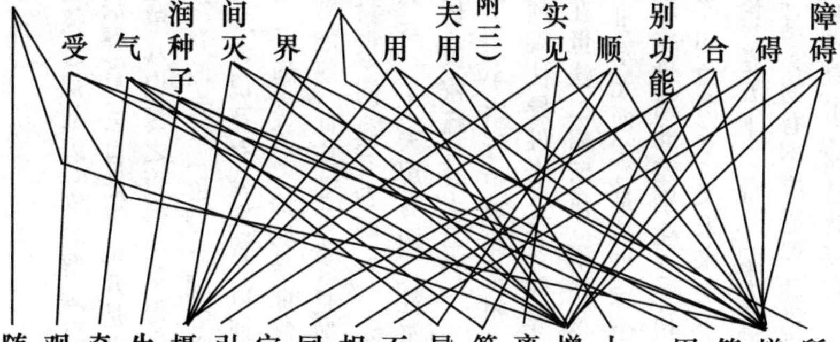

- **差别**
  - 十因（附一）（附四）（考《瑜伽师地论》卷三十九续注一）——十因与灭性离障——
    - 随说因
    - 观待因
    - 牵引因
    - 生起因
    - 摄受因
    - 引发因
    - 定别因
    - 同事因
    - 相违因
    - 不相违因
  - 五果
    - 异熟果——不善法招恶趣等。
    - 等流果——若由习善故乐住于善，善法增多又与前业相似后果随转。
    - 离系果——圣八支道诸烦恼灭。
    - 增上果——如眼识是眼根增上界。
    - 士用果——若诸世间于现法中随依一种工巧业处起士夫用，如农等由依此故苗稼成满，又《义演》卷十五云：「士用果有四，一俱生……谓种生现现熏种果，二无间……谓种生种果，三隔越……谓善恶业能招后报异熟识现行果，四不生……谓无漏圣道，断得择灭无为离系果也。」又按《讲义》卷二云：「此据大乘义，小义如《俱舍》唯说现行大乃种现合说耳。又俱生有二种，一同类，如作意引心，一切种子周遍法界，相网而不动，惟相类者能引摄系动；二自类，以自品种而言，如中下种引下现。又无间者谓种生种，或现生现，二者皆可名之为等流。」
  - 四缘
    - 因缘
    - 等无间缘
    - 增上缘
    - 所缘缘

（附四）《枢要》卷二云：「摄受因，境界依处故，同事因，同为生等一事业故，不相违因，令圣道生故，相违因，与碍法生法染污相违故说为灭性离障等也。」

（附注一）《十因与无明等》。《瑜》卷三十八说：「无明行识乃至愁悲等杂染法为随说因，无明缘行等为观待因，于现法中无明等法，所有已生已长种子，令此种子望于余生，生老死为牵引因，近不善士等及先串习所引生无明等名摄引因。无明等法各别种子名生起因。从无明支乃至有支展转引发后后相续为引发因，余无明支及自种子乃至有支能生那洛迦或生傍生饿鬼人天名定别因，从观待因至定别因，名同事因。一切菩提分法等为相违因。一切清净品法于清净法为随说因，观待诸行过患故乐，本清净等为观待因，种姓具足证二涅槃界为牵引因，亲近善士及先所作诸根成熟名摄受因，种姓所摄一切种子为生起因，由自种子渐次证得二涅槃界名引发因。声闻等三各各自证，果位不同名定别

二十唯识至妄执意识故者，安慧解云：乘菩萨起他心智缘他心时，皆是比量而得共相。然错解颂文。颂云：既缘他心定中缘不正师义，护法释者，云自证缘见分是现量故。此解不尽。应言他心智缘他心时是现量也。是通果者，佛身中六通皆名为果。五根及种子即第八识缘之而得现量得自根相，其心心所是诠缘而得自相现量非耶。若言他心智至如余散心者。安慧师义及余识故。」《疏抄》卷四云：「色等五境等者，问意谓：若五尘即与五识同时，意识及本识等缘五尘皆得现量境而得自相，若眼等此证量者皆不起言说及有分别智，以证自相故，如五境境。余二乘凡夫所得他心智，不称他心法体自相，横缘共相故，妄执意诸佛他心智缘，是通果故。如通是证修慧所摄。《二十唯识》伽他中云：他心智云何知境不如实？如知自心智，不知如佛境，缘，若言他心智能缘，此应非证量，是散心故，如余散心。此理不然。护法释云：一切凡圣自证分等为证量故。安慧云：谓即

(注三) 答《心心所现量得》问《述》卷四云：「色等五境有别能缘，故有缘自相，眼等五根及种子亦尔，本识境故。心心所法，此是谁

(附三) 《瑜》卷五十五云：「士夫用有四：往来用，胎藏用，置种子用，后有业用。」——《士夫用四种》——

是名为灭。（按《深密疏》卷十三云：「有为有二：一四相所为故名有为，二烦恼所为故名有为。）

随观一灭相住……于诸行中观无常相，能起厌患离欲解脱，无常性相本无今有，有已还无所显，本无今有是名为生，有已还无灭而住，不说随观住异性者，生及住异俱生所显，是故二相合为一分建立生品，即说随观一生相住，于第二分建立灭品，即说灭有为相，现在世法二相所显，谓住及异，所以者何？唯现在世有住可得，前后变异亦唯现在……诸圣弟子于诸蕴中随观生有……从未来世本无而生，是故世尊由未来世，于有为法，说生有为相，彼既生已落谢过去，是故世尊由过去世于有为法，说

《生住异灭》

若生若起，若现在性离此差别生之异相定不可得，又一切法各各别有自种子因，何须计有异生能生……生等于诸行中假施设无为所不摄故，如兔角等。又未来生不能生法，体无有故，如兔角。）亦非现在生能生现在诸行，由此生相有差别名，所谓诸行又《瑜伽师地论》卷五十二说：「未来世生自无所有，云何能生所余诸行（《瑜伽师地论记》立量云：未来世法定无所有，现在捐，言别有生，是实物有不应道理，若言异者，如是应非行生生，是行生生不应道理，余亦尔。（《瑜》卷四十六。）

生，如是此生亦应有生，如是此应有二种生：一者行生，二者生生。如是行生与彼生生为一为异，若言一者计生实有即为唐相。菩萨观一切时唯有诸行除此更无生住老灭，恒有实物自性成就……若谓离彼色等别有生法，是即应如色等诸行自体有要言之，二分所显，依于有分建立一种有为之相，依于无分建立第二有为之相，住异二种俱是诸行有分所显，建立第三有为之

《有为之相》

灭坏，无别有性（《圆测疏》云小乘生在未来，三相在现在，今依大乘三相在现在灭在过去。）如是四种有为之相，总摄诸行，以此此生诸行刹那，自性灭坏，正观为灭，此已生刹那诸行自性即是生老住之自性，无别自性，生刹那后即此生等诸生刹那自性生起，正观为生，诸行生已即时未坏，正观为住，此已生行，望前已灭，诸行刹那自性别异，正观为老，从此诸行生刹那后，即

(附注二) 一一刹那有为诸行，皆有三种有为之相，于刹那后复有第四有为之相，即于此中前刹那行自性灭坏，无间非先，诸行刹那自性

即十二支生死事，上唯有后二。如《义林》卷十详。）

一切唯有如是十因，除此无有若过若增。（按《大论》有三种十因，谓无记十因，即种等事，清净十因，谓三乘无漏法，杂染十因。

因，同事因相违因当知。

有为——虚妄分别（考《瑜》卷五十八《证》卷一。）（注四）（《辨》）

杂染相（考《有寻有伺。》）

- 苦果——生老死性有逼迫酬前因故。
- 圆满——六内处令有情体具足。
- 摄——名色摄有情自体。
- 将导——有取识引诸有情至生处。
- 安立——由诸行植本识中业熏习。
- 覆障——由无明覆障实理真见。
- 现前——有力令已作业所与后有诸异熟果得现前。
- 连缚——取合（令？）识缘顺欲等连缚生。
- 引起——爱为令先（力？）业所后有得起。
- 受用——受支领纳顺违非二境。
- 三分别——触能分别根境识三，顺三受故。

此三助心故名心所。

生起相——藏识为缘所生转识，受用生故名为受者，此诸识中受能受用想能分别思作意等诸相应行能推诸识，

异门相——唯能了境总相名心，亦了差别为受等诸心所法。

差别相——欲界色界无色界诸心心所。

所取能取二有所得等俱成无所得性。

入无相方便相——唯识生时现种种虚妄境故，名有所得，以无实性故，能得实性亦不得成，由能得识无所得故，

之关系与三性

- 圆成实自性——依止二取空性
- 依他起自性——依止虚妄分别性
- 遍计所执自性——依止虚妄分别境

自相

- 无相
- 有相
  - 能取——境无故识无。（按《深密》云：能取义者，谓内五色处，若心意识及诸心法，所取义者谓外六处，又能取义亦所取义。《疏》卷二十二云：能取亦所取义者以心心所所取境故，若广分别如《集论》卷二，《杂集》卷三，而《杂集》之说（考《瑜伽师地论》卷九。）亦同。慧按是方便说。当依《如实论》中说六慧，且此固曰境无故识无也。然当更考。）
  - 所取
    - 变似了——余六识了相粗故。
    - 变似我——染末那与我痴等恒相应故。
    - }非真现故
    - 变似有情——似自他身五根性现。
    - 变似义——似色等诸境性现。
    - }无行相故
    - }许此灭得解脱故，不尔，染净亦应无。此非实有亦非全无，于中少有乱识生故，以

故，则是现量，言不如实者不得委细知故。」《蕴》卷二云：「护法云：现量缘心心所者，是自证分。安慧云：唯佛现量得他自证分心，余皆不得，皆有执故。」

《有为法之诸梵名》

心有所法 Caitasikā dharmāḥ
触 Spar'saḥ
想 Saṃjñā
受 Vedanā
作意 Manaskāraḥ
思 Cetanā
欲 Chandaḥ
胜解 Ashimokoṣaḥ
念 Smrtiḥ
慧 Prajñā
等持 'Saṇādhiḥ
信 'Srsddha
惭 Kviḥ
愧 Anatrāpyaṃ
无贪 Alobhaḥ Ru'salamūlsṃ
无嗔 Adueṣaḥ Ru'salamūlaṃ
无痴 Almehaḥ Ru'salamūlaṃ
精进 viryaṃ
轻安 Prasrsbdhiḥ
不放逸 Anramadsḥ
舍 Upekṣā
不害 Ahiṃsā
贪 Rāgaḥ
嗔 Drajtighaḥ
慢 Mānaḥ
过慢 Adhimānoḥ
过过慢 Mānotimānaḥ
我慢 Asminānaḥ
增上慢 AbhimāMaḥ
卑慢 Ūnamānaḥ
邪慢 Mithyāmānoḥ
无明 Avridyā
见 Dṛṣṭiḥ
身见 Satkāyodṛṣṭiḥ
边执见 Antsgrāhaḍṛṣṭiḥ
邪见 Mithayā dṛṣṭiḥ
见取 Dṛṣṭiḥinarāmar' saḥ
戒禁取 'Silarrataparāmar'soḥ
疑 Vicikitsā
忿 Krodhaḥ
恨 Upanāhaḥ
覆 Mrakṣaḥ
恼 Pradāsaḥ
嫉 Itṣyā
悭 Mātsaryaṃ
谄 Māyā
诳 'Saṭhyaṃ
骄 Madaḥ
害 Vihiṃsā
无惭 Āhrikyaṃ
无愧 Anapatrāpyaṃ
不信 Asraddhyaṃ
懈怠 Kausīdyaṃ
放逸 Prāmadaḥ
失念 Muṣitasmṛtsta
散乱 Viksenaḥ
不正知 Asaṃnrojanyaṃ
掉举 Anddhatyaṃ
恶作 Knkṛtyaṃ
昏沉 Styānaṃ
睡眠 Middhaṃ
寻 Vjtarkaḥ
伺 Vjcārsḥ
得 Prāptiḥ
无想定 Asaṃjñisamāpattiḥ
灭尽定 Nirodhasamāpattiḥ
无想果 Āsamjñikaṃ
命根 Givitendsiyaṃ
生 gātiḥ
老 garā
住 Sṭhitiḥ
无常 Anityatā
众同分 Nikāyaobhāgaḥ
句身 Padakāyaḥ
名身 Nāmskāysḥ
文身 Vysñja nakāysḥ
流转 Pravṛttiḥ
定异 Pratiniyamaḥ
相应 Yogaḥ
势速 gāvoḥ
次第 Anukramaḥ
时 Kālaḥ
方 De'saḥ
数 Saṃkhyā
异生性 Bhedaḥ(破)
和合 Sāmahou
不和合 Anyāthātvaṃ(异性)
藏识 Alsyavijnāñaṃ
执持识 Ādānavijñānaṃ
染意 Rhiṣṭamanaḥ
眼识 Caksurvijñānaṃ
耳识 'Srotravijñānaṃ
鼻识 Ghrānarvijñānaṃ
舌识 Gihrāvijñānaṃ
身识 Rāyavijñānaṃ
意识 Manovijñānaṃ
六因 Sad hetavaḥ
四缘 Catrāraḥ nsatyayāḥ
五果 Panca phalāni
能作因 Kārsṇahetuḥ
俱有因 Sahabhūhetuḥ
异熟因 Vinākaketaḥ
相应因 Saṃnrayuktakahetuḥ
遍行因 Saivatragahetnḥ
同类因 Sahhāgahetsiḥ
因缘 Hetunratyayaḥ
等无间缘 Samanantā-ranratyayaḥ
所缘缘 Ālambsnanratysyaḥ
增上缘 Adhinatinratyayaḥ
等流果 Niṣyandanhalaṃ
增上果 Adhinatinhalaṃ
士用果 Duruṣakāranhalaṃ
异熟果 Vunākanhalaṃ
离系果 Visamyoganhalaṃ

（注五）《心所行相》——《识论》云：「心于所缘，唯取总相，心所于彼，亦取别相。助成心事，得心所名。故《瑜伽师地论》（注：下文《瑜》即同此。）云：识能了别事之总相，作意了此所未了相，又触能了此可意等相，受能了此摄受等相，想能了此言说因相，思能了此正因等相。」《疏抄》卷九云：「五十一心所皆能了心王之总相，各自缘心所之别相。唯作意虽缘心王之总相，自无别相而为所缘，即能别了余五一个心所之别相为作意之别相。」《成唯识论演秘》（注：下文《秘》同此。）卷九云：「心王心所取总别义，总有四释。一、心唯取总，所唯别。二、心王唯取总相，所取总别。三、心所同第二，王亦缘总别二相。四、王同第三，心所非但缘自别相，如心能缘一切别相诸相应法，法尔同缘唯境一事。今依后说，诸相应法，相望力齐，有缘不缘，不应理故。」《成唯识论学记》（注：下文《学即同此。》）卷五云：「且如萨婆多，西方四说，一、心总所别，用各别故。二、心总别，所唯别，心自在故。三、心总，所总别。四、心、所各取总别，事业同故，大乘同第三，胜不随易故……所取别相，各有二义：一有体生心，二相于心现，余所各取第二，作意通取第一。」

（注六）《一切时等义》——《疏抄》卷九云：「有三种，一谓一切有心时即起，二无始不断，非是无始以已来常相续。三缘一切境时即起。」《宗镜》卷五十七云：「俱一切者，即遍诸心等与八识俱。」

《染四无义》——《识述》卷十云：「无明贪等通三界地，八大随惑非皆通地，故总言非，从多说故。」《疏抄》卷九云：「骄亦通三界。」

（注七）《触》——《识论》云：「识起必有三和，彼定生触，必由触有，若无触者，心心所法应不和合触一境故。」

《作意》——文云：「经说若根不坏，境界现前，作意正起，方能生识。经又言，若于此作意，即于此了别，若于此了别，即于此作意，是故此二恒共和合。」

《小乘遍行》——《疏抄》卷十云：「萨婆多五遍行五别境十法名遍行，心起别有，经部唯受想思三是遍行，触作意虽是遍行，然是假有，今大乘五遍行皆是实有。」

《思》——《成唯识论学记》（注：下文《学》即同此）卷五云：「思令心取正因等者。观云：心王亦取别相。测云：思有二用，谓能自取正因等相，亦令心王取因等相，心虽自取，不能令他，故不得云心取别相。又解，心王正取总相，但兼别相，前解正。」

《欲》——《成唯识论》（注：下文《论》即同此。）列三师义：一谓所乐谓可欣境，非可厌及中容境。二谓所乐通欣厌，非中容。三谓所乐谓欲观境，于一切事欲观察者，有希望故。若不欲观随因境势，任运缘者，即全无欲。故唯前六或唯第六皆有欲生，七八因中无作意欲观，任运起故。又六识异熟心等一分但随因境，势力全无欲。余皆欲生。《述》卷十一许第三说正。又《疏抄》卷十云：「前二师欲唯缘未来，不缘过去，第三师欲缘三世。」又萨婆多说欲为诸法本而谓为遍行，非，有破。

《定》——《论》云：「心专注言显所欲住即便能住，非唯一物，不尔，见道历观诸谛，前后境别，应无等持。」《述》卷十一云：「正理师说乱心等时亦有定起，但相微隐，定能令心等和合同趣一境，故是遍行。经部师说此定体即是心，经说为心学，心一境性故。」

言，通二……《庄严论》许心等者，亦摄心所，以恒相应故。若尔，贪、信等既入能似心聚之中，所言似贪信等二义：一无别体，由心生故。说之为似，变似二分现者也，二虽有别体，由心方生，为依胜故，说之为似，即贪等是，今总似谓多念变异，根境相似，因缘无别亦成过失……心胜者，能为主，能为依，行相总，恒决定故。说似彼现，非彼即心者，似有然，如何有转变？因缘无别者，谓现在一念有种种行相不同，既唯一识无心所者，有何差别因缘，令其有多行相分位差别，所缘一处可得，故成非理。若谓一识有前后转变说有五者，不然，非色法故。无色无转变，色法无依缘，可有转变，心则不六识体一而所依分位别故，说六识此蕴亦尔者，不然，设许六识无别六体，六识依缘皆各别故，可说有六，今此心所，所依故，说有五者，是诸分位相望，有无皆成失，若有诸分位作用者，由相异故，体亦应异，离体应无相故。分位差别过者，彼计见相二，或现似能取及所取。五种姓不成者，五蕴性不成也。此《瑜》卷五十六说，彼觉天等言，非别有所，但心前后分位别然。是谓大乘真俗妙理。」《述》卷十三云：「远行及独行，见《摄》卷四，士夫六界者，四大空识，能成有情。似二现者，现似心言，亦摄心所，恒相应故。唯识等言，及现似彼，皆无过失。此依世俗，若依胜义，心与心所，非离非即，诸识相望，应知亦失，因缘无别故，与圣教相违，应说离心有别自性，以心胜故，说唯识等，心所依心，势力生故，说似彼现，非彼即心。又识性故？又如何说，心与心所俱时而起，如日与光？《瑜》说如何通？彼说心所非即心故，如彼颂言：五种性不成，分位差过如彼颂曰：许心似二现，如是似贪等，或似于信等，无别染善法。若即是心分位差别，如何圣教说心相应，他性相应，非自

心所与心——《论》云：「若离心体有别自性，如何圣教说唯有识？又如何说心远独行，染净由心，士夫六界，《庄严论》说，复□何通？□□□。」

此五与根本烦恼相应，通加行善。闻思修慧，善闻思修，□□□□境中慧行亦通生得善，亦能缘□□者，即非所断。□□□□修道烦恼俱起者亦通自性断。（遍行与此相似），又此五有漏善时，或俱不俱。又染污法不通自性断。若见道断中断相应缚。断俱时烦恼故。若善无记性者，修断之中断缘缚断。若无漏

之附1 一页

别境决择

三性，三界，三学，三断，漏无漏，报非报诸门——《疏抄》卷九云：「无学人身中有别境即非学非无学摄。……此五非烦恼

五受相应门——《论》云：「有义欲三，除忧苦，余四通四，唯除苦受，有义一切五受相应。」

五定有。」

位，一向定有。有义五识，此五皆无。有义，或有，或无，无此时多，有此时少，有时亦甚微劣，得自在时，此

诸识相应门——《论》云：「第七八与此五相应义，已说。第六在因中或五俱起或一一别生，有此时多，无此时少，若在果

无。若佛果位率尔心中亦有五别境。第八境等流心亦无别境五。」

此事。）及藏识俱，此类非一。」《疏抄》卷十云：「凡夫率尔心无五别境，寻求心唯无胜解，余三心半有半

一别起乃至起五，总有卅一句。或有心位，五皆不起，如非四境率尔堕心（率尔心起六识，乃至等流亦有

（？说？）此四一切中无后二故。应说此五或时起一，或时起二，或时起三，或时起四，或时起五，合前一

自类俱起门——《论》云：「有义（安慧义，西方共责。）此五定互相资，随一起时，必有余四，有义（护法）不定。《瑜》说总

三，欲界六心除不善，色界三心，方便有覆及威仪起，无色二方便及有覆，并学无学心。上地二说，一云若诸异生离欲界若久习者，无间生十加色威仪，第三谓亦从欲七并上三起，方便善生欲七心，若初得定即能起九，加色定善故。若久习者无间生十定，二从他自七，上二界不定，初二句谓欲生得非得定者，无间生七，谓欲界七。初得定无间生九。加色无色有覆无记，即润生位，地七，余界有二说，自上各七生，有覆同十二，从他十六生，生死等分别，异熟唯生九，自七二有覆，亦从自七生，威仪巧定九，或十五不欲界唯七心，互相生者。《颂》云：欲生得起七，得定或九十，自从于十生，方便亦定七，初得定生九，自在起十三，从他生亦然，不善自

（注八）《欲系心及互相生》——《成唯识论了义灯》（注下文《灯即同此。》）卷十一云：「欲界无变化心，从相似说，实是上界故。故据实，

按心所俱生颂释如《对述》卷四明。不过就心所间互可俱起者总摄而言，非别有大学问也，寻文随应可悉。

五，三法起十六，八法十七俱，是心所相应，慧者应当思……远行及独行，依意根处。」（考《瑜伽师地论》卷三十五，注一）

上下文意，知疏末错。」《成唯识论掌中枢要》卷四云：「心所俱生颂曰：五法五俱起，九法必六俱，九法必十四，二十一十《疏抄》卷十一云：「似二现者，哲法师云：染心生似贪起，净心生似信现，此染贪善信体外，更无别染贪善信等，此方应非离，以心王所相望得有相应因俱有因故。若据能诠，八识各别，若约二无我说八识皆是二无我，以八识皆是人法空摄。」性法，此解约心王并贪所变，信所变皆能变似贪信等，与前解别……心王为因，心所为果，心所为因，心王为（果），皆非即性法，其正信自证分所起相分亦有信贪无记三性法，其染贪自证分上所变相分上亦有信贪无记三性法。所以相分中通三分所变相上亦有贪信。信自证分所起相分中亦有信贪二也。此解顺疏。有云：心王自证分上所变相分中有贪信，先说三也。以义说之，心王为总聚，心所为别聚。意云，王变似见相二分现，其信贪心所自证分，各各变似二分贪信故，谓贪自证尔，贪信等者，意云，心王是能似，所是所似，若许心似二现亦摄心所者，即心所摄入能似之中，说似贪等，未审似何贪等与见相二分别者，执不执别，依他遍计别。哲法师云：似二现者，即心似贪等现，似信等现名似二现，此解稍亲本意……若上假立，无别体，若更有心所，应不唯立五蕴，故知心所唯三……无始时来游历境界名远行，无第二名独行……能取所取所，中百论师执诸法皆空，诸法尚不许立，岂别立心所？经部师及妙音，唯立三心所，谓五蕴中受想思三，余善染中皆依思可定说。」《义演》卷十二云：「楞伽师即执《楞伽经》中八九种种识如水中诸波。八识尚不别，何更别有心所？故不立心又即推入第一真中，亦非即离，理稍殊胜故。虚幻法故，何有定离八作用别？亦非定即，或四第四胜所摄，如八识中解，不即，若同二无我，八非定离。第四胜义，既绝心言，何即何离，且依第二俗，第一真，以辨八别，若偏对第二胜，非即离亦得。依因果理，不即不离，心所为果，心王为因，法尔因果，非即非离。又约第三胜义，依诠显旨，若约能诠，八依他别，八非定

（附五）

自体分净者，似信等二现，离自体及所似贪等外，无别善染法……四世俗中，第二道理世俗，若依胜义，即第二道理胜义。无记法，或顺染，或顺善，此总言亦摄无记。又解，心所不离心故，许心自体既似二现，如是心所自体分染者，似贪等二现，各二现义，故其总许心聚之中，心所亦在其中，然但说心变似二现。说心所法似贪等现，以心胜故。不过染净二位中故，其法，亦别变似贪信等现，以义说之，总别聚义，谓总心自能似二现，即心自证分，似自见相二俱时贪等自体分亦现似贪等，

《五心》

（注九）

（附六）

者，第二中初起之者为初念，是初一念之等流也。今创等者，第二念创起缘境亦得名初，非于前总未缘境适起名初。）所以初念是前有漏之等流也。今释云：无漏第七至第二念中自具四心，不须两念合方成四心。言初念即有此四心此约初念即具四心，是前有漏等流故，同缘于事所观亦同名等流也。或初念尚微劣故不名净识，第二念已方名净识，流，二一念义合说有四心，或第二时更起净识初念即是此之四心是前所起心等流故，今创堕境有率尔故。（《决记》云：是前类故名等流，第七亦尔。）唯无寻求，无欲俱故，第七初转依位可名率尔，即是决定染净之心，第二念后即是等云：于三界生前后别总合而言具四心，初生界时有率尔故。约刹那说但有三心，于境无疑名决定，是无记性名染净，第八不尔，异界初生位有率尔心，有色无色境宽狭故，决定染净等流三心，境有新旧，或前相望可具足故。（《决记》

八识有无——又云：「《瑜》卷一但说六识有此五心。然第七识未转依位，缘境恒定，任运微细，唯有后三，一刹那中可说具故。心次第故名散乱，泛尔漫缘不串习境时有遍行五，无别境五。尔时意识率尔堕心，唯能缘过去曾所缘境。）二独头意率尔堕心。唯缘过去境。第一唯应说缘现在境。此有四释，如《五心章》，测师所取，谓：意识任运不依前三同性善染顺前而起名等流名，如眼识生，耳等识亦尔。」（按《深密疏》卷一云：意识率尔有二：一、五同时率尔意。解境故，决定已识境界差别，取正因等相，于悲住恶，于亲住善，于中住舍，染净心生，由此染净意识为先，引生眼识串习。）此既初缘，未知何境为善为恶，为了知故次起寻求，与欲俱转，希望境故，既寻求已识知先境，次起决定，即串习境时无欲等生，尔时意识名率尔堕心，有欲等生寻求等摄（《决记》卷一云：未曾受境或虽曾受，未得解者名不

辨相——《义林》卷一云：「眼识初堕于境名率尔堕心，同时意识先未缘此，今初同起，亦名率尔。《瑜》卷三意识任运散乱缘不《对法论》卷五但示大纲。」（考《对述》卷七，《瑜》卷六十九及《显》卷十八。）（更考《瑜》卷五十九《释相》生，上界不定，上下间生从二有覆色界威仪生得异熟，或总不得，势隔故。且约欲心生他自，余准知。《俱舍》卷七与此别。工巧，但起威仪及二方便学无学心，或总不得势劣故。约似欲心变化无记生色善心，后第一第二句者，谓威仪工巧从欲七无记无间遍生欲系一切故。知异熟亦自七起，后第三四句者，自七上二有覆亦润生位，得定自在从此二心亦可起二，若无间生，但除方便。异熟唯生九自七二有覆者，自地七上二有覆即润生位，亦从自七生者，《瑜》卷六十九云：从欲系若善染染无间而生。此说退定起下心者，又从上没从上地善染无记无间虽生下地染，此说润生从彼类起。又见道惑亦容上界三性覆威仪，无色四心除威仪，生死等分别者。《瑜伽师地论》卷六十九云：「退先所得二定时由染心现前故退此下染心从上善心从十四生。若准初解，但欲七起，有覆同十二者，如第二师不善心说，从他十六生者从自地七，色界，五心，二善异熟有覆生得，威仪并异熟生据定性人所知障说，下不善起非方便善势强胜故。非业异熟，起非杂故。无色界三，生得有覆异熟生见，故容不善无间生色异熟心，威仪，有覆。生无色二，异熟有覆，总十二心，自上各七生者，从自地七，亦上七生，从色有欲，虽不伏见惑，而定惭等力所制伏不起不善，即欲不善非为无间生上地心，以其迷理惑总不伏故。二云既不伏见惑分别

在果缘三世及非世境。第六定位五心皆唯现缘三世及非世境。若在散，独通比非量通缘三世及非世境，行相亦作世非三心皆非量摄。本质境及影像唯现在行相非世境转。果位四心皆唯现，通缘三世及非世境。第八因果唯现，在因缘现

量摄——又云：「因中五识或四或二或许五心皆唯现量缘现世境，果中五识所有四心亦唯现量缘三世及非世境。第七因位许有皆通三性。若无漏位一切多善。」

三性——又云：「依因位中容无乱境，五识中一与第六连续生者，初三心是无记，后二通三性。若因位境界强诸识杂生五心「得许多率尔引生一识寻求心，乃至一染净心引生多识等流心。」无唯寻求，寻求必先不了，定有率尔。其八地以去乃至成佛，任运决定，不假寻求故但有四，三乘通论，具五心。」又

具缺——又云：「五心唯依因位新遇一境次第别生，若遇旧境，但有决定染净等流，或唯后二，或唯后一，或唯决定及唯染净，乃至不至等流。」

即名不乱。(一)自乱心亦乱。如眼识生缘一像色至寻求已像色现前却起率尔，像或放光，却起率尔寻求等心，如是后复起率尔寻求决定，复别有香正现前，鼻复起率尔等如是乃至妙触，或一或四，三心名之为乱。若连次起至等流心次明乱生，分二：(一)他自乱，如眼识缘像起，率尔寻求已别有声至复起率尔寻求等心，像遂放光，光既新起前寻求寻求或并决定染净心等，却观先所见色，先已见故不起率尔却起寻求引生决定或即起决定，下皆准知。上明不乱生，下皆准知。(三)自乱心不乱。如眼先观一大众色，率尔寻求定相续已，未起决定，有色现前，遂于余色转复起率尔及识生，故寻求后或入余心或起决定。若入余心后时却入决定，决定起时或还起寻求引，或即起。若无异缘自染净起。(二)他乱自不乱。谓有他识中间间生，自识五心仍前后起，如五率尔后定起寻求，寻求无间或时散乱或余五识随一心生。由此寻求决定二识分别境界及为因故，染净法生，此所引故，从此无间眼等识中染净法生。然此由他引生。

乱不乱生——又云：「(一)自他俱不乱，谓如《瑜》卷三云：一刹那五识生已从此无间必意识生，若不散乱必意识中第二决定率尔多唯一念，余四多相续或并通多念。」

相，说之为无，非无微细者。若独生意，若五俱意率尔心位亦一刹那。至于寻求，决定，染净之心皆多刹那。今正义，

刹那多少——又云：「五识率尔唯一刹那，寻求未了，复起五识，此之五识，但是寻求，诸处说五识无决定寻求，无深广行漏有四心，佛果亦四心，镜智初起有率尔故。或有五心，八地已上，于药病犹假寻求。」广有异说，须复核夺。伽》说是，许五具五不正义也。)又《补缺》卷八云：「第八因有三心，率尔决定及等流，佛果有四心，除寻求。第七有不了数数寻求？成唯识云得自在位任运决定不假寻求，时五识身，理必相续故知五识具有五心，于理亦胜。」(按《瑜闻未了之间五随意转亦是寻求有希望故。决定意识既许多时染净未生，五随意转，若非决定，复是何心？」(寻求见法说。《瑜》云：初是五识，二是意识。又云染净是意识，等流方五识者，且依于一中容无杂易识境说，何因不许寻求在前后相引亦成染净。七八各四，或有义，五识唯二，但有率尔及等流心，寻求等中五随生者，即等流心。此依显胜理而言之，第六具五，前五识，因果合说可有五心，因但有四，无染净因无势力可自引生故。有义，八地以上五识自

世解。五俱意五心有义唯现，有义不定，通现比非及非量，通缘三世及非世境。若缘一境与五一俱，率尔等流定唯现量，中间三心不与五俱通比非量。刹那论之缘过去境。《瑜》云：五俱意所生意识寻求决定缘现者，依分位事绪究竟者名现。」（《决记》云：非世谓无为，龟毛等。）

（注十）《三乘十地十三住（考《瑜伽师地论》卷三十二，注五。）具心所多少》——《对述》卷四云：「《净观地》中具五五法（约本惑分十说），种姓地、第八地、具见地、薄地具五一法，除邪见、疑、见取、戒取。《成识》说加行位中分别二取皆已伏故。离欲地唯四十法，前所除外又除十一嗔、忿、恨、覆、恼、嫉、害、悭、无惭、无愧、悔。已办地、独觉地唯成廿四法，前所除外又除贪、慢、疑、身边见及谄诳骄八大随惑，前所除者皆烦恼障，若所知障，八位皆具五十五法，由此圣教说有彼习。菩萨地十二住者，（考《瑜》卷三十二《住》）其初二住皆具五十五，此说顿悟。若渐悟者随何位入所具多少如本住说。其第三住乃至第九住中皆具五十一法，除疑，邪见，见取，戒取。此中所无皆通烦恼所知障。虽说有余诸烦恼等故意力有非不能除，虽说四地断身见等此说少分非一切无，余三住中具三十五法前所除外又除嗔及边见小十随惑，无惭、无愧、恶作、睡眠。其贪、慢、痴、身见及八大随惑，第七识俱法执有故。此说寻伺通无漏者，若说寻伺唯有漏者，彼三住中唯卅三法。其佛地中唯有廿一法，如上说有皆说现行可得起者，不说种子，若说种子义不定故。」

（附五）《依四胜义明心所与心非即非离》——又云：「依初胜义，王臣别故行相差别故，有无异故，不可定即，幻事性故，难了知故。依缘起义皆可同故，不可定离，第二胜义，事差别故非定即，理无二故非定离。又因果性非定即离，第三胜义中，诠有异故非定即，自无异故非定离。第四胜义内证所知，心言俱寂，非即非离。」

（附六）《更详五心识别》——《宗镜》卷四云：「前五识有四心，除寻求，无分别故。第六具五，第七无率尔寻求，有后三。谓第七常缘现境故无率尔也。寻求皆依率尔，故亦寻求。第八有三心，五中除染净寻求，第七常内缘一境即无率尔，第八外缘多境而有率尔，无分别故无寻求……此五心中除率尔余四皆熏种。率尔心有二说：一不熏种，任运缘境不强盛故，二云若缘生境即不熏，若缘曾住熟境即熏，由串习力故。今解如率尔闻声境时，不简生熟皆熏实声种子。上座立九心轮，亦不相违。」

（注四）善

- 类别
  - 愧——依世间力轻拒暴恶为性，对治无愧，止恶为业。
  - 惭——依自（身）法（教）力崇重质善为性，对治无惭，止恶为业。
  - 精进——于善恶品修断事中勇（无恼）悍（无惧）为性，对治懈怠，满善（圆了善事）为业——信为欲依，欲为勤依，故此信后而更言勤，勤即精进，但勤通三性，精进唯善摄。又《识论》勤在轻安前，《述》卷十一云：「彼依因依以辨次第。信为欲依，欲为勤依，此约立依以辨次第。依无贪等三根精进立舍等三，理须相合，故不同也。」
  - 信——信于实、德、能，深忍乐欲心净为性，对治不信，乐善业。
- 义——十一善唯善心中可得生，此世他世俱顺益故，性离僭秽。

无贪——于有有具（上一「有」字即三有（注三）之果，有具即三有之因。）无著为性，对治贪著，作善为业。

无嗔——于苦苦具（苦为三苦，苦具为因。）无恚为性，对治嗔恚，作善为业。

无痴——于诸事理明解为性，对治愚痴，作善为业。

（《识论》云：「此三名根，生善胜故，三不善根，近对治故。」）

轻安——远离粗重，调畅身心堪任（有所堪可，有所任受）为，对治昏沉转依为业。（令所依身心去粗重得安隐故。）（又萨婆多等说此轻安遍善。）

不放逸——精进，三根于所断修防修为性，对治放逸，成满一切世出世善事为业。

行舍——精进，三根令心平等正直，无功用住为性，对治掉举，静住为业。（行舍者乃行蕴中舍，简受蕴舍故。）

不害——于诸有情不为损恼无嗔为性，能对治害，悲愍为业。

有为法（二）

心所有法（注六）

类别（二）《百法论疏》

根本烦恼（注一）

义——性是根本，又能生随惑名为根本，烦扰也，恼乱也，扰乱有情处生死。

类别

贪（我爱）——于所执我，深生耽著，于有有具染著为性，能障无贪生苦为业。（生苦者谓由爱力取蕴生故。）《瑜》卷二十六云：「贪有四：一显色贪，二形色贪，三妙触贪，四承事贪。又有五：一于内身欲欲贪，二于外身淫欲淫贪，三境欲境贪，四色欲色贪，五萨迦耶欲萨迦贪。上四皆与淫欲相应。」

嗔——于苦苦具，憎恚为性，能障无嗔及慈，不安性恶行所依为业。

（按贪嗔痴三名三不善根，义如注六释）

慢——令心高举，倨傲恃所执我故以恃己于他高举为性，能障不慢，生苦为业（此生苦义谓心不谦下，由此生死转转受无量苦。）

无明（我痴）——愚于我相，迷无我理，故以于诸事理迷暗为性，能障无痴，一切杂染所依为业。

疑——于诸谛理犹豫为性，能障不疑善品为业。

我见（不正见，恶见）

义——于非我法，妄计为我，故以于诸谛理颠倒推求染慧为性，能障善见招苦为业。（考《瑜》卷五十四《染俱》之第九行）

类别（《瑜》八十五卷）

有分别我见——诸分别所起——观自他身计有实我。

俱生我见——下至禽兽亦能起

缘自依止我见——于各别内身所起

缘他依止我见——于他身所起

如清净镜上质像为依发生影像，影像为依，于自依止发生劣中胜等想。

唯依善说法毗那耶方能永断。

心所有法（注六）

类别（二）《百法论疏》

随烦恼（注二）

数别——此六即俱生，或开恶见成十（即恶见开为身、边、邪见、见、戒禁取五，如《集论》卷一《结》中说。），即分惑别也。

性别——十惑中嗔唯不善，余九皆通有覆不善。

义（注七）——随他根本烦恼分位差别等流性故。此中忿等十及失念、不正知、放逸十三乃根本家差别分位，余之七法乃根本家等流性，所以者何？根本为因，此方生故，名等流也。

小中大别——《百法论义》云：「忿至悭十为小随，无惭愧二为中随，余大随。小中大者，以有三义：一、自类俱起，二、遍染二性，谓不善有覆，三、遍染诸心，三义皆具名大，具一名中，具无名小。」又《识论》云：「忿等十各别起故名小，无惭愧遍不善故名中，掉举等八遍染心故名大。」又《对述》卷四云：「初十种为一分随惑，后十种为诸分随惑，初唯是假，分位别立，后亦通实，刹那义说。《唯识》说初十唯是烦恼分位差别，后十唯是烦恼等流性故名随烦恼。由此论又说一分分故成差别，《成唯识》中并名一分无此一分及分差别。」

类别

忿——依对现前不饶益境，愤发为性，能障不嗔，执仗为业。（嗔分）（此中有未言障者，翻之可知，如恨障不恨，不信障信，放逸障不放逸，失念障正念，不正知障正知，散乱障定等。）

恨——由忿为先，怀恶不舍，结冤为性，热恼为业。（嗔分）

恼——忿恨为先，追触暴恶佷戾为性，蛆螫为业。（嗔分）

覆——于自作罪，恐损利誉，隐藏为性，悔恼为业。（贪分）（痴分）

诳——冀获利誉，矫现有德，诡诈为性，邪命为业。（贪分）（痴分）

谄——罔他故，矫设异仪，谄曲为性，教悔为业。（贪分）（痴分）

骄——于自盛事深生染著，醉傲为性，染依为业。《瑜》卷二云：「有七骄：谓无病骄，少年骄，长寿，族性，色力，富贵，多闻骄。」（贪分）

害——于诸有情心无慈悲，损恼为性，能障于悲，逼恼为业。有云：「嗔能断命，害但损他，此二差别。」（嗔分）

嫉——殉自名利，不耐他荣，妒嫉为性，忧戚为业。（嗔分）

悭——耽著法财，不能惠舍，秘吝为性，鄙畜为业。（贪分）

无惭——不顾自法，轻拒贤善为性，生长恶行为业。

无愧——不顾世间崇重暴恶为性，生长恶行为业。

不信——于实法能不忍乐欲心秽为性，堕依为业，不信者多懈怠故。

懈怠——于善恶品修断事中懒惰为性，增染为业，能障精进。

放逸——于染净品不能防修，纵荡为性，增恶损善，所依为业。又云：「懈怠，三根（贪嗔痴）不能防修染净法总名放逸，离上四法，别无体性，故唯是假。」

心所有法

类别（二）《百法论疏》

昏沉——令心于境无堪任为性，障毗钵舍那（轻安）为业，又云：「痴于境迷暗为相，正障无痴而非瞢重，昏沉于境瞢重为相，正障轻安，非迷暗此二别。」

掉举——令心于境，不寂静为性，障奢摩他，行舍为业，又云：「散乱令人易缘，掉举令心易解此二差别。」——贪分（《识述》卷九云：掉举虽遍一切染心而贪位增，但说贪分。）

失念——于诸所缘不能明记为性，散乱所依为业。

不正知——于所观境谬解为性，毁犯为业。

——（痴分）（《义演》卷七云：此三通痴分及别境染分。）（考《瑜伽师地论》卷五十四第五之第三行及本页注五、注六。）

散乱——令心流荡为性，恶慧所依为业。（注五）（《园集释二》有十散乱，应考。）

- 自性散乱——五识身。又《对法论》卷一云：「由彼自性于内静定无功能故。」《述》卷四云：「五识因中不能入定假名散乱，非染乱体。《边中》三云：出定者由五识身，彼意处在定外名之为出，非由五出与此文同，由彼自性等者，此释师解，未至佛果五识不能入等引位，无功能故名散乱，非性唯染佛果便能入等引故。」
- 外散乱——正修善时于五妙欲其心驰散。
- 内散乱——正修善时沉掉味著。
- 相散乱——为他归信，矫示修善。
- 粗重散乱——依我我所执及我慢品粗重力故，修善法时，于已生起所有诸受，起我我所及与我慢，执受间杂取相。《对法论》卷一云：「执受者谓初执受，间杂者，从此已后，由此间杂诸心相续，取相者谓即于此受数执异相。」
- 作意散乱——依余乘余定若依若入所有流散，能障离欲为业。（或称下劣散乱。）《对述》卷四云：「《显扬论》说舍大乘心习二乘意名此，舍胜入劣准此。然舍劣入胜则非散乱。或数数舍下入上，复更退下后更修上亦说散乱。有说此以三慧为体，作意俱故，名此。有说唯以散乱为体。」

依处
- 与无明俱少不如理作意俱听闻正法而生懈怠——不依正行不为还灭依处。
- 与无明俱少不如理作意俱听闻不正法——邪执法行依处。
- 与无明俱劣等胜有情各别五取蕴得未得颠倒功德颠倒——陵蔑上慢依处。
- 与不如理作意俱杂染境界——于境颠倒依处。
- 与无明俱不可意杂染境界——欣乐别离依处。
- 与无明俱可意杂染境界——欣乐和合依处。

2

（注七）《随烦恼义及数别》——《论》云：「随烦恼名亦摄烦恼，唯说二十者，谓非烦恼，唯染粗故。此余染法，或此分位，或此等流，皆此所摄。」《述》卷十二云：《法蕴解杂事经》中有多随烦恼：贪等虽是随，此二十非烦恼，故不说贪等，邪欲等法，虽是随，是别境法，体通三性，此唯染，故不说。此邪欲等是此等流，或此分位……身语业亦名随烦恼，然是诸随烦恼所等起，皆此二十中摄。」（考《□类别》）

不定
- 义——不同前五位心所，善染等皆不定故。又《识论》云：「非如触等定遍心故，非如欲等，定遍地故，立不定名。」
- 类别
  - 1、睡眠——令身不自在，昧略为性，障观为业。又云：「愚痴忿略为体，或善或不善或无记，或时或非时，或应尔或不应尔，越失所作依止为业。」《杂集》卷一云：「睡眠者依睡因缘等……因缘者谓羸痩等所作，或他咒术神力所引，或因动扇凉风吹等，愚痴分言为别于定，善等言为显此睡非定痴分，时谓夜中分，非时谓所余分，应尔谓所许时，谓复非时或因病患或为调适，不应尔者，谓所余分，越失所作依止为业者，谓依随烦恼性睡眠说。」又《识论》云：「睡眠位身不自在，心极暗劣，一门转故。（唯一意识，无五识。）昧简定略别寤时显有体。」又《对述》卷四云：「所许时者，佛开许时，设复非佛所开许时为病为调皆名应尔，应作睡眠。」（痴分）《瑜伽师地论》卷五十五）
  - 2、恶作（悔）（注八）——恶所作业，追悔为性，障止为业。又云：「依乐作，依不乐作，应作不应作是愚痴分心追悔为体，或善或不善，乃至不应尔。」《杂集》卷一云：「乐作者乐欲为先造善行，不乐作者由他势力及诸烦恼之驱迫。时者乃至未出离，非时者，出离已后，应尔者，于是处，不应尔者于非处。」《识论》此在眠前。）（痴分）（卷五十五）
  - 3、寻——寻求令心匆遽，于意言境粗转为性，安不安住身心分位所依为业。又《对述》卷四云：「所依即身通五蕴故，依思者身心位安，不深推度故。依慧者不安。」（意言境者意所取境多依名言名意言境。）又《识述》卷十三：「今此境者通一切法。」又意言境总有三解。
    - 心加行分及慧分
    - 若令心安即是思分，令心不安即是慧分。善思者徐而细，恶则急而粗。故二法思之与慧各一分为体。
  - 4、伺——伺察，令心匆遽，于意言境，徧转为性，业同寻。

根本烦恼（注一）（附一）（《瑜》卷五十五）

- 有别
  - 假有——放逸，寻、伺。（是发语言心加行分故及慧分故。）
  - 实物有——无惭愧，不信，懈怠。
  - 世俗有——忿、恨、恼、嫉、害、悭、骄、掉举、覆、诳、谄、昏沉、睡眠、恶作、忘念、散乱、恶慧。

  又《识论》云：「小十大三定是假有，无惭愧，不信，懈怠实有。」《述》卷十二云：「凡世俗者，对胜言，是假有，但言世俗，而体定是实有，掉，昏，散三种有义是假有义是实。」
- 自性——忿等乃至恶作，睡眠，寻，伺。
- 依处——展转共住，展转相举，利养，邪命，不敬尊师，不忍，毁增上戒，毁增上心，毁增上慧。《对述》卷四云：「依初生忿恨，二生覆恼，三生嫉悭，四生诳谄，五生骄，六生害，七生无惭无愧，八九二依处生余八种。心慧皆有止举舍相，毁止相依生昏。毁举相依生掉，毁舍相依生余。」
- 缘——「贪与慢缘有漏一分可意事生，恚缘一分非可意生，故名取一分，余皆缘内外若爱非爱及俱相违有漏事生故曰遍行。」《瑜》卷五十八云。
- 通——《瑜》卷五十八云：「十烦恼法七唯意地，贪恚无明通五识。」
- 性别——《瑜》卷五十八云：「俱生萨见唯无记性，数现行故，非极损恼自他处故，分别则不尔，在欲界者唯不善性，若在上地奢摩他力所制伏故多白净法所摄受故，成无记性，余亦尔。」
- 差别——内门，外门，见断，修断，可非可爱趣缠，随眠所摄，软品，中品，上品，散乱位，谏悔位，羸劣位，制伏位，离系位。
- 有别——见是世俗有，是慧分故，余是实物有，别有心所性。
- 自性
  - 疑
    - 事生疑——（未有）。
    - 六事——闻不正法，见师邪行，见所信受意见差别，性自愚鲁，甚深法性，广大法教。
  - 见
    - 事生见——五见（又依六十二见生边执及邪见，谓计前际事，后际事等。）
    - 二事——增益事（我有性增益，常无常性增益，增上方便增益，解脱方便增益），损减事（谤因、果、作用、善事）。
  - 慢
    - 事生慢——七。
    - 六事——劣有情，等有情，胜有情，内取蕴，已得未得颠倒，功德颠倒。
  - 无明
    - 事生无知——依七事生七无知。（《大论》卷九有十九、五、六等无知。）
    - 七事——世事，世间安立事，运转事，最胜事，真实事，杂染清净事，增上慢事。
  - 嗔
    - 事所生嗔——亦有十，如其次第依事而生，略摄为三：一有情嗔，二境界嗔，三见嗔。
    - 十事生——己身，所爱有情，非所爱有情，过去怨亲，未来怨亲，现在怨亲，不可意境，嫉妒，宿习，他见。
  - 贪
    - 事所生贪——事贪，见贪，贪贪，悭贪，盖贪，子息贪，恶行贪，亲友贪，资具贪，有无有贪
    - 十事生——取蕴，诸见，未得境界，已得境界，已受用过去境界，男女，恶行，亲友，资具，后有及无有。

随烦恼（注二）《瑜伽师地论》卷五十五

- 《瑜》卷五十八 相差别
  - 通一切不善心起——无惭、无愧。
  - 通一切染污心起——放逸、掉举、昏沉、不信、懈怠、邪欲、邪胜解、邪念、散乱、不正知。（《识述》卷九称邪欲、邪胜解为别境染分。）
  - 于各别不善心起——忿、恨、覆、恼、嫉、悭、诳、谄、骄、害。
  - 善不善无记性起，非一切处非一切时——寻、伺、恶作、睡眠（极久寻求伺察令身疲念失，心亦劳损故曰随烦恼。）
  - 大八，亦通无记。小三（谄、诳、骄），七中二唯不善摄，又《识论》云：「小
- 界系——《瑜》卷五八云：「第三相十烦恼皆欲界系，唯诳及谄至初静虑，骄通三界。寻伺二至初静虑，余二在欲界。」（按通摄一切起者当通三界。）
- 定地诸随烦恼——「寻、伺、诳、谄、骄、昏、沉、掉、举、放逸、懈怠，除初四，余通一切地。」《瑜伽师地论》卷五十八云。
- 品类——「放逸是一切烦恼品类，贪著、悭吝、骄高、掉举，皆贪品类，忿、恨、恼、嫉、害，是嗔品类，诳、谄是邪见品类，覆是谄品类，余是痴品类。」《瑜》卷五十八云。

（注三）《三有》——三有者，谓欲有、色有、无色有。欲有者谓地狱乃至他化自在天，色有者谓梵身乃至色究竟，无色当知。

（注四）《大小乘所立善差别》——《疏抄》卷四云：「若大乘师立十一善，若萨婆多，立有十善不善，不立无痴善根，若大乘部（「乘」疑「众」）立有三种谓无贪嗔痴三，或立一善，或立二善乃或或立四善等如论，又法有四种，谓善不善有覆无记等。」又《述》卷十一云：「正理师立十二加欣厌，正量说十三。此十一外更加欣厌。」

（附一）《十烦恼之利钝别二说》——《枢》卷三云：「萨婆多贪恚慢唯钝，五见疑唯利，痴通利钝。大乘见疑唯利，四通利钝。随应许与见疑俱故，不得以见与贪等俱亦名为钝无独钝故，彼有独钝故，由此贪等通迷理事，疑唯迷理。」

（注五）《散乱三体》——《识述》卷九云：「一别境定数染者名散乱，违善定故。如萨婆多。二无别体性，非彼定数，此覆二说，一是愚痴分无明为体，二贪嗔痴分，《对法论》等同《瑜伽师地论》卷五十五云：妄念散乱恶慧是痴分等，故遍染心，三别有体性。」

（注六）《信》——《识论》云：「忍谓胜解，此即信因，乐欲谓欲即是信果，心净为性。此性澄清，能净心等，以心胜故，立心净名，如水清珠能清浊水。」《述》卷十一云：「余心心所法但相应善，此等十一是自性善，彼相应故，体非善非不善，由此信等俱故，心等方善。又惭等十法，体性虽善，体非净相，此净为相。故名为信，唯信是能净，余皆所净故。以心王是主但言心净，不言净心所……上座部或大乘异师说乐爱为相，大众部或大乘异师执随顺为相。」

《惭愧》——《论》云：「羞取过恶，是二通相，故诸圣教假说为体……善心起时随缘何境皆有崇重善及轻拒恶义。故惭与愧俱遍善心，所缘无别。圣教说自他者，自法名自，世间名他，或即此中崇拒善恶于己益损名自他。」《述》卷十一云：「依自法力者，谓于自身，生自尊爱，增上于法，生贵重增上二力……或自身及法名自，世间王法等名他。《涅槃》等说，崇善是顾自义，拒恶名顾他义。又于己益名自，于己损名他。」

《无贪嗔》——《论》云：「善心起时随缘何境，皆于有等无著无恚，观有等立，非要缘彼，如前惭愧观善恶立，故此二种俱遍善心。」《述》卷十一云：「贪通三界发业润生，总说有有具。嗔唯欲界发业力胜，故云于苦苦具。今能除法并通三界。」又《疏抄》卷十云：「小乘中诸功德多用无贪为体，大乘多用无嗔为体。」又

决择善法

遍不遍——《论》云：「有义十一，四遍善心，精进三根遍善品故。余七不定……有义彼未应理，应说信等十一法中，十遍善心，轻安不遍，要在定位，方有轻安，调畅身心，余位无故。」

假实——《论》云：「不放逸，舍，不害是假有，余八实有，相用别故。」《述》卷十一云：「《对法论》等同，《瑜》卷五十五亦尔，彼言世俗有，世俗有言通假实故。」

翻不翻——《论》云：「诸染所翻善中，有别建立有不尔者，相用别者，便别立之，余善不然，故不立。又诸染法遍六识者胜故翻之，别立善法。慢等忿等唯意识俱，害虽亦然，而数现起，损恼他故，障无上乘，胜因悲故，为了知彼增上过失，翻立不善，失念，散乱及不正知，翻入别境。」

《不害》——《论》云：「谓即无嗔，于有情所不为损恼，假名不害。无嗔翻对断物命嗔，不害正违损恼物害，无嗔与乐，不害拔苦是谓此二粗相差别。理实无嗔实有自体，不害依彼一分假立，为显慈悲，二相别故。萨婆多《正理论》等说别有自体，谓贤善性。」

《行舍》——《论》云：「由不放逸，先除杂染，舍复令心寂静而住。此无别体，如不放逸。」《述》卷十一云：「《对法论》云由舍相应，离沉没等不平等性故，即举通障，此举别障（掉举等障）……若能令寂静名舍，即四法之能，若所令寂静名舍，即除四法外余心等是。然既以能寂静为舍，故体即四法，信等净相，非静也。」

《不放逸》——《论》云：「即四法于断（四法者精进及三根。）修事皆能防修名不放逸，非别有体，无异相故。于防恶事修善事中，离四功能无别用故。虽信惭等亦有此能，而方彼四，势用微劣，非根及遍策，故非此依。」《疏抄》卷十云：「萨婆多宗立一切法皆有体，故说不放逸别有体。然余处亦有作是说者。」

《精进》——《论》云：「此相差别，略有五种，所谓被甲，加行、无下、无退、无足。即经所说，有势、有勤、有勇、坚猛、不舍善轭，如次应知。此五别者，谓初发心，自分胜进，自分行中三品别故，或初发心长时、无间、殷重，无余修（四修）差别故。或资粮等五道别故。二乘究竟道欣大菩提故，诸佛究竟道，乐利乐他故。（此解不舍善轭。）或二加行，无间，解脱，胜进别故。」按自分行三品别者，上中下三品也，与自胜进及初发心成五。二加行者，加行有远近故。

《无痴》——《论》云：「有义，无痴即慧为性，有义无痴非即是慧，别有自性，正对无明，如无贪嗔，善根摄故。不尔，便违大论卷五十五说：十一善中不放逸舍及不害，三是世俗有，余皆实有。」《述》卷十一许后师正，又《疏抄》卷十云：「无痴因及果皆通四慧，四慧谓生得，闻思，性巧便善（无漏慧），此等诸慧或是无痴之因，或是无痴之果，或同时因果或异时因果。若为因之时则六因中有二：谓相应因，同类因。为果时，五果中有二：谓士用果，等流果。若增上果一切皆通，若异时因果，由前同类因，引起后等流果，同类因等流果必异时故。亦有能作因及增上果；若同时因果，由俱有能作相应三因得士用果增上果也。」

《不善根义》——《识述》卷十一云：「三不善根由三义故：一、六识相应故，二、正烦恼摄。此二简一切心所非不善。三起恶胜故。」《疏抄》卷十云：「遍行别境虽遍六识，非正烦恼摄，不具二义，非根。若不定四，不遍五识，又非正烦恼摄非根，若疑慢五见，虽正烦恼摄，然此等五识中无，亦不遍六识，不具二义，非根。若十小随惑，唯立意不遍五识，又非正烦恼摄非根。若中二大八虽遍六识，非正烦恼摄，非根。」准萨婆多即有五义。

识俱——《论》云：「此十一种前已具说，第七八识随位有无。第六识中定位皆具，若非定位，唯缺轻安。有义，五识唯有十种，自性散动，无轻安故。有义五识亦有轻安，定所引善者亦有调畅故。成所作智俱，必有轻安故。」《述》卷十一云：「在因位，有漏五识身，在欲界定所引善五识中，非无调畅，即如通果天眼耳善者有轻安，无记者无。又佛果上方有成所智。」按《述》列三释，《秘》卷九判第三释正。上所录第二释文也。第三释如《学》卷五云：「测云：初定三识(除鼻舌)及佛五识有轻安。」

受俱——《论》云：「十，五相应，一除忧苦，有逼迫受，无调畅故。」

别境相应，三性，三界，三学——《论》云：「此与别境皆得相应。信等欲等不相违故。十一唯善。轻安非欲界，余通三界，皆学等三。」又《对述》卷三云：「十一皆通界系及不系。」

三断——此唯修所断及非所断，非见所断。《述》卷十一云：「非见障故，非邪生故。」(考《瑜》卷十一注十五。)

报非报等——《疏抄》卷十云：「信精进是报摄，余九非报摄。又有漏善十一皆是有报，能得异熟果也。若善十一中无漏善者，即非报，未能摄报故。若善十一，皆缘九地，则欲色界善十一能缘一切。若言色界中波罗密菩萨，广慧声闻身中善十一亦能了一切法，若无色界中异生外道及非波罗密菩萨等身中善十一法，唯能缘自地及上地法。」又《对述》卷三云：「生得加行者，安(轻安)唯加行，余通二种。」

《贪》——《识述》卷十二云：「于有者，谓后有，即唯异熟三有果也。有具者，即中有并烦恼业及器世等三有具故。或无漏法，论下文说与见等缘无漏起缘生贪者皆名有具，萨婆多师缘无漏贪是善法欲。今大乘说爱佛贪灭，皆染污收。若发业若润生皆令取蕴生，非谓唯润惑，上二界中由爱静虑等故，彼诸烦恼因此增长亦取蕴生。」《疏抄》卷十云：「萨婆多师不共无明疑邪见得缘无漏，大乘亦然。若贪唯缘无漏事，谓佛身是。上二界等者，烦恼有二种：一生烦恼，即贪、嗔、痴、慢、边见、身见六种润生烦恼，唯俱生烦恼能润生故。不取疑邪见戒见取者是分别烦恼故。二、定烦恼，从定出已而起爱著味，谓贪上定疑慢乃至五见皆容得起。唯除嗔，余皆能爱味定。味定中所起烦恼亦能发业感总报果，但不能发不动业，但能损不动业故。」

《嗔》——《述》卷十二云：「苦即三苦，苦具，即一切有漏及无漏法但能生苦者，皆是苦具依之嗔生。然随顺苦具，无漏即非，缘生于苦，无漏亦是，故邪见等谤无漏无招恶趣苦。」

《痴》——《论》云：「由无明起疑邪见，贪等烦恼随烦恼业能招后生杂染法。」《述》卷十二云：「独头无明迷理，相应等亦迷事……起疑邪见等者，谓见道无明生起次第。修道者，不必起疑及邪见故，由无明即起贪等。」《秘》卷九云：「疏邪见言，通含五见，见不正故，并得邪名。」

《慢》——《论》云：「一切(谓七或九)皆通见修所断，圣位我慢既得现行，慢类由斯起亦无失。」《述》卷十二云：「小乘中通见修断，圣有而不行，无修道我慢故。大乘修道既得有我慢，是故圣者现行。」《疏抄》十云：「萨婆多计我见道断，慢虽通修断，亦不能起，先为有我后方起慢，我既断慢不能起。又彼计我见与慢不得俱时起，先我后慢故。根本烦恼中唯无明得与余九俱起，若余九不得并生。若大乘说前三果人皆得起慢，若菩萨四地已前，容得起我慢，四起已上作菩提分慢，观所有我见永伏不起，慢亦不起。九慢通见修断也。慢唯邪慢，增上慢不通修断，然慢邪见人能起故，若余五慢通修断，七慢或俱生或分别。故知九慢修起无失。」《学》卷五云：「《俱舍》卷十九，七通见修，《婆沙》云九通见修断，大乘亦同。」

《疑》——《论》云：「有义疑以慧为体，犹豫简择说为疑故。有义此别有自体，令慧不决，非即是慧。」《述》卷十二云：「初义大乘异师义，二义同《对法论》、《显扬》。」考《瑜》卷十六之附一。

决择烦恼

有事无事——《论》云：「虽诸烦恼皆有相分，而所仗质或有或无，名缘有事无事烦恼。」《述》卷十二云：「烦恼心等上，说所变皆有相分亲所缘者，今不取之，但彼本质或有或无，名缘有无事。《对法论》卷七，身见等及此相应法等无本质名缘无事，余不与此俱者名缘有事行，以不执我故。此据人执为论，不据法执，法执宽遍故，通余一切心。《瑜》云十烦恼见所断者名曰无事，彼所缘事非成实故，以见道惑以见为首，所取本质都无有故。修道虽有见境无事，多缘事故，从多名缘有事烦恼。又《瑜》卷五十九云：诸见与慢是无事，贪恚是有事，无明疑通二。」《枢》卷三云：「一切有无事烦恼不过三种，一、诸见所缘本是无事，余是有事，因此见行相本无决定。二、行相深迷无我名缘无事，余名有事。三见道所缘名缘无事，修名有事。

漏无漏——《论》云：「彼亲所缘虽皆有漏，而所仗质亦通无漏，名缘有漏无漏烦恼。」

事名境——《论》云：「缘自地者，相分似质，名缘分别所起事境，缘灭道谛及他地者，相分与质不相似故，名缘分别所起名境。」《述》卷十二云：「缘自地烦恼，依缘俱增，名缘分别所起事境，此境本质亦由今时分别起故。事者体也，缘他地及无漏者名缘名境，影质不相似，灭道深远，他处远故，依缘不增，但寻彼名，彼名可增。」《义演》卷十云：「今时分别起者，由今熏彼种也。或由今时第八等分别变起。分别者即心心所异名。」

余门——《述》卷十二云：「谓有无异熟，七随眠摄，八缠诸盖摄，乃至九品等分别，皆如理思。」又《对述》卷三云：「无记性者非异熟，不善性者有异熟。」

无惭无愧——《论》云：「不耻过恶是二通相，故诸圣教，假说为体。若执不耻为二别相，则应此二体无差别。由斯二法应不俱生。若得自他立二别者，应非别有，便违圣教，若许此二实而别起，复违论说俱遍恶心。诸圣教说不顾自他者，自法名自，世间名他，或于己益损名自他。论说为贪等分者，是彼等流，非即彼性。」《述》卷十二云：「《瑜》卷五十八云为痴等流，以遍依故，《对法论》说为贪等三法分者，是等流故名分，非即彼性。」（按《对法论》卷一此二是贪嗔痴分。）

掉举——《论》云：「有义掉举贪一分摄，论唯说是贪分故。有义掉举非唯贪摄，论说掉举遍染心故。又掉举相谓不寂静，说是烦恼共相摄故。掉举离此无别相故。虽依一切烦恼假立，而贪位增，说为贪分。有义掉举别有自性遍诸染心，而论说为世俗有者，如睡眠等随他相说，掉举别相，谓即嚣动，令俱生法不寂静故。若离烦恼无别此相，不应别说障奢摩他，故不寂静非此别相。」按《对法论》卷一「以随念净相心不寂静为体，随念净相者，谓追忆往昔随顺贪欲戏笑等故心不寂静。」《对述》卷四云：「理实掉举缘三世生，但言忆昔者修止等时策举心故掉举增说非遍一切。」

昏沉——《论》云：「有义昏沉唯痴一分，有义依一切烦恼假立而痴相增但说痴分，有义，昏沉别有自性以瞢重令俱生法无堪任为别相。余如掉当知。《学》卷六云：「沉掉实有，以为正义。」

不信——《论》云：「诸染法各有别相，唯此不信，自相浑浊，复能浑浊余心心所，如极秽物，自秽秽他，故说心秽为性，由不信故，于实德能，不忍乐欲，非别有性。若于余起邪忍乐欲，是此因果，非此自性。」《述》卷十二云：「于实等中不忍不乐不欲者，于善中忍乐体即即是欲解，于实等不忍乐欲但是不信。」按《对法论》卷一不信是痴分。《对述》卷四云：「痴位增故，又《瑜》说此别实有。」

随恼决择

界——《论》云：「小七中二，唯欲界摄，诳谄欲色，骄及大八通三界。生在下地容起上十一，耽定，于他，起骄诳谄故。若生上地，起下后十，邪见爱俱，容起彼故。小十无上，无由起下，非正润生及谤灭故。中二大八，下亦缘上，上缘贪等相应起故。有义小十，下不缘上，行相粗近，不远取故。有义忿等七不缘上，嫉等三得缘上，于胜地法生嫉等故。大八谄诳，上亦缘下，下缘慢等相应起故。梵于释子起谄诳故，骄不缘下非所所恃故。」《述》卷十二云：「生在下地容起上十一，耽定故起骄一法，于他界有情等起诳谄故，余八通染润生心等，皆有彼故。若生上地，起下后十。中有邪见俱有无惭等二，润生爱俱，有后八……嫉等者，等取悭骄。」《义演》卷十一云：「嫉等缘上者，有五解：一、起四，于嫉等三加害。二、起五，于三加谄诳。三、

根本相应——又云：「中大，十烦恼俱。小十定非见疑俱起，此相粗动，彼审细故。忿等五法，容慢痴俱，非贪恚并，是嗔分故。悭痴慢俱，非贪嗔并，是贪分故。骄唯痴俱，与慢解别，是贪分故。覆诳与谄贪痴慢俱，行相无违，贪痴分故。」《枢》卷三云：「覆诳谄，非嗔俱者，依粗相说，据实亦俱。」

别境相应——《论》云：「二十与别境五，皆容俱起。染念染慧虽非念慧俱，而痴分者亦得相应。念亦缘现，曾习类境，忿亦得缘刹那过去，故忿念亦相应。染定起时，心亦躁扰，故乱定相应。」

受俱——《论》云：「中大，五受相应。有义小十除三，忿等唯喜忧舍三受相应，谄、诳骄三，四俱除苦。有义忿等四俱除乐，谄诳骄三，五俱，意有苦受故。实义如是，若随粗相，忿恨恼嫉害，忧舍俱，覆悭喜舍，余三增乐，中大随粗，亦如实义。」

识俱——《论》云：「此唯染，非第八俱，第七唯有大八，第六一切容有，小十粗猛，五识中无，中大相通，五识容有。」

自相应——又云：「此二十中小十展转定不俱起，互相违故。行相粗猛，各为主故。中二，一切不善心俱，随应皆得，小大俱起。论说八大遍诸染心，展转小中，皆容俱起，有处说六遍染心者，昏掉增时不俱起故。有说五遍（不信、懈、昏、掉、放）染心者，以昏掉等违唯善故。」《述》卷十二云：「八遍正义（考《瑜》卷五十四《余俱》卷五）……说五，违唯善故，非如忘念等许违三性。」

俱生分别——《论》云：「二十皆通俱生分别，随二烦恼势力起故。」《述》卷十二云：「有说唯修，是不正义。」

不正知——《论》云：「有义不正知慧一分摄，说是烦恼相应慧故。有义痴一分摄，痴令知不正故，有义俱一分摄，由前二文影略说故，论复说此遍染心故。」

散乱——《论》云：「有义散乱痴一分摄，有义散乱贪嗔痴摄，说痴分者，遍染心故。谓贪嗔痴令心流荡，胜余法故，说为散乱。有义散乱有别自体。说三分者，是彼等流，随他相说名世俗有。散乱别相谓即躁扰，令俱生法皆流荡故。若离彼三无别自体，不应别说障三摩地。」（考本页注五。）

失念——《论》云：「有义失念，念一分摄，说是烦恼相应念故。有义失念痴一分摄，《瑜》说此是痴分故，痴令念失，故名失念。有义失念俱一分摄。由前二文影略说故，论复说此遍染心故。」《述》卷十二云：「言遍染心，非唯念分，有染心时，无有念故。」

懈怠——《论》云：「于染事而策勤者亦名懈怠，退善法故。于无记事策勤者，于善品无进退故，是欲胜解，非别有性。」《述》卷十二云：「此与不信，行相增猛，但有善染，无记行劣，无别二相，但欲胜解。又《瑜》卷五十五说此二是实物有。」按《对法论》卷一说此是愚痴分。《对述》卷四云：「此别有体，如不信说。」

决择不定

自相应——《论》云：「寻伺定不相应，体类是同，粗细异故。依于寻伺有染离染，立三地别，不依彼种，现起有无，故无杂乱。俱与前二，容互相应，前二与自及与寻伺，得互相应。然无四法一时并义。」《述》卷十三云：「问：若寻伺二不俱生，如何大乘说有？有伺有寻等三地，依于寻伺等者？答：《瑜》卷四、卷五十六亦有此文。依有寻伺二法有染，故名有寻伺地，约染以辨，立三地别，不依现起。此简乃至生第四定中，许现起故。不依彼种，此简乃至生非想定，种犹有故。然伏寻染以入中间有伺无寻，不尔，即与欲界无别。欲界无伺等时伺等染未离故。」《疏抄》卷十一云：「萨婆多宗，

假实——《论》云：「寻伺定是假有，思慧合成，圣言假故。悔眠有义亦是假有。《瑜》说为世俗有故。有义此二是实物有，世俗有言随他相说，如内种体虽是实，论亦说世俗有故。」《对述》卷四云：「取实为正。」

寻伺——《论》云：「并用思慧一分为体，于意言境，不深推度及深推度，义类别故。若离思慧，寻伺二种体类差别不可得。二各二者（颂文）有义二各有染净二类差别。有义不应正理，应言此二各有不善无记，或复各有缠及随眠。有义（安慧）彼释亦不（未？）应理，应言二者，显二种二。一谓悔眠，二谓寻伺。此二二种，种类各别。故一二言，显二二种。此各有二，谓染不染。为显不定义，说二各二言。」又《对法论》卷一云：「寻伺二皆依，思依慧于推度不推度位，如其次第追求伺察行相意言分别，以粗细建立差别。」《述》卷四云：依思者不推度非简择故，依慧者即能推度，非思惟故。」

悔及眠——《论》云：「有义此二，唯痴为体，说随烦恼及痴分故。有义不然，亦通善故，应说此二染痴为体，净即无痴。论依染分说随烦恼及痴分摄。有义此说亦不应理，无记非痴，无痴性故。应说恶作思慧为体，明了思择所作业故。眠合用思想为体，思想种种品梦境相故。论俱说为世俗有故，彼染污者，是痴等流。有义彼说亦不然，非思慧想缠彼性故。应说此二各别有体，与余心所行相别故，随痴相说名世俗有。」《义演》卷十二云：「思慧想不是缠性，前师许为缠性。」

睡眠——《义演》卷十二云：「眠睡虽无五识，不同定中意，无五识而明了，以与眠俱，极劣无了时故。令言眠有体，简无体眠及经部于五蕴总别聚心心所法上假立眠。总别者有云总聚者，即受想思识四蕴，别聚者，即依行蕴中通三性上立。又云总者色身，别者余别聚心心所法……无心时虽不得名眠，先有心眠所引起故，故无心亦得假名眠，体非眠也。」

余门——漏无漏，事名，异熟等，如根本烦恼说。

事——《论》云：「忿等十但缘有事，要托本质方得生故。」《述》卷十一云：「忿等不与我见俱，我见俱心等名缘无事，本质我无故。准知后十，通二所缘。」

断——又云：「后十唯通见修所断，与二烦恼相应起故。见所断者，随迷谛相，或总或别烦恼俱生，故随所应皆通四部。迷谛亲疏等，如烦恼说。前十有义唯修所断，缘粗事境，任运生故。（同小）有义亦通见修所断，依二烦恼势力起故，缘他见等生忿等故。见所断者，随所应缘，总别惑力皆通四部。此中有义，忿等但缘迷谛惑生，非亲迷谛，行相粗浅，不深取故。有义嫉等亦亲迷谛，于灭道等生嫉等故。」《述》卷十二云：「嫉等亲迷谛者，有云除覆诳谄三余七，有云嫉恼害悭骄五。」

学——《论》云：「二十皆非学无学摄，此但是染，彼唯净故。」

起六，于前五加害。四、起七，前六加覆。五、十一……此言不缘者，依多分说。」

2 附 1

决择 不定

寻伺二法，即得并生……其中间禅定后出观时，或退起寻染，以但能少分伏寻染，不能以品段离寻染，是初禅自地有漏法故。自地有漏法，不能离自地染，要第二禅中未至定，方能离初染也。」《义演》卷十二云：「第四禅中净寻伺亦许现起，故不依现起……无漏定依此初禅即名有寻伺地，若依中间，及二禅以上应知。」《蕴》卷四云：「《瑜》卷四云：若无漏界有为定等故，彼亦取有染类故立三地也。」《枢》卷四云：「有义三地就二前后相应建立，谓欲界地及初静虑粗心心所前后相续可有寻伺共相应名有寻伺地。余准知。有义此三就二离欲分位建立，谓欲界地及初静虑诸法假者。于寻及伺，并未离欲名第一地，余准知。如实义者，此三但就界地建立，谓欲界地及初静虑有漏无漏诸法于中寻伺俱可得故，名第一地，余准知。若就前二说，摄法不尽，亦大杂乱……依第三师解有染离染（考《瑜》卷十五《释三地》、《总》。）者，由有地法，粗细异故，彼粗细异必依有染系法别故。无漏离染依此地法，三地亦殊，已断是此有染种类故彼地摄。言有染者有现行染，故身在下地虽成三界种子有染，不名三地。言离染者，据生上义，即非前地不言已离此染即非此地故。」《唯识》文正，不同《瑜》。随此有染离染二种有殊，地界法异，皆随所应二种皆是彼地摄，不说有染是彼地，离当即非，故文无妨，不同《瑜》。《瑜》但说第三地故，由此真智亦属三地，依寻伺处法缘真如为境入此定故。不由分别现行，以诸无漏性离染法依彼地法，尚即彼地，况已离染三地有漏法而非三地故文为正，不尔便不正。」《学》卷六云：「据生上义，此义解难，谓生上者，何法离染？若唯上法，在下亦尔。何唯生上方言离染？若彼所起下三识等亦名无染，即成杂乱。」

识相应——《论》云：「四皆不与第七八俱。悔眠唯与第六俱，非五法故。有义寻伺亦五识俱，论说五识有寻伺故。又说寻伺即七分别，《杂集》复谓任运分别谓五识故。有义寻伺唯意识俱，论说寻求伺察等法，皆是意识不共法故。又说寻伺忧苦相应，不说与苦乐俱故，舍受遍故，可不待说，何缘不说与苦乐俱？虽初静虑而不离喜总说喜名。纯苦处有意地苦，而似忧故。总说为忧。又说寻伺以名身等义为所缘，非五识身，以名身等义为境故。然说五识有寻伺者，显多由彼起，非说彼相应。《杂集》所言任运分别谓五识者，彼与《瑜》所说分别义各有异，彼说任运，即是五识，《瑜》说此是五识俱分别意识相应寻伺，故五识定无寻伺。」《述》卷十三云：「悔眠非五俱者，此二皆由强思加行方能起故，非任运生故……七分别谓有相、无相、任运、寻求、伺察、染污、不染污；任运分别，五识既有故知寻伺五识不无……显多由彼起等者，第一解，说生在第二定以上起下识者，显彼五识或除率尔心等，定由寻伺俱，意识引故，方生，非说五识伺寻俱也。此显五由彼第六起。若在欲界定中，耳识率尔起时时，意虽同缘，不藉寻伺俱意引生，上定亦与下界耳识俱起故。五识余时，多由寻等意识引起。第二解，在初定及欲界起眼等识自地法故，起时自在，虽由意引，五识方生，意识不必要寻伺俱，多由彼起。生二定以上，起五识，非彼法故，必假寻伺相应意识导引方生，定由彼起。」《疏抄》卷十一云：「有相谓缘过现境，无相谓缘未来境，任运者，谓不起定缘境，寻求谓寻俱起缘境，伺察应知，染污谓与烦恼俱，不染谓善俱……第一解第二定已上等，即说生三禅中，若率尔三识即无寻伺引起，若等流三识，即由寻伺引起，此不应理，应说率尔三识亦由寻伺起……第二解胜。」《义演》卷十二云：「目连身在欲界入无所有处定闻象声，即无所有心与欲耳识率尔心俱时同缘，故耳识不由寻伺第六引生故知除唯率尔五识，余皆由寻伺意引也。」《学》卷六云：「萨婆多云：五识定与寻伺相应，第六不定，欲初禅俱，中间唯伺，已上俱无。……多由彼起基之二解，存前解。」

受俱——《论》云：「有义恶作忧舍相应，唯戚行转，通无记故。睡眠喜忧舍受俱，行通欢戚中庸转故。寻伺忧喜乐舍相应，初静虑

断——《论》云：「悔眠唯通见修所断，亦邪见等势力起故。非无漏道，亲所引生故。亦非如忧，深求解脱故。若已断故，名非所
演》卷十二云：「有宗悔眠二非学无学，是有漏故，寻伺具三，通无漏故。经部四皆通三，无学身中有悔眠故。
学——《论》云：「悔非无学，离欲舍故。眠寻伺皆通三种，求解脱者，有为善法，皆名学故，学究竟者，有为善法皆无学故。」《义
时欲界本有悔修上定说，是增上慢，故不违理，余皆不当。」
……又解，据实悔亦与邪见、嗔俱，论不许悔，与九惑俱者据多分说。」《蕴》卷四云：「《疏》言据本有邪见悔俱者，约余
多分，此据实义。又云，彼时极促，不容生悔，此约本有位邪见悔俱，故无生上起下悔失……所更事中，通上地法及定等
有起悔，亦是生上起下，今约多分及生有故言无……有邪见者悔修定故，悔得缘上，亦通增上慢。即是生上起下，前约
故。」《述》卷十三云：「悔眠上不起下，其邪见者，悔修定者，是本有位，诽谤涅槃，色界中有，无容起悔。又云即色界中
伺，能缘上下。有义悔眠不能缘上，行相粗近，及极昧略故。有义此二亦缘上境，有邪见者，悔修定故，梦能普缘所更事
界系——《论》云：「恶作，眠唯欲有，寻伺在欲及初禅，余界地法，皆妙静故。悔眠生上，必不现起，寻伺上下，亦起下上，下上寻
业果，二谓法执，寻伺不与业果异熟心俱，非法执类异熟心彼不与俱故。然此异熟生心，非实异熟。」
界修道二见，俱有眠等故。初定有寻伺故，悔非染无记，以解粗猛故，不与二见俱，染必不善故……此说异熟有二，一谓
卷十三云：「恶作《显》卷一不言无记者，顺小故。多分起故。染无记谓有覆，净当知。于染净二无记，眠等三皆通，即欲
相粗猛，非异熟及定果故。眠除第四，非定引生，异熟生心，亦得眠故。寻伺除初，彼解微劣，不能寻察名等义故。」《述》
有寻伺故。有义初二亦加行善，闻思位中有悔眠故。后三皆通染净无记，恶作非染，解粗猛故。四无记中悔唯中二，行
三性——《论》云：「此四皆通三性，于无记业亦追悔故。有义初二唯生得善，行相粗鄙及昧略故。后二亦通加行善摄，闻所成等
随惑俱——《论》云：「悔与中大随惑容俱，非忿等十，各为主故。睡及寻伺二十容俱，眠等位中皆起彼故。」
俱。非二取俱，执为胜道，不生悔故。二云必不俱……初解违论，更无细门相故。」
说：一云粗同小乘，实悔八俱，悔施贪俱，违情嗔俱，陵犹豫时，慢疑相应，悔我所作，故我见俱，计断常时等与邪见
实悔得与嗔邪见贪我见俱，此约粗相说。又云：必不得俱。」《学》卷六云：「测云有部经部皆同大乘，然大乘中有二
十烦恼俱——《论》云：「悔但容与无明相应，此行相粗，贪等细故。睡寻伺十烦恼俱，此彼展转不相违故。」《述》卷十三云：「据
善俱——《论》云：「悔眠但与十善容俱，此唯在欲，无轻安故，寻伺容与十一俱，初静虑中，轻安俱故。」
及殊胜慧说障，约等持闻思劣慧可俱。」
别境相应——《论》云：「四皆容与五别境俱，行相所缘，不相违故。」《蕴》卷四云：「悔障止，眠障观，此言与定慧俱者，据等引
金刚喻定现在前时，善悔种子劣无漏有漏善法同时舍。」《灯》卷十云：「四无记中，容与悔俱者，唯威仪工巧二。」
如得二乘果已回大菩萨地中，即不伏二乘无漏种，但伏二乘无漏令不起。哲法师云：罗汉亦有善悔种子，为是善法故。
上界定，乃至罗汉亦断善性悔种子尽。此不尽理。和尚难云：不善悔体是恶法，离欲界伏，善悔现行不起，应不断种，
卷十一云：「世间离欲等者，疏主解若善悔，若不善性悔，若无记性悔，若生上界，伏欲界中善不善性悔种生，以悔能障
第二师四亦苦俱，悔增至三，眠增至四，寻伺五俱起。《大论》卷五不说寻伺苦乐俱起者，此据实义，彼约别义。」《疏抄》
若无染善者，无记亦无，亦离欲舍，圣者起悔，但是恶作非体是悔。然世间离欲，其种犹在，退可起故，圣者亦断种……
中意乐俱故。有义此四亦苦受俱，纯苦趣中，意苦俱故。」《述》卷十三云：「恶作多与忧根相应，舍俱起者，是彼伴类，

（附二）

断，则无学眠，非所断摄。寻伺虽非真无漏道，而能引彼，从彼引生，故通见修非所断摄。有义寻伺非所断者，于五法中唯分别摄，《瑜》说彼是分别故。有义此二亦正智摄，说正思惟是无漏故。彼能令心寻求等故，又说彼是言说因故，未究竟位，于药病等未能遍知，后得智中，为他说法，必假寻伺，非如佛地，无功用说，故此二种亦通无漏。」《述》卷十三云：「小乘悔眠唯修断，今通见断者，亦邪见等势力起故……苦根在五识，由无漏后得智位引，或引后时五识等生，非悔眠二有此义……又云：有求出世深生悔故，可名不断，若无漏引，名为无漏，眠虽亦然，远引生故，非亲引……寻伺有二说：一云通无漏，一云不通无漏。真无漏道，而能引彼，如忧从彼引生，如苦亦通非断……二乘圣者十地菩萨必须假寻伺，八地已去，虽无功用，果未满故，有任运功用，不同佛。又功用有二，一自利，二利他。前（自利）八地已去皆无，后（利他）八地以上犹有。七地以前，二用并有，八地已去无功用者，无自利用，任运入地，非于利他，亦无功用。佛二俱用，故说法时，不假功用，有正思惟，体即是思，不名为寻。问：既说寻伺是语遍行，佛无二法，如何能语？此随转门，说为遍行，大乘不尔。唯心遍行，是实遍行，身语二行，非遍行也。《论》说寻伺必是分别，而不定说唯属第三，后得智中，亦有分别者，分别有二种，一有漏心名分别，即五法中分别；二缘事名分别，即后得智亦名分别。或立三分别，二如前，一则更加遍计心名分别。」《疏抄》卷十一云：「萨婆多说，佛亦有寻伺二法，然禅支中寻伺支，名对治支，佛断烦恼尽，无寻伺……大乘中唯说受想二法是心遍行。」《义演》卷十二云：「若已断故名非所断者，谓若已断名非所断者，无学身中善、无记、眠亦非所断，于中缘缚先已断故，故于此起眠，无缚所断，名非所断……大论第五解分别是三界心心所者，约二种分别说，一有漏心，二遍计心。」《秘》卷十云：「根本智无寻伺。」《灯》卷十云：「又设一解，欲界泛言，二定以上或有语言非寻伺发，但用思生，言寻伺起者，依粗相说，如思惟支。」又《义演》云：「十地中起无漏后得智，皆在寻伺，若至金刚心时寻伺即不行，得胜舍劣故。」《枢》卷四云：「语行有三，佛无寻伺何妨语转，业不无故。第四禅中二息既无，其身得住，此亦应尔。」又《疏抄》云：「若离欲不断寻伺，寻伺通初禅故。恶作离欲断，眠离欲亦不断，罗汉亦有睡故。」

余门——《疏抄》卷十一云：「支非支别者，后二是禅支，前二不定，缠盖别者，前二是盖缠，后二非；语行别者，后二是语行，前二非；通定散别者，后二通定散，前二非；通无漏别者，后二通有无漏，前二有漏。」《义演》卷十二云：「有无事别者，除悔余三得缘无事，以悔不得与余根本惑俱。」

（附二）《寻伺与三，七分别》——《灯》卷十云：「七分别者，《瑜》卷一云有相、无相、任运、寻求、伺察、染污、不染污七分别。并以寻伺为体。《对法论》卷七除任运一，余亦寻伺为体，即五识为任运体。三分别中随念计度亦寻伺为体，自性一种有二说，准《对法论》唯在意识即寻伺为体，准《摄》许五识有。若随转门亦寻伺为体，若真实义，即五识为性。此总出体也，别出体如《对法述记》卷五。」其诸门分别之三七相摄，识地有无，漏无漏等皆未录。（考《瑜》卷三十六注四之十。）

（附三）（十六页）《六十二见正义》——《义林》卷八云：「《阿含》是大众部经，《梵网六十二见经》与《舍利弗阿毗昙》同是正量部经。《婆沙》有部论，今不依其说，亦不依《大智度论》。《瑜》卷八十七云：萨迦耶见以为根本有六十二诸恶见趣，谓四遍常见论，四一分常见论，二无因论，四有边无边想论，四不死矫乱论，如是十八诸恶见趣是计前际说我论者，又有十六有见想论，八无想论，八非有想非无想论，七断见论，五现法涅槃论。此四十四诸恶见趣是计后际说我论者……此以五见中二见为体，一边见，二邪见。《对法论》卷一，问：六十二见何所摄？答：或二或一切。觉师子云，二者自性，一切者眷属，眷属者同类等流相引生故。如是即显通不善有覆别境慧摄。」（注八）《更明恶作体义》——《对述》卷四云：「显云怅怏追恋为悔体，恶作是因，悔体是果，果说因称立恶作名，恶恶所作方

有为法(三)

生悔故。正理师言恶作是厌，应通三性或前省察诸心心所今义释者恶作即厌，善厌无贪恶厌嗔分无记即欲于不作中生欣乐故，然说恶作通三性者依总聚说或从果名。又释恶作即悔之境能恶所作即是悔故。悔前恶作即是境故。又释恶作善者是愧，不善者无惭，无记者是慧。又释恶作三性皆慧，简择所作方生悔故，如《唯识疏》。」又云：「三性诸法可生悔者名为应作，不可悔者名不应作……作事未了未出离时即生追悔名时，出离已后方生追悔名非时……即于作处而生悔者名为应尔，于是处故余处悔者名不应尔，于非处故。」

色法《百法论疏》

- 义——识之所依所缘乃五根五境，质碍之色亦名有对色，以能所造八法而成乃十有色也。无对色即法处色。
- 相——所变，实。又云：「色法不能自起，要藉心心所变现自证虽变不能亲缘故曰所现影，即彼二法所现影。」《百法论义》云：「通属八识相分。」（注八）
- 类别（注十）
  - **二类**（《瑜》卷六十六）
    - 大种所生，自类差别——造涩滑等，此诸大种，各各差别变异而生，于彼假说涩性等种种差别。
    - 大种所生，异类差别——谓眼等五内色处四外色处，法处一分，除触处。（无见无对色，若彼定心思惟欲界有色诸法影像生起，当言欲界大种所造，余亦尔。）
  - 三类
    - 五根——眼、耳、鼻、舌、身（身者积集依止义，谓积聚大种，诸根依止。）——皆有出生增长义，以能造所造八法为体，乃识所依之根。
    - 五境（注七）
      - 色——眼所取，约二十五种：谓青、黄、赤、白、长、短、方、圆、粗、细、高、低、正、不正、光影、明暗、烟尘、云雾、迥色（注六）（离余碍触方所可得，《瑜》无此。）表色，空一显色。（注六）（谓上所见青等显色）又有分为三：妙，不妙，俱相违。又《显》于卷二十五中除迥加影像色。
      - **声**
        - 相故——即耳根所取义，此一为总，余四为别。
        - 损益故——可意声，不可意声，俱相违声。
        - 因差别故（注九）
          - 因执受大种声（《疏抄》卷三云：即由第八识执受四大令不堪能生觉受。《秘》卷四云：因谓所以，受谓执受，即内大种所引之有情数摄。）——语等声——内缘声（《瑜》）。
          - 因不执受大种声——树等声——外缘声。
          - 因俱执受大种声——手鼓等声——内外缘声。
        - 说差别
          - 世所共成声——世俗语所摄
          - 成所引声——诸圣所说。
          - 遍计所执声——外道所说。
        - 言差别
          - 圣言量所摄声——即八种圣语
          - 非圣言所摄声
          - 响（在《杂集》《华严钞》中唯十一，无此。）

《瑜伽师地论记》云：此三是有体，余假（考《瑜伽师地论》卷五《续注七》。）

（注九）《释因受义》——《对述》卷二云：「诸根六造并依身根皆从所依名有觉受（考《遍行》《受》），若依此受造声四大，与身根俱名有执受。声因此生，故名因受。声体非受不能觉故……若依领纳受为身者非唯因大名有执受，所生之声亦执受摄。」又云：「依因差别，因受等三摄声皆尽，或唯说六，谓此三及损益三。」

此四乃实，余皆依四大假立。（五境种类大乘论中有多说，小乘论亦然，如《补缺》卷七《五境章》辩。（又《对法述》卷二亦论及。））

香——鼻之所取，有六种，谓：好、恶、平等、俱生、和合、变易。《对述》卷二云：「平等谓如石块等，具生谓才生随好恶等三与生俱故。如香芳等，变异谓熟果等，于熟时方增香故。」

味——舌之所取，有十二种，谓苦、酸、甘、辛、咸、淡、可意、不可意、俱相违、俱生、和合、变异。《对述》卷二云：「十二皆实，如香说。」

触——身之所取，有廿六种，谓：地、水、火、风、轻、重、涩、滑、缓、急、冷、暖、硬、软、饥、渴、饱、力、劣、闷、痒、枯、老、病、死、瘦。按《对法论》云：「所触一分者，四大种所造。身根所取义。」《述》卷二云：「此论本师列廿二触。然触有三：一触心所法，二能触身根，此皆能触。三者触处，为简前二，故言所触。所触有二，一能造谓四大，二所造，故言一分。」按作所触一分，当除地水火风四，故成廿二。

法处所摄色：

义——谓过去无体之法可缘之义。

别——《瑜》卷三：唯二：谓律仪不律仪所摄色，三摩地所行色。

类(注六)

极迥色——依假想观析所碍色至极微。又云见虚空青黄等色乃是显色，若下望之，则此显色至远而为难见，故名极迥。

极略色——亦假想观析须弥俱碍之色至极微处。又云：于色上分析长短形相粗细以至极微故。俱碍言明暗等色乃所碍也。

定果色——谓解脱定变鱼肉山威仪身等，亦名定自在所生色。《对法论》云：「谓解脱静虑所行境色。」《述》卷二云：「解脱谓四无色，四静虑可知，或解脱为前七解脱。有说解脱即四静虑，据大威德略品无色故。」

受所引色——如受诸戒品，戒是色法，所受之戒，即受所引色，此即律仪不律仪殊胜思种所立无表色也。(考《瑜伽师地论》卷八十七)

遍计所执色——谓第六识虚妄计度所变根尘无实作用。

《百法论疏》

释名——不相应简别心所有法，彼与心相应故，行则简心色无为，此行蕴摄，彼非，故不相应行。《别抄》卷一云：「古传，但云非色不相应行，非色简色，不相应简四蕴心所法，行简无为。」

《百法论疏》

相——此不相应行不能自起，藉前三位差别假立，命根一法唯心分位第八心种上连持功能故。异生性一唯唯分位，二障种上令别功能能故。二无心定无想异熟乃王所上假，王所灭已名无想等余十九种通色及心心所法三上假立。如众同分乃色同众，心同分，所同分，余仿此。《对述》卷五云：「不相应者不相似义，不与色心等体义相似故，谓非有所缘及性有变碍名不相应故。」又《对法论》卷二云：「不相应行，应以五门建立差别，谓依处故，自体故，假立故，作意故，地故。二无心定具足五门，无想天除作意，余唯初三。」《述》卷五云：「依处者显得等法必有心心所色现种而为所依，依实立故。自体故者体通三品，假立故者明体非实，作意故者显由邻近加行引生，地故者显所依地唯依一地得地名故。」

辨见断，一唯见断谓异生性，一唯不断谓灭定，二通见修谓无想定及果，余十通见修及不断（及余）。

方）名文命根，四因唯无覆无记，果唯善，六通三性谓得同分四相（及余。）

辨三性。二唯善谓二无心定，二唯无记，谓异生性（异生性通二，谓不善有覆），无想异熟，唯无覆，四通二性，谓句（及

（及余）。

辨有无漏。一唯无漏谓灭定，三唯有漏谓无想定及果，异生性，十通二，谓得、命、同分、名、句、文、四相，佛等皆有故

辨现种依。五唯依种谓命根二无心定及果异生性，三唯依现，谓名句文（及方），六通种现，谓等得，（及余）。

心定及无想异熟，异生性，六依三法，谓得，众同分，四相（依色心立余十五。）

一心，二心所，三色。一唯依心种谓命根，三（或四加方）唯依色立谓名句文，且依此土非余佛土。四依心心所立谓二无

辨聚法依处，现种，有无漏，三性，见断，五位，界系，九地。（卷八十四）（考不合和下。）——《枢要》卷二云：「依处有三：

有为法（三）　不相应行（注五）

- 心不相应假有之故
  - 体过失——若言生是生体，是即从他生。
  - 因过失——如言生是生因，能生生故说名为生，是即无别果生可得。

《显扬论》

- 不相应行 假有性《显扬论》
  - 非常言论
    - 转变故——饮食变秽等。
    - 加行故——金造作具等。
    - 不破坏故——如种种药物共和合已，或丸或散，于药言舍，于丸散等言生。
    - 破坏故——如瓶坏已言舍，瓦等言生。
  - 不遍一切言论——于诸言论有处随转有处退还如言舍唯随舍转，言村亭等即退还。
  - 众法聚集言论——于众多和合安立自体言论。
  - 众共施设言论
    - 好等相——若相触所取。
    - 邪行等相——若相思所取。
    - 应识相——若相由作意能起于识。
    - 言说状貌相——若相想所取。
    - 事相——若相识所取。
    - 益等相——若相受所取。
  - 远离彼言论
    - 非以此显此非以彼显彼言论——一向于假相处起如舍之门，百之十等。
    - 以彼显彼言论
      - 假相处起——如言佛救、德友、食饮衣服严具。
      - 实相处起——如言眼之识。
    - 以此显此言论
      - 假相处起——如石之固。
      - 实相处起——如言地之坚。
  - 属主相应言论——诸言论配属于主方解其相。

3 也。

所以解惑分位假法，不相应行，此说明为追求之，故法为实而执不相应众生莫不

不相应行类别（注五）

（《对述》卷五，中广有会释）

6、命根——《百法论疏》云：「依业所引第八种上连接色心不断，功能假立命根。」《瑜伽师地论》卷五十二云：「由若带前名文，则如经书字，能诠之文带所诠之义故。」

5、文身——《百法论疏》云：「文即是字，能为名句二所依，又云带诠名文，不带诠，名字，此等韵审之类，只训字，诸法，差别施设建立功德过失杂染清净戏论。」

上名多句身（如观音菩萨），单句诠差别，多句则诠别句之身。」《瑜伽师地论》卷五十二云：「依彼自相施设所有

4、句身（注四）——《百法论疏》云：「聚集诸法名显染净义，一句名句（如菩萨），二句名句身（如大菩萨），三句以遍分别为随言说，唯建立想。」

（如锡华瓶），乃诠别名之身，即诠诸行（天？）人等无。」《瑜伽师地论》卷五十二云：「依诸法自性，自相施设，由

3、名身（注四）——《百法论疏》云：「能诠自性，单名为名（如瓶），二名以上名名身（如花瓶），三句以上名多名身论》卷五十六云：「依未生起一切出世圣法分位建立，有三种：谓欲、色、无色界系。」

见所断法种子，唯未永害量名异生性，此有四，一无般涅槃法种性所所摄，余为声闻、独觉、如来。」《瑜伽师地

2、异生性（注三）——《百法论疏》云：「三障种上，一分功能令趣类差别不同。」《瑜伽师地论》卷五十二云：「三界功修习方能自在起现行，此中唯有漏种子。现行者即前二种，成熟不生现行义属行人，就彼建立现行成就。」

不善修者所有种子因缘建立种成熟。自在者，即是加行善一分威仪工巧善修习者，及以变化所有种子要由加行因名自在成就，若现前诸法自相现前转名现行成就。」《瑜论记》云：「种子成熟依染污法生得善根法一分威仪工巧未为圣道永害，不为邪见损伏诸善如断善根者，是种子成就。若加行所生善法，及一分无记法缘所摄受增盛因种子成就，二、自在成就，三、现行成就。若所有染污诸无记法生得善法不由功用而现行者，彼诸种子若未为止所损伏，伽罗虽彼彼法已起已灭。若欲希彼复现在前，便能速疾引发诸缘令得生起。当知此得略有三种：（注二）一、种子离散因者，谓由余缘现在前故，余缘离散。若于引发缘中势力自在，假立为得。以此自在为依止故，所有士夫补特法不离散因者，一切善等法得既俱有，彼虽相违，应顿现行，俱不应理。又生因者，所谓各别缘所摄受诸法自种，不因，诸法不离散因耶？若是诸行生因，从先未得此法，此既未有生因之得，应常不生，由此亦应毕竟不生，若是诸之相。」《瑜》卷五十二云：「生缘摄受增盛之因说名为得（注一），由此道理，当知得是假有，若言得是实有，为诸生

1、得（考《瑜伽师地论》卷八十八《破得，非得》）——《百法论疏》云：「包获成就不失义，乃色心生起未灭坏来此不失五，有详论，要如此。又云「名句文即语声差别唯欲色二界，初定欲地有，若思惟名名言熏习等名通三界九地。」）

辨九地。三唯一地，谓二无心定及果，三通二地谓名句文或五地（及方），八通九地谓异生性及余七。」〇者据《对述》卷谓得同分命根及四相。

辨界系。二唯一界，无想定及果，三通三界及非界，谓名句文，一通三界谓异生性，一非三界谓灭定，七通三界及非系，三，若回心可尔。三唯四位，除见道，谓名句文，七通五位，谓得同分命根四相。

辨五位。二唯资粮谓无想定及果。一唯二位，异生性在初二，一唯二位起谓灭定。（回心通五位，直往非，初二。）非初

有为法（四）

不相应行

类别

先业于彼彼处所生，自体所有住时限量势力，说名为寿生气命根，此复多种差别：谓定不定，随转不随转，若少若多，若有边际，若无边际，若自势力转若非势力转……阿罗汉及诸诸有学于现法中定涅槃，若诸异生住最后有名有边际，余（如来）名无边际，若阿罗汉诸菩萨如来于寿行中延促自在所有命根名自势力转，所余名非自势力转。」又《瑜伽师地论》卷五十六云：「依业所引异熟住时决定分位建立。此复三种：谓定不定，爱非爱，岁劫数等所安立。」《疏抄》卷一云：「第八现行识相续故名命，种子上功能名根，即由种子上功能住持现行识名命之根。」

7、众同分——《百法论疏》云：「类相似故有人法之别。人同分者，人同分天同分等，法同分者心同分，色同分等。」《瑜伽师地论》卷五十二云：「于彼彼处受生有情同界同趣同生同类位性，形等由彼彼分互相似性，是名众同分，亦名有情同分。」卷五十六云：「有三种：谓种类同分，自性同分，工巧业处养命同分。」

8、无想定——《百法论疏》云：「想等不行令心安和，作出离想，离欲界，第三静虑欲贪唯凡。」

9、灭尽定——「令不行心心所灭（六识）及染，第七恒行心聚皆悉灭尽，作止息想，已离无所有处欲，唯圣。」《百法论疏》云。

10、无想报（无想异熟）——「由欲界修彼定故，感彼天报。」《百法论疏》云。

11、生——《百法论疏》云：「先无今有。」《瑜伽师地论》卷五十二云：「刹那生相续生，增长生，心差别生，不可爱生，可爱生，下劣生，处中生，胜妙生，有上生，无上生。」

12、住——《百法论疏》云：「有位暂定」《瑜伽师地论》卷五十二云：「刹那住相续住，缘相续住，不散乱住，立轨范住。」

13、老——《瑜》卷五十二云：「身老、心老，寿老，变坏老，自体转变老，诸行刹那刹那转异性老。」

14、无常——《百法论疏》云：「死之异名。」《瑜伽师地论》卷五十二云「灭坏无常，生起无常，变易无常，散坏无常，当有无常，现堕无常。」

15、流转——《百法论疏》云：「因果不断相续。」《瑜伽师地论》卷五十二云：「诸行因果相续不断性，差别有多种：谓种子流转（种子不现前诸法），自在势力流转（被损种子现行诸法），种果流转（有种子种不被损现行诸法。）名流流转（四非色蕴）色流流转（诸内外十有色处，及与法处所摄诸色。）……」《瑜伽师地论》卷五十六云：「有三种：刹那展转流转，生展转流转，染净展转流转。」

16、定异——《百法论疏》云：「善恶因果互相差别。」《瑜伽师地论》卷五十二云：「无始时来种种因果决定差别无杂乱性。此差别有多种：一、流转还灭定异（顺逆缘起）。二、一切法定异（一切法十二处摄）。三、领受定异（一切受三受所摄无过无增）。四、住定异（一切内分乃至寿量，一切外分经大劫住。）五、形量定异（诸外分四大洲及有情所受生身形量等。）」《瑜伽师地论》卷五十六云：「依法别相分位建立，此有三种：谓相定异，因定异，果定异。」

17、相应——《百法论疏》云：「因果事业和合而起。」《瑜伽师地论》卷五十二云：「彼彼诸法为等言说，为等建立，为等开解诸胜方便。此相应差别分别有四道理：谓观待、作用、因成、法尔。」《瑜伽师地论》卷五十六云：「依因果相称分位建立，此有三：谓和合相应，方便相应，称可道理所作相应。」

无为法（注三）

（考《瑜伽师地论》七八注九）

想

总相——《百法论疏》云：「不生不灭，无去无来，非彼非此，绝得绝失，简异有为，无造作故，断染成净之所显示故。」

别相——《义演》云：「一真法界即是性，分为六或九即是相，有多无为相故。」《论义》云：「出世间法名无为法……虽云出世犹未离我，故总无之。所以论主标一切法无我句，为性相之宗本……由心所属境相相似故立虚空无为，为常清净所缘真如体相，常如是体。余四无为由四离系故建立，谓：二（？）缘差别毕竟离系，简择烦恼毕竟离系，苦乐暂时离系，心心法暂时离系。」

大小别性别《略纂》云：「八种无为皆通三性。」《百法论义》云：「通大小乘。」《对述》卷五云：「有义虚空非择唯无记，不然，皆通三性，心所变故，若于真如上义分即唯是善。」

（注二）

1、虚空无为——《百法论疏》云：「于真谛离诸障碍犹如虚空。」《对法论》云：「虚空者为无色性，容受一切所作业故。无色性者，谓唯违于色，无性相法意识境界。唯违色言为别受等共有真如择灭非择灭无常性等，虽兔角等，亦是无性，然彼不与诸法相违，以彼唯是毕竟无故。又兔角非唯违色，由与受等诸法共故，是故唯说与色相违。一无相性言，为别受等无色之法，受等自体是有性相，非无性相。」《瑜》卷五十三云：「唯诸色非有所显是名虚空，所以者何？若虚所行都无所得，是处方有虚空想转，故知此是假有。」《对述》卷五云：「意境无性二是实义

18、势速——《百法论疏》云：「有为法游行迅速。」《瑜伽师地论》卷五十二云：「诸行生灭相应速运转性。此有多别。诸行流转势速，流润势速，烧然势速……」《瑜伽师地论》卷五十六云：「依迅速流转分位建立，亦三又（六？）谓：士用势速，诸行势速，神通势速。」

19、次第——《百法论疏》云：「编列次序，令不紊乱。」《瑜》卷五十二云：「各别行相续中，前后次第，一一随转，此有多别：一，流转次第（无明缘行等）。二，还灭次第（无明灭，故行灭等）……」《瑜伽师地论》卷五十六云：「三种：刹那流转次第，肉身流转次第，成立所作流转次第。」

20、时——《百法论疏》云：「过现未四时年月等。」《瑜伽师地论》卷五十二云：「由日轮出没增上力故安立显示时节差别，又由诸行生灭增上力故，安立显示世位差别。」卷《瑜伽师地论》五十六云：「依行相断分位建立，三种：去来今。」

21、方——《百法论疏》云：「色处色齐人法所依，或十方上下等。」《瑜伽师地论》卷五十六云：「依所摄受诸色分位建立，三种，上、下、傍。」

22、数——《百法论疏》云：「度量诸法之名。」《瑜伽师地论》卷五十二云：「安立显示各别事物，计算数量差别。」《瑜伽师地论》卷五十六云：「依法齐量表了分建立，三种，一数，二数，多数。」

23、和合性——《百法论疏》云：「诸法不相乖反。」《瑜伽师地论》卷五十六云：「依所作支无缺分位建立，三种：集会和合，一义和合，圆满和合。」

24、不和合性——《百法论疏》云：「诸法相乖反。」《瑜伽师地论》卷五十六云：「反于和合。」按《杂集》无不和合，故仅廿三不相应云。然于和合下有一「等」字，《对述》卷五云：「论师显彼体即非得，既不对得别立非得故不对和合别说不和合。又置等言显更有多。」又云：「《瑜伽师地论》卷五十三，卷三同此说廿三，卷五十六有廿四。《杂心》、《俱舍》立十四，《唯识》破小亦立十四。」

(注三)《无为法有义》——《识论》云：「契经说有虚空等诸无为法略有二种：一，依识变假施设有，谓曾闻说虚空等名，随分别有虚空第六识上作解心变起虚空相分故，二法性虚空，即真如体，三事虚空，即顽空。」故。如《解深密经》云：「如虚空中种种色相现生现灭，而此虚空无生灭。」又《宗镜》卷五十八云：「虚空有三：一识变虚空，即唯一味。问下(不？)明虚空如识立云何可说性是无耶？答：彼经但据无质碍处即名虚空。不取依识变者，经以虚空喻净法界之所显故，如所作性……以色显色如灯照物，以色显心如照内心。」

(注二)《大乘虚空义》——《秘》卷四云：「大乘虚空性非是有，无质碍处假名虚空，无法无碍故遍诸色。虽遍色中无性不改体性无差，云得故，不动、想受唯心所显。」考《破小乘无为》、《别破》第三《结正》。《学记》卷二云：「无为亦尔，从彼所显，容受色等，断惑不生缚自性断者亦唯心显，以简择心断染显故通说三断是色心显，由断五蕴而证得故，或唯心显，若非择灭通色心显，色心缘缺而显色，谓心缘色，虚空无为通色心显。《佛地论》说五蕴无处显虚空故。又心缘空，故名心显。择灭无为若依能证，唯心所显，若依离

(注一)《五无为色心显别》——《秘》卷四云：「色心所显性四句分别：一，以色显色，二，以色显心，三，以心显心，谓他心智，四以心显

(注一)「(考《静虑》之《得》《无为》。」又《对述》卷五有多会)

类别

，唯违色者，依粗相说，非实理门。」

2、择灭无为——《百法论疏》云：「由无漏智断诸障染所显真理。」《论义》云：「此在权教菩萨分断分证及二乘所证涅槃空法。」《对法论》云：「择灭谓是灭是离系，永害随眠故。」《识述》卷二十云：「由慧简择，缚断得灭，名择灭。」《百

3、非择灭无为——《百法论疏》云：「一真法界本性清净，不由择力断灭所显，或有为法缘缺不生所显真理。」《百法论义》云：「即实教菩萨。」《对法论》云：「非择灭谓是灭非离系不永害随眠故。」《瑜》卷五十三云：「云何非择灭？谓若余法生缘现前，余法生故，余不得生。唯灭唯静名非择灭，诸所有法此时应生，越生时故彼于此时终不更生。故亦是假有，此无有余自相可得故，此法种类非离系故，复于余时遇缘可生，故非择灭非一向决定。若见学迹于卵湿生北拘卢洲无想天，若女若扇搋迦、无形、二形等生，及于后有若爱若愿所得非择灭，当知一向决定，由觉见迹尝不于后有起希愿缠发生后有，唯除未无余永害受种子故。」

4、不动灭无为——《百法论疏》云：「以第四禅离前三定出于三灾八患无喜乐等动摇身心所显真理。」《百法论义》云：「谓第四禅，即五果那含，与想受灭无为皆属二乘。」《对法论》云：「谓已离遍净欲，未离上欲。」《义演》卷一云：「不为乐受之所动得不动名。」

5、想受灭无为——《百法论疏》云：「无所有处想受不行所显真理。」《百法论义》云：「通灭尽定。」《义演》卷一云：「今说灭此受得无为者，不与烦恼相应受说，烦恼相应与烦恼同断，不不言得无为。此受望大乘是染污，望二乘即无覆无记。」

6、真如无为——「理非妄倒，无我性、空性、无相、实际、胜义、法界故。」《百法论疏》云：《显扬论》分为三。

- 无记法真如
- 不善法真如
- 善法真如

于三性中清净境界性。

等相。数习力故，心等生时，似虚空等无为相现，此所现相，前后相似，无有变易，假说为常。二依法性假施设有，谓空无我所显真如，有无俱非，心言路绝，与一切法非一异等，是法真理故名法性。离诸障碍故名虚空，由简择力灭诸杂染究竟证会故名择灭，不由择力，本性清净，或缘缺所显故名非择灭。苦乐受灭故名不动，想受不行名想受灭。此五皆依真如假立。真如亦是假施设名，遮拨为无，故说为有，遮执为有，故说为空。勿谓虚幻故说为实，理非妄倒故名真如，不同余宗离色心等有实常法，名曰真如。」《述》卷四云：「一显无本质，唯心所变。二显空等依真如立。数习力等者，由曾闻说，今时复闻数习力故，心等生起缘空等时，便似虚空等无为相现，谓变空作无色等碍相乃至非择作法缘缺而不生相。此即七地以前有漏加行心等缘名起分别相，入地入圣果人无漏后得智缘前无分别智中法性之空等及远缘加行智等中，及见闻讲说虚空等，故变似空等相现。此皆变境而缘故也。有漏一识，因。无漏二识，果，无漏三智，或说八识。」《疏抄》卷五（四？）云：「识变无为还有本质，其所变相分无为而本质无为不相变故。故说识变无为而无本质。据实而言心缘无为本质，本质亦成所缘缘义故，识变无为，亦有本质。如心缘五尘本质变起相分时，相分与本质即相似故，其相分是色，本质亦是色故……入地，入十地。入果即得四果……有漏一识等者，谓有漏中唯第六识缘虚空无为而心上变起无为因，无漏二识者，十地中六七二识智，妙观智。此二智之后得前（疑智）中能缘虚空无为，变起无为之相果，无漏三智者：第一解，若不说成作智缘空，余三智之后得智能缘无为而变起无为相分也。第二解说成所作后得智能缘空无为而变起无为之相分，则通此第二解胜，谓成事智不能有根本智，能证无为。成所作后得智，亦能缘无为而变无为相。……论云无有变易者，以本质言无变易论体即是有为，还有变易也……小乘有部解非择灭但由缘缺所显，大乘立有真如，真如体清净，得名非择灭……疏言离第三禅染得不动无为，离无有处染得想受灭无为者，即约二乘及夫凡地离染说也。若离下地染，求得上地定，若得上地定，求离下染也。菩萨不尔，不离下地染即得上地定，不舍上地，还生欲界，故知虽起欲界现行烦恼，亦得上地不动受灭二无为……《显扬论》不动，想受灭二无为俱是暂时缘缺，苦乐不行，舍受不不行，所以皆是非择灭摄，此二性无为，是有漏变则苦谛是依他性摄，若无漏变，则道谛摄，亦依他起性摄，法性无为，则灭谛摄，即是圆成实通二性。依圆二性即是有，若计所执即是无。」《义演》卷四云：「或说八识者，果位八识总缘无为也。成所作智虽唯是事智至佛果亦缘无为：此说二性者，即一依识变假施设有。二依法性假施设有。前是依他性，后是圆成性。」《蕴》卷二云：「集无漏三智者，除成实事智，不缘理故，或说八者，识变独影缘如，亦通前五。」《学记》卷二云：「测出二解：一，皆是实有，熏自影种假法如无非因缘故。二。唯真如实熏影像种，缘虚空等必带如相。不同枢要一细独影（此说非理，考《义灯》五）……非择灭缘阙不生，此复有二：一、定不生，有部师。二、后还生，唯大乘有。问：何故择灭三界唯一，定障之灭分为二？答：必上下地对治所得，别立不动想受灭二惑。一未至地，通断九地染，故唯总立一择灭真如。《枢要》卷二云：「开二与否，以变异不变异相显于烦恼故。」

《诸部增减（考破小乘无为之别破）》——《述》四云：「大众等说九，化地（旧云正地）亦九，毗婆阇婆提说三灭中立无常灭，亦是无为。有部亦立三种，然是实有乃至虚空。或说唯一，或说为多，然大乘中此及《百法》但唯说六，《瑜》卷五十三说二：谓空，非择，《五蕴论》说有四，不说不动等二。即择灭故。又《瑜伽》、《对法论》、《显扬》，说八，于此六中真如为三，约诠约理所望别故。」《秘》卷四云：「三灭等者，谓择灭，非择灭，无常灭。此无常灭亦无为摄，由此无为有势力故，令法迁谢，如《婆沙》卷三十八明。又按《智度论》卷四十二云：「灭有三种谓知缘灭，非智缘灭，无常灭，不说无常灭是无为……诠者谓诠显。」《义演》卷四云：「毗婆阇婆提，

无为（《辨》）——真如——空性

- 相
  - 非空——离于二取唯有真如，真如是虚妄分别体故。于彼真如中，但有此二种法能摄一切诸戏论事，谓能取法及彼所依所取之法。」
  - 非不空——所取能取遍计所执，虚妄分别于此都无。《瑜》卷十三云：「有虚妄分别，都无二取。真如之上有依他起，体皆非无，如实知有。
- 非共相——分别非一非异亦非有非无与虚妄

《内外门》——《对述》卷五云：「不动想受灭唯内法灭得，余皆通内外。」

《凡圣得别》——《枢要》卷二云：「虚空非择灭通凡圣得，想受灭择灭，真如定唯圣者得，不动二说。

相分，何法摄耶？答：摄相从见即四蕴收，见相别说，法同分收。或以相从质，以假随实，亦无为摄。」不动等二暂伏灭者非择灭，究竟灭者择灭摄。又烦恼易而共许与择等名，所知难而不共故但名灭。问：识变无为及缘无为所起受障定强断彼别立无为。」《义灯》卷五云：「何故断烦恼障所显真如名为择灭，断所知障唯名灭？答：由不定故。下第十云：皆然。」《义演》卷二云：「问云：既无漏智断等所得无为，今是择灭收，云何乃离择灭外别立不动等耶？答：据理实然，但以无为。二禅出苦，乃至舍受贪等亦尔。今约变失受尽处说，故第四禅立不动无为。若断第四禅舍受亦得想受灭无为，乃至以上《疏抄》卷四云：「不障一切等者，计初禅出忧亦合得不动无为，然所断忧受中即有百千万类。言百千类忧故，还得百千个不动者，答何故择灭外立不动等。加一（疑行）贪中有九品，断得九无为，何妨择灭亦是不动等耶？故唯论云由受尽故得二无为。」苦乐时必不安静，此二受灭立不动无为。有顶游观必舍受故。灭此之时立想受灭。此名胜障别行相也。言不障一法得多无为污等法，无不障定，今约别行障定者说，不障一法得多无为故。又断所知障得无为。」《蕴》卷二云：「且至别行者，答后问。有

《释妨难》——《述》卷四云：「何故择灭外，于二受灭立不动无为，舍受灭立想受灭，非余受灭亦立无为。且依胜定障说，据实一切染有为，从因生故。」

非烦恼作故名无为，从因缘起故有为摄。初非染净因缘为，次或二为，或非染为，以三性心俱得变故。后非染为，然若尅体即是明说六中五假，真如是实，八中三实。余假。今为二解：一皆假五依如立，真如亦是假施设名；二，真如无为一三是实。」

《种类不同》——《义灯》卷五云：「有三种不同，一依如立，实是无为；二依识立相似无为，少分似彼，体实有为。三、别义立，谓诸无漏性，体遍有无。」《疏抄》卷四云：「若通三性者，即通遍计等三。遍有无者真如遍计性无法，依圆性有法。」《义灯》卷五云：「西相名虚空等，或依障断所得灭处。假立择灭，不动想受无色之处，假说虚空，法缘缺时，义名非择，约诠为论，名善等如。若通三

《假实分别》——《述》卷四云：「一实体，八无为体皆是真如，由此言依于真如立虚空等，二假体，即随有漏无漏心中所现空等无为之为，约废诠说旨故。《掌珍论》亦立四：随小乘又为世出世故立三，虚空非择世间，择出世已离缚故。」说三真如即约诠显理。三性法名诠，三性下真如名理，若说真如无为，即约诸实体也。」《义灯》卷五云：「《大般若》立一真如无三唯说二无为者，约世人共知故。如世人共知有虚空及知有缘缺之法故。若说择灭，即约部断，若说不动想受，即约断二受，若此云分别论者。不动等二者，不动想受灭二，以此二皆由智断苦乐想等所显真如，亦是择灭摄。」《疏抄》卷四云：「《瑜》卷五十

《无为无差别义》——《义演》卷二十四云：《大般若》卷三六〇言三乘无为无差，断习气不得无为，所知障断不得无为者。意说如来有无为法即无习气无堪任性，二身乘亦有无为法，即尚有习气无堪任性。所以断习气不得无为，约断烦恼说证无为也，故三乘

《四无记与无为》——又云：「异熟生心心所与法执相应者能缘无为。若是业果劣无记不缘。就威仪工巧中若发威仪工巧心能缘无为，若缘威仪工巧心不缘无为，以发心强。就通果中若为利乐有情所起者亦能缘无为，若任运游戏所起者不缘。」

《空无为异说》——《义演》卷二十一云：「小乘计别有一空能容受色等法名虚空无为，非是苦谛下苦空之空。大乘说真如上无色之处名虚空无为。若胜论计执别有一空是有实中空。彼计此空非空无为，亦非是空界色等。彼闻空无为名即生嗔，故是不善心集谛所摄。」

《得择灭无为多少别》——《疏抄》卷十二云：「小乘说，次第行者，初果起六无间解脱断欲前六品，或得第二果，其人即得初果见道中上下八谛下八个择灭，及得断欲界六或下六择灭。得初果已，又起九无间解脱断欲界九品或得第三果，即得前见道中八谛下择灭，若断欲九品得九择灭，断九地即得八十一择灭。其超果者若超初得第二，其人唯得见道八谛下八择灭，不得欲界修道六品烦恼下六择灭。余超准知。又佛见道十六心已去，即超上七地到有顶，起九无间九解脱而成三十四心作佛，令得见道中八择灭及得有顶地中九择灭，共十七择灭。广如《大抄》说。」

《成诸无为义》——《义演》卷十三云：「若伏二禅染得非择灭无为，以不断种故。若伏第三禅受等染法得非择灭不动无为，意说此不动无为是非择灭一分，以一切法缘缺不生立非择灭，今受等一分不生故不动无为是非择灭一分。若断第三禅受等种，即得不动无为，此无为是择灭一分。故不动无为择灭摄有之断第三禅乐变等种建立不动无为及得一分择灭无为，以断一分受等得故。若断第四禅染时唯得择灭无为，不得想受灭无为。若断无所有处以来烦恼尽得二无为，谓想受灭及择灭一分，或可想受灭无为即择灭一分摄。」

《虚空非择灭之性别》——九页注附二。

《无为和不和别》——《疏抄》卷五云：「萨婆多说虚无为，其体有一，非择灭无为，其体皆多，如有漏法有尔所量故。所以名无为和。（按因众多故曰和集。）大乘中无为即非和法。」

《诸梵名》——择灭，非择灭

- 差别
  - 清净——出离垢。
  - 杂染——有垢位。
  - 虽先杂染后成清净而非转变——非染非不染，非净非不净。
- 异门
  - 相灭——无相，永绝一切相故。
  - 无倒——实际非实际诸颠倒依缘事故。
  - 无变——真如，真性常如，无转易。
  - 圣法因——法界一切圣法缘此生。
  - 圣智境——胜义性，是最胜智所行义故。

无差别。然断所知障亦得无为。如《显》云：想受不动二无为者，若断障得择灭所摄，彼障即所知障。经言无差别者，依离缚断烦恼说也。」

（续注三之一）《识述》廿云：「择灭无为唯究竟灭，永害随眠。故非择灭，《瑜》卷五十三云：说非择灭法非一向决定一向决定有学见圣迹（四谛）于卵湿二生，北拘卢洲，无想天，女身，扇搋半择，无形二形等生及于后有若爱若愿取得非择灭，（谓不生卵湿二生等中也。）一向决定，余则不定，以伏种子，令不生现名非择灭，种若遇缘便能生现，故更生也。由此非择有定不定。不动，想受灭二无为既非是永灭摄，说暂离言，明非是择灭……问：既言无间道等，如何是非择？择者慧也，无间等生岂非慧也？答：起无间道若有漏亦非择，若无漏不断漏种者，定非择灭。」《论》云：「不动等二，暂伏灭者，非择灭摄，究竟灭者，择灭所摄。」（考《瑜》卷七十四（三、四）

又《对法》卷二云：「此中有二种应断法，谓诸烦恼及此所依受。受有二种：谓变异及不变异，如其次第苦乐，非苦乐。当知烦恼断故，建立择灭，二受断故，如其次第建立不动及受想灭。烦恼断者谓除此品粗重所得转依，受断者谓除此能治定障所得转依，是故得第二转依时。虽证苦灭而不建立无为以变异受未尽断故。」《述》卷五云：「所依受者，谓为根为境相应法受总名烦恼所依之受，或除相应缚所缘缚或断硬涩性总名断受，非要体无，通三性法种子现行，随所应皆得，又解所依受者说唯俱时受，以是离系断相应缚得故，非孤断受等，彼非时离系得无为故，此文据一分故，故离系。《显》据孤断一分故言暂时离系，若依前解，此文为尽理，摄二皆尽故。」《华严》卷二十一云：「何等无为法，所谓虚空、涅槃，数缘灭，非数缘灭，缘起，法性住。」《疏》云：「于择灭中开出涅槃，即性净之果，此即解脱道后，择灭乃在无间道中。缘起无性故名无为。虽举十二因缘，即已摄阴界诸法。法性住（晋译作法界）者即真如也。」

（注一）《释得获成就》——《叙》卷二云：「得获成就□□□□□□□总别有异，得总余别，获成就二差别者，有云：若法未得□得已失□今初得此法上□创至生相即名为获，若流至现在得已不失名为成就，获时不名成就，成就不名获。古德释成道新旧，获唯据新若大乘者义乃通矣。如现行法虽唯新得亦得名现行成就。种有新熏本有二别，俱名成就，亦名得获……种是生果之因缘，故名为生缘，由种有生果之功能果方得有。种名摄受所生果名增盛。或种有彼生果势用名为增盛。」《蕴》卷一云：「一师云约种子望现行说谓此种子能生现行名生缘。持彼生现功能名摄受种子。被润有势力故，名增盛之因。一师云：生缘者种子成就，显生现行之缘，摄受者现行成就。摄受漏无漏果故。增盛之因者，自在成就，由种为因生胜法故二俱得。」

（注二）《得中三成就密意》——《识述》卷三云：「《对法论》卷五说种子成如生欲界未离欲染，此诸烦恼及随烦恼名为成就，若离此地欲名不成就。彼依有体及与损害能生现行作用力故名成不成就，瑜伽唯约未为损伏能生用说无不成就亦不相违……以瑜伽中但依染法能生用说，其能治道说奢摩他，不说无漏道。对法中通说染体及用未灭名为成就通无漏道名为能治。对法论尽，瑜伽少分，二论各据一义。此种成就唯取种子如瑜伽说。对法论中但约染法有无体，有无用名成不成。生得有用，名为成就，亦不说现行名种子成就。对法中染法有体及用名成不成，说有无漏对治道故。瑜伽唯有作用名成不成，以增盛种子方名得故。无记生得善唯瑜伽有，约损用名成不成。无记体者，应互相准作成不成。自在成就者……对法论说加行善法，谓世出世一切功德，一分无记谓工巧处变化心等，等言为显摄威仪，心极串习者唯除生得无记之法。若准对法，染污等法说其加行善等，若体若用亦有成不成。现行成就者，对法等说诸蕴，处界若善不善，无记现行名现行成就，种若断损现行亦不成就。前二唯种以种隐难知离之为二，此唯现行，显而易了。三种成就皆通有漏，若无漏法唯后二种。」《疏抄》卷二云：「染法未为奢摩他伏等者，此中论中即唯为损现行用说成不成，不约损种子体名成……《瑜》卷五十六与《对法论》卷五双约种子若体若用名成不成……瑜伽唯约烦恼现行用名成不成，所以唯说世道伏烦恼，不说无漏也……自在中多分取心不取色，以心有自在故。即说取缘，威仪心故。变化心者如诸菩萨嬉戏神通不为利生多罗汉七地以前菩萨。若为利生亦是善性。唯除生得无记之法者，此生得言，非生得善名生得即无记之中亦有二种。一者生得无记，谓异熟生无记。若法执若心乐果皆名生得无记，生便即得故。二者方便无记，即是威仪工巧通果是此三皆由加行方便方得起故。无为法及在五尘五根等，非三成就摄。」《义演》卷三云：「烦恼等种有生果用故名种子，闻慧等种，加行所引势力增上名为自在，由二种种子，果生起故名为现行，依此三法假立成就。」《义灯》卷四云：「法有二：一有体，二无体，但于有法立于成就，不于无法。有法之中复二：一有为，二无为。有为中复二：一自识变，二他识变。自识变中复二：一种子，二现行，现行成就种子之中复三：一善，二不善，三无记。善中有二：一无漏，二有漏，有漏善中复二：一方便，二生得。前无漏善及方便并名自在，以成就此者必于生死当得自在，又当引生必加功用方始起故即通本始。无记法中复二：一有覆，二无覆。有覆性同烦恼，无覆有四：异熟、威仪、工巧、变化。异熟无记唯种子成就，威仪工巧各具二，如象行鹿骤营田织簿等名种子成就。象王行，鹅王步，雕文刻画等名自在成就，加功始得非因循起故。变化无记唯自在成，必功用故，成此者得自在故。自识所变亦可假说三种成就。他所变，不得名成。无为有二：一依识变，二依如立。依识变无为立得各依彼见种子上立种为能起无为相故。或依现见以心起时变彼相故。三差别者，方便善心变熏成种名自在成就，现行心变即现成就所余心变种子成就，不名自在。若依如立据能证说。依种即自在现证即现行。若后得缘即同前依识所变者说，然非择灭虽非智证若暂伏惑得非择灭同后得智说，若非伏惑但缘缺显依不起种义说得彼自在，种等准性可知。」《学记》卷二云：「瑜伽开种为二：显扬反此，一切种子皆名成就，现行开二，对法自在合取种现。」

（注三）《异生性》——《义灯》卷四云：「犊子部说欲界见道所断十烦恼以为体性。有部别有体性。虽是无记通三界系不相应，经部不立有别体性，但于曾未生圣法相续分位差别假立名异生性。大乘虽亦在不相应非异色心有别体性。但于见断二障种上未永断位假立异生性。不是唯约能障自乘所有圣法不生现位立异生性。无种姓人无别障故。若用若体俱得云不成，有种姓人不成功用，无者亦不成体。」《述》卷三云：「应言未得见道二障上立。二乘断一分，名一分圣，俱句摄故。」《枢要》卷二云：「问知障不障于二乘，即说名无覆，无性之人，二障俱不障，三乘所知障体何性摄？皆应非染。答：可断种轻望不障以名无覆，无性二种俱重通障三乘圣道并名为覆。若唯取分别种名异生，即一界成三界，应名三界异生。若取生现行种，即已离欲应名诸界异生，取与第八识同地之性，其体即得之。」

（注四）《名句文三密意》——《识述》卷四云：「文者彰义，与二为依，彰表二故。字者无改转义，文是功能，故言文即是字，或字为初

……必要是声闻能变，非是地前故皆通凡圣皆能起之。二、依地。此有二门，一能变依，二所变依。能变之中通唯四定，定力通

定果色——《枢要》卷二云：「七门分别：一、凡圣起，如《对法抄》色界通果可通凡圣，《瑜》卷三十三无色界毗钵舍那菩萨亦有定色心立，上见苏迷瑠璃等光作虚空解依此假立，言四显色，从本说迥色亦依四显，或依光明，以上下观与空一显别。」俱空界色，不名极空，恐滥虚空亦是色性。」《补缺》卷七云：「《对法论》云：上所见青等显色，于四显色立空一显，有说依光明

迥色——又云：「迥色者，即傍观空色。」又《义林》卷十云：「迥色即是具色处迥色离碍方显立以迥名，此迥色与空一显色上下类殊，受所引者从师受学而得故，故由防非依思种立，十一切处观亦由第六识观心中安立。」

释极中略色等——又云：「极略色者，谓第六识假想心中折粗色成细至极微色……受所引色有多种，谓表无表定道共等。定道共戒名变，唯令他见不堪受用，故假。」（贪？）等是实，即缘，十一处观，不尔。」《义林》卷十云：「有义定果色唯实，然通假实善，由圣者所变则实，极殊胜故，异生所

（注六）《法处五界假实——《义演》卷五云：「极略极迥受所引遍计所起此之四色一向是假，第八不缘，定自在所生色通其假实。金

（注五）《瑜》卷五十五云：「不相应诸法起，为率尔起耶，寻求耶，决定耶？答：若依彼类心，当言即彼类。」谓标句释句，音所摄，字所摄。」

师地论》卷五十六云：「依假言说分位建立名身，此复三种：假设名身，实物名身，世所共了不了名身，余上亦尔，此中差别者能了达彼诸法自性自性，亦能了达音韵，不能了达所简择法深广差别。依止句，一切了达，此三句依止互明处建立。」又《瑜伽

又《瑜》卷五十二云：「于一切所诠事中极略相是文，中是名，广是句，若唯依文，但可了达音韵而已，不能了达事义，依止名便现量证，言诠不及，共相者，何智分别贯通余法？」明不通无色。」）又《述》卷四云：「今此中言不同于彼诸法自相，非名等诠，唯现量证，名唯诠共相。」《蕴》卷二云：「自相者，唯之所引也。）言说定自在所生声无色三界起亦有何过？有漏语言必粗，云何上地起而无寻伺？」（按言说定旁有一行曰「下问答言有语言，有漏者依上地意发亦无过。如引五识寻（记云：显多由彼非一切故，寻虽引五识，不是一一皆由寻，由上界语言同时二定有？又论云显多由彼起非说彼相应，五识既尔，语言应然。（记云：意云无寻伺处且以意引识发语言何妨有？）无漏上地体，唯二地系，以即语声故，发语之行（寻伺）唯二地故。此随声系（记云：谓粗初禅）二识上地无，无漏即言有语言初定有何妨性。」《枢要》卷二云：「三界分别，各有二种，（记云《疏》第八中一言说名，二问答名，此中明第一。）一言说，此中者，是以声为记，不通善恶，若大乘说通善无记性。若佛成熟名句文，即是善无漏性，若除佛外余十地菩萨二乘凡夫等所有名句文即是无记义，故是不相应，无别种子生。故言即声。」《疏抄》卷四云：「名句文不从种子生，与声同种生，其小乘中说名句文三，自性无体性及差别义故……此三离声虽无别体，名等是假，声是实有，故名等三非即是声，非声处摄，但是差别之声义，说名等以诠共相，不得自相，何故今言名诠自性。答：今言诠自性者，即是共相之自性，自性者体义，差别者体上差别义，即自相共相皆有首，即多刹那声，集成一字，集多字为所依，次能成名诠诸法体。集多名已后成句身诠法差别。问：如此卷言，名诠诸法，但得

无色界六地，无色四地可然。余七方便作用狭劣欣厌上下无胜能力故不能变。所变依者变色无色界及与无漏决定皆得随能变，故于欲界中如身在上界意引定果色与上界色类相似。及无漏者欲界五识未必能观名无见无对，下界第八所缘可尔。如眼耳通扶根尘等此类甚多。若有四禅作欲界化能引粗色似欲界者为令欲界众生受用即令五识第八所缘皆欲界系随意起色果。三、有无漏，凡夫所变唯有漏，不能令用，唯令他见，圣者所变通有无漏。四、具境多少。五、大种造性。六、通定别。如《对法抄》卷二说。七、界处所摄。」

(注七)《声性别》——《义演》卷十九云：「萨婆多声通三性，以声能表内思故声通三性。如《瑜》卷七十二云：声自性唯无记，然声有表是业性摄，以能表思，名为三性，体唯无记。」

(续注六)《定果色》——《义林》卷九云：『凡圣起者』，有义此色通凡圣起，有义此色非异生起，前解是。『若具境多少』，此色若假若实有漏无漏皆具五境。《瑜伽师地论》卷九十八说变化不能为四事，谓业果，心心所及根，余一切皆能变。又《瑜伽师地论》卷五十四云：「胜定果色当知唯有显色等相，于彼香等生因缺故及无用故。此据异生定前加行，或有漏定，或二乘，非无漏心，或菩萨。又以欲界为本质者具有五境，以上界色为本质者无香味二，无种子所记(托？)二种因故。又变欲界具五种变色界境，但唯有三。然此非也。《华严》云菩萨鼻根闻无色界香，《法华》云持此经故光音遍净乃至有顶故。知定果色定具五境，香积佛土定具五故。『若辨大造』，《瑜伽师地论》卷五十四说胜定果色，依此系定即此系大种所造。又说此色胜定力故先起大种，然后造色变异而生。又说此色不依大种，然从缘彼种类影像三摩地发故亦说彼大种所造，非依彼生故名造。又《瑜伽师地论》卷六十六有见无无对色，若彼定心思惟欲界有色诸法，影像生起，当知欲界大种所造。余亦尔。今详造义，莫过二种，由彼所缘亲疏大种唯二类故。一者触处业等(等取心心所)所生本四大种，此通身根身识俱意第八识境，二者法处定果大种，此唯定意第八识境，通或五识境。前通异熟长养等流，后非异熟前唯欲色二界所系，或通不系，后通色界无色界系及与不系，初文依后大造随能缘定处所系故。第二文义亦同，随定前因及义说彼大种先起实俱时故。此大通造三识之境亦许定力起定果本识等境大后造生故。或依初大造定先系起触处大种后造生故。第三文依初大造，虽定亦变大种亲生初变色境要记触处法处方起，故说本质大种所造，定大种劣不说依起然非本大亲实能生，亲能生者，定大种故。第四文义亦同。若初大种通三识境大种皆能造后定果色相依而有成造义，故是疏远造。若后大造通三识境俱能为依起造色故是亲近造。若依初造，或以下大种造上色，或以有漏造无漏，或自处造他处，若依后造唯自类造……设有诸处彰造不造，理不出此一一义。」

(续注二)《三成就》——《补缺》卷四又云：「三界染污法皆名种成就，善中生得善名种子成就，四无记中异熟无记全威仪工巧少分名种子成就，所余皆自在成就。此二种生现，名现行成就。初种成就中约染污法成不成就有二：一约有漏道中，见修二惑唯能伏修，不能伏见。就修唯伏六识中，不伏第七，就六中唯伏贪嗔等四迷事烦恼，不能伏身边二见。就贪嗔中唯伏与嗔等相应四，不能伏与二见相应起者，就贪等四中随取三界九地，唯除非想定，下之八地，地地皆有九品，一一品中作无间解脱道而折伏之。约小而言现种皆不成就，若大而言，唯伏现，不断种，于一一品伏名现行不成就，种子名成就。乃至伏欲惑尽名欲界，现行不成上二界种现俱成就。二，约无漏道若烦恼障分别起者，三乘见道种现俱不成。余俱生惑及所知障等应知其种现成不成。染污者如是

花茶树，蕴从取生，如草塘火。」《对述》卷一云：「取蕴必是蕴，有是蕴非取蕴，无漏诸蕴非取合故。」
爱增上名取，此随义增，非真实理据实而言。《瑜伽》等云：一切烦恼名取支，取蕴亦尔，蕴能生取，如
染希五蕴，蕴能生取，蕴从取生，蕴立取名。」《枢要》卷二云：「推《对法论》同，亦《□地》解取支云：
「有部一切烦恼皆名为取，蕴从取生，或能生取，故名取蕴。今者大乘如对法说，欲贪名取，唯贪为体，

释名

取蕴义——《对法论》云：「以取合故名为取蕴，诸蕴中所有贪欲于未来现在诸蕴能引不舍故。」《识述》卷二云：
卷五十六云：「种种所召体义，更互和杂转义，一类总略义，增益损减义是积积义。」
略义、共有转义、增益损减义、多种义。」《辩》云：「有三种：一、非一义，二、总略义，三、分段义。」《瑜
蕴义——《对法论》云：「以积聚义说名为蕴，又荷杂染担故名为蕴。」《显扬论》云：「此积集义复有四种义：总

论他事耳。考《内学》第二辑。

卷四云五根，于五识为同境依，《唯识》卷二云：第八所缘根身器界并有大种造色。」然此犹不能决，当先明第八究为何物方可澂等谓「据《大论》卷一身识缘四大等，卷五十四一切色乃至触，为自识所识及意识，明知四大可为身识及意识所缘。又《唯识》身识及俱意所缘言，则唯是造色，能造四大为本质，五及俱意不亲缘，故前中触自有造种，大种当属第八也。」此为创解，而吕故言一分。」为能造四大即五及俱意触处所摄之证，不知就身根所取言能造四大自是身根所取，《杂记》有明文，不可非也，就种属第八然后大于造为五因之义的然易明，以大能持造，前六间断，无此能故。有据《杂集》「所触有二：一者能造，今辨所造故。清清色者，根独得名，虽似尘有对，而特微妙，故有发识用，《瑜伽》、《杂集》于大造言，棼不易理，《唯识》复少明文，今以大所变五尘俱托第八器为质亦器界所摄，各有自种。此中大亦得尘名，与五尘唯所取，根则通能所，以望尘名能取，望识名所取

(注十)《明根尘大造》——熊十力《境相章》云：「前六(除散意)尘境并第八根，乃云造色，第八器界，亦名为大。(若通说者五识及俱意境，定意识缘自定果色是。」

变相分缘，相分望八识即亲所缘缘，本质望八识即疏所缘缘。此上所说，且望有质影者说，若无本质唯有相分者，即第八缘自三时，须变影像缘，第六缘十八界法亦变相分缘，第七缘第八见分为我时，亦变相分缘，若第八缘他人浮尘及定果色并界器时，亦本质之流类，似于本质，若无本质，即似内心，故言影也，变不亲缘故置影言者，为八识皆有变相分缘义。且如前五识缘五尘境

(注八)《释色相》——《宗镜》卷五十九云：「现者变也，为十一色皆心心所变现故。影谓影像，是相似流类之义，即此十一种色相分，是

尔。变化定不成就，异熟生者，种子定成就，现行有成不成，约离缚入见道，亦有一分现不成，种在解脱道定不成就。

种子不成就者，要解脱道无漏加行善种子定成就，现行有不成就。四无记中欲界中威仪工巧种定成现有不成，加行自在者亦邪见者现行不成就。生上界欲界生得闻思加行善种子定成就，现行有成不成就，约离缚断者，此诸善入见道有具一分不成就，分别，善中有二，一生得善，二加行善，欲界中生得善，若不起邪分别，种现定成就，不尔，现定不成就，若起加行善，自在成就，

（考《智论》卷三十六有广分别，颇要。）

五蕴（一）（注二）

总别（注一）

摄《瑜伽师地论》卷五十四

十种摄

不相离——诸蕴由一一法及诸助伴摄一切蕴等。

分位——诸蕴顺乐受等分位所摄。

种类——诸蕴遍自种类所摄。

相——诸蕴自相共相所摄。

界——诸蕴各自种子所摄。《瑜》卷五十六云：「自性所摄非他摄。」

少分。

胜义——诸蕴真如相所摄。

少分——诸蕴各各差别少分所摄。

全——诸蕴五等所摄。

方——诸蕴在此方转，或依此生。

时——诸蕴过未现各自相摄。

识蕴——一蕴全，七界全，一处全，一有支全，四有支少分（名色，六处，生，老死）处非处少分，一根全（意）三无漏根根全（信等五及命根），三无漏根少分。

行蕴——一蕴全，一界一处少分，四有支全（无明，触，爱，取）五有支少分（行，名色，有，生，老死。）处非处少分，六覆故，非根，又非根增上义，世间生死杂染增上。）

想蕴——一蕴全，一界一处少分，三有支少分（名色，生，老，死）。处非处少分，诸根不摄。（《瑜略纂》云：以为慧所（三无漏根）。

受蕴——一蕴全，一界一处少分，一有支全，三有支少分，（名色，生，老，死）处非处少分，五根全（五受根）三根少分

色蕴——一蕴全，十界十处全，一处少分，六有支少分（行，名色，六处，有，生，老死。）处非处少分（处非处通于万法，今但取色。）七根全（五色根及男女根。）

蕴与识——如《唯识详究》中说。

蕴与谛——《瑜伽师地论》卷五十四云：「三谛五蕴更互相摄，灭谛不尔，由灭谛性，是彼寂静所显故。」

立蕴事（注九）

一事——《瑜伽师地论》卷五十三云：「所有色若去来今乃至远近，如色乃至识亦尔。如足总略摄一切蕴……又由诸蕴唯有种种名性诸行，当知为显无我性义建立诸蕴。」

五事

彼所依止我自体事

造作一切非法事

我相事义）其等所依（识蕴是身

言说我事

受用我事

身具我事（身具谓内外色蕴所摄）

彼所依遍行法 执持——我相事（我自体体义）

受用杂染 作

受用执取事 分别

《对法论》（注八） 能受用事 位

所受用事《显扬论》方所《瑜》卷十三

有事，（我所

我所事

（注八）《释身具》：《对述》卷一云：「内根我所依止说名为身，外境我之资什名之为具。有计识蕴为所依止，此五根依止名身者，依止有二：一造作，二住处，说识为我造作所依，说根为身我依住处。又五根依执门故为所受用，五境所缘门故为所受用。」

五蕴

「一切皆变碍相。」《对法论》分为二。

共相——变坏相。《瑜伽师地论》卷五十三云：

触对变坏——由手足寒热，蛇蝎等所触对时即便变坏。

《瑜》卷五十六云：「欲界天中所有诸色，无有寒热等所变坏，由彼天中诸饮食事随欲所生则便成办故

自相——如坚等是地等相。

取境界净妙等义，余亦尔。此复二种，谓六处种子所摄受种子触及彼所生果触，欲界六，色界四，无色界一。」

无不律仪及别解脱。此亦二种，谓识种子所摄受种子名色，及于彼所生果，名色，眼，触云何？谓三和所生，能

三界别——《瑜》卷九云：「诸蕴皆通三界，四大通二界，欲界具十色及法处所摄假色，色界有八及法处色，然非一切谓

名姓种类，次显彼愚慧，后由识蕴显彼内我分别。

说蕴次第（《显扬论》）

显了故（《瑜伽师地论》卷五十四作安立所作故）——见补特迦罗已，先记识其色，次显彼贵贱、苦乐，次显彼

识住故（《瑜》卷五十四作住所作故）——谓四识住，由彼次第起能住识。

流转故——诸根境界为所依故，能起二蕴，由此因故造作善不善业感后世生等苦恼，识蕴是所恼乱故最后说。

一分，无我计我颠倒谓萨见。）故说四念住，此中先色，次受，次识，后想行。

对治故——为对治四颠倒（不净计净颠倒，谓见取及贪。苦计乐颠倒，谓戒禁取及贪。无常计常颠倒谓边见

三事合故触，触为缘故，受等生法，由此因缘说蕴次第。

由生起故——缘眼及色，眼识得生。此中初说色蕴说识蕴，此二是诸心法之所依止，依止故起受等心法，又

和合义说灯明喻，是故不可离彼俱生而说和合。」

无差别过故，是故诸法恒共和合非不和合，不可说言如是诸法而可分析令别殊异，又佛世尊为欲成立此

无色不尔，四心因缘无差别故，于一刹那必不可得差别因缘令彼分位而有差别。五、以识为先亦不应理，

位别无。三、不应谓如六识身分位差别，彼所依所缘有差别故。四、转变亦不应理，色可转变得有差别，

种性不成就，二、若言分位别故有五性者，若分位展转相望作用差别有者，便应有异实物体性。不尔，分

总别（注一）

相应《瑜伽师地论》卷五十六

名所摄四无色蕴心与心所更互相应道理——经部言唯心实有，非诸心所，此不应理，所以者何？一、诸蕴有五

事——他性相应非自，为遍了知依自性清净心有染不染法若增若减故建立。

心心法冥漠非名不辨是故从诠说名名，《楞伽》云以名宣说无色四阴。」

名名。则五蕴亦得分别为二。按《地论记》卷十四云：「色阴形现可睹不假名彰，是故当相说之为色，余四是

缘境义，依言说名分别种种所缘境故说名名。」按除色蕴《瑜伽师地论》卷五（六？）十五皆曰无色蕴，亦得

色无色别——《瑜伽师地论》卷五十六云：「于彼彼方所种殖增长义及变碍义故名为色。总说名名（无色）者顺趣种种所

者精进行者依止一处，已得近分定者依止一处，安住根本定者，依止一处，如其次第。）

转《瑜伽师地论》卷五十四

所摄四蕴——依七处转：乐欲、希望、境界、寻伺、正知、清净方便、清净。（诸受用欲者依止四处，住律仪

色蕴——依止六处转：一建立处，覆藏处，资具处，根处，根住处，有威德定所行处。

色蕴相（《显扬论》）（注五）（注十）

（一）别别

所依能依相属相——大种是所依，造色是能依。

受用相——内处受用增上力故，各别外色境界得生。

业相——如地等有依持摄受成熟增长相等。

故，色无色界无有手足等所损坏，余亦无。」《对述》卷一云：「实唯欲界十有色处名触变坏，上二界及法处非此门，或随所依以名触变。」

方所示现——由方所可相，示现如此如此色，或由定，不定，寻思相应种种构画。（按《对法论》卷一云变现相是色相。）又《对述》卷一云：「《瑜》说一切色共相名可示现故知此门摄一切色。然由欲界诸根境等为诸缘触即变坏义相增故别立初门，非初摄一切色（虽声五根体是有对然不可触坏，由所依触坏体随坏故，立触变名。）又卷六十五共相有三离此二外，更立清净，清净所缘，此但五根五根之境，亦如触变，摄法不尽。」

微细相——极微相（注四）

建立极微因由（《显扬论》）
- 分析故——由慧分析诸粗色法至最细边，由如是因故说极微无起无灭，又亦非谓集诸极微以成粗色。
- 差别故——眼根等，色境等极微各有五，地界四，法处所摄实有色一。
- 独一故——建立实极微自相。
- 助伴故——建立聚极微，由于地等一极微处，有余色法不相离故。
- 无分析故——一极微所住之处，不可分析更立余分。

极微无生灭——《瑜伽师地论》卷五十四云：「何故说极微无生灭耶？答：由诸聚色最初生时全分而生，最后灭时不至极微位中，中间尽灭，犹如水滴。」

建立极微五胜利——「一、能断萨见，二、断骄慢，三、伏诸烦恼缠，四、速疾除遣诸相，五、由分别一合聚色安立方便，于所缘境便能清净广大。」亦《瑜伽师地论》卷五十四云。

四大种
- 地——坚强性
- 水——流湿性
- 火——温热性
- 风——轻等动性

四大各有内外二种，如《显》卷一、《瑜》三、《增一》卷二十等说，《义林》卷五云：「卷三说：大有四义：一、为所依故，二、体性广故，三、形相大故，四、起大用故。种者因义或是类义。此四能为生等五因起众色故，种类别故。虚空虽大不能为因，内种子等能为因，体相非大，余法俱非。此俱是故曰大种。」

5（7？）

色蕴

种类（注六）（《对法论》）

（考《瑜伽师地论》卷三注十）

- 四大种
- 所造色
  - 眼耳鼻舌身五根（注七）
  - 色声香味法处所摄色（《要籍》作无表色）
  - 触一分——四大种所造，身根所取，谓：滑、涩、轻、重、软、暖、急、冷、饥、渴、饱、力、劣、闷、痒、黏、病、老、死、疲、息、勇等。

《义林》卷五云：「《瑜伽师地论》卷五十四云：诸行皆从自种起，云大造所造者，由彼变异而变异故，彼所建立及任持故。《显》卷五谓依大种有余造色摄在一处名大所造。此义即显相依而有是为造义，非辨体者，现行相望增上缘故。」又云：「相依而有立造名，造一造多，理皆无妨。」又《对法论》卷六云：「依容有意说同在一处，依此而有是造义。」

差别（《显扬论》）

- 欲界系色——具诸色。
- 色界系色——除香味。
- 无色界系色——等持自在色，非业异熟色。
- 清净界色——静虑解脱及菩萨佛色
- 内色——根及根居处色。
- 外色——除根及所处余色声香味触。（注二）
- 所依色——眼等五根。
- 所缘色——五境及法处色。
- 能取色——所依色。
- 所取色——所缘色。
- 意所取色——法处色。
- 所依住色——风轮等。
- 根所居色——五色根所居。
- 覆护色——宅舍。

资具色：
- 众明
- 饮食
- 衣及庄严具
- 众具
- 戏笑
- 鼓舞
- 歌咏
- 音乐
- 香涂饰
- 男女承事

- 清净所取色——五外处。
- 清净色——五内处。
- 无见无对色——法处色。（如宇宙普遍性。）
- 有见有对色——色处色。
- 无见有对色——余九处色。（如人之性格思想等。）
- 同分色——自识不共根色，由与识同境转。
- 彼同分色——自识共根色唯自类相续相似转。
- 根色——五色根。
- 等持境界色——五境。
- 执受色——受起所依如诸色根及根所居处，色（注三）及心法所居色。（同一损益是执受义。）
- 无执受色——此外余色。

（注二）《瑜伽师地论》卷五十三云：「若识不空名同分色，由此与识等又转故，若识空者名彼同分，似自相续而随转故。」

（注三）又云：「识依执名执受色，谓识所托安危事同和合生长，又此为依能生诸受，与此违名非执受色。」

二十一之一中。）考《华钞》卷七十六《解脱身》（考《瑜伽师地论》卷

五蕴之梵名（注二）

- 无漏（出世）五蕴 Asamssomāh pañca skamdhāh
  - 果——分得无学圆满诸佛菩萨皆具五故。
    - 解脱智见蕴 Vimuktijñānadarisnaskandhaḥ（又云无学正见。）
    - 解脱蕴 Vimwktiwkandhaḥ（又云无学胜解。）
  - 因——有义一切皆无学，有义通有无学，学位
    - 慧蕴 Prsjñāskandhaḥ
    - 定蕴 Samādhiskandhaḥ（又云无漏定慧。）
    - 戒蕴 'Silaskondhaḥ（《佛地论》卷四云：无漏净戒。）

（注一）总别

- 无漏五蕴——《佛地经》以戒蕴、定蕴、慧蕴、解脱蕴、解脱智见蕴，五为无漏五蕴。
- 和合——《瑜伽师地论》卷五十五云：「四无色蕴众多和合，于所缘境受用领解方圆满故，若不尔者，随缺一种，于所为事，应不圆满。」
- 摄——《瑜伽师地论》卷二十六云：「一切有为事皆五法所摄，一切诸法界处所摄，一切所知事，四圣谛摄。」
- 三性别——《辩》云：「色蕴中有三义：一、所执义色，谓色之遍计所执性；二、分别义色，谓色之依他起性，此中分别以为色故；三、法性义色，谓色之圆成实性，如色蕴中，余亦尔。」又《补缺》卷七云：「妄计实有初性为性，从众缘生依他为体，无漏离倒圆成为体，故五蕴通三性。」《金疏》卷七云：「无漏五蕴亦圆成实，有漏性者亦依他。」
- 言教所依道理观察诸蕴相应（《瑜伽师地论》卷二十五）
  - 法尔道理——如：何因缘故色变坏相，受领纳相……由彼诸法本性应尔，自性应尔，法性应尔。
  - 证成道理——一切蕴皆无常，众缘所生，苦空无我。
  - 作用道理——如诸蕴生已由自缘故，有自作用各各差别。
  - 观待道理——生起观待，施设观。
- 不了知蕴——《显扬论》云：「身者愚者，由不了知色蕴体故，计有一我依止五根于境界转，由不了知受蕴体故，计有受者受用一切爱非爱事，由不了知想蕴体故，别计有我言说依住，不知想是言说依故，由不了知行蕴体故，计有作者，由了知识蕴体故，计有觉者。」
- 了知蕴——《瑜伽师地论》卷二十七云：「善了知如所说蕴种种差别性，非一众多性，除此法外更无所得，无所分别……唯蕴可得，唯事可得，非离蕴外有我可得。有常恒住无变易法是可得者，亦无少法是我所有。」
- 建立之因——又云：「蕴等建立之因有六，谓：身体建立，彼因建立，身者建立，彼转方便建立，即于彼转胜劣方便建立，即彼受用增上建立。
- 蕴义——《瑜伽师地论》卷五十七云：「具足摄持一切行义，常能增上诸业烦恼，常有所为及速坏灭是蕴义。」

《瑜伽师地论》卷六)

(注三)根受宽狭——《疏抄》卷九云：「若苦根即不摄忧根，忧根唯第六识，苦根在五识。若言喜根，不摄乐根，乐根通五识，喜根唯在第六。若言受即宽，言乐受即摄得喜受，忧受即摄得苦受。又喜受亦摄得乐受，若中亦摄得忧。」

(注四)极微——《瑜伽师地论》卷三云：「极微有方无分(细分)，极微即分故。色聚中曾无极微生。(《圆测疏》云：显顿变非渐积义。)又非极「微集成色聚，但由觉慧分析诸色极量边际，分别假立以为极微(《圆测疏》云：《唯识论》说无方分，不相违)。」《识述》卷三云：「顺世，卫世，极微本是常法，所生子微与因量等，仍名为粗，是无常法。子(于？)微聚集与量德合方成大量。「有部」微随何色者即彼处摄。七极微成微，乃至展转积小成大皆是实有。「经部」极微，体是实有。积成大物，大物是假，实随于假，十处所摄大乘极微，法处所摄，然是假法，其色处等形量大者体是实有，析大成小，极微故假。由此识变但随形量，若大若小不从于小以成大也。」又云：「谓有二义：一方之方，二方即分，粗具二种，细唯后一。《瑜》云：有方无分者，更无细分，故不相违。」《秘》卷三云：「形量大者体是实有者，问：瓶等顿变亦非微成，何故名假？答：瓶等顿变，但四境相故四境实说为瓶等故名为假……天眼唯取聚色中表上下前后两边，若明若暗必不能取极微处所由极微体以慧分析而建立故。余三眼皆缘极微，慧眼观如即根本智，法眼观空即后得智，佛眼体者，因别法慧，果总佛眼，故论云：极微非天肉眼境，唯余三眼。极微非肉天境者，佛眼能缘者，但取一分慧为性，肉天至佛，虽名佛眼，以体非慧故不缘极微。或云：虽至佛位亦能缘微，因位不尔，不同慧法，因果皆能以微为境……有义极微有二：一者本性，二影像相，言本性者佛大菩萨以神通力析彼大地而为极微，《瑜》但说慧析者对敌申宗，略故不说，稍同外故，故《顺正论》卷三十二云：极微有二：一实二假，实谓极成色等自相于和集位现量所得，假由分析，比量所知，恐滥有宗，故但说假理实大乘亦有二也。而言聚色无极微者，亦准此知，岂于自宗无细碍色？又大乘中非由散微集成聚色，说聚色无析聚成微，义不违也。问：既有本质，云何名假？答：本质微第八所变，非识外故，然有质碍故说为实。本质极微异熟相故不熏成种，其影像微非如本质有质碍用，故说为假，作所缘缘生眼识故说为实。有影像相微熏成种子，不尔，后识无影像故。问：于色等处，何处所收？答：质影二微唯法处收，唯意境故。又与影像同一种故质十处收，影必应尔。然此有五失：一义无凭失。二违圣教失。《瑜》卷五十四云：问：何故极微无生无灭？答：由诸聚色最初生时全分而生，最后灭时，不至极微位中间尽灭。又《显》卷十八谓诸极微但假想立自体实无，若言有微，乃违上教，若言前无散微成聚色等名无极微，不障析粗所成微者，折粗之微即最后灭，何非有灭，此所析微后合成粗，何不名生。又本质微第八所变非识外故名假者，即根尘等。第八亲缘并名假，眼等五识亲所缘者类亦尔，非识外故，此等不然，故知教不说，本无故。三、纵有不熏失，设佛菩萨析粗成微，此微，菩萨六识缘不，若不缘者，既自第六观心所析，如何不缘？若言缘者，何不熏种？未果满故，故不应言本质极微异熟相故不熏成种。四、无因种同失，若质影微皆熏成种，容可影质二微种同自断影熏而质不熏，因何而得二微同种。若言质微虽无新熏而有本有与影同种者亦不尔，佛等新(析？)而方立，云何本有？故不可言本影同种。五假实种同失，谓质影微共同一种，影假质实，实假不同，如何种共。」又《识述》卷三云：「半半破之渐次而析除粗至细至不可析，假说极微，不同小乘体无方分而不可析。」《灯》卷四云：「问：于粗色相渐次除析变极微时，何不别熏成种？答：以无本质故，若尔，名言熏习及缘过境熏成种时岂有质耶？答：如空花非有虽缘不能别熏成种，极微亦尔。西明许成种。不然。」《义林》卷五云：「《瑜伽师地论》卷五十四云：于此聚中有大造可得当知此聚有断大造。若彼自相无，知此无彼法，不同余宗，无彼现事有彼极微。」

色聚（注五）《瑜》卷三

- 大种五因造色
  - 生因——问一切法皆从自种而起，云何说诸大种，能生所造色耶？由一切内外大种及所造色种子皆悉依附由相续心，乃至诸大种子未生诸大以来，造色种子终不能生，造色要由彼生，造色方从自种子生。《义林》卷五云：「《对法论》卷一云：生因者即是起因，谓离大种色不起故。」
  - 依因——由造色生已不离大种处而转故。《对法论》云：即是转因。《义林》卷五云：「今依即质以辨依因，离质光等无依因义。故五因非遍一切。」
  - 立因——因大种损益彼同安危故。即随转因。
  - 持因——由随大种等量不坏故。《义林》卷五云：「即是住因，谓由大种，诸所造色相似相续生，持令不绝，不尔，造色应有间断。《瑜》云等量不坏，问云：又声光等大小有异，如何但言等量？答：对法依全分，总说，瑜依小分说。彼依即质造色说故。或等者前后相似义。」
  - 养因——因饮食睡眠修习梵行三摩地等依彼造色，倍复增广，即长因。由大种养彼造色令增长故。
- 大造二不相离
  - 和杂不相离——即此大种极微与余聚集能造所造色处俱故，如种种末以水和合互不相离。
  - 同处不相离——大种极微与色香味触等于无根处有离根者，于有根处有有根者。又一切所造色皆依止大种处，不过大种处量乃至大种处所。
- 事——略有十四种：谓地水火风色声香味触及眼等五根，除唯意所行色，《瑜伽师地论记》云：「若据种子而言，则五色根中有十四色法种子，造根四大之中亦尔。若扶根四尘及能造大体上但有四尘四大种子，且约眼而说，若据相摄（体摄也，各自以体对用也。）唯一，谓眼清净色，若不相离摄（体用不相离）有七，谓眼身地香味触，若界界（因义）有十，加水火风，如眼耳鼻舌亦尔，若身根除眼等四，独可得唯有九。」
- 诸色相续间断——中有四：声，风，明暗色，大小无间生，如论中说。
- 诸摄——若坚，坚摄，近摄，非近摄，执受乃至广说。
- 六处转——建立处，覆藏处，资具处，根所依处（扶根尘）根处（造根地大）三摩地所行处。
- 差别（附一）
  - 长养流——处遍满长养（如养瘦令肥）相增盛长养（如令光洁）。
  - 等流流——长养等流，异熟等流，变异等流（青黄等改变），自性等流。
  - 相续生灭。
  - 异熟生流——异熟体生名异熟生（引业果），从异熟生名异熟生（满业果）。

（住旧位
《圆测疏》云：「诸法有二，有为无为，无为无此三无差别故。有为有二，有漏无漏，有漏具三，无漏唯二，无业果故。」余如彼文中说。

（注六）大造异说（小乘）——《义林》卷五云：「大众部说四大为能造，四尘为所造，无别五根，即四尘故。有漏及以无漏，许佛有故。《成实论》说四尘为能造，造于四大，四大成五根，五根唯所造，四尘唯能造，四大通二。声亦唯所造。萨婆多四大为能造，唯有漏有碍，触处所摄。五根五尘及法处无表色为所造。五根五尘皆唯有碍，唯有漏，法处无表通无漏是无碍摄皆是实有。「经部师」说能

遍。饮食睡眠梵行等至之所长养，二相增盛，亦由食故彼所依故，修胜作意故，长时淳熟故之(云?)所长养。三等流类，此有四：一异三：一异熟类，此有二：一业生最初起者，二相续，初是总异熟后是别异熟，或初是初刹那，后是后时者。二长养类亦二：一处宽

《同异大造相望辨造》——又云：「初以类异大造相望，后以即离大造相望。『初中如』《瑜》卷三及卷五十四(已录者不全。)说类异有色故。『缘造』中，大造相望唯一增上，现行相望，非办(亦?)体故。非是因缘生等五因……以大望大，或造望造，因缘多少皆如理思。」招大故。或四，加同类因。此说同世，非别世造，依处而有，非异世故。唯律仪色依不现行法建立色性，亦异世造，过去大种造现望而说，非种望种。三俱有因，必俱生故，非是同得一果造望大，亦三因：一能作因，二俱有因，三异熟因，律不律仪及定俱戒能依增上缘(亦(?))六因者，大望造色唯三因：一能作因，二同类因，令种长故。《对法论》文中依前熏种引后果生，亦依现行相望现为能作，俱有，相应，遍行，种望于种亦为同类。然无异熟非因缘故。大望造色皆非六因，造望大种，为异熟因，感彼果故。今六、定异因，定别能招自异熟故。七、同事因，八、不相违因。或说九，加引发，或说十。『六因造中』依因缘(亦(?))六因者，种子观待因，疏相待故。三、牵引因，四、生起因，染净因中律不律仪及定俱戒未润已润为此二故。五、摄受因，作用依处所摄受故。同事因，七、不相违因。有义为八，亦通观待，有义或九加相违因。『造色望大』能为八因。一随说因，音声言说，诠辨大故。二、因，无记因中未润已润外谷麦等望芽等故。三摄受因，士用依处报所摄受故。四、引发因，五、定异因，引同类起及自性故。六、

《依因缘辨造》——又云：「初辨因造，后辨缘造。因造有二：一十因、二六因。『十因造者，大望造色』总有七因：一、牵引因，二、生起等无立因义，依质实色，具立因故，若取依身大种名造，无色圣者，应无无表，便非大乘。」(考《瑜伽师地论》卷三，续注六。)然，非已过故，防不得故。应非对治，此义名色，假名为造，远分对治，故无有失，远防自身曾有恶戒即从过去大造今色或无表戒他，说名为色，将他四大造自无表。此唯是彼远分对治义名为造。曾有类故，二定已上无表并然，论说防他，他四大造。此义不义者此随所游所防，大造不尔，无色定道俱戒无所依故，应无此因。若尔，所防久已断灭，既无能造，应无立因。不可(作亦可)防香离质，何大所造？故前说善。于立因中，问：别解脱戒后相续生，表业变异，如何相续？或说后时所依犹有，故不变异。如实于依因中，或以离轮光，孤行香，能造大种不可得难。解云依即质以辨依因，或说彼光有大造随，有光处有大造故？此不然，声有二：一定同处，二必假藉。别解脱戒等必藉大生非定同处。离质声光皆亦如是。或复五因非遍一切，如离轮光等无所依因。

《五因造色解惑》——又云：「于生因中，问：别解脱及定道俱戒既离大种应不得生。此随所游所防名色，亦随彼二假说大造。不离义则恐当时有名字，然据理无名也，或写手误。)」又外道若顺世，数，胜，声，检后应知。(考《瑜伽师地论》卷八十六，注四)云：「无漏四大，若非正智，何法所收？故约所缘名为正智。有漏之中有相等故，不约诠云名收也。(按该记有「章相名及正智」字，《瑜》卷六十四云：色声表色假通善恶实唯无记，无表既假许通善恶，无漏大造，一切唯善。大种唯实，造色通假。」《决择记》卷二中相及正智二法所收。通有无漏善无记性，有漏大造，定属依他，无漏大造，亦通圆成依他所摄。有漏造色唯无记性，假性通三故。并是假，无漏者实。依大乘触处法处皆是有大种，散定别故。造色通于十一处有。大种造生，随应俱通依他圆成二性所摄，五法之粗在蕴门中体皆是实。体非积聚在界处门并是假，通有无漏。「一说部」能所造唯有一名，都无实体。「说出世部」，能所造若有漏者造所造虽并有碍，皆通假实，极微是实，粗色是假，并皆有漏，无表假立，法处无色，不许色蕴有无表色。「说假部」能所造，若细若

极迴色，析后至微名极略色。」

碍他，即色处中明等迴色，二能碍他亦为所碍除迴色等外诸有对色，由此二类粗色不同，析至极微细亦差别析前所碍以至极微名粗析诸根境至极微位，非粗唯细，虽同影像粗细全殊，觉慧计心能缘亦别故，离遍计别立极微。有对色中有二类：一唯所碍不能他故，相用等。三者定果，有无漏，若实假由定起者同立一门。然今本论说有五者，且有漏心独生散意。总缘根境水月镜像此等皆三种：一者影像诸有极微及独散意构画根境镜像水月，如是等类同皆无实，心之影故。二无表，若定若散若善不善，皆不能表示影像名遍计所起，善慧分析此有二类，一互碍，二碍一，唯为所观名极略极迴，无漏心所缘假实并名定生故成五种。理实法处唯有从果，法处不立，极微无质故别立之极迴，类同故不开也。说五者，独头意所缘诸色与质用殊以根对故法处所摄，诸有本质，皆名定果，十一自他地境，十二诸佛菩萨自在转变。《瑜伽师地论》卷五十四说四种，《对法论》说五，说四者，遍计所起可有本质，随《显》卷十八有十二相：一影像，二所作成就，三无见，四无对，五非实大生，六系属心相，七世间，八不思议，九世间定果，十出世

《法处色释》

(注七)《废立》——《义林》卷十云：「《百法》总说一法处所摄色，《五蕴》说有二：无表及定果。《显》卷一说三：律仪不律仪定自在，又微遣妄执一切诸色为一合想及悟入色非真实。」

先至极微，断诸烦恼，后入空故，由是大义故说极微能析彼心何人所作？何谛所摄？皆别思之。」又《对法论》卷六云：「建立极聚色安立方便于所缘境便能清净广大修习。又能渐断身见断诸骄慢伏烦恼缠及能速疾除诸相执，此中意说修法空观要析诸色别变作众多极微合成一物。故知但慧之所析又有体用中最极小者所谓阿拏。此复何失？……说无极微有五胜利，谓由分析一合如慧所析彼量亦成说知彼极微如所析量。故《瑜伽师地论》卷五十四说非集微成粗色，《唯识》说诸识变时，随量大小顿现一相非《华严》说菩萨能知无色宫殿若干微尘成，又《瑜伽师地论》卷五十四云：极微有十五，若无极微，如何通？虽无真实极微体性，色中表上下前后两边若明若暗必不能取极微处所，由极微体以思分析而建立故。故云除天肉眼所余眼用一切极微为所行境……

(续注四)《极微》——《义林》卷九云：「肉眼业所生，天眼修方便起，皆是色蕴眼根，慧眼法眼是无漏慧根，佛眼即前四。彼天眼唯取聚

五十三《俱有依》，卷八十六，注四。）又《对述》卷一云：「据实种非眼，唯界，现通二种。」

非大造用非增上故非根摄。此依显相，种子非根，据理依文，种亦根摄，故《决择》说眼等五根，通现种故。」（考《瑜伽师地论》卷根身识所依净色为体。若云眼界，则通现种。持因称界，种亦界名，增上名根，种非根摄故……大种所造功用增上，现得根名，种

《出五根体》——又云：「护法正义别有现行净色为其五根。《对法论》云：云何眼根，谓四大种所造？眼识所依，清净色为体，乃至身本质大可名即质及离质造。遍计所起亦尔，无色界无表及佛身无表，应以过去自身所有能造恶戒大种所造义名悬造。」处不相离者名即质造，若所造色与大种处体相离者名离质造。如离轮光，孤行香及与离质声等与诸律不律仪戒，其极略极迴随心心所虽具三类，无初长养，色界诸蕴除由段食睡眠梵行之所长养，三界长养皆通等持。『即离大种相望辨造者』，所造色与大种具二异熟，二长养，四等流。无三类者，五内色根具二异熟及二长养，法处诸色有后长养无处宽遍，有后三等流，无是异熟者，诸流。非根诸色，具有三类，或此不说声界，声非异熟故。除法处色彼唯长养及等流故，离根诸色，亦无异熟。于前诸色具三类者，熟等流，二长养等流，即前二类皆等流故，三变异等流，四本性等流，前二不摄，皆后二故。五根唯有异熟长养，离此二外，无别等

《三界》——又云：「业生五境，唯欲界具，色界除香味，无色全无。定生五境，上二界全，欲界非有，不许定生为五境者，唯法处摄。假
「此等道理，寻义可悉。」

《三性》——「于善中色声二通等起善，小乘师因果皆通，以性是善等，大乘有漏性是无记，表善恶故，假通善恶，若无漏者可性是善。
于不善中，通胜义不善，五境虽非界趣生体，是趣资具可通彼收。于无记中通所变无记，以五境色及诸种子是所变无记故。

若准《对法论》卷十三善中表色声二尘一分，通发起及随逐善发起即身语，随逐即此种子。不善十二，五境五皆通胜不善，
所余（除初二）唯表色声得通，十四无记中，除相属、胜义、受用、引摄、对治、寂静、等流所余无记皆通。」《补缺》卷七云：

又《对述》卷二云：「依胜境，四句亦成，虽显有形谓身表业，无形有显谓离轮光，亦显亦形谓余色聚。」
云有廿四，表色不以长等摄故。今谓有三十一，或或九十三，各有好恶俱异（平等）故。显谓显著，形谓形段，表谓表彰。」
短方圆粗细正不正高下，表色谓取舍屈伸行住坐卧。璟法师云此中色有廿三，谓显十一，表色即长是长等所摄。慈恩法师

《五境释》

《色中三类》——《补缺》卷七云：「《瑜》卷一云：色略说有三：为显形表，显色谓青黄青白光影明暗云烟尘雾及空一显色，形色谓长
有影像，谁能照彼知有真如，即本后智亦应无别。故《唯识》说契当深理，《集量》未行，且依现教。」
质，其化定力及自在位，不假他生故此本质有无不定。虽说行相通见及影，谁复许彼遍一切心，正智缘如，行缘一故，若缘如智亦
前，依自寻思计诸我法空华兔角过去未来劫尽常微不因他教皆无本质。又定果有变有化，有缘他起有定力生，若变缘他定有本
所托亦得生故。第八第六此诸心品所杖本质或有或无，疏所缘缘有无不定，依此极略极迥遍计起色，析缘诸色因名教者，本质如
欲色界诸根境色以为本质。若有质色若无本境皆用名教以为本质，许识行相通见及影故。若《唯识》说疏所缘缘，能缘或有离外
引色既非心变，非影像故，不说本质。遍计所起以欲色界十有色处及上二界中定所起色以为本质，皆可托彼变影像故。定果色以
实色以为本质，极迥色以欲色界色处为质，无色界无别处所故。此中所说皆由拆彼粗色所生故以为质，非有彼类说为本质。受所
地》说无分别智缘真如时亦变影像故。诸心起定有本质，即依此义五中四色必有本质，初极略色欲色界十有色处及色无色定果
论》卷六十《所缘缘》）依《集量论》说疏所缘缘（上云二种亲所缘故，当云二种亲疏所缘？（应细究。））一切心生决定皆有。《佛
从种生，非与能缘同一种起，如《枢要》说分别种别，应释此五或变似色，或有色用，依此二种亲所缘故，五皆名色。（考《瑜伽师地

《影质有无》——又云：「诸非实色，即能缘等种子所生，无色用故，或无别种成本质故，同一种起，然无实用，若实有者，有色用故，别
所现者总名迥色。
般光影明暗等粗色，令析此六粗色至极微位为极迥色体。又若上下空界所见青黄赤白光影明暗即总名空一显色，及门窗孔隙中
用，水月镜像。此等非一因计所变五根五尘定境色等无用影像为此遍计所起色体。」余二种应知。《宗镜》卷五十五云：「空相六
小分然空界色上下见别分成迥色及空一显故空界色摄六种色。遍计所起色者，或谓影像色，独生散意通三性心所变根尘无根等
空界色极微为体，有论说迥色即明暗色，当知光影色亦极迥色收。日炎名光余炎名明，影暗翻此岂唯明暗是迥色？唯说明暗但举

《体性》——又云：「极略色，极微为体，即五色根，除极迥色等，余五色境及四大种法处实色极微为性。极迥色，即此离余之碍触色以

想定生非自在定变无实用，唯意缘等皆法处中定所生色……若细分别，上界无日焰名光，上无日故，明可得有，唯非日故，上亦无暗。说光明者，依明说光。若所生，上二界中，一切皆有，表中上二无不善表色，有有覆表，假通非实。十一声中上界无不可意，无色无遍计及非圣言余者在色界通业定生，无色唯定起。香六种中上二亦无恶及变异，味准知。余容定起，或言有变异定生随机故，或定通所生色界四境皆除不可意，余皆可有。无色定生容有四大，余触皆无，色界之中除冷饥渴闷痒疲，余可容有，假建立故，业生思准。」

《三流》——又云：「五境皆通三流。若别言，青黄赤白明及形色分通三流，外器无异熟，增上果故。内扶尘具通异熟故。迥一影色有本性流流，非内故无异熟，定中色故，无长养表色通三除异熟一有长养养，而异熟长养与等流中熟长别者，各初为熟长，相续入等流。而异熟中言有二者，初谓总报，即第八识及与身根，相续者谓别，非据长时，不尔，无别。执受大种因声及世共成声圣，非圣言声，分通三流，非执，及俱成所引，遍计，可通性（有讹）及长养，除成所引可通，变异香味除外，不通异熟，所余一切可通三流。触中除冷饥渴疲余可通三，所余除熟长。然色界中无变异流，欲天所有疮相现故，又复长养，欲具四，色后一，又定生者除异熟流，余皆可具。」又《对述》卷二亦云：「此五皆通二长养除声皆有四等流及初相续二异熟，声处定有长养变异本性等流，声异熟者有二说，有异熟者对修，爱语感梵音故。」

（注九）释立蕴事——《对法论》卷一云：「识蕴是身具等我相事义，所以者何？世间有情多于识蕴计执为我，于余蕴计执我所。」《述》卷一云：「以诸世间多分于识计执为我能了别故，有所知故，于余四蕴计为我所，识所依故，如舍宅等。诸计我中有二十句六十五等遍于五蕴计执为我，今宁但说识为我耶？此说多分计识为我。然二十句等，或是一一蕴差别之计，非余蕴计，故此不说，非余蕴中都无计我。此意总说世间多计识蕴为我，色为我身具，我能受用境，我能起言说，我能造诸行，受想行三皆我之用，我是彼主，今遮彼执说蕴有五，身为识所依，或体有积聚，具为根之境，非我之身具，受能领纳，想能起说，思能造法，皆非我所，识能了非我体故，由斯蕴五不增减。」

（续注七）《色假实别》——《对述》卷二云：「青黄赤白四是实有，余皆是假，余皆依四安立故。《瑜伽师地论》卷五十四云：色蕴前九及触一分是实物有，卷六十四说一切色香味触实者皆总相说，非实理门。」

《声假实别》——又云：「可意等三各有少分及因不受少分是假余实。《显》唯说响假，有说六实后五皆假。有义随应者皆通假实。因受之声表业声假故，不受之声谷响假故，从声等合理非实故，所余一切皆通假实，遍计所起等理非实故，虽有是义，未见诚文。」

《香假实别》——又云：「六香皆实，无文说香亦通假故。此和合非假者，待余香尚在，和合故成真。」此义应思，按理后三应是假，依前三建立故。

《五境识缘有异》——又云：「于此义中诸师异释。有义，五识唯缘实境，取自相法，唯现量得，无分别故。《观所缘论》破经部言和合于五识谓所缘非缘彼体实无故，犹如第二月，既许和合无体不能生五识者，五中假色，理亦应然。五识不取，故但缘实。问：若尔，形色谷响假触应非彼处？答：独生意识缘不明了彼非五处是法处收，与五同时缘境明了，以假从实总名五处。取（?待细究。）理对根非五处摄，以手寻杖暗知形色，形色岂成身根所取？如第八境从五识说亦名五境，彼实对根是法义色，有义五识缘假实境，无唯缘假不缘实故，如缘形色，假实合取，必兼本显缘义得成然明了缘，不生分别，如无漏识证境知故假实合取名为现量，缘自相者，缘处自相。（考《瑜伽师地论》卷三十五，续注四）如暗见形，形犹故耳，非无显也。《观所缘》中破经部说唯缘假境，无体生心，若假实合缘，理无前难。不尔，共相，缘义应无，离实缘假，可无缘义，缘假兼实，缘义定成，顿变彼假，本即实故，又识之假，依他实故。由斯假境亦五处收……此二说善。」

《十一色之能缘心》——又云：「五根能缘有二：一意识，二本识。色等五境能缘有三：一五识，二意识，三本识。定果诸色能缘有二：一意识，二本识。意识所缘复有三类：一定心所缘，修果境类；二、与五俱散意所缘，明了境类；三、独生散心构画所取不明了类。此中诸色若五识缘，若本识缘，若是意识初二类缘，随其所应皆自处摄，若第三类意识所缘除诸极微皆遍计所起色摄。此遍计起色之能缘心通欲色界，无色定心虽能缘下不能起此遍计假色故。」

《遍计色有无漏别》——又云：「定通有漏，有义无漏，无漏假色，此所收故。有义此色唯有漏，说能起心名遍计故。无漏假色定果色收，如假实门（考《瑜伽师地论》卷三，注六。）说。」

（附一）《三差别通别》——《宗镜》卷六十七云：「古释云：异熟类，一通，即一切草木皆是初青后黄，岂非异熟？二别唯善恶二业感异熟果。二长养类，一通即一切皆有长养。二别唯是饮食睡眠梵行等持所益故。三、等流类，一通，即一切自类相似皆是等流，二别，唯同类因之所生。」

（注十）《境相与二变三境》——余处明二变三境唯能变，此明所变。按熊十力《境相章》云：「第八相，如种子。从自前念种生，故有势用，如根器从大种及造种生，故有碍用。七相一分，从质（第八见分）种生，有似常一用，五识与俱意所变色等各依大种及造种生亦有碍用。第六定果色，随何系定即由何系大种所造？复有碍用。以上因缘变摄，若第六一分（除五俱及定心所变），第七一分（七见所变）及第八五数有质无质独影，皆分别变摄。此中因缘变中五及俱意等定仗质，第八即不定，分别变中第七仗质，第六不定仗质。然相虽无量而依性别说为三境，若相具足五义：一有实有，二从自种生，三或仗质，四现量所证，五性与系不随心，故名性境。（此中无为具三义，种子具四义，然亦是性境。无为不从种生非仗质，种子无仗质故。初二义可知，仗质者，若前五尘仗第八器界起，俱意尘仗五尘展转托第八（器界）而起，第六定果色准知，若第八尘仗他身第八识所变器，自第八托为质。第八根种皆不仗质，执为内故，非可待余。（前六尘亦得说仗他人识所变为质。）第四五义亦可知。其第七相分，一分同质种，一分同见种，两影烁起名带质境。其独散意及第八五数，相唯从见为独影境。然虽相唯从见，见变相时，如第八俱触等缘心王相（根器）种时实仗心相为质而变影缘缘（之？），是名有质独影，第六独散缘第八等相见，及缘他心见，仗质变影，同此例。无质影则唯从见，唯在第六散意。故此有无质独影许通三量，第八心数唯现，第六独散初率尔心亦现，余通比非。」（考《瑜》卷四十八，《废立》，《瑜》卷三十七，注二及附六。）（又「第八器」、名词考《瑜伽师地论》卷三，注十。）

（二）别别

分析名和杂不相离。异类大造相望亦同，非如他宗，同异类微各别非同一处。」境同处不相离故，心上得不碍缚。）非如有宗极微各别，各成阿拏，亦不同经部合成阿拏，不如麻豆等聚可为卷二云：章以心通境故尔者，境由心变，由心通遍不相碍故。所缘同处不障。章由境生心能者，识托境生由等微至阿拏时随其所应多少同在一处。诸根于彼能遍受用以心知境故尔，由境生心故名同处不相离。（《记》处不相离，余异处色若和合亦不相离。」（考上页注五《二不相离》。）《义林》卷五云：「大乘本无极微，如色杂。」《瑜伽师地论》卷五十四云：「色蕴互相杂住，如水处沙，非住异处。」《对法论》云：「大极微能依造色变是假非实皆不离心故得涉入，不同彼宗眼等实有不相涉入。三云七物别类同处不杂，我类无别，同处应《义灯》卷三云：「三藏有三说，一云同处不相离，《瑜论》随经部门转非大乘正义，二云亦大乘正义，然识所大所造二聚和合如多豆等虽以蜜等之所摄持，和合一聚然不相涉入，复是异大所造，异聚相望故名和合。」各别名之为杂，无间隔故名不相离。三、和合不相离。若有聚集或麻豆等为诸胶蜜及沙糖等之所摄持，释异如一眼根有多极微，一根微处七物同住以此七物对彼七物，虽非同处，然相和杂，邻近而住名之谓和，七七且如一眼七物相望互相涉入同一处住。谓眼身根色香味触能造地大七各极微同一处也。二、相杂不相离，释一处，能造所造更互相望，大小量等，互相涉入不相障碍。处所无异名同处，无别极微一一处而住名不相离，

同处不相离——《演秘》卷一引《瑜》卷六十五云：「同处不相离色有三：一、处不相离者，谓诸大种及所造色同住

性别——《对法论》：「色非自体有善恶性，随能发心假说善恶。」

色蕴

边际（《瑜》卷五十四）

- 堕中界——色尘色
- 堕下界——欲尘色

色皆得自在，诸定加行令现前故。当知此名极微细定所生色。此就业增上所生诸色，说无色界无有诸色，非就胜定自在色说，由彼胜定于一切住中现。」

生（《显扬论》）

- 违损生——反于顺益生。
- 顺益生——得自顺益缘彼彼色法展转滋长增胜而生如水润芽。（《瑜伽师地论》卷五十四作「摄受生」）
- 势引生——内色根增上力故现常相续，外物得生如器世间。
- 种子生——从自种子生，如坚硬聚，或时遇缘生流湿，好色恶色展转相生。如是若就自相则互无，若就其种则互有，是故从彼彼聚如是如是差别色法生。」《对法论》云：「四大及所造色随于造。」《对法论》云：「四大造色有五因：生、位、立、持、养。」
- 依止生——于种处所有余所造色生。《瑜伽师地论》卷五十三云：「所有诸色皆是四大种及四大种所

五蕴（二）

色蕴

五根三摄（《瑜伽师地论》卷五十四）

眼
- 相摄——眼识所依清净色。
- 不相离摄——眼、身、地、色、味、触。
- 界摄——七物加水、火、风界共十。

耳鼻舌当知亦尔，此中差别应知。

身——除眼等四，由远离彼独可得故。此相者谓身识所依清净色，若于外色香味触彼所行相中除一切根，余如上应知。

假实别（《瑜伽师地论》卷五十四）

- 色蕴所摄色——中九是实有，余假。
- 触所摄色——四大种是实，所造是假。
- 堕法处色——若威德定所行境犹如变化彼果彼境及彼相应识，等境色是实物有，律仪不律是假有。（此定色但是世间有无漏定而生，但由先时作意所引离诸暗昧极善清净明了现前，当知是定乃能生色。）

欲色二界有无色别（《瑜》卷五十四）

- 色界所无色——无现香味二尘，然有彼界，以此二是段食所摄，由无此二鼻舌二识亦无。
- 欲色界所有色别——色界诸色诸清净最胜能发光明又极微细，下地诸根所不行故，又无有苦，欲界不尔。

识色识——《瑜伽师地论》卷五十四云：「一切色乃至触皆二识所识，谓自识所识，及意识所识，或渐或顿，眼等五根一意识所识。

大种与所造色之关系——《瑜伽师地论》卷五十四云：「由三因缘，大种变异，令所造色变异而变：一、士夫用故；二、业所作故；三、由胜定故。士夫用者，谓由地大所打（？）触故，器差别故，因差别故。或由水所润等，火所热等风所燥等，令所造色变异可得。业所作者随业势力先大种生，后随彼力色变异生，由胜定者，胜定力故先起大种，然后造色变异而生。复由五缘所有大种令其异果转成异果何等五：大种力故，士夫用力故，明咒力故，神通力故，业所作力故……色蕴生时，大种先据处所，后余造色依此处转，唯诸大种于此处所现前障碍所余造色，自相遍满，当知由彼势力任持有所据碍。」

相续转（《瑜伽师地论》卷五十四）（注一）——异熟生（大论无「生」字）流复有二种：一者最初，二者相续，谓业生异熟及由异熟所生，谓即从彼业力所引异熟后时转者。长养等流亦有二种：一处宽遍长养流，二、相增盛长养流。初唯色长养，由食睡眠梵行等至长养诸色，余长养流，亦由食故，彼所依故，修胜作意故，长时淳熟故而得长养，诸有色法由二长养之所长养；诸无色法，由后一长养之所长养，欲界色四食及余一切长养因缘之所长养，色界诸色不由段食睡眠梵行而得长养。又诸色根由异熟长养二等流而得相续；现有增长等，若非根所摄色，当知具三种流，诸心心所有等流流异熟生流第二长养所长养流，法处所摄色无异熟生流，余如心心所应知。」（考《色聚》。）

别别

受蕴

差别（《显扬论》卷五）

三种（《对法论》）

坏苦——以三摄五。」《对法论》云：「净不净业所得异熟阿赖耶恒与舍受相应，唯此

乐——此灭时有和合欲——论》卷五十七《受俱》。）又《对述》卷三云：「此依行相类别分三，领受义通

苦苦（《瑜》卷五）乐受。此亦二种谓触种子所摄受种子受，及彼所生果受。」（考《瑜伽师地

苦——此生时有乖离欲——《瑜》卷九云：「欲界三，色界二，第四静虑乃至非想非非想处唯有不苦不

又《对述》卷三云：「五识名身，可悉，言心者摄余三识，今依三受同一依心说意识不说余二。」

名心受。前由五根皆色性故，有色根定不离身，故名身受。意根不尔，生无色界有情意根离身而转。」）

二种——身心二受。（五识相应名身受，意识相应名心受。）（又《瑜》卷五十三云：「若色为依

一种——所有受皆苦

离系。」

云：此受不相应受。）

住相——经中家舍喻所显受。

等，此爱不相应者谓离系及随顺

相（《显扬论》）

无味着相——色无色系受（《对法论》

动相——经中风喻所显受。

建立有味等，由清净故建立无味

自体受相应受）

《对法论》云。）

集无色所依建立心受，由杂染故

有味着相——欲系受（《对法论》云：

（此爱（欲贪爱）不相应受。

杂染清净故。集色所依建立身受，

非异熟相——转识相应受。

依出离受——不定地善法相应受

因，谓所依故，自体故，集所依故，

异熟相——阿赖耶识相应受。

依躭嗜受——欲贪相应受。

《对法论》云：「如是建立由四种

「以遍行中受数为体。」又《对述》卷三云：「受谓领纳，唯以领境是受自性，非自性受。如《唯识》卷三说。」

「领纳及顺领纳法。」（《瑜论记》云：领纳为受体，及顺领纳法者与受同时相应心聚性。）《补缺》卷七云：

体义——《对法论》云：「领纳是受相，谓由受故，领纳种种净不净业所得诸果异熟。」《瑜伽师地论》卷五十三云：

非独相。（《瑜论记》云：造色之外有别大种名独，无名非独，今取独相。）

可运转不可运转，变异不变异可得故。若于异相而执为一，应当唯有一大种耶？故知有异。应知诸大种色独

异相——《瑜伽师地论》卷五十四云：「所造色与大种异相：异根所行故。（身根取其四大，六根俱取所造之色。）又

是心果故，当知如心皆刹那灭。」（《瑜论记》云：诸行皆心之相见分。）（考《无常》。）

名色蕴刹那灭，谓由任运坏灭因故，遮计火等为灭因故，灭相为灭因故，二种为灭因故。」又云：「一切行

此差别不可得。若谓二种于一处所有灭功能，即应二种俱于两分有灭不能或无功能有过失故不应理。故

故。若谓火等为灭助伴方能灭者于灯电等及心心所任运灭中不可得故，不应理。若谓生彼有别别功能，

若彼生时即有坏灭，便成相续断坏过失。又唯自性坏灭是坏灭因，不应理。离彼法外别灭相毕竟不可得

等与彼诸行俱生俱灭现可得故。唯能为彼变异生缘说有作用。又谓坏灭是坏灭因不应理。与彼俱生故，

又法生已余停住因不可得故。故知一切行任运灭，由此道理刹那义成。若谓火等是坏灭因，不应理，彼火

刹那灭性——《瑜伽师地论》卷五十四云：「诸行才生，寻即坏灭，现可得故。又不应谓能生之因即是灭因，其相异故。

（注一）《等流色等》《义演》卷五云：「等流色者此有三种，谓异熟、长养，自性色等。异熟色者，色从异熟识中种子而生，成业所招无记五根等。此色前后相引边亦名等流色，长养色者，由衣食所长养故也，前后相引边亦名等流色，自性等流者，谓扶根尘及青黄等前后自相引生。」《秘》卷六云：「若依经部异熟色法断已更续大乘诸异熟色虽断已续，若离诸根更不执受，亦名不续。然根断以已后从种生亦名为续。」

受蕴

师句（《显扬论》）

- 六依出离舍——于诸色了知无常乃至没已简择修舍。
- 六依耽嗜舍——愚痴异生于眼等所识色顾恋不舍。
- 六依出离忧——于诸色等了知无常乃至没已，知是于胜解脱欲征求愿惧虑之忧。
- 六依耽嗜忧——于眼等所识色若不得，过去，尽，灭而生于忧。
- 六依出离喜——于诸色等了知无常苦变等法已而生于苦。
- 六依耽嗜喜——于眼等所识色可喜乐引起欲深可染著。

生受十六触——「眼、耳、鼻、舌、身、意、有对、增语、顺乐受、顺苦受、顺不苦不乐受、爱、恚、明、无明、非明非无明十六触。」（《显扬论》）云：又《瑜》卷五十三云：「由所依及所取境故建立六触及有对触，由分别境故，建立增语触，由领纳境故，建立顺乐受等触，由染净故建立爱等触。」又《对述》卷三云：「此受自性，三和故生，何故但说触起，《成唯识》说以触生受近而胜故唯说触生。」

观察——（《显扬论》）云。「观察何者是受，何者是集，何者是灭，何者是趣受集行，何者是趣受灭行，何者是受爱味，何者是受过，何者是受出离。」《瑜伽师地论》卷五十三云：「如是观时，如实了知受有三种，触集故受集，如是是八种观察诸受，当知略显自相，观现法转因，观彼灭，观后法转因观彼灭，观彼二转因观彼灭。因观及清净观是其差别。」

出离——初静虑出离忧根，二静虑苦根，三静虑喜根，四静虑乐根，无相心法三摩地舍根。（《显扬论》）

一百八种——三十六受各开三世，或开无量受。

三十六种——六依耽嗜喜，六依出离喜，忧舍亦尔。

十八种——喜、忧、舍、近行各六种，十八意近行。

六种——眼触、耳触乃至意触所生受。又《补缺》卷七云：「总以此六及苦乐舍三为受蕴体。」又《对法论》卷一云：「复有乐身受，苦身受，不苦乐身受，乐心受，苦心受，不苦乐心受。复有乐味受苦味，不苦乐受，乐、苦、舍、无味受，复有依耽嗜，依出离乐、苦、不苦乐受。」（三六种）

五种——乐根，苦根，喜根，忧根五受。

四种——欲系，色系，无色系，不系四受。

不苦不乐——无上二欲（舍受）——行苦。

舍受是异熟体，苦乐两受从异熟生假名异熟。」（注三）《□》。按《增一》云：「乐痛爱欲使，苦痛嗔恚使，不苦乐痛愚痴使。」

别别

行蕴

六思身
- 意所触思
- 身所触思
- 舌所触思
- 鼻所触思
- 耳所触思
- 眼所触思

思身为境界差别。）由此思故，思作诸善，思作杂染，思作分位差别。（《瑜伽师地论》卷五十四，以六

念造作种类——《瑜伽师地论》卷五十三云：「由五种类令心造作，为境随与，为彼合会，为彼别离，能发杂染业。令心自在转。」

相——《对法论》云：「造作相是行相，由此行故，令心造作于善不善，无记品中驱役心故。」

想蕴 《瑜伽师地论》卷五十四

分别差别
- 假设分别——于自他取如是名如是类，如是姓等种种世俗言说相。
- 领纳分别——执取境界所生诸受。
- 境界分别——于境界取随味相。
- 实义分别——于境界取无倒相。
- 虚妄分别——于境界取颠倒相。

无颠倒——反于颠倒。

颠倒差别
- 见倒——一分出家者能发，由等了相故，有执著者于颠倒事坚执忍可开示建立。
- 心倒——诸在家者发，由等了相故，于境贪著。
- 想倒——诸愚夫随逐无明起四颠倒。

相

自相 《对法论》
- 意所触想
- 身所触想
- 舌所触想
- 鼻所触想
- 耳所触想
- 眼所触想

境界差别

意相应想）少想；（欲界）大想（色界）无量想（空识无边）无少(?)所有，无所有处想（无所有处想。）《瑜伽师地论》卷五十三云「自出至无所有处想名有相想；无相想者，谓有顶想及一切世间学、无学想。」又《对述》卷三云：「《成唯识》说：取像为性，说触生者，分别三和生诸心所，触最胜故。《起尽经》说：受想行蕴，皆触为缘。」有相等六，如彼《述》说。

作意差别

由此想故，或了有相，（除欲界中未善言说者想，第一有想及出世间想）无相。（除无想作

共相——《瑜伽师地论》卷五十四云：「等了相是共相。」又《补缺》卷七云：《瑜伽师地论》卷五十五又说二想，谓世、出世间想，即为漏无漏辨，有想等六约界地辨，总以二六及二为体。」

义——《对法论》云：「构了相是想相，谓由想故，构画种种诸法像类，随所见闻觉知之义起诸言说，除不善言说（按不善言说等，在有相中说）想（未曾学语言故）无相界定想，（离色等相，无相涅槃）顶定想（彼想不明利）所余。」《补缺·七》「以从遍行中想为体。」

（注二）

五蕴（三）

别

别

识蕴

差别《对法论》

触、作意、思。

别境五

六烦恼及随烦恼——杂染施设

不定

心不相应行　分位施设

善　清净施设

思最胜与一切行为导首，故偏说思。实如上总有七十三法为体。

因——《瑜伽师地论》卷八十七云：「一切行因有二：一、共，二、不共。共因者谓喜为先因。由此喜故于彼彼生处障于厌离，滋润自体为欲将生所生之处，虽有一切烦恼为因，而于生处生喜者生，非于彼起厌逆想者，又即此喜唯依色说，宿因生已不待余因究竟转故。不共因者，谓顺苦乐非苦乐触，望于受等所有心法无间灭意及俱生名十种色等。望六种识，由彼虽从先因，所生刹那刹那别待余因方得生起。」

相——《对法论》云：「了别相是识相，由识故了别色等诸境界。」

差别《对法论》

心——阿赖耶

意——末那——一切时缘阿赖耶识，思度为性，与见、爱、慢、无明四相应。又此意遍行一切善不善不记位，唯除圣道现前，若处灭尽定及在无学地，又复六识以无间灭识为意。又云：「由随觉故，无间觉义是意义，当知此中随显相说。」（注三）（按《宗镜录》卷五十此识又名妄想识、相续识、无明识、智障识等。」

（注二）识——眼识、耳识、鼻识、舌识、身识、意识。

自性差别——有三：一、领受，二、采境，三、分位三差别。领受差别有三，采境差别有六，分位差别有三，总十八自性。（按前未注所出，且十八亦只有十五。）

建立识蕴道理——《瑜伽师地论》卷五十一云：「建立心意识名义差别，由此道理于三界等诸心意识一切杂染清净道理，应随决了，余处所显心意识道理，但随所化有情差别，为婴儿慧所化权说，方便令彼易得入故。」《瑜伽师地论记》云：「当赖耶义入心，当末那义入意，当六识者入识，此是劝人修学上结别体心意识义。自下结彼二识上同体义说心意识义，故言余处所显，但随所化等。谓六识名识，生后名意，即此识意集起名心。」

诸识生因《瑜》卷三

- 根不坏——不灭坏（唯据五根）不羸劣（通论意根）。
- 境界现前——由所依处（器世及有情世），由自性（赤白三性等色亦尔），由方（诸方之色能生眼识，余尘亦尔），由时（三世或春夏等），由显了不显了（实色显，假非），由全分及一分，又四障所不障，亦非极远。（处所极远，损减极远。）
- 能生作意正起——由四因：谓欲力、念力、境界力、数习力（境界力通三世，余如次第缘未、过、现三世）若异此者，应于一所缘境唯一作意一切时生。

安住

- 色安住——习欲者，欲界诸识执外色尘。
- 俱安住——清净天色界诸识执内名色。
- 名安住——无色界识唯执内名。

杂染——诸识由二门被染污：一、于现法中由受用境界门。二、于后法中由生老等门。

所依——六所依，诸识随转。

四识住——如经言有四依，取以为所缘令识安住。谓识随色住，缘色为境，乃至广说，乃至我终不说此识住于东方乃至四维，然我唯说于现法中必离欲影，寂灭，寂净，清凉，清净。（《瑜伽师地论记》云：必离欲者谓离识住因缘，即离现行烦恼及随眠欲，即因缘寂止，言离影者，受因识住而生说受为影，尔时不有，名永离影，有漏识尽故寂灭。此明识住寂止。次三明无漏识，有学名寂静，无学名清凉，无余依灭名清净。）识住因缘，有二种边际，识住因缘有二种寂止。此中若诸烦恼事，若属彼烦恼说名依取。应知此二亦名所缘，所缘性故，有所缘故。（《瑜伽师地论记》云：若属彼烦恼者，随眠种子，由烦恼熏成后烦恼名属烦恼。所缘性故者，则前现惑诸烦恼事是缘虑性，名缘虑性也。言有所缘故者，此惑种子能有现惑所缘法也。）由彼贪爱为烦恼缘，名趣所执事。由贪欲等四种身系，为发业缘，名缘所缘事。彼二随眠所随逐故，名建立事，若诸异生，未得厌离，对治喜忧，由所润识能取能满当来内身，由此展转能取能满不能弃舍诸异生性，于流转中相续决定。是名为住。有色界识有来有去，无色界识有死有生。又此二住乃至寿尽，又复此二生长增益及广大义，如前应知，齐是名为识住边际及因缘边际。若复异此而设施者，当知唯有文字差别，非义差别。由所余义境界无故。（《圆测疏》云：有色有身，无色无身，于此处生即此处死，二下界四蕴识住，上之无色唯三蕴住，又有色有中有，无色无。）若于诸色爱乃至行爱所摄贪缠能永断离，于烦恼分所摄发业四身系缠亦能永断；有随眠识究竟寂灭。于色受等诸识住中不复安住，由对治识永清净故，名识住因缘寂止。又由当来因缘灭故，于内身分不取不满，决定无有流转相续，是名识住寂止。又《瑜论记》云：「外道执色为我，四蕴为所，是我住处。佛言色受想行非是我乃识住，有漏四蕴为识体体，以有漏蕴能生贪染令识乐住故立识住，无漏受等非生爱境怀有漏识不住非识住。」又云：「识体非烦恼性…色等四蕴一一独生涅槃强故立为识住。识则不能独为涅槃因缘…识性微细不能见识不能生染爱。色蕴体粗，受想行蕴行解粗故缘生染爱，谓有于识生染爱者，要因色等方染于识。」（《大论》中亦有此文。）又《义蕴》卷四云：「准理即识住色受想行之中名四识住。」又《菩萨藏经》卷三云：「识缘于色受想行，识住色受想行中，由如此故，生喜住著，转加增长，坚固广大。」

异相

以上皆《瑜伽师地论》卷《五十四》

十对心——贪心、嗔心、痴、散乱、昏沉、掉举、寂静、定、修、不解脱等心、及离贪心等乃至极解脱心凡十对。

十二心——欲界四心（善，不善，有、无覆无记）色界有三心（除不善）无漏有二心（有学及无学）（按：恐遗无色三心。）

二十心——欲界善心有二：谓如行及生得。无覆无记有四：谓异熟生心、威仪路心、工巧处心、变化心。此唯是生得，谓天龙药叉等，然无修果心，于色无色界无工巧处心，善心如下上亦尔。

十六心——欲界五心（见苦、集、灭、道、修道所断心。）色无色界亦尔，及无漏心。

现量得——《识述》卷四云：「大乘第八识境，亦现量得，佛智缘时亦现量缘。今就他部，除佛以外共许为论，非世共悉，是故但言比知是有。」

（注一）《小乘之心意识》——《识述》卷十云：「小乘谓未来名心，过去是意，现在是识，种种分别，然无别体。」此与萨婆多义《成唯识论了义灯》所引者别。）

《略释心意识》——又云：「第八名心，为一切现行熏，是集诸法种。现行为依，种子识为因，能生一切法故。第七名意，恒审思量为我等故。因中有漏唯缘我境，无漏缘第八及真如，果上许缘一切法故。余六名识，于六别境，体是粗动有间断法了别转故。易了名粗，转易名动，不续名间，各有此胜，各得别名。」又《成唯识论了义灯》卷九云：「萨婆多五门义别：一名门，但与施名；二义门，集起名心，了别名识，思量名意；三业用门，远知名心，开导名意，受生名识；四世门，过去名意，现在名心，未来名识；五施设门，在蕴名识，在处名意，在界名心，皆通六识，非离六外，别有心意。」

（注二）《构了与识》——《对述》卷一云：「构谓构画，唯在六七，或唯有相，了谓解了，通八识中，亦通无相。」

（注三）《无间灭意》《对述》卷五云：「言随觉者谓第七思量名觉，此过去似第七为依或随第七觉义名为意也，无间觉义，此无间所依之识，似于觉故名意也。随显相说者。意谓何，何故不似现在心识而似意耶？答：当知此中说似意者，随显相说似为依义，又行相细隐似现意故名随显相，故过去不名识心，……《唯识》卷五破小意，过去非意，过去自性非思量故，曾于现在但名识故，似他思量无所似故，由此名意必第七识，过去似此亦得意名，正思量故，故论本亦自说过去名意。」又《摄》卷一云：「意有二种：一与作等无间缘所依止性，无间灭识能与意识作生依止。二即末那，即是识杂染所依。」《世亲》卷一云：「第一谓无间灭识与意识为因。」《无性》卷一云：「六识身无间过去说名为意，了别境界说名为识。」又《世亲》卷三云：「前刹那色或识望后刹那识，应知容有等无间缘，无有因缘。」《无性》亦云：「色心前后相生，容有等无间缘，增上缘而无因缘。」

（续注一）《二十论》云：「心意识了名之差别。」《成唯识论述记》卷一云：「心积集义，意思量义，识了别义。了识达义，应言了别。积集有二：一集行相，二集种子。诸通诸识，后唯第八。思量有二：，一无间觉，二现思量。诸通诸识，后唯第七。了别有二：一细二粗，初通诸识，后唯第六。」

十八界

释名义

界义——《瑜伽师地论》卷五十六云：「因义，种子义，本性义，种性义，微细义，任持义。」《对法论》云：「一切法种子义，又能持自相义，又能持因果义，又摄持一切法差别义。」又云：「此与处亦是有取法，义如《蕴》中说。」

又《瑜伽师地论》卷五十七云：「发起诸法名界，是牵引义。」

建立十八界道理——《对法论》云：「由身具等，能持过现六行受用性故，身谓六根，具谓六境，现过六行受用谓六识，根境能持识，所依所缘故，过现六识能持受用，不舍自相故，以能持义故说界。」《疏抄》云：「龙军论师说如来有十七界无声界，为不说法故，诸声名皆是戏论法。佛无戏论法故，故约佛说法无声，若约身中即有十八界。以身中，亦成就声故。」又《对述》卷一云：「此中持义有二：一者身具能持六行，二者六行即能自持。此言身者，识所依义。具者资识生义，行者迁流义。识念念灭作用速谢，独立行名。又有行相行境分别，身具不尔。此文意显身具能持之所持法则是过去现在六行，由彼能持令受用故，及显六识体能持用，或自证分持见分等。或能自持体受用境，不说未来者，未来体用未生，能持义隐，又未来识无持用义。然说未来亦有界者，各持自体，故不说持用亦不违。」

建立界道理——「显因缘义及根境受用义。」《瑜伽师地论》卷五十六云。

界分别

六界《瑜伽师地论》卷五十六（注五）

法界——谓眼等法有眼等界。

净界——住种性补特迦罗所有诸界。

本性界——如说十八界无始时来于后后生其性成就。

熏习界——此诸界净不净法先所熏习于生死中得胜劣生涅槃为因。

已与果界——即此诸界惑界已灭。

未与果界——反于已与果。

二界（《瑜伽师地论》卷九十六）

住自性界——谓十八界堕自相续，各各决定差别种子。

习增上界——谓诸法或善或不善，于余生中先已数习，令彼现行。故于今时强盛依附相续。

涅槃界——《瑜伽师地论》卷五十六云：「由彼能持苦不生义，故名界。」

无色识界道理——《对法论》卷五云：「名眼识不名色识者，由眼识得有故，不盲瞑者乃至暗中亦能见故，不由有色。眼识定生，盲瞑者不能见故。又眼变异识亦变异，色不然，如迦末罗病，青色变黄，余亦尔。见色非眼非识，以一切法无作用故，由有和合假立为见。」

（注一）眼曾见色者，谓能持过去识受用义以显界性。……现见色者，谓能持现在识受用义以显界性，及此等者，谓眼种子，或引

《瑜伽师地论》卷五十六差别

独能取——一及一少分。

助伴能取——十及一少分。

能取——六根六识及有缘法。

所取——五色界及法界中无缘法。

合不合俱能取——意界及意识界。

非能取——色等五界及法界少分。

不合能取——眼耳二根及彼二识，若与眼耳二识俱起同缘独头意识名不合能取。

合能取——鼻舌身三根及彼三识，若意识界与三识並起因缘名合能取。

执受非执受——五尘、余一向非执受

执受——五根

通三界——三

欲色界系——五根、三识、三尘

无色、色界系——无

欲界系——四

《对法论》类别（注七）

十八界

意识界

身识界

舌识界

鼻识界

耳识界

眼识界——依眼缘色，似色了别，及此种子积集异熟阿赖耶是眼识界（注九）

法界——（又摄色中法色五）一分

触界

味界

香界

声界

色界——色、眼曾现见及眼界于此增上是色界相（注四）（注二）

意界

身界一分

舌界

鼻界

耳界

眼界——眼曾现见色及此种子积集异熟阿赖耶色是眼界相（注一）

（注三）

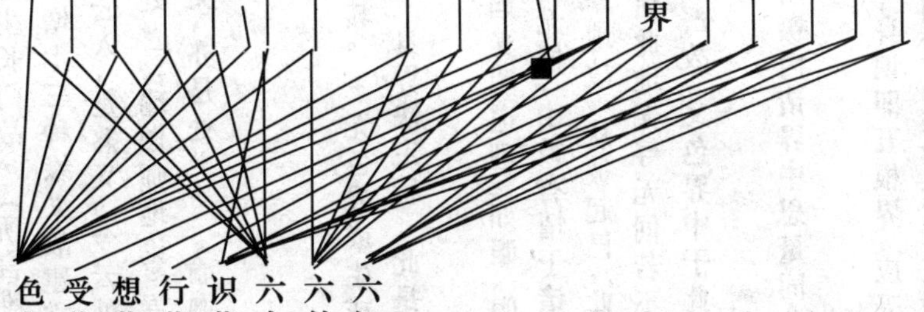

色蕴

受蕴

想蕴

行蕴

识蕴

六内界（能取种子义）《辩

六外界（所取种子义）

六识界（彼取种子义）《瑜伽师地论》卷十四云：「能于现在积集任持福非福业，能引当来爱非爱果，亦能执持识所依止五种色根及所依处，令不烂坏。又由现法后后所生识自在力，令诸有情于善不善无记业中差别而转。」

（注二）眼界于此增上者，谓依色根增上力外境生故，又《对述》卷二云：「前依种现以辨眼根，故色界中依曾现说。《瑜》等说十八界各有种子，此不说者，为显内外界别及唯识故。又根生义，种子名根，境非是根，种非色界。」

当来眼根或为生现在眼根。（考5附一《出五根体》）

十六)
论》卷三
(又考《智
(注六)

眼处义——「若眼已得(第五时已去)，不捨(未被损伏)于无间体非断灭法(《圆测疏》作然是无间断灭之法。谓阿罗
　六种受用相。」)(注八)
建立十二处道理——《对法论》云：「唯由身具能与未来六行受用为生长门故。(所言唯者，谓唯依根境上立十二处，不依
建立处道理——《瑜伽师地论》卷五十六云：「为欲显示等无间所缘增上三种缘义故建立处。」
　缘义、方便义、和合性义、居住处义。」《义林》卷九云：「旧云入，是煞义。今云处是出生义。出生六识之门处故。」
　是故名处，若非理趣说名非趣。能生能广诸心心法是故名处。」《瑜伽师地论》卷五十六云：「诸心心所生长门义、
处义——《对法论》云：「识生长门义。当知种子义，摄一切法差别义，亦是处义。」《瑜伽师地论》卷五十七云：「等起理趣

(以上皆《瑜伽师地论》卷五十六)

　转，唯除自在所获诸色。
　色味触界亦尔，于色界或生或长，眼及余一切界除香味界皆决定转。于无色界或生或长除意界、法界、意识界，余定不
生三界——于欲界或生或长，眼界决定转而非一向，耳鼻舌界及彼识界亦尔。身界决定转。此是身识界、意界、法界、意识界色声、
　无所依故，眼等诸识，应不得生。
眼与眼识——眼与眼识非正生因，唯建立因，故俱时而有因果性成，犹如灯焰光明道理，如眼、眼识，余亦尔，若异此者，虽有自种
　无寻无伺三摩地种子之所随逐，是故此地非一向无寻无伺，由彼有情于诸寻伺以性离欲而离欲故。
　地境界？答：由有寻有伺诸识种子随逐无寻无伺三摩地故。从彼起已，此得现前，又此起已识现行时，复为
上地得起下地寻伺——生第二静虑或生上地若有寻有伺眼等识现在前，云何此地无寻无伺若不现前？云何彼有诸根而能领受彼
色界鼻两界——生色界者已于境界而得离欲。复生鼻舌二界，为令所依身端严故，又色界中于此二种未离欲故。
　知法界诸有所缘如心界说，诸无所缘，如色等说。
同分彼同分——有识眼界名同分，所余眼界名彼同分，乃至身界亦尔。唯根所摄内诸界中思量同分及彼同分非于色等外诸界中，当
　故十八界皆是实有。」
有。按《摄论》十一识中受者识身者识名为意界，即是赖耶及末那识，身识即五根界，应受识即六尘界，正受识即六识界，是
为实，则六识是假，以离生后意界之外无别六识。」《圆测疏》云：「初道小乘等世俗道理若大乘自有十八以为意界体并实
实假——或十七或十二为实，六为一故，二为六故。《瑜伽师地论记》云：「十七为实，意界是假。离六识了别之外无别意界故，若十二

论》卷五十六
《瑜伽师地记
眼，眼界别

有俱无——阿罗汉眼已失坏或不生眼若生无色界或于无余依涅槃界已般涅槃。
有俱有——除尔所相。
　无色界。
有眼界非眼——生有色界，若眼未生或生已失或不得眼或眼无间灭，若诸异生生
有眼非眼界——阿罗汉最后眼，谓临入无余最后念眼，不能生后非种子义不名为界。

当言随逐余界、唯界非声。」
界，正宜系时，当言具有，不尔
界随其所应亦当具说，若声声
身者，余随所应当具宣说，于四外
云：「身界应分别，谓无先来不生
如眼界，一切内界亦尔。《大论》

汉最后眼，无间即灭不能生识。）余亦尔。」《瑜伽师地论记》云：「眼有三义：一、眼，二、眼处；三、眼触处。一切现眼总名为眼，能生后眼方名眼处，是故罗汉后眼及生无色界时最后眼等不名处。于无间体非断灭法意在于此。」又《大论》云：「若于色界或生或长所有鼻舌，若生无想有情天中所有诸根，于一切时当知必定非处。」《瑜伽师地论》卷五十六云。

十二处

释名义

触处义——《瑜伽师地论》卷五十六云：「与触俱或能无间引发诸触。随顺于触所有诸处。」（《瑜论记》云：「同时为根生长彼触，前念五根虽不与触俱而能无间引后念触以随顺后触亦名触处。」）

处相——《对法论》云：「如界应知随其所应，谓眼当见色及此种子等随义应说。」《补缺》卷七云：「言等者，举当见色现眼及种等取已见现见及彼种子。随义者，彼七心界并名意处等。故云随义应说。」又《对述》卷二云：「内处通二，外处非种，处唯当来，界通过现。少同故如界，少异故随应。不说七八识别为界处者，无别根境可对说故。然意界摄。」

（注八）《释立处道理》——《对述》卷一云：「由彼过现身具为门生未来识，相用显故立以处名。据实大乘因果同世，身具生识念念同时。出生义隐故此不说，未来果显故说生彼，增上义说，非为尽理。又释此显未来身具生未来识，同时因果名之为处。当世相生自宗义故，此解为善。要之，持生识用立以界名。未来持隐略不说界，出生名处，要果当生，过现已生。为门义隐。不说过现理实界处并通三世。」

类别

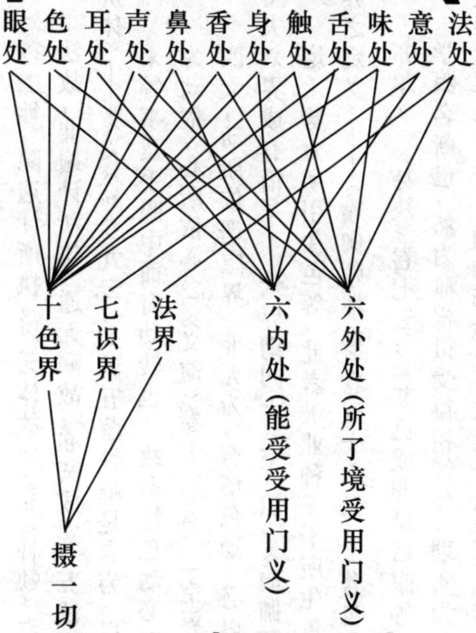

摄一切法《瑜伽师地论》卷五十四云。

又《瑜伽师地论》卷十三云：「云何相属？谓内六处，于一身中当知展转互相系属。」《杂含》卷十三云：「四大所造净色不可见有对，是眼耳鼻舌身内入处。非色不可见无对名意内入处。四大造可见有对名色外入处，四大所造不可见有对是声香味外入处。四大及四大所造色不可见有对是触外八处，十一入所不摄，不可见无对是法外入处。」

摄

摄——《瑜伽师地论》卷五十六云：「八胜处、十遍处中空无边处第四，及无想处，非想非非想处，如是等法处名说者如所说相，随其所应，当知在十二处摄。」余如界当知。

三时业用差别

三时业用差别——《瑜伽师地论》卷九云：「眼处等六应说三时业用差别，此亦二种：谓色色种子所摄受种子六处，及彼所生果六处，五在欲色界，六通三界。」

8

三科决择

中三，谓色声并法处散无表一分。心所法二十四，遍行别境善十，除轻安及四不定，不相应十六，除命根同分三无心及故及定共成并一分散无表是加行善故。不相应行法有十八除命根同分无想天并名句文身。(三)总摄四十九法，色蕴中唯无记，至转依位便无漏故。心所有法有二十五，遍行别境十，善十一，不定四。色法有三，以色声二表加行善心发六，并唯无漏，以依真如假立故。《对法》云：虚空非择灭胜义无记者，亦随转门。(二)有五十二法，心有六除七八，因五根五境及法处摄，圣所爱戒并定自在所生色。不相应行取二十二，除无想定无想事除异生性取非得。第五无为有漏，第一、心法八识是识蕴性，第二、心所法遍行五别境五，善十一，不定中寻伺，共二十三法通无漏。色法有十一，谓仪无记蕴，(八)工巧无记蕴，(九)变化无记蕴，(十)自性无记蕴。(一)以五蕴法皆通无漏，于百法总有七十法通无

《十蕴》——又云：「(一)无漏善蕴，(二)加行善蕴，(三)生得善蕴，(四)不善蕴，(五)有覆无记蕴，(六)异熟无记蕴，(七)威六法。十八界摄者，唯开意处立六识界，余并与处同。」《补缺》卷四云：「末那及第八名意界及等无间意。」意处摄八识，法处摄四类法，所谓色法法处所摄色有五种，是相应法有五十一，不相应法二十四，无为法有六：合八十相应行二十四法合七十三法，识蕴唯摄心法八，总摄九十四法，唯除六无为故。十二处摄者，内五处外五处摄十种色，

《三科与□法》——又云：「蕴中色蕴摄十一种色，受云摄遍行中受数，想蕴摄遍行中想数，行蕴摄相应心所四十九法，及摄不法故，非遍计所执，通无漏故，亦圆成实，五法之内体即前四唯除如如。十二处、十八界通以有为无为为体，总摄五法及以二性，除遍计所执，以无体故。」又《补缺》卷七云：「五蕴今谓通三性，妄计实有即初性为体。」

(注六)《辨体》——《义林》卷九云：「其五蕴性唯是有为，以积聚故。」《俱舍》云：蕴不摄无为，义不相应故。三性之中依他性谈，有来等事及手眼中而有动转也。故有情色动必以内空界为依。」为动依，心所依心。」《义演》卷十二云：「空界非六无为中空无为，但是有情身中骨节间隙所名空界，此空界得有行动去四大，动所依谓空界，非无为，有情色动，必以为依，谓空界色，此在内界，不取外者，由内身有此空界故，所以有动，故

(注五)《士夫六界成有情》——六界谓四大、空、识。《瑜伽师地论》卷五十六云：「说六界者，唯显色动心所三法胜所依故。色所依谓增上势力所引生色等，此者彼业种子于所生色等为增上。)如色界乃至触界亦尔。」

(注四)《界之定义》——《瑜伽师地论》卷五十六云：「若色根增上所生，若彼于此增上。(增上所生者为受用色等五尘故五根生，生已亦尔。」《补缺》卷七云：「断已成非最后眼等，据得已失，如异生生无色界等，命根摄者，可当生也。」学眼名断已，然为命根摄受得相续住，理实为赖耶之所摄受，命约随转理故说命摄受。)如眼界乃至法界一分(有漏法)

(注三)《眼界之定义》——《瑜伽师地论》卷五十六云：「若眼未断或复断已命根摄受。(《瑜伽师地论记》云：异生有学名眼未断，无遍计所执色起似彼妄情故言似色。《摄论》等说色等外境，体实非色，似色现故。」

(注九)《似色义》——《对述》卷二云：「似色者眼识影色似本质色，或似色者显是见分，因位自证不现色故。如实现者依他非色现似第八通六识界摄，据实即意界摄。」(考本页注六之二末，及《瑜伽师地论》卷五十七《俱有依》等。)

(注七)《意界所摄法》——《补缺》卷七云：「眼等六识即百法中现识等六，现种心王及七八二种。准《五蕴》即意界摄，或通二界。有云

实，善十一假实可知，本六惑中恶慧是假，二十随中小大大三放逸妄念不正知，四不定中寻伺皆假，余实。」

五识缘假故。『若总相说』，受想识蕴三皆实，余二通二。色蕴通二已知，行蕴通二者，不相应行一切皆假，遍三别境一切皆通假实，准八可知。第六因果位相皆通假实，因果皆缘一切境故。五识因相有义通假，许缘长短假色等故，有义唯实，不许所相亦一向假，心王所缘质通假实，相分随质，故通假实。第七因相，王所同实，以一切时恒缘第八相分生彼第八质相，果故通五蕴，种现通说，非唯种现，唯种现者，摄蕴不尽。八在果位缘有漏者，王所相分似故皆假。缘无漏者可通假实。然心自相增益更无别体，故是假有。『若约相质明假实者』，因位第八，五数相分，五蕴皆假。以无实种，见分义（相）分与王同缘，

《更明五蕴假实》——（考下《假实》及注）《补缺》卷七云：「『待不待名言分假实者』，依名言智及此名言皆依共相，不依自相，共相即依

不相乖也。」按据上文，自性无记无四十七法。又《对述》卷一所言稍有出入，应考。

感，二是从生。《瑜伽师地论》卷三说四，已摄自性尽。《瑜伽师地论》卷六十六开五，以从生者体非异熟，立为自性，前后二文染色处声处。此唯说色云通自性无记。今解四蕴亦通自性，如二乘等所起法执是异熟生亦名自性。然异熟生有二种，一是业论》卷三唯四无记，《瑜伽师地论》卷六十六说五无记，谓诸色根是长养者外，诸色处非异熟等之所摄者皆名自性无记，除善二，谓第六七，心所法十，谓遍行别境。二乘起法执不障彼果故，非染污是自性无记。不相应行有十六准前知。按《瑜伽师地相应行有十六，得非得四相并后十。（十）有四十七法，色中有五尘，即外器世界及长养，五既非四无记，故是自性。心法唯果，谓无记者异熟生摄。此变化蕴有三十五法，色取五尘兼法处色，心法唯取一谓第六，心所有十二谓遍行别境及寻伺，不但有法处色声香味触五为色蕴性。若为利乐，便是善性，初二门摄。《瑜》虽说欲界亦有诸变化，此通三性，生得变化非是通卷五十三说若依胜定于一切色皆得自在诸定加行令现在前。《瑜伽师地论》卷九十八云：神通不能变化四事，谓根等，由此相应取十六，得非得四相并后十。（九）《瑜伽师地论》卷三云：变化有二：一善，二无记。说定境色亦通无漏。《瑜伽师地论》身工巧四尘巧，语工巧即是声。心法取七识，唯除末那。第六发工巧，前五第八缘三巧。心所取十四，遍行别境及不定四。不不定。不相应有十六，谓得非得四相及后十。（八）《对法》云：怀非染非净心所起工巧处是无记性法，有四十二法，色中五，不说耳识。若第八识缘四尘故得名缘威仪。有部更立似威仪心，即总有六识为威仪路识蕴也。心所有十四，遍行别境十，四非染非净心所发威仪路，有三十九法。色中四谓色香味触。心法中五，谓意识缘发威仪，眼鼻舌身四缘威仪，以声非威仪故，相好通异熟故。心法通七，除末那，心所取十一，谓遍行别境并不定中眠。不相应取二十二，除二定。（七）《对法》云：谓怀八界八处是无记者，约全分说：今取色声，据容有说。声通异熟依菩萨地常行爱语、如语、谛语故，感得大士梵音声相同余发恶行者，亦是不善，所余皆是有覆无记，故五蕴一分是有覆性。（六）色中十，谓五根境，除法处色彼非异熟故。《对法》云：无愧。不定中三，唯除悔，不相应十六，谓得非得四相及后十。《对法》云：若欲系分别烦恼随惑是不善，若任运生一切烦恼谓身语表，梵于释子执手行诳故。心法七，除第八，心所二十九，谓遍行别境及根本烦恼五除嗔，随惑十一除忿等七及无惭别境并烦恼六随惑二十不定四，识蕴中取六识除七八二，不相应取十六谓得非得四□并后十。（五）有五十四法，色中唯二，与名句文身，识蕴中取六识，除七八故。（四）以六十五法为性，色中唯三，谓色声二表并法处不律仪无表。心所中四十，遍行

熟故，即无想报亦自性收，是自性下等学所等故。」

云：「或谓无想报是报故，命根通报非报故，命根自性收，无想报亦自性收，《对法》无文，此说不然。《唯识》说命唯是异非二并，即除法处五及善十一，本随二惑，第七八识，二无心定，无想异熟，命，异生性全，所余小分。」又《对述》卷六记。行蕴中遍三别五不定四，不相应行依此等者，是自性无记。命根虽亦通于长养，离异熟外更无别体，不可断已更续复记蕴。（十）非前无记皆名自性，即色蕴中长养五根境，除定所生。受想二蕴与六识俱及于六识除定，余所长养亦自性无命、异生性，识蕴可知。若云通果，色中加天眼耳，识蕴加眼耳识。余同变化。通果可摄变化，宽于彼故，准此应名通果无说为正。受想二蕴及行蕴中遍三别五不定寻伺，与第六识起变化心相应起者亦是变化。不相应中除无心定，无想异熟，起者为利乐起善性摄故，色蕴中色五境法处五色，或可唯定生，余四皆非，以不变心及心所故，心等既无，相分岂有？此于此缘，名工巧。色加声语工巧故，不相应中加名句文。余同（七）。（九）转换本质名变，无而忽有名化。唯取游戏，变化若大乘，无记缘威仪即异熟生摄。小乘威仪心宽，大乘异熟心宽，故摄有别。（八）工谓工业，巧谓方便，即雕镂绘像等及随二惑，二无心定，无想异熟，命异生性，名句文及依此等余不相应皆非此摄。有说四识缘威仪者，亦威仪摄。此同有部，想行蕴。与第六识发威仪心相应起者，及依此等不相应行亦是威仪。有说除受想，此俱行蕴摄。其眼等识及善十一，本异性招感名为异熟。摄法如上，唯不定三。（七）即行住等威仪工巧，虽通三性，此中唯取非染无记。摄色如上，不说通受上界中一切烦恼及随与此相应，遍三别境及四不定，受想识三及依此等不相应行皆有覆性。（六）果体无记，显善恶因，惑之中一切分别俱生中发恶业者，余当知。（五）色中遍计所起亦通有覆，行蕴中欲界任运贪痴及慢不发业者，俱生二见蕴，并依此等诸不相应，是生得善，所余皆非。（四）色蕴中色声二种，不律无表，遍计所起一分之行，行蕴中欲界本随二所成之善及八地上所起五识亦方便善。（三）此善心所发色蕴色声二，行蕴中遍三，别并善十，四不定及与相应受想识加行善。前六通加行，后二识皆无，其义可知。眼等五识，如何知有？为利乐起天眼耳通相应之识是方便善。又闻思修蕴之中遍别八，善十一，不定四（闻思位中有悔眠故及与此俱受想识蕴，得，四相名句文无想定法同分流转等十随应亦慧亦皆现故。处中善无表及律仪无表是加行善，生得虽处中，劣不发无表。自在生色，唯方便善，除其无漏，加行所起。行及俱有故。本惑及随悔眠无想定，无想天，并异生性，皆唯有漏。其灭尽定体唯无漏，识蕴亦通漏及无漏，可知。」

《更明十蕴》——《补缺》卷七云：「（二）色蕴中色声无表极略极迥通于方便，方便善心所起色声表故得通，性唯无记，极略极迥有漏三行蕴中遍行别境及善十一，不定寻伺得非四得四相，命名句文同分，及于流转等十通漏无漏，随其所应与漏无漏心相应起唯有漏。第六七相五境之色极略极迥定俱，无表，定通所生，通漏无漏，受蕴之中苦忧有漏，喜舍乐三通二。想随五受可知。

唯有漏，若无漏门中所有名无漏者，除不律仪无表处中不善余名无漏。色界业生五根境色，除佛所起眼等五根五八五境皆

《更明五蕴漏无漏》（更考他处）——又云：「色蕴中欲界五根境不律仪色处中不善无表之色，散善无表，遍计起色及欲界心起迥异色皆

（注九）

（注十二）

（注十三）

非有为非无为——诸业烦恼所不为故，随欲现前不现前故。为无取五蕴。按《对法》卷三未开此一门也。随欲现前不现前

有为——余，谓有生灭住异可知。

无为——法界法处一分。

无漏——《显扬论》云：灭道谛。五无取蕴全及三界二处少分。

（注一）三界二处少分。谓除最后三界二处少分。《对述》卷六云：「《佛地》、《唯识》卷十说此但依二乘等说。」

因、初、缠现行所作，二诸烦恼事随逐烦恼所作，三烦恼因缘所作，四引发后有所作。」五取蕴、十五界、十处全及

有漏——《显扬论》云：苦集谛。《瑜伽师地论》卷五十六云：「有四过失是有漏义：不寂静，内外变异，起发恶行，摄受

无对——反于有对。

无见无对，即损害之依处是。」

有对。」又《对述》卷六云：「有对中一，有见有对，即诸有见皆名有对，二无见有对，谓种类故，又因所明是，三

极微已上。一极微无对碍故。不修治者，非定起色。」又《别抄》卷一云：「以极微成不得相越所住之处不涉入名

对。按此四故，前三为一类，后一故为二类，所摄法不同故。）十有色界。《成唯识论了义灯》卷六云：「积集者，

有对——种类故（互为能所碍）积集故，不修治故。又损害依处是有对义。（《对法》卷三云：谓若依若缘能生瞋忿名为有

无见——余

有见——一色界

无色——余界

《瑜伽师地论》）

狭以分，未得云有色定即青黄等，无色定即在色界之上者。至前所书十一界一少分及余等。未知据何书。（恐据

《集论》及《对法》以二十门释色义故，故云一切是色。又自此至无对，皆云一切是，或随所应，则皆就释义之宽

取相属显了显示，以无为等是相属中摄也，无为属色，色上显故。」此意即说据论释色义，通五蕴，非唯色蕴。以

有色——十界一少分。按：《对法》卷三此作：「一切是色者谓变坏色等，随所应者谓余色。」《述》卷六云：「变坏等，等

知，识达。」（此就二门说。）

所通达——六神通境界，为舍执著自威德故观所通达。《补缺》卷七云：「智缘名知，心缘名识，通缘名达。界处皆通所

所识——无分别故，有分别故，因，转，相，相所生，能治所治，微细差别故，是所识义。为舍执著，能见者等我故，观所识。

所知——所知有五种，色心心所不相应行，无为，为舍执著知见者我故观所知。

世俗有——杂染所缘是世俗有义，一切皆是世俗有。《述》卷六云：「有漏三性皆名杂染，此心所缘皆成世俗。」

胜义有——清净所缘是胜义有义，一切皆是胜义有。

假有——待于名言此余根境是假有义，一切皆是假有，为舍执著实有我故，观察假有。

实有——不待名言，此余根境是实有义，一切皆是实有，为舍执著实有我故，观察实有。

义故，说名有为，诸业烦恼所不为义故，说名无为。是故此亦不离二种。故佛说一切法有二种，谓有为无为。则此无取五蕴，当云亦有为亦无为，在有无为二中摄，不可别立。

十一页（注十六）

《对法论》

蕴处界分别

（一）（《瑜伽师地论》卷六十五——六十六，亦有说）（按《对法论》等义意颇繁，要，为对于每一名词定义之不能肯定所致。若自立义，当就自意下定义，庶不致误入古人之五里雾中也。）

世间——戏论依义，三界所摄，诸蕴一分。十五界十处全，三界二处一分。《对法》卷三云：「一分者谓除正智所摄及后所得，似出世间相显现并无为法。」《成唯识论述记》卷六云：「世出世中有三对，一性有起尽名世，无为名出世。二有相显名世，三有漏有对治名世，翻名出世。」

出世——无颠倒无戏论无分别故，诸蕴一分及三界二处一分。

能取——三蕴全。色行蕴一分，十二界六处全，法界法处一分，谓诸色根、及心、心法。是能取义。又由和合识等生故，假立能取性，以依众缘和合所生识等假说能取，不由真实义，诸法无作用故。

外门——欲界所系法。四界（鼻、舌识、香、味）二处（香味）全，及余一分，谓除依佛教所生闻、思、慧及彼随法行所摄心心法等。等流法为因故。

内门——六处并属彼义，除四界二处全及余一分。

所取——诸能取亦是所取，以眼根等意识所取故。或有所取非能取，谓唯是取所行义，即除心所有法，一切皆是所取。

染污——十界（七识、色、声、法）四处一分（色、声、意、法）——不善、有覆、无记。

不染污——八界八处全及余蕴界处一分——善及无覆、无记。

有无净、爱味、依耽嗜——一切一分

过、未、现——一切皆是，按《对法论》卷三，此三皆云一切一分，如过去说一切一分者，除未来现在及无为故。又涅槃等内自所证杂名言故，非三世，故此三，唯说名言事。

《瑜》卷五十六

已生——谓过去，现在是已生义，一切一分是已生。（又有廿四已生，如《对法》卷三中说。）

非已生——谓未来及无为法是非已生义，一切一分是非已生。

堕界——三界所摄世间义，一切一分。

粗、细、劣、妙、远、近——一切一分。

无记

自性无记——八色界处意相应品命根众同分名句文身等。（注十）《述》卷六云：「唯取长养诸根外诸所有色处等非异熟生所摄者。然异熟生有三：一真异熟，名异熟生；二假异熟，名异熟生；三、三性法皆名异熟生。今此即除第三中善染及第一、第二，又除第三中无记之法善恶业果，余长养等流等异熟生法是自性无记。

相属无记——怀非秽非净心者，所有由名句文身所摄受心心所法。

随逐无记——即彼戏论习气，以名等身熏习心故，由此习气后戏论生。

发起无记——彼所摄受诸心心所法所发身语业。

（注四）胜义无记——虚空非择灭。《识述》卷五云：「不招爱非爱果，无所滥。」

（注十一）生得无记——诸不善有漏善法异熟（考不相应附注第十行。）

无记
- 加行无记——非染非善心者所有威仪路工巧处法。（注二）所余随应或善不善。
- 现前供养无记——如建立禅庙兴供养业，令无量众于是处不生福非福。
- 饶益无记——以非秽非净心而行惠施。
- 受用无记——以无简择无染污心受用资具。
- 引摄无记——如有一于工巧处串习故，于当来世复引摄如是身习工巧处速疾究竟。
- 对治无记——如有一为治疾病得安乐故，以简择心好服医药。
- 寂静无记——色无色界诸烦恼等由止所藏伏故。
- 等流无记——变化心俱生品，此心心法谓嬉戏故，发起变化，是无记性。若为利益等是善等。

八界（五色根香味触界）八处全及余蕴界处一分。（注三）

（注五）善
- 自性善——心所有法，谓信等十一。
- 相属善——彼相应法（或云相应善）。
- 胜义善——真如，有部以涅槃为体即择灭无为。
- 随逐善——彼诸法习气（彼者指自性善。）
- 对治善——所知障对治等，或对治二障。
- 发起善——彼所发身业语业（彼，同上。）
- 寂静善——想、受、灭等，有无余依涅槃界及无住涅槃界等。
- 生得善——由先串习生便即起，不假思维。
- 方便善——亲近善友思维方起。
- 现前供养善——对三宝兴供养业。
- 饶益善——以四摄事益有情。
- 引摄善——以施戒福引摄生天乐异熟等。
- 等流善——已得寂静者，由此增上力，发起胜品神通等世出世共不共功德。

五蕴十界（七识色声法界）四处（色声意法处）一分。《瑜伽师地论》卷三说甚广。

（注六）不善
- 自性不善——恶行烦恼等，谓欲界系，不任运起及任运起能发恶行。（所余是有覆无记。）
- 相属不善——即此烦恼随烦恼相应法。
- 胜义不善——一切流转。
- 随逐不善——第一不善习气。
- 所治不善——诸对治所对治法。
- 发起不善——第一所起身语业。
- 生得不善——如生得善应知。
- 方便不善——近不善友思维方起。
- 现前供养不善——建立淫祠兴供养等。
- 损害不善——于一切处起三业邪行。
- 引摄不善——行恶三业引不爱异熟。
- 障碍不善——能障诸善品。

五蕴十界四处一分

（注七）欲界系——未离欲者所有善不善无记法。《瑜伽师地论》卷五十六云：「于此间生未得对治，或得已出三时现行义。四界（香、味、鼻、舌识）二处（香味处）全及余蕴界处一分。（除色无色界系及无漏法。）又《对法》卷三云：「业增上力所生者，亦名欲界系，为显生上二界亦有未离欲。」《述》卷六云：「业种随逐故。」

示现善不善无记法——佛及得第一究竟菩萨，为欲饶益诸有情故有所示现，此中无有一法真实可得。

《瑜伽师地论》卷十一

（注十五）

（注八）

坏苦性——随顺乐受法变坏自相故，乐受变坏自相故，于彼爱心变坏故，一切一分。

苦苦性——随顺苦受法自相故，苦受自相故，一切一分。

根——取境增上，如种族不断增上等。受识蕴全，色行蕴一分。（色一分者谓眼、耳、鼻、舌、身，男女根行一分者。谓命信勤念定慧）十二界（六识六根、六处（内六处）全。法界处一分（谓命及乐等、信等五根。）（考《瑜伽师地论》二十八卷，注三。）

执受——受生所依色，（若依此色受得生是名执受。）色蕴一分（根、根居处）五有色界处全及四一分（谓不离根色香味触。）（注十四）

缘生——一切皆是缘生，除法界法处一分诸无为法，为舍执著无因，不平等因我故观察缘生。

同分彼同分——不离识，彼相似根于境相续生故（同分），离识自体相似相续生故（彼同分）。色蕴一分，眼等五有色界处一分。《补缺》卷七云：「谓根与识俱转相似，于诸境界相续生故，说名同分，诸根离识，自类相似续生，由根不同与识合唯自体相似续生，根相似义名彼同分。除五根外所余与识非定同转，由意界处不定与识同缘一境，据实七八既在意界处摄，意识有时与彼同缘名同分，不俱时时转名彼同分。」更考《对述》卷七及《深密疏》卷十二。）

非所断——诸无漏法除决择分善。《瑜伽师地论》卷五十六云：「一切染污永断对治义。」十界四处诸蕴一分。无漏法者谓出世圣道及后所得并无为法。

修所断——得见道后见所断相违诸有漏法。《瑜伽师地论》卷五十六云：「从现观后修道所断义。」一切一分。有漏法言，亦摄随顺决择分善，粗重所随故。一分者除见所断及无漏法。

见所断——见等所发三业并一切恶趣等蕴界处。《瑜伽师地论》卷五十六云：「现观智谛现观所应断义。」一切一分。（谓除修断及无漏言一分。）

无学——于诸学处已得究竟者所有善法。《瑜伽师地论》卷六十六云：「阿罗汉诸漏已尽，若出世有为法，世间善法名无学法。」十界四处诸蕴一分。（考《智论》卷十八）

有学——《瑜伽师地论》六十六卷云：「或预流、一来、不还、有学众生，若出世有为法，世间善法名有学法。」《对法论》卷三云：「求解脱者所有善法从积集资粮位已去名求解脱者。」十界（七识、色、声、法）四处（色、声、意、法）诸蕴一分。又《补缺》卷七云：「从解脱分已去尽金刚定无间道来所有善性能顺三乘所求圣道者皆名为学。」（考《智论》卷十八。）

无色界系——未离无色界者所有善无记法。三界（意、法、意识）二处（意、法）、四蕴（除色）一分。亦有三摩地所生色，少故不说。一分者除欲色界系及无漏法。

色界系——「已得欲系对治，若入彼定，或复生彼，未得上对治，或得已出三时现行义。」《对法论》卷三云：「未离色界者所有善无记法。除前四界二处，余蕴处界一分。（除无色界系及无漏法。）

行苦性——不苦不乐受自相故。随顺不苦不乐受法自相故。彼二粗重所摄受故，不离二无常所随不安稳故。除三界(意、法、意识)二处(意法)诸蕴一分(除无漏)，一切皆是。不离二无常等者，谓不解脱上二苦故，或于一时堕在苦位，或在乐位，非一切时不苦不乐故曰无常所随，不安稳义是行苦性。

有异熟——善不善有漏。十界(七识色声法)四处(色声意法)诸蕴一分(一分除无记无漏)能有当来阿赖耶识及相应异熟，由彼异熟故此三种名有异熟。又异熟者唯阿赖耶及相应法，余但异熟生非异熟，余者谓眼耳等及苦乐等，是阿赖耶识余，此唯得名异熟生，从异熟生故。

上——一切有为故，无为一分故。除法界法处一分，一切是上。

无上——无为一分故，法界法处一分。

(注一)《有无漏与智》——《疏抄》卷一云：「有漏中即有三乘资粮加行生得及福分智、闻、思、修。无漏即有三乘见修无学道，亦有根本后得。根本后得即有加行无间解脱胜进道，生空法空智，亦有十智四智。」

(注二)《威仪路工巧处》——《疏抄》一云：「毗首羯磨天子即欲界中极巧者，马胜乃威仪，皆是极串习故。然威仪路用四尘为路，工巧更用五尘为处，然别引起一类等流色，名为威仪路工巧处也，不用他身上挟尘作工巧处威仪路也。」

(注三)自无记至非学非无学。《瑜珈师地论》卷五十六云：一切一分。

(注十四)《执受别义》——《识述》卷五云：「《瑜伽师地论》卷五十六说五根全，五尘一分，生觉受义，不论其声，声体虚疏，不可执之而生觉受，故略不说。《瑜伽师地论》卷五十六中唯据现行不相离大。所发之声，同处不相离。不异六极微而出，复亲领之。故通十界处。不言种子。」(考《瑜伽师地论》卷四、六页执受。)《疏抄》卷五云：「声亦有执受。此声若系著或内里血脉流转时，血脉流生，若血脉不通即成痛。故得净天耳者，闻血脉流声。」《学》卷三云：「《测》云：声虽虚疏不生觉受，不离根处，摄为体故。」

又《识述》卷七云：「此出所受彼唯身根能生觉受，余根等同聚，亦名执受。其身识转时名为执受。身识不转亦名执受，是彼类故。」《疏抄》卷七云：「身识转即约同分根，身根正发身识名同分根，若不发身识亦名执受，名彼同分。」

又《俱舍》卷二云：「十八界中九无执受，谓七心界声法界，所余九各通二门，谓眼等根住现世名有执受。未、过无执受。色香味触住现世不离五根名有执受，若住现离根名无执受。」(考《深密疏》卷十一及《正理》卷四，《婆沙》148卷。)

(续注二)《疏抄》卷九云：「威仪路者，若但言威仪体即取身业，行住屈申表色是也。不取形色。若威仪体于三色之中，唯取等流色。宽故，不取余异熟色长养色。若言威仪路唯取尘，香味触三与色尘不相离，故香味触亦是威仪路。其工巧体，唯取色声二尘。若声上有屈曲，色上雕文等皆工巧体，若所依声色尘即工巧处。香、味、触，不是工巧体，亦是工巧处。此威仪路，工巧处是有情数摄，盖据实而言，唯取内身上所引起等流色中色香味触等名威仪路工巧处，即取身上等流色四名路，五尘为处。」

(注十)《自性无记》——《疏抄》卷九云：「谓外山河及名句文身及中涎唾及五根上一分长养五根。五根有二：一异熟，谓由业之所感得者，二、长养，谓由饮等之所长养。此自性无记，不摄于四无记中。

(注十一)《不立无记》——《义演》卷十二云：「大众，一说，说出世，鸡胤四部唯立善恶二法。不立无记。」

无记法（注四）

差别　《识述》卷六

- 等起无记——《补缺》卷七云：「诸无记心所起身语。」
- 分位无记——无记不相应（得等四相）。
- 真实无记——虚空非择灭。
- 所变无记——无记色法，种子亦尔。（即异熟生所变相分，即是威仪心，熏成种即名等起无记种。）
- 能变无记——诸无记心心所法（即前六中业所感者异熟生心自证分、见分，为能变起相分也。又第□自证分、见分亦是。）
- 胜义无记——虚空非择灭。
- 不相应无记——无记色不相应行。
- 相应无记——诸无记心心所法。
- 世俗无记——有为无记法，不能招爱非爱果，自性粗重滥不善。
- 无覆无记——覆谓染法，障圣道故，又能蔽心令不净故，若非染者名无覆。
- 有覆无记——记为善恶有爱非爱果，及殊胜自体可记别故。断非善不善，故名无记。又云：「有二义可名为记：一善有可爱果，不善有不可爱果，可记别故。二善恶法体胜无记法。可调和故或忧戾故可记别也。世尊记此当得此果，体性如是可记别故，说名为记。」又《补缺》卷七云：「染污慧心，覆障真理名有覆，不招异熟，名无记。」又《对法》卷三云：「遍行意相应烦恼等及色无色界聚诸烦恼等是有覆无记。」

《瑜伽师地论》卷五十五（附二）

- 有别——于异熟所摄诸蕴及心加行差别中而设施故，一切皆世俗有。
- 相应——威仪路工巧处或于一时展转相应，或有事业行时易作非住等。乃至或有事业若行、住、坐、卧皆易作。
- 自性——异熟生蕴，若中庸加行所摄威仪路处及工巧处，若为嬉戏利？行所摄变化，（《瑜伽师地论记》云：业所引生者是异熟生，依能引业，生已若住者，是威仪路，四威仪中略举行住，若养命者是工巧处，若三摩地者从定起于化。…若中庸加行所摄威仪工巧得□是无记。若极修习即是善，若以恶心起是不善，故《圆测疏》云：据实义四皆通三性。）
- 依处——业所引生，生已若行住，若养命，若三摩地差别。

（注十三）《三科假实》（又续于十一页）——《补缺》卷四云：「蕴中色蕴通假实，五根实，五尘通假实，色中青黄赤白实，余假。声中明暗是假实，（此句讹）。香味二种，亦通假实。香中六种好恶等三性假，体实，和合一种唯假余二实。味尘中性假体实。触通假实，能造触实，余假。法色，定自在所生实，定境色假，余四亦假。识受想三蕴实，行蕴通假实。十二处，法处不相应寻伺假，无为实，余可知。十八界如处知。」

（注十二）《无对义及种类》——《别抄》卷一云：「无表等色，非极微成无相碍用名无对。然有不同。有宗以无表色为有无对，大众部以身精，身轻安，上座部以胸中肉团，经部以定境色为无对。」若依大乘以法处五色为无对。」（考卷八十六、《色》）。

《识述》卷六 不善差别（注六）

- 感非爱果不善——极恶法。
- 胜义不善、诸有漏法——有漏法。自性粗重不安稳。
- 世说不善、诸极恶法——能招粗显非爱果。

相应不善——无惭等相应心心所法（八大随及谄、诳、骄、遍行别境不定、贪、慢、痴、疑、恶见五及前六心王共三十六法。）

自性不善——无惭等十唯不善心所。『有部』三不善根及无惭愧。大乘即以无惭愧，本惑难嗔，小随除三谓谄诳憍。」《补缺》云

性不安稳不善——有漏法。

性非巧便不善——染污法。

等起不善——不善色不相应行，种子亦尔。

《识述》卷六 善差别

- 感爱果善——有漏善法
- 胜义善、无为善——善无为，最极寂静性安稳
- 世俗善、有为善——招世出世可爱果，粗重生灭非安稳。

相应善——信等相应心心所法。

自性善——信等十一唯善心所「有部以无贪嗔及痴惭愧为体。」

性安隐善——无为善法。

性巧便善——有为善法。

（附一）

等起善——诸善色不相应行，种子善者，准义亦尔。《补缺》卷七云：「大小同以身语业为体，为善心所等起故。又『有部』云得及四相亦通等起。」

《瑜伽师地论》卷五十五 **善法**（注五）

- 对治——厌患对治，断对治，持对治，远分对治，所欲趣缠对治，非所欲趣缠对治，随眼对治，软品烦恼对治，中、上品烦恼对治，散乱对治，谏悔对治，羸劣对治，制伏对治，离系对治。
- 依事——戒所成福业事　施所成福业事　闻所成事　修所成福业事　修所成事　思所成事　摄受有情所成事。　简择所成事。
- 根别——
  - 上善根——出世间所有善根，或能对治下品烦恼。（由加行力，串习力，自性力，田士力「功德田中起如供养佛等。」或由清净力。）
  - 中善根——若在定地世间善根，或能对治中品烦恼。
  - 软善根——诸不定地所有善根，或在定地而能对治上品烦恼。
- 自性——信，惭，愧，无贪，无嗔，无痴，精进，轻安，不放逸，舍，不害，（不放逸舍是无贪嗔痴精进分，即如是法离杂染义建立为舍，治杂染义立不放逸，不害即是嗔分。）
- 依处——决定时，止息时，作业时，世间清净时，出世清净时，摄受众生时。

《显扬论》无学法（注八）

- 差别
  - 无学正见——阿罗汉于苦思维苦乃至于道思维道，无漏作意相应择法极简择等。又《别抄》卷一云：「正见推求义，正智是决断义。正见通因果，正智唯果，谓尽智无生智所缘之境，亦有差别。正见缘无漏正智，若缘烦恼灭，名尽智，若缘后果不生名无生智，或可钝根唯有尽智。」

- 出离差别
- 处差别

如建立差别中说。

《显扬论》三界差别（注七）

- 建立差别——《瑜伽师地论》卷九十六云：「用外五妙欲贪为缘建立欲界，即由此界出离义故，建立色界，由色有对想种种性想出离义故建立 空无边处所摄无色界，由空识无所有想出离义故，建立此上无色界。……又色界中具足六处内处圆满。无色界中唯余意处。灭界中一切皆超越。又色界中非是毕竟出离。欲无色界望于色界亦尔。」按此中又有「处差别，出离差别。」
- 生差别
- 粗重厚薄差别——欲界粗重而损害，余二反是
- 善根胜劣差别
- 受用差别——欲界受用外门境界，余二受用内门境界
- 不清净处，不清净身等差别——欲界无难处生，处不清净身清净，色无色界异生反此，欲界有难，处身俱不净，色无色界已见谛者俱清净。
- 有无难差别——欲界或有难或无难。上二界有难少功能故。
- 苦乐不苦乐俱行差别
- 趣差别
- 多种差别——多种所依、相貌、处所、境界、烦恼、作业差别。
- 等流异熟因果及三性差别——《疏抄》卷四云：「等流因果能变欲界具善不善有覆无覆二无记。若上二界，唯除不善等流智，善及二无记也。（《瑜》卷三亦然。唯无等流因果之文，异熟因果亦无。）若异熟因果能变，欲界具善恶二异熟，上二唯善异熟。」
- 贪助伴差别——《瑜珈师地论》卷八十六云：「欲贪烦恼掉为助伴，色慢为助伴，无色无明为助伴。」
- 相差别——欲界中色多相、不鲜相，杂相……色界中色少相、净相、不杂；无色界有定所生色，无见无对。
- 任持差别——欲缠诸蕴依四色住，色无色缠依三食住。
- 方处差别——欲下，色上，无色无方处。
- 能所治差别——欲界是所治，色界是能治，余当知，如是对治唯损伏种令其微劣。
- 言说差别——欲界具四种言说，色觉无学，无推度故，无色一切无有。
- 得自体差别——欲界具四种得自体，上二唯一种。

非智慧断惑等得，不同余三，故无记摄。又若依识变，实通三性。」

种子，亦是等起善。二无心定，得等四相，亦此中收。」《秘》卷六云：「虚空非择灭，体非实有，不同真如，复善者。由心善故，令身语合掌礼拜。色亦是善。又表色引无表色亦等起善色收，由现行能熏心是善。所熏成修慧，即正取第六识心王遍行别境及寻伺此十三法是相应善收，以悔眠是欲界系故。此中亦兼取眼识等起因位欲界中，散闻思位，福分善中，即取六识心王，五遍五别四不定是不相应善，其生得善亦尔。若得上地取八识心王及遍行别境不定，此二十二法通善法性者。若至佛果，其八心王遍行别此十八法名相应善。若约识有义遍行五并心王，一一皆有六法，有义有别境五，其五识与有十一法。若加烦恼等准上可解。相应善即八法，第六有根本九法余嗔，二十随惑中余小七惑及遍行别境不定四凡三十六。上界除慢，眼等应知。前五法。又解取有漏善法，对无漏善法成不善也。相应无记心心所，若第八心所，即六法是无记性，第七总十招爱非爱果也。……性巧便善谓有为无漏善，性不巧便不善，唯取有覆无记法，不安隐不善，唯取无覆无记说虚空非择灭，唯是善性。此二皆是真如之假立故。若《对法论》等亦说无记性者，随小乘说。此二无为不能

(附二)《更释三性差别》——《疏抄》卷六云：「极恶法谓十恶业。……萨婆多宗说虚空非择灭是无记性，不通善性。若大乘无记亦尔。」

(附一)《等起善等》——《疏抄》卷四云：「《对法论》说现行是善，所熏子亦是善。此种子从前善行生故，种子即是等起善，不善无记亦尔。若萨婆多无表色等四相及身语皆是等起善。从善心引发故，心是善所发色等皆善也。不善

申义——《义灯》卷四云：「正见谓后得智，有宗见道起，大乘修道起，故是后智，《中边论》云：分别支故。正思维者以思为体，无嗔痴所发身语名正语正业，无贪所发名正命，解脱者，胜解数，智者，缘无为智。」《成唯识论述记义蕴》卷一云：「正解脱谓胜解数是支故非无为者此理不然。此明无学岂可无学无得涅槃，又彼二无学法不入圣道支。正智可取正体智尽无生智等。」

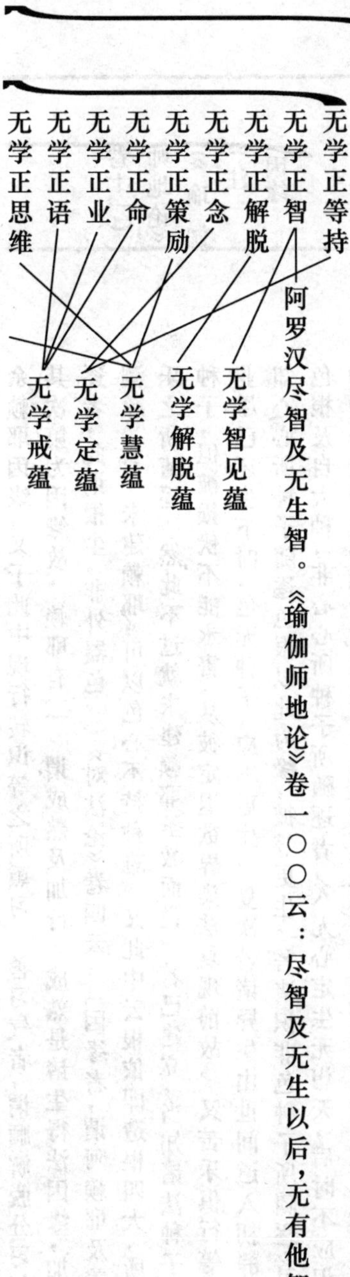

阿罗汉尽智及无生智。《瑜伽师地论》卷一〇〇云：尽智及无生以后，无有他智。(考《正见》。)

（注九）《释有漏》——《成唯识论了义灯》卷九云：「有漏有三：一体是漏，为有所有，名为有漏。有者三有。此说上界内身为有，以上二界烦恼缘身起爱离外境贪故有三漏名有漏。即二界烦恼名为有漏，漏是所有。二、有他漏故名为有漏，即说能有。三、漏性合故名为有漏，亦烦恼自体，由此漏在生死中故，即体有用名为有漏。」（考《瑜伽师地论》卷五十六〈我执不有〉。）《义演》卷廿六云：「据实第七识唯我执烦恼名漏，所知障不漏。若约所知障与他漏法为依，亦得说名漏。」《成唯识论掌中枢要》卷四云：「由五相故建立有漏，谓由事故，随眠故，相应故，所缘故，生起故。『事故者』谓清净内色及彼相依不相依外色，若诸染污心心所若善若无记等，此有漏法，随其所应，由余四相说名有漏，谓随眠故等。若于清净诸色及于如前所说一切心心所中烦恼种子未害未断，『说名随眠』，亦名粗重。若彼乃至未无余断，当知一切由随眠故，说名有漏。于此心心所由『相应故说名有漏』，与彼俱故。若诸有事，若现量所行，若有漏所生，增上所起，如是一切『有漏所缘故说名有漏』，此中现在名有事，过未名非有事，即现在中，若依清净色识所行名现量所行，此意即五识及俱意所缘五尘名现量所行，若余所行名非现量所行。若内诸处增上生起一切外处『名有漏所生』，增上生起即第八识等所变外处，或虽现量所行，非所缘故成有漏，谓一切定心境界等故，复第三重言有漏所生，增上所起，唯在五六八识所缘五尘，（余出《11》）

因缘（注二）《瑜伽师地论》卷十二）

总别

1 因缘别——《瑜珈师地论》卷五十一云：「因缘一种亦因亦缘，余三唯缘非因。」

2 诸法不同时顿生义——《瑜珈师地论》卷五十二云：「因缘一种望所生法，能如生因，余三望所生法为方便因，是故彼彼诸行生，方便缘现在前时，彼彼诸行种子能生起彼彼诸行，是故诸行无有同时顿生义。」

3 种子心心所别——《瑜珈师地论》卷三云：「因缘者谓种子，等无间缘谓此识无间诸识决定生，所缘缘者谓诸心心所缘境界，增上缘者，谓除种子余所依。」

自性故——能作因。又《瑜珈师地论》卷五十一云：「诸色根，根依及识，能持一切诸法种子，随逐色根有诸色根种子及余色法种子一切心心所等种子，若随逐识有一切识种子及余无色法种子诸识根种子。所余色法种子当知所余色法自性唯自种子之所随逐，除大种色。由大种色二种种子（大种种子及造色种子）所随逐故。即此所立随逐差别种子相续，随其所应望所生法是名因缘。若诸色根及自大种，非心心所种子所随逐者，入无心定生无想天，后时不应识等更生，然必更生。当知心心所种子随逐色根以此为缘，彼等更生。若诸识非色种子所随逐者，生无色界异生，从彼寿业尽已还生下时，色无种子，应不更生。复次若诸异生由世间道入初静虑欲界诸染污法及诸法种子，但被损伏不能永害，从彼定退欲界染法复现前故。又苦乐俱行等此一切心皆乐、苦、不苦乐之所随逐。然此不过就未建赖耶圣教而说。若已建立，当知诸法种子，一切皆依赖耶。」（《圆测疏》云：未建赖耶，可以色心不持种难。又此中云根依即造根四大，所余色法唯自种子之所随逐者，此谓根尘，非外器色。）《对法论》卷四云：「因缘者，谓阿赖耶及善习气与有漏无漏法，如其次第为因缘故。赖耶有二：谓成熟及加行。成熟是诸生得法因缘，加行是诸方便法及当来世余赖耶因缘，又于此中现行转识等之所熏习。善习气者，谓顺解脱分习气，与出世法作因缘。」

分别蕴处界(二)

《对法论》

四缘《59》

《四缘》

别别

因缘(注二)卷十一

差别故——能作因差别

生能作——识和合望识。
住能作——食望已生及求生有情(「求」元、明本作「未。」)
持能作——大地望有情。
照能作——灯等望诸色。
变坏能作——火望薪。
分离能作——刀等望断。
转变能作——工巧智望金银物。
信解能作——烟望火。
显了能作——三支比量望所成义。
等至能作——圣道望涅槃。
随说能作——名想见。
观待能作——待饥求食。
牵引能作——无明望老死(悬远缘)。
生起能作——无明望行(当邻近缘)。
摄受能作——粪望谷(所余缘)
引发能作——(随顺缘)如臣事王令王悦豫。
定别能作——五趣缘望五趣果(差别缘)。
同事能作——作意正起望所生识(和合缘)。
相违能作——(障碍缘)如雹望谷。
不相违能作——(无障碍缘)。

助伴故——诸法共有而生必无缺减，如四大种及所造色。
等行故——诸法共有等行所缘必无缺，如心心所。
增益故——前际修善不善无记法，能令后际善等诸法转展增胜后后生起。
障碍故——数习烦恼相续远避涅槃。
摄受故——不善及善有漏法能摄受自体故。由此能引摄当来一向不相似无覆无记自体所摄异熟果故。善有漏言为简无漏，由违生死不感果熟果。《成唯识论述记》卷六云：「不同余宗，唯就内自体有异熟因说也。」

俱有、相应、同类、遍行、异熟因(按此约六因说。)如次配上助伴等五。(考《瑜珈师地论》卷三十九，注一及续。)

等无间缘——中无间隔等无间故，同分异分心心所生。谓善心心法望同分善，异分不善无记，无间生心心法为等无间缘，如是不善无记心心法望同分异分生心心法亦尔。余欲色界相望亦尔。又一相续中前心望后心中(不必刹那。)无余心隔，如入无心定心望出定心亦名等无间缘。又《瑜珈师地论》卷五十二云：「此诸心心所无间彼诸心心所生，说此为彼等无间缘。若此六识为彼六识等无间缘。即施设此名为意根，亦名意处或意界。」(考《瑜伽师地论》卷一《心生起诸力》)(又考卷一，注八。)

所缘缘

相——若义是似此显现心心法生因，彼既生已还能执著，显了，内证此义。《瑜伽师地论》卷五十二云：

(注四)「谓五识身以色等五境如其次第为所缘缘，意识以一切内外十二处为所缘缘。」

(十一页)

差别

非有所缘——颠倒心心法及缘过去梦影幻等所缘境界。
有所缘——余。
无所缘所缘——色、心不相应行，无为。
义所缘——依此法义
狭小所缘——声闻乘等
广大所缘——大乘

- 所缘缘
  - 差别
    - 有所缘所缘——心心法。
    - 正性所缘——善法。
    - 邪性所缘——染污法。
    - 非上二性所缘——无覆无记法。
    - 如理所缘——善心心法。
    - 不如理所缘——异此心心法。
    - 同类所缘——善等缘善等自地，有无漏亦尔。
    - 异类所缘——善等缘不善等。
    - 异性所缘——有寻伺心心法。
    - 一性所缘——无寻伺心心法。
    - 威势所缘——无想及彼方便心心法所缘境及空识无边所缘境。
    - 略细所缘——无所有处所缘境。
    - 极细所缘——非想非非想处所缘境。
    - 烦恼所缘——即此能有所缘如经中说断灭所缘。
    - 法所缘——圣教名句文身
    - 相所缘——止举舍相
    - 真实所缘——真如及十六行所缘诸谛。
    - 无相所缘——涅槃及第一有。
    - 安住所缘——灭尽定及定方便心心所所缘。
    - 自在所缘——解脱等至乃至一切种智诸功德所缘。
    - 须臾所缘——无学所缘，唯此生故。
    - 随缘所缘——佛菩萨所缘境。
    - 有分齐境——五识身所缘境，各别境界故。
    - 无分齐境所缘——意识所缘境缘一切法为境界故。
    - 无异行相境所缘——不能了别名想众生意识所缘境界，彼境不能作名字故。
    - 有异行相境所缘——反于上。
    - 有事境所缘——除见慢及此相应法余所缘境。
    - 无事境所缘——反于上唯缘自所分别为境故。
    - 有颠倒所缘——常等行所缘缘。
    - 无颠倒所缘——无常等行所缘缘。
    - 有碍所缘——未断所知障者所缘缘。
    - 无碍所缘——已断所知障者所缘缘（以上十种《对法论》卷五不立于差别中。）
  - 安立——所缘境体非真实，（考破法执（五）释二）唯安立故。
  - 断——声闻乘等所得转依，虽于蕴界处所缘得解脱，然于彼不得自在。大乘所得转依具得二种。
- 增上缘
  - 差别（考《瑜论》卷二十八（六？）附二第一行至第二行。）
    - 任持增上——风轮等于水轮等器世间于有情世间等。
    - 引发增上——一切有共业于器世间等。
    - 俱有增上——心于心法，作意于心，触于受。
    - 境界增上——诸根由此增上力等生故，（诸根谓六根。）
    - 产生增上——男女根
    - 住持增上——命根
    - 受用增上——若乐诸根依此能受爱非爱异熟故。

成就（考《瑜论》卷三注二）

- 现行成就——蕴处界法随所现前若善不善无记，由现行成就故成就。若已断善根者所有善法，由种子成就故成就亦名不成就。若非涅槃法。一阐底迦究竟成就杂染诸法，由解脱因亦名阿颠底迦，以彼解脱因毕竟不成就故。
- 自在成就——诸加行善法，若世出世静虑解脱等至等持等及德及一分无记法。由自在成就，故成就。方便善法者，谓闻所生慧等虽先有种子若离今生数习增长，终不能起现前故。一分无记法者谓工巧处变化心等。
- 种子成就——若生欲界，欲色无色界系烦恼随惑，由种子成就故成就，及生得善。生欲界三界烦恼随惑成就者依未离欲异生说，若已离欲，或生上地随所离欲地，即此地烦恼随惑亦成就亦不成就。未永害随眠故，对治道所损故。如其次第，及生得善者，随所生地即此地成就。若生色界欲系惑由种子成就故成就，亦名不成就。色无色界惑由种成就故成就，及生得就。生无色界可知若已得出世圣道，随如是如是品类对治已生，如此如此品类种子成就得不成就，若未生，由种成就故成就。（考《瑜论》卷三，注二及《续》）

差别

- 3、四种——相差别、分别差别、依止差别、相续差别。
- 2、六种
  - 内门差别、暂时差别、显示差别
  - 外门差别、长时差别、分限差别
- 1、三种（依三自性及多分依数取趣无我理说三种相。）
  - 3、法性相差别——用蕴界处中我等无性，无我有性为相。
  - 2、所分别相差别——即蕴界处法，由于此处我、有情等虚妄分别转故。
  - 1、遍计所执相差别——于蕴处界中执有情命者，数取趣者等。

食——故有希望者，取故有取者，如次配段等四食。变坏故有变坏者，境界故有境界者，希望三蕴、十一界、五处、一分。又此四食差别建立有四。

- 示现住、食——诸佛及已证得大威德菩萨由唯示现食力住故。
- 清净依止住食——阿罗汉等解脱一切缚故。
- 净不净依止住食——有学及色无色界异生，有余缚故。
- 不净依止住食——欲界异生，由具缚故。

《识述》卷八云：「三蕴即色行识，五处即香味触意法，十一界即七心，香味触法界。言一分者此处略之。彼通有无漏。今唯取有漏。又彼通等流长养报非报三性三受等故。」

余义——《瑜珈师地论》卷五十二云：「若净不净业与后爱非爱果及异熟果为所作增上缘，若田粪水与诸苗稼为成办增上缘。工巧智与工巧业处为工业增上缘。」按亦差别义也。（《瑜珈师地论记》云：以善恶业别感六识中苦乐名爱非爱果，感赖耶舍受名异熟果。）

- 出世清净离欲增上——未知当知等三根。
- 世间清净离欲增上——信等五根

（三）蕴界处分别（注一）

《对法论》

- 相应
  - 同行相应——诸心心所於一所缘，展转同行然有十四别。
    - 非一切时同行相应——依止心或时起善法，烦恼等法。
    - 染污遍行同行相应——染污意四烦恼一切时恒相应。
    - 内门同行相应——诸定地所有心法。
    - 外门同行相应——多分欲界系心心法。
    - 有间同行相应——无心定所间。
    - 无间同行相应——有心位。
    - 一切遍行同行相应——遍行五，识一切位决定相应。
    - 同分界地相应非异分——初，二禅（本作静虑）不相应等。
    - 同时相应非异时——现未不相应等。
    - 不相违相应非相违——贪瞋不相应等。
    - 他性相应非己性——心不与心相应等。
  - 作事相应——於一所作事展转互相摄。
  - 俱有相应——一身中蕴界处俱时。流转同生住灭。
  - 聚集相应——方分聚色，展转集会。更互和合。
  - 和合相应——极微已上一切有方分色处互不相离。
  - 不相离相应——一切有方分色与极微

  （和合相应、不相离相应：）《述》卷七云：「即三种不相离」。
- 摄（注三）
  - 具分摄——所有法蕴界处，所摄全分，如苦蕴摄取五取蕴。
  - 一分摄——所有法蕴界处所摄但一分，如戒蕴但摄色蕴等一分。
  - 时摄——过去蕴界处还自相摄，余亦尔。
  - 方摄——东方蕴界处还自相摄，余亦尔。
  - 分位摄——无位蕴界处即自相摄，余亦尔。
  - 体摄——色蕴与余互为伴，余亦尔，即摄助伴。
  - 种类摄——蕴处界义等故展转相摄。
  - 界摄——蕴处界所有种子阿识能摄彼界。
  - 相摄——蕴处界二自相，即体自摄，如色蕴摄色蕴。
  - 略集摄——如海摄众流。
  - 不流散摄——如瓶摄水。
  - 摄受摄——如主摄仆使等。
  - 同事摄——如同一缘转，诸互应法更互相摄。
  - 住持摄——如身根摄眼等根。
  - 依处摄——如说瞻部州摄于人，眼等根摄眼等识。
  - 胜义摄——蕴界处真如所摄。
  - 更互摄——据上可知。

非学非无学——诸异生所有善不善无记法及诸学者染污无记法，诸无学者无记法并无为法（不善及有覆无记是染污。无覆无记是无记。）——八界、八处全，余蕴界处一分，又《成唯识论了义灯》卷九云：「《瑜伽师地论》卷十说预流等皆有一分十二有支是非学非无学者，据未趣求解脱之时所造善业非学非无学。若资粮加行为有支者，可是学法，故说一分。」《补缺》卷七云：「前所除染无记等及诸无为并灭尽定皆非学无学摄。」（考《智论》卷十八。）

(注一) 诸梵名

五取蕴 Pañconāotana-skandhāh
色蕴 Rūnaskondhaḥ
受蕴 Vedsnāskandhaḥ
想蕴 Saṃjñā skandhaḥ
行蕴 Saṃsksnaskandhaḥ
识蕴 Vijñānaskandhaḥ
四大种 Catrāvimahā-bhūtani
地界 Pathiīdhātuḥ
水界 Abdhātuḥ
火界 Jajudhātuḥ
风界 Vāyudhs̄tuh
所造色 Wnādāyasūpaṃ
生 gananam
依 Ni'srayaḥ
立 Sthānsṃ
持 Unastambhaḥ
养 wpatvṃhaṇaṃ
有见 Ssnidar'sanaṃ
无见 Anidav'sanam
有对 Sanratighaḥ
无对 Anratighaḥ
表 Vijñantvḥ
无表 Arijñantoḥ
乐受 Sukhāḥ (乐)
苦受 Dukhāh (苦)
不苦不乐 Aduḥkhā hsukhāh 不苦不乐
十二处 Dvādasayatanāni
十八界 Satādasadhātavāḥ
眼处 Caksurāyatanaṃ
色处 Rūpāyatanaṃ
耳处 'Srotrāyatanam
声处 'Sabdāyatanam
鼻处 Ghrānāyatanam
香处 Gandhāyatanaṃ
舌处 gihvayutanaṃ
味处 Rasayatunaṃ
身处 Rāyatannaṃ
所触处 Snaṣtaryāyatanaṇ
意处 Msnaāyatanaṃ
法处 Dhsm āyatansṃ
眼界 Caksurdhātuḥ
色界 Rūnadhātuḥ
眼识界 Caksmrijñanadhātuḥ
耳界 'Srotradhātuḥ
声界 'Sabdadhātuḥ
耳识界 'Siotravijñanashatuḥ
鼻界 Ghuāṇsdhatuḥ
香界 Ganṣhashātuḥ
鼻识界 Ghranavi jñānad hātuḥ
舌界 gihvāshātuḥ
味界 Rasadhātuḥ
舌识界 gihiāvijñānadhātnḥ
身界 Rāyadhūtuh
所解界 Snrastaryadhātnḥ
身识界 Rūyavijñānadhātuh
意界 Manodhatuḥ
法界 Dharmadhātuḥ
识识界 Manovi jñānadhātuḥ
同分 Sabhāyaḥ
彼同分 Tatasbhāgaḥ
欲所系 Rāmanratisamyuktaḥ
色所系 Rñnanratisaṃynktaḥ
无色所系 Ārūnanratisaṃynktaḥ
无为 Asaṃskrtah
有为 Saṃaskataṃ
有漏 Sāsravaḥ
无漏 Anāsravaḥ
四食 Catrasaiāhāiāḥ
抟食 Ravaḍiṃkārāhāraḥ
触食 Snarsāhāraḥ
意思食 Manahsaṃcetanāhāraḥ
识食 Vijñānāhārah
有爱后 Tasṇānsaunarbhavikī
喜贪俱行 Nandīvāgssahagatā
有覆无记 Nirntāryakvtāḥ
无处无记 Anirṇtaryakvtāḥ
威仪路 uryāpathaḥ

(注三) 摄一切法——《疏抄》卷十八云：「若如所有性为门即据理摄事，即无为摄有为，或四谛亦摄一切法尽，二空，三解脱亦尔，何法不是四谛二空三脱门耶，故经云：一切法亦如也，众贤圣亦如也。若十八界中摄四谛，四谛即名为事，若安立中摄四谛，四谛即唯是理，如所有性，将理摄事，即有为依无为。若尽所有性，即十八界，十二处中亦摄得一切有为无为法尽也，故约尽所有性中即无为依有为也。」

分位同相行相应——谓与乐受诸相应法等。

曾习同相行相应——诸异生，所有心心法及有学无学者一分心心法。一分言摄一向世间三性法。如其相应。

未曾习相行相应——出世间心心法及初后时出世后所得诸心心所法。初后时为显非先种类，初念已去及第二念等已去出世心心法是未曾习性。

漏有为无为。二、已毕竟断，《瑜伽师地论》卷六十六云无学身中善无记法名非所断。由此传释诸三恶趣别报善法此业及果是见所断。」（余义更考他处当知。）

修所断，依不生断无想定等说见所断。……非所断中有二例；一、非得，谓诸无

此所断及非所断其余可知。……善中有义亦见所断（考《瑜伽师地论》卷二一《善法决择》。）《唯识》卷九说：若缘得断说，善等法唯

法，通色非色所有业果。非色有七位，谓心及六位心所。其诸假法见修所断如实法说。共心，遍行，别境三位中随与此相应，即说

恶趣等蕴界处是见所断义。……见处者谓诸见相应共有法及镀种子，疑处亦尔。《成唯识论述记》卷六云：见等所断体者谓有漏

（九更注十五）《见等所断》——《对法》卷四云：分别所起染污见疑，见处疑处，及于见等所起邪行烦恼，随烦恼及见等所发三业并一切

形；四相续假。又假者，《瑜伽师地论》卷一百谓聚集假、因假、果假、所行假、分位假、观待假。随义可悉。

蕴缘生法。《唯识》卷八亦三，谓聚集、相续、分位假。四假者《大智度》一因生假亦名缘生假；二因成假，亦名缘成；三相待假，亦名相

体假，无体假。无为中真如有体，虚空等无体，有为中色等有体，瓶等无体故。之假者《仁王》一名假即能诠名，二受假即有情，三法假唯五

能缘故实，后得不待遍计名及余缘故实，翻此为假。……假中立一、二、三、四、六假，一假者，诸法得诠皆待名故，乃至涅槃亦无名，二假者谓有

伽师地论》卷六十五中唯言若依清净色识所行色，现量所行，若余所行名非现量所行者，此据多分散心位说。……正智不待后得依他名及余

实有，若比非量不得法自相待名及余故假。《唯识》卷二云：法之自相假智及诠俱不能著故现量所得是实，余是假有。此解好。《瑜

假有，色等不然，故是实有。一切实有者谓真如，举色受等意在所依真如。又云唯五识及同时意并定心取现量境不待名言及余故

不待名言而能为自根取皆是实有。如言瓶境待瓶名方能为自根所取显自瓶用，此瓶体要待色香等余方能为自根所觉之境故是

（续《瑜伽师地论》卷九注十三）《明假实》——（考《瑜伽师地论》卷八注六之四）《对述》卷六云：「若根不待名言而能取自所取境，若境

俱间生漏引相应。（生起中正生名漏俱，当生者，漏引，已生者间生。）」（《法华玄赞》卷一末有略解总别名。）

所由四缘谓所缘漏俱，漏引，间生，其恶趣果无覆无记心心所亦四，由不善有漏之所引故。五、一切污于心心所由五缘，谓所缘，漏

余无覆，无记心心所由三缘一所缘，如第七缘八等，二漏俱，三间生，恶趣内五根四尘亦有三缘，谓所缘，漏俱，漏引，四、善心心

名有漏，不在内故，非漏俱，二善趣五根内尘由二成有漏，谓所缘漏俱，以在内故，其不善外尘亦二：一所缘，二漏引三除恶趣果

故说所缘断，由此但应如此中说，又解彼二断者随转转门，今据实义故说五相。然诸有漏略为五例：一人天外五尘唯由一所缘缚

种，親疏二种，皆所缘缚故。论说断莫过二种，今说义别親疏有异，故有现量所行等异，若不尔者，第七缘第八，应不名藏，能缘断

不善烦恼诸异熟果及异熟果增上所引外事生起，如是一切亦生起故说名有漏。此说有漏，虽五相殊，论其断门正对治断，莫过二

故顺烦恼境，现在前故，於彼现起不如理作意故，因此因缘诸所有法正生已发或复当生，如是一切由生起故说名有漏。又从一切

非彼诸法为此分明所行境故，准此唯有五境，现在本影（显？）二尘名所缘有漏，余一切非，由发起故成有漏者，谓诸随眠未永断

有漏，若现在事，非现量所行，如清净色及一切染污善无记心心所，彼亦非烦恼所缘，故说名有漏，但由自分别所起相起诸烦恼，

（续《瑜伽师地论》卷九注九之《释（择？）》摄有漏）。唯彼所缘当知有漏，所以者何？若缘去来起诸烦恼，去来非有事故，不由所缘说名

杨论》卷十八广破云且同类因为因缘者有三失。余之四因——皆有三过。」（考《瑜伽师地论》卷三十九注一及《续》）。

明因缘。若小乘六因中除能作余五因是因缘。能作因名因缘者，假说，言五因是因缘者随萨婆多义。若大乘五因亦非因缘。《显

（注二）《六因与因缘》（《瑜伽师地论》卷十）——《义演》卷十五云：「《对法》中约六因以明诸因缘。若《唯识论》即约十因中二因作法以

（注四《瑜伽师地论》卷十《所缘缘相释》——《对述》卷七：三「有部缘有生心，无非所缘故，经部缘无生心，心横计故。今大乘说本质可无，影像必有……一云义者是相分义，似此见分显现，以相不离见故。即此显现相分与见分心心所作境界，牵生心因，彼相分既从见分生已，此见还能执着彼相分为人法等。此见分照知相分名作显了内证以相离见无别体故名内证。又解是影像义，违似此本性相显现，余如前解。今解义者总谈境界，行相有二：一影像相，即似本质，二见分似影像一故心心所者若依前解，似实自证分等皆名心心所，若依后解似唯自证分无名心心所，以见分入能似故，或亦有见分变异，上解所缘心起，违彼相故。生因者前解缘义能生心，后解通真如缘一切无本质缘彼现生因谓能缘心。执著者非量显，了比量也，内证现量也。」《深密疏》卷六云：龙猛宗五识唯缘实境，第六容许缘无。弥勒宗无实象等。以变两有似象相分现前因此影像色为所缘境。」（考卷《瑜伽师地论》《三十七》《论》卷一缘集。）

（《瑜》续卷九注十四）执受——又云：「此说能生于受即五根四境，《瑜伽师地论》卷五十六说十色界，《唯识》卷二说通种。《瑜伽师地论》卷五十三云：执受有二义：一者若识依执名有执受谓识所托安危同，二以此为依能生诸受。此约后义故九界除声，《瑜伽师地论》约现行唯初义故通十，《唯识》通现种依执义，说，故通种子也，大好。」

（《瑜》卷九十八续十六）《非有无为义》——《宗镜》卷五十八云：「《道智经》卷云：于非有为非无为处，是有为，是无为法而能生。非有无为处者，所谓一心本法，非有为故能作有为，非无为故能作无为则为此乃约第一义说也。」

四圣谛 四谛之一（自此至道谛皆据《集论》及《对法论》。）（注六，注十

共相
- 1、无常相（注七）
  - 非有相、坏灭相、变异相、别离相、现前相、刹那相、相续相、病等相。
  - 法尔相——当未来无常由因随转定当受故。
  - 种种心行转相——于一时起有贪心，于一时离贪心等。
  - 资产兴衰相——诸兴善终归衰变。
  - 器世成坏相——火水风三灾三种劫等。
- 2、苦相（注一）（注二）
  - 二
    - 世俗谛苦
    - 胜义谛苦
  - 六
    - 逼迫苦
    - 转变苦
    - 合会苦
    - 别离苦
    - 所怖不得苦
    - 粗重苦
  - 三（注四）（注十一）
    - 苦苦
    - 坏苦
    - 行苦（注五）

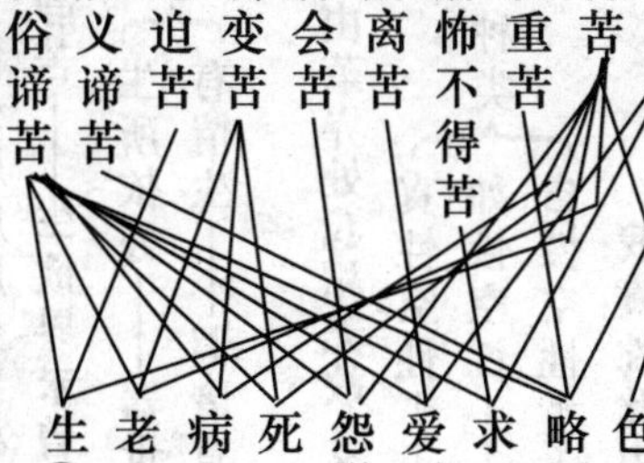

- 生（众所逼恼苦，老等苦所依，烦恼所依，不可乐欲行坏所依。）
- 老（色衰退等所依。）
- 病（习所不欲所依，不习所欲所依，顺死等种乖违所依。）
- 死（自体财宝别离所依，所爱别，怨憎会苦所依。）
- 怨憎会、爱别离、求不得——身心逼迫所依，彼所作衰损所依。）
- 略摄一切五取蕴苦（注十二）（苦自性苦所依，生苦所依，生根本苦所依，变坏苦所依。）
- 色无色界具
- 欲界具

八苦（广如《瑜伽师地论》卷四十四、卷六十一等说。）（又《涅槃》卷十二解八苦，大好，应考。）

3、空（注八）
- 空相——於蕴处界常恒凝住，不变坏法，我我所等非有，由此理彼皆是空。
- 空性
  - 释义——此处无我性，此我无性，无我有性，是为空性。由彼诸行常相我此中无故，诸行恒时离我性相无我真性此中有故。故云：有如实知有，无如实知无，是名。
  - 种类
    - 自性空性——依遍计所执自性观，由此自相定非有。
    - 如性空性——依依他起自性观，由此如所计度皆非有。
    - 真性空性——依圆成实自性观，由此即空真性。

4、无我相（注九）——由蕴界处我相无故，名无我相……於外事唯计我所相，是故但遣我所，於内事通计我所相，是故双遣我我所。

苦谛（注三）
- 苦有情生及生所依处
  - 有情生——谓诸有情生在那落迦，傍生，饿鬼人天趣中。
  - 生所依处——器世间，即三千大千世界。

  业烦恼力所生故，业烦恼增上所起故。此二句如其次第显有情世间及器世间俱是苦性。按《深密疏》卷十一云：「依《智度论》有三世间：一、器世间，二、五蕴世间，三、众生世间。」又云：「《婆沙》，卷一七二说五趣，阿修罗鬼趣摄，《正理》卷二十一，《俱舍》卷八同经经部亦立五趣，故《成实》卷十四云：业有六种，谓五趣业及不定业。大乘《佛地经》及《维摩》等亦立五，秦济依《佛地经》所摄不定，或天，鬼，或傍生。《深密》、《法华》等说六。若依《瑜伽》立五为正，天趣摄非天，若依《智论》，六趣为正。此中五或六趣摄生不尽，所谓中有故说四生。如是四生摄诸趣，非诸趣摄四生。」按《佛地论》卷六云：「有义，中有趣方便故，说在趣中。」
- 苦法差别
  - 广大不寂静苦——生欲界未曾积集诸善根者。
  - 寂静苦——已生顺解脱分善根者。
  - 寂静不寂静苦——为世间道离欲已种善根者。
  - 中不寂静苦——生色界远离顺解脱分者。
  - 微薄不寂静苦——生无色界远离顺解脱分者。
  - 微薄寂静苦——诸有学。
  - 极微薄寂静苦——诸无学，命根住缘六处。
  - 非苦似苦住大寂静——已得究竟菩萨。
- 三种死苦
  - 善心死——於名利心现行位发起善心，趣命终位。
  - 不善心死——歹於善心当知。
  - 无记心死——於名利心现行或否或缺二缘或由加行，无功能起无记心趣命终位。（二缘者自所持，及他所引。）
- 苦通相——《显扬论》云：「若法生时为远离欲因，法灭生和合欲因，若不了知是颠倒因，若善通达是无倒因，於一切时，生厌离欲。」
- 诸行性皆是苦——《显扬论》云：「若相平等遍一切处，乃至证广大法者亦被损恼。又执常乐我静名为颠倒，能障圣法。又执乐等能为贪等。大小诸惑所依止处，又苦等行能引胜进上地功德，又复久处住等威仪即生大苦……」

（注一）《苦愚痴五因》——《显扬论》云：「一、於过去苦念失忘故，二、於未来苦不作功用推求，三、於现在苦起四倒乱，四、由不正思惟，於粗重苦计为我，五、由不正了於诸性苦不了知。」此外又有五因起，谓界别，缘起别，位别，次第别，相续差别。界凡三，缘起七，位十二，次第十二，相续无量。

(注二)三苦及八苦之梵名

苦苦 Dwḥkhaduḥkhatā
行苦 Saṃskānaduḥkhatā
坏苦 Vinariṇāmaduḥkhatā
生苦 gatirvduhkham
老苦 garāduḥkham
病苦 Vyādhiduḥkham
死苦 maraṇadvhkham
爱别离苦 Priyaviprayoge duḥkham
怨憎会苦 Anriyasaṃprayoge dwḥkham
求不得苦 Yad aniechayā Paryesamanovna Labhate tad ani duhkham
(当日虽复希求而不得苦)
五阴盛苦 Saṃkṣepeṇavnañcanā dskandhsduhkham
(或日略说五取蕴苦)

(注三)《十行观苦谛》——《瑜伽师地论》卷三十四云：「由十种行观察苦谛，能随悟入四行，(相)：一、变异行，二、灭坏行，别离行，法性行，合会行，结缚行，不可爱行，不安稳行，无所得行，不自在行。」又云：「此十行中一至五摄无常，六至八摄苦，九摄空，十摄无我」。

(注四)《释三苦》——《瑜伽师地论》卷二十七云：「生苦乃至求不得苦，即显苦受及所依处为苦苦性，乐受及所依处，由无常故，若变苦异，受彼增上所生众苦缠扰其心，令心变坏，即生众苦名坏苦。不苦不乐受俱行，若彼所生，若生彼缘，若法住器所有诸蕴，名行苦性。由彼诸蕴其性无常，生灭相应有一切取，三受粗重之所随逐不安稳摄，不脱苦苦以及坏苦。不自在转，由行苦故说名为苦」。又《对法论》云：「苦苦由自相，坏苦由自分别，行苦由不安稳，行苦亦名遍行故，遍至三界故。(考《瑜伽师地论》卷九，《三苦》。)」

(注五)《行苦及五蕴苦》——《瑜伽师地论》卷六十六云：「云何为行苦？谓后有业烦恼所生诸行，於彼彼自体中，能随顺生一切烦恼及与众苦所有安立。一切遍行粗重所摄，亦名粗重是行苦性，依此说略五取蕴皆名为苦。又此行苦遍於三受，於不苦不乐受中分明显现，故但说不苦不乐受中由行故苦。」

(注二十一)

十四页《加行道》——《对法论》卷八云：「方便道者谓所有资粮皆是方便，或有方便非资粮，谓顺决择分善根。暖法谓各别内证于诸谛中明得三摩地钵罗若及彼相应等法，由净定心依谛增上契经等法，于意言门诸义显现，缘彼所生止观等。顶法谓名别内证于诸谛中明增定慧及相应等法，由彼顶法展转增进居上位故。忍法谓各别内证于诸谛中一分已入，随顺定慧及彼相应等法。一分已入者于无所取一向忍解故，一分随顺者于无能取随顺通达所依处故。第一法者谓各别内证于诸谛中无间心定慧及彼相应等法，从此无间必起最初出世道故。」

（续注十）《十六行世出世》——《对法论》卷十云：「十六行中皆出世者，其差别者，于所知境不善悟入，善悟入性差别故，有障无障性差别故。有分别无分别性差别，故所以者何？诸谛无常苦等十六世间行，于所知境界不通达真如性故，烦恼所随逐故，依名言门起戏论故，如次第不善悟入有障碍有分别。出世间行与此相违。善悟入无障碍无分别，由此道理世出世行互有差别。云何出世行无有分别而善悟入所知境界？由彼诸行现在前时，虽复现证见无常义，然不依名言戏论门见此是无常义，如无常行于无常义，余亦尔。」

（注十二）《释五阴盛苦》——《大涅槃》云：「五阴盛苦者，生等七苦，故名五阴盛苦，以执阴是有，为阴所笼，便成阴魔，众苦所集。」

（附七）《空无我别》——《深密疏》十云：「《俱舍》卷二十六云：违我所见故空，违我见故，非我，内离士夫故空，不自在故非我；《顺正理》卷七十四云：无主宰故空，违我相故非我；《智论》卷二十三云：不见实是空，不见我是无我。《成实》卷十五云：「于五蕴中无神我故空，又于五阴中不见众生是空行，见五阴亦无是无我行。」

释四谛□

（注六）《稽古略》卷一云：「四谛法者苦集灭道也。一苦谛别则二十五有，总则六道生死二集谛即见思惑，又云见修，又云四住，又云染污无知，又云取相惑，又云枝末无明，又云通惑，又云界内惑。名虽不同，但见思耳，三灭谛灭前苦集显偏（遍？）真理，因灭会真灭非真谛，四道谛略则戒定慧，广则三十七道品。前二为世间因果、苦果集因，后二为出世因果，灭果道因。」又《显扬论》云：「清净所缘为四圣谛及真如。清净性谓灭谛。清净方便为道谛。又初二通善不善无记。后二唯善。」又《瑜珈师地论》卷五十五云：「四谛唯是胜义谛摄。」（《法华玄赞》卷七有五门分别。）

相——有为法与三有为相共相应故。何等三：生相、灭相、住异相。又《瑜珈师地论》卷四十六云：「一切行言说自性常无所有，常不可得故，名无常。又即观彼离言说事，由不了知彼真实故，无知为因，生灭可得，……无常行相续转时，为苦苦等三所依。」

（附五）差别
- 依他起相摄 → 八种
  - 刹那门、相续门 —— 遍一切处
  - 病门、老门、死门 —— 在内色
  - 心门 —— 在名（非色四蕴）
  - 器门、受用门 —— 在外务
- 遍计所执相摄 → 六种
  - 无性无常——谓性常无
  - 失坏无常
  - 转异无常
  - 别离无常
  - （附四）得无常
  - 当有无常

变异无常
- 差别——触对、染污、病等、分位、显形、兴盛、衰退、支节、寒热、他所损害、疲倦、威仪、死、青瘀等，一切种不现尽诸变异。
- 因缘——火所烧、积时贮畜、他所损害、受用亏灭、时节推谢、水所坏、风所燥、异缘合。

于欲界中一切具有，于色界中除病者受用三门，又有触染死三变异，无色界亦尔。（附三）

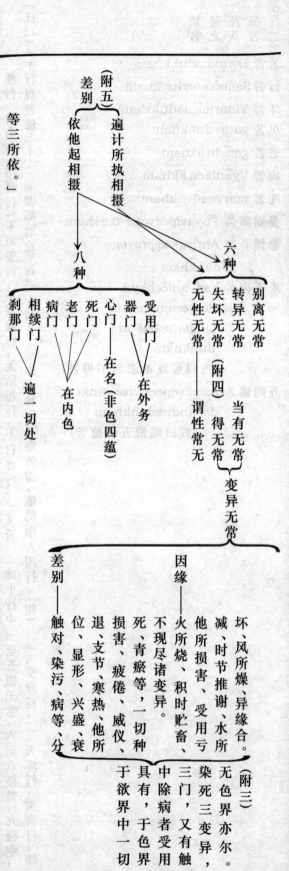

无常（注七）《显扬论》

无常性见——世欲智，顺决择分位；胜义智，出世道位；声闻智，除无性无常义；菩萨智，一切无常义；不善清净，二学智；善清净，二无学智。

无常调伏智——念住，于诸境界系心令住；缘住、达彼法性。

起常执因——不如理作意，忆念前际等事。

无常无智七因——放逸、懈怠、倒见、愚昧、未多积集菩提资粮，恶友，闻非正法。

无常性

后变异可得故，诸法刹那灭——诸行念念变灭。（由心执受故，等心安危故，随心转变故，是心所依故，心增上生故，心自在转故，又于最后位变坏可得故，生已不待缘自然坏灭故。）《对法》云：「一切可坏灭法，初才生已即便坏灭。」《瑜珈师地论》卷三十四云：「诸生要有刹那生灭，灭坏方可得。有前后变异，非如是住得有变异。是故诸行必定应有刹那生灭。彼彼众缘和合有故。如是如是诸行得生，生已不待灭坏因缘自然灭坏。如是所有变异因缘，能令诸行转变生起。此是变异生起因缘，非是诸行坏灭因缘。如前，水等。最后一切皆悉消，不由火作如是事，是故令变生起，自然坏灭。」

诸行自然坏灭——非生因能灭诸行，生灭互违故。行既不住无用灭因。若水、火、风是灭因，既是灭因，不应前相续灭已复变异相续生。又彼能灭相与所灭法若言俱者，则有相违过。不尔，有彼相续过失。又此灭因能灭法者，若体是灭应一法有二灭相。不尔，应无灭相。又若灭法是灭因。若唯有灭即能灭法。尔时法体毕竟应无。若待余事者，不应计灭为灭坏因。当知诸行皆任运坏灭。又《识述》卷三云：「待因之灭，应非是灭，以待因故，如生住等。生违于灭，灭待因而方灭。灭违于生，生应无因而自生。返覆成之，生违于灭，生待因而方生，灭违于生，灭不待因而自灭。《瑜伽师地论》卷四十六云：「灭若有因，应更生。」

「考《色蕴》」

诸行是心果——善不善法熏习于心，由心习气增上力故诸行生。又由定心自在力故随其所欲定心境界影像生。

诸无常皆苦——此无常性是行苦故苦，及由变坏苦所依止故苦，是故道谛非苦，以非苦相所杂无常义故。按当作依三苦。考《对法》卷六。

（按《涅槃偈论》有五无常谓失灭无常、相离无常、变异无常，亦名回转无常、有分无常、自性无常。）

（附五）《别抄》卷五云：「无常有多义，一者体常无故名无常，此即初性，生死之法有体性故。第二所收圆成从诠。第三所摄决论但约依他性义分八种也。」？（应细究）——《无常义》

（附三）《三界无常别》——又云：「无色界中唯有五无常，谓无病器受用三种，若色界中有七，除病欲界具八。有云：六欲天中及北洲并地狱全极苦处鬼畜一分皆无病，若东南西三洲一分鬼畜有八。此约多分说，非尽理也。」

（附四）《义演》廿一卷云：「如识中种前灭后生而不散失名无失坏无常。」——《无失坏无常义》

（附六）《对法论》

十八种——十六又加不可得空、自性空二。

十六种

- 无性自性空——众生及法实性具非有故名无性空，此无性空非无自性，空无性为自性故名无性自性空。
- 相空——为得大士相好而观空。
- 本性空——诸圣种姓自体本有，菩萨为此速得清净而观空或云性空。
- 无散空——为所修善至无余依涅槃位亦无散舍而观空故，或云无损尽空。
- 毕竟空——于有情常作饶益而观空。
- 无性空
- 无际空——生死长远无初后际，或云无初后空
- 内外空——依内外处说
- 外空——依外处说
- 内空——依内处说（辩
- 一切法空——为令力无畏等一切佛法皆得清净故观此。
- 无为空——无为善法空故
- 有为空——有为善法空故
- 空空——空智空故
- 大空——诸器世间说为所住，此相宽广故。
- 胜义空
  - 非自业得义——于有分法假立有情相续一类流至现在异熟法上非异相续。
  - 离无因义——有业为因，异熟生起，都无作者亦无有情舍续诸蕴。
  - 离我相义——若执六处以我为因，应无分别五趣别异。又由六处本无今有，有已散灭，非我有故。
  - 离我因义——六处生时不从我来亦不离集，依止于我。

  名胜义空。（《辩》）

  所观真理此即空故

（注八）

差别相（《义林补缺》《空义章》广明）

二种——《瑜珈师地论》卷八十五云：「由二相诸行决定是空：一、毕竟离性空，谓诸行中我我所性毕竟空故。二、后方离性空，谓于已断一切烦恼心解脱中，一切烦恼皆悉空故。」又说一空，如《般若》云：五蕴皆空。三、解脱门中空解脱门。又《瑜珈师地论》卷十二说四空，《四楞伽》卷一说七空，或说十一空，或说十七空，十九空，二十空，二十二空等皆《大般若》说。又《对述》卷十云：「空有二：一理空，即圆成实。二事空，即此所明者是。（按即余无为。）」

甚深相——虽舍诸法而无所减，虽取诸法而无所增。无取舍增减，故甚深。

自相——非定有无，非定有者谓于诸行中众生，法自性毕竟无有。非定无者，谓于此中众生无我及法无我有实性故。《宗镜》卷十七云：「一切万法皆从心现，悉无自体尽称为空。」应善思维。

（附七）

总

- 我所无者——《瑜珈师地论》卷二云：「我无有若分（类，时分），若谁（体）若事（物）我亦都非若分若谁若事。」
- 无我之功德——《瑜珈师地论》卷十二云：「若无无我，无常苦观终不清净。要先安住无我之想，从此无间方得无愿，是故经言诸无常想依无我想而得安住。又余处宣说无常故苦，苦故无我，后方说空。」又《瑜珈师地论》卷十九云：「由无我故于彼一切不执我所，乃至于彼不执为我，如是实正慧观察。」

别

- 释二无我——《瑜珈师地论》卷四十六云：「众生无我者，谓非即有法是真实有众生，亦非离有法别有众生。法无我者，谓于一切言说事中，一切言说自性诸法都无所有。」《瑜珈师地论》卷六十五云：「显示众生无我者，谓善了知四无色蕴，能断一切自境界相。显示法无我者，谓善了知遍计所执自性。世俗名言，能除一切彼所依相。」《百法论疏》云：「补特伽罗无我者，诸有情数数起惑造业，即为能取因，当来五趣名为所取果，虽复数数起惑造业，五趣轮转都无主宰实自在用。」《百法论义》云：「此就凡夫所执分别五蕴假我及外道所执之神我以取分段三苦者言之。」「又法无我者，《百法论疏》云：「诸法体虽复任持轨生物解，亦无胜性实自在用。」《百法论义》云：「凡夫法执，即身心世界及六尘依报外道所执妄想涅槃，二乘所执偏空涅槃，菩萨所执取证真如。」
- 决定无我——《瑜珈师地论》卷八十五云：「由二相知诸行决定无我。一、诸行种种外性故。二、诸行从众缘生不自在故。」

证——证三菩提及得无净愿智，无碍解等无量功德及所作事圆满成就。

修——声闻相应作意修，菩萨一作意修，影像作意修，事究竟作意修，得修，习修，事成就修，除遣修，对治修，身修，戒修，心修，慧修，少分修，遍行修，有动修，动行修，成满修。

证空智——法住智，求自心智，住自心智，除心缚智，怖行相应智，不善清净智，善清净智，无二分别智（菩萨智流转，寂灭、功、过、不分别故。）

观空真智所治萨迦邪见差别

- 所治差别
  - 于事怖见
  - 无实事见——如小儿见化幻事。
  - 增益事见——如希望随属他女。
  - 遍行见——如贪人在梦中自见受用境。
  - 不审事见——如于绳见蛇。
- 能治差别
  - 除遣空
  - 远离空
  - 无体空

  此三能对治十四种缚，六种想，或十种想缚。

（附一）至广说。」

空性——有二空性，谓众生空性，法空性。《辩》云：「不为众生方立空性，然彼空性本性是空，前际空，后际亦空，中际亦空，乃

（注九（七？））无我《显扬论》

别别（附二）

- 众生无我
  - 破执——若所计我即是蕴相，应唯是假。若离诸蕴住余处者，我应无蕴，非蕴相者，有无身过。住诸蕴中者，为如主住舍，如火在薪，如明依灯耶。如虚空处种种物耶。则第一有形假（叚？）异过。二有依他过。三有无常过，又上二亦有此过。四有业用显然过。谓虚空业用显然可得，如去来等业无障碍故。与果为因，亦不可得，无我外物诸种子等与果为因亦不可得故。所计即是见等，又名见者，乃至了别者，所计之我唯应是假，若执见等是业是具，亦不然，无譬喻故。计我于见闻等业如种于芽，应无常，如陶师于器，应假。计我于见闻等业如世间有神通者能起变化，应同彼世俗假立及自在过。若如大地能持万物，我应无常。若如虚空。空无障碍故容所作业。我应无体，执见等为我具如人执火能烧，然世共知离能执人，火自能烧。所执我于苦乐等位，恶等思，贪等烦恼一切时分常无变异，无变异故，受者作者及解脱者，皆不应理。若于实我上起佛救等种种名想，于身等法解应无，不尔，不应说我有诸作用。执我见体性是善，任运现前生染法，不应现。若染污能证实我，亦然，若言我执执我者不应起疑于为有为无等。若执觉为因起诸作业，是非我能起业，不然，应无思觉先起诸作业，又若作业因我起，应常起一切作业，不然，即无我所。
  - 申正义——世间染净诸法从因缘生，不由实我。虽无实我而有世俗假者三时变异，受者作者解脱者时分差别皆得成就。不由有我而有转还，何以故？现前转者必有生相，前后相续展转不断恒现在前。显了可见有因不住而复变异说名流转，相续断绝说名坏灭。世间现见彼彼有情不由名想，实我得成，其立名想别者有四因：一、为令言说易二、顺世间，三、令初学者离怖畏，四、为显自他功德有差别。
- 法无我（考《真实》）注六
  - 遍计所执自性——相无形
    - 无自体相
      1. 1、五事所不摄，故无自相。
      2. 2、起遍计执者，由名于义转故。谓随彼假名于义流转，世间愚夫执有名义决定相称真实自性。
      3. 3、若执义是实有，由名显了如灯照色，不应理，先取义已，然后立名，非未取义能立名字，已取得义复须显了不应道理。又即由此名，余未解者不得取义，灯照物不如是，非由此灯余不能取所照之物。
      4. 4、于长夜中串习言说熏修心故，起妄遍计，执有诸诸法，当知颠倒，由此颠倒熏习故，后依他果，自性得生，又依此果后时复生，如是生死展转相续不断。

法无成

- 圆我实自性——胜义无性——即胜义谛（七真如）由此无戏论故，于有相法离一异性，当知即清净所缘性。亦常亦善亦乐。
- 依他起自性——生无性
  - 3 非如此设施决定是有，亦非是无。此性通假实有，由世俗胜义故。
  - 非自然有故。
  - 2 以相及粗重为体，相为缘起于粗重，重重为缘又能生相，其曰生无性者缘力所生，必有依他起自性。
  - 1 假法必有所依因，非无实物假法成立，不尔，假亦是无，杂染之法应不可得，当知
- 自性差别
  - 分别差别及所缘事
    - 爱不爱俱相违分别、不爱分别、爱分别——贪爱等事。
    - 我分别、我所分别——见我慢事。
    - 总执分别、差别分别、自性分别——分别戏论依所缘事。
  - 自性差别
    - 依二遍计二自性——此遍计此事是色自性名之为色。
    - 依义遍计义自性——如不了色名由不了名分别色事起遍计。
    - 依名遍计名自性——如不了色事分别色名而起遍计。
    - 依义遍计名自性——如遍计此事名色或不名色。
    - 依名遍计义自性——如遍计此色事名有色实性。（《瑜伽师地论》卷七十三）
  - 六种遍计
    - 文字遍计——文字所起，非文字所起。
    - 加行遍计——谓贪爱加行，别离加行，瞋恚加行，合会加行，随舍加行（《瑜伽师地论》卷七十三作舍随与。）
    - 随眠遍计——不善名言者之遍计。
    - 觉悟遍计——善名言者之遍计。
    - 差别遍计——如色等实有色无色等差别。
    - 自性遍计——色等实有自相等。

（附一）《释生法二空》——《识述》卷一云：「何谓二空？谓即生法。先云人我，今说为生，但说於人我，不该余趣故。彼皆执有，此说为空，空即彼无，无别体也。」《疏抄》卷一云：「生者古名众生空也，若尔草木等应名众生，故有滥。旧云人我空，法中虽无主宰名我有化用故亦得名我。人法之上皆有我字，亦是滥。」《成唯识论义蕴》卷一云：「今言生执，非情是生而不执我，岂不太宽？答：五蕴身上发毛等虽是非情，亦执为我，既通非情，非太宽矣（失？）。」

《法与法空及离言相取》——《对法论》云：「法及法空俱无二种戏论故名无分别，何等为二？谓有及无。何以故？色是非无，彼所假所依事有故，亦是非有，遍计所执相无故。色空亦非有，遍计所执相无所显故，亦是非无，诸法无我有所显故。余一切法法空亦尔。此若无有二种分别，即无有取，都无取，故慧体尚无，现到彼岸，是故非有离言取相。」

（注十）《四谛之十六行观》——《瑜伽师地论》卷五十五云：「若谛四行观如其次第为对治四颠倒，集谛四行观谓由四种爱：爱，后有爱，喜贪俱行爱，彼彼希望爱。灭谛四行观由四种爱灭所显。道谛四行观能证四爱灭。」按十六行观即十六行相。此不过言十六行观之用而已。

《四谛有无为等》——《胜述》卷四云：「四谛若有无漏对初二有漏后二无漏，若有无为对，有多义。若非为业烦恼所为名无为，后二俱名无为，若据性堕起尽，众缘所生。名有为，非如此名无为者，即三谛俱有为，唯灭是无为。」

四谛诸梵名

十八空 Astādása'sūnyatāḥ

内空 Adhyātmásūnyatāḥ

外空 Bahirdhā'sūnyatā

内外空 Adlhyātmabahirdha'sūnyatā

空空 'sūnyatāsūnyatā

大空 Mahāsūnyatā

胜义空 Paramātha'sūnyatā

有为空 Saṃskṛta'sūnyatā

无为空 Asaṃskṛta'sūnyatā

毕竟空 Atyanta'sūnyatā

无际空 Anavarāyra'sūnyatā

无散空 Anaiakāra'sūnyatā

本性空 Prakịtisūnyatā

诸法空 Sarvadharma'sūnyatā

自相空 Svalakṣaṇa'sūnyatā

不可得空 Anunalambha'sūnyatā

无性空 Abhāva'sūnyatā

自性空 Svabhāva'sūnyatā

无性自性空 Abhāva'svabhā-vá'sūnyatā

四圣谛 Catrāryāryasatyāni

苦 Duḥkhaṃ

无常 Anityaṃ

空 'Sūnyam

无我 Anātmakam

集 Samudayaḥ

生 Prabhavaḥ

因 Hetuḥ

缘 Pratyayaḥ

灭 Nirodhaḥ

静 'Sāntah

妙 Praṇitaḥ

离 Niḥsaraṇaṃ

道 Māryah

如 Nyāyaḥ

行 Pratipattiḥ

出 Nairyāụikaḥ

《苦集宽狭》——《疏抄》卷七云：「六乘中苦宽集狭，集必是苦，如言有漏皆苦如十二支皆苦谛摄。而有苦非集，如业所感异熟生，非是烦恼故。如小乘释苦集是一物因果」又《识述》卷十六云：「有漏无非苦，苦，逼迫义，有漏皆苦谛，有异熟故，方名集，集故，非二物也。」

（注十一）《三苦界别》——《义演》卷十九云：「地狱全，鬼畜一分纯受苦处，依苦受有苦苦。若鬼畜一分，杂受处亦有等流，乐及舍受依之而有坏苦行苦。此中坏者变坏义。人趣中三苦易了。六欲天中被他折首截膀等苦及意恚愤天等苦。亦有三苦也。色界下三禅有坏苦行苦。由退失定，乐受落谢，有坏苦生。既有舍受趣行苦无失。无色地但有行苦，依舍立行，舍余受故。」

（附二）《四无我》——《别抄》卷一云：「夫论无我略有四：一、外道所执实我计常遍等自体是无故云无我。二、於苦谛法执色等蕴以之为我，可唯有蕴而无有我，此则名别无我理，此据有漏法中无所执实我。此与外道所执我别者，彼此我体则无名为无我，此就唯蕴而无有我。三、道空无我。道一切有为无为，于中皆无有我，非唯有漏苦谛上无，由道诸法皆非有我。故云通无我。四者无我所显，故云无我，即以无我所显真如，从诠为名，亦名无我。」

（附六）《空之作用》——《料简》卷三云：「要总观空，除有想，方证真理，不总观空，岂能尽相？或修空观，内生空相，即以空心作意除遣，故欲双亡有空之相，唯依空行，非有相心。由斯密意空经，名了义，以能显了真如义故，法相有教名不了义，观有不能显真理故。然不可定判诸经相，《深密经》等亦说空故。《般若》等亦明有故，若依多分即应言《般若》名了义，深密名不了义。然了不了义，有多殊义，此一说也。问：二十唯识，云达遍计所执自性差别，诸法无我名入法无我，非知诸法一切种无，如何乃说观一切空？又诸经论，但遣遍计所执，不说依他性无，如何总令观空显理？若总观空显理，即应圆成依他起上，依他所执，二无所显。答：诸圣言教，可以义寻，不应随文生执。此等或依法相道理，或依菩萨远加行心，或约真空后得智，故于观境所说不同，理实亲能引生圣智，要总观空为加行也。观行者缘诸法空。自心即变为空影象，随心与境相应，放非颠倒由此应了止观所行皆约自心亲所缘说，故对本质，谓不相应，如亲所取，并非颠倒，唯识等皆如是知，不尔，本质非自心生，总观唯心，应成颠倒，故虽观察，诸法皆空如亲所缘本除本质，既非损减，心境相应，不成颠倒。不可说言，我法二执亦如影象应非颠倒，所变影象似一常故，由自所变非实我法，执为我法，故成颠倒。谓于似空等修空等时除分别等名真实，于似我法计我法时增妄执心故颠倒也。又《涅槃》卷二十六云：「贪是有性，非是空性，贪若是空，众生不因是堕于地狱，色等诸境亦是幻有，然由有情执境孰心生颠倒，由观空故，依空证理能断颠倒，故容三昧非颠倒也。又《彼经》卷三十八云：「迦尊问，智者观食作不净相，为是实观虚解观耶？若是实观，所观之食实并非不净，应是颠倒。佛言，如是相者，亦实亦虚，能除贪食故名为实，非虫见虫故名虚解，观诸法空类亦如是，法虽不空，由观空故，能障倒，名正观也。又彼经云自性空者，因空能见佛性故。若性都空，因空何证？」（考《瑜伽师地论》卷三十五附一之附一。）又《料简》卷四云：「随法相，本质虽非无，行者修心，要总观唯识，如论法性虽有空不空，行者修空，必总观非有密意唯识理在斯焉，甚深空门，由兹更显。」

十二之附

四谛之二

集谛

释集谛义——「正了知烦恼，随眠附属所依爱随眠等是当来世后有生因。又正了知彼所生缠随其所应是集起缘。谓后有爱能招引故即是其集。此后有爱复能发起喜贪俱生爱，此喜贪俱行爱，复与多种彼彼喜爱为缘，如是依止爱随眠等及三种缠

《显扬论》摄

胜义谛摄——若因能感胜义谛所摄苦谛。

世俗谛摄——若因能感世俗谛所摄苦谛。

胜摄——缘已得未得，自体及境所起爱，后有爱，喜俱行爱，处处喜爱。《集论》作：「若爱，若后有爱，若喜贪俱生爱，若彼喜（?）乐爱是名集谛。」

全摄——一切三界烦恼及业。

灭谛

决择

胜义——以圣慧永拔种子所得灭。

世俗——以世间道摧伏种子所得灭，此别名彼分涅槃。

甚深——诸行究竟寂灭，如是寂灭望彼诸行不可说异、不异，俱是、俱非。若云异相，寂灭与行不相系属，条然异体。若不异应是染相，由此道理非俱非不俱。何以故？无戏论故。于此义中若生戏论非正思议，非道非如亦非善巧方便思故。如世尊说此六触处尽离欲灭寂等。若谓有异无异等者，于无戏论便生戏论，六处既灭绝诸戏论，即是涅槃。

相——真如境上有漏法灭。《显扬论》云：「有四相谓：爱尽、离欲、灭、涅槃。」又《瑜珈师地论》卷六十八云：「不流转相不现行相是灭谛相。又无生灭相是常相，灭谛亦尔。」

行相差别

离相——是常住故永出离故。

妙相——即此灭静是最胜故。

静相——一切苦谛无余寂静。

灭相——集谛无余息灭（《瑜伽师地论》卷三十四）

摄《显扬论》

胜义谛摄——胜义谛所摄集谛无余断弃吐尽诸欲灭谓没（？）寂静。

世俗谛摄——世俗谛所摄集谛无余断弃吐尽诸欲灭谓没（？）寂静。

胜摄——胜摄集谛无余断弃，吐尽诸欲灭谓没（？）寂静。

全摄——全摄集谛无余断弃，吐尽诸欲灭谓没（？）寂静。

四谛之三

行相（体相）

缘相——诸有情别别得舍因。又《瑜伽师地论》卷三十四云：「复于当来诸苦种子能摄受故，次等招引诸苦集故。说名为缘。」

生相——各别内身无量品类差别生因。

集相——彼彼有情所集习气，于彼彼有情类为等起因。

因相——能引发后有习气因

释爱义——世尊唯说爱为集谛者，随胜而说。胜者是遍行，爱具六遍行义。谓：事、位、世、界、求、种，六。又《瑜珈师地论》卷九十五云：「集谛所摄百八爱行，一、由内外差别故。二、由自性差别故。三、由所依差别故。四、由时分差别故。」又《瑜珈师地论》卷六十七云：「此爱生时普能发起十五无义。」

俱说名集谛，由此集起生死苦故。」

二种，招感异熟名集即《决择分》说唯业烦恼，或能生苦果名集。」《对法论》卷六云：「诸烦恼及烦恼增上所生诸业，

能生后有及能发起诸爱差别，是故说因，集起缘。」《瑜珈师地论》卷三十四云。又《成唯识论掌中枢要》卷四云：「有

异名

《对法论》所有异名

- 归依
- 弘济——遮大苦灾横。
- 洲渚——三界隔绝。
- 舍宅——无罪解脱喜乐所依事。
- 无漏
- 甘露
- 不卑屈——离三爱故。
- 不转
- 难见——超过肉天眼境。
- 无为
- 不动
- 无病
- 趣吉祥
- 乐事
- 清凉
- 安隐
- 无炽然
- 无热恼
- 不死
- 胜归趣
- 不生
- 无作——不作现在诸业烦恼所依处。
- 无造——永离前际诸业烦恼势力所引
- 无起
- 无生
- 涅槃

差别

- 无余永断——由余句故。由后别句释此总故。
- 永出——永出诸缠。
- 永吐——永吐随眠。
- 尽——见道对治得离系。
- 离欲——修道对治得离系此有十差别
  - 无上离欲——佛菩萨所有离欲，为欲利乐有情故。
  - 有上离欲——世间声闻、独觉所有离欲。
  - 永断离欲——永断地地诸烦恼已生厌性。
  - 遍知离欲——已得见道者于三界法生厌性。
  - 对治离欲——由世出世道断诸烦恼。
  - 愚痴离欲——诸愚夫于涅槃界生厌性（按此条不应置于离欲差别下。）
  - 增上离欲——得胜处已于下劣处生厌性。
  - 任持离欲——于诸美饍生厌性。
  - 损害离欲——习欲者畅热恼已生厌背性。
  - 自性离欲——于苦受，顺苦受处法生厌背性（按《对法论》卷八无此十差别。）
- 灭——当来彼果苦不生。
- 谓——余所有事永灭谓宿业烦恼所感诸蕴自然灭尽。

- 最胜——佛菩萨无住涅槃摄所有灭。
- 无余——无余依灭。
- 有余——有余依灭。《瑜珈师地论》卷六十八云：「若有证得一切粗重永息灭者，彼般涅槃；若未证得者，彼不般涅槃。有灭谛故。诸有情类有证得者，是故涅槃是证所显非生所显。」
- 有庄严——俱分解脱六通三明阿罗汉等所有灭。
- 无庄严——慧解脱阿罗汉所有灭。无三明等功德庄严故。
- 圆满——无学阿罗汉果摄等所有灭。
- 不圆满——诸有学或预流一来不还果摄等所有灭。

《瑜珈师地论》卷五十所有异名——上异名之有「○」者，该论亦有，除此余有：常、恒、久、住、无变、有法、救护、所趣、吉祥、无转、无垢、无忧、无谓、无动、亦绝一切戏论。

（续《道谛》注十六）《真相时分》——乘说有根本方便并一乘收，见道应亦根本方便俱见道摄。此若不然，彼云何尔？准此义者，即加二乘真相见道所有心数。若已起彼二乘修道方始回心，以隔修故。势疏远故非是方便。或初出见即回心者亦非大乘方便见道。乘义是总，故为方便。见道是别，故非方便。不尔，回善根应通为见道。以是方便故。若前师说以有漏故，不通见道。「若二乘人」众出独一超越次第，入真相见。同断一障，同证一空，心数相似。且说「超越」。如曾六行伏非想下俱生修惑，回心入见，渐顿二师所说不同，如渐者说于真见道但起三心。但以烦恼分为二品，或说分三，且依前说起二无间一解脱道。次入于相，胜进有无，义如前说，曾所伏者，亦不别起无间解脱。以曾伏彼，及所未伏，正断见惑彼伏不伏俱同时断，所有伴类已被伏故。其相二十六心或随作一，无处说彼，唯菩萨作。不同有部。唯上下品观。有义，但作上下十六，以力劣故，不能合缘，然准《对法》无上下十六心文。准此真相或十九心，或二十心。其顿断师，但于真见说二三别，胜进有无同前说，相见说亦同前。其不作三心相者，诸论说为非安立观。二乘相见唯安立故。或十九心，或十八心见道究竟。又于大乘相见道中若渐悟者，二师同说或亦具作二十六心。无文说彼唯为降伏，但令观心纯熟，故作。渐顿二家，虽多师说，以四说为胜，余不论之。」（考《通达位》。）又《神会语录》云：「我六代大师，一一皆言单刀直入，直了见性，不言阶级。夫学者须顿悟渐修。如母顿生子，与乳，渐渐养育，顿悟见佛性者亦复如是。」

四种摄（《显扬论》）
- 全摄——一切觉分
- 胜摄——八圣道支
- 世俗谛摄——于世俗谛所摄余三谛为遍知故，为永断故，为作证故，一切圣道。
- 胜义谛摄——于圣义谛所摄余三谛为遍知故，为永断故，为作证故，一切圣道。

相——知苦、断集、证灭、修道。

行相差别——有四：一、道相，因此寻求真实义；二、如相，对治诸烦恼；三、行相，令心不颠倒；四、出相，趣真常迹。

四相应随觉了
- 安立——声闻等随自所证已得究竟，为欲令他亦了知故，由后得智以无量名句文身安立道谛。
- 思维——正修习现观方便，以世间智如所安立思维数习。
- 证受——数习已自内证受最初见道正出世间无戏论位。
- 圆满——此位后圆满转依，乃至证得究竟，复后得智，以名句文身安立道谛。

资粮道（注十三）——诸异生所有尸罗，守护根门，饮食知量，初夜后夜常不睡眠，勤修止观，正知而住。复有所余进习

（注十三）诸善，闻、思、修所成位，修习此故得成现观解脱所依器性。（注五）（考《对述》卷八末）

道谛（注十一）（考《五位》及《对述》卷九）

（考《华严》卷四十四《十忍品》及疏）

（注十八）

解，可考）人。有行名八十五心中（注一）人，见道称性地行道人十五，加论》卷四（按《智（注二十）（注十九）十六）（注十、见道

十二页）（注二十一 加行道

世间道（注十四）
- 四无色——空无边处乃至非想非非想处
- 四静虑——初、二、三、四静虑

别说
- 道类智
- 道类智忍
- 道法智
- 道法智忍
- 灭类智
- 灭类智忍
- 灭法智
- 灭法智忍
- 集类智
- 集类智忍
- 集法智
- 集法智忍
- 苦类智——忍无间无漏智生审定印可苦类智忍。
- 苦类智忍——苦法智无间无漏慧生，于上二各别内证，言后诸圣皆是此类
- 苦法智——谓忍无间，由此智故，于烦恼解脱而得证
- 苦法智忍（注七）——由苦谛中起现证无漏慧，永舍见苦所断一切烦恼。

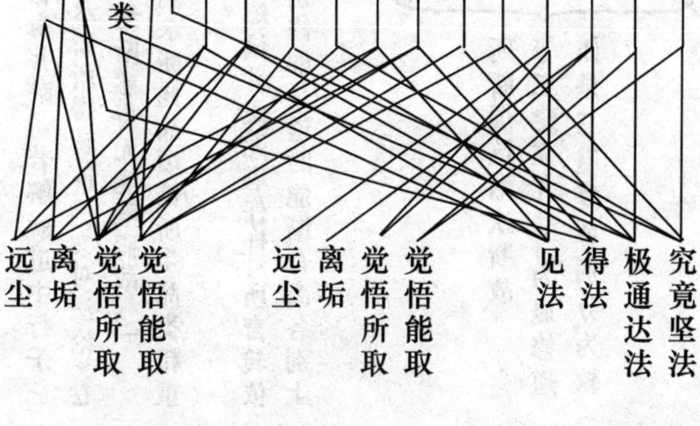

总说——谓世第一法无间无所得三摩地钵罗若及彼相应等法，由无分别止观等为体相故，又所能缘平等，平等智为其相，又遣各别有情假法假，遍遣二假所缘法智为相，由此通达所取能取无性真如故，由此于自相续中不分别我，色等法相。

加行道
- 世第一——各别内证于诸谛中无间心随顺三摩地钵罗若及彼相应等法
- 忍——各别内证于诸谛中，一分已入随顺三摩地钵罗若及彼相应等法
- 顶——各别内证于诸谛中，明证三摩地钵罗若及彼相应等法
- 暖——各别内证于诸谛中，明得三摩地钵罗若及彼相应等法

（又考《涅槃》卷三十六初）

在五力位

已积集资粮道者，所有顺决择分善根（注十七）（考《瑜珈师地论》《卷五十九，第六）

在五根位（《辩》）

五种道(注十五)(注二)

- 修道(注三)(注八)
  - 胜进道(注九)
    - A——断余品烦恼所有加行无间解脱道。《义演》卷二十五云：「为断此品后余烦恼所有加行无间解脱，望此品名胜进道。」(《对法论》卷九文)
    - B——弃舍断烦恼加行或勤方便思维诸法，或勤方便安住诸法，或进修余三摩钵底诸所有道引发胜品功德，或复安住诸所有道。《识述》卷二十云：「A即是别别望前有。B即是别起胜进行相，即二乘也。或总通三乘。」《义演》卷廿五云：「B明非断惑诸胜进道。简彼断惑胜进道，故云：弃舍断惑烦恼加行等，或总通三乘者，明《对法》文两段皆通三乘。故菩萨断所知障时或后四道望前是胜进(A)亦得，或别起胜进道亦得。」
  - 解脱道——由此道证断烦恼所得解脱。《义演》卷二十五云：「由此道能证烦恼永断所得转依。(《对法论》卷九文)(按《六经》卷三九五云：「若无间道中行于一切法未到彼岸名为菩萨。若解脱道中行于一切法已到彼岸，名为如来。」)
  - 无间道——由此道无间永断烦恼，令无所余。《义演》卷二十五云：「由此道无间永断此品烦恼所生品类粗重令无有余，又转粗重依得无粗重。(《对法论》卷九文)。《俱舍》云：约断惑得无能隔碍故。」
  - 加行道——由此道能舍烦恼，是名修道中加行道。《义演》卷二十五云：「谓由正修如是道时能渐舍离各别上品等烦恼所生品类粗重一分，渐得转依。(《对法论》卷九文)此言粗重即烦恼种或无堪任性，所言转依即第八识能离识上一分粗重名之为得或成就性，亦名转依。」
  - 上道
    - 上上品道
    - 上中品道
    - 上软品道
    - 由此道故能舍三界所系地地中，上软、上中、上上三品烦恼
  - 中道
    - 中上品道
    - 中中品道
    - 中软品道
    - 由此道故能舍三界所系地地中，中上、中中、中软三品烦恼
  - 软道(注六)
    - 软上品道
    - 软中品道
    - 软软品道
    - 由此道故能舍三界所系地地中，上上、上中、上下三品烦恼
  - (上道、中道、软道)如是三道复各别分为软等三建立九品，为显修道所断烦恼渐次断故。
  - 出世间道(注四)
    - 法智类智品所摄四谛八智及彼相应三摩地等或未至定所摄，或乃至无所有处所摄，非想非非想处唯是世间。

「究竟道——(注十二)依金刚喻定(居修道最后断结道位所有三摩地或加行道摄，或无间摄。)方便道摄者，谓从此已去不为一切障，能破一切障。无间道摄者谓从此无间尽，无生智生。《成唯识论述记》卷九云：「《佛地》八地以去无加行，此有加行者：一云通小乘人，以有漏道为加行道故。二云菩萨无有漏加行，非无遊观无漏而为加行。」)一切粗重永息(谓一切遍行、戏论、领受、烦恼、业、异熟，烦恼障(《论》有二此障)、业障、异熟障、劳倦、坚固、粗、中、细、所知障、定障、盖、寻思、饮食、交会、梦、病、老、死等廿四种。)一切系得(粗重积集)永已断，证得十无学法。尽智、无生智。

(注二十)《见道所依地》——《补缺》卷八云：「《瑜珈师地论》卷六十九云：唯依诸静虑及初近分能入圣谛现观。非无色定准知五地有此见道。以中间无色无极明利胜无漏故。余近分中无无漏故。有义通依前三无色及于中间，《瑜伽师地论》卷一〇〇云：九依尽漏故。说唯依诸静虑及初近分入，并三依五依生者，据能入心及起者说。诘前师云，若有见道处即令依入者，大乘之人，见道应唯第四定有，非依余入故，若言下地虽有劣故，不入者。前三无色亦尔。」

《依地心入》——又云：「三乘不同，大乘顿悟渐悟人，方便通余，圆满正入唯第四定。独觉又分二：部行中又有二：一、直趣，二、从声闻得果回趣者，得果回趣者，更不入见。麟角及余部行若见道先以六行伏无所有已下粗惑。既伏下惑明知已得九地之定。此即通依四静虑入，不依近分。其不唯依第四定入者，要极熏修性利根者方能依入，如起愿智，假极修故，或百劫练根唯依第四，余者不定，或可俱依。声闻人总有三类依地不同。一唯依近分谓次第人及超初果。二依近分及根本入，谓全离欲未离欲。初定欲者，虽已离欲，欲有得根本，不得别故，或全离欲，欲必依根本。入期心趣彼根本定故。既已离欲，即得根本，以除余障故。三、有通依。四，谓随所应，乃至远离无色前三已下地染，此二唯超，非次地者。」

(注一)《略释十六心》——《对法论》卷九云：「法智者，谓于加行道中观察谛，增上法智，智忍者谓先观察增上力故。于各别谛中起现证无漏慧，由此舍见苦所断惑，苦法者，谓苦谛增上所起教法。余随此应知。又于一切智忍位中说名安住无相观。(无相住有六种，谓空、无相、无愿、灭定、有顶、见道…见道差别皆假立非真实。出世位中各别内证绝戏论故。)又云：法智品道，真如为境，类品道，正知为境。」《瑜珈师地论》卷六十九亦云：「法类智等唯心论出世间，亦唯无漏。」

(注二)《诸摄》——《瑜珈师地论》卷六十二云：「了相胜解作意，方便道摄，远离加行究竟作意，无间道摄，摄乐作意，四种道摄，(上、中、下、无间。)观察作意，胜进道摄。」又《瑜珈师地论》卷六十四云：「方便道者……所有一切诸念住等菩提分法；清净道者，谓于见道，修道究竟道中，即彼所摄所有一切，菩提分法，究竟道中所有能引诸功德道，彼亦皆入道谛数中，又菩萨方便道者谓六度所摄，清净道者般若波罗密所摄。」

(注三)《释诸道》——《瑜珈师地论》卷六十九云：「于一切修道所断九品烦恼，随其品类各各差别能随顺断名方便道，能无间断名无间道。无间断已名解脱道，次后于断，名胜进道。此复二种：或有无间为断余品修方便道，此于前品名胜进道，于后所断名方便道。或有无间不修方便，但于前品生知足想，不求胜进，或住放逸或于已断以观察智，而更观察，或有但以察伺作意而伺察之，当知此道惟名胜进。」

4

（注四）《退与世出世道》——《瑜伽师地论》卷五十一云：「退有二种：一者断退；二者住退，言断退者唯是异生。若世间道断诸烦恼复起现前，尔时断退故退。若出世道断烦恼已心营世务，不专修习，如理作意，由此不能于中间现法乐住，数起现前，知先所得，后亦如是，然其下地已断烦恼不复现前，如是名为住退故退。若阿罗汉诸漏永害，于相续中永无一切染法种子，尚不应起不正思惟，况诸烦恼？是故由出世间道断烦恼者定无有退。」

（注十七）《释顺决择分》——《义演》卷十五云：「顺见道真实决择智故。」又《瑜伽师地论》卷十六云：「唯是有漏修慧，唯是色界系。」按《对法论》卷十三有六顺决择分，谓随顺、胜进，通达、余转一生，一座六顺决择分，如彼论详。

（注十八）《世出世间道别》——《料简》卷一云：「圣教无边，总略有二：一、出世；二、世间。依《宗轮论》，多闻部等说佛五音是出世教。无常、苦、空、无我、涅槃寂静，此五能引出离道故。如来余音是世间教，不能定引无漏道故。谓是余者与五俱起，随顺五音亦名出世。若依大乘即不如是，但说人天三归五戒十善等法名世间教，文义浅近，易可了知，俗智境故。非性无漏是有对治方名世间，佛一切教皆无漏故。（按当作非性是漏，是所对治。）但说二乘有学无学智断法，等名出世教，文义深远，虽可了知，圣智境故，非性无漏是能对治，方名出世，菩萨二乘所说胜教诠智断者，亦出世故。」（考《瑜伽师地论》卷十二续注十）

（续注四）《义林》卷四云：「依『婆萨多』，见道速疾，道断已永不退，其无学道住不动者不退，退种性者，退法思法，护法住法，必胜进本性不退。退法进成者退。『大众部』等退预流果，非阿罗汉。阿罗汉见修二道，极坚牢故，见道不然故退。今大乘，圣道断随眠必不退，伏者有退义。退等种姓依定障建立，非退果，然菩萨等，以无漏道所伏亦不退，自在故。如舍利弗至十信第六心犹退，以退起烦恼，先有漏伏故。」

（续注廿）《真相业用》——《补缺》卷八云：「真见道中随其所应，达二空断二障舍恶趣身半择迦等，转粗重依得无粗重，证不坏净获得圣性，建立遍知，得沙门果等。以《瑜伽师地论》卷七十一云：现观智谛现观能得一切沙门果为业，故知亦沙门果。又此现观唯缘非安立，故知唯在真见道中，相见道唯缘安立，故于真见立初果亦无失。《对法》云：至第十六心得预流果者，据有为于相见立，《大论》据无为于真见立，以果体有为无为二别故。」

（注五）《疏抄》卷一说：「此希求出世心，即名方便善，方便善即是顺解脱分善家之流类。此方便善即能为疏远缘，引起解脱分善也。若在解脱分中起方便善，即是解脱善之伴也。若福分善，唯是凡夫外道作欣厌观求生上二界生死之身，其福分善生得善行皆暗昧故，不名正解，唯方便善，性明利故，名为正解。」按《对法论》卷十三有四种顺解脱分：谓依凭顺解脱分，胜解顺解脱分，受乐及趣证顺解脱分，如彼论详。

（注六）《润生损生》《了义灯》卷二云：「欲界修道烦恼分为九品，将此九品以润七生。初上上品惑以增盛故独润二生，断此品时二生便灭上中，上下之两品共润二生，断此惑时二生永绝。中上一品能润一生若减损此一品五生已退。下五品在名为家家。中中、中下共招一有，若断此二下三品在名为一往来。不名家家下上一品，唯感半生断此一品即名一间，以有下中、下下惑在故。下中，下下亦增半生故名一间。初果极有无越七生，余不定者七中不说。以上据大生说，人天两报合为一生，若论中有人天别说乃有十四，一一生中皆有中有，人天各七，若兼本有二十八生。」此即增生（润生）损生义也。（考《瑜伽师地论》卷三十一附三）。

(注七)《成唯识论述记义蕴》卷二云：「苦法智忍有二作用：初能损异生姓，后能断见苦十种随眠。」

(注八)《瑜伽师地论》卷一〇〇云：「由世间道能证世间诸烦恼断或不证断，能往善处或往恶处。由出世道能证究竟诸烦恼断。由加行道，为断惑勤修加行。由无间道正断惑，由解脱道断无间心得解脱，由胜进道从此后发胜加行，余应知。」

(注九)《胜进道二种》——《疏抄》卷四云：「有二：一，即四道中胜进道，为进道品，胜前进后。二、别别胜进道，即佛十力等。」

(注十)《见道究竟》——《瑜伽师地论》卷五十八云：「建立见道由二道理：一、广布圣教道理。有戏论建立，二、内证胜义道理，离戏论建立。依初建立增上力故，说法智品有四种心，种类智品有四种心，随尔所时八种心转，即尔所时总说名一无间所入纯奢摩所显之心，如是总说有九种心见道究竟。随尔所得如所施设苦谛之相了别究竟，即尔所时说名一心。第二建立增上力故，说有一心谓唯依一证真如智相应心类见道究竟，此中亦有奢摩他道。又立二分见道所断烦恼随眠：一、随逐清净色，二、随逐心心所。由见道中止观双运故圣弟子俱时能舍止观二道所断随眠第一观所断第二止所断，是故见道说名究竟。

见道与修道——《瑜伽师地论》卷五十八云：「随信行者，随法行者，入见道时名为第六行无相行补特迦罗。非信胜解见得身证慧具脱五得其名，由彼於灭住寂静想，是故说彼住无相。臂如医痛。已熟痛即随顺见道所断诸漏处事。利刀剖即毗钵舍那品所摄见道。周搦穷如止品所摄见道。脓如所断随眠漏，疮未净未敛如修道所断诸漏。腻团帛即修道。若诸异生离欲界欲或色界欲，但由修道，无有见道。彼时诸烦恼相应无明不现行故说名为断，非如见道所断，萨见等定起已有时现行。」

(注十一)诸梵名

无间道 Ānaitarysmargaḥ

解脱道 Vimuktimargaḥ

顺抉择分 Nirredhobhagīyah

暖 Uṣmagataḥ

顶 Mūrdhānaḥ

忍 Rsāutiḥ

世第一法 Lankikāgradharmaḥ

苦法智忍 Duḥkhe dharmajn̄ānsksāntiḥ

苦法智 Duḥkhe dharmajn̄ānam

苦类智忍 Dụkhe'nrayajn̄anaksāntih

苦类智 Duḥkhe'mrayajn̄anaṃ

集法智忍 Samudsye dharmajn̄ānasksāntih

集法智 Samudaye dharmajn̄ānam

集类智忍 Samudaye'nisyajn̄ānakṣantiḥ

集类智 Samudaye'nvayajn̄ānam

灭法智忍 Nirodhe dhavmajn̄ānakṣāntiḥ

灭法智 Nirodhe dharmajn̄ānaṃ

灭类智忍 Nirodhe'xvayajn̄ānaksantiḥ

灭类智 Nirodhe'nvayajn̄ānaṃ

道法智忍 Mārge dharmajn̄unaksāntiḥ

道法智 Mārge dharmajn̄unam

道类智忍 Mārge'nvryajn̄ānaksāntih

道类智 Mārge'wvayajnunaṃ

（续注十二）《金刚定地摄》——《成唯识论议灯》卷十三云：「金刚喻定何地摄？《要集》二解：一云第十满心，二云出第十地满心以后方是等觉。彼许后胜。今谓不尔，如四善根诸处皆言初无数积智福满已方起善根。岂非初劫满心所摄？故金刚定即属满心。不尔，初地等亦应经多时方入后地。《璎珞》、《本业》说等觉多时修等者，于此地断第十地自障尽已方欲断彼第十一障，故须加行种种修学得经多时故别立名…佛称等觉皆无胜劣，故皆断已方入佛地。作斯通会不违经论。」

（注十九）《出见道体》——《补缺》卷八云：「一尅性体，以其根本后得二智少分为体，真相别故。二能所体，即用定慧二法为体，故《对法论》云世第一法无间所得三摩地钵罗若及彼相应等。定为所依，智为能依故知定慧合为体。三相应体，以二十二心及心所以为体性。《对法论》云：「诸心心所为助伴故。四眷属体，五蕴为性。于见道中有圣戒故。《对法论》云一切俱行菩提分法通诸体故，八道支中有七支故。五相从体，随其所应平等性智及彼心所二十二法。」

（注十二）《疏抄》卷六云：「何故名金刚心名金刚喻定。定即心故，所以经中说定学亦名为心学。今者举所依之定，意取能依之智，由定能起智故。说金刚心喻定，不名金刚喻智。余论亦名金刚道。唯识诸论约三乘究道名金刚，或所断下下品烦恼难如金刚，或能断之智坚固如金刚。《金刚般若经》即约见修无学三道总名金刚。」按定即是心，经部师义，《成唯识论述记》卷十一破云：「依定摄心，故说心学等。然《无性》卷一云：「即诸三摩地大师说为心，由心彩画，如所作事业。」则太（古？）法师说亦非无据。宜黄《心学大意》所辩大好。又《胜鬘》云：心上烦恼，止，观上烦恼。《述》卷三谓心指戒言。由戒学又可名心学矣。

（注十三）《资粮加行与闻思修慧》——《疏抄》卷七云：「若资粮位中起有漏闻思随现行八时亦能资无漏种子令其增长，即能资是有漏，所资是无漏，其所资无漏种亦得名闻思修慧。闻思修慧道色、声、意、法四处，七心，色、声、法十界。若但言行蕴摄，法界摄，即五别境中慧也。」

（注十四）《世间道与修惑》——《疏抄》卷云：「世间道唯伏修道俱生中贪嗔痴等迷事粗烦恼，不能伏修道中身边二见迷理细烦恼及与身边二见俱起邻近贪痴迷理者。此修道俱生身边二见九品中第九见方能断。」（地地中第九品断，被伏故，且不能起。）《四

（注十五）道与菩提分》——《疏抄》卷十云：「若大乘中，资粮位中先得四念住，次四正断，后方得种是，加行位中，暖顶得五根，忍世第一法得五力，若见道中得七觉支亦得八圣道。修道亦然。若初起四念住，则不能起四正断等，若得四正断乃至八道支，皆能起前前法……若小乘中资粮位唯得四念住，若加行位中暖位得四正断，顶位得四神足，忍位得五根，世第一法得五力，见道位得八道支，修位得七觉支。」

（注十六）《三心见道》——《义演》卷十云：「三心见道有二：一云三心见道是相见道，后得智疑前作也。一云三心见道是真见道。三心者，一内遣有情假缘智能除下品分别随眠。二内遣有情诸法假缘智，能除中品随眠。三、遍遣一切有情诸法假缘智，能除上品分别随眠……缘烦恼三品，所得智亦沁有异，一一皆起无间解脱道，至三心满足得名见道满足。若如前一二心等俱分证见道理未全得故此是钝根劣智人。若利根者，唯一心真见道顿断惑故。（考《瑜伽师地论》卷五十五《法执》。）

（考《瑜伽师地论》卷二十八附一《二十二根自性》）

《入见道人》——《补缺》卷八云：「能入人三乘不同，『第一大乘』分为二类，谓顿悟、渐悟。顿悟之中复分为二：一辨依身，二辨人数。言依身者，唯三天下及六欲天。余无能入。若正入见止唯男非女。言人数者，准《涅槃》，修入见道，初外道说

数，多少不定，如二乘人初出见道即回心者，未起彼修道，准其所起真相见道即为大乘见道。□便，如（□□十三。）
心，缺无总故，后十六心如前师说，故真相见或二十一或二十心，若加胜进或二十二，或可大乘说根本及方便，见道心
二心，以于真见不断烦恼故不别法，说总别法，据顿悟说，或立三心虽不断惑，法彼功能，《对法》说为别总法故。若作二
作初十六，以曾得二乘见道十六，非为顿悟，曾未得故。故合十九心，或二十，加胜进故。若顿断师真见如前，相见中初三心者，或起
『若渐悟者』二师不同，如渐断师于真见但有三心，以烦恼障先已断故，但初心断所知下品，第二心断上品，第三心时重印前故，但
起胜进。如前师说，于相见初作三心，法真见二空见分，别总立故，初劣后胜故有三心，后二十六如前师说，或说三十八，加胜进。
相以最初故未曾修故起胜进道。第二师说，或三十七心，于真见已有胜力故，于见道前意乐力故。顿断顿证，故一无间，一解脱，不
三十六心而得究竟，《瑜伽师地论》卷五十五中说真见三心者约无间断惑者说解脱重印，故不说。或说三十七，从真入
者便应后胜，故于真见但有四心。此师不说于相见道放法此四，非安立观故。复二十六，初自成就，后伏二乘故并前四
进，即以后心为前解脱，其第三心无后无间故，别起解脱，从真入相，以胜入劣，故无胜进，若从根本入后得智起胜进
分二，各有上下，初起力劣，下品二障各一心断，后起胜故。二各上品合一心断。以利根故，断初二品故不别起解脱胜

《真相时分》——又云：「大乘中顿悟人入于真相所起刹那有二师说，且渐断者，于真相见或三十六，真见中断分别障，我法
四初发心即求自果信法分二合二一三人。『二乘入见』所依三身亦唯六欲及三洲人，唯男女身非扇搋等。」
分总有一四六人，二从中乘顺解脱分有三人，未定生等忍位中下亦可容退，无文遮故，即有五人；三从大乘复有六十，
者，以从大退为不定姓，还可求大麟角定姓故不说退人。『第三入声闻乘中』有二一三人，总有四类：一从外道来七十三人，信法行
已，方断修惑，前说胜，依之入见道者有一百四十四人，三类如前，四从大退来求此果，复有六十合一四四人，其麟角中亦有从大退
直趣一合八十四人。依求部行入见道者，有二说：一云要伏三无色下所有粗惑方入见道，二云（谓？）全不伏，但伏见惑，入观出
人，分为三例：一从外道来，有七十三，谓伏八地所有粗惑品别分成七十二人及具缚一；二从声闻来，初二位十，如前已说；三、
别故。七类合一六一九人。若以信解见至等分复多。中般无回趣入见者。『第二独觉乘中』亦有二类：谓麟角，部行，初类八十四
人，且约五地及断惑多少，分成尔许，若以根性等乘，更有无量。七阿罗汉复有六十，五地各六，无文遮故，根性有故，慧俱解脱二类
二一六，二定一八九，三定一六二一。四定一三五，四地合成七〇二人，五地合成七七四人，身证既然。非身证亦尔，总有一五四八
师说，后师准知，且八地缚，一始从初定修断一品，终至非想前之八品，成七十一，合前具缚成七十二。色界之中初定，
四禅中地地别故，合成十三。十三中复分二类，谓身证，非身证。惑总依五地以辨人数，且欲界身证，《唯识》二师，依前
一来；五、一间；三各有一，总有十一。六不还中，曲分四类，一欲界生为一，二生般，三有行般，四无行般，三各有四，
为二，非彼一切皆得灭定。无麟角者，彼无回向大故。二、声闻果来，此有七类：一、初果；二、七返有七；三、家家；四、
居，无回趣故。亦不通女。言人数者，总一千六百二十一人。此分为三：一独觉果来，谓部行类，声闻中既有俱慧，准此部行亦分
信随法，分成十人，初觉乘来唯法行故，总有十六，约人天分有三十二。渐悟亦分为二，依身欲界如前，复通色界，唯除净
定生时，已定生时，即此生时，加行位二，谓未定已定除即此生，在上忍位与世第一同一刹那不可转故。三从声闻来，五亦准此，随
有七十三，今谓只三十二人，分为三类：一即初发心求无上觉，二从独觉资粮加行方始回心，即有五人，初初位中未

（一）有有等寻伺三（《瑜珈师地论》卷四十一）

界

处

无色界——空无边处，识无边处，无所有处，非想非非想处（考《瑜珈师地论》卷二十三注八。）

色界——初静虑三天，谓梵身，（梵众）梵辅，大梵。二静虑三天：少光，无量光，极净光（光音）。三静虑三天：谓少净，无量净，遍净。四静虑九天，谓：无云福生、广果、无烦、无热善现、善见、色究竟、大自在。

色界
（《通载》云：三是凡居，六是圣居。）《瑜》卷四云：「无想天即广果摄。」（梵辅作前益，此共十八天。）
（而《统记》及《珠林》等十八天中有无想天、无大自在天。《统记》则以摩醯首罗天附于无色界下非是。）

又《瑜珈师地论》卷四云：「无烦至色究竟为五净宫地，由软中上胜上极品杂熏修第四静虑故。复有超过静宫大自在住处，有十地菩萨极熏修第十地故得生其中。」（按：无想天又名长寿天。）考《瑜珈师地论》三十二卷注十《大自在宫》。

欲界——三十六处谓：八大那落迦，八寒那落迦，四大洲、八中洲、六欲界天（四天王天、三十三天、三时分天、知足天、乐化天、他化自在天。又《通载》三时分焰摩，知足作兜率陀。焰摩或作夜摩。兜率陀或作睹史多。）独一那落迦，近边那落迦。

堕非堕别

非堕摄界——方便（方便道、资粮道、见、修、究竟等。又《圆测疏》云化身）萨迦耶灭。（《圆测疏》云：虚伪身灭即择灭，法身）及无戏论无漏界（《圆测疏》云：真如性，报身。）

堕摄界——欲界等三

释三地

别

无寻无伺地——余色及无色全名无寻伺地离寻伺欲故。《瑜珈师地论》卷十二云：「修习此故生顶土地乃至有顶。其相者唯由一味于内所缘而作胜解，唯一味平等显现。

无寻唯伺地——静虑中间若定若生名无寻唯伺地，堕一有情由此修故得为大梵。

有寻有伺地——欲界及色界初静虑除静虑中间若定若生，名有寻伺地。

未离欲界欲者，由教导作意差别故，于一时间亦有无寻伺意现行。已离寻伺欲者亦有寻伺现行，如出彼定及生彼者。若无漏界有为定所摄初静虑亦名有伺寻地。依寻伺法缘真如为境入此定故，不由分别现行故。（考《瑜伽师地论》卷二，附一《不定决择》、《自相应》）

……此三唯就界地上下建立。

总——《瑜伽论释》云：「粗位名寻，细位名伺，非一刹那一法相应。一类粗细前后异故。此三就二前后相应建立。谓欲界地及初静虑。粗心心所□前后相续。前后相续可有寻伺共相应故，名有寻有伺地。静虑中间粗心相续，定无有寻。第二静虑以上诸地，诸心心所，前后相续不与寻伺相应。若欲界地及初静虑，静虑中间细心心所不与寻伺共相应者，及一切色不相应行，诸无为法不与寻伺共相应故，亦皆说名无寻伺地。

量——身量，三界众生，身量各别，广如经论中说。

寿——亦各别。（以上三项应更考《俱舍》卷十一、卷十二）

受用——那落迦多分受用极治罚苦，旁生多分受用相食啖苦，饿鬼受用极饥渴苦，人受用匮乏追求等苦，天受用衰恼坠没之苦。（此欲界苦，无色界苦无。）其所受乐于色界中初静虑受生诸天，即受彼地离生喜乐，第二受定生喜乐。第三离喜妙乐。第四受舍念清净寂静无动乐。无色界受极寂静解脱之乐。余可知。

生——三欲生三乐生。因欲求，有求，梵行求三求故。

自体——三界中所有众生有四种得自体差别：一、有所得自体由自害非他害，谓欲界天。二、他害非自害，谓处羯罗蓝及母腹所有众生。三、亦自他害，即彼众生处已生位。四、非自他害，谓色无色诸天，一切那落迦，似那落迦，鬼，如来使者，住最后身，慈定灭定若无诤定若处中有。

因缘果——因者顺益义，缘者建立义，果者成办义。余如《有为法》（一）注二中略说。《唯识详究》中广说。

相

体性

- 寻伺体性——不深推度所缘（按此恐错：《对法述》卷四云：「不深推度俱思为体，若深推度俱慧为体。」更考《瑜伽师地论》卷二《不定》。）
- 思体性——深推度所缘
- 慧体性——深推度所缘

所缘——寻伺所缘，依名句文身三法及所诠义。

行相——寻伺行相即于此缘寻求行相是寻，伺察行相是伺。

等起——发起语言

差别——有相无相乃至不染污。（即七分别，考《瑜伽师地论》卷二，注六《不定决择》、《识相应》。）

决择——寻伺必是分别（此分言，通无漏后得智。《瑜论记》云。）或有分别非寻伺谓望出世智所余一切三界心心所。又《义演》卷十二云：「即二禅以上心心所及欲界初禅中不与寻伺俱者。」《对述》卷四云：「准此寻伺唯是有漏。不尔，应成四句分别。」

流转——那落迦唯是慼行，触非爱境，引发于苦与忧相应。常求脱苦烧心业转，饿鬼亦尔。傍生、人趣、大力饿鬼所有寻伺多分慼行，少分欣行；多分触非爱境，少分触可爱境；多分引苦，少分引乐；多分忧相应，少分喜相应；多分求脱苦，少分求遇乐烧心业转。欲界诸天反于是。亦是烧心业转。初静虑天所有寻伺一向欣行，触内可爱境、引乐、喜相应、不烧心业转。（「烧」恐作「娆」，心不欲也。）更考《瑜伽师地论》卷二十八、附三等。

依处——决定时，（有信）止息染时（惭愧起）、作善业时（精进等三善根）、世间离欲时（轻安）、出世离欲时（不放逸、舍）、摄益有情时（不害）

事——施、戒、修、闻、思、余修、简择、摄盖有情人所成事。（《瑜论记》云：三修四无量。）

杂染

总别

密意——《瑜珈师地论》卷十六云：「自无能作用，亦不由他作，非余能有作，而作用非无，非二种中间。由行未生故，有时而可得。（显依未来不生杂染，依止现在过去诸行能生杂染。）谓诸行已生，由此故无得，未来无有相，过去可分别。非别曾所更，非曾亦分别（《瑜论记》云：谓过现已生行中作前不在内外中间之观，由此观故，尚无分别，不能生于三种杂染。……非唯过去曾所更境而可分别生诸杂染。现在诸境未曾更者，然随过去曾得种类，此现新境亦可分别生诸杂染。）行虽无有始，然有始可得。（显示杂染时分差别。无始时来，常随逐故，刹那刹那新所起故。）

八分别

三事

卷三十六

1、自性分别——于一切色等想事分别色等种种自性所有寻思。

2、差别分别——于色等想事谓此有色、此无色、此有见、此无见等于自性分别依处分别种种彼差别义。

3、总执分别——于色等想事我及有情命者、生者等假想施设所引分别于总多法总执为因分别。

（1、2、3）生分别戏论所依分别戏论所缘事。谓色想事为依缘故，名想言说所摄，名想言说所显分别戏论，即于此事分别计度，非一众多品类差别。

4、我分别

5、我所分别

（4、5）若诸事有漏有取长时数习我、我所报之所积聚，由宿串习彼邪执故，自见处事。此能生一切余见根本及慢根本萨见及能生一切余慢为缘所生虚妄分别。

6、爱分别——缘净妙可意事境所生分别

7、非爱分别——反上

8、彼俱相违分别——谓净妙不净妙、可意不可意、俱离事境所生分别

（6、7、8）能生贪欲、嗔恚、愚痴

因缘八分别转能生三事能起一切有情世间及器世间。了知如是分别由四寻思四如实智。

不如理作意——十六异论。按十六异论，皆我法执，故在《我法执破释》中说。

如理作意

方便——声闻乘资粮方便，独觉乘资粮方便，波罗密多所引方便。

正行——了知父母沙门等恭敬利养，利益承事于今世后世所作罪中见大怖畏，行施作福，受斋持戒。

受用——求已不染、不住、不耽、不缚、不闷、不著、不坚执深见过患，了知出离而受用之。

求——不以非法及不凶险追求财物。

杂染烦恼

差别——《对法》卷十二引《鹦（？）鹉（？）经》云：「染污行略有三种：谓业杂染、烦恼杂染及流转杂染。初有三句谓贪、嗔、痴。次有四句谓四颠倒。末二句，谓无明及有爱。」又《辩中边》云：「有二杂染：一、因杂染，谓烦恼、业；二果杂染谓所余支。烦恼杂染有三种：一、诸见；二、贪嗔痴相；三、后有愿。此能对治谓空知，无相知、无愿知。业杂染谓作善恶业，此能对治谓不作智。生杂染有三：一、后有生；二、生已心心所念念起；三、后有相续。此能对治谓无生智、无起智、无自性智，此三除灭，说为清净。」《瑜珈师地论》卷二十云：「有二种能发起杂染品：一、取杂染品；二、行杂染品。」（《瑜论记》云：一为烦恼；二为业。）又《瑜伽师地论》卷五十五云：「业、受、烦恼三染恼，初二唯欲界系，最后通三界。此三普摄一切染恼。」《无性》卷二云：「言杂染者是浑是浊是不净义。」

断——修六现观。

种类

十种——贪、嗔、无明、疑、慢、萨加耶见、邪见、边执见、见取、戒禁取（十中五见合一成六种）。

二种《对法论》
- 修所断众
  - 无明、慢、嗔、贪、边执见、俱□萨见
  - 无色界（同色界）
  - 色界（五除嗔）
  - 欲界（六烦恼）
  - 凡十六
- 见所断众 十六页（注九）
  - 见道所断众、见灭所断众、见集所断众、见苦所断众
  - [在印刷的图中，四组见所断众均各以连线分别连到下列三界]
  - 无色界（同色界）
  - 色界（九除嗔）
  - 欲界（十烦恼）
  - 共一百一十二

1、所缘——《瑜伽师地论》卷五十八云：「二众所断诸烦恼有五种所缘：一、缘即分别所起事境；二、缘见境；三、缘戒禁境；四、缘自分别所起名言境；五、缘任运坚固事境。」

2、建立——《瑜》卷八云：「一二八烦恼即上十烦恼由迷执十二种谛建立。谓欲界苦集谛，无色色亦尔。欲界增上彼遍智果。彼遍智所显灭道谛，余二亦尔。」（《圆测疏》云：遍智谓道谛，是为灭谛道谛果故。遍智所显即道谛体由自遍智显是道故。增上者，已有因义即由已起修因所得故名增上。体即是灭谛，或已有果义，谓即道谛，有灭果故。）（又《智论》卷七云：迦旃延子阿毗昙中说十缠九十八使为百八烦恼。）

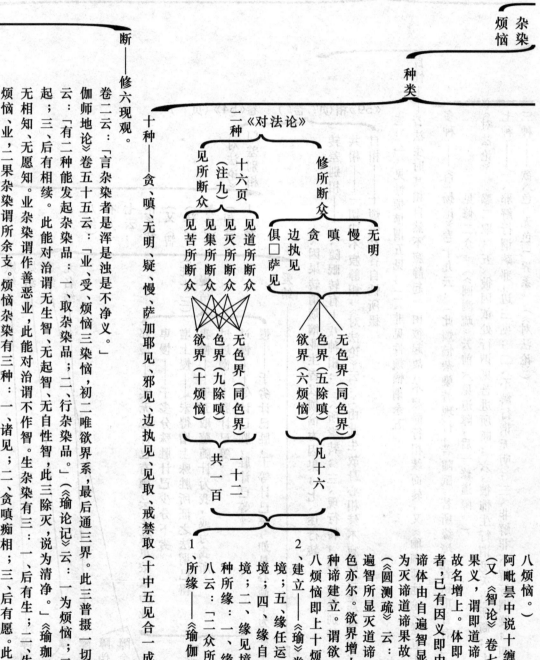

别别

- 1、结（和合苦故）（注一）（又《智论》卷七云：有九十八结）
  - 慳结——障远离遍知
  - 嫉结——障利养恭敬等遍知
  - 疑结——障三宝遍知
  - 恚结——障身见事遍知
  - 无名结——障伪身见遍知
  - 障舍
  - 慢结（注十三）
    - 邪慢——实无德计已有德，不生敬重依依为业。
    - 卑慢——于多分殊胜计己少分下劣。
    - 增上慢——未得增上殊胜所证之法谓已得。
    - 我慢——于五取蕴随计为我，或为我所。
    - 过过慢——胜计已等。
    - 过慢——等计已胜，胜计已等。
    - 慢——于劣计已胜，于等计已等，如是心高举为性——不感乱慢
    - 感乱慢（卷58）（页？）
  - 爱结——障厌离《辩》
- 《对法论》卷《54》（页？）门差别相
  - 转差别相——一、随眠转有十八种相；二、所缘转；三、现行转；四、品差别转；五、力无力转；六、因果转谓烦恼业生皆以烦恼为因果；七、迷行转。
  - 共相——一切皆不寂静相，《对法论》云：「由此生故身心相续不寂静转是烦恼相。」
  - 自相——十烦恼各自性所摄
- 《59》相（页？卷？）
- 自性——若法生时其相自然不寂静起。由彼起故，不寂静行相续而转，又《瑜珈师地论》卷五十八自性差别有二：一、见性烦恼谓五见；二、非见性烦恼谓余五。
- 多种——《显扬论》卷十九云：「此烦恼杂染若现行，若随眠，若所缘境，若粗重各有二十种。」
  - 七种——一、邪解行谓萨邪，边三见；二、不解行谓无明；三、非解非不解行谓疑；四、执邪解行谓见惑二取；五、彼因依处行谓见苦进所断；六、彼怖生行谓见灭道所断；七、任运起行，谓见修二众。（《圆测疏》云前六见道障，后一修道障。）《对法论》
  - 三种——欲、色、无色三界系。（《对法论》）

杂染

别别

烦恼杂染

《对法论》门差别相

1、结(和合苦故)(注一)(又《智论》卷七云：有九十八结)

- 见结(注二)
  - 萨迦耶见——于五取蕴随执为我我所，染慧为性。萨谓败坏，迦耶为和合积集。
  - 边执见——萨见增上力故，即于所取执为常，断，染慧为性。
  - 邪见——谤因，(无善恶行)，果(无善恶报)，作用(无三世、父母、化生众生)或坏善事染慧为性。
  - ——障灭道谛遍知
- 取结
  - 见取——于上三见及所依蕴随计为最上、胜、极，染慧为性，一切斗诤所依为业。
  - 戒禁取——于戒(以恶见为先离七种恶等。)禁(牛狗禁及自拔发等)及所依蕴随计为清净、解脱、出离，染慧为性。无利勤苦所依为业。
  - ——障道谛遍知

2、缚——令于善行(注三)不随所欲

- 贪缚——处坏苦
- 嗔缚——处苦苦
- 痴缚——处行苦

3、随烦恼——倒染心故或除六所余，或贪嗔痴三，或所有皆是。(考《瑜论》卷一《数别》)

4、缠——数起(注四)现行故

- 昏沉缠
- 睡眠缠
- 掉举缠
- 恶作缠
- 嫉缠
- 悭缠
- 无惭缠
- 无愧缠

又说有五百缠(又《智论》卷七列十缠名。)

5、轭——障碍离系义。此有四，谓欲、有、见、无明四轭。

6、暴流

- 欲暴流——欲求(注十六)
- 有暴流——有求
- 见暴流
- 无明暴流
- (见暴流、无明暴流)——邪梵行求

7、取——执取净根执取后有是取义，此有四，谓欲取、及见、戒集、我依三取，按欲取唯欲界余三通上(注六)二界在上唯无记。

8、株杌——无所堪能难可解脱。此有三：谓贪、嗔、痴三株杌。

(注七)
10)
(卷4-
(二)
等三
有伺
有寻

杂染(注八)

别别

烦恼杂染(注十四)

门差别相《对法论》

- 24 炽——贪、嗔、痴三
- 23 诤——贪、嗔、痴三
- 22 恼——贪、嗔、痴三
- 21 热(烧恼)——贪、嗔、痴三
- 20 匮——贪、嗔、痴三
- 19 恶行——贪、嗔、痴三
- 18 所有——贪、嗔、痴三
- 17 箭——贪、嗔、痴三
- 16 烧害——贪、嗔、痴三
- 15 垢——贪、嗔、痴三
- 14 拘碍——顾恋身财无所觉了，乐处愦闹得少善生厌足，亦贪嗔痴三。
- 13 稠林——于根本行中广兴染著流转五趣，有三：谓贪、嗔、痴
- 12 漏
  - 无明漏
  - 有漏
  - 欲漏
  - 依内门流注
  - 依外门流注
- 11 盖——有五：谓：贪欲、嗔恚、昏沉、睡眠、掉举恶作，疑五盖。
- 10 系——能障定意性身
  - 此实执取身系
  - 戒禁取身系
  - 嗔恚身系
  - 贪欲身系
  - 《瑜珈师地论》卷五十四云：「四身系唯在意地分别所生。」
- 9 随眠——一切增上种子之所随逐(注五)(注十五)
  - 疑随眠
  - 见随眠
  - 无明随眠
  - 慢随眠
  - 有爱随眠——色无色贪品粗重——未离有求
  - 嗔随眠
  - 欲爱随眠——欲贪品粗重
  - （疑、见、无明、慢随眠）——未离邪梵行求
  - （嗔、欲爱随眠）——未离欲求

别别

杂染烦恼（注十四）

颠倒别（《瑜珈师地论》卷八）

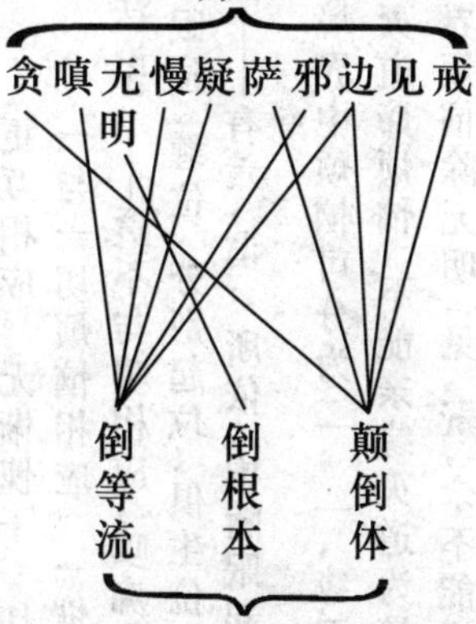

（想心见三颠倒之大小乘决择，考《华钞》卷二十三之二末）

《释三求》

（注十六）《补缺》卷四云：「欲界一切烦恼及俱时心心所法身语业，除邪教力起，及正见执，或生得善为欲求体，色无色界除无漏，及正见方便善顺无漏者，及邪教力起，余一切法为有求体。三界正见及生得善无漏身语业等皆梵行求，若加邪字，即三界邪教力起并身语业等是其体。」

《九随眠》

（注十五）《义林》卷四云：「《宝性论》九随眠：一、随眠贪欲；二、随眠嗔；三、随眠痴；四、三毒极上心；五、无明住地；六见谛所灭；七、修习所断；八、不净地惑；九、净地惑第六唯见，第七唯修，余通见修。」《决择记》卷二云：「七地以前名不净地，六识二障许现起故，后之三地名为净地，六识二障永伏不行，第七所知，随时有起，少略不论。」

（又《智论》卷八十八云：「烦恼有二分：一属见、二属爱。若但有一，则不能成大罪。」）

所处界别（《对法论》）

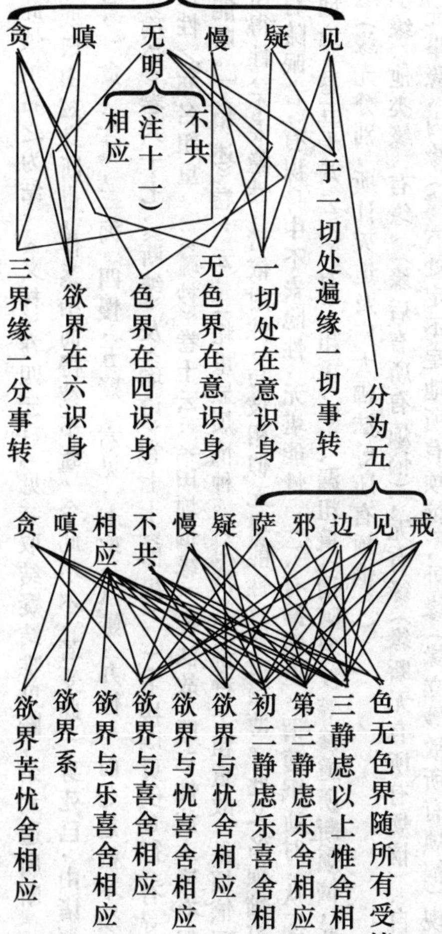

（注一）《结义及分别》——《疏抄》卷四云：「九结者，一贪，二嗔，三痴，四慢，五疑，六见，七取，八嫉，九悭。前七是根本烦恼，后二是随。或后有四，至于结义，或曰由兹身断也，作系结而得续不断。今此不尔，若受此一身死已，由诸烦恼更结续后身合（令？）起不断，由此烦恼名之为结。《义林》卷四云：「见结取结疑结唯见断，余六通所断。」

粗重——《瑜伽师地论》卷五十八云：「有二粗重：一、漏粗重，谓阿罗汉等修道所断烦恼，断时皆悉永离。此谓有随眠者，有识身中不安隐性，无堪能性。二、有漏粗重。谓随眠断时，从漏所生，漏所熏发，本所得性，不安隐性，苦依附性，与彼相似无堪能性，皆得微薄。此又名烦恼习，阿罗汉，独觉所未能断。」《识述》卷六云：「粗重显烦恼种。《对法》等说种子粗重故，虽烦恼现行亦名粗重，无堪任性之亦名粗重。」《疏抄》卷十云：「由烦恼缘三性法故，即三性法上皆有粗重无堪任性。」（考《瑜论》卷六十七、《断缚》及《瑜论》卷七十《即愚》。）（下接124页倒8行《有寻有伺》（三）

缘境——《瑜伽师地论》卷五十九云：有十八：具分缘（身见等）、一分缘（贪、嗔、慢等）、有事缘（诸有事烦恼）、无事缘、内缘（缘六处定不定地所有烦恼）、外缘（缘立妙欲所有烦恼）现见缘、不现见缘、自类缘、他类缘、有缘、（缘后有所有烦恼）、无有缘（缘断无有所有烦恼）、自境缘、他境缘、无境缘（缘无分别，所计灭道及广大佛法等所有烦恼。）

缘——《瑜伽师地论》卷五十八云：「十烦恼皆与自地一切烦恼展转相缘，亦缘自地诸有漏事。下地烦恼能缘上地烦恼及事，非上地惑能缘下地烦恼及事。」

相应《对法论》——贪不与嗔相应，嗔痴亦尔，余皆相应。嗔不与贪、慢、见相应，慢不与嗔疑相应。无明一与一切烦恼相应。一惟于谛无知。见不与嗔疑相应，疑不与贪慢见相应。忿等随烦恼更互相应。无惭愧于一切不善品中恒相应。昏沉、掉举、不信、懈怠、放逸于一切染污品中相应。又《瑜伽师地论》卷五十九云：「若任运生一切烦恼皆于三受现行可得，是故通一切识身者与一切根相应，不通一切识身者与意地一切根相应。不任运生一切烦恼随其所应诸根相应。」《瑜伽师地论》卷五十五云：「无明与一切疑都无所有，贪嗔互相无，此或与慢见，谓染爱时或高举或推求。如染爱、憎恚亦尔。慢之与见或更相应谓高推时复邪推构。」《瑜伽师地论》卷五十八云：「若无贪等诸烦恼缠，但于苦等诸谛中，由不如理作意力故，钝慧士夫众生诸不如实简择、覆障、缠裹、暗昧等心所性名独行无明。」按即不共无明，惟于谛无知。（考卷《瑜论》卷五十四《染俱》之第六行下）

位——随眠位、缠位、分别起位、俱生位、软位、中位、上位。

起烦恼因——有六，谓：所依（由随眠起诸烦恼），所缘（顺烦恼境界现前），亲近，邪教，数习，作意。

境《对法论》

1 一切烦恼还用一切烦恼为所缘境，及缘诸烦恼事。

2 欲界烦恼除无明、见、疑，余不能缘上地为境。上地诸烦恼不能缘下地为境，已离彼地欲故。

3 缘灭道谛烦恼，不能亲缘灭道为境，唯由依彼妄起分别说为所缘。

4 在境界中烦恼可分为二：一、缘无事谓见及见相法。二、缘有事谓余。

(注二)《五见申义》

《对法论》

1、五见，四为增益见，于所知境增益自性及差别故，一多分是损减见。《对述》卷三云：「于境滋长，名增益，诽拨体无为损减，一多分谓初见。计梵王常等是增益邪见，拨无四谛名损减邪见故。不同小乘唯是损减。」(更考《对法论》卷一。)

2、佛观萨见有五过失，谓异相过失，无常过失，不自过失，不由功用，解脱过失，无身过失。(按《对述》卷四，此五过失为破即蕴异蕴等四计，亦应参考。)

3、于五萨有二十萨见，谓计色是我，我有诸色，色属于我，我在色中乃至识亦尔。此中五是我见，十五是我所，五谓计色受想行识是我，计余十五是我所见者，相应我所故，随转我所故，不离我所故。

4、《瑜伽师地论》卷五十八云：「萨见有二谓俱生分别，一为一切愚夫乃至禽兽皆并观行，二为诸外道等计度而起。」

(注三)《业缚义》——《瑜伽师地论》卷五十五云：「乐著事业名为业缚。于出离心得出离喜乐于得圣道能为障，又顺异熟障业亦名业缚，又邪愿业亦名业缚。又一切随眠，名心烦恼缚。」

(注四)《缚义》——《疏抄》卷四云：「大乘经部因说烦恼现行名之为缠，能缠余王所等体通不善性。体不是缠，但被他烦恼缠也。此是相应法。」又卷八云：「由不寂静住故，障碍善，发起恶趣恶行，摄受现法□(都？)贱，能感先等苦故。

(注五)随眠义——《疏抄》卷四云：「烦恼种子名为随眠，随逐有情眠伏藏识求增故名随眠。若经部说，在五根及心心所中。若大乘说随眠非相应非不相应。非相应者，随现种子则不行心相应即无而时依同所缘事等相应。非不相应者，其种子不是不相应收，即随现行心等摄。」《秘》卷四云：「外难大乘既以染污种子为随眠性，汝宗惑种应非随眠，名为贪等故如现贪等。答我宗随眠但说贪等种子不名贪等，故因不成。」

(注六)取决择——《对法论》云：「由贪著欲系缚等为因，诸在家者更相斗诤。此诤根本是第一取，出家者是后三取，六十二见趣是见取，如别禁戒多分苦行是或禁取，被所依止萨见是我语取，由见戒二取外道互诤，由我语取与正法诤。」

(注七)诸梵名

身善行Rs̄yasucaritam
不杀Prānātinatad viratiḥ
不盗 Adsttādānad viratiḥ
不淫K̄smamithyācārād viratiḥ
语善行Yāksucaritaṃ
不妄语Mrsāim̄dat nrativiratiḥ
不粗语 Pārusyāt nrativir atiḥ
不诳语 Paisunyāt Prativiratiḥ
不绮语Saṃhhinnsnrals̄nāt
Prativiratiḥ
意善行Manaḥsucavitaṃ
不贪欲Ahhidhyāyāḥ nrativiratiḥ
不嗔 Vyā nādat Prativiratiḥ
不邪见 Mithyādrṣṭeḥ Prativiratiḥ
粗重Dausṭhu lyaṃ
堪任性Karmaṇyatā
俱生Sahajaḥ
分别Parikalnitaṃ
我痴 Atmamohaḥ
我见 Ātmandrgtiḥ
我慢 Ātmaniansḥ
我爱 Ātmasnehoḥ
结Saṃyojanaṃ
缚 Bandhanaṃ
随眠Anu'sayaḥ
随烦恼 Upakle'saḥ
缠 Paryavsth ānaṃ
漏 Āsravaḥ
暴流Oghaḥ
轭Yoyaḥ
取 Upādānaṃ
聚 Granthaḥ
盖 Nivāraṇaṃ
欲尘Kāmāvacaraḥ
有诤Saraṇaṃ
我 Ahaṃkāraḥ
我所 Mamakāraḥ
结生Pratisaṃdhiḥ
轮回 Saṃsāraḥ
十二缘起Dvāda'sāngaḥ Pratnit
yasāmutpādaḥ

无明 Avidyā
行 Samskārsḥ
识 Vijñānaṃ
名色 Nāmarūnaṃ
六处 qodāyatanaṃ
触 qnarsaḥ
受 redanā
爱 Jṛṣṇa
有 Bhavaḥ
生 gatiḥ
老死 garāmavaṇsm
五无间 Pañc ān āntaryāni
五浊 Pañcakssāyūḥ
地狱 Narakāh
傍生 Jiryañcaḥ
饿鬼 Pretāḥ
无想天 Dīrghāyuso devāḥ
世界 Lokadhātuḥ
小千世界 Sāhasracūḍiko lokadhātuḥ
中二千世界 Drisāhasromadhyamọ lokādhātuḥ
三千大千世界 Trisāhasramahāsāhasro lokadhāfuḥ
四洲世界 Cāturdrinako lokādhātuh
东胜身 Pūwaridehaḥ
瞻部洲 gwmbud rīnaḥ
西牛贺 Avaragodānīyoḥ
北俱尘 Vtlarskuruḥ
欲界 Rāmadhātuḥ
色界 Antariksavāsinaḥ
无色界 Ārūnyadhātuh
地居 Bhaumāḥ
虚空居 Antariksavāsinaḥ
四天王 Cāturmahārāyok āyikāḥ
三十三 Jrāsyastuiṃ'sāḥ
夜摩 Yāmāḥ
睹史多 Tusitaḥ
乐化 Nirmāṇsratayaḥ
他化自在 Paranirmitavasaraitinoḥ
梵众 Brahmakāyikāḥ, Brahmapāvisadyāḥ
梵辅 Brohmanurohitāḥ
大梵 Mahābrahmansḥ
少光 Pasattabhāḥ
无量光 Apramāṇābhāṇ
极光净 Abhāsvarāh
少净 Parīttasubhaḥ
无量净 Anramāṇa'swbhāh
遍净 'Swbhakrtsnāḥ
无云 Anabhrakāḥ
福生 Pwnyaprasavāḥ
广果 Bṛhatphalāḥ
无烦（或作无想）Avrhāḥ（考《智论》卷三十八）
无热（或作无烦）Atan āh
善现（或作无热）Eudṛ'sāḥ
善见 Eudar'sanāḥ
色究竟 Akaniṣṭhāḥ Aghanist hāḥ
大大自在处 Mah āmahe'svar āyatunaṃ
空无边处 Ākā'sānantyāyatanaṃ
识无边处 Vijñānānatyāyatanaṃ
无所有处 Ākiñcanyuyātanaṃ
非想非非想处 Naivasaṃjñānā - saṃjñāyatanaṃ
大自在 Mahe'svaraḥ
色 Rupāvacaraḥ
见所断 Dṛgyheyaṃ
修所断 Bhāvanāheyaṃ
永不断 Satatasamitaṃ
稠林 Gahanaṃ
中有 Antarābhavaḥ
非梵行 Abrahmacaryaṃ(淫)
不与取 Adattadanaṃ(盗)
杀 Vadhaḥ
妄 Mṛṣā
H. Abh āsuar āh 作 Abhâsvara(S.)
Abhassara(P)

别起者，简择别缘蕴，亦任运别缘故。然依此我见为所依本，诸见等生。」按二十句即注二第三所说，卷六十二见如《大智度论》。卷十五此兼我所，不唯我见，或总缘蕴，或别缘蕴，分别俱生，或许总别缘。如《显扬论》卷一说，然俱生中，如第七识唯计心为我故，虽不如分性，成所缘缘，既非实有，亦非虚伪，唯是依他转移之法。我之所依，又依所执，可言虚伪，依所变相可言为有，非如余宗，定实定伪，故名移转。《成唯识论述记》卷十二云：「萨婆多名有身见，经部名虚伪身见。今大乘意心上所现似我之相。体非实有，是假法故，又体非全无，依他起

(注十四)《萨迦耶见》——《成唯识论》云：「一切见趣所依为业。此见差别有二十句，六十五等，分别起摄。」

德少分谓多德胜。」按《深密疏》卷九云：「《真谛记》有慢无慢各有四义。有慢四者：一依止，谓有取五阴，二因，谓慢随眠，三体，即上心，四事用，即慢所生业报。无慢四者，一依止谓无漏，五阴相续，余三以三无漏根配。」（考《深疏》卷九广明七，九慢。）

无等，无劣，七中初三及以卑慢并九慢，类于劣等胜三品处生。如应别配。我慢于我增上，邪慢于德处生。基云：邪慢令无谓有，增上慢者，已

慢，过慢如次中三，慢，过慢，卑慢如次后三。」《成唯识论学说》卷五云：「九慢如《发智论》卷二十我胜，我等，我劣，有胜，有等，有劣，无胜，

卷一九九及《俱舍》卷十九说有九慢，前三为三，有胜，有等，有劣为三，无胜，无等，无劣为三。过慢，慢，卑慢，如次初三，卑慢，

(注十三)《九慢及四义》——《识述》卷十二云：「九慢者，大乘中不见文。《显扬》卷一云：如经说三慢类。我胜我等，我劣慢类。《婆沙》

十七(页?)

(注十二)《修断烦恼性别》——《疏抄》卷九云：「修断烦恼贪痴慢三一分不发业者，是有覆无记性摄。若身边二见分别起者，能发于业即是不善，若俱生者，皆是有覆无记。欲界见道惑等定不善。」

唯见断谓独行四谛下者，二、唯修断谓第七识者，三、通见修谓忿等相应。」（考《瑜伽师地论》卷五十五《不共无明》。）

(注十一)《无明类别》——《识述》卷十云：「《缘起经》有四无明：一现，二种，三相应，四不相应。或有为二共不共等。」又《成唯识论掌中枢要》卷三云：不共无明有二：一、与根本俱恒行一切分，余识所无名不共，二、不与根本俱名不共。然复有二：一、与小中大随烦恼俱，不与根本惑俱名不共，二、不与小随惑及根本俱与中大随俱名不共，随其所应。后二亦通上界，然与相应多少上下界别。然为三句，一、

十七页

(注十)《结生相续》——《成唯识论学记》卷三云：「(圆)测云：一又，一、死有润生中有谓心，皆名结生，受生有等一期五蕴名为相续。《对法论》卷五自体受名结生心故。《摄》卷三中有没心名结生心。《世亲论》云，能持受一期自体故，二、正受生时名结生。《瑜伽师地论》卷一中有生时识已结生相续故。今此论意，由识持种，结生续也。」《成唯识论演秘》卷六云：「结时有四释：一云结生是润生。苦生无色，命终之位名为结生，若生欲色，中有没心名为结生。二云正受生时名结生。三云合前二义名结生，缺一不可。四即命终心及中有末心，名结生能润生故。此中初后为胜，中二违理。染意结生，正受生时无染意故；结生等义者，以因取果，如华结实故名结生。《无性摄论》卷三云：摄受生故名为结生，后报续前令生不断名相续。」

十五页

(注九)《见修烦恼退不退别》——《成唯识论议灯》卷七云：「大众部等见道烦恼有退(淫盗)，以单道故。修必不退，以双道故。萨婆多见必不退，以速疾道。修有退，以容预(干页?)故。然修道惑先六行断后入圣者必不退，一为利根，二以世出世二道断故。又若经生，即亦不退。大乘宗二俱不退，以永断种，过未无故。然大乘退，退世间现法乐住，小乘退，退失圣果，然必此生还得彼果，必不经生。然论退性通三界，圣若现退者但在人间，有退缘故。退缘有五，谓僧事，和争，远行，多病，乐诵经。」

(注八)《杂染义》——《述》卷四云：「此杂染言通一切三性有漏法，言杂染者，为诸烦恼所缘缚义。」《疏抄》卷四云：若言杂染通善等三性，若但言染，则唯是不善有覆无记。」

我遍满，故执无边；三于地狱四净天起有边想，于傍起无边想；四、由能忆坏劫分位便生非有边非无边想，诸器世间无因起。『四有边』者：一、由一向能忆下至无间地狱，上至第四静虑天，执我于中悉皆遍满；二、由一向能忆傍无边，执从无想天没（？），来生此间得宿住通，不能忆彼出心以前所有诸位，便执我及世间无因而起；二由寻伺不忆前身，执无解脱，或有妄执非道为道。」《圆测疏》。《成唯识论述记》卷十二云：「谤实事者，谓无真阿罗汉等……『二无因』者，一、等，不死矫乱。及计后际五现涅槃或计自在世主、释、梵、及余物类，常恒不易，或计自在等是一切物因，或有横计诸邪

《邪见》——《论》云：「谓谤因果作用实事，及非四见诸余邪执，如增上缘名义遍故。此见差别诸见趣中有执前际二无因论，四有边

非想非非想处，死后断灭。……其广分别，如《昆婆沙》。」（又考《长含》卷十九末述诸边见及摸象之喻）我有色粗，四大所造为性，死后断灭；二我欲界天，死后断灭；三我色界天死后断灭；四至七谓我空无边处乃至死后非有想非无想，余二句当知。五至八谓我有边死后非有想非无想四句。……以上皆常见摄。『七断灭论』者，一非无色，死后有想；五至八谓我有边死后无想四句。『俱非八论』者，一执我有色死后非有想非无想；二执我无色，伺等至起。『无想八论』者，一我有色死后无想；二我无色，死后无想；三我亦有色亦无色，死后无想；四我非有色一我纯有乐，死后有想；二我纯有苦，死后有想；三我纯有苦乐，死后有想；四我纯无苦乐，死后有想。此皆依寻无边。此四依寻伺等至皆起。次四依想异，一我有一想；二我有种种想；三我有少想；四我有无量想。次四依受，欲界全，色界一分，余如前说。二我无边，死有想，余如前说。三我亦有边亦无边，死后有想，余如上。四我非有边非至广说。第四我非有色非无色，死后有想。此四或依寻伺、或依等至皆容得起。次四见，一我有边，死后有想。此在我无色死后有想。此在欲界乃至无所有处除无想天。依第三见立第三，我亦有色亦无色，死后有想，此在欲界前乃色界亦有色者，在前三无色，此有想故，不在后一。以执色为我，名我有色。取诸法想，说名有想。依第二见立第二，身，三此总是我，遍满无二，无异无缺。依第一见立第一。我有色，死后有想。在欲界全色界一分，除无想天。许无四、在意愤天常，我等无常。此之八见依前际起，计后际『有想十六者』，初四见依三见立：一命者即身，二命者异分常论』者，一执梵王常，我等无常。二、六种常，心无常或翻此，故世间一分常住。三、执在戏忘天常住，我等无常。常。四由天眼见诸有情死时生时诸蕴相续，执我世间俱常。前三由依静虑起宿住通。第四依天眼。此见道断。『一者，一由能忆二十成坏劫，执我世间俱常。二由能忆四十成坏劫，执我世间俱常。三由能忆八十成坏劫，执我世间第十四梵动品》、《婆沙》卷一九九、卷二〇〇，《瑜伽师地论》卷六、七、八、五十八、八十七中广解。……『四遍常论』俱非，各有八论、七断灭论等，分别趣摄。」《成唯识论述记》卷十二云：「六十二见，如《梵网六十二见经》、《长阿含

《边执见》——《成唯识论》云：「障处中行出离为业。此见差别，诸见趣中有执前际四遍常论，一分常论，及计后际有想十六，无想

(附三) 第2页

意分别行缘蕴等方始生故。《显》云：此依一切异生为论，非一人有此诸见。二、《成唯识论演秘》卷九、《成唯识论议灯》卷十、《对法述》卷四等中说。然二十句等，唯依分别，不依俱生。此皆作僮仆、我器、即有十二。色为一我，即总十三也。如是五蕴有六十我所，五我见。其详分别如《成唯识论述记》卷十婆》、《杂蕴第一》、《世第一品》末第十卷，约蕴约界处等分别，谓如以色为我，于余四蕴各有三所，谓是我璎珞、我云：「身断（边？）见以为根本，五蕴各四，我我所见三世各成二十句见，并本身边见二种合六十二。六十五者如《婆

所得故。顾此四得说前际。『不死矫乱』者，不死谓执，长寿天为常住不死。由答不死天，无乱问故，得生彼天。今毁之言名为矫乱。『五现涅槃』者，一见现在受，若人天五欲乐，便谓涅槃。二厌五欲现住初定，以为涅槃。三——五，即以第二定至第四定为涅槃，此名后际。」（断及界摄诸分别如《成唯识论了义灯》卷十、《成唯识论》卷十二、卷五十八等中说。）《义林》卷八云：「观《瑜伽师地论》卷五十八文，即所事天名不死，亦名无乱，应言不死无乱。言不死矫乱者即一不字通二处，谓未死不矫乱，或彼自称作此无乱答者生不死天。今毁责之名为矫乱。有四者：一、怖无知，二行谄曲，三怀恐怖不得解脱，四为愚憨。《婆沙》云：「一怖妄语，二怖邪见，三怖无知，四怖愚痴，故矫乱答成四别。」

《二取》——《成唯识论》云：「有处说执为最胜名为见取，执能得净名戒取者，是影略说，或随转说。」按《成唯识论》于二取皆谓执为最胜，能得清净，故《成唯识论述记》卷十二云：「一影略说，谓见取中说执为胜，执为能净，明戒取中亦尔。欲令学者智见生故影略说也。二随转说，《对法》卷一、卷八（《瑜伽师地论》？）、《显》卷一等云：「见取执为最胜，不言得净，戒取名得净。不言是胜，随小乘说。」《成唯识论演秘》卷十云：「有宗但执劣法以为胜者名见取，不唯执见及同时蕴故。又但执非因以为因者，名戒取，不唯执戒及同时蕴故。」

俱生分别——《成唯识论》云：「六通俱生及分别起，任运、思察，俱得生故。疑及邪见、见取、戒取四唯分别起，要由恶友及邪教力，自审思察，方得生故。边执见中通俱生者，有义唯断见，常见相粗恶友等力方引起故。有义彼依粗相说，理实俱生亦通常见。」《义演》卷十云：「贪嗔痴慢四钝，身边二见利。」《对法》卷四云：「边见是俱生者，谓断见已，起如是怖，今者我，我为何所在？」

自相应——《成唯识论》云：「『贪』与嗔疑，定不俱起，爱憎二境必不同故，疑于境不决，无染著故。贪与慢见或得相应，所爱所凌境非一故，说不俱起，所染所恃，境可同故，说得相应，于五见境皆可爱故，贪与五见相应无失。『嗔』与慢疑或得俱起，所嗔所恃境非一故，说不相应。所蔑所憎境可同放，说得俱起。初犹豫时，未憎彼故，说不俱起，久思不决，便愤发故，说得相应。嗔与二取，必不相应，执为胜道，不憎彼故。与三见或得相应，于有乐蕴起身常见不生憎故。于有苦蕴起身常见生憎恚故。断见翻此说嗔有无，邪是诽拨恶事好事；如次说嗔或无或有。『慢』于境定，疑则不然，故不相应。与五见皆容俱起，行相展转不相违故。然与断见必不俱生，执我断时，无凌恃故，与身邪见一分。『疑』不审决与见相违，故不相应。『五见』展转必不相应，非一心中有多慧故。『痴』与九种皆定相应，诸烦恼生，必由痴故。」《成唯识论学记》卷五云：「断见不相应，违《瑜珈师地论》《论》，如《论记》说。」一分亦尔，如《成唯识论了义灯》卷十、《成唯识论学记》卷五中说，然思之可得。

识相应——《成唯识论》卷三云：「藏识全无，末那有四，意识具十，五识唯三，谓贪嗔痴，无分别故，由称量等起慢等故。」《成唯识论述记》卷十二云：「称量等门，等犹豫门等。」

受相应——□□□：「贪嗔痴三俱生分别一切容与五受相应。贪会违缘，忧苦俱故，嗔遇顺境喜乐俱故，有义俱生分别起慢，容与非苦四受相应，恃苦劣蕴，能动忧□□义俱生，亦苦俱起，意有苦受则已说故，分别慢等，纯苦趣无，被无邪师邪教等故，然彼不造引恶趣业，要分别起，能发彼故。疑及三见，容四受俱，欲疑无苦等，亦喜受俱故。二取若缘忧俱见等，尔时得与忧相应故。有义俱生身边二见，但与喜乐舍受相应，非五识俱，唯无俱故。分别二见容四受俱，执苦俱蕴为我我所，常断见翻此，与忧相应故。有义二见若俱生者，亦苦受俱，纯受苦处，缘极苦蕴，苦相应故。此依实义，随粗相者，随应如彼。俱生二见，及彼相应，爱慢无明，虽迷苦谛，细断难故，修道方断。嗔余爱等，迷别事等，不违谛观，故修所断。」等。二取贪等，准苦应知。然嗔亦能亲迷灭道，由怖畏彼生憎嫉故。迷谛亲疏，粗相如是。委细说者，贪嗔慢三，见疑俱生，及所依蕴为胜能净，于自他见及彼眷属，如次随应，起贪恚慢。相应无明，与九同迷，不共无明，亲迷苦理。疑及邪见亲迷集别谓迷四谛相起，二唯迷苦，八通迷四。身边二见唯果处起，别空非我，属苦谛故。谓疑三见，亲迷苦理。二取执彼三见戒禁断十，实俱顿断，以真见道，总缘谛故。然迷谛相，有总有别。总谓十种皆迷四谛，苦集是彼因依处故。灭道是彼怖畏处故。

《十烦恼决择》

断——《成唯识论》云：「此十烦恼，非非所断，彼非染故。分别起者，唯见所断，粗易断故。若俱生者，唯修所断，细断难故。见所

学，通漏无漏，然彼唯善，此染故非。」

学——《成唯识论述记》卷十二云：「学者，有学、无学、非学无学。然唯第三，非前二种。《瑜珈师地论》卷五十七云：「有学无见，如理应思。而说上不缘下者，彼依多分，或别缘说。」嗔唯欲系，九通三界可知。

故。上地烦恼亦缘下地，说生上者，于下有情，恃己德胜，而凌彼故。总缘诸行执我我所，断常爱者，得缘下故。疑后三余五缘上，其理极成。有处言贪嗔慢等不缘上者，依粗相说，或依别缘。不见世间执他地法为我等故，边见必依身见起说欲界系贪求上地生，味上定故。既说嗔恚憎嫉灭道，亦应憎嫉离欲地故。总缘诸行执我我所，断常慢者，得缘上故。上地，将生下时，起下润生俱生爱故。而言生上不起下者，依多分说，或随转门。下地烦恼亦缘上地。《瑜珈师地论》等地分别俱生诸惑，皆容现前。生在上地，下地诸惑分别俱生，皆容现起。生第四定中有中者，由谤解脱，生地狱故，身在分别起惑及细俱生，而能伏除俱生粗惑，渐次证得上根本定。彼但迷事，依外门转，散乱粗动，正障定故。得彼定已，彼

界系——《成唯识论》云：「生在下地，未离下染，上地烦恼不现在前，要得彼地根本定者，彼地烦恼容现前故。诸有漏道虽不伏

摄，不发恶业。虽数现起，不障善故。」《成唯识论学记》卷六云：「身边二见唯无记者，一向深细，地地唯居下下品故。」

行故，若是俱生发恶行者，亦不善摄，损自他故，余无记摄，细不障善，非极损恼自他处故。当知俱生身边二见唯无记

性别——《成唯识论》云：「嗔唯不善，损自他故，余九通二。上二界者，唯无记摄，定所伏故。若欲系分别起者，唯不善摄发恶

识论述记》卷十二云：「疑行深，故与定俱转。」

别境相应——《成唯识论》云：「贪嗔痴慢，容五俱起。疑及五见，各容四俱，疑除胜解，不决定故，见非慧俱，不异慧故。」《成唯

第三禅，唯乐受故。就欲界中除地狱极苦处，以无分别烦恼故，余杂受处意地有喜舍故。」

云：「除第四禅者，第四禅意识唯舍受俱，无乐受故。以上除嗔者，唯在欲界故。……诸烦恼与喜舍相应通下三地除于欲界不决定未息，喜不生故。色界中疑，疑上静虑，由喜乐定力所引持故，亦得随转，故彼喜乐俱。」《义演》卷十

论述记》卷十二云：「通下四地，通六识故。除第四禅，以上除嗔。余七俱乐除欲者，欲界意识无乐受故……疑等者，

受俱地——《成唯识论》云：「贪痴俱乐，通下四地，余七俱乐，除欲通三，疑独行痴，欲唯忧舍，余受俱起，如理应知。」《成唯识

处，执苦俱蕴为我我所，及常见者，与忧相应，境可忧故，唯不善故。断见执乐俱蕴，断亦与忧俱故，恐失乐故，故言翻此。」疑无苦，上界故无。俱生二见等者，意无苦受，非五识俱，故无苦受。唯无记性，不与忧相应。分别二见等者，在极苦贪慢四见，乐喜舍俱，嗔唯苦忧舍受俱起。痴与五受皆得相应，邪见及疑，四俱除苦。」《成唯识论述记》卷十二云：「欲

《成唯识论述记》卷十二云:「总缘四谛之真如,真如虽自相观,望谛而说,並皆缘之,名总缘谛。《瑜珈师地论》卷五十九云:与坏缘谛作意相应,故烦恼虽九品,违一品或三品智故。非如修生九品诸惑,违九品智故,数数修道,方能断之。然除利根。由先闻思力加行,以三界九地烦恼,上下地九品,各各为类,修道一时总断得第四果。……此总行相,即此总迷见疑等,名通迷四,四谛见疑,随此见等起贪等,皆名通迷四谛贪等……此总有二种,一数总,谛各具十故。二行相总,有通迷四谛故,由此二二迷(灭苦集,或迷灭道等。)有六,三三迷有四,总迷有一。(十一句或别迷四谛为四句,总十五句。)别亦有二、一数别。苦谛有十,余三有八,二行相别,各各别迷故。(如独头贪等十界烦恼强分别生,各各别迷,迷苦时唯迷苦,不迷余,余亦尔。)……因依处者,《对法》卷七云:苦集是十因缘,增长此十,又为依处,性能随顺生此十故。怖畏处等者,性不随顺,增长十种,但起迷拨,犹预等事,缘此二谛,起十惑故。又外道于此二谛起种种分别故。(迷谓无明,拨谓邪见。)□别等者,集等三谛有别行相,不共无明,迷三谛者,故得成八。二见同小乘唯果处起,然实缘迷三谛亦有,二见缘三谛下所起诸惑为我等故。然空非我,唯属苦谛,故不说三谛有……疑三见等,三见谓邪、我、边。(按谓疑……于自见起贪,他见起嗔,于自他二见起慢……二取迷理,别起贪等迷事,谛有理事故。然相应贪,亦迷苦理。三见至亲迷苦理,言迷苦)……迷集除二见,然实有二见迷三谛,以说八故,略而不论。……贪嗔慢三,若独头起缘见生者,疏远如前说。若与俱生,随应如彼。……余爱等者,余独行爱慢及相应无明。不违四谛观,故修断。简见道独行贪等,虽有迷于事然违谛观,故见所断。」《义演》卷十云:「此中有四门:一、三断门;二、总别迷谛门;三、迷谛亲疏门;四、兼明迷理事门。……坏者杂也,此无漏智与无漏作意相应杂缘四谛之真如也,名总缘谛。见惑虽九种,以违一真如或三心故,以于二种是见道中皆顿断也。(有讹。)俱生修惑起有九品,要起九无间九解脱道断,见道不然故一时断。」《成唯识论演秘》卷十云:《瑜珈师地论》卷五十九云:「见断烦恼顿断非渐断,由现观智谛现观故。能断见道所断烦恼,此现观与坏缘谛作意相应,故三心顿断一切迷苦谛等见断烦恼。释曰:总缘四谛共相作意名坏缘谛,遍缘诸谛作无我观方能断惑。」(考《瑜珈师地论》卷十九《注》五、《废立》之二一。)(更考《对法论》卷七及《对法论》述八)

更考卷二之《附》一

假实别—《对述》卷三云:《瑜珈师地论》卷五十五云:「见世俗有是慧分故,余五实有。」

(前接P117页倒4行,《有寻有伺》(二))

染净差别——《瑜伽师地论》卷五十八云:「略由二缘染恼有情:一、由缠故;二、随眠故。现行现起烦恼名缠,即此种子名曰随眠,亦名粗□。又不觉位名曰随眠。若在觉位,名为缠。若诸缚具众生,生在欲界,成就三界烦恼随眠。若生色界所有异生,成就欲界彼奢摩他之所损伏恼烦随眠,成就色无色界所未损伏烦恼随眠。生无色界如次应知。……若在过去有随眠心,任运灭故其性已断,复何所断?未来体未生,若在现在,有随眠心,此刹那后性必不住,更何所断?又有随眠,离随眠心二不和合,是故现在亦非所断。然从他音内正作意,二因缘故,正见相应随所治惑心,能治心生,诸有随眠所治心灭,此心生时彼心灭时,平等平等。正见相应,能对治,于现在世无有随眠,去来亦尔。从此以后,于已转依已断随眠身相续中,所有后得世间所摄善无观心去来今位,皆离随眠,是故三世,皆得说断。

烦恼杂染

迷断差别——又云：「欲界迷苦有十烦恼，迷集有八除萨边，迷灭道亦尔。上界诸谛并除嗔恚。……八种随眠烦恼迷于道谛见道所断，欲思恚嗔，三界三种贪、慢、无明，由彼长时修习正道方得断。」

发业——《瑜伽师地论》卷五十九云：「十烦恼一切能发业，若诸烦恼猛利现行方能发起往恶趣业，非诸失念而现行者，又分别能起发此业，非任运起。」

结生相续——又云：「若未离欲于自生处方得受生，非离欲故。未离欲者谓诸烦恼品所有粗重随缚自身，亦能为彼异身生因。又将受生时于自体上贪爱现行于男于女若爱若恚，亦互现行。又疑及于内我我所见慢等，亦皆现行，由此因缘当知一切烦恼皆得结生相续，此中差别或七或九。」又《识述》卷一云：「如《瑜伽师地论》卷五十九云：一切烦恼皆能续，即是发业润生烦恼。」《义演》卷一云：「一切烦恼皆能续生者，通名故。今应作四句分别。一续生非烦恼。谓所知障为缘成变易生死，亦名续生，虽非发业，但转粗令细有续生义。二非续生是烦恼。谓烦恼种。三俱谓爱恚慢等现发业者，四俱非，心法。」又《瑜伽师地论》卷五十九云，有七种：一缠及随眠结生相续，谓异生；二唯随眠……谓见圣迹；三正知入胎结生谓轮王；四正知入住结生谓独觉；五于一切位不失正念结生谓菩萨；六业所引发结生，谓除菩萨；七智所引法结生，谓菩萨。

（注十）十六页

了行别——《瑜伽师地论》卷五十九云：「萨等三见是邪了行，无明是不了行，疑是了不了行，二取及贪嗔缘见为境，见所断者，一切皆是邪了行。」

事别——「诸见与慢是无事，于诸行中实无有我，而无分别转故。贪恚是有事，无明疑通二。」《瑜论》卷五十九云。

性别——又云：「欲界等五系，初一分是不善，余二是无记。又初多性，余少性。」余分别亦尔。（注十一）《瑜伽师地论》卷十六。

发业种类——《瑜伽师地论》卷六十一云：「烦恼发业约有三种：谓相应发、亲生发、增上发。」

生差别——《瑜伽师地论》卷六十云：「十一种：一向乐生（一分诸天），一向苦生（那落迦），苦乐杂生（一分诸天，人、鬼、傍生），不苦不乐生（一分诸天），一向不清净生（欲界异生），一向清净生（已证得自在菩萨）。清净不清净生（色无色界异生），不清净、清净处生（在欲界般涅槃法有暇处生。）清净不清净处生（色无色界异生），不清净，不清净处生（生欲界异生不般涅槃法，谓般涅槃法无暇处生。）清净清净处生（生色无色界非异生诸有学者。）」

染心——《瑜伽师地论》卷五十五云：「染心生时，当言相应故，随眠故，非自性故。若彼自性是染污者，应如贪等毕竟不净。由彼自性不染污故，说心生时自性清净，诸烦恼缠说名相应，诸烦恼品所有粗重不安稳性，说名随眠。」

有寻有伺等三（三）（卷4~10）

杂染　　杂染

别别　　别别

无明决择《瑜伽师地论》（卷六十）

相——贪嗔慢相是无明相，及计我我所相，无惭无愧相，多放逸相，性羸钝相，饶睡眠相，心愁戚相，种种恶业现行等相。

自性——总相上已说，自性差别者，或有随眠无明，觉悟无明，烦恼共行，不共独行，□伏心性，发业，不染污，离羞耻，坚固无般涅槃等无明□。

业——于不现见义而生迷惑，又于劣义、中义、胜义、利益不利益义、真义、邪义、因义、果义而生迷惑。

障碍——能障真实智喜，烦恼灭得，圣道成满，往于善趣，世间现法诸吉祥事。

界别——暗法无明在欲界，昧法无明在色界，翳法无明在无色界。

（《识述》等言断二执二障，少溢断烦恼之范围）

断烦恼（注二）十八页——《瑜伽师地论》卷五十九云：「由现观智谛现观故，能断见道所断烦恼。然此现观与坏缘作意相应，是故三心顿断一切迷苦谛等见断烦恼。修断烦恼渐次而断，数数修道方断故。」又云：「修习四瑜伽能断烦恼。复有差别，谓相续成熟故，得随顺教故，内正作意故。对治道故能断烦恼修对治道，已到究竟当言已断一切烦恼。又修止观能断烦恼。」又《显论》云：「断烦恼因有五：谓知彼体、知彼事、知彼过、假彼缘、修彼对治作意法。又有四，谓：所依灭、所依转、知所缘、乐所缘。断所从分为三：一、作意由总缘谛修作意故断；二、依初静虑乃至无所有处；三、修三十七觉分，其次第：一、见道所断烦恼；二、修道所断；三、所调伏一切烦恼；四、永断一切烦恼；五、超过一切烦恼。」又《瑜伽师地论》卷一〇〇云：「遍究竟诸烦恼断，由彼断故，圆满究竟，证心解脱及慧解脱。」又《对法论》卷七云：「断烦恼有三种：一如此差别断。遍智故，远离故，得对治故。二由此作意断。总缘作意观一切法皆无我性，能断烦恼无常等行，修治无我行。三从此而得断，不从过未、现，然从诸烦恼粗重而得断。」又《瑜伽师地论》卷五十八云：「对治烦恼差别有四：一、相续成熟对治谓十三种资粮道；二、近断对治谓决择分善根；三、一分断对治，谓见道；四、俱分断对治谓修道。」《识述》卷一云：「烦恼障品类众多，我执为根，生诸烦恼。若不执我，无烦恼故，证无我理，我见便除，由根断故，枝条亦尽，此依见道及究竟位断烦恼说，余位不然。先离八品烦恼，第九品时方断我见，故第四地中我见亦尔。无知障中类亦非一。法执为本，余障得生，证法空时，法执便断。以根断故，茎叶亦断。正障二空，谓我法执，余障余惑是此等流。……言执通取心心所法……法执等流者，六识执外。五识等中法爱恚等，异熟生摄定下劣性，能障定者，法执等流，所知障摄故说根断茎叶亦除。」《疏抄》卷一云：「依见道及究竟位断烦恼说者，三乘见道及究竟道中其我法执与烦恼等同时而断。余位者，如一来果，虽断欲界六品修惑烦恼然未断我执。不还果断八品亦不断我执。第四地中我见亦尔者，然烦恼有三种：一、谓贪、痴、慢与身边二见同念俱起。二、即犹前念身边见引起后念贪痴慢等，三、独头贪嗔痴慢不由身边

种类《对法论》

- 四种分别
  - 劣力业——反于强力业。
  - 强力业——其作用有三：一对治力强；二异熟决定，诸圣道力所不断；三先所串习。
- 共不共等
  - 不共共——能令有情世间种种差别。
  - 共业——能令诸器世间种种差别。由此业力说诸有情更互相望为增上缘。
- 取受等五种分别
  - 加行业——意解为先，起身业等
  - 作用业——如地能住持等
  - 取受业——如眼能见色等
  - 证得业——涅槃等。
  - 转变业——金师等造庄严具等。

障，是十地摄故。余不双断。第七至究竟地配第十地及佛地，即因二究竟故。」一分属无生忍。第七地作无相观，初分得故，非取十地等者，此寂灭忍唯属佛地以金刚心双断二劣，非也。经害伴等唯明烦恼，非智障故。」《枢要》同此。又《要记》云：「赢劣随眠在六七地前分，灭，不言末障灭皆随本执断。解后难言，虽皆法执，有本末故。四地执俱，近引名害伴，疏远名赢第七识，余皆法执，五地云何方除害伴，六、七地等名赢劣等？解云，初者但言障由执生，执断障《学记》卷一云：「有难二乘九品，前八唯障，未断我见，云何随执余障生断？又难「安慧」云：除七地所修学观等，即超彼二乘，故名最胜。不是第四地中断法执种不尽至第七地断尽名最胜也。」地方尽，以第四地菩萨初学二乘菩提分法观，五地学二乘四谛观，六地学独觉十二缘生观，至第《佛地》《唯识》等论皆云四地便永断灭。准此等分，岂唯少分。《华严》但言七地中胜不言其执七中法执少分贪等，余害伴障等，至五、六二地方名不行。《华严》说，七地中菩提分观方最胜。然按也。《义演》卷一云：「独头贪恚等由我见为远因，能引起。」《秘释》卷一云：「第四地中断第六识于受，能领受故。是所知障躭定之爱唯意识。意识能得定故。五识法爱恚等，唯是所知障品末障下劣性者，即是第六识中受，且如修得初禅定起，躭此禅定，不修第二。虽有同时余心心所，唯取五识中亦有所知障贪嗔等也。此贪嗔等即是四无记中异熟生摄最是宽故始增上缘，名义遍故。定俱名执外。若第七识中烦恼一切时当与二执俱，即无执外。异熟生摄者，意谓五识中虽无法执，其或有贪痴烦恼但缘五尘而起。不与二执俱时起者即名执外。或即五识中法爱恚等亦名外，不与执……六识执外者，第六识中起二执外余烦恼等。或有烦恼即与二执俱时起者，此名六识执中也。始来恒作伴）二者第五地中被伏断。三者有其二类，若赢劣第六地断，若微细者，第七地方永伏。与不俱生烦恼而作伴也。（贪等与身边俱起者名俱生烦恼，引起后念贪等者名不俱生。此二从无见而引起。一者于四地中伏身边二见及同时贪痴慢等皆第四地中被伏。其与身边见俱时贪痴等，

业杂染——种类（《对法论》）

- 断等三（卷九）
  - 见所断业——受恶趣不善等业。
  - 修所断业——受善趣不善善无记业。
  - 无断业——世出世无漏业。
- 秽净等四
  - 曲（？）业——身语业能障八正道等
  - 浊业——若身等业，依止外道颠倒见生，混浊之所摄故。
  - 秽业——身语业能行相续。
  - 净牟尼诸清净业。此中三净业者谓善净尸罗正直见所摄。三牟尼业者谓学无学所有无漏身等业，唯诸牟尼有此业故。
- 黑白等四
  - 黑黑异熟业——不善业
  - 白白异熟业——三界善业（不善业。）
  - 黑白黑白异熟业——欲界系杂业，杂故。
  - 非黑白无异熟能尽诸业——方便无间道中诸无漏业。
- 顺生等三
  - 顺现法受业——业于此生造，即从此生已去异熟成就。
  - 顺生受业——业于此生造从无间生已去异熟成就。
  - 顺后受业——业于此生造度无间生已去异熟成就。

  《显扬论》或开为四加不定受业，或开为五，不定受中离时及报定与不定为二业故。（考卷二十五、注六《无想定》。）
- 苦乐受等三
  - 顺苦受业——不善业
  - 顺乐受业——欲界乃至第三静虑所有善业。《瑜论》卷九：「受不动业。」
  - 顺不苦乐受业——第四静虑以上所有善业。《瑜论》卷九云：「不动业能感一切处阿识异熟业。」

（注一）《静虑律仪区别》——按《对法论》卷八，定共戒建立唯依离欲界欲及离初二三静虑欲者所有远离建立，不说离第四静虑欲者，由无色界无粗色故。」

- 律仪等三（考俱舍卷十四）
  - 律仪业——一，别解脱律仪所摄。谓比丘律仪，比丘尼律仪及式义摩那、（童女及妇女出家为防嫌，二年学戒，受六戒，五戒加不非时食，位在沙弥上，比丘尼下）沙弥、沙弥尼、邬波索迦，邬波斯迦等七律仪。二，静虑律仪，（定共戒又名禅律仪）（注一）所摄，能损伏发起犯戒或烦恼种子。三，无漏律仪所摄。由无漏作意力所得无漏远离戒性。（道共戒，圣所爱戒。）
  - 不律仪业——屠羊、缚象、立坛悦龙、诤构等。
  - 非律仪非不律仪业——住非律仪非不律仪者所善不善业身语意业。《对法》卷八云：「若布施殴打诸善不善业等，律仪、不律仪所不摄业，皆此所收。」

杂染

别别

业杂染

种类（《对法论》）

表业三——《瑜伽师地论》卷五十三云：「云何表业略有三种：若于身语意十不善道不离现增上力故，所有身语表业名染污表业，与此相应名善表业。若谓威仪路工巧处一分所有身语表业名无记表业、若有不欲表示于他唯自起心内意思择不说语言，但发善染污无记法现行意表业名意表业。此中唯有身余处灭于余处生。或即此处唯变异生名身表业，唯有语音名语表业，唯有发起心造作思名意表业。由一切行皆刹那故，是故当知一切表业皆是假有。」

二十一种——《瑜伽师地论》卷九云：「业差别中尚有：作业、不作业、增长业、不增长业、不故思业、定异熟业、不定异熟业、异熟已熟业、异熟未熟业、施性业、戒性业、修性业、过去业、现在业、未来业、欲、色、无色系业；学、无学、非学非无学业，等应知。」

思业
- 福业——欲界系善事
- 非福业——不善业
- 不动业——色无色系善业（所受异熟界地决定□故，定地摄故。）

异熟愚（一向染污性）
真实义愚（于四圣谛）
——《对述》卷八云：「异熟据粗果迷相深从增为名，真实愚于迷果义浅不解谛理故，从本为称。（又有多论。）据实俱双愚。」

众生及法差别——《瑜伽师地论》卷八云：「业差别有二相，一由补特伽罗相差别，二由法相差别。此复二种即善不善业。《对论法》云：此善不善业能招异熟，等流，增上三果。」

三业及善不善业（注一）
- 十善——离杀生乃至离杂秽语，正见、无贪、无嗔
- 十不善业——杀生、不与取、邪欲行，妄语、离间语、粗重语（粗恶），杂秽语（绮语）贪欲、嗔恚，邪见（此中又可开为百行如《瑜伽师地论》卷五十三说。）

——前三中四后三随次是三业相。

杀生等相（此接左下）
- 事——如其所应依此处所起杀生等。
- 意乐
- 方便——此作用或自或他发。
- 烦恼
- 究竟——彼众生由彼彼方便，如是如是业道圆满，或于尔时或于后时如杀生由方便故，或无间死或后时死。

——《杂集》卷七及卷59、60、八、(53?)有详说

思已业
- 身业
- 语业
- 意业

释三业——《瑜伽师地论》卷九云：「身行谓身业，若欲色界在下名福非福，在上名不动。语业亦尔。意业在欲界名福非福，在上二界名不动。」又《识论》云：「世尊经中于身语业，不拨为无，但言非色。能动身思说名身业，能发语思说名语业，审决二思说名意业，意相应故，作动意故。起身语思有所造作说名为业。是审决思所遊履故，通生苦乐，异熟果故，亦名为道。故前七业道亦思为自性，或身语表

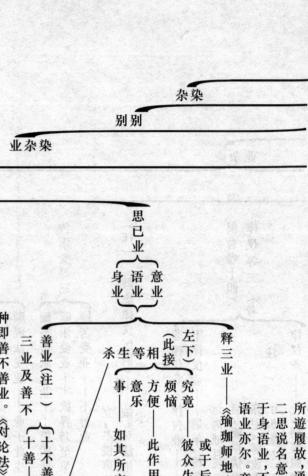

卷4-10（《瑜》（四））

等三

有伺

有寻

杂染

别别

（注一）《明十业》——《补缺》卷八云：「『定散具缺者』不善唯散。缺具不定。十善通二，散位缺具皆成就。定位唯具。『得果差别者』，《十地》卷四说十恶各有二果，异熟等流。《瑜》卷九、《对法》卷九、《俱舍》卷十七各说有三，加『界趣有无者』。十恶唯欲界九。十善通三界及不系，通无漏故。细分别如《俱舍》、《弥勒问经》。开六为，语、语业、身、身业、意、意业。语业等者，语等之作用也。）随他假说，意业无假。」又云：「初二种思名为思业，后一思名思已业。」（按《华严》卷十七以三善性，亦随世俗假立其名，为令世间依此门故，于善恶思动修止作，是故假说善不善名，无表不四语表声为体故。《成业》云：杀盗淫由思业起，依身而生，随世俗故亦名身业。此体实非善不善恶业。《唯识》卷八云：业之眷属亦立业名。『假说体』者，同有部，初三业道身表色为体。次道，不尔。意业有重发故，总名业道者，相从说故，近加行故。『眷属体』者与善恶思相应起者亦审虑思；二决定思；三动发思。《弥勒所问经》亦尔。其意有二思者准理俱应决定一思为意业业。」又《补缺》卷八云：『尅性出体』，此善不善十种业道，俱思为体。《成业论》云思有三种，一中枢要》卷四云：「身行有三，出入息及身业，语行亦三谓寻伺及语业，意行亦三谓受想及意者，非是大造因许果故知无作，但依思立。」（参考《破法执》卷二《表无表色》。）又《成唯识论事戒者非异色因，不作异色因果，是名无作戒。言非异色因者，非诸大造为因亲造，不作异色因果色者，实善恶性，方为业故。」《成唯识论了义灯》卷四云：「非色者，《涅槃》卷三十四云：无作那者，有义刹那等起三性，不定罪福二行，彼非定依，故此说业不论第四。」《学记》卷二云：「非性实有体得名实表色，为心所以名为假。」《成唯识论演秘》卷三云：「思有四种，此不说第四刹例表等者，意云外人例曰五尘是有对，即名为实色表。色表亦有对，云何不是实？答：五尘体思是业体而非是意，与意相近而得意名。又不恒续者，此现思不同种相续，亦得名非无表。以色中前七之思为后三种业所履故。意业能生当异熟故。是其道义。」《义演》卷三云：「邻近释者，身语名道，思但名业，即是身语亦得名业，思亦名道。道者依止义，依之进趣生当果故。十业道业谓身语思。……发身语思有所造作，谓于境转造作于心，复能发身语故，名为业道。……非唯思。《瑜伽师地论》说意思自表知故，亦名为表，即八地以去观中意俱思通二义故。亦二俱非是相徵，如理思择，由此应作四句分别。有唯名无表，谓别脱无表，有唯表谓散身语，有俱谓定道摄？答：此正业体而非表无表。不示他故非表，自表知故非无表，又不恒续故，以色例表，假实身语远近加行，动发胜思，正发身语，是正差别。问：若发身语思是身语业，表无表中何表所业，邻近释。《瑜珈师地论》卷五十三云：不发身语思者名意表业。自有表知故。此二种思是发识论述记》卷三云：「能动身思者第三思正发身语者是身语业体也。近意之业，意相应业，名意由思发故假说业名。思所遊履故，说名业道。由此应知实无外色，唯有内色变似识生。」《成唯

增上，据法士用亦得有士用果。受果解释如《十地对法》、《俱舍》等说。十善果者有漏得四，除离系。无漏得四，除异熟。若互相资具得五果。皆如前引论经中明。」又《十地》卷四云：「十不善业道上者地狱因，中者畜生因，下者饿鬼因。十善业道随声闻，缘觉菩萨三种性而三果差别。」（又考《十住婆沙》卷十四、十五、十六）

《对法论》受业决定
- 分位决定——由此业于现法必定受异熟，必受生异熟，必受后异熟。
- 受异熟决定——如故思造业
  - 根本执著，颠倒分别——起造诸业令现行，令习气增益，于八识中长养异熟种子。
  - 他所教勅，他所劝请，无所了知发起——虽作不增长轻故不必受异熟。
- 作业决定——由宿业力，感得决定异熟相续于此生中必造此业，乃至佛不能为障。（《涅槃》卷卅一、卅二详论受报定不定轻重等，应考。）

增上相
- 所治损害故——断所对治诸不善业，令诸善业离欲清净。
- 所治一类故——一向受行不善业，乃至寿尽。
- 事故——于三宝及随一种尊重处事为损为益各重事业。
- 自性故——于绮语、粗重语为大重罪，乃至邪见为大重罪，於施性、戒性、修性、闻性、思性等无罪为胜。
- 串习故——于长夜中亲近修习善不善业。
- 加行故——由极猛利贪、嗔、痴、缠及极猛利无贪、无嗔、无痴加行发起诸业。

位
- 习气位——已生已灭不现前业。
- 生位——已生未灭现前业。
- 上位
  - 善业——生色无色界中。
  - 不善业——以上品贪、嗔、痴为因缘——生那落迦中。
- 中位
  - 善业——生欲界天
  - 不善业——以中品贪嗔痴为因缘——生饿鬼中。
- 软位
  - 善业——无贪等——生人中。（《疏抄》云：五戒得人身，十善升天。）
  - 不善业——以软品贪嗔痴为因缘——生傍生中。

业因——贪、嗔、痴、自、他、随他转、所爱味、怖畏、为损害、戏乐、法想、邪见。

自性——若法生时，造作相起及由彼生故身行语行于彼后时造作而转。

不定——《瑜伽师地论记》云：自他更互，苦乐不定，处所不定，他身不定，喻成不定。

生杂染

- 差别
  - 自身世间差别——无量世界中有无量有情。……
  - 胜生差别
    - 无色界——无量想天生，无所有想天生，非想非非想天生。
    - 色界——异生无胜天生，有想天生，净居天生。
    - 欲界天中——非天生，依地为生，依虚空宫殿生。
    - 欲界人中——黑胜生生，白胜生生，非白非黑胜生生。
  - 处所差别——欲界三十六、余应知。
  - 趣差别——五趣四生
  - 界差别——欲等三界
- 过患——自害、他害、俱害、生现法罪，生后法罪，出现法后法罪。（又有十种……）
  - 颠倒
    - 喜乐颠倒——不善法现前行时，如遊戏法极为喜乐。
    - 执受颠倒——如言无施无受乃至一切邪见……又若憎梵憎天，婆罗门等，此唯福无罪，上无罪无福。
    - 作用颠倒——于余思欲杀害，误害，余者等，如杀不与取等亦尔。
  - 此相违依十善道建立八门利益应知。
  - 门
    - 损益门——损害众生，财物，妻妾，虚伪友证损害，损害助伴，显说过失损害，引发放逸损害，引发怖畏损害。与
    - 与果门
      - 与他增上果——如如来所住国邑无疾疫灾横等。
      - 与现法果
        - 事故——不善业，无间业（害父母及阿罗汉，破和合僧，恶心出佛血。）无间业同分（于阿罗汉尼，于母所行秽染行，打最后有菩萨，于耆旧等所损害欺诳……）
        - 欲解故——有顾欲解（顾恋身及财物造不善果），无顾欲解（不顾诸有造作善业。）损恼欲解（不善），慈悲欲解，憎害欲解，净信欲解，弃恩欲解，知恩欲解。
      - 与增上果——由亲近修习诸不善业增上力故，所感外分光泽鲜少，果不充实，果多朽败。善业与此相违。
      - 与等流果——从彼出来生此间，人同分中寿量短促，资财匮乏等。
      - 与异熟果——于杀生等亲近修习故，于那落迦中受异熟果。

业生异熟时差别——招引业，（由此业能牵异熟果。）圆满业（由此业生已领受爱不爱果。）由一业力牵得多生，由一业力牵得一生，由多业力牵得多生，由多业力牵得一生。

《对法论》

生杂染

流转

释缘起义——《辩中边》云：「于因果用若无增益及无减损是缘起义，增益因者，执行等有不平等因，损减因者，执彼无因。增益果者，执有我行等缘无明等生。损减果者，执无明等无行等果。增益用者执无明等于生行等，有别作用。损减用者，谓全无功能。若无如是三增减执，即缘起善巧。」（按：缘起善巧即缘起之真实义也。）《瑜珈师地论》卷十云：「说诸行生起法性是缘起。」又云：「为显因缘所摄染污清净义；由烦恼系恼住诸趣中数数生起故名缘起；依托众缘速谢灭已续和合生，名缘起。此依刹那义释。众缘过去而不舍离依自相续而得生起名缘起。复次数数谢灭复相续起名缘起，于过去世觉缘性已等相续起故名缘起……此有故彼有者，由未断缘，余得生义故。此生故彼生者，由无常缘。有生故有老死者，显从无实作用缘。及显从自相续缘，即自相续。」《缘起经》云：「如是诸分，各由自缘，和合无缺，相续而起，名缘起义。」（考《宗镜》卷七十二，有详释。）

释缘生义——《瑜珈师地论》卷十云：「彼生已说名缘生。」《瑜珈师地论》卷五十六云：「无主宰、无作者、无受者，无自作用不得自在，从因而生托众缘转，本无而有，有已散灭，唯法所显，唯法能润，唯法所润，堕在相续如是等名缘生法。当知此中因名缘起，果名缘生。此无明随眠不断有故，彼无明缠有，此无明缠生故，彼诸行转，如是诸行种子不断故，诸行得生。诸行生故，得有识转。」又《对法论》释缘生义云：「无作者义，有因义，离有情义（无自然我。）依他起义，无作用义，无常义，有刹那义，因果相续不断义，因果相似摄受义（不从一切一切生）因果差别义，因果决定义（余相续不受果）。……虽刹那灭而住可得，虽无作用而有功能缘，虽离有情而有情可得。虽无作者，而诸业果不坏可得，不从自生，不从他生，不从共生，非不自作他作因生。」其有作者受者如《瑜珈师地论》卷廿一云：「于无明缘行等发起假相施设言论，说为作者及与受者。」（尚有多释未录，大好，可考。）《义演》卷十九云：「因名缘起者即种子为因能起果故，故十二支皆名缘起。果名缘生者，即现行果皆从因种生，故十二支皆名缘生。缘生有三：无作缘生，无常缘生，势用缘生。无明缘行等此显势用缘生。即无明有力能发行。行有力能感识等五果等。」又《法蕴足》卷七云：「缘起法及缘已生法总名缘生法。」

(注二) 十七页《断烦恼胜解》——《大乘玄论》卷三：「佛为增上慢人说断烦恼，实不断也。又经云：断何者是也？若言有烦恼不能断，无烦恼何所断也？若言断者为见惑断，若见惑断者即明暗并。云何断烦恼？若不见悬断者，天竺燃灯振旦暗破。如此推之即毕竟不断。如此了悟，即是断也。有所得人，空解断有解不断，今明有所得人。空有俱不断，无所得空有俱断。」

有寻有伺等三（五）卷（4～10）

杂染 杂染

别别 别别

生杂染

（自身所有缘起）

十二支《对法论》（注二）（注五）

无明 行 识 名色 六处 触 受 爱 取 有 生 老死

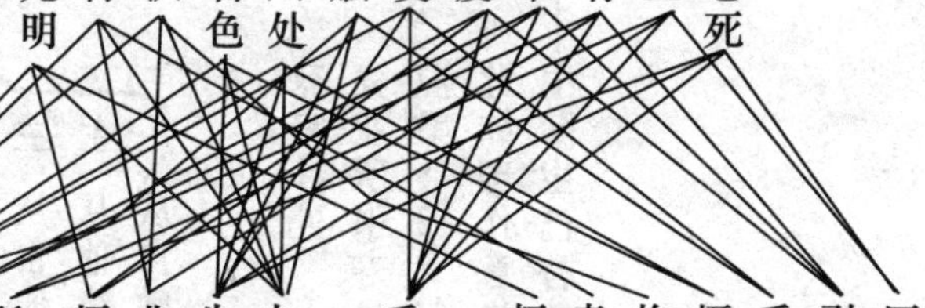

能引——起未来生故于诸谛境无智为先，造诸行业熏习在心故。

所引——由心习气力能令当来名色等前后相依次第生起种子得增长故。名缘生法。」

能生——未永断欲等爱力于命终位将与异熟随顺贪欲随一业习气现前有故。

所生——由如是业差别习气现前有故。

烦恼杂染所摄

业杂染所摄（《辩》不摄识。）

生杂染所摄

内身缘——《瑜》卷十云：「先于内身起我执等愚发起诸业，随业起寻思，由业与识助伴故，能感当来三苦谓根初起所摄苦果，根圆满所摄苦果，受用境界所摄苦果。

受用境界缘——又云：「于现法中由受用境界缘发起追求利养门、解脱门、引五趣生死果，既生、老、死、随逐。」

颠倒因（《辩》，称七杂染）

牵引因

将导因

摄受因

受用因

引起因

厌怖因

苦芽（《瑜论》卷十）（余分别应知。）（又卷十云：无明，行，爱取，有能生苦，识等五种为苦胎藏，余二为苦体，谓生及老死。」

守养苦芽

苦树

（顺生）流转

从前际中际生——不了前际无明所摄、无明为缘，于福等身、语、意业若作若增长，由此随业识（识随因转故名），乃至命终流转不绝。能为后有相续识因。此识将生果时，由内外贪正现在前，以为助伴，从彼前际既舍命已，由前际因于现在世自体得生，在母腹中以因识为缘相续果识，前后次第而生，于母胎中相续果识与名色俱，乃至衰老渐渐增长。尔时感生受业名已与异熟果。又此异熟识即依名色而转。俱有依根曰色，等无间灭依根曰名，随其所应为六识所依。又五色根若根所依大种若根处所若彼能生大种曰色。所余曰名。由识执受，诸根堕相续法方得流转，由此故说现在世识缘名色，名色缘识，犹如束芦，相依而转，如胎生、卵显生亦尔。（注一）、（注三）、（注六）。

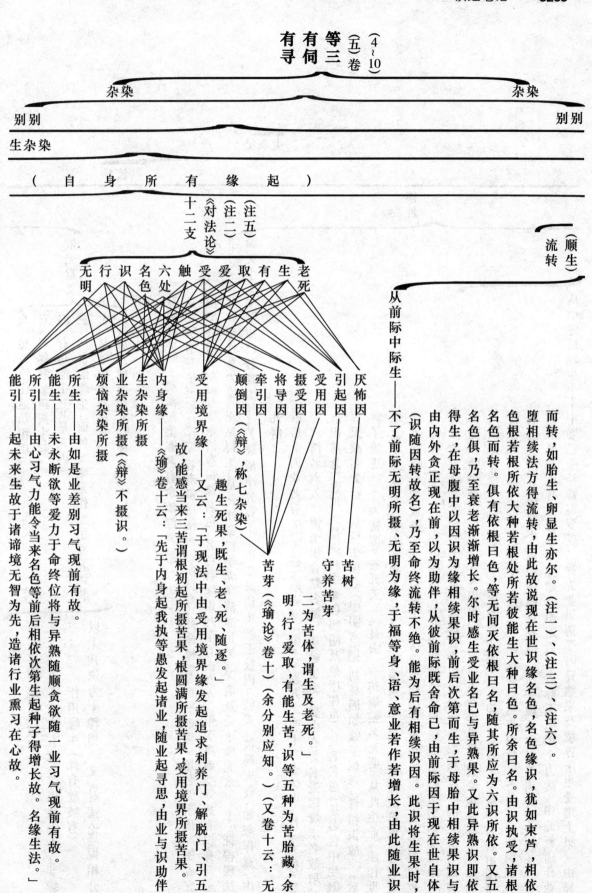

生杂染

流转

体性

从中际后际生——中际已生补特迦罗受二种先业果谓受内异熟果及境界所生受增上果。由异熟果愚于后有生苦不如实知。由迷后有后际无明增上力故，由此新所作业故，说此识名随业识（识种子随逐业故。）即于现法中说无明为缘故行生。行为缘故识生。此识于现法中为因识，能摄受后生果识故。又总依一切识说名六识身，此识为后有名色之所随逐，余亦尔，如是总名于中际中后有引因。由先异熟果愚引后有已，又由第二境界所生受果愚故，起缘境界受爱，由此或发欲求，有求或执欲取、见、戒及我语取。由此爱取和合资润令前引因转名为有。即是后有生因所摄，从此无间命既终已，随先引因所引识等受最为后。此诸行生或渐或顿，如是于现法中无明触所生受为缘故爱，爱为缘故取，取为缘故有，有为缘故生、老、病、死，诸苦差别或于生处次第现前，或复种子随逐。（《大智度》卷五云：「过去，一切烦恼名无明，从此生业，能作世界果故名为行。从行生垢心（中阴六识）初身因如犊子识母，自相识故。（后念识前念）名识。是识共生无色四阴及是所住色，是名名色，是名色中生眼等六情名六入。情尘识合是名触。从触生受，受中心著名爱因缘求名故取。取后世因业名有…」大好）应更考《俱舍》卷九之明十二支体别，及《宝疏》卷九解。

顺灭（还灭）——中际生已若趣流转，若趣清净究竟——于二果诸生若于彼因，彼灭，彼趣灭行，如理作意，由此如理作意为缘，正见得生，从此次第得学无学清净智见，无明及爱永断无余。……证得现法涅槃。彼于尔时，唯余清净识缘名色，名色自缘识乃至有识身在，恒受离系受。此有识身乃至先业所引寿量恒相续住。若寿量尽便舍识所持身，此命根后，更不重熟。是名无余依涅槃界究竟寂静处。（现法涅槃亦名有余依涅槃。）

依无常义

一、从自种而生亦待他缘。

二、从他缘生亦待自种。

三、从自他缘生，而种及缘无作无用亦无运转。

四、有功能生，非是无因。

五、刹那刹那新新生起。

六、然似停住运动相现。

以上共说为十种相。又《对法论》说相分三：「一、作用缘生（此有故彼有）。二、无常缘生（由有缘故，果法得有，非缘有实作用，能生彼果。）

相

依苦义——缘起支一味是苦而似三种相现。

依空义——虽离有情作者受者然似不离显现而说。

依无我义——虽不自在实无有我相而似我相现。

依胜义——诸法自性虽不可说而言诸法自性可说。

三、势用缘生，非无生法为因故，少所生法而得成立，如无明缘行。）如是不随一法为缘，一切果生。所以者何？以诸法功能差别故。」

密意

离有情义是缘起义——《圆测疏》云：破胜论犊子部等我为作者。

离有情复无常义——破数论自性，亦破大众化地等十二缘生是无为法。

暂住义——生时已过无暂住故。《对法论》名有刹那义，此破正量部等诸缘生法一期四相非刹那义。

依他起义——破自然外道法，自然有非假因故。

离作用义——众缘作用空故，此破有部有实作为缘生体。

因果相续不断义——因刹那灭果刹那生时分等故。此破断见外道因果不续，亦遮经部师无去来世异熟因果仍不同时果因断故。

因果相似转义——不从一切一切生故，因果相似，此破害为正法者。

自业所作义——余相续不受果故，自业自受。此破无因果非是业起诸空见论，亦破他作我受果义。谓不平等因论。

（注八）二十一页

八门——一、内识生门（《圆测疏》云：眼色为缘，眼识得生。）二、外稼成熟门（种缘芽，芽缘茎等。）三、有情世间死生门（无明为行缘。）四、器世间成坏门。（一切有情共业增上力为缘大地等生。）五、食任持门（四食为缘三界有情相续住。）六、自所作业增上势力受用随业所得爱、非爱果门。（妙行、恶行为缘生善恶趣。）七、威势门。（内证为缘发神通等最胜功德。）八、清净门。（顺解脱分善为缘次第乃得至阿罗汉果等。）又说：「内识生门及自业所作门是十二支缘起一分所显，有情世间转门，是全分所显。」

（注七）

顺逆次第——《瑜伽师地论》卷十云：「何故无明等诸有支作如是次第？答：诸愚痴者，要先愚于所应知事，次即于彼发起邪行，由邪行故令心颠倒。心颠倒故结生相续。生相续故诸根圆满。根圆满故，二受用境。受由境故若耽著若希求。由希求故于方觅时烦恼滋长。发起后有爱非爱业。由所起业滋长力故，于五趣中苦果生。苦果生已有死等苦。又逆次第中老死为先。以生及老死能显苦谛，如世尊言新名色灭，为上首法，由彼于现法中种子苦及当来苦，不生而灭故。说名色为先，受为最后得究竟灭。又於现法中受诸受时爱及随眠永拔不起，说名为灭。由彼灭故，余支亦灭。」又《瑜伽师地论》卷六十云：「无明缘行，行缘识牵引次第。识缘名色，名色缘六处，是生起次第。六处缘触，触缘受，是生起已受用境界次第。余是受用苦次第。」《义演》卷十九云：「二乘人于四善根前，作四十四智观十二缘起。谓除无明余十一支各约四谛，安立道理说也。无明无因故除。」

(注一)《圆满次第》——《瑜伽师地论》卷九云：「有色有情聚中谓欲色界化生者，诸根决定而生与前圆满。」《圆测疏》云：「有色化生初受生位虽具诸根而未有用。尔时未名六处故，初生无色虽定有意根，而未明了，未名意处。此中意显彼诸化生初生刹那名识支，此后虽应五根，意处未明了来名名色，次六根明名六处，后触爱支渐渐生长故。虽诸根决定圆满与前差别。」

(注二)《十二支之引因生因别》——《识述》卷五云：「从无明乃至受是引因，爱取有是生因，此意欲显未润七支去果犹远名为引因，引远果故。能润二支，及所润有去果近故名曰生因，近生果故，无性但约已润种中果去因为近远，《瑜珈师地论》约润未润去果近远。」(考《瑜伽师地论》卷四十四《内外》。)

(注三)《识与名色》——《识述》卷七云：「《瑜伽师地论》卷九二解：一云俱有依根曰色等，此解通小大，但以自相望前后为缘，束芦喻不成。第二又五色根所依等，即同此解。故小无解，唯上座部细意名识，粗意名名。」(考《瑜伽师地论》卷五十二《名色与识》)又《疏抄》卷七云：「俱有根曰色等无间根曰名者，即泛尔解名色，即五色根曰色，以俱有故。取前念等无间曰名。又五色根至能生大种者，此中有四种：一、所造色五根色，二、能造五根之四大，三扶根尘，四造扶根家之四大，造五根家之四大，四大最亲，能扶五根。其次即所造扶尘色，亦次远能根(有脱)若扶根尘家之能造四大，唯能扶自扶尘，不亲扶五根。若望疏远少分亦能扶。」(按《集异门足》卷一云：四蕴及虚空择灭，非择灭是名。)

(十八页)

(注四)《业别》——《成唯识论了义灯》卷十云：「业，略论总有二种，一定感果，二不定感果。《瑜伽师地论》卷九云：顺定受业者，谓故思已若作若增业，顺不定业者，谓故思已作而不增长业。此意即说由审决思为方便故思故。《瑜伽师地论》卷九十云故思故造业者，谓先思量已随寻思已随伺察已起身语名作业，令种种增长，名增长业。《对法论》卷七云：作者谓起造诸业，令其现行，增长者谓令习气增长。除此已外，谓有故思不起身语等，及虽起身语而不令种增长。不令种增长业有十，《瑜伽师地论》卷九云：一梦所作，二无知所作，三无故思所作，四不利不数所作。五狂乱所作，六失念所作，七非乐欲所作，八自性无记，九悔所损，十对治所损。然增长者，异熟定及时报俱定。不增长者，俱不定摄。《对法论》卷八云：据定受业说有三种，即现、生、后。於慈定等造善恶业是现受摄，五无间等名生受业，若此生造度生方受名后受。谓或一业现、生，受报不尽，更多生受。从初现、生，但名现、生，不名后报。《对法论》卷七定与不定分之为三，如经言，决定业谓作业决定，受异熟决定，分位决定。作业通定不定，定受是不定，分位是定，时报俱定故。《瑜伽师地论》卷六十云：据定不定总有四业：一、异熟定，二、时分定，三、二俱定，四俱不定。第三是定，余三不定。第一约报受虽是定然时不定。第二时定报，不定故并不定。《对法论》卷七约定不定说有五业，彼云：故思造业，略有五：谓他所教，敕他所劝请，无所了别，根本执著，颠倒分别。初三不增长，轻故，不必受异熟，即时定报不定及时报俱定。后二必定受异熟，即报定时不定及俱不定。《显扬论》卷十九，定不定分之为五，彼云：一现受决定，二生受决定，三后差别受决定，四受报决定，五作业决定。初三时定或时报俱定。第四报定时不定，第五通报定及时报定。以於第五决定受报并决定作业，与前有别故。《对法论》卷七云：作业决定者，由宿业力感得决定异熟相续，于此生中决定造此业，即云感得决定异熟不言时定，故知通。」《五蕴论》(?)《成唯识论述记义蕴》卷四云：「此五初三时定报不定，第四报定时不定，第五不言报与时定。故此五报，与时互有不定。」(考《瑜伽师地论》卷六十三注二《三时业种》。)

（注五）有支抉择（《法华玄赞》卷七有六门分别。）

《释思业》——《识述》卷十五云：「《瑜珈师地论》卷九十五、十三等云：福者，胜义，自体及果，俱可爱乐，非福，不可爱乐，不动，不可改转，其业多少，住一境界。又复转移境，如生得散善，亦从於定，总名不动。《对法论》云欲系善名福，《瑜伽师地论》说感善趣异熟及顺五趣受善业名福。前是人天总业，后是五趣别业，如地狱亦有别，善业者，受等流果。如凉风触身等，非福者，《瑜伽师地论》云：感恶趣异熟及顺五趣异熟。初是三恶趣总业，后是五趣别业。不动者，谓感色无色异熟及顺色无色受业。前总后别。《对法论》云：何故色无色业名不动？答：如欲余趣业，遇缘转，得余趣处受。彼不尔，定听摄故。非同散业。若尔，如何熏禅资下故业生，五净居，故此解非，且福之名，应通三界，满业以上，善业别有胜能，名为不动……此三业，通身语意。即此有漏善不善二思，为此业体，遍履身语，身语动作故名为业，身语唯无记，非善恶性，故唯以思为体。」

1、总别体——《识述》卷十五云：「总体者，总五事中相及分别，三性之中唯依他性。取蕴处界一分。为体，别体性者，一、无明以行蕴中无明为体，不取余法。此无明分别有实性。通现及种为体，唯发业性，通不善无记。然发福非福不动，三无明别如《对法论》卷七。二、行以身语意，三行为体，心心所为体，行体是思。此身语意三在欲界名福非福，身语在欲界，意亦通无色名不动。此亦通现种唯善不善性。三、识唯取赖取亲因缘为体。此唯种，不取现，性唯无覆无记。四、名色有二体，一者，一切有漏五蕴皆此体，通异熟非异熟，又五色根，根依大种，根处大种所生诸色，皆名色摄。若约不杂乱说此支者，即除六根触受法神皆名色摄。谓色蕴中，除根余色，除受蕴全，除行蕴触，识之中除本识意根。余想全，三蕴少分为名色支体。性无覆无记。五、六处，唯内六处，此唯取彼异熟种故，即前六识及五色根。若有异熟居过去世，说为意也，此唯种，有处亦说为现，下至触受亦尔。六、触，除第七识取第八相应触全，六识之中，若异熟触一切皆是。七、受，同触应知。此唯在种位。八、爱，取爱数一法为体。亦通现种。九、取通取一切烦恼，亦通种现。十、有支即取前行及五果种，为爱取润已，转名为有。十一、生，即五果现，以异熟五蕴为体。十二、老死亦然，然老死即前五蕴变灭。此与十一不取种唯现。若有部一一皆以五蕴为性，如《俱舍》卷九、《婆沙》卷二十三说。」（兹录其结论，余义尚多。）《义演》卷十九云：「五法中名属，遍计执故不用为体。……不取无漏，非蕴性故。……行支云心心所法为体者，约眷属为体故取思俱时心心所也……识名色，六处，触、受等五唯是种子，有处说现行者。缘当来生老死起中说。其实无也……名色支出体有二：一杂乱出体，二独约名色出体。乱中取一切色蕴名色，一切心心所法名名。第八不乱者，识取现世六识名色，除第八、第七，第七非业感故。又除前念六识等无间意根，六处意根摄故。哲云：第八名言种识支摄，现在第六名言种六处中意根摄。五识中名言种，即名色中摄……有支总用前行及识等五种为体，被爱取二润，转名有。此唯种，不通现。」（考慧沼《金疏》卷二十四等。）

2、因果别——《成唯识论述记》卷十五云：「此有五种：一等起因果，谓无明唯因，老死唯果，余亦因亦果。二、本末因果，无明爱取，三体是烦恼业，苦本，生老死二唯是苦果。又生老死唯果末故，前六及爱取有三是因本故。受通因果，通本末。三、异熟非异熟因果，即识等五及生老死七法是果，异熟法故，亦正果体，余五是因，非异熟故。四、熟未熟因果，前七支是因，犹未熟故，后五是果，名已熟故。谓无明熟，或于爱取。有是行等六法熟故，生老死二正是熟时。五正熟非正熟因果，即前十支是因，后二支是果，正熟故。」

3、引生料简

能引支——《成唯识论》云：「能引支谓无明行，能引识等五果种故。此中无明，唯取能发正感后世善恶业者，即彼所发，乃名为行。由此一切顺现受业，别助当业，皆非行支。」《成唯识论述记》卷十六云：「此无明於五无明，唯取前四，前四之中，有能发业，谓见道全，修道一分，不发业者，谓修道一分。于发业中取兼发总报、别报及唯发总报者，不取唯别。其助发者亦非。」《义演》卷十九云：「五无明者，如《胜鬘》云：一、见一处住地，谓三界见惑；二、欲受住地谓欲界修惑；三、色爱住地，谓色界修惑；四、有爱住地，谓无色界修惑；五、无明住地，谓一切修道无明所知障，即前四住地是烦恼障，所知障虽能发业，不能缚有情住生死。故此中摄见道全不善性及修道烦恼任运起发恶行，是不善性故。余一分无记者，非此所论，彼但能助发业故……于支中此论唯取感总报业或兼总别业，名正行支，不取唯别报业，以独无力引后总报果故。然体是行，有分熏习所收。若别报非是行，即无色中五识及意识并六相应作意想思触受，并六处体即五根四尘等意处中取少分，应非别报果。然是别报果，故别报业是行。其总报果，于五支中能感第八识心心所即触受等各一分。此约双感总别说，若单感总，即识支全，及名色中与第八识相应想思作意及触受支一分。」

所引支

料简——《成唯识论》云：「所引支谓本识内亲生当来异熟果，摄识等五种，是前二支所引发故。此中识种，谓本识因，余因皆是名色种摄。后之三因，如名次第即后三种成名色种，总摄五因，于中随胜，立余四种，六处与识总别亦然。」《成唯识论述记》卷十六云：「第八之内，由前行等为增上缘，所发名言因缘所熏习气，亲生当五果种，是前二支异熟果摄。识等五种是所引体，即显当果因缘种。通总别报，即识支全及名色并意处触受少分是总报体，除第八识及相应法，余皆别报。所引发者，谓本有新熏合用也，此中等者中有二解：一识种即是本识之因，赖耶因缘种也。除后六根触受三种，余色四蕴之因缘种，皆名色种摄。后之六处并触受种，如三名是。二、名色种总摄五因，诸论皆说五蕴性故。随胜立四者，执持识胜、生识处胜、触境、触胜、领纳受胜，故别立四。故余想等不别立支，由此六处名为总摄六识界故。识支是别意界摄故。」《疏抄》卷十四云：「前二支异熟果摄者，约总相说，亦不尽理。如欲界无明支是不善性发，非福业感苦果，此可五种是前二支异熟。若无明不善发福行感乐果等即不可谓异熟，故前一行支是异熟果，不望无明名异熟果也。」《义演》卷十九云：「何妨不善无明为缘发行招苦乐异熟无记果……此识等五之种与识等五是亲因缘种。此种即是异熟识等之种子也。此种亲能引识合是能引名所引者，未被行支熏时，即不能引现也。此中等二解：一、离，二、杂。离出体者即是尅性出体，杂者即相从出体。尅体者，识支唯第八亲名言种，后三种亦取六处，触受亲因缘种为体，余色四蕴者，即想蕴全，余色，识，行三少分各自之名言种为名色体。

3、引生料简

所引支

释难

一、《成唯识论》云：「《集论》说识亦是能引，识中业种名识支故。异熟识种，名色摄故。《缘起经》说识支通能所引，业种识种，俱名识故。识是名色依，非名色摄故。」《成唯识论述记》卷十六云：「种子识中通有行识故说行种以为识支，是能引摄……如别义说，非定相违。」

二、《成唯识论》云：「识等五种，由业熏发，虽实同时，而依主伴、总别、胜劣、因果相异故，假说前后。或依当来现起分位有次第故，说有前后。」《成唯识论述记》卷十六云：「或依当来生起分位，或依现在已起分位，有次第故，非实体也。」

三、《成唯识论》云：「由当起理故，《十地》、《对法论》识等亦说现行。因时定无现行义故。复由此说生引同时，润未润时必不俱故。」《成唯识论述记》卷十六云：「于初熏时未能现起，于当起位方说生引同时，其体是一，位别说故，有引生别。」

能生支——《成唯识论》云：「谓爱取有，近生当来生老死故。谓缘迷内异熟果愚，发正能招后有诸业为缘，引发亲生当来生死位五果种已。复依迷外增上果愚，缘境界受发起贪爱，缘爱复生欲等四取。爱取合润，能引业种及所引因，转名为有，俱能近有后有果故。有处唯说业种名有。此能正感异熟果故，有处唯说五种名有，亲生当来识等种故。」《成唯识论述记》卷十六云：「虽爱取二亦能润前六引因使名为能润，以近当果，但说能生。由迷内，随所应造三种行为增上缘，引当来生老死位识等五果因缘种……爱取合润能引之中，业及所引因五种，转名为有……此中缘义，是缘藉，势力义……此中二愚随增上说据实迷内，亦得润生，全界烦恼续生死故。迷外亦得发业，追求欲境起不善故，以内外二见修愚，别随增分二故，下二惑皆通发润。」《义演》卷十九云：「据实迷内非但能发业亦润生，迷外非但能润生，亦助发业。迷内是见惑，多迷于理，少迷于事。见道断。迷外是修道俱生惑，多迷于事，少迷于理，故见道非但断迷理亦能断迷事，修道非但断迷事，亦断迷理。若『有宗』见唯断理，修唯断事。」《成唯识论了义灯》卷十二云：「迷外等者，有二解，一无明为先，不了外境，增上果故，发起于受，受为缘生爱，非缘受起愚而言境界所生受果。愚者，由愚是彼境界受果之因，二、此境界所生受，是迷外增上果愚之所生，即说此受由境及愚二力所生。」

所生支——《成唯识论》云：「谓生老死，是爱取有，近所生故。谓从中有至本有中随命长短，未衰变已来皆生支摄。诸衰变位，总名为老。身坏命终，乃名为死。」《成唯识论述记》卷十六云：「大乘灭相在过去，故由此正死名为死支，又《经缘起》上，一分名色、六处、触、受亦名所生。依当现行故作是说，非谓种子。」《义演》卷十九云：「当来所生之支位中现行，名色六处，触受在于胎中，故说一分名色等亦名所生。」

考《俱舍》卷九

4因果不断——《成唯识论述记》卷十六云：「前无明老死所生，未来老死能生无明，因果不断，唯十二支。故不说无明因及老死果，非彼二法皆无因果，由此亦非有无穷失。」

5废立——《成唯识论》云：「老非定有，附死支立，病何非支，不遍不定故。老虽不定，遍故立支。诸界趣生除中六者将终皆有衰朽行

决择有支

异生。」（按十住第七住以后名内法，更不退作外道二乘等，第七住以前名外法。）（更考《涅槃》卷十五初。）异生福，不动唯种发故。若尔，何故生上初行支不唯种发？有现无明为胜因起迷真实义愚，现见有故，不同不放逸惑，故知不取彼二说。」《枢要》卷四云：「何缘发业要现无明？润业位中，亦通唯种？答：二理皆齐，若不放逸，内不名断惑道。三，谓生空智，法空智。故二乘人起生空智，亦能断此无明。后得智不能断迷理无明，平等性智不能断若平等性智，据实，不能断烦恼。今者相从而说，远助妙观智断惑。然对成所作智、大圆镜智，此二唯遊观无漏道，者：一、云根本智，后得智二，此解恶。二、谓妙观察智，平等性智，此胜，若妙观察智是断惑无漏道能断一切烦恼，对治胜，二种妙智所对治故。又二支显三苦者，谓生显行苦，老显坏苦，死显苦苦。」《疏抄》卷十四云：「二种妙智八、作业胜，作流转所依事，作寂止能障事故。九、障碍胜，碍胜法及广法故，十、随事胜，乃至有顶犹随转故。十一、随眠缠缚，相应不共，四转异故。六、邪行胜，于谛起增益及损减行故。七、相状胜，微细因相遍爱非爱共相转故。染净故。二、行相胜，隐真显妄故。三、因缘胜，惑业生本故。四、等起胜，等能发起能所引生缘起法故。五、转异胜，取支中摄诸烦恼而爱润胜，说是爱增。」《成唯识论述记》卷十六云：「十一殊胜者，《缘起经》云：一、所缘胜，遍缘故。于润业位，爱力偏增，说爱如水，能沃润故。要数灌溉，方生有芽，且依初后立爱取二，无重发义，立一无明，虽说识等五。何缘发业，总立无明？润业位中别立爱取。虽诸烦恼皆能发润，而发业位，无明力增，以具十一殊胜事因为五，果位易了差别相故，总立二支，以显三苦。然所生果若在未来，为生厌故，说生老死，为令了知，分位相分，时，因识相显，次根未满，名色相增，次根满时，六处明盛，依斯发触，因触起爱，尔时乃名受果究竟，依此果位，立又《成唯识论》云：「何缘所生立生死老，所引别立识等五支？因位难知差别相故，依当果位，别立五支。谓续生《枢要》卷四云：「上二界死生恶趣者见同类相，遂于当生希求爱缘。不尔，上生恶趣应无爱取，现在未来俱不爱故。」起爱者，论应以此证爱亦遍。何劳生已我爱为证，无由除润说不润故。明知或有不生希爱，但以取现润恶趣者。」不见恶相，但见倒相，于当起爱。不尔，上死应无爱取。现在未来但不爱故。《枢要》为胜，若如圆测疏于颠倒相必即用此为润生爱。后顺经意，《枢要》云：若□欲界死生恶极重，见恶相已不生希求，欲界罪轻。上二界死生恶趣者他地（圆）测二解：一、且依下死说爱亦遍，不说上死生恶趣者，除行余支，依自地故。一云生恶趣已定爱真我，非境亦有爱故，或我为境，名现我境，欲界死者，可如所说。上界命终有何现爱？若欲界爱，应非现境，若色界爱应依相是无有法方是缘起支故。名色与爱亦遍者，尽理说，言定者随他荅。」《成唯识论学记》卷七云：「于现我及于现无。」《成唯识论述记》卷十六云：「缘起支是流转义，住不顺之又滥无为所以不说。又生老即生异，唯死非灭相，灭爱虽不起，然如彼取，定有种故。又爱亦遍生恶趣者，于现我境亦有爱故。依无希求恶趣身爱，经说非有，非彼全切一分上二界有爱非遍有，宁别立支，生恶趣者，不爱彼故。定故别立，不求无有，生善趣者，定有爱故。不还润生，位，虽具五根而未有用，尔时未名六处支故。初生无色，虽定有意根，而未明了未明意处故。由斯论说十二有支，一故。名色不遍，何故立支。，定故立支，胎卵湿生者，六处未满，定有名色故。又名色支亦是遍有。有色化生初受生

在，或在未来。因在现在，即是二世十二缘起，亦可言三世，一往二世不定故。若前七在过去，次三在现在，后二在未来世，中定同世者谓生老死二，爱取有三，无明等前七。由痴发业熏发报种，必同世故。十支是因，二支是果。因在过去，果或现受果时方起爱取故。『有部』爱取有三与前七初二定不同世，与次五定同世，于前世生死位中起惑造业故。今此取有或异或同，若顺生受业，受初生时，其世必同，第二生已去乃至后报业，世不同也。今身造业，至后后世将七，次后身未熟。今身不起爱取，次身方起，后后生受果，岂非爱取与生死同在未来？故云不定。因中前七与爱生为世（今生造十支因，来世方受二支果。）十因二果决定不同。若约时分，此即不定，如后报业等。过去造前云：「前十支因与后二支果，定不同世，以总异熟因，非造之身即受果故。亦非现业得果，是十二支故，约身死是十二，一重因果，足显轮转及离断常，施设两重，实为无用，或应过此，便致无穷。」《成唯识论述记》卷十六

7 定世破邪——《成唯识论》云：「此十二支，十因二果，定不同世，因中前七，与爱取有，或异或同，若二、三、七各定同世。如

业收，俱得名行，如次而总别总报果，疏据初者，但云近分。」

上爱俱时必染污故，非正受摄。」《成唯识论演秘》卷十二云：「未至根本皆容下地无明所发，二种皆是不动初入根本定既未起上无明，故根本行支亦下无明发。……前种子受是正受支，俱时现行受非正支，非种子故，界无明为缘。上地无明犹未起故，如生无想天者，得以欲界邪见俱无明而发彼行。要入彼根本至非行支者，即二禅以上者，理即不定。若起初禅惑即以初禅无明而发彼行。其有虽得初定不起彼惑而修二禅以上定，亦以欲论述记义蕴》卷五云：「如下无明，发上地行者，谓入初定伏下地惑而生初禅者，必以欲界无明而发彼行，若生第二解。如从欲界死生初禅中即欲受亦与初禅爱为缘。此不及初解，异地爱取不得润异地有支故。」《成唯识欲界死生，初禅即依当生初禅地中，受而生爱，即爱亦定依同地受；以上总是第一解。又现居处至疏缘义，此支，受支种为境界受种亦能为缘生爱。此文明自地生，自地爱，定依同地受。从异地生，异地亦定依同地者，若同时相应染受，亦能生爱。此与爱相应受，即是境界受，即无明触为，所生染受，前爱种子即识等五果中异熟受根本定皆得起自地烦恼。以断欲界九品惑尽方得起未至定无明能发自地行支也……俱时现行受等者，现行爱支，必不能发初禅根本定中行也。意说得邻次隔越乃至有顶亦尔，故八地有漏未至定中行支皆由下地发。若缘于识是异熟因，亲故唯自地。」《义演》卷二十云：「无明望行许异地为缘者，欲界无明能发初禅未至定中行疏缘义……发业是等起因，疏故通异地。润生是生起因，亲故唯自地。……受缘于爱为远起因，疏故通异地。行爱，定依同地，从异地生异地，亦定依同地，故言亦也。又现居处，受亦为爱缘。如彼无明异地缘故，此非受支有下生下上者，彼爱亦缘当生地受。若俱时现行受，若前时种子受。此中言亦缘当生地受者，明自地死，生自地本定离九品欲尽，后时方起彼地无明。尔时彼地犹未起故，彼有漏定应非行支，既是行支，明是无明所发。从上违。」《成唯识论述记》卷十六云：「若不许下无明发上地行者，初伏下地染所起未至上地应非行支。要入彼根行支，彼地无明，犹未起故。从上下地生下上者，彼缘何受而起爱支，彼爱亦缘当生地受。若现若种，于理无

6 自他生别——《论》云：「诸缘起支皆依自地，有所发行，依他无明，如下无明发上地行。不尔，初伏下地染者所起上定，应非

决择有支

禅亦有三种胜进道，四无色中唯有修慧无闻思，唯有二种胜进，谓后二。此中行支或一行支得多支，或多行支得一果。」解脱道已，即别入修慧了相作意以为胜进，此亦感得初禅中异熟果。修慧故，即有三十六个修慧行支，乃至第四道，此不能感初禅中异熟果。二、先起加行无间解脱道已即用后所起之道与前前道作胜进道。三、发起加行无间名治。」《疏抄》卷十四云：「胜进道，有三种：一、即从未至定中加行无间解脱道起已，即起欲界散闻思为胜进三道，故三九成二十七个行支能感初禅中异熟果。胜进道有无不定。」《成唯识论述记义蕴》卷五云：「此中据伏施下无明，无容得起，故说上行伏下无明。初禅未至定中有九加行无间解脱道，以伏下地九品修惑，一一品皆有业性。识等生等异熟无记，故非能治道。唯行说能离支，是有漏故唯暂时，非毕竟。」《义演》卷二十云：「行力渐切为境界故。虽缘上一切能缘行相，但是行支，故说依上行断下界支。……上无明爱取惑性有是所润业性，非现苦等六行相，此通色无色，有求上生而起彼行支故。……即上地行支，下无明所发，故言上行支断下一切，以下一

12 能所治——《成唯识论》云：「上地行支，能伏下地，即粗苦等六种行相，有求上生而起彼故。」《述》卷十六云：「上行支，粗受等。色无色界染一，四无，无色无色等及无三受等。」

11 界别——《成唯识论述记》卷十六云：「欲摄十二全，色无色少分。欲界通染净，名色俱五蕴，六处具诸识等，乃至受中具四学记》卷七云：「基云：正无明支欲界不善，助通有覆。爱助翻此，九命终心唯无记故。」地以前受分段者，在母胎中亦能起加行善心。余不得。异生在胎中能忆前生事，出胎取即妄心，失也。」《成唯识论胎中起生得善，非加行善。起俱生恼，非分别者，唯起意业，未能发身语故。四无记中，唯起异熟生无记。若菩萨七非体性也。五果支约当生处说分位，老死由二义：一分位中起染；二多起忧悲故。」《义演》卷二十云：「异生于母起善染。」《述》卷十六云：「无明欲界唯不善。爱取欲界亦通不善无记，上界此三皆唯无记。……七分位中起善染，

10 三性——《成唯识论》云：「无明爱取，唯通不善有覆无记。行唯善恶，有通善恶无覆无记，余七唯是无覆无记。七分位中亦六处二蕴，六支名有，五蕴现行，名生老死，故通二种。」

9 色非色——《成唯识论》云：「六唯非色，谓无明识。触受爱取，余通二。」《成唯识论述记》卷十六云：「行通三业，名色五蕴，容起染故。余二谓行、有。行通善，染亦通无记故。」故分二种通名不染。染者无明爱取，不染者识等五及生老死，此约体性而论。《瑜论》卷十云：余通二种者，七中唯识论述记》卷十六云：「若言染净，净唯善故。亦通无记故云不染。《瑜伽师地论》卷十云：于不染中及无记别

8 染不染——《成唯识论》云：「三唯是染，烦恼性故。七唯不染，异熟果故。七分位中，容起染故。假说通二，余通二种。」《成同有部。」（考《涅槃》卷二十七中，又《四教义》三说有三世、二世、一世十二因缘，可考。）过去十支因有现二支果，以今生老望后更起无明行等，即名中际，以待生等起无明等，故名后际。即是两重，非初中后。由待前七有爱取有，由待此三有现生老死。此虽三世据后报业造润得果，三世时别分初中后，尅实还十四云：「萨婆多立有一刹那具十二支。」《成唯识论了义灯》卷十二云：「准《瑜伽师地论》卷九分为三际，谓即通三世。不同小乘二因过去，五果现在，三因现在，二果未来，此即二重因果。今大乘一重已足。」《疏抄》卷

14 三苦——《论》云：「十一少分，坏苦所摄，老死位中多无乐受，依乐立坏，故不说之。十二少分，苦苦所摄，一切支中有苦受故。十二全分，行苦所摄，诸有漏法皆行苦故。依舍受说，十一少分，除老死支，如坏苦说，实义如是。诸圣教中随彼相增，所说不定。」《义演》卷二十云：「论中说十支与乐受舍受俱，十二支与苦受俱等者，此等皆是假说，即约当来生死，位中假，说。若据实义，无明行爱取生老死六中有现行心心所，故得与乐舍苦受相应，亦得有三苦，若识等五，

断，然种仍在，后离缚时，即是修道离缚断也。余人天中善业及无记法若现若种是离缚断。识等七支是无记法唯离缚及不生如三途八难，女人卵湿黄门等七支及身中别报善业。入见道时，名不生断。」《义演》卷二十云：「无明爱取三是自性断及通见修二断，不通缘缚不生断行，有少分通自性，离缚不生。三种，见修所不还者，有说及无想谓。此据正发润，若助发润，起现无失。远因等起亦有现故，未临命终起现惑故。」《义演》正润生者唯修断，以其微细数现行故，助者不定。然发业惑唯种者，如不放逸由法异生。其润生惑亦唯种者，谓行者唯见断以粗猛故。助者，助人天总报之业，亦通修断助发恶趣，总报之行多唯见断。发别报等，少亦通修。诸圣教中不言润生之惑唯修断，全界烦恼能结生故，亦不说感后有行，皆见断发，唯言恶趣行分别惑发。正发通总别报说。故论不言，发人天者，即恶趣别报业，应修惑不发，恶趣别报行既修惑能发，故知彼说但论总报。行唯分别惑发，则应乃言生五趣行唯分别惑发，以见断惑不唯发往恶趣行故。若言人天感别报业，修惑能发，取唯修断，又说取支通摄四取。见戒取等非修断故。下难无明唯见断。《瑜珈师地论》卷五十九，初复云往恶趣五十九云：「全界一切烦恼皆能结生，结生之言，显润生惑，若唯修润，即有界中见惑不润生，不名全界此难爱者，唯见所断，助者不定。爱取二支正润生者，唯修所断。助者不定。」《成唯识论述记》卷十六云：「《瑜论》卷起烦恼能发，不言润生，唯修所断。诸惑后有行，皆见所断发。故知无明爱取三，通见修所断，然无明支正发行说预流无全断者，若爱取支唯修所断，宁说彼已断一切支一分。又说全界一切烦恼皆能结生往恶趣行，唯分别

13、三断

B——《成唯识论》云：「有义：一切皆通二断，论说预流果已断一切一分有支，无全断者故。若无明支唯见所断，宁有俱生无明，于润生位中有，故唯修断。」

二十五心。四生中有十六心。九地中一一地有九心，成八十一心，皆准三界配之。……初师谓若起俱生爱同时亦尔。此自体爱但是俱生，不了所缘境，有覆无记性摄。又九种心可约五趣等说，如天趣死生天趣或余趣唯之《义演》卷二十云：「火辨、难陀义。《对法》谓从欲生，欲者即以欲界自体爱相应命终心结生相续。生色无色界但是爱之增上，不取四取。言四取者，泛解取义，非取支摄，余九通见修断随业因断故，其无记法非唯修断。」见断爱等缘见等起故。《对法》卷五说九种命终心，三界生各润生心名有三故，彼言俱生爱俱无明唯修断。取支唯见所断，要迷谛理之无明行相增能发行故。若无明所断，应圣者更造业，爱取贪求当生润生生爱，明非见断，而润生故。九种命终心，俱生爱俱故。余九皆通见修所断。」《成唯识论述记》卷十六云：「初师一切发业无明

A——《成唯识论》云：「有义无明唯见所断，要迷谛理能发行故，圣必不造后有业故。爱取二支唯修所断，贪求当有

并有支皆是种子，未起现心心所，如何得与三受三苦相应？故知皆假说。一切有漏法皆行苦摄者即十二支无分种现皆行苦摄。若言依舍受立行苦者，唯无明等六支得。」

15 四谛——《成唯识论》云：「皆苦谛摄，取蕴性故，五亦集谛摄，业烦恼性故。」《成唯识论述记》卷十六云：「行有是业，痴爱取三烦恼性故，非灭道者，非无漏故。」

16 四缘——《成唯识论》云：「诸支相望，增上定有，余之三缘，有无不定。爱望于取，有望于生，有因缘义，若说识支是业种者，行望于识，亦作因缘余相望，无因缘义。《集论》说无明望行有因缘者，依无明俱时习气说无明俱故，假说无明实是行种。《瑜伽师地论》说说相望无因缘者，依现爱取唯业有说。无明望行，爱望于取，生望老死有所缘缘及等无间缘。有望生，受望爱，无无间，有所缘缘。余支相望，二俱非有。此依邻近顺次不相杂乱，实缘起说，异此相望，为缘不定。」《成唯识论述记》卷十六云：「爱种能生取，识等五种转名有，所生现行名生，现行行，望行种识支，故是因缘。且隔越行望识，乃至触望受，取望有，无等无间者，其果皆非现心心所相引生故。非所缘者，皆非现行心能缘虑故。者无明望识等五，但一增上，与爱取生老死为二，加所缘，若逆次者亦有隔越邻次，老死与生爱取行无明为二缘谓所缘增上，余但增上。若相杂乱，亦有顺逆，皆有邻间。」（《疏抄》卷十四末，中详解）。

（注六）《四生顿渐》——《别抄》卷五云：「胎卵湿三生，根次第起，《大论》卷十云：湿化二生身分顿起者，据实湿生身分，次第生起，故《瑜珈师地论》卷九十三云：除在母胎，如胎生故。彼言湿化二生亦顿起者，谓湿化初生，必有身分，手足等顿起与卵胎异，故云顿起，非谓诸根非次第也。」按《深密疏》卷十一云：「化生具足六处或复不具，如天，那落伽，全及人鬼傍生一分，广说如《毗昙》卷八、《显宗》卷十二、《俱舍》卷八、《顺正》卷十二、《婆沙》卷一百二十。」

（注七）《观有支诸智》——《补缺》卷四云：「有二观：一、杂染安立观；二、清清非安立观。二观中皆有顺逆。『杂染顺逆观』如上说。于此观中立四十四智。谓除无明，作苦集观，即苦果从集有，集由苦有，苦从识等五，及由爱取有，更不别观无明行。不异爱取有，故苦集二谛观齐识退还。如是知生死之源，方为灭道之观，先观老死灭，后观道能证灭。如是从老死至行支，有四四智。此中苦集，相续一周便还，故观不至行，灭道断除故至行。『清净非安立观』者无分别智体合如理，心境二冥非假施设，名非安立。诸惑永灭目清净，顺观谓由，无分别智见谛断无明，行不生等，余及逆观可知。观十二支，二支中有三智，谓一、观因智如老死由生生；二、审因智更审老死从生生，此二智观三世。一支上全有六智，法住智总观三世谓老死从生生，一支有一，除无明，取十一支，故合有七十七智。（观十二支因缘故名法住智）。」

业差别——《对法论》（考《华严》卷三十七）无明有二业：一、令诸有情愚痴，二、与行作缘。行令诸有情，于诸趣中差别种种及与识为缘。识持有情所有业缚及与名色为缘。名色由彼生已得预有情众同分差别数及与六处为缘。六处，由彼生已，余根无缺及与触为缘。触令诸有情于所受用境界流转及与受为缘。受令诸有情于所受用生界流转及与爱作缘。爱引诸有情流转生死及与取作缘。取令诸有情发有取识及与有作缘。有能引无间

有寻 有伺 等三（六）（4～12）

流转 生杂染 别别 杂染

余趣，及与生作缘，生令诸有情名色六处触爱次第生起及与老死作缘。老死令诸有情时分变异坏少咸及令有情寿命变异，坏寿命故。（此皆别业。）

缘别（对法论）

因缘——无明望行，前生习气故，由彼熏习相续，所生诸业能造后有故。

等无间缘——当于尔时现行无明能引发故，由所引发差别诸行流转相续生故。

所缘——思惟彼故，以计最胜等不如理思惟缘愚痴位为境界故。

增上缘——彼具有故，由彼增上力令相应思颠倒缘境而造作故。

《瑜伽师地论》卷十云：「无明望诸色行为增上缘。望无色支为所缘缘，等无间缘增上缘。如是余支为缘，多少应知。谓有色支望有色支，为一增上缘，望无色支为所缘缘及场上缘。若无色支望有色支，唯为一缘，望无色支为等无间等三缘。诸支相望无因缘者，因缘为自体种子缘所显故。其建立因果体性，依场上缘所摄引发、牵引、生起三因故说为因。从无明至受引因摄，从爱至有生因摄，于现法后法中识等乃至受于生死老位所摄诸支为生引二因果所摄。」《圆测疏》云：依无明习气说无明具故，假说无明，实是行种。《瑜伽师地论》言无因缘者，依现爱取唯业有说。」

更释诸支自性及缘（应考《法蕴足》卷十。）

无明——无明自性是，不如理作意自性非染污，彼不能染污无明，然由无明力所染污故。又生杂染业烦恼力之所熏发，之初因谓初缘起（初无明），是故不说不如理作意。又彼自体若不得余缘于自体杂染不能增长亦不损减，故不说缘自体。

行——由不了达世俗苦因为缘起非福行，由不了达胜义苦因为缘，生福及不动行，是故说彼以无明为缘。又诸业以贪嗔痴为缘，此中唯说痴者此中通说福等三业缘。贪嗔痴缘唯生非福业故。又行是身语业思所发起，是别行亦缘行，但说无明缘行者依，发起一切行缘而说，故及依生善染污思缘而说故。

识——识亦以名色为缘，但言行为缘者行为识杂染缘能引生后有果故，非如名色但为所依所缘生起缘故。又云：「一切支非更互为缘，建立识与名色更互为缘者，识于现法中用名色为缘，名色复于后法中用识为缘……菩萨观黑品（苦集）时唯至识支，其意转还（还至者死）非此余支者，由此二支更互为缘故。于还灭品中名色非是后有识还灭因。（但由识灭，名色必灭故）。

名色——名色由大种所造及由触生，但说识为缘者，识能为彼新生因故。彼既生已或正生时大种及触唯能为建立因。又六界为缘得入母胎此唯说识界者，有识界决定于母胎中精血大种腹穴无缺。又识界胜故。

（4～12）

（六）等三 有伺 有寻

杂染

别别

生杂染

流转

（自身所有缘起）

摄别——生及老死，苦谛摄，现法为苦。识乃至受种子性，亦苦谛摄，当来为苦，余是集谛摄。又《瑜珈师地论》卷五十六云：「十二支中二业所摄，谓行及有；三烦恼摄，无明爱取；余皆事所所摄。又二业中初是引业所摄，后是生业所摄。三烦恼中，初能发起引业，二、三，能发起生业，余事所摄支中。生老死是未来苦支所摄，行缘识乃至触缘受，是未来苦因所摄。又即五支亦是现在苦支所摄。由先世因今得生起，果异熟摄，谓识名色六处触受。又现在果所摄五支及未来果所摄二支总名果所摄缘起，余是因所摄缘起。」

假实别——有、生及老死是假有法。（《圆测疏》云：分位假）余九是实有法。《识述》卷十六云：「已润六支合为有故。识等五至现起时显生异灭三相位别名生老死。故假。」

独杂相别——无明、爱、取唯独。行能引爱非爱果故能生趣差别故；识与名色，六处一分，依杂染时故，依润时故，依转时故；识乃至老死别显苦相故，显引生差别故，皆杂。《识述》卷十六云：「不与余支相交杂名独。取中虽爱增上，非转爱为增上贪故。」《义演》卷二十云：「上爱名取又摄余惑，非如有支，故独。」

因果别——初一唯因，后一唯果，余道因果。又三唯是因（无明、爱、取），二唯是果（生老死），余通因果。又无明至触及爱取有为因分，后二为果分。受为杂因分。以有二种名为杂分：一后法以触为缘因受，二现法与爱为缘果受。又前七为有因法，后五为有因苦。（考《瑜伽师地论》卷十九注五）

三道别——三是烦恼道，二是业道，余是苦道。

老死——亦以远行不避不平等为缘。但言生者必以生为根本故。

生——亦以精血为缘。但言有者，有有故。定有余缘无缺。

有——无明为缘发起业有，但言取者，由取力故，令彼诸业，于彼彼生处能引识名色等果，

取——由随眠未断顺彼诸法取皆得生。但言爱者由希望生故于追求时能发随眠。

爱——无明为缘生爱，顺爱境，亦得为缘。但言受者由爱力故于似境求和合或乖离。由愚痴力但于诸受起尽等相不如实知。由此不能制服其心。

受——若自他所逼迫，时侯变异，先业所引皆得生受。但说触者为彼近因故。余缘亦从触生。

触——触以三和为缘但说六处者，六处摄二种故。

六处——六处亦以饮食为缘，但言名色者，名色是彼生因，饮食为任持因。

（4～12）

（六）

等三

有伺

有寻

杂染

别别

生杂染

流转

余应知，亦尔。或通染唯三无识。如染净别善及无覆无记别亦尔。

染净别——无明、爱、取、识四通杂染品，余通染净品。若生支生恶趣及有难趣唯染品，生人天无难处通染净，

行及色有一分为胜障，余以余为胜障。（《圆测疏》云：「十二支皆障正见等今说胜障。」）

障八正道——无明及彼所起染意行苦有一分能为胜障，障正见、正思惟、正精进、正语、正业、正命以身行、语

后，故唯此为彼缘。

后支非前支缘义——后支非前支缘者为断后支故勤作功用断于前支，由前断故后亦随断。非为断前，先断于

余支相望四句分别如上应知。

者，谓疾病怨憎会苦等）。

诸善法生。（《识述》卷十五（？）云：如是乃至生望老死皆顺后句，或生为缘非老死

爱望取——（顺后句分别）所有取皆爱为缘，或爱为缘而非是取，谓除取所有余支及缘善爱勤精进

受为缘，所余有支法生，或有受为缘亦是爱，谓无明触所生受为缘，染污爱生，余应知。

受望爱——有是爱，非受为缘，谓希求胜解脱及依善爱而舍余爱。或受为缘非爱。谓除无明触所生

亦识亦行为缘，谓后有种子识及果识，余应知。

行望识——或有行为非识，谓除识余有支，或识非行为缘，谓无漏识及无覆无记识，除异熟生。或

句。

有支，所余有支，或有亦无明为缘亦是行，谓福非福不动身语意行，除如是相是第四

无明望明——有行非无明为缘，谓无漏及无覆无记身语意行，或无明为缘而非是行，谓除行所摄

诸支相望四句分别

有望生——如行望识应知。生望老死亦尔。

彼界功能为第三。

取望有——由与彼俱令业能招诸趣果故为俱有缘，又由彼力于此生处，能引识等为第二，又能引

爱望取——由欲贪俱行于随顺取法中欲乐安立故为俱有缘，余应知。

故为第三缘。

受望爱——由彼起乐著故为具有缘。从此起追求等作用转为第二缘。建立当来难可解脱，彼相续

故名久远灭引发缘……行望识，识望名色乃至触望受亦尔。

行望识——由能熏发彼种子故为俱有缘，次第由彼势力转故，为无间灭生起缘。由彼当来果得生

为无间灭生起缘。发起诸行，又由无知为久远灭引发缘。

无明望行——由无知于随顺诸行法中为俱有覆障缘，为彼彼事发起诸行，又由恶见放逸俱行无知

诸支相望三缘别

流转

生杂染

别别

杂染

（4～12）

（六）

等三

有伺

有寻

学别——一切支是非学非无学，非学无学。《识论》云：「圣者所起有漏善业，明为缘故，非有支摄。故知圣必

界系别——一切支和合等起欲界系，一切一分色无色界系。《义演》卷二十云：「一分者如欲中十二支非上二界十二支。故云一分。又色界十二支非无色十二支。故云一分。

依支离支——有依上地支离下地支，此但一分非全。唯暂时非究竟。

具支多少——无想天中及灭尽定，无想定中有色支可得非色支，若无色界非有色支。

受别——乐受俱行谓除二所余支。苦受俱行，即彼及所除中一，不苦乐受俱行如乐受道理。不与受俱行，谓所除中一，又乐受俱行支及非受俱行少分坏苦所摄。苦受俱行支及非受俱行一分苦苦摄。坏苦、苦苦支亦行苦摄。或不苦不乐受俱行支及非受具行支一分。（《识述》卷十六云：十支除受及老死，与乐受舍受俱。受不与受相应故。老死位中多分无乐及客舍故。此约相应名俱。）（又云，此约一识，□□受不与受俱起，依多识可尔。）

爱非爱境界果——前六支能生前果，后三能生后果，受俱生二果。

所知障因——无明。

一多事为自性别——一事为自性者五谓无明。识触受爱，余非一事为自性。《识述》卷十六云：「行通色心故，取通余惑等，故非一事。」

不如实知过患——我见、前际见、后际见、前后际见，于彼见猛利坚执有取有怖，于现法中不般涅槃。不尔，五胜利应知。

因亡果丧别——有三种发起缠随眠无明，由此无明灭彼无明灭。由彼灭故，彼行亦灭。又诸行于自相续中已作、已灭及未起对治，又由意行有故起身语行。由此有故彼有，彼无故彼缘识亦无。又种子识不有故，果识不有，此俱灭故，名色亦灭，余应知亦尔。

卷56 生别 苦引

众苦生起——有缘生，生缘老死如是为众苦生起。即识名色六处触受，先种子性随所依时，曾得众苦引因之名，今已与果名生老死得苦名。

众苦生因——受缘爱等名当来众苦生因，即先所作业为烦恼摄受，未来世生将现前故，当知名有。

众苦引因——无明缘行乃至触缘受，现法中识为福非福及不动业之所熏习，后后种子之所随逐能引当来余身识等生老死苦。

众苦生因依处——诸愚夫触为缘故，于现法中，诸受生起。此为依处于外境界发起诸爱次第有取有有，如是爱等三种生因用触缘爱为所依处。

众苦引因依处——于现法中名色为缘六处生起不断不知，此为所缘及依处故。一切愚夫于内自体愚痴生起是名无明。无明缘故次后诸行乃至后时有触缘受，此中六处名无明等。

有寻有伺等三（七）（4-10）

杂染（注一）

别别

生杂染

（自身所有缘起） 流转 流转

造感后有业，杂修静虑资下故业生。净居等于理无违。」（考《瑜伽师地论》卷三十一注十二之三。）

断支别——预流一来断一切一分无全断者，不还果断欲界一切，色无色不定，阿罗汉断三界一切。

所显别——无明爱取是漏，尽，所显亦是缘尽所显，是余支缘故。受为受尽所显，由烦恼已断故。

识起通局——若生欲界依欲界身引发上地，若眼若耳，由此见闻下地自地所有色声。又依此身起三界意及不系意而现在前。若生无色，色界除其下地一切现前如在欲界。

辩无明——《瑜伽师地论》卷五十六云：「无明智所对治，别有心所，覆蔽为性，非唯明无，亦非邪智，若无无明唯明无者，应不可立软中上品，由无性法都无软中上品异故。又不可立无明随眠与缠差别，由无性法于一切时其相相似现行随转不可建立。又异生心善染无记，于一切处常离慧明。若此无性是无睹者应一切心皆成染污。又无性法非有为摄，非无为摄，即非有无为所摄，不能为染亦不能为净。又于离明心相续中，应一切时明不得起。又不应说无明灭故明得生起。无有无法而可灭故。若唯邪智是无明者，为除慧明所摄诸智余一切智皆邪智耶？为唯染污邪执性智是邪智耶？为诸烦恼相应邪智为邪智耶？若言初是邪智者，一切异生相续中智应皆邪智，若善若无记此不应理。若唯第二是邪智者，唯应五（五？）见萨迦耶等名染性智。此中如实不了行相是名无明，由有如实不了行故，邪执事相是名为见，谓萨见由无明力执我、我所，如是余见各于自事邪执行转，然彼诸见不离愚痴，由痴与见行相各别，是故此五染污性智名为无明不应理。若第三是无明者，萨等五邪见智为自性无二智体俱有相应。是则诸见应与无明常不相应。又若贪等烦恼力故令相应智成愚痴性，即应，贪等增上力故得有贪痴，非痴增上故有贪等一切烦恼。又应可说如余烦恼相应之慧，由相应故得成染污非彼自性，非愚痴体可成痴性，又如余烦恼相应，非烦恼性诸心心所。是故当知别有无明，是心所性与心相应。」（考《俱舍》卷十初。）

辩有支——建立有支有二种：一胜分谓取所摄受业，二全分谓业及识乃至受所有种子，取所摄受建立为有。

辩生——《瑜伽师地论》卷九十三云：「未永断故而有生生，生即生已唯希老死。此生之因缘亦名为生。因缘所起亦名为生，有前生故而有后生。有后生故而有老死。此中前生是后生因，亦老死缘，故说生缘老死。」

辩取——又云：「取差别者谓无差别，欲贪名取，取之差别，安立有四。」《圆测疏》云：「贪体无四随境分四故也。」《十地经》等爱憎名取。按即以上品爱为取。又摄余惑，谓我语取等。四别考《瑜伽师地论》卷十六取。

余支余义——又云：「爱支或求欲门发起诸业，或求有门，此二业门所有诸爱当知归趣爱，非爱受。又即此爱由六处门所起无明触所生，受为缘转故，复有余受。此非爱缘谓明触所生及非明非无明触所生。又即此受当知一切皆用相似触为其缘。（《圆测疏》云：求欲门者欲界也，有门者色无色界也。又即此爱由六处门（？）……转者明受有三：一依无明触所生受，此受为缘生爱。若是明触，非明非无明触所生之受不尔。又即此受……缘者，谓苦触生苦受，有漏触生有漏受等。）此复云何谓明无明相应是增语触，与此相违是有对触。（《圆测疏》云：明触唯在意地因此能增言说名增语，无明触及处中触皆通六识。而从多分故言无明触是增语处中触名有对。理实处中触在意地者亦名增语。无明触在意地者亦名有对。）又明触及无明触名为缘，处中触色为缘，故曰名色缘触。又即六处略为二分谓名及色与触为缘，意处非色与非色诸法相应。如是一分说名为名，诸余色处总为一分说名为色。又此名色于现法中由续生识为缘牵引及能执持令不散坏，又即此识续生已后依名色住或于同时或无间生依彼而转。故于现法此亦用彼名色为缘。先业所引名色与识展转相依展转为缘。如是当知识缘名色以为后边。」又《瑜伽师地论》卷九十四云：「此六处后更无所说。于现法中唯此六处展转相依。」

障（注一）（《辩》）（考《瑜》卷七十、七十一《十重障》）

因障

十有十能作

- 至得能作——如圣道于涅槃。
- 显了能作——如因于宗。
- 信解能作——如烟于火。
- 转变能作——如金师于金
- 分离能作——如刀於所断。
- 变坏能作——如火等于所熟等。
- 照了能作——如光明于诸色。
- 任持能作——如器世间于有情世间。
- 安住能作——如四食于有情。
- 生起能作——如眼于眼识。

诸障於善等

善，菩提，摄受（发菩提心），有慧，无乱，无障，回向，不怖不悭。自在各有三障如《障品》中说。

- 殊胜障——（取舍生死障）障菩萨种所得无住涅槃。
- 至得障——（平等障）即彼等分。
- 正加行障——九烦恼障（九结）。
- 加行障（增盛障）——贪等行。
- 狭小障（一分障）——烦恼障声闻乘等种姓。
- 广大障（见分障）——烦恼障及所知障，于诸菩萨种性法中具为障，此二摄一切障故，又名摄障。《疏抄》卷一云：「所知障是慧缚，故能障菩提，烦恼障是性缚能障涅槃。」《枢要》卷一云：「由转烦恼得涅槃，转所知障证无上觉。」《义演》卷一云：「所知障要至成佛方断尽。」《识述》卷一云：「由我法二执二障具生，若证二空，彼障随断。由断生烦恼障故，证真解脱，由断碍解所知障故，得大菩提。」《成唯识论演秘》卷一云：「由所知障堕于变易，变易即是化生所收，亦三界摄。」《成唯识论述记义蕴》卷一云：「所知障感变易生死有漏之法，三界系故。又所知障为烦恼根本故所知障皆通四生。」（考《瑜伽师地论》卷六十六，《三障》）。

入真实障

- 八圣道——粗重过失障（修道所显故。）
- 七觉支——见过失障（见道所显故。）
- 五力——羸劣性障。
- 五根——不植圆满顺解脱分胜善根障。
- 四神足——三摩地减二事（一于圆满欲勤心观随减一，二于修习八断行中随减一。）
- 四正断——有懈怠。
- 四念住——于事不善巧障。

此差别趣障

- 十地——通达业自在所依义，随欲化作种种利乐有情事。
- 九地——通达智自在所依义，圆满证得无碍解。
- 八地——所证法界名不增不减义由此圆满证得无生法忍，于诸法中，不见一法有增减，通达无分别自在净土自在。
- 七地——所证法界名种种法，无差别义，由此知法无相，不行契经等种种法相中。
- 六地——所证法界名无杂染清净义，由此知缘起法无染净。
- 五地——所证法界名相继无差别义，由此得十意乐平等净心（过去佛平等深净心，现在佛未来佛戒净、心净，除见疑悔净，道非道智净，行断智净，思量一切菩提分法上上净，化度一切众生净平等净深净心。
- 四地——所证法界名无摄义由此乃至法爱亦转灭。
- 三地——所证法界名胜流由通达此知所闻法是净法界最胜等流，为求此法，设有火坑量等三千大千世界，投身而取，不以为难。
- 二地——所证法界名最胜义由此通达作是思惟是故，我今于同出离（三乘之人俱得涅槃）一切相应遍修治（修治得出离因。）是为勤修相应出离。
- 初地——所证法界名遍行义由此通达得自他平等法性。

善等障

- 至得障——此能得自在相故。
- 现了障——于法无悭者如他显了。
- 信解障——有信解者有怖畏故。
- 转变障——于回向以菩提心转变相故。
- 分离障——于障离系。
- 变坏障——转灭迷乱名变坏。
- 照了障——有慧性应照了。
- 任持障——菩提心能任持。
- 安住障——大菩提不可动。
- 生起障——以诸善法应生起。

释名（注六）《圆测疏》

更释以上诸名——《论释》云：「言静虑者谓四，言解脱者八，言等持者三，（空等。）言等至者，五现见等至、八胜处等至、十遍处等至、四无色等至。无相、灭定等至，二无心定是等引果，实非等引有义……等引地名有通有局，

现法乐住——唯四静虑根本非近分及无色定。

奢摩他——此云止唯有心位唯有净位、唯定位。

质多翳迦阿羯罗多——心一境性体即等持通染净故。（考无著《金刚论》下、中。）

驮衍那——此云静虑通有心无心有无漏染不染

《义演》卷一云「禅为四禅，定为无想定并四无色定。定者此云至，禅那者，此云静虑。静、定、虑、慧、意谓色界以定慧均得名无色慧劣定强。」按禅那错译。又《成唯识论了义灯》卷九云「等至中就胜说唯五现见等相应诸定名等至。又据胜多说色地有心清净功德名静虑。」（考《发光地》）

三摩钵底——此云等至通目一切有心无心诸定位中所有定体。

三摩地——此云等持，旧云三昧。通摄一切有心位中心一境性通定散位。又《成唯识论了义灯》卷九云：「就胜说空无相无愿名三摩地。」

三摩呬多——此云等引，通摄一切有心无心定位功德总宽通故。又《论释》云：「三摩呬多地谓胜定地，离沉掉等能引或引平等所引发故。此名唯摄一切有心诸定能引功德故。二无心定不能引功德非等引地。」

（注八）19页录

《二缘起》——《摄》卷二云：「有二缘起：一分别自性缘起，二分别爱非爱缘起。此中依止阿识诸法生起，是名分别自性缘起。以能分别种种自性为缘性故，十二支名第二缘起，以于善恶趣能分别爱非爱种种自体为缘性故。」无性云：「即阿识能分别自性，以能分析一切有生杂染法性令差别故。十二支分于能分析善恶趣，若可欣乐不可欣乐种种自体差别生中为最胜缘。」又《世亲》卷二云：「第一缘起阿识中所有习气与诸法互为因缘。第二缘起，谓无明等为增上缘。」无性亦云：「自性分别唯因缘生，其余三缘非正有故。」按（窥）基《无垢称疏》卷三于此二外，立第三受用缘起，「即六识身为性能受用境故。」按顺正理二十七第三十二页有四缘起说。当《俱舍》卷九。

无上净障

智波罗蜜——自他受用法成熟障。

力波罗蜜——作善得决定障。

愿波罗蜜——一切生中善无间转障。

方便善巧般罗蜜——施等善无尽障。

般若波罗蜜——解脱障。

静虑波罗蜜——令所化趣入法障。

精进波罗蜜——灭过失增功德障。

安忍波罗蜜——不捨有情障。

净戒波罗蜜——善趣障。

布施波罗蜜——富贵自在障。

三摩呬多（一）（11-13）（注二）

相

- 熏修差别
  - 生及退——因修前净静虑定故生静虑地，不由习近爱味相应。既生彼已，若起爱味即便退没。若修清静还生于彼。或生下定或进上定，先于此间修得定以后往彼生。
  - 《圆测疏》熏修五类
    - 无漏定散杂熏修——二乘及七地以前菩萨变易生死。
    - 有漏定散杂熏修——阿罗汉舍福命行资福命果。
    - 有无漏杂修——于等至等自在故，受等至自在果故，间杂修习生五净居。
    - 纯无漏定熏修——八地已去变易生死有漏定尽。
    - 纯有漏定熏修——生下四静虑除五净居。由软中上品修诸静虑。有差别故，于一切处受三地果。
- 修习所缘诸相作意
  - 无间入诸等至——得静虑乃至有顶，然未圆满清净鲜白先顺次入乃至有顶，后逆入至初静虑。若已得圆满清白，从初静虑无间超入第三静虑，第三无间超入空无边处乃至超入无所有处，逆超亦尔。以极远故无有能超第三等至。唯除如来及出第二阿僧祇耶诸大菩萨。
  - 定差别
    - 顺决择分定——于萨迦耶中深见过患由此能入无漏又诸无漏名决择分，极究竟故。
    - 顺顺分定——进
    - 顺住分定——中根或利根不进不退。
    - 顺退分定——不堪忍故，从静虑退。（钝根下劣）
    - 无漏静虑等定——于诸色乃至识法，有为法心生厌恶，于甘露界系念思维。
    - 清静静虑等定——中根或利根，烦恼行或薄尘行…不生爱味。
    - 爱味相应静虑等定——纯根、贪行或烦恼多故。
  - 四得静虑——爱上静虑，见上静虑，慢上静虑，疑上静虑。
  - 四因——入初静虑乃至有顶有四因，谓：因力、方便力、说力、教授力。
  - 所由——修习如是作意，远彼所治烦恼，今后所生转更明盛。厌患所缘舍诸烦恼。任持断灭，令诸烦恼远离相续。
- 三十二相——息、外、外依、所行作意、心起、安住、自根共相、粗、静、领纳、分别、俱行、染污、不染污、正方便、光明、观察、贤善定、止、举、观、舍、入定、出定、住定、增减、方便、引发等相。（即根本四相所摄。谓所缘相具摄一切，因缘相亦尔。正方便相一切种别皆因缘相，如正方便、邪方便亦尔。诸染污相唯应远离，所余唯应修习。）
- 四相——所缘相（所知事分别体相。）、因缘相（定资粮）、应远离相（沉、掉、乱、著四相）、应修习相（对治应远离相。）

有心无心两位俱摄故名为通，唯在有漏无漏胜定非欲界等一切散心故名为局……或等持俱非等引地，谓欲界等散心位中三摩地俱心心所等，或等引地非等持俱谓定位四中三摩地体及二无心定位所有诸法或二俱，谓诸静虑及诸无色有心定位心心所等，除三摩地。或俱非谓除上位所有诸法。」

四静虑（考智论七又卷二十）

别别

初（注一）

- 建立
  - 生——修上中下初静虑者，受三天果，谓梵身、梵辅、大梵三。修无寻有伺初静虑生大梵天。《瑜伽师地论》卷四作梵众前、益、大梵。
  - 定——离欲恶不善法，有寻有伺（寻伺各有出离，无恚，无害三），能对治二种杂染。）离（由修习对治所得转依），生喜（依于转识心悦、勇、适、调受受所摄）乐（依阿识令身怡悦、安适、受受所摄），具足（修习），住（圆满）。
  - 根本——身中无有少分离生喜乐所不遍满。
  - 近分——身离生喜乐之所滋润，遍滋润，遍适悦，遍流布。
- 洁白——净静虑及无漏（出世间等流离系无漏三。）《对法论》卷九云：「由性善故说名清白，虽是世间离垢故亦名为净。」
- 杂染——起深爱味，（俱生分别作意等十爱味）见、慢及疑。（《对法论》卷九「疑」作无明）按卷九云：「谓四无记根，一爱、二见、三慢、四无明。由此四惑染污其心，令色无色界一切有覆无记烦恼随惑生长不绝。」
- 出世——于诸法中思病，心生厌怖，于不死界摄心而住或于真如法性实际摄心而住，永害睡眠，不退转法。
- 世——或缘离欲界欲增上教法……已由世间道作意观察炽然修习等故，而得转依不能永害随眠自地烦恼之所依处。是退还法，自地三摩地心及心法之所依止。余亦尔。

作意

——《瑜伽师地论》卷十一又有四十作意如下：「缘法，缘义，缘身，缘受，心，法作意，胜解，真实，有，无学，非学，非无学，遍知，正断，有，无分别影像所缘，事边际所缘，所作成办所缘，胜解思择，寂静，一分修，具分修，无间，殷重，随顺，对治，顺清净，顺观察、力励运转，有间运转，有功运转，自然运转，思择，内摄净障，依止成办所作清净，他所建立，内增上取，广大，遍行作意。」

《注五》

作意

——《显扬论》云：「自初静虑乃至非想非非想处定当有七作意了达诸相。」七作意如下：（考《对法论》卷九）

- 方便究竟果作意——证入根本静虑定，此根本初静虑俱生作意。
- 方便究竟作意——得初静虑方便道，究竟一切烦恼对治作意。
- 观察作意
- 摄乐作意
- 远离作意
- 胜解作意随
- 了相作意——谓义寻思事寻思，相寻思，品类寻思，时寻思，道理寻思

- 摄缘义
- 摄缘法缘义《瑜》卷十一
- 顺观察作意
- 顺清净作意
- 对治作意
- 随顺作意（《瑜伽师地论》卷三十三）
- 修
- 闻修（基云）

}或七皆修

四静虑（考《智论》卷十七，又《瑜伽师地论》卷二十。）

总别 / 别别《显扬论》

- 四（注四）
  - 对治——第三之贪，入出息、乐、乐作意，定下劣性五。
  - 建立
    - 生——修下中上第四静虑受无云，福生，广果三天果。（从此以上因离色贪，无方处差别。）
    - 定——由断乐故及先已断苦、喜、忧故，不苦不乐舍念清净第四静虑具足住。
    - 根本——此身中一切处无有少分清净及洁白心所不遍满。
    - 近分——此身清净心及洁白心意解遍满具足住。
  - 世，出世，杂染，洁白，清净，如上说。
- 三
  - 对治——初二静虑贪、喜、踊跃、定下劣性。
  - K 建立
    - 生——修下中上第三静虑者受少净光，无量光，遍净光，光音天，三天果。
    - 定——由离喜故，住舍，念，正知，及乐、身，正受，圣者宣说成就舍、念、乐住第三静虑具足住。《瑜伽师地论》卷三十三云：「由有舍故，如如安住所有正念，从此以上有舍无乐，下地舍乐俱无，上地有舍无乐故。」
    - 根本——身中一切处无有少分等恃所生喜之乐所不遍满等。
    - 近分——此身离喜之乐所滋润，遍滋润，遍适悦，遍流布。
  - 世，出世，杂染、清净、洁白如上说。
- 二
  - 对治——初静虑贪，寻伺，苦，掉，定下劣性五。
  - 建立
    - 生——修下中上第二静虑者受少光，无量光，极净光（光音天）三天果。
    - 定——寻伺寂静故内等净故，心定一趣故无寻无伺三摩地生喜乐第二静虑具足住。《瑜伽师地论》卷三十三云：「由有喜故，令无间舍不自在转。」
    - 根本——身中一切处无有少分等持所生喜乐所不遍满。
    - 近分——此身等持生喜乐之所滋润，遍滋润，遍适悦，遍流布。
  - 世，出世，杂染，清净洁白如上说。
- 初
  - 对治——贪恚害寻、苦、忧、犯戒、散乱五。
  - 清净——依此引生一切胜德及速疾神通，余亦尔。

建立
- 各想建立——于入定中三摩地差别无量名字，不可称数，不可思议。
- 品类建立——为生建立。
- 等至建立——由七作意让入初静虑如是乃至非想非之想处。
- 支分建立
  - 四：心一境性、不苦不乐受、念清净、舍清净
  - 三：心一境性、乐、正知、念、舍
  - 二：心一境性、乐、喜、内等净（《瑜伽师地论》卷六十三云：以念正知舍为自性。）
  - 初：心一境性、乐、喜、伺、寻

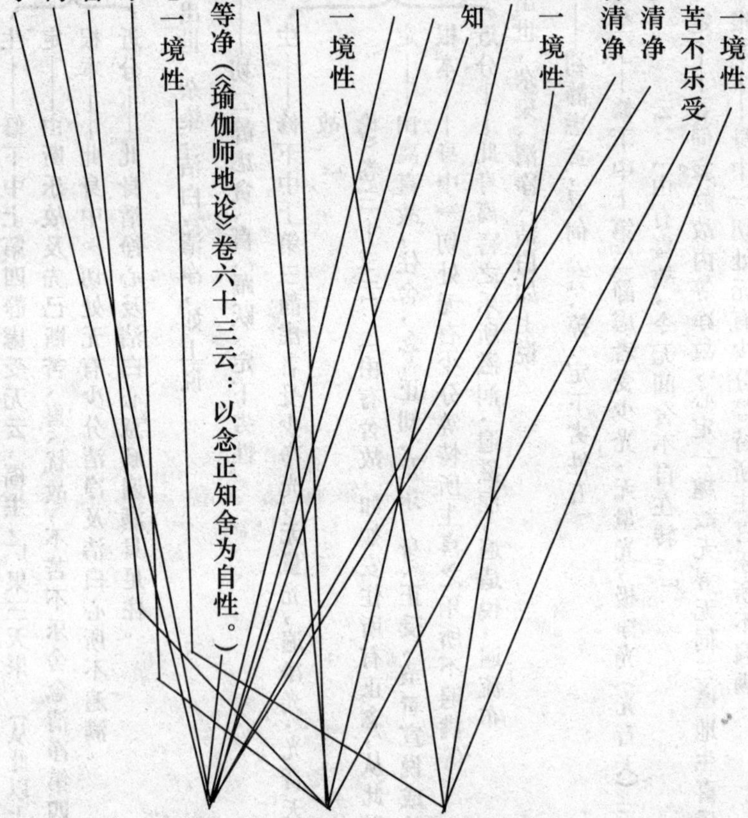

对治支　利益支　彼二所依自性支（依止定力寻等转故。）

（注一）《对法论》于四静虑建立差别，言较详如下：

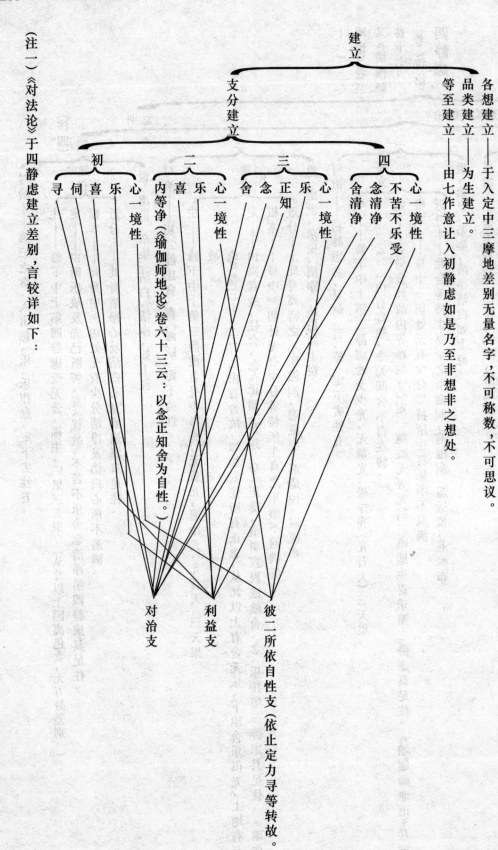

(注二) 诸梵名

不净观 A'suhha-bhāvsnāh

无相 Aniomittaṃ

数 Gaṇanā （数气）

无愿 Apsaṇihitam

随 Anugamaḥ（气入）

金刚喻三摩地 Vajvo nāmaSamādhiḥ

止 'Sthānaṃ（气住）

止 'Samathoḥ

观 Unalakṣaṇā （察清）

观 Vipa'syanā

转 Vivartanā （气转）

净 Pavi'suddhiḥ（气消融）

入出息念 Ānāpānasmṛtiḥ

四静虑 Catvāri dhyānāni, Dhyâna(S.) ghana(P.)(intuition, ecttasy, thcvsutoeResult of samadhi)

等至 Samāpatti

四无量 Cstrāri anramāṇāni

八解脱 Astav vimaksah

八胜处 Aṣṭav abhibhv-ayotanāni

十遍处 Da'sa Kṛtsnāyatanāni

三解脱门 Juni vimokṣa-mukhāni

慈 Maitrī

悲 Karuṇā

喜 Muditā

舍 Upeksā

空 'Sūnyatā

(注三)《定之生及退》——《疏抄》卷八云：「法有漏定有四：一顺退分，若从初地至七地菩萨或禅初，或如余异生，入此定力劣，入此定则顺起诸烦恼名顺退分。二，顺住分，谓顺自地，如异生二乘七地以前，若入禅定别顺初禅自地，若入二禅则顺二禅二地，乃至有顶亦尔。三顺决择分，即住初地以来菩萨，入有漏定能顺当来菩提决择念，非是加行位顺决择分，唯顺初地决择之圣智。四，顺胜进分，七地以前菩萨乃至二乘圣生等，若入初禅，能引二禅乃至有顶亦尔。」

(注四)《第四禅功德》——《疏抄》卷九云：「有六种，四禅之中，第四最上胜。一、义无碍解，二、法无碍解，三、乐说无碍解，(词无碍解以是声故，初禅系。)四、无净三昧，如罗汉乞食前先入第四禅上品边际定无净三昧，五、佛欲知一切人心等，即入第四禅上品边际定方始能知。六、延寿法，如罗汉命将终时，入第四禅上品边际定亦能延命。」又「佛于天住之中多依第四定，(色界皆名天住。)梵住之中等，如《瑜伽师地论》卷三十三注二说。」又《识述》卷十六云：「言胜定者，旧云边际，第四禅据实四定俱得，预流果等，皆得此定，理不违故。然多第四，以殊胜故。」(考《大经》卷五九一初。)

(续注四)第四禅功德——《智论》卷七云：「一切诸佛于第四禅中行见谛道，得阿那含，即时十八心中得佛道。在第四禅中舍寿。于第四禅中起入无余。第四禅中有八生住处，背舍胜处，一切入多在第四禅中。第四禅名不动。无遮禅定法。欲界中诸欲遮禅定心。初禅中觉观心动，二禅中大喜动，三禅中大乐动。四禅中不动。故王三昧应在第四禅中。」(考《大经》卷五九一初。)

(注五)《六行及七作意》——《成唯识论了义灯》卷十云：「四义明：一辨六行相，二约七作意明，三约四道，四约四对治。『言六行者』观下为粗、苦、障，观上为静、妙、离。能观唯慧，粗静六相即所观境。行谓行解通能所观，如十六行，然能观胜初得行名。观于下地作粗相时寻思六事。如《瑜伽师地论》卷三十三云，觉了欲界粗相寻思六事：一义，二事，三相，四品，五时，六理。然断惑时观下三相随一现前，上三亦尔，非如具三，亦不随观下上唯一，要上下各一，以厌下欣上故……由有余能，诸论之中皆略不说，不尔，余惑是何行断，非出世道故。然无间解脱如一行相，如一刹那以时促故。然无间道观粗，解脱道观静，余皆准知，未见大乘经论文说。

《俱舍》卷二十四云：诸无间道缘自次下地诸有漏法作静妙等，三行相中随一行相。诸解脱道缘次下地诸有漏法作粗苦等，三行相中随一行相。诸解脱道缘次上地诸有漏法作静妙等三行相中随一行相又粗静二相是总，余之二二，如如是别。约『七作意』明者，欲九品惑，断初三品用了相，胜解二种作意而为加行，创难断故。或初三品同一加行胜进故。《唯识》卷十云：二乘根钝渐断障碍时无间解脱，心各别起加行胜进或总或别，中下亦尔而为加行。远离作意为无间道，摄乐作意为解脱道及胜进道故。《瑜伽师地论》卷三十三云：从是以后爱乐于断，爱乐远离于诸断中见胜功德触证少分远离喜乐于时时间欣乐作意而深广悦，于时时间厌离作意，而深厌患，准此触证少分即解脱道，欣乐作意即胜进道，而深厌患既加行中三品惑，还用摄乐而为四道，中品易除非余作意而为加行。下三品惑观察作意为加行道，细断难故。一为加行□不同初创极难断故。加行究竟作意为无间道，加行究竟果作意为解脱道。《瑜伽师地论》卷三十三云：了相作意于所应断能正了知心生希愿，胜解作意为断为得正发加行，远离作意，能舍所有上品烦恼，摄乐作意能舍中品惑，观察作意，能于所得离增上慢，安住其心，加行究竟作意能舍下惑。究竟果作意能正领受彼诸作意，善修习果。《瑜伽师地论》卷十一云，由证果烦恼断已方得根本定：断欲第九惑起解脱道，一云即入根本定。《瑜伽师地论》卷三十三、《对法论》卷九云，初禅俱行作意，名究竟果作意，此是彼解脱故即入根本，一云或有不入。《瑜伽师地论》卷十一云证果已方得根本定，故解脱道非根本。此二约利钝解。『约四道者』，此之六行，加行胜进，各得具作，以时长故，无间解脱各一行相，故《瑜伽师地论》卷六十二云：诸近分定若方便道，若无间道，若解脱道，或为断灭，或为证得而修习者或观下过，观上静，若胜进道当知彼是遍满所缘。《瑜伽师地论》卷三十三等于了相胜解二种作意，俱云观粗静故，俱舍亦同。『约对治者』有四对治，一厌患对治，二断对治，三持对治，四远分对治。了相作意乃至胜解作意名厌患对治修，从远离作意，乃至方便究竟作意名断对治修，究竟果名持对治修，从此以上七种作意，随于胜上地所摄，一切名远分对治此约一相，据实摄乐通四对治，观察亦通厌患对治。」《义演》卷二十云：「观下界苦即无间道，观上界妙即解脱道，观上下出离、障、静、粗亦尔。又此言苦者非是苦受。以上界无苦受故，所以上地苦喜一乐受总名苦。欣上厌下者，据粗细说。」又《义林》卷四云：「六行唯有漏方便地观下苦，粗、障随一为无间道，观上静、妙、离、随一为解脱道。唯伏惑非能断，通凡及圣者，在二乘非菩萨。理实依多说，《本地分》说初劫菩萨初资粮位亦用六行。久修者不用。」又《对法论》卷九云：「由了相作意发希愿心为正了知所应断所应得，为断故，为得故。由胜解作意为所求义，发正方便；由远离作意，舍上品惑；由摄乐作意，舍中品惑；由观察作意安心于所证离增上慢；由方便究竟作意，舍下品惑，由后作意，领彼所修作意修果。」(又将七作意与初禅合说，如《成唯识论》未录。)(考更《对述》卷九。)

(注六)《三昧义》——《楞伽集注》云：「圭峰云三昧，此云正受，又曰不受诸受是名正受。《辅行记》云：三昧，此云正定心行处，或云调直定，由众生心屈曲散乱，佛以诸三昧门令直其屈曲，正其散乱也。则知三昧是定之用，正受是定之体，属用有多种名，属体无别立义，止曰正定而已，正受者是正定之异名，学者不可不辨。」按《杂含》卷四十四等云：「入于三昧如其正受于王舍城没住梵天上。」则《集注》之说是也。又按《胜鬘》云：禅上烦恼，正受上烦恼。《述》卷三云：正受谓无色界。

(注八)《四无量释》——《对法论》卷十三云：「慈无量者谓依止静虑，了诸有情。与乐相应意乐，住具足中若定若慧及彼相应诸心心法，

《瑜伽师地论》卷六

此中显慈无量，以静虑为所依，有情为境界，愿彼与乐相应为行相，定慧为自体，诸心心法为助伴，悲等一切功德随应亦尔。悲者谓了诸有情离苦意乐，住具足中若定若慧等，舍谓依止静虑于诸有情利益意乐住具足中若定若慧，利益意乐者谓于与乐相应等有情所弃舍爱等作是思维，当令彼解脱烦恼，如是意乐名舍行相，利益

性。」《成唯识论演秘》卷一云：「名彼分涅槃者，由诸烦恼一分断故，非决定故。」

三摩呬多（二）（《瑜伽师地论》卷十一～十三）（注一）（注二）

四静虑

总别

别名——增上心，乐住，得定，彼分涅槃，差别涅槃。又《瑜伽师地论》卷六十三云：「三摩地，奢摩他，心一境

对治别——《瑜伽师地论》卷六十三云：「略有三对治，谓对治缺减对治，身心逼恼对治，于外境界其心散乱不寂静对治。」又《瑜伽师地论》卷十一云：「对治差别有三：谓不净、慈、悲。如其次第，或有唯修不净出离一切，或慈或悲，故三别说。此上唯有一类对治故后出离无有差别。（第四色出离别依空处皆色观空一类对治，第五于四蕴身别修无漏空观一类对治，前后治别不同前三同时出离差别分多故云无有差别。）」

初三苦根——「初中苦根未断，彼品粗重未远离故。不尔，便与第二无差别。」以上皆《瑜伽师地论》卷六十三云。卷十一云：「苦根未断而不现行。」

离贪别——「第三静虑心随烦恼已远离故，显彼自相。故说离喜贪，初中离欲贪故非离喜贪，第二离寻伺贪故非离喜贪，第四示极净。」

初二之念正知舍——「初中念正知舍由寻伺之所引发，故有而不宣说。第二者由彼自性能有作业，又内踊跃心随烦恼之所缠缠，故显示内等净名。」

建支别——「于四静虑建立四支五支者，住所依故，住饶益故，住自性故。复有差别谓思维所缘故，受用所缘故，于缘不散故，复有差别，谓饶益所依故，增上心，慧所依故。复有差别谓对治三杂染住（染污住，苦恼住，愚痴住。）所对治故。」《瑜伽师地论》卷六十三云。

别别

四依修《瑜伽师地论》卷六十二

- 依出世定修静虑者——引发现法乐住无量作意世间功德，又能引发游戏神通，若顺决择分所摄空无相无愿解脱门所显静虑。
- 依世间定修静虑者——住余善世间静虑。
- 依染污定修静虑者——爱上静虑乃至疑上静虑。
- 依近分定修静虑者——于了相作意乃至加行究竟作意修定转。

所发神通——《瑜伽师地论》卷六十三云：「于一事中俱发变事胜解神通皆得自成。此二神通，互相碍障。而此二通无偏大者不相映夺……第二，定中即于此事数数专生心无散乱所发神通能无障碍。随神通力如意转变。」《资粮论》云：「于四无量得心堪能，便入初禅，乃至第四。得已便身心轻。出生入神通道，便生神足。于中欲者向法，精进者成就 法，心者于法现行，思维者于法善巧……乃至八万四千差别无量神足。」

意乐行相圆满名住具足。」（考《菩萨藏经》卷七。又舍有三：谓舍烦恼舍，获自他舍，时非时舍。）

（注九）《四无量修别》——《菩萨藏》卷七云：「诸声闻慈，唯能自救，诸菩萨慈，毕竟度脱一切众生……，众生缘恋，初发大心菩萨所得，

《下》法缘之慈，趣向圣行菩萨所得，无缘之慈，证无生忍菩萨所得。」

（注十）《不住色无色定》——《大经》卷五九一云：「不许菩萨于四静虑，四无色定心生染着，久住其中，何以故？若生欲界，速能圆满一

《下》切智智，生色无色界，无所用故。」

出离别——初出离忧根，二出苦根，三出喜根，四出乐根，于无相中出离舍根。（世间静虑但能渐舍彼品粗重，不

（注四）拔种子。若异此者，种永拔故后应不生。无漏静虑，二种俱舍。）无相者（无学人无漏定心缘真如境）。说为无相心定，于此定中，舍根永灭，但害随眠彼品粗重无余断故，非灭现缠（现行无漏舍假名现缠）。住无相定定有受故。有三受，谓喜、乐、舍。盖此舍根当知始从第四静虑乃至有顶。又《瑜珈师地论》卷五十七云：「依止喜根能舍喜忧舍根，谓依出离喜根为依止故舍依躭嗜三根。依止忧根舍忧根，谓依出离为依止故，舍依躭嗜。依止舍根舍舍根，谓依一性舍故舍依种种性舍，无所依舍为依止故，舍一性舍。（《圆测疏》云：无色界境舍唯缘法尘，名一性舍。色界境多名种种舍，缘无心名无所依舍，缘有心名一性舍，今缘空心舍，舍缘有心舍也。）」

顺出离——此中由欲恚害出离即说忧苦喜乐四根出离，由色出离即说第四静虑，舍根出离。由萨迦耶见灭，即说无色界一切舍根出离。又云：「若已修犹有疑惑闷乱，故慈等于恚害非正对治。建立六界：一、慈对治恚；二、悲对治害，喜治不乐，舍治贪恚，无相治一切众相，离我慢治一切疑惑。初之四种天住所摄，第五圣住所摄。又初四梵住所摄。五、六圣住所摄。又观察圣住得道理故建立第五，观察究竟正道理故建立第六。（按：出离与顺出离，所论溢四静虑之范围，因有连系关系故。誌于此。）」

诸支作用——初中寻伺为取所缘，三摩地为彼所依，喜为受境界，乐为除粗重。二中内等净为取所缘，余如前说。三中舍念正知为取所缘。四中舍念净亦为取所缘，余如前说。

见过别——初中有寻伺由彼能厌患欲界入初静虑故，未能观寻伺过。二能观彼过，故说寻伺寂静。三、见喜过故名喜寂静，四、见乐过故名乐寂静，舍念清净差别应知。

寻伺功能——《瑜伽师地论》卷六十三云：「寻伺于初静虑中皆能摄益胜三摩地又能摄受自地静虑皆令清净。世尊于彼显示动名者此望他地，不望自地。」

胜上支——又云：「从欲界上初初静虑等中建立后后胜上支者，有三因缘：所治能治故，证得胜利故，所证得故。」

圆满别——又云：「第二之三摩地较初圆满，第三饶益圆满，第四清净圆满。」《瑜珈师地论》卷十一云：「初中说离生喜，由证住此断除五法谓欲所引喜，所引忧及不善所喜，忧及舍。又于五法（欢、喜、安、乐、定）修习圆满。」

盖——诸静虑等至障中略有五盖。

密意——不依——《瑜论》卷三十六云：「依于地、水、火、风、空处、识处乃至此世他世，日月光轮，见闻觉知所求所得，意随寻伺而修静虑；不依一切而修静虑。」

释乐——《疏抄》卷一云：「欲界及第三禅有乐受，适悦身故，即是遍行受数乐。及下三禅中亦取轻安乐。第四禅以上即是轻安乐。调畅身心，名之为乐。非是行受数中乐受。所以乐名通于三界。乐受即唯三禅以下

三摩呬多（二）（11～13）（注一）（注二）

（注一）四无色定《显扬论》（注五）（考《智论》卷十七，又考卷二十）

（注十）

（注一）《无色亦有色》——按《密严》云：光照欲我无色无想天宫。《疏》卷六云：『准此应知，无色界中无有色者但无粗色名无色界，细色犹有然小乘人不知细色，但知粗无故说为无色，就实论之细色犹在。』然《智论》说无色无身，应思。

断烦恼及得无为——《疏抄》卷一云：「若约极处为言，故说断下三禅染得第四禅定而得不动无为。若余凡者外道修六行伏惑道，伏下三禅染，而得第四禅定者，即得第四禅中非择灭不动无为。若阿罗汉断下三禅染得第四禅定者即得择灭不动无为。由断不变意受故得想受灭无为。变异受者即苦乐忧喜，不变意受者，即舍受。此约离烦恼外异熟受说。惟此犹约一类利根纯根罗汉说。如有纯根阿罗汉不得上界根本定唯依初未至定中，虽断尽三界烦恼仍不得四禅八地根本定。以定下劣异熟生受故，其罗汉以后即渐伏，除定障异熟生受已，方得上界定，即得择灭不动无为及想受灭无为。若凡夫伏离下地烦恼已，即得上界定。即得非择灭不动无为也。如伏欲界烦恼已，即得初禅定根本定。如是次第乃至非想定。若圣者即不定。如预流果人虽依未至定断尽三界分别烦恼。仍不得上地根本定也。有一种利根无学，断尽三界烦恼时，同时亦断尽异熟受而得四禅八根本定。如断初禅烦恼尽时即得二禅定。乃至断无所有处染已，即得有顶地定，或有一类利根无学，断尽三界烦恼已，即得四禅八定，大小乘中同说。」（考《无为法》及《断烦恼》。）

及欲界也。此皆名有漏乐。无漏通学无学，是乐自性。初二近分定中得有喜受，初二果人既得初未至定故。初二果人得有无漏乐。若三受明义即喜受亦得名乐故。」《成唯识论述记义蕴》卷一云：「舍受亦能调畅身心故，疏言非唯遍行受数中乐。……有漏乐受非自性者，有漏之法毕竟除断，非真实故。不名自性……观疏意乐自性者，但以受数名为自性，非要无漏。」《成唯识论述演秘》卷一云：「喜乐舍三皆有调畅义故，总名为乐。不尔，不云言通三界。」《释》云：「不取七八识舍受唯无记故，前六识舍受乃通，通三性故，故善性收。若言非想天可有前五识者？答：通前诸地起。」《智论》（戒?）（戋?）云：「四禅中五识相应乐根，意识相应喜根，二禅中意识相应喜根，三禅中意识相应乐根，五识相应乐根，不能满足意识相应能满足，故三禅诸功德少乐多。」

- 空无边处
  - 建立
    - 生——若下中上修空无边处者受虚空无边处天果。（《瑜论》卷四说或无处所。）（注三）
    - 定——（如近分）……具足住。（无色中不立支分者以奢摩他一味性故。《显扬论》云。）
      - 根本——具足住
      - 近分——一切色想出过，一切有对想灭，一切种想不作意，入无边虚空，虚空无边处。
  - 世、出世、杂染、洁白、清净如上说。
- 识无边处
  - 建立
    - 生——若下中上修。识无边处者，受识无边处天果。
    - 定——（如近分）……具足住。
      - 根本——具足住。
      - 近分——出过一切虚空无边处，入无边识，识无边处
  - 世、出世、杂染、洁白、清净如上说。

修别——《瑜珈师地论》卷四十四云：「略有三种修四无量：一者有情缘无量，二者法缘无量，三者无缘无量。」余有多义。又卷十二云：「第三静虑于诸乐中其乐最胜，忆念此乐修习慈心最第一。忆念空处修习悲心亦最第一。修喜定亦常念无边识处，庆诸有情所得安乐。修舍定者，亦常忆念，无所有处，以无所有处，无漏心地最为后边，舍最第一。」（注九、上卷）

建立道理——《瑜伽师地论》卷十二云：「诸有情有三品，一者无苦无乐，二者有苦，三者有乐。如其次第欲与其乐，欲令离苦，欲令其乐，永不相离，于彼彼作意有四种故，如其次第建立四种，谓由乐作意故，拔苦作意故，乐不相离随喜作意故，建立前三，即于此三欲与乐等为欲令彼不乐，思慕不染污作意故，建立于舍。」

（考《智论》卷二十

《显扬论》

好。）

四无量

（注八）卷上

种类（注六）

- 舍无量——舍心俱，无怨无憎，无有损害，广大无量极善修习——无贪无嗔善根——乐所摄
- 喜无量——喜心俱，无怨无憎，无有损害，广大无量极善修习——不嫉善根——利益意
- 悲无量——悲心俱，无怨无憎，无有损害，广大无量极善修习——不害善根——无嗔一分 卷四十四
- 慈无量——慈心俱，无怨无憎，无有损害，广大无量极善修习——无嗔善根——所摄（《瑜论》——安乐意乐

所以大立四无量 卷十五释（《涅槃》

非想非非想处

- 建立
  - 生——若下中上修非想非非想者受非想非非想处天果。
  - 定——（如近分）……具足住
  - 根本——具足住
  - 近分——超过一切无所有处入非有想非无想，非想非非想处。非有想者超过无所有法，由此唯见此境极寂静。非想非非想处者，谓此转依及能依想，非无想者，谓于无所有处上境界推求之时，唯得缘无所有极细心及心
- 杂染、洁白、清净如上说。
- 世间——不明了相恒现在前，非极明了现行圣道之所依止，无出世。

无所有处

- 建立
  - 生——若下中上修无所有处者受无所有如天果。
  - 定——（如近分）……具足住
  - 根本——具足住
  - 近分——超过一切识无边处入无少所有无所有处。
- 世及出世、杂染、洁白、清净如上说。

（注一）智者大师，台宗祖也，于《释禅波罗密》（及《摩诃止观》卷九）书中言等至等颇详。兹撮其大要如下，以证异同：

- 禅那波罗密（附二）
  - 世间禅相（附一）（附四）
    - 四禅
      - 初禅——一、修习——以阿那波那为修习法。二、支——觉、观、喜、乐、一心。
      - 二禅——一、修习——凡夫先修六行，佛弟子，多修八圣种，心中厌离觉观。二、支——内净、喜、乐、一心。
      - 三禅——一、修习——摄心第一定，寂然无所见，患苦欲厌之，亦如舍舍观。二、支——舍、念、智、乐、一心。
      - 四禅——一、修习——圣人得能舍，余人舍为难，若能知乐患，见不动大安。二、支——不苦、乐、舍、念、清净、一心。
    - 四无量心——四禅名内色界定，四外量名外色界定
    - 无想定——诸外道深厌有为心识生灭，欲求涅槃，寂静常乐既无智慧，不知真实得四禅时直以邪智灭欲其心，邪法相应，心无忆想谓证涅槃，舍命时即生无想天中，犹是色界生死，不得解脱，亦名客天。
    - 四无色定
    - 有漏法。（非观慧之法不能照了断诸烦恼）又《智论》卷十七以有漏、无漏、九思维断、九无碍道、九解脱道、八味、八净、七无漏、四缘、二修、练禅、诸门解，颇要。○○○○
  - 亦世亦出世禅相
    - 六妙门——数、随、止、观、还、净。此对有众生慧性多而定性少者说，慧性多故於欲界初禅中即发无漏（《瑜伽师地论》卷二十七、广有论义）。
    - 十六特胜（附五）——知息出，知息入，知息长短，知息偏（遍？）身，除诸身行，受喜，受乐，受诸心行，心作喜，心作摄，心作解脱，观无常，观出散，观欲，观灭，观弃舍。此为定多慧少者说。故下地不即发无漏，以具上地诸禅方得修道。然是中具足诸禅，以喜乐法受乐故，则无自害之过，而有实观，观察不著诸禅，能发无漏，故曰特胜。
    - 通明观——此为定慧根等者说，其中亦具根本禅，而观慧巧细，从于下地乃至上地，皆能发无漏。修此禅必能发六通三明，此禅无别位次，但于二禅内，更有增胜出世间观定之法。此观名目出《大集经》。（通明观来历考《辅行》卷卅六）（附三）
    - 亦有漏亦无漏（虽有观慧对治，力用劣弱）

- 出世间禅相
  - 对治无漏
    - 观
      - 观坏法
        - 九想——胀，坏，血涂，脓烂，青瘀，噉，散，骨，烧九想（依《瑜》卷26说有六：谓朽秽，苦恼，观待，烦恼，劣，速坏，六不净）-（考《智论》卷二十一）
        - 八念——佛、法、僧、戒、舍、天、入出息死、八念（考《智论》卷廿一及八十七初。）又考《大经》卷三七二末至卷三七三中）
        - 十想——无常，苦，无我，食不净，一切世间不可乐，死，不净、断，离，尽，等想（考《智论》卷二十三）
      - 观不坏法
        - 背舍——即八解脱
        - 胜处——即八胜处
        - 一切处——即十遍处
    - 练——九次第定（《瑜》称等至次第）—初禅，二、三、四及四无色乃至灭受想定。（考《智论》卷二十）
    - 薰——师子奋迅三昧—离欲，不善法、有觉、观，离生喜乐，入初禅，如是次第乃灭受想定，从灭受想定如次第乃至初禅。
    - 修——超越三昧—入初禅已从初禅超入非有想，非有想起入非无想处。非无想起入灭尽定。灭尽定起还入初禅。从初禅起入灭尽定，从灭尽定起入第二禅，如是转展次第（考《瑜珈师地论》卷二十五，注六，《灭定》、《初修依》。）
    - 此外犹有法缘四无量心，三十七品三三昧乃至顶禅，十一智，三无漏根诸无漏定。
  - 缘理无漏——四谛十二因缘真空正观，缘理断惑。

《智论》卷廿三云：「初习善法为不失故，但名念，能转相转心故，名为想。决定知，无所疑故名智。

无漏（悉有对治，观慧、具足、能断三漏。）

非世间出世间禅相——法华、般舟、念佛、首楞严等百八三昧，自性禅，一切禅，难禅，一切门禅，善人禅，一切行禅，除烦恼禅，此世他世乐禅，清净净禅，乃至无缘大慈大悲，十波罗密，四无碍解，十八空，十力，四无畏，十八不共等——非有漏非无漏。

（附一）四禅相未发之先，皆有未到地定，《瑜伽师地论》卷十二说：「于四种现法乐住前说方便道。」又《瑜珈师地论》卷五十七云：「未至定地喜可动，故不立支。如世尊言：如是苾丘离生喜乐，滋润其身，周遍，滋遍，润遍，悦遍，无有少分不充满。如是名为离生喜乐。此中初门说未至位，后门说根本位。」又说：「依未至定修谛现观，彼得果时有一（利根）起初静虑喜根，有一不尔。」又卷六十九说：「除未至定所余一切近分地中唯有俗智，无出世智，何以故？由未至度地是。初定心初静虑上所有定心皆先有定故。圣弟子从此以上但依根本修出世智，不依近分。」（按：小乘十九部，计初禅还属初禅，经量部之初未至定。即属欲界，二未至定属初禅，乃至非想亦尔，大乘同。）

(附二)《发心论》云：「获得八解乃至首楞金刚三昧是名庄严菩提之道。」又《资粮论》云：「菩萨有十六禅，非二乘所及，谓：不取实，不味著，大悲攀缘，三摩地迴转，起作神通，心堪能，诸三摩钵底，寂静复寂静，不可动，离恶对，入智慧，随众生心行，三宝种不断，不退堕。一切法自在，破散禅等。」

(附三)《瑜》卷三十三说：「为欲引发神通修十二想：轻举、柔软、空界、身心符顺、胜解、先所受行次第随念，种种品类集会音声，光明色相，烦恼所作色变异，解脱，胜处，遍处等想。」——《发神通修十二想》——又《义林》卷五云：「通者离摄(?)障(?)义，加上神名名六神通。离诸撤(扰？)障妙用难测名曰神通。唯修方便生除障拥得者，名之为通，不尔用狭。不与通称，通者唯四禅有。」(广如《对述》卷六明)

(注二)《瑜》卷十一云：「世尊于无漏方便中先说三摩地，后说解脱，由三摩地善成满力，于诸烦恼心永解脱故。于有漏方便中先说解脱后说三摩地。由证方便究竟作意果烦恼断已，方得根本三摩地。或有俱时说，谓即于此方便究竟作意及余无间道三摩地中。(前方便在未至地依根本地起无漏无间道。)由三摩地与彼解脱俱时有故。」

(附四)《瑜》卷一百云：「有九依能尽诸漏，谓未至定，若初静虑，静虑中间，余三静虑及三无色，除第一有，(考《瑜论》卷十四注二十)(《瑜伽师地论》云：《瑜伽》一部唯此一文说中间禅有无漏，能尽诸漏)。」又《禅波罗密》云：「萨婆多人说有未到地及中间禅足四禅为六地定，若昙无德人倒不说有未来禅，而说有欲界定中间禅以为六地定，若大乘及瞿沙所明则具有欲界未到地中间禅足四禅为七地定。」(按未来禅者未到地定也。)《义演》卷六云：「中间禅者谓无寻唯伺地在中初禅第三天，若到第二禅即名无寻伺。」

(注三)《无色有无处别》——《疏抄》卷五云：「大众部无色有色身，即说无色界有别处所在色界上故安置。若大乘及余中即不许。」《义演》卷廿三云：「据实无色虽为上界，通欲色二界。」

(附五)《身行出入息》——《成唯识论演秘》卷七云：「依《毗沙》卷二十六云：有四缘故身行方转，一、谓入出息所依身；二、风道通，谓口鼻等；三、毛孔开；四、依息地粗心现前。回(四？)缺一身行不转。如羯刺滥，頞部淡閇尸，键南四位中但有第四故息不转。下三定入无心定及无色定，虽有前三无第四，息亦不转。第四定有前二无后二，息亦不转。又入出息依粗心转，第四定以上诸地心极微细，故息不转。若生第四定起下三定及欲界心虽有第一、第二及第四缺第三，故息不转。起自地心及无色心，并无心定，虽有初二无后二故息不转。若生无色四事俱无故息不转。」又《识论》云：「行于法有遍非遍。遍行灭时，法定随灭，非遍行灭，法或犹在。非遍行者谓入出息，见息灭时身犹在故。寻伺于语是遍行摄，彼若灭时语定无故，受想于心，亦遍行摄。」《成唯识论述记》卷八云：「行随法有无名遍行，不随有无名非遍行。寻伺引语名遍行，故二禅以上寻伺无故，语定随无。大乘佛等无寻伺，虽复有语，寻伺亦非遍语，此随他说。」又《成唯识论了义灯》卷八云：「身语心行各三：身行三者，出入息非遍行，动发思者是遍行。语行三者，寻伺二非遍行，亦思为遍行，如未(来？)无寻伺许说法故。意行三者谓受想二及审决思三俱遍行，心起必有故。」

(注四)《无相出舍》——《成唯识论述记义蕴》卷四云：「烦恼断故说以为断，彼品粗重说名随眠，彼论意无分别智相应定名无相心定。此智定之中舍根永灭者，非谓舍根现种永灭，以能永断烦恼种子粗重名为永灭，此约无学位能永断缘杂随眠故。」又《成唯识论秘》卷八云：「或相应舍被惑所杂或为缘缚能杂能缘舍根惑种名舍粗重，断此惑种名断随眠，据此等断名断舍根，非断现受。」

(注五)《无色定缘一切法》——《疏抄》卷九云：「不动阿罗汉最利根，身在色界起无色界定。能缘一切法。又无色定中起欲界耳识能闻声故。……即身生无色界中用无色界心了三界法，又利根不还，四善根已前大菩萨，亦能。」

(注六)《四无量体别》——《疏抄》卷十云：「四无量中悲即用不害为体，慈用无嗔，喜用不嫉，舍心无贪嗔，其四无量中慈喜舍，不能缘三界，唯缘于欲界故。四无量慈悲喜舍若各加大字，即能缘三界，非异生二乘等得。其佛菩萨所得大慈亦以无嗔为体，大悲亦用不害为体。大喜亦用不嫉为体，大舍体同四无量舍体。其佛百四十不共法中大悲，用无嗔痴为体，菩萨亦不得之。」按《瑜伽师地论》卷三十四以无欲无嗔无贪三法为体，如次缘三种有情故。《显》卷四唯以无贪嗔二为体。(更考，然随应可悉。)(文悲与大悲体殊义考《佛性》卷二《自体品》)

(注七)

八解脱 卷下(又考《无垢称疏》卷七，中)

行相——《义林》卷八云：「《俱舍》卷二十九说内有色想观外色名『初解脱』。内未伏除见者色想观外诸色不净名观外色。今不然。《对法》，初修业者身在欲界，已离欲界欲，未依无色定伏除见者色想，未离色界欲故。若久习业已离色欲，见者，色想安立现前而观欲界一切所有，内外诸色作光明想。由前三解脱引发胜处遍处等故，即观胜处所摄少多等色作光明想。由除变化障故作光明想，不除贪欲故，不作不净想。……观外诸色是初解脱者，唯依初业说。第二《俱舍》云：「内已伏除见者色想，唯观外境而为不净，名内无色想观外诸色，大乘不尔。《对法》，初习业者已依无色定，伏除见者色想，久习业者或见者无色想，安立现前而观外色作多少等相，不同于初观内外色皆作光明，未自在故。此唯观彼已离欲色作多少等，名观外色。已离染故，立以外名，覩心渐胜故，称略观故，……又由初解脱观色不言外，其内有色亦不言内。通缘内外等色作光明想故。今第二内有色有根等色故，其观外色，唯观外尘作少多等，不缘根等作少多等故。《瑜伽师地论》云：无色界定不现在前者，此说观外色不依无色定，无色定不能缘外色故。《显》卷二十云此二解脱，除变化障，为于变化得自在故。变化既通四静虑有故，初二解脱通依四静虑，但在根本，非近分，彼欣趣修都无通果，此容预修有通果故。不同《俱舍》初二静虑能除欲界，初静虑中显色贪故，作不净观。第三，《俱舍》云：「清净相转作净光解行相转故，唯第四静虑，离八灾患心澄净故。余地虽有相似解脱，而不建立，非增上故。……(如本文中译)……『灭尽解脱』大小俱说即灭尽定，弃想受故，然将入时有二行相，谓依非想非非想处相及无相界相，初修久熟二入别故。」

总释名——又云：「前七所观法多分要伏要断彼地烦恼障染方始修作，名已解脱。(考《余差别》中十二卷说)今观已解脱境，为除定障，起神通功德，而生胜解故名解脱，其身证者，于有顶染定未能离，但除彼地所有定障，起无诤等诸功德故，故成解脱。由此前言多分已离。不尔，「多」言无用。第八解脱弃背想受故名解脱。前无间道虽灭想受障至灭尽定位方得解脱名。由入灭定时暂弃背想受障，所求今满足故立解脱名。非时方始解脱定障，先已离故。」

得别——又云：「在佛麟角独觉身中八皆离欲得，在余身中皆加行得，要离彼地染，后方修起故。」

漏别——又云：「在佛身皆无漏，在余身中，第八解脱唯无漏，余七通二。」

(续附一)《欲界中有定》——《智论》卷二十六云：「欲界中有定，入是定中可说法。(按此解十八不共法中无不定心)以是故阿毗昙中说欲界系四圣种、四念处、四正勤、四如意足、五根五力、无诤三昧、愿智、四无碍智，有如是等妙功德。佛入欲界中定故。名无不定心。又《瑜珈师地论》卷二十九云：「欲界定未到地不离欲故名为少。」

（注一）（11－12）（三）卷

呬多

非三摩

舍）

卷八背

二十一

《智论》上卷（考

（注七）

八解脱

四）

论》（注

《显扬

类别

初三以色无色为境，次四唯无色第八无所缘。又初七通凡圣，第八唯圣得。又后五三界身起，许无色界

余差别——《伦记》云：「初二以显色相及真如相为所缘境。第三以摄受相及真如相，次四各以自相及真如为境。又谓有顶。」

功德——《显扬论》云：「由前二变化障清净，由第三最极现法乐住障清净，由第四往返障清净，由第五引无诤等圣功德障清净，由第六、第七诸漏及有障清净，由第八故寂静最极住障清净。」《义林》卷八云：「漏谓烦恼，有

想受灭身作证具作住解脱。

非想非非想处解脱

无所有处解脱

无边识处解脱

无边虚空处解脱——《瑜伽师地论》卷十二云：「於空处已得离欲，即於虚空思惟胜解，余亦尔。」《义林》卷八云：「四无色解脱，《俱舍》云：以四无色定善为性，非无记、染、非解脱故，亦非散善，性微劣故。近分解脱道亦得解脱名，无间不然，所缘下故，彼要背下地方名解脱故。多说根本者，近分非全故。今大乘皆已离自地依欲依自根本地重观自境思惟胜解令障更远，引生胜德，于中空识二，于自地所缘行相为称。无所有处以识无有为自地名，故于识处思惟胜解于有顶地已得离染，更不于余而作胜解，无所有乃至遍于想可生处，即于是处应作胜解。无所有处名想生处，今缘此无所有心心所名非想非非想故遍于此思惟胜解。」

净解脱身作证具足住——《圆测疏》云：「身作证者，由於智断得作证故，诸根得境，唯身根亲故。」《瑜伽师地论》卷十二云：「已得舍念圆满清白，以此为依修习清净圣行圆满，名净解脱。谓已超过诸苦乐故，一切动乱已见寂静故，善磨莹故，身作证者，於此住中一切圣贤多所住故。」又《义林》卷八云：「于内净不净诸色已得展转相待，相入，一味想名第三解脱。谓于诸色中，若唯见一类净、不净二觉无故名初想，于净中不净性随入，不净中净性随入，如薄皮所覆共谓净，于中现有三十六不净物，是第二想。一切色合为一味是此想。依第四禅。」

内无色想观外诸色解脱——内无色者，依无色定意解思惟故。外者除眼根等，意解思惟余色故。又《瑜伽师地论》卷十二云：「生欲界已，离无色欲，无色界定不现在前，又不思惟彼想明相，但於外色而作胜解，若於是色而得离欲，说彼为外。言内无色想者，谓已证得无色等至，亦自了知得此定故，不思惟内光明相故。」

有色观诸色解脱——有色者依有色定意解思惟故。诸色者，若色如胜处中广自分别。观者於诸色中为变化自在故，意解思惟显示彼相故，又《瑜伽师地论》卷十二云：「谓生欲界已离欲界欲，未离色界欲，彼於如是所解脱中已得解脱，即於欲界诸色以有光明相作意思惟，而生胜解。名为有色者，谓生欲界故得色界定故，又於有光明而作胜解故，修习如是观行能引胜处，遍处神通，无障愿智无碍解等。」

十遍处

建立道理——《瑜论》卷十二云：「无二者谓无我我所，无量者遍一切。遍处唯就色触二处建立者，共自他身遍有色界想故。」

类别《显扬论》

- 风遍处　赤遍处　识遍处——缘无量识作意思惟遍满故。
- 火遍处　黄遍处　虚空遍处——对治一切色相作意思惟遍满故。
- 水遍处　青遍处　白遍处
- 地遍处——色所依遍满故，彼能依色亦遍满故。」

（考《智论》二十卷）

凡圣别——又《瑜论》卷七十二云：「此中言胜，知胜见者，谓诸圣者，由正作意思惟诸色真如相故作胜知见，异生不欲转故。于彼诸色胜者自在转故，知者由止故，见者由观故，得如实想者，谓于已胜未胜中得无增上慢维。」又《对法论》卷十三云：「解脱是意解所缘胜处，是胜伏所缘。少多等境随意自在，或令隐故，或随相亦得胜自在。」又《显扬论》云：「诸胜处为治下地种子随逐作意思惟，非为对治自地所治作意思相及无色相为自在障之所障故，为断彼障起此观行……诸色相难可胜故，於此事中，能胜伏时於无色论》云：「胜处是诸能解脱清净道，由胜处胜所缘故。」又《瑜论》卷七十二（三？）云：「修观者於诸色

八胜处

建立道理——《瑜珈师地论》卷十二云：「胜义显隐蔽及自在，胜前解脱中胜解自在，今於胜处制伏自在。」又《显扬论》（注四）

种类《显扬论》（注四）

- 内无色想外诸色观青……
- 内无色想外诸色观多……
- 内无色想外诸色观少……
- 内无色想外诸色观白……（后四无『若好』等八字。）
- 内无色想外诸色观赤……
- 内无色想外诸色观黄……
- 内有色想，外诸色观多，若好、若恶、若劣、若胜，於彼诸色胜知胜见得如是想者名二胜处——多者显示有情世器世色遍思故。
- 内有色想，外诸色观少，若好若恶若劣若胜，于彼诸色胜知胜见得如是实想名初胜处——少者资具摄色意解思惟故。又《瑜珈师地论》卷十二云：「如是想者有制伏想也。」

（注四）与解脱之关系——《对法论》卷十三云：「前二胜处由初解脱所建立，次二胜处由第二解脱所建立，后由四由第三解脱所建立。」

解脱及真四句分别——《学记》卷一云：「有解脱非真，彼分涅槃；真非解脱，二空真如，非道果故；俱，三乘涅槃，永离缚故；俱非，除上三相。」

妨色界亦起。」《对法论》卷十三云：「诸圣所住，第三第八，以最胜故。」

（考《对述》卷十）

脱。第八弃背想受故名解脱。」《义林》卷八云：「有义前三通内外道凡圣得，后五唯圣得……有义初三何起灭定故，初三唯欲界起，由教力故。」又《瑜珈师地论》卷十二云：「前七于已解脱生胜解故，名为解

常相续故。眼等根色唯属自身，香味二尘不遍一切，声声有间，是故不说。如是有色诸遍处，定色界后边，於无色中空遍一切故立遍处。识所行境遍一切故亦立遍处。复次修观行者，先於所缘思惟胜解，次能制伏，即於制伏得自在已，即此遍一切遍，第八色遍处善清净故，能引圣贤胜解神通。」又《瑜伽师地论》卷十二云：「诸遍处於胜解事生遍胜解，故名遍处。」又《显扬论》云：「遍处亦是诸能解脱清净道，由遍处遍所缘故。」

功德——《瑜论》卷六十二云：「修习地遍处乃至自遍处能引发化事变事诸圣神通。又由修习空无边处一切处，引发往还无碍诸圣神通。又由修习识无边处一切处引发无净願智、无碍解等诸胜功德。又即由此识无边处、遍处成满便能成办无所有处及非想非非想处解脱。又即由此成满故，便能证入想受灭解脱最胜住所摄。又由识无边处故无边无量遍满行转，是故此上不立遍处胜处。遍处是诸解脱能清净道。」

余差别——《瑜伽师地论》卷七十二云：「十遍处由胜处所缘力应知其相。此中差别者，亦以大种相为所缘，及彼真如相为所缘，又空识无边处相为所缘，及彼真如相为所缘若不尔者，由所依止不遍满故。能依不应得成遍满，由彼所缘真如之相，所缘境界极遍满故得名遍满。由胜遍二种势力令诸解脱亦得清净，又能引发一切众圣神通功德。」

现见三摩钵底——是诸修道所断烦恼，制伏对治，断灭对治及观察断。

三三味

卷二十三，

(考《智论》

(注三)

三三摩地

空三摩地——远离有情命者及养育者数取趣等心住一缘——空性

- 外空——於五欲空无欲爱。
- 内空——於自身空，无计我我所等一切僻执。
- 彼果空——不动心解脱，空无一切烦恼。
- 观察空——观察空无常乐乃至空无我我所等。

由彼果空，思惟外空或内空，由观察空，思惟内外空性，由此力故，心俱证会。，谓不证会，便应作意。思惟无动。无动者，谓无常想，或苦想，便不为慢等动。《深密疏》卷三云：「遍计所执生法无我说名空。缘此三摩地名空解脱门。」

无相心三摩地——於彼诸取蕴灭，思惟寂静，心住一缘。如经言无相心定不低不昂。入无相定因缘有二：一不思唯一切相，二正思唯无相界。唯须自策自励思择安立，方能取果。《深密疏》卷三云：「相谓十相，即是涅槃无此等相，缘此三摩地，名无相解脱门。」

无愿心三摩地——於五取蕴思唯无常或苦，心住一缘。《深密疏》卷三云：「观三界苦，无所求愿名无愿。缘此三摩地名无愿解脱门。」

建立道理——《瑜伽师地论》卷四十五云：「观一切事远离一切言说自性，唯有诸法离言自性，心正安住，名菩萨空三摩地……法有二：谓有非有。有为无为，名之为有，我及我所名非有。於有为中有无愿，故可厌逆故，建立无愿三摩地。於无为中愿涅槃故，正乐摄故建立无相。於非有事不愿亦无无愿。然於非有如实见为非有建立空三摩地。《十地论》卷四云：「空、无相、无愿者，三障对治解脱门观故。何者三障？一分别，二相（依心起虚伪相、虚伪事也。）三取舍愿故。」

五圣智三摩地——自体智，众生智，清净智，果智，入出定相智。

圣五支三摩地——《圆测疏》云：四静虑中诸贤圣定各一为四，审观安立断除结缚所有圣定为第五支（论有五喻，文义甚多。）

有因有具圣正三摩地——善及无漏故说名圣，有正见、正思惟、正语、正业、正命故名因，有正见、正精进、正念故名具。此七道支与圣正三摩地为因为具。

金刚喻定三摩地——谓最后边学三摩地，最胜最坚。

三摩地修别——一分修，具分修。

定难——十一难，障三摩地所缘境相及因缘相。

修定目标——一、为得现法乐住。（方便道中所有修定及未圆满清净，鲜白诸根本地所修定。）二、为得智见（此在能发天眼前方便道所有修定。）三、为生分别慧（谓谛现观预流果向方便道中所有修定。）四、为尽诸漏（阿罗汉果方便道中所有修定。）

（注二）出定时境——出灭定时三触：
- 有境←不动触——无我慢扰动其心
- 境境←无所有触——无贪嗔痴所有
- 灭境←无相触——於一切相不思惟

住名差别——《瑜珈师地论》卷三十八云：「空无相无愿住及灭尽定名圣住，四色四无色名天住，四无量名梵住。」

无悔差别——《瑜珈师地论》卷十一云：「由定等无悔欢喜安乐所引，欲界不尔。（《圆测疏》云：由持戒故心无悔……）又非欲界中於法全无审正观察。」

入谛现观差别——《瑜珈师地论》卷六十九云：「唯依诸静虑乃至初静虑近分未至定入圣谛现观，非无色定，无色中止胜观劣……又非生上地或色界或无色界能入谛现观，彼处难生厌故。若厌少者，尚不能入，况於彼处一切厌心少分亦无。」

解脱门（《显扬论》卷三十五、附一）（考《瑜论》在觉分中）——
- 1、空解脱门
  - 智——缘彼境如实了知
  - 所知——众生遍计性所执法中及法遍计所执法中
  - 执自性遍计所
- 2、无相解脱门
  - 智——如空门说
  - 所知——即所知空境，由此境相一切诸相不行
  - 圆成实自性
- 3、无愿解脱门
  - 智——缘彼境厌恶了知，无所祈愿
  - 所知——由无知故颠倒所起诸行相貌
  - 依他起自性

总名空无相无愿者，此通定及散，有无漏闻思修所生之慧，世及出世。应知。若名空无相无愿三摩地唯是修所生慧，通世出世。若言解脱门者唯出世，唯修无漏，定摄。又《资粮论》云：「修初门为破散诸见，二为不取诸分别攀缘意，三为超过三界以缘生故，法无自性此名为空。空故无攀缘故，无根相，无相则无所愿。」

（附一）止观（卷70—77）（注一）

除遣——由真如作意，除遣法相及义相，若于其名及名自性无所得时，亦不观彼所依之相，如是除遣，如于名，句文等一切义

寻伺等三——若有粗显领受观察诸止观名有寻有伺三摩地，于彼相虽无粗显领受观察而有微细彼光明念领受观察，诸止观是名无寻唯伺三摩地，若即于彼一切法相，都无作意领受观察诸止观（缘总法止观）是名无寻伺三摩地。

通达，得总法止观——从初极喜地名为通达，从第三发光地乃名为得。

依法不依法——依止法得止观故，施设随法行，是利根，不依止法得止观故，施设随信行，是钝根。

奢摩他种
- 四种——四无量中各一种
- 八种——初禅乃至非想非非想处各有一种
- 三种——随彼无间心

毗钵舍那种
- 伺察毗钵舍那种——由慧故遍于彼彼已善解了一切法中为善证得极解脱故作意思惟……
- 寻求毗钵舍那种——由慧故遍于彼彼未善解了一切法中为善了故作意思惟……
- 有相毗钵舍那种——纯思惟三摩地所行有分别影像……

（附二）《明四事》——《对法论》卷十一云：「有分别影像所缘者，谓由胜解作意所有止观所缘境。胜解作意者一向世间作意，无分别……者，谓由真实作意所有止观所缘境，一向出世间。事边际所缘者，谓一切法尽所有性，如所有性。尽所有性者，谓蕴界处。如所有性者谓四谛十六行真如。所作成就所缘者谓转依。」（更考《成唯识论述记》卷九）。（《瑜》、《显》、《深密》）与此说少异。亦应考。《深密疏》卷十九云：《三无性论》所说多谬。又《深密疏》卷十九至二十六广明止观。）

心相、无间心、心一境性——心相者谓三摩地所行有分别影像毗钵舍那所缘，无间心者，谓彼影像心奢摩他所缘，心一境性者，谓通达三摩地所行影像，唯是其识。

心识——诸毗钵舍那三摩地所行影像，彼与此心当无异，由彼影像唯是识故，识所缘唯识所现故……此心如是生时，即有如是影像现显，如依善莹清净镜面为缘还见本质，而谓见于影像及谓离质别有所行影像，如是此心生时，相似有异三摩地所行影像。

异不异——奢摩他以毗钵舍那所缘境心为所缘故非有异，有分别影像非所缘故，有异。

四所缘境事——有分别影像所缘境事是毗钵舍那所缘境事，无分别影像所缘境事是奢摩他所缘境事。事边际所缘境事，所作成办所缘境事，是俱所缘境事。（附二）

依住——法假安立及不舍无上正等觉愿为依为□□大乘中修止观。

（注四）解脱体——《疏抄》卷十云：「小乘前三解脱，唯用无贪为体。大乘中，若作少多相观身不净等即是无贪为体。善贪於境厌故。若作光明总相等即用世间□□为体」又《义林》卷八云：「《俱舍》说前三无贪性，眷属五蕴性，次四善为性，第八灭定性。大乘中，有漏者以分别（五法中分别）中世间正智为体二，无漏者即无分□□□及后得智，唯慧为性。若相应体，初七以四蕴为性，眷属五蕴性。第八以二十二法厌心种子为体，即不相应行蕴所摄。」

证得——于时时间从其一切系盖散动善修其心，从是已后于七真如有七各别，自内所证通达智生，名为见道。由得此故名入菩萨正性离生，生如来家，证得初地又能受用此胜德。彼于先时由得止观故，已得初二种所缘境事，彼于今得见道故更证得第三所缘境事，复于后后一切地中进修修道，依此加行遣内相故，一切随顺杂染分相皆悉除遣，相除遣故，粗重亦遣，永害一切粗重故，渐次于彼后后地中如炼金法，陶炼其心，乃至证得阿耨多罗三藐三菩提，又得所作成满所缘。

对治

业地——极微细最极微细烦恼及所知障，究竟证得无著无碍一切智见，建立最极清净法身。

十地——不得圆满法身证得障

九地——一切种善巧言词不得自在障

八地——于无相作功用及于有相不得自在障

七地——细相现行

六地——相多现行障

五地——生死涅槃一向背趣障

四地——定爱及法爱障

三地——欲贪障

二地——微细误犯现行障

菩萨初地——恶趣烦恼业生杂染障

散动

粗重散动——内作意为缘生起所有诸受，由粗重身计起我慢。

相心散动——依外相于内等持所行诸相作意思惟。

内心散动——由昏沉及以睡眠或由沉没或由爱味三摩钵底或由三随一摩钵底诸随烦恼之所染污。

外心散动——于外五欲诸杂乱相所有寻思随烦恼中纵心流散

作意散动——若菩萨舍于大乘相应作意堕在二乘相应作意中

障——五系中顾恋身财是止障，于圣教不得随欲是观障，乐相杂住于少喜足是俱障，由第一故不能造修，由第二故所修加行不到究竟，于五盖中掉举恶作是止障，昏沉睡眠疑是观障，贪欲嗔恚是俱障，去此五盖名别名圆满清净。

业——此能解脱相缚粗重缚为业。重粗缚是烦恼见分种子，相缚是烦恼相分种子。

果——善清净心，善清净慧以为果，一切声闻及如来等所有世出世间一切善法皆止观所得之果。

因——清净尸罗，清净闻思所成正见以为因

亦尔……于所了知真如义中，都无有相，亦无有得，无所遣。

论》卷十一及《成唯识论述记》卷九。）

大乘以空为近行，能伏于惑，无愿无相为远加行，若小乘人观四谛理三种皆为加行伏与大乘别，远近合得言通三行。」（考《对法入大乘位，观四谛理入二乘位，故通三行……三门随应摄在正体后得二中，断伏道理无遮。」《决择记》卷二云：「正伏惑等者，解脱门。据远方便有漏亦是。或据《显》卷二，三门俱通境智。」《义林》卷四云：「三门皆能伏惑，然正伏惑唯以空行，依二空门《瑜》一书有十二说不同之别焉。（十二说略）——准《显》，解脱言唯无漏修慧非余，或正能为解脱门，有漏是远方便非正不得名卷七十四及《显》卷六空解脱门不摄谛行，遍计执故，无愿摄苦集道十二行，是依他故，无相摄灭四行。诸文不同，各据一义，而行，又准《瑜论》卷十二，十六行相各三所摄。又准《瑜论》卷八十六无愿摄十二，空摄十六，无相摄四，灭是涅槃故。又准《瑜论》无愿行，准《瑜论》卷十二无愿通苦集六行，或但二苦行，无相摄灭四行，道四行相非三等持，又准《瑜论》卷十二无相摄灭道八三解脱门俱清净因，能得涅槃故。一云非三摄，但说清净因行所显，不言三脱，前说胜。《瑜论》卷六十八意道谛是有为故，亦属无我行顺空行故，六是有漏，不可愿故。四是灭谛无十相故。（五境，男女二，三有为相）。道下四行有二解：一云通三脱解门，卷五十五云：苦谛后二行是空行，苦前二行及集谛四行（一切）是无愿行，灭谛一切是无相行，道谛一切是清净所显行，此意空谓缘灭谛四行相相应等持，涅槃离十相故。无相缘彼三摩地得无相名，依大乘说诸文不同，初辨摄行，后明行境。《瑜伽师地论》

（注三）《明三解脱门》——《成唯识论了义灯》卷十二云：「准《俱舍》卷二十八云：空三摩地谓空非我二种行相相应等持，无相三摩地若自在者通依定散，或依空入依无相出。」按《灯》卷十、《成唯识论掌中枢要》卷四之说略同《成唯识论述记义蕴》卷四。」者缘灭受想入，缘初二境，出，同有为故。久学者缘无相入，缘第三境出，同无为故……三等持通定及散，未自在者，唯依定出，蕴》卷四云：「有境谓五蕴内身，境境谓六尘，灭境谓无为。无相触者，无男女等十种相故。」《成唯识论了义灯》卷十云：「初学等，后出定无有贪等无所有，但有心心所相应触，余同前。如未自在菩萨依前境出定，自在者依后境出定。」《成唯识论述记义……有云：「有境即五蕴，立不动触者，不为我慢之取动故。境境谓五尘，又五识各各别取亦名境故，重名境境，立无所触者，初入定已断贪可逆配，即灭境配不动触，无所有触配境境，无相触配有境。《婆沙》卷一五三云：空是不动触，无愿是无所有触，无相是无相触，余义尚多。不动境故。无所有触，配境境。境境者是根境。意说此无有法执，出定心触彼当出名无所有触。无相者即真如，灭境即灭谛，或即五根，能有色境故。意说昔我见依此根境起执，今灭定既断我见，依此根不为见之所动名不动，出定心缘此而出名不动触，触

（注二）《释境及触》——《义演》卷十三云：「触即第六识中相应触，对前境故名为触，非是身识触，触尘境名触，身识不入灭定故。有境《瑜》卷廿六、七）、（又《华钞》卷十四之一初，十门分别止观，又卷十五中诸门分别事理止观及十义五对无碍相，颇要应考。）巧所缘亦五：谓蕴等五善巧、净惑所缘者，谓下地粗性，上地静性，真如及四圣谛。」（若广分别，如《对》卷十一、《显》卷十六、等四，净行所缘（正行所缘？）有五：谓多贪者缘不净，多嗔缘修慈，多痴缘缘起境，骄慢缘界差别境，多寻思缘入出息念境。善善安住故，此中诸句依正行所缘境说或依善巧所缘境说，或依净烦恼所缘境说。」又云：「遍满所缘复四：即有分别影像所缘安住是奢摩他。毗钵舍那者谓简择诸法，最极简择，普遍寻思，周审观察，为欲对治粗重相结故，为欲制伏诸颠倒故，令无倒心

（附一）《释止观》——《对法论》卷十云：「于内摄心合住、等住、安住、近住、调顺、寂静，最极寂静，专注一趣，平等摄持。如是九行令心

卷13 有心及无心

无心（注六）

灭尽定——《瑜论》卷十三云：「灭尽三摩钵底，谓已离无所有处欲暂安住想作意为先。诸心心法灭。」又《瑜珈师地论》卷三十三云：「灭尽定者唯诸圣者由止息想受作意方便能入。由非想非非想处欲求上进暂时止息所缘作意，以为上首，勤修加行渐次能入。」又《瑜珈师地论》卷五十三云：「灭尽定谓已离无所有处贪，未离上贪或复由止息想作意为先故，诸心心所唯灭静，唯不转。此定能灭静转识，不能灭静阿赖耶。当知此亦是假有非实物有。此亦有三差别。下品修者于现法退，不能速疾还引现前，中品上品应知。有学圣者能入此定，谓不还身证，无

（注四）

无想定——《瑜珈师地论》卷十三云：「无想三摩钵底谓已离遍净欲，未离上欲，求出离想作意为先，诸心心法灭。」又《瑜珈师地论》卷三十三云：「无想定唯诸异生由弃背想作意方便能入，由弃背想作意以为上首，勤修加行，渐次能入。」又《瑜珈师地论》卷五十三云：「无想定谓已离遍净贪未离上贪，由出离想作意为先故，诸心心所唯灭静唯不转。此是假有非实物有。此有三差别：一、下品修，于现法退不能速疾还引现前。若生无想有情天中所得依身，不甚清净威光赫奕，定当中夭。二、中品修，虽现法退然能速疾还引现前。若生无想有情天中所感依身亦不究竟最极清净，虽有中夭而不决定。三、上品修，必无有退到最极究竟清净，必无中夭，穷满寿命方殒没，此非学入亦非无学入。此中无有慧现行故。此上有胜寂静住及生故，不能证得所未证得诸胜善法，由是稽留诳幻处故。」

无心睡眠，无心闷绝，无想生，无余依涅槃界，乱心（有四颠倒）。（注三）

有心——五识身相应地，意地，有寻有伺地，无寻唯伺地，无寻伺地中除无想定，无想生及灭尽定，不乱心（四无颠倒。）

有心无心释义——《论释》云：「无心睡眠，无心闷绝，亦名有心，有七八故。唯无想定等心不相应，行与心违名无心地。……若缘具此心得名有心地，不尔，名无心地。…就实义门唯无依涅槃界中诸心皆灭名无心地。余位由转识灭故，假名无心，由第八识未灭尽故，名有心地。」

《瑜》13 非等引位

有杂染

- 未圆满——未证得加行究竟及彼果
- 未证得——未得诸作意
- 太略聚——于内略心昏睡所蔽
- 极散乱——于妙五欲心随流转
- 初修者 有退
- 有起
- 不发趣——受欲者于诸欲中深生染著而常受用 有不清净
- 阙轻安——欲界系诸心心法 有不自在
- 自性不定——五识身

二定余义

学圣者亦能入，谓俱分解脱。」《疏抄》卷七云：「诸利根人先入有心八定，次入灭尽定已后入涅槃，故名定中间。」《义演》卷十五云：「俱解脱罗汉入无余先入灭定，若不得灭定罗汉不尔。」《瑜珈师地论》卷五十六云：「无想定自性者唯是善，补特迦罗者，在异生相续，起者先于此起，后于色界第四静虑当受彼果。灭尽定自性者善，补特迦罗者在圣相续通学无学。起者先于此起，后于色界重现在前托色所依方现前故。此据未建立赖耶教。若已建立于一切处皆得现前。无想天自性者无覆无记。补特迦罗者唯异生性。起者谓能引发无想定思，能感彼异熟果，后想生已，是诸便空彼没。」又《瑜伽师地论》卷六十二云：「无想等至当言唯一有漏，灭尽等至当言无漏，出世间一切异生不能行，唯除已入远地菩萨，菩萨虽能起出世法令现在前，然由方便善巧力故不舍烦恼，又此等至当言非学非无学摄，非所行故，似涅槃故。」又《识述》卷三云：「修定时于定加行，厌患有漏粗动心心所故。无想六，灭定七，无想有漏，灭定无漏，无想厌如病等，灭定止息想俱为劳虑故，厌患发胜期愿云：我欲或一日乃至七日，一劫等无心遮心心所。」《疏抄》卷二云：「若初习灭定，须加行厌心，方能入定，若久性者不须加厌，任运能入灭定，如任运观无相别能入定。佛灭尽定体，还依散心种上假立，无始串习厌心种子成就故。」《成唯识论述记义蕴》卷一云：「《对法》卷二云：无想定出离想作意为先，灭定超过有顶止息作意。《显》卷一云：无想定者观想如病如痈如箭，由此无想即起出离想作意为先，灭尽定者或入非想非非想处定或入无想定前加行先观真如为加行方入灭定。若超自在者，随何地心行观真如为加行入。若次第者即有顶地心观真如为加行入。」《成唯识论演秘》卷三云：「发胜期愿者，一云：定中能发；一云：初修专注厌心无由能发，若得自在发无有失。」

闻所成《瑜伽师地论》（卷13－15）（注二）

内明——句、迷、惑、戏论、住真实净妙，寂静性道理，假设施现观，方所位分别，作执持增减，冥言所觉上，远离转藏护，思择与现行，睡眠及相属，诸相摄相应。说任持次第，所作及所缘，亦瑜珈止观，作意与教授，德菩萨圣教。又《瑜珈师地论》卷三十八云：「显示正因果相，显示已作不失，未作不得相。」

医方明

因明——论体论处所，论据论出离，论负论出离，论多所作法。又《瑜伽师地论》卷三十八云：「显摧伏他论胜利相，显免脱他论论利相。」

声明——法义，补特迦罗、时、数、处所根栽六施设建立。（注一）

工业业——十二种

於五明处名句文身无量差别，觉慧为先，听闻领受诵读为先，无倒解了。

卷（16~19） 思所成（一）

- 所观无法故
  - 毕竟无——谓石女儿等
  - 已灭无——过去诸行
  - 未生无——未来诸生
  - 有性
    - 不可说相有性——由四种不可说，故名不可说相：一、无故不可说，谓众生于彼诸蕴不可宣说若异不异；二、甚深故，谓离言法性不可思议如来法身，不可思议诸佛境界，如来灭后若有若无等不可宣说；三、能引无义故，不可说；四、法相法尔之所安立故不可说，所谓真如于诸行中等不可宣说异不异性。
    - 差别相有性——不二相生相死相等等
    - 遍分执有性——假施设相
    - 依他起有性——缘生相相
    - 圆成实有性——胜义相
- 思择所知故
  - 果相有法——从彼五因，若生若得，若成，若办，若转。
  - 因相有法——可爱因，不可爱因，长养因，流转因，还灭因。
  - 假相有法——于是处略有六种言论生起，当知此处名假相有。六言论者谓：属主相应言论，远离此彼言论，众共施设言论，众共聚集言论，不遍一切言论，非常言论。
  - 共相有法
    - 一切法共相——一切空无我性相
    - 一切有漏共相——有漏行皆苦性
    - 一切行共相——一切行无常性相
    - 成所作共相——谓善有漏法于感爱果，由能成办所作共相说名共相，余不善法等亦尔。
    - 种类共相——色受等五各别种类总名为一种类（蕴）
  - 自相有法
    - 现在相有——若已生及因果性（简相续假）
    - 相状相有——依他起性。由四种所观相状：一、于是处名可得。（《圆测疏》云：谓依他起性，后得智证。虽离名言，以名诠之与名相顺，非如名言不顺于名而可简圆成实性。）二、于是处事可得。（简所执性，虽有其名，无体事故。）三、此名于此事非不决定，谓或迷乱，无常不决定故。（简分位假。）四、此名于此事无碍随转，非或于是处随转，或于是处退还。（简聚集假。）
    - 胜义相有——真如根本智等非安立相。（离言说义，出世间智所行境界）
- 自性清净故——有九相，如独处、空闲、审谛、思维，如其所闻，如所究达诸法道理。

（注五）

益是次中略之令物生解，名为彼益，五宣说是广宣说谓略中广是后三品即后三分。」（考吕澂《声明略》）。

名号明劫初梵王于一一法皆立千名帝释，后减为百名，后又减为十名，后又减为三名，合为一品。三总略是教明中根本略要四，彼论。然声明论有五品瑜伽云相续名号，总略彼益宣说。一相续是合声，合字法为一品，（记云：合声生屈曲，合字成字成名等。）二百颂。此五声明并各根栽能与根本处所声明为生智解所依本，故护法菩萨造二万五千颂，名杂宝声明论西方以为声明究竟之极所造略成声明颂有一千颂，名为声明略本颂，后有八界论有八百颂，名为因缘。又有闻释迦论一千五百颂，又有温那地论二千五仙略为一万二千颂，次有波腻尼仙略为八千颂，现今行者唯有后二，所以辩出声之处所者，字体根栽声明论有三百颂，波腻尼仙法于净天，苍颉因华于鸟跡。又《枢要》卷二云：「劫初梵王创造一百万颂声明后命慧减帝释后略为十万颂，次有迦多谓（设？）罗主凡有三人，长名曰梵，其书右行；次曰佉楼，其书左行；少者苍颉，其书下行，梵及佉楼居于天竺，黄史苍颉在于中夏，梵佉取有荤拏，颂有三千檄伐呵利造，释有十四千，护法论师制，若人学至于此，方曰善解声明。」又僧祐《出三藏记》卷一云：「昔造书之之要，广叙诸家兴废之由，深明唯识，善论因喻。次有薄迦（択也切。）论，七百颂，七千释，亦伐檄呵利造。叙圣声量及比量义。次造，重显前经，祥明后释，明经学此，三岁方了。次有伐呵利论，是前朱你议释，伐檄呵利所造，凡二十五千颂，斯则咸谈人事声明人若向西方求学问者，要须知此，方可习余。此是闍耶昳底所造。复有苾栗底苏呾啰议释名朱你，有二十四千颂，学士钵颠社攞广略不等为异。此三荒章，十岁童子三年勤学方解其义。五谓苾栗底苏呾啰，即是前苏呾啰之释，十五岁童子五岁方解。神州之丁岸哆声也。文荼则合成字体，且如树之一目，梵云苾力义便引二十余句经文共相杂糅方成一事之号也。邬拏地则大同斯例而以声。（总有三八二十四声。）十罗声者有十种罗字，显一声时便明三世之异。二九韵者，明上中下尊卑彼此之别，言有十八不同，名补噜箱，三人名补噜沙。此中，声有呼嗡重轻之别，于七例外更有呼召声，便成八例，初句既三，余皆准此，恐繁不录，名苏盤多之韵，言七例者，一切声上皆悉有之。一一声中各分三节，谓一言二言多言，总成二十一言也。如唤男子一人名补噜□澜。两人名义意比田，夫创开畴畎。应云三荒章，一名颉瑟吒驮睹，二名文荼，三名邬拏地，各一千颂，驮睹者则意明七例，晓十罗声，述二九略诠意，明，略诠要义。有一千颂，是波尼你所造，八岁童子八月诵了。三谓驮睹章有一千颂，专明字元。四谓三弃攞章是荒梗之句，句八字更有大小颂甚多。六岁童子学之，六月方了，斯乃相传是大自在天之所说。二谓苏呾啰即是一切声明之根本经也，译为斯乃小学标章之称，俱以成就吉祥为四。本有四十九字，共相乘转，成一十八章，总有一万余字合三百余颂，凡言一颂，乃有四

（注一）《寄归传》云：「声明者梵云摄拖苾驮。五天俗书总名毗何羯喇拏，大数有五，同神州之五经。一则创学悉谈章，亦名悉地罗□睹，

胜义无——由世俗言说自性，假设言论所安立性。

互相无——谓余法由所余相若远离性，若非有性，或不和合性。

无性：
- 毕竟自相无性。
- 自依相无性。
- 可说相无性。
- 胜义相无性。
- 无差别相无性。

（注二）诸梵名

教明 'Sabadaridyā

因明 Heturidyā

内明 Adhyātmavidyā

返方明 Cikitsavidyā

工巧明 'Silnakarmasthānavidyā

（注三）《无心闷绝与生死二位》——《识述》卷七云：「瑜伽师生死二位既无六心，无心地中不别说者，即闷绝摄。」《疏抄》卷七云：「萨婆多宗三位无心，谓无想灭尽无想异识，若余死生位，睡眠闷绝皆悉有心。……若命终时等第六意识者，何故《瑜伽师地论》唯说五无心谓二无心定无想生及睡眠闷绝，更不别说生无心、死无心二位。故知生死位时则有六意识。据实而说，破他言唯第八，生死位亦有第六识现起。」

（注四）《二无心定厌心所》——《义蕴》卷四云：「无想定与灭定加行心中有所厌心所故，在定位有心王，眠闷等不厌心所故，此二位心王亦无，不同灭定。又言有所厌心所故，心便不灭者，此即灭定及无想天无想定。言非不厌故心王犹在者，此即睡眠闷绝也。非此二位不厌心所而亦令同灭定心王在也。」《识述》卷八云：「然除眠闷，以无所厌故。有所厌心所，心便不灭，非不厌故，心王犹在。」《成唯识论了义灯》卷八云：「何故，灭定偏厌受想？资助心强故。又由受为禅障，想于定为增上障。由受领下劣，定由想想像故障胜定。又受于苦果增，想于苦因增。由想像故起作诸业，由受领苦果故。圣者双厌，外道偏厌。」

（考《中阿含》卷五十九末）、《杂含》卷二十一中。）

（考《大经》卷五九一初及五九末）

《灭定与学非学》——《疏抄》卷八云：「约法体相摄，灭定即非学非无学，若约位摄，即在学无学二位中起，故二位中知亦摄尽。」

《灭定起别》——又云：「声闻人不还果亦得灭定，若部行中亦有不还果而得，然麟喻必无学位中而得灭定，谓彼从凡至无学位，一座不出观即得无学位，中间更无容预而入灭定。若萨萨人或说初地，或说八地得灭定。」《灯》卷九云：「佛入灭定有三解：一，不入，若尔云何具诸功德？答：成就灭定而不现起。二，入，诃菩萨入者何躭乐者。问：即入灭定六识不行何能利生，答：由加行意愿力故不起灭定现威仪化生佛即任运不假加行，三虽似入而实不入。传云《思益经》说入理灭定识即不行，入事灭定识即犹起。言似入者即事灭定。第二胜。」

《二定所灭心心所》——《识述》卷十云：「各二十二心心所，即此能灭二十二数以为定体。若小乘唯二十一，善大地唯十故。染第七意于无想定中有，于灭定中无。今灭第七，但灭染也。」《义演》卷八云：「小乘二十一者，谓遍行别境各五，善有十并心王。善有十者，彼计无痴，善根是假立，即慧分故。无想唯灭第六意识，灭定并第六七。五识不言者，加行位已舍故，诸定皆无五识身故。」《成唯识论述记义蕴》卷四云：「准前正义师，第七心所有十八并一染王有十九，故灭定总灭四十一法。」

（注五）《闻思修之慧与闻所成等三慧宽狭别》——《疏抄》卷十一云：「若唯五闻思修三慧，即唯别境中慧，更不摄得余法，即狭劣。若言闻所成慧等三慧所成色法，得生等四相及身语等色，同时五蕴皆名所成，又八地以上菩萨，无漏常相续，则无漏定中所起身语业色，名修所成，摄法宽广。」《义演》卷十二云：《瑜伽师地论》卷一云：闻所成地者谓从闻所生解文义慧及慧相应心心所等，思所成地者，谓从思生解义慧及慧相应王所等，修所成慧者，谓从修所生解理事慧及相应王所等。闻谓听闻，即是耳根发生耳识，闻言教故。思谓思虑，即是思数发生于慧，思择法故。修谓修习，即是胜定发生于慧，修对治故。解云：三慧即用别境慧为自性。若约《瑜释论》说三慧地，故通心等为三地体。…三位中所成诸法，皆三位所摄，皆有寻伺故。若作云闻慧等不言所成，即狭。」

（注六）《无想天》（此及二种定《对述》卷五详辩。）——《成唯识论》云：「无想天者，谓修彼定，厌粗想力（唯前六识想，非第七八，细想在故。）生彼天中（第四禅广果天中别有高楼，受此果。）违不恒行心（六识）及心所，想灭为首，名无想天。故六转识，于彼皆断。（虽总六言，远三近一。）有义彼天常无六识。（一期生死，俱无六识。）说彼唯有有色支故。又说彼为无心地故。有义彼天将命终位，要起转识，然后命终，彼必起下润生爱故。（《瑜伽师地论》卷五十九云：异生以缠及随眠润生故。《对法论》云：诸异生九种润生心必起现爱故。）《瑜伽师地论》说后想生已，是诸有情从彼谓故。（末后必起心，起心之时名想正生，至中有位，名为生已，生已之时，便从彼没。）然说彼无转识等者，依长时说，非谓全无。有义生时想转识，彼中有必起润生烦恼故。如余无趣本有初位（本有之第一念心。）必有转识故（六识。）《瑜伽师地论》说：若生于彼，唯入不起，其想若生，从彼没故。（初二句证初生有心，后二句证将死有心。）彼本有初若无转识，如何名入？先有后无，乃名入故。决择分言，所有生得心心所灭，名无想故。此言意显，彼本有初，有异熟生转识暂起。（有六转识，报心暂起。）宿因缘力（定力）后不复生，由斯引起异熟无记分位差别，说名无想。（由此生得第六报心灭故。引起异熟无记无心分位之时名无心报。依止本识。此转识灭分位差别，说名无想。）不尔，转识一切不行，如何可言唯生得灭？故彼初位，转识暂起。彼天唯在第四静虑，下想粗动，难可断故。上无无想异熟处故。即能引发无想定思，能感彼天异熟果故。（文中有（）者《成唯识论述记》文。）《识述》卷十三云：「依第三师一期本有生三分分之。第一位名初位，不尔。卵生等本有初念，非必有意识故。……一切不行等者，彼处转识三性不行，若初生时，即已不行，如何可言唯生得灭？谓非唯无记，三性心生便名生得者，此即是初生有心，故《对法论》卷四云：生得无记，谓无想报，故唯无记。转识暂起者，有说亦起眼耳等识，此亦不尔，应唯起身识及第六，受彼果故。暂生即灭，何假起眼等识见色闻声等。义虽知尔，起将为胜如蕯婆多亦许多时故。此虽许有心即显报体及无记性。……引发无想定思等者，即是定前能引无想定思，能招彼果，即显一思感总别报。同《瑜伽师地论》卷五十六说。又云即是能引定思至无心位为定之时，招彼第六别报异熟，前明利思能感总报，有心无心二因果别故。又云，此说微心招别报，若前微心明利，招总报。……彼命终已当生何处，大乘无文，《俱舍》云：必生欲界，不得生彼自处及下三禅。今谓彼唯生报，可作是言，此通后报，故命终已，生下三定及下欲界，但不生上。」（考《破法执》卷三D）《义演》卷十三云：「诸外道不立受思等心所，唯有想能缘一切境而取思想为妙想等，故因想而造生死业，乃偏厌也。……远三近一者，眼耳身三识，二禅已上无，名远，第六此地方灭名近。此不据初生许起名近远……言彼天常无六识者言生无想天，唯种子润生，更不起转识。即除此一类异生外道，余者通二润。……一身中总分三有，谓生有本有死有，生有者即初一念托胎时名生有，本有即从第二念已去终至百年，总名本有，死有谓正死。今谓本有之第一念心者，谓此转识初生有时一念未起，至本有初念时方起故。一期分三者，即从托胎以后经五七日有六识具足，乃至十年以前总名生有，即二十年以去名本有，死有可知。谓生彼天一期五百劫分为三，初分合一百六十劫以来皆有心起，又梵法师云：谓一期中十分分之初五十大劫以来皆有心起，谓极促仍二百年或五百年以来有心。若据生有本有初第二念则说有转识者，即卵生等初受生时在母胎中，第一念第二念及多念以来皆无意识，以是闷绝位摄，故今约一期三分说。……报心即彼天中业所感别报心心所等。此报心于中有末位未起，至彼天本有位暂起即灭。依此灭位立无想天。……三性不行等者若初位，三性心不行，如何《瑜伽师地论》于彼天中唯生得报心灭？明知彼天初位，转识暂起，然后灭也。谓使彼天非无记心，但有三心名生得者，仍初生依有心。……此虽许有心等者，此明报体名异想，谓彼已断三界分别烦恼所知障尽，已得我法二空智故。」

亦不退灭定，若起下八地染则退……然须断惑得依二乘初修定者说。若菩萨已得定者亦不断伏欲界修惑，但作止息能为障故……灭定必依非想地，故要断下地贪。惟入灭定时亦伏非想贪等染及伏余善心心所。若出灭定虽起非想地染伏断——《义演》卷十三云：「若欲证灭定必须伏无所有贪。其上非想一地贪断不断皆得定，以彼地中想极暗劣，行相微细，不证，四身慧俱非。唯第三得灭定，身证者从喻为名，譬如诸根取境时，得境最明利，由断定障亲证之故名身证。」《成唯识论了义灯》卷十云：「有学有得不唯身证回心者得。余不说者据非回心。」

(附二) 恼障不断定障，定障即是受想。部行之中根钝者不得灭定……不还有四分别，一身证慧非证，二慧证身非证，三身慧俱二果，唯身证不还，以有学中有异生故。」《义演》卷十三云：「定慧俱解脱阿罗汉方得灭定，唯慧解脱不得灭定，以唯断烦人——《成唯识论述记》卷十三云：「二乘非俱解脱者不能入。独觉中部行，亦有不得，独一者必得，此据无学说。若有学，除初

还生欲界重修助故。若退生上，必不能起，无说力故。慧解劣故。二师云除无想天。」

在第四除无想天。《婆娑》卷一五二有三说，别有说唯欲人心猛利故。」《成唯识论学记》卷六云：「一师云，谓不生上亦成后报，说退已，还引现前，除天想天，彼至究竟故。《顺正》卷十二云，通欲色起，色界之中有两种，一云唯在下三禅，非在第四，有说亦欲界修得无想定已，退，命终后经三五生以后又复重修生无想天，即不定报业。」《成唯识论演秘》卷十一云：「至究竟故者，此天，名生报，如於欲第一生得无想定已退，如是至第三生始生天想无名后报，(此中退已生色界或欲界还引现前皆得。) 如人先退，小乘无想定业是生报，即生即受，若大乘即通生报，后报，不定报。」《疏抄》卷十一云：「於欲界修得无想，命终即往生无想禅十二天中，引起无想定死已即生无想天也。处不然者，生无想天更不修，不同余天更修故…然小乘，得无想定必不退，大乘许起，方受此报，地地重生，后得无失无文违故。处则不然，界后起方受者，如人先生欲界中得无想定，於现身中退，命终生色界四业，二生报业，三后报业，四报定时不定，五时定报不定。如《疏》云：亦不相违，於不定中报时定不定别出，故通后报也。界后故……彼所引故者，微微等心皆有心定，此有心善定引无心定，无心定亦是善……四业通三等者，显立第五业，五业者：一现报第二生方始修得先第一生中无想定，云第三生方始生无想天，受果，此即是后报也。二、若不命终而还得者，由许有退，进还得即唯厌不欣，意说远加行伏惑俱厌欣二法，若近加行，但厌不欣……还得有二：一、第一生中现法退不能速疾现前即命终者，至法故，故不取之……外道伏惑虽皆有三界九地，然初修无想定远加行六行伏惑，若近加行，即非六行伏惑，即欣得第四禅上品定谓五遍行，五别境，十一善及心，至於无想异熟，唯依意识中十一法种子上立，谓遍行别境及第六心王。眼耳身三识，初禅下地前除无想天至究竟故，此由厌想欣入彼界。」《义演》卷十三云：「此无想定能令第四静虑十二法灭，假立无想定。二十二法者，力起故，人中慧解极猛利故。有义欲界先修习已，后生色界，能引现定。……此定唯属第四静虑，又唯是善，彼所引故，下上地无，由前说故。四业通三，除顺现受。有义此定，唯欲界起，由诸外道说

《无想定》——《成唯识论》云：「无想定者，谓有异生，伏遍净贪，未伏上贪，由出离想作意为先，令不恒行心心所灭。令身安和故名为第一释正，第三解可通，第二解难详。《成唯识论了义灯》卷十亦许第一释正。义如诸论中说。(考《大经》卷五九一初。)熟，即是无记性，非是现起心皆无记也。……引发无想定思等，第二解正。」按《疏抄》卷十一许第二三解正。而《成唯识论述记义蕴》卷四以

《灭定》

（附一）

灭识——《成唯识论》云：「令不恒行，恒行染污心心所灭。」《成唯识论述记》卷十三云：「令不恒行等者，谓若二乘即除人空之染，菩萨亦除法空之染，各望自乘说为染故。《对法》卷二《五蕴》言，恒行一分，若说第七，唯有漏唯人执者，即第七全不行，望第八是一分故。即以此文为证唯有漏。若说有法执，二乘除人空人分，菩萨双除，非全无。」《义演》卷十三云：「若说第七以下即安慧解。其第七唯有人执，唯是有漏，恒行一分者，即二乘人无学入灭定即无人执，第七全不行。说有法执，即护法义。即许第七有法执及通无漏。恒行一分若二乘入灭定即第七中人执不行，一分法执在故。若菩萨即第七中我法二执双不行，即有一分净无漏第七在。此解不对第八。」

名——《成唯识论述记》卷十三云：「若实总灭为论，即灭尽定，若但从主为名，名无心定，若据增强所厌别名，名灭想受定。」

初修依——《成唯识论述记》云：「此定初修，必依有顶遊观无漏为加行入，次第定中最居后故。」《述》卷十三云：「初修即二乘七地以前等言遊观者，简无分别智为加行心，《瑜伽师地论》卷十二云：唯除如来及出第二僧祇大菩萨，余不能超诸等至。佛等随欲皆入故。故知二乘名未自在……唯依非想者，以此定厌心至微微心方入，余下地心粗，言微微者，谓定前第二念心等，细于以前心故，名之为微，后第一念□（临？）入定之心，复细於前微心，故曰微微。」《成唯识论演秘》卷十一云：「《瑜伽师地论》卷十二云：云何超趣入诸等至？谓即於此已得圆满清白故，从初静虑无间超入第三，第三无间超入空无处，从空无处无间超入无所有处，乃至逆超亦尔。以极远故，无有能超第三等至，唯除如来等。详曰，无超第三者，无超二能，能至第三者……未自在者依瑜文或可从无所有而超非想入於灭定。此中言依非想而入灭定者，非依超说，依次第说亦得。」

后修依——《成唯识论述记》云：「若修此定已得自在余地心后亦得现前。」《述》卷十三云：「若得此定已自在者，余下七地心后亦得现前。《对法》卷五云：若得自在超一切地。《瑜》卷十一亦云唯自在者，方超一切地……超等至者，此有二解：一云：谓前起初禅等心已，后二念起非想处心而入此定，非从初定即入无心，以定随加行建立故。二云，虽起余地心邻即入此定，此定仍非想地依，以极细故，由先串习故，令直至无心非想为依。不须起非想心为加行。论云从微微心种上立，是初起多分，非约超定者说。超等至者，即从初定入无心，不言入非想已方入此定故。后解为胜。」《义演》卷十三云：「有云，诸超禅者，从初禅心直超入灭定，虽不别起非想地心，所（仍？）依非想地者，即依昔时先旧有厌心种子上立也。」

三界——《成唯识论述记》云：「此定初起，唯在人中，佛及弟子说力起故，人中慧解，极猛利故。后上二界，亦得现前。《邬陀夷经》是以诚证，无色亦名意成天故。於藏识教未信受者，若生色不起此定，恐无色心成断灭故。已信，生彼亦得现前，知有藏识不断灭故。」《述》卷十三云：「初起位，必在人中，六欲天中，文亦不说，义即无违。此中且说人中，近故，胜故……若后二界，亦得现前，即二界得后起。然无欲界后起，以必不还等方得故。《瑜论》卷五十六云：起者先於此起等，此即据已建立第八教，真实义建立故。《邬陀夷经》如《俱舍》卷五《婆娑》卷一五三说。《义演》卷十三云：「六欲天中有身证不还亦令初修得灭定。故知当兼说人天得者为尽理……如今生中身证不还欲界中初修得灭定，若后生中更得即於色界中重引现前，以不还人生在色界，更不还於欲界生故。故云后上二界亦得现前，《邬陀夷经》者舍利弗说意成天得灭定。意成天者即是化生有情随意而成，即欲界六天色无色界，诸天皆是化生名意成天。若胎卵湿生皆不随意成故。然欲界虽化生有情亦名意成，今不取之，但取色无色诸天，以舍利弗说超段食天故。」《灯》卷十云：「西明云：大乘宗分二说：一、难陀等说上界八地起灭定故名意成天。二、觉师子释第四静虑已上五地方起灭定名意成天，护法同第二释者准何得知。若准《对法》卷九，觉师子释四句之中许第四静虑重起不言下三非意成天。若将护法同第二，如何释一切处皆得现起，故非善释。」

明见惑——《成唯识论》云：「要断三界见所断惑，方起此定。异生不能伏灭有顶心心所故，此定微妙，要证二空，随应后得所引发故。」《述》卷十三云：「随应后得所引发者，谓二乘人唯证人空，后得引，菩萨佛入二空，后得智皆得引入。今显彼入后得各别，故云然。」

明修惑

二乘——《成唯识论》云：「有义下八地修所断惑中，要全断欲，余伏或断，然后方能起此定。欲界惑种二性繁杂，障定强故。唯说不还三乘无学及诸菩萨得此定故，彼随所应生上八地皆得后起。有义要断下之四地修所断惑，余伏或断，然后方能初起此定，变异受俱烦恼种子障定强故。彼随所应生上五地，皆得后起。若伏下惑能起此定，后不断退生上地者，岂生上已，却断下惑？断亦无失。如生上者断下末那俱生惑故。然不还者，对治力强，正润生位，不起烦恼，但由惑种润上地生。虽所伏惑有退不退而无下生上地义，故无生上却断下失。」《成唯识论述记》卷十三云：「欲惑二性等者，不善无记二。此俱定障。上界烦恼，一性不多，故可伏得。其非想处断与不断皆极成。下七不定……得后起者，欲界初修故……此中第二师为胜。文正证故，有理故。若伏等者，萨婆多问谓若伏随应何地之惑后得此定者？将命终之时，不以无漏道断其种子，而复不退起其烦恼，当即命终，生非想上地，却断随应所伏之惑种也。断亦无失等者，然不还等为正义。初但理抑故。第三果正润生位不起现行烦恼润生，但由惑种润生上地，非如初二果人亦以现行润生。此意即是所已伏种，虽退不退，但必唯以随眠润生，而无伏下生上地义，即虽已伏，犹有种故，未无漏道断处受生故……其异生现行润六行，不伏爱等现有，即得生上，圣者种子润，虽有其种，应生上界，以异生润，藉伴，虽有爱等无余惑伴得上生，圣润不藉伴，有种不上生，以圣者善业必决定故。唯种子生，异生不然。然不还者，如处不还一地之中有三天处等，下处死生上处，亦以现行润，以此生地治道未满，如初二果。然约生他地必唯种润。」《义演》卷十三云：「此意等者，意云：如不还果人，欲惑全断，上八地中，除非想外，余七地烦恼要伏或断方得灭定，意说不还果人伏初禅等烦恼唯有种子在，若退起初禅现行烦恼命终生初禅者，即以种子润生上地。准义若退起烦恼应用现种合润，若不退起现惑者，即初禅有惑种未被无漏道断，即於一已伏种之处即亦唯用种子生于初禅。就初禅中有三天，若当於三天中生不妨用现行润，以自地死生自地故。若生二禅必须起无漏道断初禅种。用当生地种润生，余亦尔。……异生身在下地起六行伏惑道，唯能伏下地修道中迷事烦恼痴慢等，不能伏分别贪爱及细俱生身边见等，然为伏余迷事惑故，起上地惑向上地生，故例云圣人不断下种，应得生上界，此难也……虽有爱等者，虽有下地余贪爱等不能润生故得生上，无余伴者，无俱生迷事惑也……自地诸天，唯现润，若生他即唯种润。若从第四禅生他空处亦现行润，以退起烦恼故，以上皆现行润。」又《枢》卷四云：「不还自地，准初二果或可润通现行，然初二果未有圆道，故可用现润。第三果已有圆道，谓生自地，亦唯种润。」

菩萨——《成唯识论》云：「若诸菩萨，及先二乘位已得灭定，后回心者，一切位中能起此定。若不尔者，或有乃至七地满心，方能永伏一切烦恼，虽未永断欲界修惑，而如已断，能起此定。论说已入远地菩萨，方能现起灭定故。有从初地即能永伏一切烦恼，如阿罗汉，彼十地中皆起此定。经说前六地中亦能现起灭定故。」

无心眠，闷——《成唯识论》云：无心眠，闷者，谓有极重眠闷，令前六识皆不现行。疲极等缘所引身位违前六识，故名极重眠。此眠时虽无彼体，而由彼似彼故，假说彼名，风热等缘所引身位，亦违六识，故名极闷。或此俱是触处少分。」《成唯识论述记》卷十三云：「睡是心数，今无此数，数不行故名极重。《大论》卷一说闷绝是意不共业，即由闷时唯有意识，非闷即心所法，以触末摩有闷生故。闷即触处闷也。然由此触引身分位或唯有意，名意不共业，或引无心，即此极闷摄。无别闷心所者，由风热等缘引身分位起故。不如睡心所能引分位生……彼者眠心所也……触处少分者，谓若有心之时，由闷触故，引生无心时身之分位，即是闷触之果，体亦闷摄，是触处少分，或有心之时，疲极等缘，引眠起故，无心时身之分位眠即是触疲之果，故体亦是疲，又至无心位虽有疲闷二触，唯第八境，微细不觉故以为体，即总二言触处少分。」《义演》卷十三云：「末摩此云死穴或死节。《顺正论》卷三十六云：人身上有百二十八死节，触此即闷绝生……前据所引身位即通十色处，后就能引之缘，故唯触处少分。(此《蕴》卷四文)……疲闷二触唯是第八境者，微细不觉故。意云此无心时，即名微细不觉，即用疲为体，故第八缘。测云：此触处是第八相，七不缘彼，六不行故。有云第八不缘此二触，以二十种触皆是假法。但依四大上假立，今第八但缘触等所依四大种，不缘於触……触处少分，但约欲色界中说，不约无色。无色界无四大上触故。」

《成唯识论掌中枢要》卷四云：「无色生死闷数，即本识相应六数也。」

《五无心界性别》——《成唯识论掌中枢要》卷四云：「三唯一界，谓睡惟欲，无想定，生色色。一通三界谓闷，一非界谓灭定，或无想定通二界，或灭定或三界及非界起，谓灭定亦在净土起故。二唯善谓二定。三唯无记谓余三。」

《五无心三乘有别》——《识论》云：「此五位中，异生有四，除在灭定，圣唯后三，(除无想定、生)如来自在菩萨唯得存一，无睡闷故。」

《学》卷六云：「八地以上不同有部菩萨，有睡闷而无灭定。如来有三，睡而无梦。《观》云：但受变易皆唯有一。」

《灭定与命终》——《义演》卷十五云：「若定心时不得命终，要住散定方得命终。然除有愿力阿罗汉入灭定必得命终。若无愿者力者必住散心，非无心定。」

(附一)《恒行一分难二家》——按《对法》卷二云：「于不恒行心心所及恒行一分心心所灭假立灭定……一分恒行者谓染污意所摄。」

《成唯识论述记》卷五云：恒行一分灭难安慧云：「三乘无学八地已去无第七，何言入灭定者？此一分无先无故？答：据余位故。难护法既有人法执并净智何故言入灭定者恒行一分无？答：据除外，余半染令染无故言一分。」

(附三)《入灭定人别》——《楞伽》卷四云：菩萨六地及声闻缘觉入于灭定，七地念念恒入，非诸二乘。」《入楞伽注》卷八云：「七地念念恒入无间断。八地无功用道，恒在三昧无出入相，同声闻，缘觉涅槃灭妄想心识。」

25 附一

（二）思所成（16–19）

思择诸法故

思择诸法故

建立胜义伽他——都无有宰主及作者、受者（遮遣别义所分别我）。诸法亦无用，（遮遣即法所分别我，由此远离增益边执。）而用转非无（显法有性，由此远离损减边执，因此用故，假立宰主作用受者。）唯有十二支蕴处界流转。（显不取微细多我，便能对治宰主作者及受者执。眼识为缘无别受者，此中显示即十八界说受者。）审思此一切众生不可得，于内及于外，是一切皆空。其能修空者，亦常无所有我我定非有由颠倒妄计。有情我皆无，唯有因法有。诸行皆刹那，住尚无况用，即说彼生起为用为作者。（彼生起者，显从诸处诸识得生……如前所说诸法无用，此显略有七种：一、无作用用，谓眼不能见色等；二、无随转用，谓于此亦无能任持驱役者，如其次第宰主作者俱无所有，故无有能随转作用。三、无生他用谓法不能生他；四、无自生用亦不能自生；五、无移转用，谓众缘有故生，我故新新；六、无灭他用，谓法不能灭他；七无自灭用，谓亦不能自灭。）众缘有故生，生已自然灭。由二品为依，是生便可得。恒于境放逸，又复邪升进。愚痴之所漂，彼遂邪升进。诸贪爱所引，于境常放逸，由有因诸法（由无明乃至受有因。）众苦亦复然。（爱乃至老死。）……又由世俗宣说诸识随福等行，若就胜义，无所随逐。又去来今身等业，更互相望不相和合，所以者何？现在速灭坏，过去住无方，未生依众缘，而复心随转。彼心相应道理亦尔。云何当知有实随转性？何以故，若心与彼诸行相应或不相应？非此与彼或时相应或时不相应？又非一切心或相应或不相应？如是由胜义故。心随转性不得成就。……又由胜义无有作者受者，由世俗故，而得宣说自作自受。而作者受者若一若异皆不可说，然由胜义故，无主宰主受唯有因果。如颂言：因道不断故，和合作用转。从自因所生，及摄受所作，乐戏论为因，若净不净业，诸种子异熟及爱非爱果。……若解脱诸惑，非先亦非后（非先者与诸烦恼恒俱生故，非后者即与彼惑俱时灭故。）非彼法生已，后净异而生。彼先无染污，说解脱众惑，其有染污者，毕竟性清净（等）既非有所净，何得有能净？诸种子灭故，诸烦恼亦尽（烦恼解脱）即于此无染（事解脱）自内所证故，唯众苦尽故，永绝戏论故，一切无戏论，众生名相续，及法想相中，无生死流转，亦无涅槃者。

建立意趣伽他——学略有三种，谓增上戒，心慧，于彼当修学应圆满六友（依增上戒学说六支者：一、安住净尸罗；二、守护别解脱律仪；三、轨则圆满；四、所行圆满；五、于诸小罪见大怖畏；六、受学学处。）四乐住成就（依心学说，四静虑也。）于四各四行，智慧常清净（依慧学说，谓于苦等四谛中一一皆有四行，即无常等。）（若散乱者令不散乱方便为说增上戒学，心未定者，为令得定方便为说增上心学，心已得定未解脱者，为令解脱，方便为说增上慧学。）……

建立体义伽他——诸行（蕴及取蕴）无常，有生灭法，由生灭故，彼寂为乐……若以色量我，以音声寻我，欲贪所执持，彼不能知我。……诸恶者莫作，诸善者奉行，自调伏其心，是诸佛圣教。

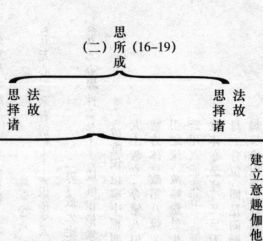

（一）修所成

《瑜珈师地论》卷二十之论

- 修瑜伽
  - 释瑜伽——《瑜伽师地论》卷十三云：「云何瑜伽或四種或九种？四种者信、欲、精進、方便。九種者，世间道、出世道、方便道、无间道、解脱道、勝進道、软品道、中品道、上品道。」《论释》云：「一切乘境行果等所有諸法皆名瑜伽。一切並有善巧方便相应义故。又一切无不皆是瑜伽师地。」又《识述》卷三云：「瑜伽名为相应。此有五义：一、与境相应，不违一切法自性故。二、与行相应，谓定慧等行相应。三、与理相应，安立非安立二谛理也。四、与果相应，能得无上菩提果。五、得果既圆利生救物，赴机应感药病相应。」
  - 修习对治（所对治法）
    - 瑜伽位
      - 死想——推后后日顾待余時
      - 灭想——於尘有随动相心
      - 離欲想——於诸定有随爱味
      - 光明想——於止观品有暗昧心
    - 远离间居修
    - 出家位
      - 遠离处安住所作——世间乐欲
      - 同食受用——爱味贪
      - 无无戏论涅槃心无退转——慈迦耶见
      - 如实觉了苦性——嬾惰懈怠
    - 在家位
      - 修无常想——财宝受用
      - 修不净想——妻室淫欲
- 修因缘
  - 能熟解脱慧之成熟
    - 闻昔未闻甚深法义
    - 发请问
    - 爱乐闻法
    - 于境真实有觉了欲
    - 于世盛事不生愿乐——为得彼果及心清净心生正愿。
    - 能见过患深厌盛事——为除诸惑修诸善法
    - 明净法义陈先所疑——为除恶趣法心生正愿
  - 涅槃为上首
    - 于生死涅槃发起欣厌
    - 趣善决定思所成智
    - 远离愦闹诸恶寻思
    - 有性，有功德，得乐方便
    - 于道道果起三信解谓实
    - 以闻所成慧为因
    - 入谛现观有学解脱
    - 数修道无学解脱
    - 证修慧
    - 能趣入二修方便
    - ——如来弟子依生圆满转时，如先所说相而听闻正法，唯以涅槃而为上首，上为有余依涅槃九转法，即由此故证无依依涅槃。如是涅槃为首听闻正法获五胜利。
  - 闻正法圆满——正说法（随顺及无染污又有二十种。）正闻法（远离傲慢，轻蔑，怯弱，散乱。又有十六种）
- 修处所——生圆满
  - 依外——大师圆满，世俗正法施设圆满，胜义正法随转圆满，正行不灭圆满，随顺资缘圆满。
  - 依内——众同分圆满，处所圆满，依止圆满，无业障圆满，无信解障圆满。

修所成（一）

- 《中边》之论——修治
  - 总义——闻觉修，损减修，莹饰、发上、邻近（邻近见道）证入，增胜，初位，中位，后位，有上，无上等修（无上谓所缘作意至殊胜。）
  - 差别
    - 三乘差别
      - 3、二乘修念住等但为身等速得离系，菩萨但为证得涅槃。
      - 2、二乘于身等境以无常等行相思维而修对治，菩萨于身等境以无所得（缘真如）行相思维而修对治。
      - 1、二乘以自相续身为境而修对治，菩萨通以自他相续身等为境而修对治。
    - 有无颠倒差别
      - 无颠倒无颠倒随——无学修治性皆无漏，其所依身漏已断尽
      - 无颠倒有颠倒随——有学修治体是无漏然所依身犹有烦恼
      - 有颠倒顺无颠倒——颠倒烦恼通名，凡夫皆具，所修治性能生无漏故云然
- 十六种修——《瑜伽师地论》卷六十七云：「有十六种修：声闻相应作意修，大乘相应作意修，显像修，事边际修，所作成办修，得修，习修，除去修，对治修，少分修，遍行修，动转修，有加行修，已成办修，非修所成法修，修所成法修。」

  又《瑜珈师地论》卷十一云：「离欲方便道有十三句：猛利见，于诸欲心中不趣入，不美、不住，无有胜解（不乐取著），委顿，散坏，不舒泰，等住于舍，厌、恶违、背。」
- 修果
  - 出世一切种清净
    - 证得极清净道及果功德
    - 修习《百法论疏》所得得
    - 入现观已为欲证得迷痴通慧作意思维诸欢乐事
    - 入现观已离诸障碍——障有二处十一种
    - 入圣谛现观——心厌患相，心安住相各二十种
  - 世间一切种清净
    - 三摩地自在——于四处以二十二相正观察，依止彼故其心清白，获得不动引一切神通。
    - 三摩地圆满——已证入根本静虑，有十相：愿胜定满，见胜定德，精勤励策，折服色爱，善未圆满他恶尚胜，于净天生心无耽染，不自卑下策举增修，随顺二修，勤精正法，于止观随生爱。
    - 得三摩地——有二十种所对治法，得此三摩地当知即是得初静虑近分，未至位所摄。

分位

- 因位——住种姓补特伽罗
- 入位——已发心
- 加行位——发心已未得果证
- （因位、入位、加行位）即入加行位；不净位（发趣位）
- 果位——已得果
- 有所作位——住有学——净不净位
- 无所作位——住无学——清净位
- 殊胜位——已成就神通等殊胜功德（有庄严位）
- 有上位——已至菩萨地
- 无上位——已成佛
- 胜解行位——胜解行地一切菩萨
- 证入位——极喜地
- 出离位——次六地
- 受记位——第八地
- 辩说位——第九地
- 灌顶位——第十地
- 证得位——佛法身
- 胜利位——受用身
- 成所作位——变化身

《述记》曰：「若约名唯摄五、六位，若约体则净不净位摄四、五、八、十、十一、十二、十三、十四、十五全第七少分。清净位约体摄六、九、十六、十七、十八、七少分。又第四、五、八、十一、十二、十三、十四、十五三中第二位（此位通十地故。）名遍满位。」

修差别

- 得修——未生善法，修习令生，道生时能安立自习气
- 习修——已生善法修习令坚住增广，此道现前修习
- 除去修——已生恶法修令永断，此道现在前能舍自障。
- 对治修——未生不善法修令不生，即舍自障，令彼未来住不生法。

对治有四：一、厌坏对治；二、断对治（加行及无间道）；三、持对治（解脱道）；四、远分对治（余后诸道）。

《对法论》卷九云：「此四随应依四正断说。」

《集论》《对法论》卷十之论（考《对述》卷九中）

- 道差别
  - 观察事道——四念住
  - 勤用功道——四正断
  - 修治定道——四神足
  - 现观方便道——五根
  - 亲近现观道——五力
  - 现观道——七觉支
  - 清净出离道——八圣道
  - 依根差别道——四正行
  - 净修三学道——四法边
  - 发诸功德道——止观
  - 遍摄诸道——三无漏根
- 四念住
  - 所缘——身、受、心法
  - 自体——慧及念
  - 助伴——彼（慧念）相应心心所等
  - 修果——断四颠倒趣入四谛身离系
  - 修习
    - 1
      - 于内身（此身中所有内色处）等修循身观，（以分别影像身与本质身平等，循观于身境循观身相似性故，由循观察分别影像身门，审谛观察本质身故，如身受等内外亦尔。）
      - 于外身等（外所有外色处）修循身观。
      - 于内外身等（内处相应所有外处根所依止。）修循身观。
    - 2
      - 欲修习——对治不作意随烦恼
      - 勤修习——对治懈怠随烦恼
      - 策修习——对治昏沉掉举随烦恼
      - 励修习——对治心下劣性随烦恼
      - 勇猛修习——对治疏漏疲倦随烦恼
      - 不息修习——对治得少善法生知足喜随烦恼
      - 正念修习——对治忘失尊敬随烦恼
      - 正知修习——对治毁犯追悔随烦恼
      - 放逸修习——对治舍诸善轭随烦恼。

修所成（二）（注三）（注六）

四神足
- 修果——随心通达变现证得堪能自在作用，又能引发圣品功德。
- 修习——八断行谓欲、精进、信、安、正念、正知、思、舍。此又可摄为四，谓加行，摄受，继属，对治。
- 助伴
  - 彼相应心心所法等。
  - 观三摩地——由闻他教内自简择触心一境性
  - 心三摩地——由修习三摩地触心一境性
  - 勤三摩地——由无间方便触心一境性
  - 欲三摩地——由殷重方便触心一境性（明本作「触」。丽、宋、元、作「证」。）
- 自体——三摩地
- 所缘——已成满定所作事

五力——如五根、差别者，由此能损减所对治障不可屈伏故。《瑜伽师地论》云：「增上义名根，难伏义名力。」

《显扬》、《对法》同此。

五根
- 修习
  - 慧起简择行
  - 定起心一境性行
  - 念系念不忘失
  - 精进起精进行
  - 信于诸谛起忍可行

  《杂含》卷廿六云：「信根当知是四不坏净，精进根当知四正断，念根当知四念处，定根当知四禅，慧根当知是四圣谛。」
- 自体——信、精进等五
- 所缘——四圣谛
- 修果——速发谛现观及能修治顶爆世第一法。
- 助伴——彼相应心心所等

四正断
- 修习
  - 持心
  - 策心
  - 所依止
    - 正勤（策励等）——于止、举、舍相作意等中纯修习、对治名策励，为欲损减沉没掉举发起正勤。
    - 欲乐——欲为先发精进故
- 修果——尽弃舍一切所治于能治者若得若增
- 助伴——彼相应心心所等
- 自体——精进
- 所缘——已生未生所治能治法

- 八圣道
  - 修果——如自体支分中说
  - 修习——如觉支说
  - 助伴——彼心心所相应法
  - 自体
    - 正定——净最胜功德障支
    - 正念——净随烦恼障支
    - 正精进——净烦恼障支
      - （以上三支），谓：对治障支
      - 《辩》于此三稍异
        - 自在障——障所引胜品功德。
        - 随烦恼——昏沉掉举
        - 根本烦恼——修所断
    - 正命、正业、正语——令他信支
    - 正思惟——诲示支
    - 正见——分别支
  - 所缘——四圣谛如实性
  - 释名——《智论》云：得是诸安稳具足已欲入涅槃无为城故，行是诸法，是时名为道。《瑜》云：诸圣有学已见迹者，由八支摄行迹正道能无余断一切烦恼能于解脱究竟作证，故为八支圣道。

- 七觉支
  - 修习
    - 依止无欲
    - 依止远离
    - 迴向弃舍
    - 依止寂灭
  - 自体
    - 舍、定、安——不染污支
    - 喜——利益支
    - 精进——出离支
    - 择法——自体支
    - 念——所依支
    - 《智论》云：修道用故名觉，见道用故名道，又云无学实觉此七事能到故名分。又有异义。如《婆沙》、《顺正理》说。地论》云：诸已证入正性离生者，如实觉慧用此为支故名觉支。依《中边》云：此支助觉故，名觉支，由此觉支位在见道，依《瑜伽师
  - 修果——见所断烦恼永断，由七果支是见道自体故
  - 所缘——四圣谛如实性
  - 助伴——彼相应心心所

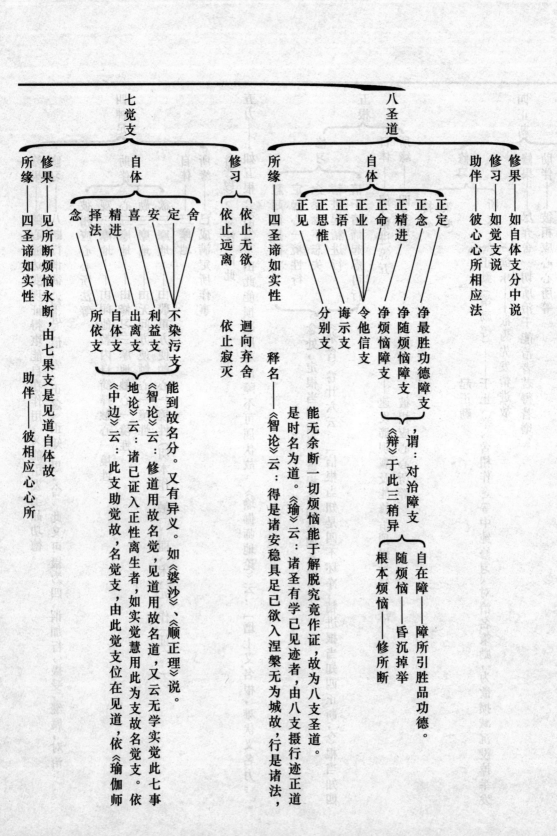

论——菩提分

《显扬论》之

四神足（四如意足）

释名——世殊胜法说名为神，彼能到此故名神足，又名如意足者，依《智论》云：「智定力等所愿皆得故名如意足。」具说如彼。

类别

- 欲增上故得三摩地——如所信欲闻正法已展转得心住一境性。
- 勤增上故得三摩地，心增上故得三摩地，观增上故得三摩地——如先已修习止行，由此因缘思维内法速证得心住（注？）一境性。

次正断说此道理——谓能灭除五过失，修八断行：为灭懈怠修欲，正勤、信、轻安四断行，为对治忘圣言，昏沉掉举，不加作行加作行修念，正知，思舍四断行。

持心定四力——净意乐力（于三摩地发生乐欲。）勤务力（为□证得故，于此最初住心令其安定。）心喜乐力（已住定心无复散动，不令于外更复飘荡。）正智力（观察等持所治烦恼，于断未断，如实了知。）

卷98

四正断（四正勤）

- 已生恶不善法令断，生欲策励，发起正勤策心持心——律仪断（卷29）
- 未生恶不善法令不生乃至广说——断断
- 未生善法令生乃至广说——修断
- 已生善法令住，令不忘失令修满增长策心慧——防护断。

四念住

释名——《瑜伽师地论》卷二十八云：「审谛安住住其念名念住。」又云：「为守护念，于境无染，为安住所缘。」又《瑜伽师地论》卷五十一云：「唯当于心，深善勇猛，如理观察，念住中说，要当于身住身循观乃于于（前？）法住法循观。……念住唯观察心故。谓观心执受，观心领纳，观心了别，观心染净，唯为观察心所执受心所领纳，心所了别，心所染净故说四念住。」（注八）

类别

- 身念住——或缘于身，或复缘身增上教法，或缘彼教授为境界已，由闻思修之所生慧，令于身得离系。
- 受念住、心念住，法念住——如身念住中说，其中差别各于自境如其所应。「心有二十种谓贪心等，法亦二十种，谓贪毗那耶法□。」

功德——诸念住九所治障：不厌离，不作意，止观随烦恼，沉下、不能堪忍，于少劣知足，忘失教授，违犯戒行，弃舍欲乐，增上猛利，诸妙善轭。又欲对治增上慢，爱味所依定，四颠倒故，修习念住。又《瑜伽师地论》卷十四云：「有四缚，执取，领受，了别执著。当知心于身由执取缚所缚，于受由内领受缚所缚，于色等境界相由了别缚所缚，即于所说身等由贪嗔等大小烦恼执著缚所缚，对治如是四缚立四念住。」

论——菩提分
《显扬论》之

八圣道支（注七）
- 正等持
- 正念
- 正策励
- 正命
- 正业
- 正语
- 正思惟
- 正见（有十二种，《瑜伽师地论》卷六十八说）

- 修慧
- 修定
- 十九《三学相摄》）
- 修戒（卷《瑜论》十四）卷（考《瑜论》卷六
- 增上戒学（此《瑜论》卷十二未标出）
- 增上心学
- 增上慧学

七遍觉支（注九）
- 舍遍觉支——于真谛心平等心正直心无动转
- 三摩地遍觉支
- 安遍觉支
- 觉无染支——止品所摄
- 喜遍觉支——觉利益支
- 正勤遍觉支——觉出离支
- 择法遍觉支——觉自性支
- 观品所摄
- 念遍觉支——觉所依支（《辩》）——二品所摄（卷29）

五根
- 慧根
- 等持根
- 念根
- 正勤（精进）根
- 信根

力，唯如来十力。」
修习五根生五力，其名应知，《瑜伽师地论》卷九十八云：「有学成就五

四神足

修习因缘
- 俱于二品所缘境系缚心——光明想
- 于止品所缘境系缚心——上下想。
- 于观品所缘境系缚心——前后想。
- 等，上与下亦尔
- 远离观品随烦恼——掉举俱行欲，妙欲散动俱行欲
- 等，上是下所依止性。
- 远离止品随烦恼——懈怠俱行欲等昏沉睡眠俱行欲

没，下上种能令灭没
住杂染，不能令皆悉灭
上二种欲能令止观品

智（卷69）（注一）
- 依处差别——若随顺断世间智，若正能断胜义智，若于断所作究竟智，依自利行依处，若于他意乐界及随眠所有他心智，若于一切种别所知中所有十力智如是二智依利他行依处。
- 智差别——世俗智惑善不善无记或有漏或无漏（附二），唯是世间无漏者，谓于已断一切无学身中可得，此及所余总佃俗智，亦唯世向当知所余法类智等是出世间，亦唯无漏，尽无生智当知唯于漏尽中生，若不分别尽及无生，谓我已得诸漏永尽及未来苦不复当生者，唯是无漏唯出世间。若作如是分别者，唯是无漏世出世间世俗智摄，是未曾得是阿罗汉相续中生他心智，（附三）唯是世间，若在异生及有学相续中者是有漏，在无学相续中者是无漏。又诸清净身中世俗智说名无漏者，由彼身中诸漏随眠已永断故，又此诸智是他心智现所行境，此他心智非染污性，非余染污现所行境，又彼自性不与一切烦恼相应，是故此智由所缘故，由随眠故，由相应故皆成无漏。十力智在如来相续中是未曾得唯是无漏，世间智摄，由此一切种智带戏论而现行故。（按《智论》卷二十三于「无生智」下有「如实智」共十一智。而种类智作比智有广分别。如论可考。又考《大般若经》卷五十三。）

27

（注四）
- 四如实遍知——名寻思所引如实遍知乃至差别假立所引如实遍知。
- 四寻思——名（？）寻思，事寻思，自性假立寻思，差别假立寻思。
- 十法行——书持法行，供养、施□、谛听、披读、讽诵、温习、开演、思惟、成就——助善修治。
- 七通达——字，字相，能取所取，系缚，解脱，法性七通达——坚固根。
- 四法迹——无贪、无嗔、正念、无等持——初二增上戒学，三增上心，四增上慧。
- 无量作意——有情、世界、法界、所调伏、调伏方便、五无量作意。
- 十智——法智、种类智、他心智、世俗智、苦、集、灭道智、尽智、无生智。

（考《对述》卷九末。）

七真如作意（注一）（注五）
- 流转真如作意——谓一切行无先后性（卷77）
- 实相真如作意——一切法众生无我性
- 唯识真如作意——一切行唯是唯
  - 由此故一切法平等平等（卷77。）
- 安立真如作意——既思维已为有情说苦谛
- 邪行真如作意——说集谛
  - 由此故一切有情平等平等。
- 清净真如作意——说灭谛——由此故一切三乘平等平等
- 正行真如作意——说通谛——由此故听闻正法缘总境界胜止观所摄受慧平等平等

阿世耶
- 大我阿世耶——菩萨由得自他平等解故为利诸有情皆得解脱清净信欲
- 广普阿世耶——于流转寂灭得无分别平等解故，为利有情二俱不住清净信欲。（按《深密疏》卷二十七阿世耶，此云意乐。《梁摄》以无分别为体，《瑜》以胜解为性，无性、世亲，以信及欲为体。）

摄差别——五神通皆世俗智摄，若诸异生及诸有学相续中者皆是有漏，若在无学相续中者皆是无漏。第六神通，尽及无生智所摄。空解脱门智八智所摄，谓法、类、苦、集、灭、道，及出世间尽无生智。无愿解脱门智，六智所摄，法、类、苦集、尽、无生智。无相解脱门智，五智所摄，法，类，灭，尽、无生智。无碍解智，无诤愿智，十力等一切不共佛法智，皆世俗摄，皆是无漏。

三际别
- 世智
  - 二乘三际世智——一、初异生位：为欲对治五染污见及与贪等相应邪智，起世间信所摄受无颠倒见，次起闻思所成妙慧于诸念住勤修观行，次于顺决择分方便道中由修所成慧于诸念住勤修观行，次起见道方便顺决择分俱行修所成慧，于诸念住勤修观行，次起世第一法见道无间道所摄正见。二，中际世俗智：以彼世第一法所摄俗智为依止故。能入见道，出见道已，生起谛现观边诸世俗智证见所断诸法解脱。此世俗智是出世间智后所得，应言此智亦是亦出世间。又修此智由四道：方便，无间，解脱，胜进。三，后际：阿罗汉身中所有一切清净无漏解脱，一切结缚烦恼尽智无生智，及余一切神通功德所摄诸世俗智。又《疏抄》卷八云：「二乘且有无漏后得智，谓观十六心皆是无漏后得智。又有根本智，名为羊鹿，而无中车体。」
  - 大乘三际世智——胜解行地是初际，从增上意乐乃至决定地是中际，到究竟地是后际。又诸菩萨于诸地中起二种行谓有戏论想差别行，及离戏论想现行，似出世间，善修此故得后所得世俗智摄无障碍智。
- 出世智——谓见道修道无学道，若法智品见道，对治欲界见所断惑，若类智见道，对治色无色见所断惑：（唯曾有于色无色界所有绪法善闻、善思、善取相者一切类智方能了别色无色界。）所余诸智或在止品或在观品，法智类智二品所摄。又于见道初智生时，诸余智因由能生缘所摄受故皆得增长一切见道，即此刹那皆名为得，于此得已后时渐之次第现前，当知见道是胜进道，于修道中若有修习出世间道而离欲者，应知如前方便道等皆是出世。若于苦等，诸圣谛中有戏论想而现行者，是世俗智，不尔，是出世智。……诸圣者亦修世间离欲之道而离诸欲。无学地中即如所说出世间智解脱修道所断惑故，极善清净。又出世智能为一切世间功德所依持处，能令上下地所有功德皆自在转是名初中后际出世间智次第生起。

（附一）他心智。《成唯识论述记义蕴》卷一云：「知他心智者必后得故。既不能亲取他心智，故知必有相分。」《秘》云：「若言外取不变相者，应亲得彼何（假？）名唯识。」《疏抄》卷一云：「若不变有相分，如何名他心智，且如后得智缘心时，托他心为本质，自变起相分。后得智缘自相分名外取也。……其他心智缘他心时，即他心为本质，其他心智亦变起亲相分而缘也。后得智缘真如时，亦变相分而缘，不能真如本质故也。」《考破法执》卷五释二，明佛与二乘菩萨他心智不同等。

（附二）游观智。《义演》卷二云：「有游观无漏智者，意云，但（俱？）不断惑无漏智总名游观无漏智。即正体智断迷理惑时不得名游观智，若后重入观不断惑时即名游观无漏智，谓游适属故。若后得智即断迷理惑不得名游观。若重入观不断惑时亦得名游观，如次入灭定等前无断心名游观无漏智也。」

（附三）六遍知。《瑜伽师地论》卷一〇〇有六遍智，云：「一，不定地有漏谛遍智，谓欲界苦集尽立一遍知。二，定地有漏谛遍智，谓上二界苦集下惑尽立一遍知。三，无漏无为谛遍智，谓三界灭下惑下尽总立一遍知。四，无漏有为谛遍智，谓三界道下惑尽总立一遍

(注三) 修所成中术语之梵名

三学Jriṇi'Sik'ṣini
戒(增上戒)Addhi'slaṃ
定(增上心)Adhicittaṃ
慧(增上慧)Adhipiajā 《杂含》2.9 作增上意
四念住Catvāri Smrtyupasthānāni
四正断Catvāri Prahāns̄ni
四神足 Catvari ṇddhipādāḥ
五根Pañcendriyāṇi
五力Pāñca balāni, Pancha-balani
七觉支 Sapta badhy arigāni
八圣道 Āryāṣṭānga-mārga, magga(R.)
十法行Da'sadharma-caryaḥ
十智Da'sa jñāns̄ni
身念住Rāyasmṛtyupasthānaṃ
受念住Vedsnāsmrtgupartti ānaṃ
心念住Cittasmṛtyupastti ānam
法念住Dharmasmṛtyupasthānaṃ
信根'Sraddhendriyaṃ
精进根Vīryendriyaṃ
念根Smṛtindriyaṃ
定根Samādhīndriyaṃ
慧根Prajñendrīyaṃ
信力'Sraddhābalaṃ, (Power of fsith)
精进力Vīrysbalaṃ (Po. of energy)
念力Smṛtibalaṃ (Po. of mensary)
定力Samādhibalaṃ (Po. of medslation)
慧力Prajñābalaṃ (Po. of wisdom)
念觉支Smṛtisaṃbodhyangam
择法觉支Dhsīmapraricayasa ṃbodhyangam
精进觉支Vīryasaṃbodhyangaṃ
喜觉支Prītisa ṃbodhyangaṃ
轻安觉支Prasrabhisambodhyangaṃ
定安觉支Samādhisaṃbodhyangaṃ
舍安觉支Upakṣāsaṃbodhyangaṃ
闻所成慧'SmtamayīPrajñā
思所成慧CintāmayīPrajñā
修所成慧Bhāvanāmayi Prajnā
瑜伽Yogaḥ
为理作意Yonihomanasktraḥ
书写 Lekhanā
供养Pūjūnā
施他Dānaṃ

(注二)

《显扬论》《九遍知》

无色贪尽遍知——出过妙界故。
色贪尽遍知——出过中界故。
五顺下分结断遍知——出过下界故。
（以上）永度劣界故。

色无色系见道所断烦恼断遍知(定地增上)。
欲系见道所断烦恼断遍知(无漏有为摄)。
色无色系见灭所断烦恼断遍知(定地增上摄)。
欲系见灭所断烦恼断遍知(无漏无为摄)。
（以上）由相不同分界不同及同分立。

《显扬论》列于果中。)

色无色系见苦及集所断烦恼断遍知(定地摄)。
欲系见苦集所断烦恼断,遍知(有漏摄)。
（以上）由相同分,界不同分及同分立(卷57)(相应缘系自加。又九遍知

名证量。」

去菩萨所得定通无别。二、二乘七地以还菩萨所得及凡夫人修得之者,依定而起,然非即定,复不同散。三,报得,唯散心。若依定起

(续附一)——《疏抄》卷四云:「他心智唯缘前人,六识中三性心,不缘七八识。」《成唯识论演秘》卷四云:「他心智有三类:一、如来八地以

立一遍知,此人得初果,已伏九地修惑九品总断越证罗汉又立第二。」

知,五,顺下分结遍智,六,顺上分结遍智。此据随义说,不据实论据实者,或唯有二,谓入见道证观真如持总断三界四谛下惑合

听闻 'Siavaṇaṃ
披读 Vācanaṃ
受持 Udgshaṇaṃ
开演 Prakāsmā
讽诵 Srādhyāyanaṃ
思维 Cintanā
修习 Bhāranā, (meditation) (?)
正见 Samyagdṛṣṭiḥ (Right view)
正思维 Samyaksaṃkalpaḥ, (high aims)
正语 Samyagvāk, (Right spuch)
正业 Samyakkanmāntaḥ, (Upright conduct)
正命 Samyāgājivaḥ, (a hsrmless linehood)
正精进 Samyagiyāyāmah (pnesenvancein well doing)
正念 Samyaksmntiḥ, (intellectual activity)
正定 Samyaksamādhiḥ (earnest thought)
法智 Dharmajñānaṃ
他心智 Daracittajñānaṃ
类智 Anvayajñānaṃ
世俗智 Saṃurtijñānaṃ
苦智 Duḥkhajñānaṃ
集智 Samudayajñānaṃ
灭智 Nirodhajñānaṃ
道智 Māryajñānṃ
尽智 Rsayajñānṃ
无生智 Rnutpādajñanaṃ
有漏智 Sāsnavajñānaṃ
无漏智 Anāsrauajñānaṃ

*G, Bhâvanâ 译作 medilation
而复申义云：
"There are fine principal meditations: metta-bha, on lane, ksnurâ-t, onpity; muditâ-ton joy; usubha-b-; on inapunity; upekshẋ-b- , on serenity."

(更续附一)他心智——《义演》卷十四云：「异生得他心智，不及声闻，乃至菩萨不及佛……小乘说缘他心时，不缘心之境，若大乘中说菩萨他心智，能缘他心及境。又小乘有漏他心智，能缘无漏心，若无漏他心智，不缘有漏，若大乘说，有漏不能缘无漏心，七地以前菩萨有漏心，不能知因果漏故，七地以前无漏他心智，方能知因果无漏心也。又若异生有漏他心智，亦能知四果人生得善心及无记心，即不能知加行善心，又约他心，有漏他心智亦能知无漏心，二乘亦能知佛菩萨心。如猕猴见佛不受蜜知不净而洒水蜜上，忧婆趋多入定，知佛遣彼除魔。然若佛实心等觉，菩萨尚不知，又大小说他心智缘他人心中十二种心谓痴心，离痴心，贪心，离贪心，嗔心，离嗔心，与昏沉相应心，与掉举相应心，在定中心，散乱心，狭劣心，求成佛度有情心。」

(注四)《四寻思四如实智决择》——《识述》卷十八云：《对法》卷十一说推求名等者，推求是观察义，即唯是慧，无性云：推求行见方便因相说名寻思，了知假有实无，所得决定智，方便果相名如实智。即唯加行智为体，此约推求行增出体。若并相应增，五根、五力为体，及俱有者，五蕴为性。定俱有戒为色蕴故。《瑜伽师地论》卷七十三云：四寻思者，五事中如理相应分别，总摄四种，则唯有漏，四如实智，一切皆是正智所摄，即唯无漏。《摄》卷六云：四寻思在暖顶，实智在忍第一法中，此论亦同，即如实智亦，有漏摄。《瑜伽师地论》卷四十八说如实智是无生法忍体。今实义，寻思唯有漏，唯加行心推求，作根本后得智故。如实智通有无漏，通加行根本后得智故。未印可位名为寻思，起忍印时名如实智。中忍虽亦现无能取犹未印可，而前有印亦名实智，非是寻思，与寻相应，不尔，上地应无暖顶……一切法，名之与义即於前位缘法义境其中似文，文名之义，唯是意言。依此文名之义，亦唯意言。《无性》卷六云：此中名者谓色受等，亦摄名因名果句等，寻思名因者，谓字，字身，多字身及声等；名果者，句及名身多名身，句身，多句身等，皆名之果。《对法论》卷十一云：谓推求诸法，名身句身文身自相皆不成实，名召法胜，但说寻名。义者如名身等，所诠表得蕴处界等，若体若义总名为义，以义宽故，不说自体，推求此，能诠所诠定不相应，此中唯观妄性所执能诠所诠，唯意言性，意言之中，依他文义，不说无故。即依所取能所诠今观唯是意言性也。

《对法》等说，此在暖顶位，此位唯观所取无故观计所执无，非依他也，无性云：寻思依名所表外事，唯意言性，思惟此义，似外相转，实唯在内，故不无依他内文义也。此二唯有内法假名，有文义外法，故唯说假。此即观一切有无为皆义中摄。依此二法观其自性，心外亦无，唯是假立，如我法等差别亦尔。如无常等义。无性云：证知四种妄虚显现，依他起摄，了达四种遍计所执皆不可得……四寻思观计所执四境离识非有，唯观所取无，如实智能遍知能取彼识，离识内境决定非有能取亦空。了知内识及所变相，互不相离如幻事等……问：何故诸法名义名别寻求，名义自性及与差别，即合观耶？名义二种，一自性同，二差别同，故合名义二种自性及二差别为合观也。前二是名义，后二是自性差别。（前二后二者，以论有云，二、二相同也。考《瑜珈师地论》卷六十六《所修法》。）名义举寻求显，寻者求也，此二影有思察，自性差别举思察显，此二影有寻求。故诸论言推求名义，观察名义等是也。」《疏抄》卷十六云：「推求行见等者，行谓行相行解，见谓能缘之见，方便因相即是四寻思。出体有四：一、尅性出体。四寻思唯用加行智为体。四如实智在四善根位亦唯以加行智为体。即通地前上，即用加行、根，后三智为体。若在见道，唯以根，后二智为体。初地以上，七地以来即通漏无漏，无漏者以后二为体，有漏者加行智为体。八地以上用后二为体。二相应出体，用同时遍行别境，善四蕴为体。三约随增出体，若暖顶二位四寻思即用五根为体，后二四如实智，即用五力为体。四眷属出体，用五蕴为体……上地应无暖顶者，此言寻思，但是慧异名，能观察故名寻，非不定中寻，亦非有寻有伺中寻思也。若是不定中寻者，有寻伺即在初禅，二禅以上无，应即初禅有顶暖。既四禅有暖顶，故知非也。」

（注五）《得十智人别》——《义演》卷廿三云：「据大乘中说，阿罗汉不得十智，但说烦恼漏尽之处名尽智。又起智缘择灭无为烦恼不生处名无生智，即佛身中亦有十智。若小乘中不退种姓罗汉亦具十智，以烦恼更不生故。若退种姓者唯有九智，以更退起烦恼故。」（考《对述》卷九）

《尽智及无生智》——《疏抄》卷十八云：「大乘中金刚无间道断二障尽已，至解脱道烦恼更无余，故解脱道即名尽智，烦恼更不生故。其妙观智至解脱道亦名无生智，即一个智义说为尽智无生智。又余二智亦得名尽智，又若尽智身中名尽智者，即四智总名尽智，若能缘真如者故名尽智者，即余成所作智。余三智名尽智也。（有讹脱，更考《瑜珈师地论》卷七十五之《所生得》。）若小乘有部，尽智无生智体名别。若钝根罗汉，唯得尽智不得无生智，若利根皆得，即先起尽智，尽智者一切苦我已知，一切集已断，一切灭已证，一切道已修，次后起无生智，无生智者，谓一切苦我已知，不复更知，乃至一切道已修，不复更修也。」又云：「佛身中，烦恼无余名尽智，更不生名无生智。不约息求以缘尽无生智。如来化有情不息故，若二乘即约息求以缘尽无生智也。」（考《瑜伽师地论》卷七十六《解脱身》。又《宗轮述》中云：「观现苦灭名尽智，观未来若不生名无生智。」大好。）

《根本智及后得智释名》——又云：「此正体智能生他后得智故，说正体智名根本智也。若五地先起根本智，后方引生后得智。又先由证真，后方达俗故名后得，即如了俗由证真故，说名后得。」（考《瑜论》卷六十九、七十之《三学相摄》。）（更考《瑜论》卷七十五之《大智》）又《义林》卷四云：「《佛性论》云：无分别智灭现在惑名为尽智，后得智灭未来惑名无生智。理实二智皆尽无生，彼非典据」。又《无性》卷一亦云：「加行无分别智根本依止，即此根本无分别智，后得依止。」

（注六）《三慧与断伏》——《义林》卷四云：「若论伏断，三慧皆能，势分伏通其闻思，非正观伏，正观伏时即为四道，唯在修慧，然于欲界想定等，唯见所断故。」

《断等》——又云：「皆离缚断，有义闻思唯修断，非染非见断，非无漏非非所断，修慧唯修断及非所断。依不生断亦通见断说无法，思虑义故。」

《不定四俱》——又云：「三皆与寻伺相应，悔眠不与修相应，有义悔眠非闻思俱。实义闻思亦悔眠俱。闻思悔恶睡眠位中听闻教

《善十一俱》——又云：「有义思修慧十一等俱，闻唯有十，散位所起无轻安故，实义三慧十一善俱，许无漏心有闻思故。」

亦俱，许八地后有闻思故。」

《等引等俱》——又云：「皆等持相应，别境定数故。有义闻思非等引等等至俱，修慧可尔，闻思二慧是散善法，非定心故，有义，

法行修慧所摄。」

《十法行与三慧》——又云：「此三妙慧，不十法行而为助伴，由十法行之所摄受。初八法行名为闻慧，第九法行名为思慧，第十

起下有漏三慧，无漏三慧，上下通起。」

间。无漏者在十地，色界六除上三未至，无色界中四根本，说非想地有无漏心引灭定故。然在下地得起上地有漏闻慧，上不

中间，加在七地加初未至，或在五地，又除中间。初说善，思慧唯在一欲界地，修慧有漏者十七地，八根本，八近分静虑中

二、三界九地位。欲界地有二，谓闻思。色界地有二，谓闻修。无色亦无思慧及闻慧。又闻慧通在六地，欲界，四静虑及静虑

不说色界亦有思体，天色界中有闻慧体。若八地后起实闻思应许色地亦有思慧，无色有闻虽无色天佛边听法，但缘修慧。

慧在二念处位，修慧在暖以后诸位。此据随增说，实凡圣因果位中，皆容得起。唯见道中无闻思慧，理定观故。又大小二乘

《位地》——又云：「一、三乘凡圣位。虽有三慧发心未定名住外凡，发决定心方内凡位。若二乘位解脱分中闻慧在五停心位，思

都无闻思，唯有修慧。」

依思以义为先而观文，后修俱于文义证解明了。此在因位，八地以上，一体义分。七地以前各有别体，在佛位中无未曾得，

文，于义未善意趣未现在前，随顺解脱未能领受成解脱义，思慧亦依于文等，即三慧皆缘名义，初依闻以文为先而观义，次

所成慧有义唯缘义，修所成慧相应作意亦唯缘义不缘于文，如实义者，《瑜论》卷七十七，《解深》卷三云：闻慧亦依止于

《所缘》——又云：「天亲（《俱舍》）取闻唯缘教，思唯缘义，修慧亦尔。《婆沙》说此三皆缘名义。今依大乘闻慧通缘若名若义。思

正》卷五十九、《婆沙》卷三十二、《二分》、《成实》卷廿三等。）

思，有漏可知。」（三慧差别，考《深密》、《深密疏》卷廿三、《瑜》卷八、十二、《显》卷十三、《俱舍》卷廿二、《杂心》卷五、《顺

缘教理故……非七识俱等者，在无漏位行相虽深是修慧慧，亦无思，有漏可知……非第八俱者无漏第八行相虽深佛位无

修慧定通八识俱有。」「《记》卷四云：此三或七八识者，不正义，谓果第八缘于教理故通三，第七亦尔，因中无漏第七亦得

缘，八识佛果起无闻慧故，思慧唯取意识俱慧，五非助伴，行相浅故，非七识俱，在无漏位行相深故，佛无思慧，非第八俱，

故，故耳识俱明了意识亦是闻慧，不明了者生得慧摄，由此闻慧唯取意识相应慧性，所引伴类亦通五识相应慧性。七识不外

句文身，觉慧为先，听闻领受读诵忆念名闻所成地。彼论意说觉慧为先者是生得慧，初暗劣故，后听闻等皆是闻慧，能明了

不能缘教理故。有义五识亦有闻修，第六引故，思慧深缘名所诠义，五识可无。《瑜伽师地论》卷十三闻慧地说于五明处名

《出体》——《义林》卷十二云：「此三自性别境慧摄，名三慧故，通现及种。有说此三唯是意识或七八识相应慧性非五识俱，五识

天亲云：即是三慧真俗双行义说故能，何妨闻思亦能断伏，余人不能，此在上地，非是欲界。」

粗摄敛心亦伏烦恼，在闻思位若能断断唯是修慧，《摄论》说为出世止观智故。《十地经》云：第八地菩萨皆能堪能思能持。

《得别》——又云：「三皆非生得，非暗昧故，皆加行得，加行善故，皆离染得，离三地障得胜三慧，离八地染得无漏三慧故，亦离九地染得胜修慧故。虽有前世修习此三现身中必无任运得此三者，故非生得，佛所成者定离染得无加行故，声闻独觉及菩萨位通二种得。」

（续注一）《诸智》——《义林》卷十二云：「《胜曼》说一智谓心法智，又说二智，谓圣谛智，无二圣谛智，又有二：空、不空如来藏智。又有二：谓世俗胜义智。对法说三无分别智，谓知足无分别，无颠倒无分别，无戏论无分别。又有三无生忍智，又有四智谓圆镜等，又有四寻思，四如实智，又有六现观智，十现观，十智。《对法》卷三又说十三智，谓信解智，道理智，不散智，内证智，他性智，下智，上智，厌患智，不起智，无生智，智智，究竟智，大义智。又有十八现观，如《显》说。又有十六行智。《瑜伽师地论》卷十又说四十四智，七十七智，诸神通智，解脱门智，无碍解智，无诤智，愿智，力智，无所畏念住一切种不共佛法等智。」（广如《对述》卷六、卷九会释。）

《十智与三慧》——又云：「十智中世俗智通有无漏三慧所摄，他心通有无漏唯修慧，余八唯无漏，亦唯修慧。」余智三摄准此知。

《对法论》卷十所明二智——《对法论》卷十云：「尽智者，谓由因尽所得智，或缘尽为境。所以者何？由有尽故而起此智名为尽智。此意义言，于此位中由永断集令无有余所得智名尽智。无生智者，谓由果断所得智，或缘果不生为境，所以者何？由有无生故，所得智名无生智。或缘无生为境，名无生智，此义言，由有当来一切苦果毕竟不生法性故而得此智。」

（注七）《正见深义》——《华手》卷十云：「无高无下等观诸法，名正见；何以故？眼即涅槃，不离眼有涅槃，眼及涅槃是二同等。以何故等，非眼眼等，非涅槃涅槃等。何以故？眼中无眼，涅槃中无涅槃，眼中无涅槃，涅槃中无眼，眼及涅槃无无别，无二别故，故名为等。耳，鼻，舌，身，意等亦尔。若无分别，是法即空，空即同等，是名正见。又正见者无一切见，何以故？诸所有见皆是邪见。又正见者不可言说。」（按《华手经》十四卷，皆深谈第一义，于唯识诸典籍中少所觏见，宜黄列诸附庸类中，似有偏于名相之失）。

（注八）《明念住名及性》——《深密疏》卷十云：「依《正理论》卷七十一，云何缘于慧立念住名？慧由念力持令全住故。《俱舍》卷二十五云：理实由慧令念住境，如实见者能明记故。依《婆沙》卷九十六云：由念势力析除自体，故名念住，自体即是有漏五蕴，要由念住析除彼故。依《智论》卷十九云：随顺智慧缘中止住是时名念处。依《瑜伽师地论》卷二十八云若慧若念摄持于定是自性念住，所余相应诸心心所是相杂念住。辩体性者，依有部多以慧为体，大乘以念慧为体。又此复三种，谓闻思修，三慧所成，闻思所成唯是有漏，修所成者通有无漏……其身念住观身不净能治净倒，受念住观受无乐能治乐倒，心念住观心无常能治常倒，法念住观法无我能治我倒，如《瑜伽师地论》卷二十八等广说。」

（注九）《七觉八道见修别》——「《婆沙》二说：一云见位八道，修位七觉。一云见道名觉，修道名道，评前说正。依《俱舍》亦二说：一说同《婆沙》，一说七觉在见道，八道通二，大乘中智论两说同《婆沙》、《对法中边》七觉为见，八道为修。《显》七觉在见，八道中正见通二，余七唯修。《瑜伽师地论》七觉为见，八道中正语业命唯立修道，余不别说。」《深密疏》卷十云。

（续注五）《智识别》——《菩萨藏》卷三云：「缘色等四，住色等四中，先喜住著，转加增长。坚固广大，名之为识。不住五受蕴中，了达识蕴，名智。又能了别地界乃至意所知法是名识，若不住四大界中，能善通达识之法界，不相杂者，名智。又从境界生，从作意生，从分别生名识，无取无执，无有所缘，无所了别，无有分别，是名智。又所言识者，住有为法，无为法中，识不能行。若能了达无为之法，是名智。又住生灭者名识，不生不灭，无有所住名智。」

《明苦等四智》——又《瑜伽师地论》卷十七云：「于诸蕴本无生智。如是之智，名苦智。于诸染爱永断灭智，如是之智名集智。于一切无生无坏，如是之智名灭智。于一切时诸所缘法无有损益，如是之智，名道智。」

又《大乘玄论》卷四《摄智门》以实智方便智摄，一，二，三，四，五，乃至七十七智，应考。

（注二）四道观察

- 证成道理——证成所应成义，宣说诸量不相违语，此有二种：
  - 清静相——现量，比量，譬喻，成就，至教量。
  - 不清静相——谓余分同类所得相，余分异类所得相，一切同类所得相，一切异类所得相，引异类譬喻相，不成就相，不清静言教相。又《瑜论》卷七十八云：「若一切法意识性是名一切同类可得相，若一切法相性业法因果异相，由随如是一一异相决定展转各各异相，是名一切异类可得相，若於此余同类可得相及譬喻中有一切异类相者，由此因缘於此成立，非决定故，是名非圆成实相。」按非圆成实相，或即不成就相。
- 作用道理——异相诸法各别作用如眼根为眼识所依等。
- 观待道理——诸行生时待众缘，又《大论》云：有二观待：一、生起观待，谓由诸因缘力生诸蕴。二、施设观待，谓由名句文身施设诸蕴。

（注六）《显扬论》转依

- 四道证得
  - 四境
    - 净惑境
      - 世间道——下地粗性，上地静性，由此制伏诸缠。
      - 出世间道——真如及四圣谛，略故真如，广故四谛，由此永害随眠。
    - 善巧境——蕴乃至处非处善巧。
    - 净行境
      - 入出息念——寻思行者所缘。
      - 界差别——憍慢行者所缘。
      - 缘起——多痴行者所缘。
      - 慈悲——多嗔行者所缘。
      - 不净——多贪行者所缘。
    - 遍满境（考《对述》卷九）
      - 所作成就——转依及依此分别智。
      - 事究竟（事边际）——一切法尽所有性（蕴界处）如所有性。（四圣谛，十六行相，真行，一切行无常，一切行苦，一切法无我，涅槃，寂静，空无愿，无相。）
      - 无分别影像——由真如作意所有止观，所缘境界。
      - 有分别影像——由胜解作意所有止观，所缘境界。
  - 四如实智
  - 四寻思
  - 四正行
- 释名——舍离诸粗重得清净转依。
- 三转依——《对法论》卷十云：「有三转依：一、心转依，即真如是心性故，二、粗重转依，即是所对治烦恼，三、道转依，即能治无漏圣道。」（原文尚多，此据《疏抄》卷四）原文云：「心转依者，谓已得无学道起得法性心，自性清净永离一切客尘烦恼故名为转依，即是真如转依义。道转依者，谓昔世间道于现观时转成出世说名有学。余有所作故，若永除一切所治永离三界欲时，此道自体究竟圆满立为转依。粗重转依者，谓阿赖耶识一切烦恼随眠，永远离故名为转依。」按此在究竟道中说。《成唯识论述记》卷九云：「法师以正智是心，真如亦名心。正智为真心，故真如之性亦名为心。」

显相差别——《瑜珈师地论》卷二十七云：「蕴善巧显自相善巧，余显共相善巧。」

种类差别——本论或七或卅二或廿一，《中边论》有十，除七外又有三世善巧，三乘善巧，有为无为法义善巧。《义灯》卷三云：「或加缘起，谛及无智亦无得，即四善根中能所取观善巧，此约三乘或无智得，但约大乘作唯识观。」《瑜伽师地论》卷三唯说六，谓蕴至根六，《瑜》卷二十七说五，则除根。又《瑜》卷五十一云：「依遍计所执自性，当知心善巧差别，依依他起自性，当知心转善巧差别。」则又分为二矣。《圆测疏》云：「依遍计所执无去无来自性涅槃，缘证无时（四？）证真如法性之心能如实知者名善巧，非依他起等故名差别；缘三性之心此依他法非是无法，观知是心依他而起名为心转。能实知者，不生遍计了执名为善巧，异前名为差别。」《圆测疏》云：「以如理心了知遍计所执本来无相，证彼真如名心善巧，以如量四智了知依他染净等法，因缘转名心转善巧。」又《菩萨藏》卷十七，立十善巧谓：蕴、界、处、谛、无碍解、依趣、资粮、道法、缘起、一切法十种。

对治

- 《瑜珈师地论》卷五十七云：「显示六善当知为遣六种邪执：一、依止邪执。二、自性自在等不平等因邪执。三、能持依止我邪执。四、彼死生转邪执。五、彼净不净方便邪执。六、彼爱非爱境界受用主宰邪执。」
- 为对治十我见 辩中边说：善巧
  - 执增上义性——执根是我有增上用。
  - 执作者性——执缘起是我作者性。
  - 执受者性——执处为我，然是受者。
  - 执因性——执界是我而能因。
  - 执一性——执蕴体为我是一。
  - 执缚解者性——执蕴等有缚有解，今说有为无为。
  - 执观行者性——执蕴等我体是观者，二乘观异。今说三乘执。
  - 执染净所依性——执我是一为染及净二别法依今说四谛。
  - 执常性——执即蕴等我是常根说於世。
  - 执自在转性——执蕴等义有自在力令法如是不如是等，今说於我无有自在即处非处。

功德——《瑜珈师地论》卷五十一云：「若能善巧熏修心者，一於果时触证安乐，二於因时自在而转。」

（住一）《别释四道理》——《疏抄》卷四云：「证成道理谓三量也，作用道理谓五根有发识作用，火有物用乃至风有动作用。法尔道理，谓地能持屋舍等。」

- 转依与五法——《对法论》卷十一云：有五种法能摄一切瑜伽，谓：持、住、明（明影像）、镜（镜事成就）及与转依。（此中住，丽、宋、明本作「任」，元本作「住」。镜」，明本作「境」。）
- 法尔道理——无始来时於自相、共相所住法中所有成就法性法尔，如火能烧等于诸法中正勤观察。又法尔者，谓若如来出世不出世，法性法界安住无变。《对法论》卷十一云：「如是等诸法成就法性法尔，如经言，眼随圆净空无有常乃至无我，其性法尔故。」按《地论记》卷五云：「法尔释如，尔犹如也。」大好。

善巧《显扬论》

（《大经》卷五八五至五八六初，除根善巧外，有六善巧，义详应考。）

七善巧

蕴善巧——显示诸蕴自相及彼障断胜利。余如《说蕴》、《总别》中说，即了色如聚沫，受如水泡，想如阳焰，行如芭蕉，识如幻事。

界善巧——观根境识三法从自因而生，又依诸根於境界能取之我不可得。《瑜珈师地论》卷三十七云：「如实了知（注七）十八种法从别别界别别而转，即於因缘而彼善巧。」《补缺》卷七云：「即为对治执于因性，谓执神我或自在等为诸法因或破无因，明即眼等三六种而为生因。」

处善巧——善知触生门体建立十二处，谓根及境，诸受依触，是故建立触为彼处。然受者触者皆不可得。《瑜伽师地论》卷二十七云：「眼为增上缘，色为所缘，缘等无间灭，意识为等无间缘（此意识言，恐是识讹），生起眼识及相应法……六识身及相应法皆由三缘而得流转，若於如是诸内外处缘得善巧。名处善巧。」《菩萨藏》卷十七云：「处善巧者，如实了知眼为是空，无我我听，乃至意亦尔，……又于眼处色处观见离欲，然于离欲而不作证，如是了知是名菩萨处善巧，乃至意法亦尔。」

缘起善巧——善了知从未永断无常之因能生诸果，又一切法不从自生，不从他生，不从共生，非不自作他作因生，（注四）不从自生等者，《对法》云：「一切法非自所作者，彼未生时无自性故。不从他生者，谓彼诸缘非作者故。不从共生者，即此二种因故。非不自作他作因者，缘望果生有功能故。又有差别谓待众缘生故非自作，虽有众缘无种子不生故非他作。彼俱无作用故非共作。种子及众缘皆有功能故非无因生。」《瑜珈师地论》卷二十七云：「了知唯有诸法滋润诸法，唯有诸法等润诸法，唯有诸行引发诸行，而彼诸行因所生故，缘所生故，本无而有，有已散灭，体是无常，由是因缘，定无有我。」又《杂阿舍》卷十二云：苦乐自他作四句皆无记（不说也），如来说法，此有故彼有，此起故彼起，与《瑜》卷二十七文合。

处非处善巧——不见我於因果二处而得自在，又处非处者於自果决定名之为处，於自果不决定，名非处。由无倒慧（注二）於此善巧是名处非处善巧。《对法论》卷十一云：「因果相称摄受生起故是处非处善巧，谓虽唯有法为因，然由摄受相称因，方能生起相称果。如善行感可爱果等，如是观智名处非处善巧。」

根善巧——不见我於能取等是增上，所言增上者谓眼等六种根於取六境是增上，男女二根於能生相续是增上，命（注三）根於相续住，五受根於染污（五受根者，谓能受用善恶业果乐等五根）信等八根於清净亦然。（八根者谓信等五根及三无漏根。三无漏根者，谓未知欲知根，已知根，具知根。）

谛善巧——能善观我於染净二法非顺道理，何等二法？谓：自性苦故，与故合故。又谓从昔以来未曾了见苦集及彼因缘，及灭道二谛及彼因缘，名谛善巧。又《菩萨藏》卷十七云：「于四谛智（考《瑜珈师地论》卷二十七续注五之二）如实明达而不作证，名谛善巧。又有三种名谛善巧：一、世俗谛，当知世间所有语文音声假说，如是等相。二、胜义谛，所谓若于是处尚非心行，况复文字而能陈说。三、相谛，所谓诸相，即是一相，如是一相，即是无相。」

根分别(一)(57卷)

善等别——八、五，及六少分是善；六少分是不善；八、五，少分是无记。

摄——男女二根及眼等五根色摄，意根三无漏根中意是心摄，信等五并五受根及三无漏根中除意余是心所摄，命根是不相应行摄。

根分——男女二根是身根分，最后三根是意根，信等五根乐喜舍根分。命根无所属，唯先业所引，时量决定而建立故唯说假有。

实别——十六是实男女二根，命根，最后三根是假，一切皆是有为。

作业——眼根于诸色境已见、今见、当见为业，余根当知。男、女根，以父母、妻子、亲戚、眷属互相摄受显现为业。命根令诸有情堕在存活住持数中为业，受所摄根令诸有情领纳一切兴盛衰损为业。信等根能生答趣及能圆满涅槃资粮为业，最后三根能于现法趣证涅槃为业。

八根在后(五根在前，

建立二十二根义(附一)

- 五根——受用业果增上义，受用境界发生杂染增上义，正知而行增上义建立。
- 八根(?应细究)——世、出世间清净增上义，证沙门果方便道增上义建立五根，证沙门果增上义，故建立三根。
- 一根
- 二根——活性命事业方便增上义。受用境界时分边际增上义，积集善品增上义建立。
- 六根——能取境增上义，安立家族相续不断增上义。受用隐境增上义。堪得出家证沙门果增上义建立。

根义——增义，若为显于彼彼事，彼彼法最胜义故，受用境显增上义，依修行者防护根门增上义建立。又说于定等事自在相应名根。(考《对述》卷七。)

分别处非处(注二) 卷(57)

- 与缘起善巧差别——唯於因果生起道理正智显了名缘起善巧。於一切无颠倒理正智显了名处非处善巧。
- 观察门
  - 现行门——不断贪等一切烦恼修四念住无是处，断斯是。
  - 证得门——未得圣道能证涅槃无是处，已得斯是。
  - 合会门——光明暗一时合会无是处。一处无第二斯是，同一种类二心心所俱合会无是处一一而生斯是。
  - 成办门
    - 资生越所作——压沙出油无是处，压苣胜斯是。
    - 大种越所作——地能造水等用无是处，作地用斯是。
    - 诸根越所作——眼能闻声无是处，见色斯是。
  - 差别门。
    - 一切种示现遍
- 建立——为欲显示染净正方便智无失坏故建立。
- 义——处者彼彼事理无相违，非处反是。(《疏抄》卷一云：「造善得乐果名处，得苦果者，名非处。」又《大论》云：「等起理趣名处，若非理处名非趣。」

异熟——忧全，余四受信等五意少分是异熟，意通（？）无记无漏故，信等五通无漏故。七有色命及三漏全信等五，四受，意（除不善善有漏）少分是无异熟。最后三有异熟助伴，能助有可爱异熟（法令转明盛，能感决定人天异熟。命根全，七色意舍少分是异熟，一切皆有种子异熟，信等五，三无漏及忧喜乐苦全七色意舍一分非异熟，异熟生则一切皆是，一切种子所摄异熟所生故。

界系（二）——男女忧苦全，眼等五根，命根，信，等五根及意舍少分欲界系；色界系如前十五少分；信等五根，意、命根舍少分是无色界系；三无漏根全，信等五根喜、乐、舍、意少分，是不系。

（一）（附四）

诸地——未至地十一根（为信等五、三无漏、意、喜、舍）初二净虑十八根（除男女、忧苦）。三静虑十七根，四静虑十六根，如其次第除喜乐根，空无边处地乃至无所有处地十一根，（信等五意命舍三无漏根。）非想非非想处八根（信等五意命舍。）（《瑜论记》云：此等但据现行，若据种子凡圣通论一切地中二十二根皆俱可得……非想心暗昧不同下地：故不说有初无漏根。）自初静虑乃至无所有虑通漏无漏所摄诸根，非想，非非想处，所摄诸根系有漏。此约种类，若约相续当言二种。又由烦恼解脱故，令彼诸根成无漏性，如有、无漏如是应断、不应断，世间、出世间当知亦尔。

有情——生欲界容有一切根——生那落迦，成就八根（眼等五命意及苦）。现行种子皆得成就，除三所余（忧喜乐）或成就或不成就，三约现行不成就，约种子或成就，谓般涅槃法，或不成就，谓不般涅槃法。余三现行故不成就，种子故成就，如生那落迦趣于一向苦，傍生恶鬼，当知亦尔。若苦乐杂受处。当知后三种亦现行成就。若生人天一切容有。诸根缺者成就，除五根余有（男女三无漏，若缺男女定缺三无漏故。）半择迦亦尔。三形者除三无漏，容有十九根。断善根者除信等八余有。诸异生有十九根（除三无漏）。诸见谛者有一切，有学成就二十一，（除具《圆测疏》？应细究）无学十九，（除初二无漏并忧）。预流果向二十（除初二无漏）。一来果向不还向亦尔。不还果十九，（初二无漏并忧，）阿罗汉果向亦尔。若生色界有十八（除男女忧苦）。生无色界有十一（信等五，意命及舍，与三无漏）。

死生得舍——若欲界没生欲界时，如约色根容有而说，或舍缺诸根得缺诸根，或得具诸根，或舍具诸根得具诸根，或得缺诸根，胜劣诸根得舍亦尔。意根命根胜劣得舍亦尔，诸受根亦然。此约异趣果故有差别。若诸善根约等流果，舍前前劣得后后胜，非由生故，舍胜得劣，后邪方便乃有斯义最后三根于一切位与生相违故不说。（《瑜论记》云：缺根具根皆通善趣，恶趣后明胜劣，即当善趣根胜，恶趣根为劣。）从欲界谓，色界生时，容舍下地一切，容得上地一切，如欲界没色界生时，从欲苦没生无色时。从色界没生无色时亦尔。最后三根由证沙门果方便而得不由没生。先修习力所任持故，后等流果转□生又能为缘生异熟果令转明盛。

有境无境——《瑜》卷二十一由境界义名有义（除命根）

助伴——七色根于非色助伴义转，余有义根色非色为助伴。（《圆测疏》云：意根名独。今此，又中约相籍义说助伴。）

知别——未知欲知根者，修谛现观者从善法欲已去于一切方便道中即彼五根义当知是此义；已知根者，从预流果乃至金刚喻定，（附六）即彼五根义当知是此义；具知根者，从初无学道乃至无余涅槃界，即彼五根当知是此义。（考《智论》卷廿三卷末及《大般若》卷五十三）。

有无色——七有色，除命根余十四是无色，有色无色为义，命根非有色非无色，非有色非无色为义。

有无见——一切非有见（《圆测疏》云：色尘一种最是粗显故名有显亦名有现，余不尔，不名有现）。眼根以有见为义及余非有色一分。《瑜论记》云：眼识及意识相应信等五，五受根意及三无漏中有一分缘有见色。）

（注三）（附一）

（考《瑜珈师地论》卷九《根》）

根分别（二）

有无对——七有色有对及余无色无对一分。（《瑜论记》五识相应根意识一分相应诸根缘有对，此中约障碍有对而作是说。）

有无漏——七有色是有漏，除最后二及苦忧根余通有无漏，以有漏无漏为义当知苦根，有漏无漏以有漏为义忧根，有漏以有漏无漏为义未知欲知根。若远沙门果世间行所摄是有漏，不尔名无漏。（考《瑜珈师地论》五十七卷、二十二卷。）《成唯识论了义灯》卷十一云：「准《对法》卷十，后二亦通有漏。已知通忧，具知除忧故。此说无漏，据增胜故。」

有无为——一切是有为，八有为为义（七色及苦取有为境性。）余有为无为为又除命根。

有净，爱，依耽嗜，世间出世间——如说有漏。

世别——过去，过去为义者，除有色根及苦。余有义一分，有色根及苦根在过去非过去义。过去，现在为义者，如所说一分，当知即此在过去，未来为义，又即此现在以过去未来为义，现在，现在为义，□一切有色根及苦根并前所说一分，又此一分在未来，以过去未来现在为义，色根及苦根在未来非未来义。

界系（二）——男女根忧苦欲界系欲界系为义。鼻舌二根，欲色系，欲界系为义。眼耳身欲色界系，欲色界系为义。喜乐欲色界系及不系，欲色无色界系及不系为义。信等五意舍，三界系不系彼义亦尔。未知根，色界系不系，一切系不系为义。二不系一切系，不系为义。

三性——信等五，三无漏唯善，三性为义，五（除忧取四受，意）通三性，三性为义，忧通善不善，通三性为义，男、女、鼻、舌、身无记，义亦尔。眼耳无记，通三性为义。（考《瑜珈师地论》五十七、二十四卷）

三学——信等五喜乐舍及意通三学，三学为义，七色根俱非，缘亦尔。苦通三种，俱非为义。忧通学，俱非，三学为义，初二无漏根学，以三种为义，一无学以三种为义。（《疏抄》卷九云：「有学身中有诸苦乐受等，则名有学，若在无学身中，即名无学。」

三断——十四（除八善根所余）一分见所断，一分修所断（《瑜论记》云：七色及命若恶趣根见所断，善趣根修所断，五受及意若恶趣因或恶趣果是见所断，反之是修所断。）十二分修所断，一分非所断，谓十四中六（五受及意）及余六（信等五及未知根。）余二非所断。此中有色诸根见修所断为义，无色诸根三种为义。

染净舍——除诸善根，余是杂染舍所显，善根是清净舍所显故。

倒无倒——五受及意颠倒义，七色根颠倒所依，六少分颠倒，自性，八颠倒对治。

观过失——八，或五，（信等五）或一（意）。

依——未知欲知根证初第二第三沙门果之所依处，已知根乃至金喻定无学沙门果证之所依处，具知根无间烦恼，永断作证现法乐住所依，永灭王所依处。余应知。

于念住依处——于七色根处立身念住。于五受根立受念住，于意根立心念住，于最后八及命根立法念住。

于谛依处——七色意命最胜苦谛依处，五受根最胜集谛依处，一切灭谛依处，最后八道谛依处。

业——七色根意根、命根最胜惑业依处，五受根起烦恼业，最后八断烦恼业。

吉祥——陈二（或苦乐，或男女）一切领纳世出世间所有吉祥（忍辱，柔和，观人而舍，行贤善行，不放逸）眼等五，五受，意，领纳一切吉祥，败坏，最后八能引所有吉祥。

缘等——七色根及命先业烦恼之所感得，意根名色为缘，五受根触为缘，八策励为缘。八应防护（七色及意《圆测疏》云：七色及命）。意根应调净，五受根应寂止；八自性调顺寂静寂止，复能调伏寂静寂止。

舍等——同分界地诸根灭余生起名舍。不同分界地诸根减余生起名弃。断彼系一切烦恼名断，世间兴盛若定若生所有失坏名退。

（附二）

诸地（二）——八根（喜舍意信等五）入初静虑，后三有一能入有一不能入。二亦尔。第三亦。然非即彼（有乐除喜）。第四及无色定，七根能入（唯舍及余六）。后三有一能入，有一不能。得预流果或一或八（《圆测疏》云：一者未知欲知根，八者信等五，舍意及未知欲知根。）得一来果或二或九（二者未知欲知根已知根，九应知。）忧根虽道所依非道摄故，此中不取，喜根非坚住故此亦不取。得不还果或十一或二（十一者信等五喜乐舍意及初二无漏，二者初二无漏。）得阿罗汉果或一或十（二者已知根，十者信等五，喜乐舍意及已知。）此中预流一来于一切种皆圆满故，建立忧根，若不还果，虽有初二余二无故，不立忧根。得预流果时未知欲知根亦减亦舍，非起而弃，非断非退，得阿罗汉果时，已知根道理亦尔。（《瑜论记》卷十云：非断者非道所断，非退者已证择灭。）「按小乘说一切未至定中唯是舍受，故受生命终皆依未至定。）《义演》卷十六云：「一能入，一不能入者，能入者谓已知根，不能者未知根，具知根一切能入。」或有约人说者，今不取。

（附五）

练根——一切有学及无学五退思护住堪逢种性，非诸独觉亦非菩萨性利根故。若预流者，修炼根时证一来果不证不还，对治难得故所应得义极广大故，不还者修练根时，亦进离欲，不证罗汉果，转根以后能证。转根者，不生喜足，植引发胜定力，植多闻力，论议决择力，观察甚深法忍力。

三根建立——于胜解行地建立初根，于净增上意乐地立第二根，于如来地立第三根。

根与如来相好——诸相随好舌根及四根依处所摄四者，谓身、男、眼、舌，诸佛十方如来身中慧根所摄及具知根。四无所畏，五根所摄，不护亦尔。三种念住非根所摄，然六根所引无贪无瞋所摄，大悲亦彼所引无瞋无痴所摄，非根所摄，无忘失法如力应知。一切种妙智亦尔。永断习气非根所摄，然是六根所证烦恼永断所摄。

依转——若根依境界必依身转，或有依身转而不依境界谓诸有色被同分根。或有二依，谓即有色同分诸根，或有三依所谓意根及余无色心法诸根在有色界，若于无色即此诸根唯有二依。（二依者一依四大，二依自分识。）（三依者一依色，二依意，三依心法，根乃至赖耶亦依色及种子意根现行心法根。）

苦——或诸根是苦而非苦相合谓乐喜，或有苦亦苦相合，谓苦忧。或有是苦非苦乐相谓舍，或有非苦亦非苦相，谓后三根苦对治故。

乐善——或有诸根是善而不引乐，谓忧苦俱而修梵行，或根引乐而非是善，谓诸无记及不善根于现法中能引无记及染污乐。或根是善亦能引乐，谓喜乐俱修诸梵行所有善根，或非善亦不引乐，谓诸无记及不善根。于现法能引诸苦。

（附一）于内六根如理攀缘，精勤加行，修四念住，即于尔时此四念住，领受六根所行境性，即此于彼由清净故，名为出离。又即勤修四念住故，初达谛理得七觉支，即余尔时此诸觉支真故、实故领受念住所行境性如实断一切烦恼，离增上慢。此现实有究竟明昭（？）由此出离一切所有有为法，一切戏论永灭，乃至诸有为法可得展转问答施设能所取言论差别，究竟涅槃无为法中一切问答言论差别皆不如理。于无我中唯有杂染，唯有清净。

（附二）《诸地所有根之超越次第》——《义灯》卷三云：「初果或一或八依决定次第人说。一来或二或九，依超越者，如初果说次第者，即已知根二随一得不定二得故云或二、九、信等七，定未知等二，随一不定容九根得非定九俱犹不定故置此或言已依初近分故但舍根（上恐多讹文。）不还果或十一或二者，依超越，如次第人依已知根二，随得故。云或二或十一者，于前九上加□喜乐随应所依静虑入见初静虑通分□，第四定即是依舍初二根本喜，第三即乐三受随一，故云或十一非三受俱，或可受随一加命根一女男随一故成十一。若加喜乐三受，不俱何成十一？前解为正。」

（注四）《缘生法如幻梦义》——《资粮论》云：「此中菩萨观缘生时作是念。有缘生法但施设如无生中有生，是故生者自体不成。自体不成故生则非有。如生自体非有彼灭为二，二俱无体如生灭。彼不生不灭为二，亦二俱无体。彼生灭二种中生不生、灭不灭、亦不有，互相违故。空亦如是。如有者无自体故，彼不空及空亦尔。如是菩萨观缘生时得离诸法自体见，离自体见故，即断取法自体，得断法自体时作是念非无内外法而无法自体。虽有缘生法但如束苇幻梦。」又《楞伽》云：「非渐次生，亦非顿生，何以故？大慧，若顿生者，则作与作者无有差别，求其因相不可得故，若渐生者，求其体相亦不可得，如未生子，云何名父？诸计度人言以因缘，所缘缘，无间缘，增上缘等所生、能生互相系属次第生者，理不得成，皆是妄情执著故。大慧，渐次与顿皆悉不生，但有心现身资等故，外自共相皆无性故，唯除识起自分明见，大慧，是故应离因缘所作和合相中渐顿生见。偈云：一切法无生，亦复无有灭，于彼诸缘中分别生灭相。非遮诸缘念，如是灭复生，但止于凡愚，妄情之所著，缘中法有无，是悉无有生，习气迷转心，从是三有现。本来无有生，亦复无有灭。观一切有为，譬如虚空华，离能取所取，一切迷惑见。无能生所生，亦复无因缘，但随世俗故，而说有生灭。」

（附三）《诸梵名》

二十二根 Dvāviṃkatīndriyā ni

眼根 Caksurindriyaṃ

耳根 'Srotrendriyaṃ

鼻根 Ghrāṇendriyaṃ

舌根 gihrendriyaṃ

身根 Rāyendriyaṃ

意根 Manendriyaṃ

男根 Purusendriyaṃ

女根 Str īndriyaṃ

苦根 Duhkhendriyaṃ

乐根 Sukhendriyaṃ

喜根 Saumanasyendriyaṃ

忧根 Daurmanasyendriyaṃ

舍根 Upeksendriyaṃ

信根 Sraddhendriyaṃ

精进根 Vīryendriyaṃ

念根 Smvti ndriyaṃ

定根 Samādhīndriyaṃ

慧根 Prajñendriyam

未知当知根 Anājũātamājñāsy a mīndriyāṃ

已知根 Ajñendriyaṃ

具知根 Ajñātārīndriyaṃ

命根 gīvitendriyaṃ

《未知当知根体》——《疏抄》卷九云：「大乘取见道前十五心无漏法名未知当知根。大乘中以前二位能顺无漏法故，假名无漏。」

《根义及受义》——《识述》卷十云：「增上出生名根故局，领纳属已名受故通。」《义演》卷九云：「由苦根为增上缘能生长苦法，于其身心而逼迫，乐根反此此即根义，故受宽根狭。」又须考《瑜伽师地论》卷五十七、卷二十二，《疏抄》卷九之说。

《苦忧无漏不同》——《疏抄》卷九云：「若忧根能引无漏，亦不与无漏俱起，亦无漏不引忧根，苦（若？）苦根或与无漏俱起。故《成唯识论》引《瑜伽师地论》文云：此苦虽然，忧非无漏，虽亦能为无漏加行，仍为未知欲知根性。……若有觉体，即取有为无漏法，及有漏加行善，除生得善及无学身中睡眠等法，皆名学无学故。」

《三断释》——《疏抄》卷九云：「五受根及意根通三断者，若句分别烦恼俱起，其意即是自性断，即通见断，五受若与俱生烦恼俱起者，亦自性断，亦通修道断。若五受及意是善性无记性，亦通缘缚断，即是修道断，若通无漏者，非所断喜乐舍三实通无漏，若忧苦名无漏者即假名，若五色根男女二根并命根亦通二断。若入见到已去，不生三恶趣等亦是不生断，次通见修断，若无记法，通修断、信等五及当知根，若是有漏善法亦通修断。若无漏亦通非所断。大乘立三断：一、不生即唯在见道断；二、缘缚唯在修道断；三、自性断，谓烦恼等通见修断。若小乘唯二断，谓自性断，缘缚断即是不□断。此五色根，并男女命根不通非所断。然唯约二乘及十地菩萨说。唯是有漏，不通无漏故。若约佛身说，示通无漏，非所断。故约佛身五色根男命五受意十三根，即道（通？）见所断，非所断。十二等者亦约二乘十地菩萨说，非约佛身也。……未知当知根若资粮加行位，是有漏，即修断。若见道前十恶即是不断。」《义演》卷九云「十四一分见断者，谓七色根及命根，三恶趣业所感或意识中分别烦恼所引，入见道时断，更不抬（招？）黄门、北洲、半择迦，二形三途，无想天及如（女？）人等。一分修断者，是有漏法，故修断。其五受根及意约分别烦恼见断，一分亦通修断。……五受根及意根通无漏是不断，有漏者修所断，忧苦亦悦非断者随顺趣向不断法故。」

《苦忧三学》——「忧根在不还果，无学果即舍，若苦根，四果人身在欲界者犹有。若初二果人身在欲界回心向大至至七地以来，有漏心亦许忧根。后二果人回心向大，十地之中皆无忧根。若顿悟菩萨身在欲界亦有微细根（苦根）上二界无。」此《疏抄》卷九说。故知忧不通无学。苦通。

《五受处位》

- 喜乐——《成唯识论》卷五云：「诸适悦受，五识相应，恒名为乐，意识相应，若在欲界，初二静虑近分名喜，但悦心故，若在初二静虑根本名乐及喜悦身心故。若在第三静虑近分根本名乐，安静尤重无分别故。」（《识述》卷十）
- 苦受（忧？）
  - 五识相应——《成唯识论》云：「五识相应恒名为苦。」
  - 意识俱
    - 1、——《成唯识论》云：「有义唯忧，逼迫心故，诸圣教说，意地感受名忧根故。《瑜伽师地论》云：生地狱中诸有情类异熟无间有异熟生，苦忧相续。又说地狱寻伺忧俱。一分鬼趣傍生亦尔。故知意地尤重感受尚名为忧，况余轻者。」《成唯识论述记义蕴》卷四云：「从第八初生已后，次生六识，便有忧相续。苦忧相续，言唯有忧者，此师意说□是余根，忧唯在意故。
    - 2、护法
      - 立——《成唯识论》云：「有义通二：人天中者，恒名为忧，非尤重故，傍生鬼界名忧名苦，杂受纯受有轻重故。」《成唯识论述记》卷十云：「地狱一向苦，唯苦无忧，以迫尤重。」《疏抄》卷九云：「六欲天除第六他化自在天中魔王无苦受，是上品善业报故。余许有忧饥苦，……地狱中罪人无分别故，苦尤重故，不能造总报业。又《瑜伽师地论》云：在地狱中罪人由阎罗王劝故不造总报业，谓二十成劫满已，至住劫时即令一人作阎罗王，次复有人生地狱及有牛头狱卒等。罪人不伏狱卒，阎令不拒。故知一由苦重故，二由劝谏故，不造总报业，余鬼畜杂受轻处，亦有分别烦恼能造总报业。」然按《成唯识论掌中枢要》卷三、《成唯识论了义灯》卷十唯许三恶趣造别报业，（附注八。）
      - 证——《成唯识论》云：「《瑜伽》论说若任运生一切烦恼皆于三受现行可得，广说如前。又说俱生萨迦耶见唯无记性，彼边执见应知亦尔。此俱苦受，非忧根摄论说忧根非无记故。」
      - 解——《成唯识论》云：「诸圣教意地感受名忧根者，依多分说或随转门。又《瑜伽师地论》说生地狱中诸有情类异熟无间等者亦依随转门。」（余有广辩，如《识述》卷十说。）

（附四）《萨婆多中间禅受俱数》——中间者在无寻唯伺地。《疏抄》卷十一云：「准《俱舍》中间禅唯与舍受相应。即是能感中间业令舍受相应，或中间禅地位次是舍受故，故中间禅名熏舍受。非中间禅不起乐受，中间禅亦得喜乐受。」又云：「小乘多说初未至定，中间禅皆唯有舍。若初禅根本即得有喜乐受。」

（附五）《练根》——《义演》卷十三云：「大乘中练根通有漏无漏，或有漏练根中若先是钝根，即具修法义，而令根纯熟，名练根也，或有言语钝迟类，即学论义决择而练于根或听闻法义披寻经论，或通无漏练根类。游诸等至等成胜品，即令下中根转成上品。若小乘练根有学者仿前见道所断烦恼，重引一无间一解脱道现前，若无学练根时，即仿学前烦恼，九无间，九解脱重引现前名练根也。」

（续附三）《二十二根自性》——《识论》云：「前『五色根』以本识等所变，眼等净色为性。『男女』二根，身根所摄。故即以彼少分，性命根但依本识亲种分位假立。『意根』总以八识为性。『五受根』如应名自受为性。（即遍行中受，或通八识或不尔。故云如应。）『信

……『当知根』有三种者，约二乘人当知根说。…菩萨两重十六心皆名见道。第一重十六心中前十五心仍未名『未知增上。□（任？）持增上谓命根。受用增上谓五受根。世间清净离欲增上谓信等五根。出世清净离欲增上谓三无漏根，云：「取境增上者，即六根，由此增上力于色等境心心所法转故，亦名镜界增上。种族不断增上谓男女二根亦名产生前促于菩萨，所以说，彼□道亦有，菩萨不可，不可为例，已知根三乘位同。□□解一初二根亦通有漏。《义演》卷十六亦有此根。但说胜解行者，以见道中时不说，谓初地有三，入住出地，此唯入地少时，故时□也，虽二乘亦尔，以见道《瑜伽师地论》卷五十七云：菩萨三根于胜解行地立初根，十地立第二根，佛（？）地立第三，为释此疑，云菩萨见道有被解脱分，…九地者，六色界，三无色。彼先生空智为菩萨观起，顺菩萨观故，皆此根摄。……前言三位皆二乘根。唯依于定？非慧地故。或说既许善法欲已去名此□者即菩萨解脱分者亦生于彼，故作此说，二乘人劫数近，故不可说有无论见道，但修种增毕竟不起。如下三静虑见道亦毕竟不起。此义应思。修用何为，宁知彼地有其见道，见道何故云有胜见道。非一切见道皆尔。若依《对法论》卷十上唯修下，依决定说，渐离欲说，非实道理。又解，菩萨三无色地亦故。非真见道，不相顺故。又解，真见道亦修，以时促无差别，所以不说。此中说下亦得修上，先离色界欲及菩萨得，故力，令其殊胜，彼地此种法尔有故。此中说□，修唯得修如非行修修，必不起故，唯相见道修，以差别谛观顺世俗智□道，亦傍修彼。然此修道亦得现起，非如小乘三类智边所修等智，毕竟不起，以功德法故须修。此不应尔。以助与世俗智方现在前。此根非加行及无漏根现行于彼有，以彼地无四善根故。又解二乘人亦有先修习者，后入见道名胜智，由出世智增上缘力，长养彼种子故，名得此智，而不现前，以见道十六心刹那无间，不容现世间心故，于修道位此根名，说彼为有，后亦许起，即非见道，起亦无失。《对法论》卷十三解真现观云：又于见道中得现观边安立谛世俗……有胜见道等者，谓有菩萨见道，先时曾异生位修习彼彼定已，后入见道傍修彼，以前所起世俗智种子，故种子得三心，相见即圆，方极见满，乃第二根摄。三位九根为性，加行资粮位中亦有忧根，即以十根为性。然根本位必忧不起初果。故十五心犹此根摄，而非初果得有初根义。准菩萨从真见后，亦不出观，即入相见，至第二心，犹此根摄。至第见至十五心，犹此根摄？岂预流果亦此根耶？答：其预流果至相见道第十六心见相谛圆方始建立，非真解脱，可名讫观类忍，不同小乘证无为故。问：此相见道在真见道后，真见道中已有无间及解脱道。解脱道中已得初果，何故相知根』唯在十五心，除末后心，以第十六心无所未知当知故。此中类忍皆缘前心，第十五心已缘前心遍成讫，第十六心根，一切皆是『具知根』。有顶虽有游观无漏，而不明利，非后三根。」《成唯识论述记》卷十四云：「见道十六心，此『当信等无漏九根皆是『已知根性』。未离欲者，于上解脱，求证愁戚，亦有忧根，非正善根，故多不说。诸无学位，无漏九摄生空无漏彼皆菩萨。此根摄故。菩萨见道亦有此根，但说如前，以时促故。始从见道最后刹那乃至金刚喻定，所有有忧根，非正善根，故多不说。前三无色有此根者，有胜见道傍修得故，或二乘回趣大者，为证法空，地前亦起九地所决择分善名资粮位，能远资生根本位故。于此三位信等五根，意喜乐舍，为此根性，加行某位于后胜位，求证愁戚，亦故。二加行位谓烦顶忍世第一法，近能引发根本位故。三资粮位，谓从为得谛现观故，发起决定胜善法欲，乃至未得顺等五根』，即以信等及善念等而为自性。『未知当知根』体位有三：一根本位，谓在见道除后刹那，无所未知可当知

现观究竟现观是无漏，即通依十地智起，谓色界六地，即（初？）未至、中间、四根本，及无色四地也。……思现观唯依初果人入见道时，此智边或三现观唯依初未至若超越者，此三观通依四根本定生，若菩萨三观，唯依第四禅生。若信即余五。三依者谓，谛现观、边现观、戒现观。五依者谓初未至定乃第四禅根本定。此三观通五处也。此通说三乘。如遊观无漏，以无断惑无漏道故。一依非依者，谓思现观，不依色无色界地定，唯依欲界。欲界中闻思慧名思现观，余者生，一种一分亦尔。」《疏抄》卷十六云：「此从初未至定乃至无所有处说，不说非想者，今约断惑无漏道言，有顶虽有者，约菩萨说。……又解菩萨等者疏殚云（弹？）：既言见道即是慧增，若无色即是定增，不得有见道。」《成唯识论学记》卷六云：「又解脱分皆名此根，修三无色，故作此说。《瑜伽师地论》中有此一释，然有漏无色，不顺见道，非此根摄，故今不述。」

（注五《瑜伽师地论》卷二十九）——《九地得六现观》——《瑜伽师地论》卷七十一云：「一依非依可得，余依一切依可得。又三依五依修谓学习，亦名习修。故无漏见道中有漏世智必不得起，故非行修修。（按疏释胜见道等初约菩萨说，第一又解约二乘说中之第一解，胜，第二又解至所以不说，为约二乘之第二解，不如第一解。余解当知。）……上修下者谓得下三无色定及得定自在者，依第四禅入见道时能傍修，下三无色等世俗种子，不尔，不能故疏中，先离色界欲者，约二乘傍修也，及菩萨得能损伏欲惑，是真见道之流类，故傍修令殊胜。得修修者，谓由无漏道力，令所得法种子增明，故所得法名之为修行谓现行，三智在见道边修，后入见道，更不起，如《俱舍》说。然今世俗智至修道中还得起，不同小乘，以世俗智能作欣厌，亦者，谓有部等义，即苦集灭三谛类智，小乘见道前许有缘苦集灭三谛，后许六行伏惑得择灭，仍是有漏位三有漏智，即资粮加行中间杂所起四禅八定世俗智种令增长，不傍修，资粮加行位，善种子令增长，得果不修向道故。……三类智修道位中入出诸定游诸等至也。然此种子虽名未知根，非是加行善摄，以下三无色无加行四善根故。又见道中唯傍修慧，能作欣厌观相故。此世俗智，于见道位中不生现行，以见道十六心刹那无间，不容现起，修道位中即得现起，以于漏具知根望菩萨是未知根，故下三无色有未知根也。世俗智者，取欲界闻思慧，色界中闻修慧，（无思慧故。）及无色界修种，今入见道以傍修彼种令渐长。二、说或是无学先得生空无漏具知根，今回心向大为证法空，于地前起九地生空无位亦容起九根。此中约别别人入见道时相通而说得有九根，非独一人有九根也。……三无色等，论中两会，一约下三无色有世俗在加行位中，前后皆得起四禅定，即得起九根。若唯依第四禅入见道时，唯得起七根，谓信等五舍意也。若二乘人在加行道，相见道中三心见道为第一心，第一重十六心为第二心，第二重十六心为第三心，此三解皆好。……九根者，菩萨若重十六心即第二心，第二重十六心即第三心。二云：第一心谓真见道，第二心谓三心见道，第三谓后两重十六心。三云：除真见准知。若依大乘宗，预流果亦以前真见道已断烦恼，后十六心皆是相见道……菩萨第三心有三解：一、真见道名第一心，第一……小乘不立真见道断烦恼，唯有此十六心见道断烦恼，小中苦法智忍是无间道断欲界烦恼，苦法智是解脱道证无为，乃至道类根』也。第十六心又更缘一切三乘圣道亦兼缘第十五心，即两重缘一切三乘圣道，故名已知根，今此中约谛说两重缘，不约刹那说三谛忍智等皆两重缘讫其第十五心亦缘一切三乘圣道，即唯是一重缘一切圣道。以不能自缘及相应法故，名『未知名见道。若据小乘前十五心名见道，第十六名即名修道。……此中类忍等者，第十五心能遍缘一切三乘圣道讫，虽前根』。第二重十六心前十五心名未知根，第十六心方名已知根。二乘唯一重。若谓无漏圣慧能见四谛理故即十六心皆

欲不依上界，一依非依也。后五通依九谓色六无色三，故云余依一切依可得。又三依五依生者约自见道中三现观也。一种一分者谓助见道中之住现观（疑信观）亦唯依五地也。」《成唯识论演秘》卷十三云：「思观唯依欲不依八定名依非依。余五通依八定地有据循（疑修）道说。三依见道四禅根本及一未至名五依。见道眷属信亦五依，余信观观即不尔，故云一分。」（《秘》说九地可知，《疏抄》厌杂，亦有依中间故，当依《秘》正。）

《六现观与二见道》——《识论》云：「一、『思现观』，谓最上品喜受相应思所成慧，此能观察诸法共相，引生暖等加行道中观察诸法。此用最猛偏立现观，暖等不能广分别法，又未证理，故非现观。二、『信现观』，谓缘三宝世出世间决定净信，此助现观令不退转立现观名。三、『戒现观』，谓无漏戒除破戒垢，令观增明，亦名现观。四、『现观智谛现观』，谓一切种缘非安立根本后得无分别智。五、『现观边智谛现观』，谓现观智谛现观后，诸缘安立世出世智。六、『究竟现观』，谓尽智等究竟位智，此真见道摄彼第四现观少分，此相见道摄彼第四第五少分，彼第二三，虽此俱起，而非自性，故不相摄。」《成唯识论述记》卷十八云：「戒现观即道共戒。《瑜珈师地论》卷五十五说：三心见道等是第四现观。即一切见修道二智也。不取无学等二智。第六现观，即通十智，然皆无漏。……真见道摄第四少分，第四之中亦有相见道缘，非安立谛，亦通修道等。第五少分亦通修。」《义演》卷廿三云：「初不乐受相应者，思现观是欲界中思慧，欲界第六识中唯喜忧舍三受相应，若乐相应，色界中有乐受而上二界无思慧也。……第五现观据实唯无漏，言通有漏者，且从真见后智，无漏后得智缘安立谛十六心，从此后起有漏智，亦能缘十六心安立谛，故言通有漏。此在真见道中，能具缘十六心安立谛，若全修道位，即不能具知安立十六心，或作一心二心等，观以有漏智劣故。又初出见道无漏心时，不名修道，见道摄，从初一念起有漏世俗智时虽名修习未名修道。要经多念智修习方入修道也。」《补缺》卷八云：

「若三乘人真见道摄第四少分，相见摄第五少分，相见中唯安立谛不摄第四，此据尅性，若相从说，三乘真相俱摄第二第三少分，信通前后戒通修故。」

《现观与三慧》——《义林》卷十二云：「六现观中初唯思慧，后三修慧，余二非慧，此据自性，若取俱行，随应菩提分法而为自性。十现观中，法是闻慧，义是思慧，真后究竟皆唯修慧，宝即信，不行即戒，如六观说，后三依乘得有此异，随应说慧。」又云：「据实现观体唯修慧，闻等助修。」

（三续附三）《五根与三慧》——《义林》卷十二云：「闻所成慧，四根相应，除苦根，在五识故，于上胜法愁戚欲证，忧根相应，在色界中乐根相应，或五根俱许闻慧类，在五识有亦苦根具，如实义者，除苦忧，乐喜舍俱，愁戚欲证，思慧相应，非逼迫故，非忧根俱。思慧喜忧舍俱，色界地无非五识故，修慧乐喜舍俱，非散地法，散五无故。」

（附六）《更明三根》——《对法论》十卷云：「未知欲知根者，谓于方便道及见道十五心刹那中，所有诸根，此中显示，顺决择分所摄方便道及见道十五心刹那所有诸根，是未知欲知根体。言诸根者，谓意根信等五根，由未至等地，所依差别故，如其所应有乐、喜、忧、舍根随一。忧根者，谓方便道时顺决择分后，于上解脱，希求欲证，愁戚所摄。如是十根，先未知真，为欲得知，修习转故，名未知欲知根。已知根者，从第十六见道心刹那上已，于一切有学道中所有诸根是已知根体。所以者何？即前十根从第十六见道心刹那乃至金刚心，于如是有学道中，未有所应知境，曾所不知故名已知根。具知根者谓于无学道所有诸根。言诸根者，即前说十根中除忧成九，具知者，阿罗汉等此所有根名具知根，无忧根者所应学无故。」《成唯识论述记》卷九云：「法师云：十六心方见道圆满名见道。故十五心是初根，第十六心已去，名已知除。于修道位得名曾得未曾得，于见道位唯未曾得，见道十六心皆未曾得。以知重知名已知根，第十六心是忍智相覆行圆故。若云十五心为见道，第十六心已去名修道者，小乘义。」

（注六）《转依深义》——《杂阿含》卷九云：「非眼系色，非色系眼，乃至非意系法，非法系意，中间欲贪是其系也。不尔，世尊不教人建立梵行得尽苦边。」此大关键也。可以为转依之深义矣。

（注七）《明界法善巧》——《菩萨藏》卷十七云：「界法善巧者，所谓法界即为地界，何以故？以彼法界非坚鞭相故。又法界者，即为水界，何以故？以彼法界，非湿润相故。又法界者，即为火界，何以故？以彼法界，非成熟相故。又法界者，即为风界，何以故？以彼法界非摇动性故。若于是中如实了知，是则名界法善巧，如是乃至法界即眼识界，何以故？以彼法界非照明相故，法界即意识界，何以故？以彼法界非分别相故。如是我界与法界平等，有情界与法界平等，生死界涅槃界与法界平等，欲界、色界、无色界与法界平等，乃至虚空界法界及一切法界皆悉平等。何以故？由空平等，故一切法平等。无变异平等，故一切法平等。」按此义即《瑜珈师地论》卷五云：「言菩提者，即是如句，何等名如句之相？如菩提相，诸色亦尔，同彼真如，无有退还，而不遍至，受想行识，四大，乃至十八界亦复如是。如菩提相，但假施设，一切诸法蕴、界、处等，但假施设亦复如是。知如是相名为如句，如是一句，一切亦尔。如是一切，一句亦尔，非如性中一性多性而是可得。」亦即当于《华严》家一即一切，一切即一之义。今之治唯识者，犹唁唁然，获其锁骨，多见其不通也。奈何！

（附注A）《狱卒论》——《瑜珈师地论》卷二十《成唯识论述记》卷一云：「大乘中其狱卒等在地狱中作逼害者，非实有情。其绑罪人至地狱者是实有情，与《俱舍》同。」《二十论》云：「而彼有情同业异熟增上力故，同处同时，众多相续，皆共见有狱卒狗鸟铁山等物来至其所，为逼害事。」（按《成唯识论述记》卷二云：大众正量说狱卒等是实有情，萨婆多师虽非有情，然是心外恶业所感，增上大种转变所生，造色形，显量力差别。经部师等虽非有情，然是心外造业之时唯熏内识及其受果乃在心外，大种转变起形显等。今大乘意亦非有情，造业之时既在内识，受果之世在识非余，与诸部异。……法救、善现所说，心常怀忿毒，为集诸恶业，见他苦欣悦，死作琰魔卒。今解之云：琰魔王使诸罗刹娑绑诸有情，置地狱者，名琰魔卒，是实有情，非地狱中害有情者，故地狱卒非实有情。）按尚有多番辩难，证成狱卒非有卒，然慧则以为如所辩难，犹不能证成违事故。更考《宝生论》卷三。

差别

现观以圣王所身语业为自性，或此俱行菩提分法。」

戒现观——圣所爱戒，所恶趣业已得决定不作律仪故。又《瑜伽师地论》卷七十一云：「戒品世间出世间清净信为自性，或此俱行菩提分法。」

信现观——三宝所三种净信，于宝义已决定。又《瑜论》卷七十一云：「信现观缘三宝境，上萨分法为自性。」

思现观——于谛决定思惟。又《瑜论》卷七十一云：「以上品思所成慧为自性，或此具行菩

建立道理——《瑜伽师地论》卷十云：「断三杂染，修六现观。」

十八现观——如《显论》卷十七说，又按《摄》卷六云大小二乘有十一种差别不同。

菩萨现观——谓前七种现观起修习忍而不作证，然于极喜地中入诸菩萨正性决定。

独觉现观——谓前七种现观，不从闻他音而得证。

声闻现观——谓前七种现观，从闻他音而得证。

究竟现观——如究竟道说，又云：「四无量，八解脱，胜遍处，无诤，愿智，四无碍解乃至十八不共佛法等功德，皆后现观及究竟现观所摄。」《成唯识论述记》卷十云：「其四无量乃至四无碍解皆共二乘，相好乃至十八不共佛法唯佛独成。」

十现观 《对法论》卷十三

不行现观——已证得无作律仪（道共戒）。

宝现观——于三宝证净。

后现观——一切修道

真现观——已得见道十六心刹那位所有圣道。

义现观——诸谛增上法中已得上品法忍。

法现观——诸谛增上法中已得上品净信，胜解随信而行。

相——于诸谛究竟简择，于谛无加行，决定生起相。《瑜伽师地论》卷三十四云：「由能知智与所知境，和合无乖，现前观察。」《识述》卷十八云：「现谓现前，明了现前观此境故名现观，《成唯识论掌中枢要》卷四云「准《瑜伽师地论》六现观唯取喜受相应思所成慧。若准《显》卷十八现观通闻思修最胜三慧，然《对法》解义现观，即是思慧如理作意，故依《唯识》唯取思义二现，现观即最胜顺决择分。又《唯识》但约所证行明广名现观，十现观中除后三，决择分不约八为论故除三也。《对法》不约广略但明明了亲得名现观，约人法为论。《显》卷十八现观唯明慧观，观察诸法，不取信戒。《摄》卷六，十一种差别，即《对法》卷十三声闻菩萨现观差别有十一，更无别类。」《深密疏》卷九云：「若真现观要证一味胜义谛理方名现观。」

- **现观**《显扬论》(注二)

六　现观(《瑜论》卷五十八之二)(注五卷二五)

- 差别
  - 摄——思及戒非作意摄，信、摄乐作意摄，边、摄乐作意观察作意摄。智谛远离作意摄乐作意加行究
  - 引功德——此六现观除一（或思或戒）余五能引发神通等最胜功德。
  - 对治——思、边、究竟是诸缠制伏对治，谛现观，是诸缠制伏对治及随眠永害对治，余二非对治。又智谛现观能断三品九地烦恼故名断对治，余五随顺智谛为助伴，不名断治。《义林》卷四云：「思现观唯伏不能断，欲界故。信至边四通伏断。正断助断皆与断名，信通无漏，边断事惑故。准《对法》边唯世俗，即不能断今取《瑜伽师地论》正。究竟观非，先已断故。」
  - 界系——一唯欲界系，一种一分三界系，即此一分及余三此四是不系，一通系不系。（如其次第。）
  - 得果——《瑜论》卷三十四云：「先已离欲界贪，彼于于今时既入谛现观，得不还果，若先倍离欲界贪者入谛现观得一来果，若未离欲界贪入谛现观，得预流果。
- 类别
  - 究竟现观——永断修所断故，所有尽智无生智生，或一向出世，或通世出世于现法中一切烦恼永断决定故，于当来世一切依事永灭决定故。又《瑜论》卷七十一云：「究竟现观以尽无生智等为自性，或此俱行菩提分法。」
  - 现观边智谛现观——此现观后所得智名现观边智，此智第三心无间从见道起方现在前，缘先世智曾所观察下上二地及二增上安立谛境，似法类智、世络智摄通世出世，是世间智后所得，如其次第於一一（二？）一一種智生，谓忍可欲乐智，现观决定智，如是依前现观起已，於下上诸谛中二二智生，是名现观边智谛现观。（前智遣假法缘是无分别，后智逐假法缘是有分别，又前智於依止中能断见断烦恼随眠，后智思惟所缘故令彼所断更不復起，又前智能進趣修道中出世断道，第二智能进趣世出世道，无有纯世间道能永害随眠。）又《瑜伽师地论》卷七十一云：「现观边智谛，现观缘安立谛，境慧为自性，或此俱行菩提分法。」
  - 现观智谛现观（注一）——于加行道中先集资粮极圆满，又善方便磨莹心故，从世间顺决择分边际善根无间有初内遣有情假法缘心生能除软品，见道所断烦恼粗重，从此无间第二内？遣诸法假法缘心生。能除中品见道所断烦粗重，从此无间第三遍遣一切有诸法假法缘心生。能除一切见所断烦恼粗重。又此现观即名见道，亦名双运道。此中虽有毗钵舍那品，三心及奢摩他品三心，然由双运合立三心，此于一刹那中止观俱可得故。当知此诸心唯缘非安立谛境。又前三心法智相应，第三心类智相应。又即由此心势力故，于苦等安立谛中，有二现观位清净无碍苦等智生。当知依此智故，四谛智得成立，即前三心并止观品能证见道所断烦恼寂灭，永灭一切烦恼及所依事出世间道。又《瑜伽师地论》卷七十云：「现观智谛，现观缘非安立谛境慧为自性，或此俱行菩提分法。」

竟作意摄、究竟、加行究竟果作意摄，了相作意、胜解作意，当知是现观等流非，现观摄。（自界至此皆《瑜伽师地论》卷三十四说，余尚多。）

以何现观——作静虑不依无色。

现观处——唯一欲界人天二处。（恶趣苦恒随极忧戚故不能证得三摩地故不起现观。色无色界欣掉重故厌羸劣故，亦不起。）

能入现观众生——未离欲者，倍离欲者，已离欲者，独觉，菩萨。

唯心入现观——心是无常有境待缘，能生智故，若粗重，若我执我爱皆可断灭。

入现观次第——知身等四念住因缘，善达于三世，次了知四苦（受重担，位变异，粗重死生。）复八苦应知，知八苦后，次正观察四种谛理起十六行智，从十六行知后复转修习，得暖等四善根，从此无间无有加行。解脱见道所断随眠三心智生，（内遣有情假缘智内。遣诸法假缘智，遍遣一切有情诸法假缘智。）断一切烦恼，当知从修道十六行中十六智生，若声闻得为对治三界杂染，若诸菩萨得为对治十地障，如是当知诸所作事成就究竟。

思惟入现观前

- 1、思惟应离九不可思议
  - 我
  - 有情
  - 世报界
  - 业报
  - 静虑者境界
  - 诸佛境界
  - 十四不可记事
  - 非正法
  - 一切烦恼之所引摄
  - （以上诸项）→ 五处所：见、忍、推寻、利养、散乱
    - 五处所 → 心乱过失、生非福过失、不得善过失
- 2、于可思议处如理思惟功德
  - 能善了知闇说大说
  - 依义思惟不依文字
  - 少以净信信解
  - 少以慧观观察
  - 坚固思惟
  - 审谛思惟
  - 常勤思惟
  - 于所思惟善能究竟中无懈退

（注一）《入谛现观所得智》，《显论》云：「于欲系苦谛生现观审观察智，现观决定智二智，于色无色苦谛亦然，如是余三谛亦尔。」又《瑜论》卷三十四云：「入谛现观得四智：唯法知，非断知，非常知，缘生行如幻事知。」又《瑜论》卷六十六云：「于诸谛中略有二种现观：一智现观，二、断现观。智现观者谓随次第于诸谛中别相智生。断现观者，谓随次第无倒智生为依止故。」《入谛现观所知者》——《瑜论》卷三十四云：「入谛现观定知苦乐非自所作，非他所作，非自他所作，非非自他所作。」

（注二）梵名

现观 Abhisamayaḥ

现观边 Abhisamayantikaḥ

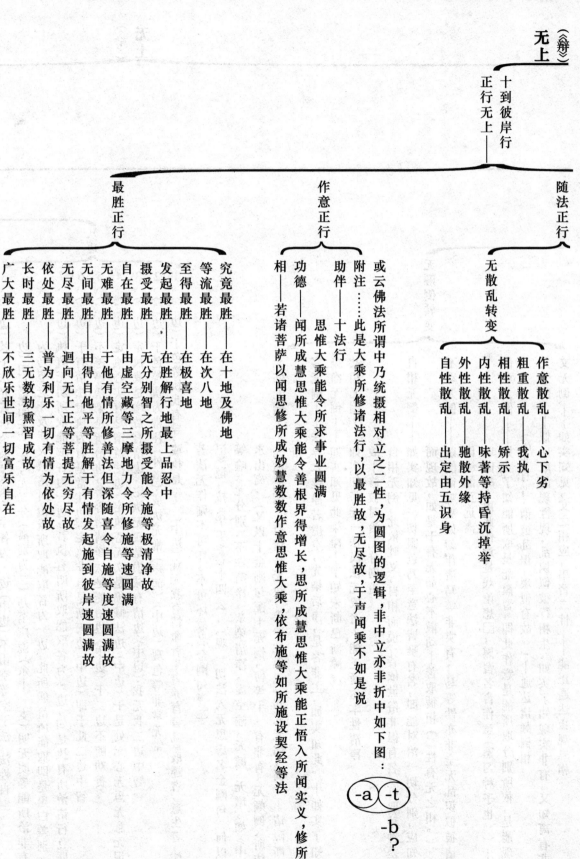

无上《辩》

- 正行无上——十到彼岸行
  - 随法正行
    - 无散乱转变
      - 作意散乱——心下劣
      - 粗重散乱——我执
      - 相性散乱——矫示
      - 内性散乱——味著等持昏沉掉举
      - 外性散乱——驰散外缘
      - 自性散乱——出定由五识身

或云佛法所谓中乃统摄相对立之二性，为圆图的逻辑，非中立亦非折中如下图：

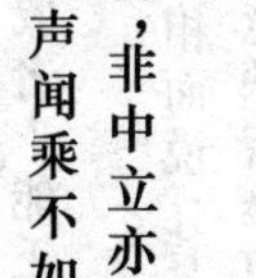

  - 作意正行
    - 附注……此是大乘所修诸法行，以最胜故，无尽故，于声闻乘不如是说
    - 助伴——十法行 思惟大乘能令所求事业圆满
    - 功德——闻所成慧思惟大乘能令善根界得增长，思所成慧思惟大乘能正悟入所闻实义，修所成慧
    - 相——若诸菩萨以闻思修所成妙慧数数作意思惟大乘，依布施等如所施设契经等法
  - 最胜正行
    - 究竟最胜——在十地及佛地
    - 等流最胜——在次八地
    - 至得最胜——在极喜地
    - 发起最胜——在胜解行地最上品忍中
    - 摄受最胜——无分别智之所摄受能令施等极清净故
    - 自在最胜——由虚空藏等三摩地力令所修施等速圆满
    - 无难最胜——于他有情所修善法但深随喜令自施等度速圆满故
    - 无间最胜——由得自他平等胜解于有情发起施到彼岸速圆满故
    - 无尽最胜——迴向无上正等菩提无穷尽故
    - 依处最胜——普为利乐一切有情为依处故
    - 长时最胜——三无数劫熏习成故
    - 广大最胜——不欣乐世间一切富乐自在

无上（《辩》）

无颠倒转变

文无倒——如实知见，文之相应，串习二性——能正通达止观二相。

义无倒——似所取能现性现，乱识似彼行相生，如实了知现实非有，又知离有非有。（离非有者，谓彼乱识，现似有故。）—通达诸颠倒相。

作意无倒——如实了知能所取是能熏习，即此作意是能所取分别所依，是能现似二取因故，由此作意是戏论想□，熏习名言作意（熏习种子也。）—于倒因缘能正远离。

不动无倒——以能谛观义如幻作诸马等非实有，马等性亦非全无乱识似彼诸马等而现故，如是于有无品心不散动—善取彼相（二性有无之相。）

自相无倒——如实知见一切眼色乃至意法皆唯有名，即能对治一切分别，应知是于自相无倒，此依胜义，自相而说，若依世俗非但有名，可取种种差别相故—修彼对治无分别道。

共相无倒——如实知了无一法离法无我者—能正通达本性清净。

染净无倒——如实知见此染净—了知未断已断障。

客无倒——法界本性净若虚空，先染后净，是客非主，如实知此。—如实了知染净二相。

无怖无倒——无高无倒—有情法无故，染净性俱无，知此无怖、高。—诸障断灭得永出离。（又以十金刚句配十无倒，何等十：有非有、无颠倒、所依、幻等喻、无分别、本性清净、杂染清净、虚空喻、无减、无增，如《中边述记》说，按《华手》卷十四云：「观一切法入无思虑名金刚句。何以故？若法无作则不可坏，不可坏故名金刚句。」）

八边

1、（二边）于色等执我有异，或执是一。（中边）观无我有情命者生者养育者，数取趣者，意生者，儒童。

2、（二边）于色等执为常住（外道）或执无常（声闻）（中边）观色等非常无常。

3、（二边）定执我是增益有情边，定执无我是损减有情边（中边）我无我二边中智。

4、（二边）定执心实有是增益法边，定执心无实是损减法边（中边）于是处无心无思无意无识。

5、（二边）不善等杂染是所治边，善等诸清净法是能治边（中边）于二边不随劝赞。

6、（二边）于有情法定执为有是常住边，定执非有是断灭边（中边）即于此二边中智。

7、（二边）执有无明所取能取各为一边，若执有明所取能取各为一边，如是执有所治诸行，能治无为乃至老死及能灭彼诸对治道所取能取各为一边，此所能治所能取即是黑白差别。（中边）明与无明无二体，无二分（离别为二）乃至广说（余十一支）明无明等能所治非有故。

8、（二边）若于法界或执杂染，或执清净各为一边（中边）不由空等空于法，法性自空。

所缘无上
- 最胜所缘——第九、第十如来境
- 等运所缘——第八地境
- 分证所缘——七地中世出世道品类差别分分证境
- 增长所缘——修道中及至七地境
- 通达所缘——初地中见道境
- 内持所缘——修所成慧境，内别持故
- 印持所缘——思所成慧境，印持义故
- 任持所缘——闻所成慧境，任持文故
- 能立所缘、所立所缘——即前二种，到彼岸等差别法门要由通达法界成故。
- 法界所缘——真如
- 安立法施设所缘——到彼岸等差别法门

无差别正行——于一切地皆等修集十波罗密。

差别正行——于十地中十波罗密随一增上而修习。

(注一)

离二边正行

七边
1、(二边)分别有非有各为一边，彼执实有補特伽罗以为坏灭，立空性故，或于无我分别为无为。(中边)见余页
2、(二边)分别能所寂各为一边，执有能所断，怖畏空故。(中边)说虚空喻(为声闻说)。
3、(二边)分别所怖，分别从彼所生可畏各为一边，执有遍计所执色等可生怖故，执有从彼所生苦法，可生畏故。(中边)说画师喻(为菩萨说)。
4、(二边)分别能所取各为一边(中边)说幻师喻，由唯识智无境智生，由此彼捨唯识智境既非有，识亦是无，要托所缘，识方生故，由斯所谕与喻同法。
5、(二边)分别正性，分别邪性各为一边，执如实观为正为邪二种性故。(中边)说二木生火喻，火即生已，还烧两木。
6、(二边)分别有用，分别无用各为一边，彼执圣智要先分别方能除染，或全无用。(中边)说初灯喻。
7、(二边)分别不起，分别时等各为一边，彼执能治毕竟不起，或执与染应等是常。(中边)说后灯喻。

修证无上

- 种性修证——缘无缺故
- 信解修证——不毁大乘故
- 发心修证——非下乘所扰动故
- 正行修证——波罗密圆满故
- 入离生修证——起圣道故
- 净土修证——心调柔故
- 佛地修证——无二障故
- 成熟有情修证——坚固善根常时集故
- 得不退地受记修证——不住著生死涅槃故
- 示现菩提修证——无休息故

（注一）《中道论》——《宗镜》卷四十六云：「显中道有二：一假施设中道，二真实中道，真实中道中有三：一能证净分依他，是其妙有，智起惑尽名曰真空。妙有真空，正处中道。二能证有为是其妙有，所证真理，名曰真空。妙有真空正处中道。三唯于法身上说本来实性名为妙有，即此实性便是真空，妙有真空正处中道。二假施设中道者，即佛于后得智而假施设，亦三：一不断不常中道，谓佛经中说有异熟识为总报主，此阴才灭彼阴便生即是不断，此破外道断常二边。又说生灭不定名曰无常，即是不常。二、不假不实中道，谓佛经中说一切色心从种而生即是不假，依此分位或有相形，即是不实，称实而谈正处中道，此破小乘假实二边。三、不有不无中道，即遍计不有，依圆妙有，离有及无正处中道。是以欲执二边之情，即背中道，才作四句之解，便失一乘，须知非离边有中，亦非即边是中，故知法无定相迴转随心，执即成非，达之无咎。」法藏《楞伽玄义》亦云：「龙树所辨，明有不异空，无著所说，明空不异有，是以二士相契冥合为一，非直理无违诤，亦乃仰称龙树为阿阇黎。后师闻空谓断因果，间有谓隔真空。是以清辩破违空之有，令蕩尽归空，方显即空之有，因果不失。护法等破灭有之空，令因果确立，方显即有之空，真性不隐，此二士各破一边共显中道，乃相成非相破也……或说他依有故非无，遍计空故非有将为中道者，此乃语是非有非无，见乃是有是无，二见常存将为中道，谤于人法，或说断无名非有，无可对名非无，此亦语是非有非无，见是断灭空见，或说缘成似有故非无，无实体故非有，此亦语是非有非无，见乃唯是假有之见，此并唯改其语而不破其见。莫若缘成幻有举体蕩尽，即有非有，蕩尽真空，以为幻有，即空非空也，以即空之有，即是即有之空，泯然一味，中道俱离，以有即空，即是空即有故。是故非有不堕于空见，非无不堕于有见。」又《深密疏》卷一云：「非象常而象著，理虽寂而可谈，即言而言亡，言虽弘而无说。无说故默不二于丈室，可谈故。辨三性于净宫，是故慈氏菩萨说真俗而并存，龙猛大士谈空有而双遣，然则存不违遣，唯识之义弥彰，遣不违存，无相之旨恒立。亦空亦有，顺成二谛之宗，非有非空，契会中道之理，故知迷谬者说空而执有，悟解者辨有达而空。」亦上意耳，《地论义记》卷十五云：「无中边者，释有两義：一约染净法相以释，生死此边，涅槃彼边，圣道为中，今观生死本性不有，则无此边，涅槃如故，亦无彼边，两边即无，圣道亦寂，故无中间，二约有无法理办释，有为此边，无为彼边，非有无说为中，有即非有故无此边，无即非无故无彼边。两边即泯，中亦亡对，故无中间。」亦可。又按法藏合会清辩、护法、龙树、无著，空有之义，于《宗致义记》上末，言之较详，可参考。

种姓

- 出离——《瑜珈师地论》卷二十二至二十五云：「由世出世间道而趣离欲，及此二道所有资粮，谓自他圆满，戒，根律仪等略如资粮道中说。」
- **趣入**（《瑜》卷21）
  - 相——异说有八
  - 位——《瑜论记》云：「一、住种姓未趣入人。二、成下品善根者，虽已发趣未经生修。三、中品善根者已经生修未至最后入圣身。四、上品善根者住彼最后修入圣身。五、究竟方便者，从初果进断修未得罗汉。六、已到究竟即阿罗汉，而修分齐迟速总有三类：一、极久远者，经六十劫修解脱分善根最后身涅槃。二、非极久远者有经多生乃至一劫方般涅槃。三、最极速疾得般涅槃者要经三生。」
  - 建立——或有种姓，或有趣入，或有将成熟，或有已成熟，或有唯趣入非，已成熟，或有亦趣入亦将成熟非已成熟或有亦趣入亦已成熟非将成熟，或有非趣入非将已成熟
  - 自性——闻法得初正信，获得六处异熟所摄殊胜诸根，能作长时转胜正信……获得最后有身渐至趣向至极究竟。
- **种姓**（《瑜》卷21）
  - 安住种姓众生——或唯住种姓而未趣入及出离，或已趣入未出离，或已趣入及出离，或有软、中、利根，或有贪、嗔、痴行，或远或近，或未成熟，或已成熟，或未清净，或已清净。
  - 无般槃法众生——略说有六相（注三）
  - 涅槃法缘——一、胜，谓正法增上他音及内如理作意。二、劣，若自他圆满，若善法欲，若正出家，若戒律仪，若根律仪，若于食知量，若初后夜际，常勤修习觉寤瑜伽，若正知而住，若乐远离，若清净诸盖，若依三摩地。
  - 有般、不般因缘——生无暇，放逸过，邪解行，有障过。（有般不般者，谓有般涅槃法不般涅槃。）
  - 安立——此种子未能与果，未习成果名细，反之名粗。又堕一相续非多相续。所以者何？如是种子非于六处有别异相，即于如是种类分位六处殊胜从无始世展转传来法尔所得。《瑜论记》云：「于如是赖耶意处种类分位有此种子功能说彼意处名为殊胜。」
  - 体——附在所依，有如是相，六处所摄，从无始世展转传来法尔所得。《瑜伽师地论记》云：「声闻种姓无漏种子，须附在第八识中，以第八识即第六所摄。」（考《瑜珈师地论》卷四十《本有》之《无漏》。）
  - 释义——住种姓补特伽罗有种子法（《圆测疏》云：证涅槃之种子。）由现有故（简于当有。）若遇胜缘，便有堪能，便有势力，于其涅槃能得能证，或名种子，或名为界，或名为姓。又此种姓又名持、助、因、为依、阶级、前导、舍宅，又有二：一、本性住，二习所成。（注一）

- **声闻**（注二）
  - **补特伽罗**（注八十九）（《瑜伽师地论》卷26-29》）（注十四）
    - 能证出离补特伽罗品类差别——钝根者，利根者，贪、嗔、痴、慢，寻思增上者，薄尘性者，行向者，住果者，随信，法行者，信胜解者，见至者，身证者，极七返者，家家者，中般涅槃者，生、无行，有行般涅槃者，上流者，时解脱者，不动者，慧解脱者，俱分解脱者。（考本页注八）
    - 建立補特伽罗差别道理——根、众、行、愿、行迹、道果、加行、定、生、退、不退、障差别故。又《对法论》卷十三云：「病行差别故，出离差别故（声闻乘等）」任持差别故，（已具资粮等）方便差别故（随信、随法）。果差别故（二十七圣贤）界差别故，修行差别故。大好！」
    - 所缘——遍满所缘境事【有分别影像，（观品）。无分别影像（止品）。事边际性（一切事，真实事）。所作成办（因果相属事）】净行所缘境事（不净，慈愍，缘性缘起，界差别，阿那波那念）善巧所缘境事，净惑所缘境事（谓对下地粗性，上地静性，如欲界对初禅，乃至无所有处对非想非想处。）
    - 教授——无倒、渐次、教、证四教授、复有诸相圆满教授，其事摄三：一神境神变，二记说神变，三教诫神变。
    - 学——增上戒学（安住具戒）增上心学「离欲恶不善法有寻有伺离生喜乐入初静虑具足安住乃至第四诸无色及余等持等至亦尔。」增上慧学，（于四圣谛等所有如实智见。）
    - 随顺学法——不净想，无常想，无常苦想，苦无我想，厌逆食想，一切世间不可乐想，光明想，离欲想，灭想，死想，凡十。
    - 瑜伽坏——毕竟、暂时、退失所作、邪行所作瑜伽坏。
    - 作意——力励运转作意，有间运转作意，无间运转作意，无功用运转作意（加行究竟果作意。）又有四：谓随顺、对治、顺观察、顺清净。
    - 瑜伽所作——所依灭，所依转，遍知所缘，爱乐所缘。
    - 瑜伽师种类——（注七）初修业，已修习，已度（广？）作意瑜伽师三种。
    - 瑜伽修——想修、菩提分修。
    - 修果——四沙门果
    - 异门——沙门、婆罗门、梵行，比丘，精勤，出家。
    - 魔——蕴，烦恼，死，天四种。又《义林》卷十一云：「魔有二种：一分段品魔，二变易品魔，或如《法华》分三：谓五阴，烦恼，死。或四：如《瑜》，或八，分段变易各有四故。或如《涅槃》于四魔外加四倒，或十魔，杂藏中说，谓欲、忧愁，饥渴，爱，睡眠，怖畏，疑毒，名利，自高，轻慢。」《佛地》卷一云：「烦恼魔者谓一二八烦恼并随惑。蕴魔谓五取蕴。死魔谓有漏内法，诸无常相。天魔谓欲界第六自在天子。」又十魔考，《华严》卷五十八。
  - 如应安立——《瑜伽师地论》卷三十至三十二云：往、庆、问、寻求。复于五处，如应安立。谓护养定资粮处、远离处、心一境性处，障清净处，修作意处。
  - 二道
    - 世间道——《瑜伽师地论》卷三十三云：一切外道，于正法中根性羸劣，先修止行，根性虽利，善根未熟，一切菩萨乐当来世证大菩提非于现法四种众生，由七作意方能获等离欲界欲，从此无间证入根本静虑等，又依静虑等引无想定等及发五神通。
    - 出世间道——《瑜伽师地论》卷三十四云：依止四圣谛境，渐次生起七种作意，乃至证得阿罗汉果。

(注十三)（二乘得度之世考《十住婆沙》卷一初。）

(注六)（详释二乘名义如《十住婆沙》卷十四、十五。）

(注十一)

(注十二)

独觉（《瑜伽师地论》卷三十四）(注二五)

- 种姓
  - 本姓独觉先未证得彼菩提时有薄种姓由此于寂静处心爱乐。《论释》云：「或观待缘而悟圣果，亦名缘觉。」
  - 于正说法利有情事心不爱乐，于少思务寂静住中，深心爱乐。
  - 本姓独觉未证得菩提时有中根种姓，是慢行类，由此因缘深心希愿无师无敌而证菩提。《圆测疏》云：「一人具三。」
- 道
  - 安住独觉种姓经于百劫值佛出世，亲近承事成熟相续，专心求证独觉菩提。于六善巧勤修学故于当来世速能证得。
  - 值佛出世亲近善士听闻正法，如理作意于先所未起顺决择分善根引发令起，而无力能证法现观得沙门果，复修六善巧于当来世能证法现观得沙门果。《瑜伽师地论了义灯》卷十四云：「此当《对法》或先已起顺决择分，此通本来是独觉种定姓之人及不定姓声闻种姓起顺决择未至上忍但至中下忍。若至上忍唯一刹那入第一法即能证得法现观，故是声闻摄，非独觉乘。」
  - 值佛出世，亲近善士，听闻正法，如理作意，证法现观，得沙门果，而无能力于一切种毕竟离垢证得梵行边际阿罗汉果。复修六善巧依出世道于当来世证得阿罗汉果。
- 习
  - 有一类依初独觉道满足百劫修集资粮，过百劫已出无佛世，无师自能修三十七菩提分法，证法现观得独觉菩提果。永断一切烦恼成阿罗汉——麟角喻
  - 又有一类或依第二或第三独觉道出无佛世自修三七菩提分或证阿罗汉果或沙门果乃至最上阿罗汉果——部行喻
- 住
  - 麟喻独觉乐处孤林，乐独居住，乐甚深胜解，乐观察甚深缘起道理，乐安住最极空无相无愿作意。
  - 部行喻者不必一向乐处孤林亦乐部众共相杂住，余如麟喻者。
- 行——一切独觉随依彼彼村邑聚落而住，善护其身，善守诸根，善住正念，随行彼彼村邑聚落或为乞食或为济度他下劣愚昧以身济度不以言语，何以故？唯现身相示现种种神通境界，乃至为令心生诽谤者生归向心。又彼一切应知本来一向趣寂。

(注十三)《二乘与法空》——《料简》卷一云：「诸论虽不说，理实二乘亦修别经法观。然不生法智，断所知障，证法空如。因菩萨修习法空般若，尚有退堕在二乘中，谓无善巧修习法空理，住空中随二乘地，如《大般若》多处说之。况二乘等，岂有修法空能生法空智断所知障。根有利纯，智有明昧，障有粗细，理有浅深，故虽同行一行而智断不同，非由智断不同而加行要异，此谓三乘同修法观，由根利钝善巧有无，故于智断所成各异。《大智度论》等云为小说众生空，为大说法空者，依殊胜能作证说。」《华严十地品》云：「善男子（第八地）此一切法中，法性有佛无佛法界常住，诸如来不以得此法故说名为佛，声闻辟支亦得此无分别法。」

(注十四)《建立补特罗伽道理》——《对法论》卷十三云：「补特伽罗虽非实有，由四缘故建立：谓言说易故，顺世间故，离怖畏故，显示自他具德失故。」窥基《无垢称疏》卷一云：「声闻断烦恼障已超生死得涅槃，不能断所知障，未证菩提不达诸法，故分别心二乘现有，由此劣法彼亦成熟。无分别智菩萨所成，由斯胜法此亦成熟。取舍之道，其义明矣。」

《现成就》。

槃，此不过如《瑜伽》之说，顺文，含义耳。）四因果俱成谓大智大增上不断善根而成佛者。」《对述》卷七亦有此义，考《瑜论》卷十一因成果不成谓大悲阐提，二果成因不成谓有性断善阐提，三因果具不成谓无性阐提二乘定性，（按《楞伽》文，除大悲余定涅久久会当成佛，后必不成……合经及论阐提有三：一断善根，二大悲，三无性。起现行性有因有果。此三人及前四性，四句分别：善根人不信愚痴所覆蔽故亦通大悲菩萨大智大悲所熏习故。阿颠底迦名为毕竟，毕竟无涅槃法故，此无性人亦得前二名也，前二种：一名一阐底迦，二名阿阐底迦，三名阿颠底迦。一阐底迦是乐欲义乐生死故，阿阐底迦是不乐欲义不乐涅槃故。此二通在断无性谓一阐提。此有二种：一者焚烧一切善根则谤菩萨也，二者怜悯一切众生作尽一切众生界愿是菩萨也……第五性合有三善等法种于善恶趣轮受生故名。」又《枢要》说：「《楞伽》说有五种性：一声闻乘性，二辟支佛乘性，三如来乘性，四不定乘性，五中。又《论释》中说：「无种姓者依人天乘修世间善得人天果脱恶趣故。」又《别抄》卷一云：「无种性者，谓无三乘种子，唯有有漏真如法身佛性或就少分一切有情方便而说，为令不定种姓有情决定速趣无上正等菩提果故。」（考《涅槃》卷二十中、卷二十六乃至非想非非想处必还退堕诸恶趣中。如是展转穷未来际不能令其毕竟灭度。余处经中说一切有情皆有佛性皆当作佛者，然就详明。又《佛地论》卷二云：「无有出世功德种性，诸佛但可为彼方便，亦现神通说离恶趣生善趣法入，彼虽依之修善因得生人趣

《五种姓议》

佛性论》。（已焚）。故《宗镜》卷十七云：「若言佛性，何人不等，若约修成，阐提未具。」余义尚多，皆精要之文。又同书八十卷亦慧按：不住种姓六相中，无非作恶多，端佛不能救，而《瑜伽》之所以力辩有不般涅槃种姓亦见其用心之深。余义详所作《阐提无一《破执分》卷一中以立有无性者为所破。彼云：佛为小乘人说有众生不住於性，永不般涅槃故，於此生疑起不信心乃征难之。」

（注三）《瑜珈师地论》卷六十七广辩有不住种姓有情，是名毕竟无般涅槃法，《瑜论记》云：「有性无性道理经论不同，若依《佛性论》卷

独觉证得（《瑜珈师地论》卷64）

- 先未得证得证得——麟角喻
- 先已得证得证得 / 先已得顺决择分善根证得——独胜

（注二）

声闻证得（《瑜珈师地论》卷64）

- 证得因——得世间离欲之道，顺解脱分，顺决择分，所有善根。
- 功德证——无量，遍处，解脱，胜处，无诤愿智，无碍解，神通。《枢要》卷一云：「二乘涅槃唯得一解脱。」
- 果证——四沙门果，《显扬论》云：「圣道名沙门，烦烦恼名果。」四者谓预流、一来、不还、罗汉四果。
- 净证——四证净
  - 僧证净
  - 法证净
  - 佛证净（《显扬论》）
  - 圣所爱戒——已见谛者，於已得决定不作律仪圣所爱戒所得善住出世间信及后所得善住世间信。
- 智证得——法智、种类智、苦集灭道智、此后所得世俗智、尽智、无生智。
- 地证得——见地，修地，究竟地。

（注一）

《声闻藏及菩萨藏》

（注四）《三宝纪第十三、十四》云：「大乘录者菩萨藏也。略而谈法，别是方等十二部经，八万四千微妙具典，位而论人则有十地及三十心，备□四十遍遊六道。烦恼则有五住地惑，八万四千诸尘劳门，所行则四摄六度三十七助菩提，所受则三归十善八万律仪……小乘录者声闻藏也。的而论法则是契经，或止九部或十一部，四含杂藏及以毘昙，谈人名则声闻缘觉四果四向五方七便，局在人天弗该余趣，烦恼则五盖十缠九十八使，所行则四圣谛十二因缘，检摄七支防守三业，所受禁制则三归十戒二百五十及五百戒，唯尽一形弗通后世。」

《麟角及部行》

（注五）《义蕴》卷一云：「若萨婆多，麟角独觉说善法中所摄（三无漏根）未断无知，觉未圆满故非佛摄，唯独出世，不得名僧，故法中摄。萨婆多过去有体，三根具有，大乘唯有后二。又萨部计菩萨二根亦法中摄。」《疏抄》卷一云：「若大乘中说麟角独觉及部行独觉及在家初二果人及六欲天中四果，及上二界中第三第四果，亦是僧宝所摄，皆是僧种类故。」《演秘》卷一云：「《婆沙论》卷一百三云：法证净者，谓独觉身中三无漏根学无学法，菩萨身中二无漏根诸有学法，及苦集灭三谛，缘彼无漏信名法证净。」

《二乘伏断证得差别》

（注六）《义灯》卷三云「次第声闻其义何耶？答：小乘诸部互说不同且依大乘谈小果者，谓有声闻性通利钝，於见道前，不伏修惑，唯伏见惑，入见道时顿断三界见道烦恼，得预流果，从此见道十六心后在修道中次第断其三界九地八十一品修所断惑，如其所应得后三果……数修断中声闻缘觉二乘有殊。声闻之中次第超越复有二别。若超越人復有三类：一、超初果，二、超初二，三、超中二。超初果者谓有声闻性，是利根，先凡夫时欣求上生以苦粗等六行世道伏於欲界，六识俱生迷事粗惑前之六品，乃於后时求声闻果修七方便以为加行入见道时一刹那中见修合断，得第二果。以彼六品先已伏故，见道能断迷理之惑，虽先不伏，伏彼伴类，入见道时亦一时断，道断数数准之可解。二、超初二果得第三者，是利根先凡时曾以六行伏欲修惑九品迷事，乃乃至无所有所九品事惑后入见道先已伏者及不伏亦与见惑合一时断，修断数数准之可解。彼二类人不解修理观故。不伏迷理之惑，又不伏有顶地惑者，以彼细故，无上可欣，不为六行故。又彼惑细，不障有学故。三、超中二得第四者，先凡夫时不伏修惑於七方便但伏见惑，入见道时断其三界见道惑尽得初果已更未断修，由意乐力有堪能故，依初近分已未得根本故，总相三界六识修惑，九地之中束为九品。如欲初品，乃至有顶初品之惑，合为一品，余八准此。若第六识迷理细惑地地之中虽各九品，今并第七识俱烦恼，总为一品与第九品迷事之惑同时顿断，成阿罗汉。道断数数准亦可知。独觉之人有三类：一麟角喻，二三千界唯独一出先凡位时，六行伏彼无所有已下惑百劫练根，入见道时八地以下伏彼类故与见惑同时断。出见道已别起九无间九解脱，断非想地九品烦恼。不满百劫练及从声闻决择位中未定生时，此等已去作辟支者，皆为众出，虽不待师而自悟道，名独觉人。许有多出故名部行。」又云：「趣声闻果见谛第十六心即建立果，趣缘觉不立者，以不住道故，期心别故……初果即於相第十六方谓建立果，后三於解脱立者，初得入见须重观谛第十六心事方究竟始得立果，修道后得不须重观於解脱道事得究竟故得立果。问：如声闻人得无学已迴趣缘觉后练根时入何道观？断何等障？答：如极果人趣缘觉时，但起九无间九解脱拟议无间解脱，非真无间等，但缘事观不入空观以更无惑可断可证但行解心作无间解脱道，数数思惟令彼极果信等五根渐渐明利，更不断惑而即得果……声闻取自果转成利根时但作事观，不作理观，以其炼根无惑可断故。更不得果故，但为事观不别得无为，若大乘菩萨练根入法空观，断所知障故，与彼别。」又《成唯识论了义灯》卷十四云：「从凡趣入独觉随彼练根及不练根俱先世道伏无所有入见顿断唯非想地九品别断得成独觉。准有部说必无出见八十一品断修惑者以利根故，不制果故，有义修惑见道满已八十一品各各别断，然不出观，不止息故。故不立果，二说前勝。」（考《瑜珈师地论》卷七十一《明断顿渐》。）

（附五）

7、预流果——「永断三结及一切见所断惑已见谛故得。」断三结者，《瑜珈师地论》卷二十二云：「萨见，戒禁取，疑。」
- 恒？极？七返
- 家家 又《义林》卷九云：「约生约惑而立家家。约生者谓二生三生，约惑者断四三品（计算据，《附》卷三）共约四生立家家，即逆流生之失。」

6、预流向——《显扬论》云：「有一纯熟相续超过一切外异生地入正性离生。」

5、俱解脱——得灭定罗汉二障俱解脱，通利钝人。《对法论》云：「得诸漏无余尽灭。」

4、慧解脱——罗汉未得灭定者通利钝人唯断烦恼障，未离定障。

3、身证——不还得灭定者。（有部云：以得此定，六识不行，唯有色根及命于此有得得此灭定，故云身证。若大乘师不言身边有别得得但显得灭定者得理更亲，如身根取境从喻为名名为身证。）又《补缺》卷八说有非身证，为求灭定故，亦能断伏诸惑，诸论影略以未得灭定，故非身证。（考《瑜珈师地论》卷十四注十六之二）

2、见至——随法行人至果位，即利根人

1、信解——随信行人修行至果位，即钝根人

《义林》卷九云：「于前三果中若向若果立为信解见至，若第三果中为身证。」

《显扬论》又加随信行，随法行二种，于此五之前，总称为七种圣贤（按《四教义》卷二约五停心观，别相四念处，总相四念处、暖、顶、忍以第一名七贤，三是外凡名乾慧地。四是内凡即性地又考《法华玄赞记》。）

根
- 薄尘行——於可爱境不起猛利相续贪恚痴缠，於修善法加行速疾。
- 等分行——於可爱境等三随境品类起贪嗔痴缠非难易离，非难易厌于修善法不迟不速。
- 痴行
- 嗔行
- 贪行（《对法论》卷十三有慢行、寻思行而无初二，称七种病行差别。）
- 利根
- 软根

四行
- 乐速通——利根已得现法乐住为尽诸漏——上品
- 乐迟通——钝根已得现法乐住为尽诸漏——中品
- 苦速通——利根未得现法乐住为尽诸漏——中品
- 苦迟通——钝根未得现法乐住为尽诸漏——下品

（注八）声闻之補特伽罗：（《显扬论》）

（注七）（《瑜伽师地论》卷一百云：「《瑜伽师加行》有五：一、为欲证入正性离生，二、为得上果，三、为进离欲，四、为欲转根，五、为引功德。」

差别

8、一来向——断欲界上中品惑修对治行。 自六至十三

9、一来果——进断欲界上中品惑故得即依此断说名微薄欲贪嗔痴。——一间（附三） 应考《涅槃》

10、不还向——先离欲界贪已，进断欲界余烦恼故修对治行。 卷卅六中

11、不还果——先已离欲入正性离生然后证得或一来果，尽断欲界余烦恼故得。（考《瑜伽师地论》卷二十五注六《灭定人》。）

- 中间证寂灭
- 生证寂灭
- 有行证寂灭
- 上流

12、阿罗汉向——已见迹为断非想非非想地烦恼修对治行。

13、阿罗汉果——永断一切非想非非想地烦恼故得。（自预流向至此之说明，皆据《显扬论》）。

14、七返——《显扬论》云：「或于天上人间，或天上人间受七有生已得尽苦际。」《义林》卷九云：「不增八，圣道力故，不减六，业力强故。如蛇毒损人，行不过七步，以毒力强。不减至六步者，四大力故。」又云：「此约多而言，非无四、三生。」

15、家家——断修道三四品惑入一来向而经生者，天人二趣决定来往，极二三返得无学果，若不经向，但是一来向。《显扬论》云：「或生天上人间从家至家得尽苦际。」

16、一种子——唯有一生之业，亦名一间，即一来果。进断欲界修所断惑至七八品入不还向，而经生者，或入人天唯受一生即涅槃，不经向名不还向。

17、中般——于欲界得那含果，命终后生色界中有得涅槃。以生结已尽起结未亡。生结者能润生有之惑，此已尽故。起结者能润中有之惑，起者以于现身起此烦恼，润中有身，此有三种：一、上界中有才起即得圣果而涅槃；二、中有起已为往生有，才起思惟圣果现起即涅槃；三、思已欲往生有即得极果而涅槃。又《义林》卷九云：「云何名般涅槃？答：般涅槃者谓得果义，谓活命而得罗汉故。」

18、生般——生色界已便般涅槃。《显扬论》云：「生证寂灭者随生一处意生天中初生之时即证寂灭。」

19、有行般——生色界数数起行断惑得般。《显扬论》云：「行多行及多精进而生寂灭。」

20、无行般——生色界不数起行，由串习力能断随眠得般。《显扬论》云：「行少行及少精进而生寂灭。」

21、上流般——从初禅生乃至非想名上流般，有二：一、若乐慧上流极至色究竟，由五品熏禅生五净居得无学果而般，不生无色界。二、若乐定上流即极至非想非想，不生五净居上至无色得无学果而般，此二俱定性二乘。《显扬论》云：「随生一处意生天中不得漏尽复进生上于余身中方证寂灭。」《义林》卷九云：「于那含中立五种般，上流般有三：一全超；二半超；三遍没。全超有二：一乐慧；二乐定。遍没者，次第而生，不得超隔。」

二十七圣贤

（附四）

（附二）

《义灯》卷二

（考《对法论》卷13及《述》卷十，尤以《述》中妙辩，融会異说，具見基师苦心）

八种圣贤详解（附一）——《识述》卷一云：「入圣之类故名预流，一于人天往来便得极果名为一来，决定已断三界见所断惑或修道五品，立预流果。决定已断三界见惑修道六品或七八品立一来果，二向不定。」《疏抄》卷一云：「二向不定者解云：如初果人有其二种：一者次第，二者超越品也。次第行者，入见道断见惑第十五心名须陀洹向至第十六心名为初果。超越品者先世间道伏欲界修惑一品乃至五品以来，后迴心入见道至第十五心名初果向，至第十六心名初果。其初果人无超果。次第二果有三种：次第行者先断见惑讫，断欲界修惑一品乃至第六品无间道皆名第二向，至第六品解脱道方名第二果。若超越者，先世间道伏欲界修惑至六品或七八品后迴心入见道至第十五心名一来向，至第十六心名一来果。若超越品者先用世间道，伏欲界修惑至七八品后入见谛时一时断前八品惑也。第三果亦有三种：前次第行者，先断见惑，后断欲界修惑一品乃至九品无间道，名不还向，第九品解脱道名不还果。若超越者，先世间道伏欲界第九品尽，初禅乃至无所有处已来后入见谛，至第十五心名不还向。至第十六心名还还果。不取前二果也，若超越品准前。先时得果乃至得第三果已，即断初禅一品惑时乃至无所有处，九品惑时，其人即名阿罗汉向，或如有人先用世间道伏欲界九品惑乃至无所有处九品惑，其人后时入见道已即名不还果，其人虽断尽无所有处惑

异名——《疏抄》卷一云：「二十七圣贤依《中阿含·福田品》谓：「信行、法行、信解、见到、身证、家家、种子、须陀洹向、果、斯陀含向、果、阿那含向、果、中般、生般、行般、无行般、上流至色究竟、思法罗汉、升进法、不动法、退法、不退法、护法、实法住、慧解脱、俱解脱。」《成实论》中谓：「信行、法行、无想行、须果、阿果。那含果中有十一人：现般、转世般、中、生、行、无行般、乐定、乐慧、信解、见到、身证。无学九人：退相、守相、死相、体相、不坏相、不退相、慧解脱、俱解脱。」

22、退法——《显扬论》云：「软根，退失现法乐住及世间功德，不能练根及发起胜品功德。」

23、思法——《显扬论》云：「软根，若思自害即能不退，不然，退。此亦不能练根及发起胜品功德。」

24、护法——《显扬论》云：「软根，不放逸不退失，不然，退。此亦不能练根，及发起胜品功德。」

25、住不动——若游散若不游散等皆不退失现法乐住，亦不能转钝成利。《显扬论》云：「虽不思自害及行放逸，然皆不退，不能练根及发起胜品功德。」

26、必胜进——必能转根至不动。《显扬论》称堪任通达，谓：「软根堪能不退，能练根及发胜品功德。」

27、不动——既能利根，毕竟不为烦恼所动。《显扬论》云：「利根。于善根不为已得退法之所动摇。亦不为发胜功德及上练根之所摇。」

《显扬论》称六无学果。《瑜伽师地论》卷五十七云：「有三种满：一根满（利根）；二定满（八解脱）；三果满（不还果）。若诸无学得有二满：一、根满（不动）。二、定满。一切无学皆由果满故说名为满。」又按《义林》卷九此与阿罗汉果及慧解脱俱解脱九种列入果位。余十八种皆列入因位。」

《显扬论》

三界（境？）圣二差别

- 不可思议佛如来
- 色界菩萨——生色界住菩萨法性已发正願修一切无上菩提行
- 欲界菩萨——生欲界住菩萨法性已发正願修一切无上菩提行
- 欲界独觉——此有二：一、竭伽独一而行；二、独胜部众而行

（以上）此四非声闻之补特伽罗

- 无色界无学——生无色界罗汉果
- 无色界有学——生无色界不还果至罗汉向
- 无色界异生——生无色界未见谛者
- 色界无学——生色界罗汉果
- 色界有学——生色界不还果至罗向
- 色界异生——生色界未见谛者
- 欲界无学——生欲界罗汉果
- 欲界有学——生欲界从预流果至罗汉向
- 欲界异生——生欲者未见谛者

此所未能断者——《瑜珈师地论》卷五十七云：「异熟品粗重，阿罗汉等所未能断，唯有如来名究竟断。」《圆测疏》云：「烦恼虽断犹有烦恼余势刚强，粗重住阿赖耶异识识中。」（窥）基云：「法执种子四无记中异熟品摄，言品类是异熟种故，今由有此粗重名异熟品粗重。」

六、《灭定》明《修道断惑》之《二乘》（考《修习位》之《二障摄》。）

结。若已永断一切能感生有生烦恼，永断一切烦恼究竟立罗汉果。」（考《瑜伽师地论》卷二十五注贪嗔痴三结缚，若已永断能惑还生此烦恼，唯于天有当可受生立不还果，又说永断能顺五下分预流果。预流果极余七有，由是因缘多生相续，若断再生相断烦恼生无重续立一来果。又说永断行。」又《瑜伽师地论》卷二十九云：「诸无事能感恶趣往恶趣因烦恼断故，及能断彼对治生，故立云：「预流果，及一来果，尔时我爱亦复现行，能制伏之（中有报，）若不还果，尔时我爱不复现发出世间道，顿断三界一切烦恼品别断唯立二果，谓预流果罗汉果。」又《瑜伽师地论》卷一法》云：「预流果有二：一、顿出离，二、渐出离。第二如上说。顿出离者谓入谛现观已依止未至定为取不还果，不名罗汉果也。若断非想地九品惑。若次第若超越断有顶九品惑唯名罗汉向。」《对

入道者差别
- 无缚——阿罗汉果
- 不具缚——从预流果乃罗汉向
- 具缚——异生
- 已成熟——
- 未成熟——不见谛理，不得现法上中下乘所证寂灭
- 无障——
- 有障——烦恼、业、报三障
- 未入方便——
- 入方便——已受尸罗，已闻正法，已增长舍，已达正见

声闻之种类——《瑜伽师地论》卷六十七云：「有十种声闻谓，清净界声闻，已遇缘声闻，杂染界生声闻，清净界生声闻，末法时生声闻，贤善时生声闻，未得眼声闻，已得眼声闻，清净眼声闻，极清净眼声闻。」卷《瑜伽师地论》卷八十又说有四种，谓：变化声闻，增上慢声闻，迴向菩提声闻，一向趣寂声闻。」

（注九）《解脱身及法身》——《瑜伽师地论》卷七十八云：「二乘所得转依名解脱身，不名法身。若于诸地波罗蜜多善修出离转依成满是名如来法身之相。」

（附一）《阿罗汉与正觉》——《瑜伽师地论》卷八十云：「有一分阿罗汉能舍寿行，一分不能。一分能增寿行，一分不能。又阿罗汉缺所修本宏愿故，又彼种姓尔故，决定无有还起意乐，而般涅槃。是故不能作佛事。若阿罗汉迴向菩提便能证得阿耨多罗三藐三菩提。然由种姓不同故，非一向。」

（注十）《本性住姓异义》——《义灯》卷五云：「本性住姓有人解释或取真如或云住自乘姓名本性住姓。又说五姓皆新熏生，又释真如所缘缘种生。并会五性文失如《能显中边慧日论》并成立五种姓皆是本有，有漏不能生无漏种，真如不能亲生诸法亦如彼辩。」（参《瑜伽师地论》卷四十《本有》之《无漏》）

（附二）《诸贤圣上下地伏惑四句别》——《识述》十三卷云：「有在上断下惑，如二乘者上界得无学，断下第七惑，有在下断上惑，下地得初果，断上见惑等。」《义演》卷十三云：「有在下地断下惑，如第二果及第二向，并第三果人，身在下地断下欲惑证不还果。有在上断上惑，如上流中般生般有无引般，皆自在上地断上惑，证无学果。」（考本页注十二之二）。

(注十一) 诸梵名

麟角喻 Rhsḍgsrisōṇakalpaḥ
部行 Vargacārī
预流 Srotsā pannaḥ
极七返 Saptakrdbhavaparamaḥ
家家 Rulaṃkulaḥ
一来 Sakṛdāgāmi
一间 Ekavīcikaḥ
不还 Anāgāmi
中般 Anturāpsrinirvāyī
生般 Upspadyaparinirvāyī
有行般 Sābhisamsk āraps rīnirv āyī
无行般 Anabhisaṃskāraparinirv āyī
上流 Ūrdhossrotaḥ
身证 Rāyasāksī
随信行 'Sraddhānusārī
随法行 Dharm ānus ārī
}（《智论》卷四十又有无相行，其中差别，如文，应考。）
信解 Draṣṭiprāptah
时解脱 Samayarimuktah
不时解脱（不远解脱）Asamayavimuktaḥ
慧解脱 Prajnāvimuktaḥ
俱解脱 Ubhayatobhāgavimuktaḥ
独觉补特伽罗 Rratyekabuddha-pudglāḥ
声闻补特伽罗 'Sr āvaka-pudgalāḥ
苦（迟？）通 Duḥkhāpratipod dhandh ālhijñā
苦乐速通 Salkhāpratipad dhandh ālhijñā
乐（迟？）通 Duhkhā pratipat ksiprābhijña
乐速通 Sabh āpratipat ksipr ābhijnā
独觉乘 Pratyekabuddhāyanaṃ
声闻乘 'Sravakayānaṃ
钝根 Mṛdrindriyaḥ
中根 Madhayendriyaḥ
利根 'Jīkṣṇendriyaḥ
声闻种姓 'Srāvakayānābhisanayagamaḥ
独觉种姓 Peatyekabuddhayā nūbhisamayagatraḥ
如来种姓 Tdt hāgatayānābhisamayagstraḥ
不定种 Aniyatagotraḥ
定种 Agotrakaḥ
五种姓 Pañcagotrāḥ
预流向 Srotaāpottipratipannak aḥ
一来向 Sakrd āgamipratinannaakaḥ
不还向 An āgāmiprstvpannakaḥ
阿罗汉向 Arhatpratipannakaḥ
应 Arhat, Arhant(S.) A'nahat(P.)

(注十二)《声闻独觉差别》——《识论》云：「若有毕竟所知障非烦恼障者，一分立为声闻种姓，一分立为独觉种姓。」《成唯识论述记》卷四云：「此如何别？障虽齐等，解有利钝，于烦恼断中修习差别故。」（按《识论》言引《瑜伽师地论》卷五十一。）《疏抄》卷四云：「声闻钝根，独觉利根，声闻作四谛观，等众独觉作十二因缘观乐寂静，若部行独觉遂有须陀洹等四果，若断或法用皆共声闻相似，若麟角独觉，断惑有一百六十心，何者是取四禅为四地？四无色约四地，此八地中有八九七十二品烦恼，断一一品惑，须起二心随无间一解脱，都合有七十二无间道，七十二解脱道。又取见道十六心合有一百六十心。若麟喻独觉断惑皆一生得则须次第断不得越地。」《义演》卷四云：「二乘断惑时依四谛十六心断或可依有漏六行智以断。缘觉中人观十二因缘而得悟道或可思风动对而便证果，故利钝不同。所修差别证果且异或三生六十劫或四生一百劫有别如《三乘入道论》广明。」（考《智论》卷十八）又《智论》卷五十二云：「初入道乃至罗汉名声闻人，观因缘法悟空小深少愍众生名辟支佛人。」

《二乘生色界断惑差别》——《疏抄》卷五云：「有身在下界断上烦恼，如得初果断三界见道烦恼，或在欲界得无学果，亦断上二界俱生烦恼。有上断下烦恼，如得上流不还身生无色界得无学果时，断下地第七识中烦恼。有下断下，如一来，不还未断下欲界烦恼而得第二，第三果。有上断上，如不还身生上界地之中而断第六识烦恼。」（考本页附二。）

《成佛，变易身与有学》——《义演》卷十五云：「有学中不回心者，不受变易身。其回心者，若预流果人回心已更经七生业尽遂于第七生中向欲界留身受变易生死，若家家等随受二性定业尽已，即于欲界中受变易生。若一来果从人中天上受一往来定业尽已，即于欲界中受变易。若不还果者，欲界中生死尽，即于欲界身受变易身故。于欲界至第十地即往色究

作蕴处界观识观音等自相。二，共相作意谓观苦空无常无我等共相，三胜解作意，作白骨等观，故不作六行相也。若无漏三分之二无漏。）《俱舍》卷二十四云：「此中无漏势力熏修有漏，令感净居。此中有漏心行，有三作意。一自相作意，中品有六心，上品有九心，上胜品有十二心，上极品十五心，如次生色究竟天。（六心如下品次第，九、十二、十五心，下品、中品、上品、上胜品、上极品。下品者谓三念心，初一念无漏，第二念有漏，第三念无漏，修此三心，即生无烦天。漏定，又十念入无漏定，以初修故，不能入一念，从此展转串习力故，后渐能入一念无漏定，即名杂修成熟。五品者，谓资。谓诸不还以有漏无漏定资上无云福生广果三天中故业，其有五品生五净居。若初杂修时未得自在。初十念入有生修初禅下品定修习多修习故生梵众，如修中品者生梵辅，上品生大梵，乃至无色天中皆有三品修。四，有无漏杂修漏资，谓不定性声闻独觉，大力菩萨，入无漏定转分段身而入变易，资此身殊妙命延。三，受生资唯是凡夫也。如诸异口言愿回此福行以延故业。发愿已入第四禅有漏边际定，从定出已命延长乃至多劫。此唯有漏定资欲界身。二依无于佛法无有利益入无余涅槃，若观自身于现世或佛法有大利益，恐命终，即布施，已于静室趺坐，发欲界身语意心念又《义演》卷二十云：「《识论》云杂修静虑资下故业生净居等者，释曰，资修道有四：一依有漏资，若罗汉知于众生或（考卷五十九、卷第八。）

即生色界中托胜身上而受变易身也。」（考《瑜伽师地论》卷五十九，第八。）

而疏文不尽理。因边际有二：一地边际谓第四禅，二果边际，谓第四禅中上上品定。故应云，不还人欲界发心向大者，转易故。由此故知或有上地或有于一处及至多处。受生已方受变易。」《义演》卷十五云：「此中第二解是护法师义。发心留身，未必同时，不还者亦尔。欲界发心，上界留身，欲界之身业力尽故，未得边际定可资故业故，欲得依胜身方身，即便急引变易生死，故无上界，方受变易，欲界发心，即于欲界受变易，不同初二果。二云，既无文遮，如七生者，究）今有二解：无生色界生必非经于欲界生。不还圣者得宿愿通，知欲业尽，或未得根本定，未得通故不共知而厌粗十四云：「初二果等受变易生，虽初发心要经多生，方受变易，亦应许有欲界发心至上界生身，方受变易者不？（应细有，部行唯在人中有，唯除北洲，通余三洲有麟角唯于南闫浮提有，故色界中唯有不还及罗汉。」又《成唯识论述记》卷者。五净居无回趣者。无色则无留身及向大者。故《义演》卷十五云：「若色界中无初二果及独觉者，则初二果唯欲界土中莲华化生，其他受用土中更无女人，即无胎生。」然护法云：「色界亦有声闻向大愿留身者，惟除初二果及独觉往初地他受用土中供养诸佛。既初地满即作神通往第二重他受用土中乃至第十重亦尔。若顿悟菩萨即实身生他受用用净土中受生，即十地菩萨所住十重他受用土。今二乘有学无学回心已去既受变易身，后时得入初地，已即作神通，卷十二云：「渐悟菩萨，于欲界身，第十地位即往色界第四禅中大自在宫而成佛也。……然初地已去菩萨，即生他受然成佛时必要往自在宫成佛，就胜处故。故知受变易已，及诸净土，当知唯此身神通力故得往，非更受生。」《疏抄》今言唯欲界有初发心，及留身唯欲界，于彼无初发心缘故。亦无下界发心，死已，方生上界留身故。欲界后引生无漏。又《识述》卷十四云：「一切二乘有学无学欲界发心，定欲界后引生无漏，以愿力留身，唯欲界故。上界无此回心圣故，际定，始延得命长。若受变易身，或初果、一来、不还虽未得根本定，未至定亦能受，得根本定亦能受。」竟天上自在宫成佛。有欲人必于欲界回心受变易身，必不生色界中回心受变易身也。若阿罗汉延寿即要得第四禅边定心唯作共相作意。……若不还果即杂修静虑资下故业即是分段身生五净居。若顿悟菩萨定生于第四禅中无云等三天随生何天中受变易身。若十地满心菩萨，即以悲愿资下无云等三天中故业而作神通往大自在宫也。故第十地不杂修静虑也。」故《识论》云：「圣者必不造感后有业，杂修静虑，资下故业生五净居等于理无违。」《成唯识论述记》卷十六云：「不还果等，杂修第四静虑资下无云等三天故业生净居等于理无违。此总报业及名言种，凡夫时已造，生第四禅下三天业，一地系故，后由无漏资此故业生净居，非圣者新造也。圣者所起有漏善业，明为缘故，非有支摄也。」《成唯识论述记义蕴》卷五云：「小乘无业种，以初后无漏资其有漏，令感净居，彼有漏果故资有漏为因，大乘有故业种，不招新，故别。（有宗杂修静虑新造引业，招净居果故。）」（《成唯识论了义灯》卷十二辩小大别颇可参证。）

《慧俱解脱别》——《义林》卷九云：「慧解脱谓已能证得诸漏永尽。于八解脱未能身证具足安住。是名慧解脱。此义意说障有二：一烦恼障，二、事障（说胜而说唯异熟生喜乐舍受有下劣障，于上等至不肯进求，所知障摄。此人唯能断初障故。慧缚得脱。若诸阿罗汉得灭定者名俱解脱，由慧力定解脱烦恼解障故。」

《四果与有无为》——又云：「于四果中有其二种：一取有为，二取无为，取有为胜，以有为是进取之义，取无为无进取。」

《向果四句》——又云：「初果而未进断修惑但名住果，不名第二果向。若得果已进断修惑，随其所应是向所摄。故作四句：一果而非向，谓中间二果不进断位，二、向而非果，初果向是，亦果亦向，谓中间二果进断位，俱非，仅上应知。」此方便说，实不应作四句别。

（附五）《慧解脱及心解脱》——经中常言此二解脱，与二十七贤圣之慧解脱不同，恐混，特录《深密疏》卷五文云：「如契经说已离贪故心得解脱，离于无明慧得解脱。又《涅槃》卷二十五云：贪嗔痴心永断灭故心善解脱，于一切法知无障碍慧善解脱。余义如《婆沙》卷二十七、卷二十八及卷七十二，《智论》卷三等释。」又《地论记》卷九云：「断烦恼障心得解脱，断除智障慧得解脱。」

（附四）《女人与贤圣》——《义演》卷二十三云：「若女人得预流等四果亦名丈夫之圣性。然女人但得声闻果不得独觉菩萨必依男身得故。独觉之中部行独觉女人容有种姓，必不得麟喻独觉。彼出无佛世以神通力化三千界故。」

（续注十二）《成唯识论了义灯》卷十四云：「修习声闻顺决择已，回作独觉，一云随在声闻或焕（暖？）顶忍何位回趣，即是独觉焕（暖？）顶忍位，以所断证，皆悉同故。二云，更修独觉资粮加行证断。二解任情。又先修声闻顺决择已回作独觉有二说，一云：不更得修行练根为麟角。二云，若在声闻顺决择分或未得果，得成麟角。得多劫修行练根故。但说成部行者，据从此已回作独觉不练根者。」

（附三）《释一间》——《义林》卷九云：「一间者，一生或半生在名一间。间者隔也，由此生能障圣果之道名之为间。若断三品即三生在，若断四品即二生在，若断五品时必断六品，若断七、八品，即半生在。以初品润二生，中下品各润一生，中上品润一生，中下二品共润一生，下上品润半生，下中、下下二品共润半生故。」此约别说，若总说者前之三品以润四生，中之三品共润二生，下之三品共润一生。约此义边，即有损生之义，皆依七生计算。其断五品必断六品者，以近果故，更无迟住。」

（考《瑜伽师地论》卷十四、注六。）

种姓《瑜伽师地论》卷25

无上最胜——一切声闻独觉种姓，唯能当证烦恼障尽，不能当证所知障尽，菩萨种姓俱能证。

根胜——菩萨本性利根，独觉中根，声闻软根。

行胜——菩萨能自利利他，余唯自利。

善巧胜——二乘于蕴处界缘起处非处中能修善巧，菩萨于此及于其余一切明处能修善巧。

果胜——声闻能证声闻菩提，独觉能证独觉菩提，菩萨能证阿耨多罗三藐三菩提。

相应——诸菩萨有六波罗蜜多种性相，由诸菩萨所有种性与如是功德相应成就贤善诸白净法，是故能与难得最胜不可思议无动无上如来果位。

堕——若被四随烦恼及被染污或于一时生诸恶趣，然以种故，与余大异。四者何？一、放逸者，由先串习诸烦恼故，性成猛利，长时烦恼。二愚痴者及不善巧者依附恶友。三为尊长士夫王贼等所拘逼。四资生具乏顾恋身命。

发心——《瑜伽师地论》卷二十五云：定是希求无上菩提及求能作有情义利，发心能为无上菩提根本故，是诸菩萨学所依止处。又《瑜伽师地论》卷七十二有十种发心。

学处——自利处，利他处，（《瑜伽师地论》卷三十六）真实义处。（《瑜伽师地论》卷三十六）（注六）威力处。（《瑜伽师地论》卷三十七）成熟有情处。（《瑜伽师地论》卷三十七）成熟自佛法处。（《瑜伽师地论》卷三十七）无上正等菩提处。（《瑜伽师地论》卷卅八。菩提有二：一烦恼障断故，毕竟离垢一切烦恼不随缚智；二所知障断故，一切所知无障碍智。復有异门，谓清净智，无碍智，一切智，一切烦恼并诸习气无余永断遍一切种不染无明，是名无上正等菩提或云是百四十不共佛法及如来无诤願智无碍解等。（注七））

应学——胜解，多求法，说法，修法行，正教授，教诫，方便（随摄方便，能摄方便，令入方便，随转方便）摄三业。（《瑜伽师地论》卷三十八）

圆满六度——菩萨为证无上菩提果故，精勤修习是大白法溟，名大白法海，是一切有情，一切种类圆满之因，名为涌施大宝泉池又即如是所集无量福智资粮，更无余果可共相称，唯除无上正等菩提……此中六度各以九门分别，谓：自性，一切，难行，一切门，善士，一切种，遂求二世乐，清净。（《瑜伽师地论》卷卅八至《瑜伽师地论》卷四十三。）又《瑜伽师地论》卷七〇八云：「初三是增上戒学，静虑是增上心学，慧是增上慧学，精进遍一切，又增上戒学，所摄名福德资粮所摄。增上慧学所摄名智慧资粮所摄，精进静虑遍一切，又初三饶益有情，后三对治诸烦恼。」

摄事——《瑜伽师地论》卷四十三云：「摄事有四：布施、爱语（与诸有情常乐宣说可意语、谛语、法语、引摄义语）、利行（饶益有情）、同事（诸菩萨若于是义，于是善根劝他受学，即于此义，于此善根或等或增，自现受学，如是菩萨与他同事），亦各以九门分别，如六度中说，所有波罗蜜多能自成熟一切佛法，所有摄事能成熟他一切有情……此中所有一切施，一切戒乃至一切同事，若多修习，若善清净，若具圆满能感如来成熟无上等奇异法果。

［考《华严十住品》（《疏抄》卷十六之三中）《十地品》（《疏抄》卅四至卅九卷）又《十住婆沙》广解初二地，甚要。」

（十地修治事业，《智论》卷四十九、五十有广说，应考。又考《大般若》五十三卷末五十四卷初。）

（注十一）
（注九、十）
（注五、八）
（注一、二）

菩萨

（参《修习位》）

（又菩萨亦有十力四无畏，如《智论》卷廿五说）考（无畏注）

住——《瑜伽师地论》卷四十七至四十八云：种姓住，胜解行住，极欢喜住，（亦名净胜意乐住）增上戒住，增上心住，觉
意乐——《瑜伽师地论》卷四十七云：七相怜愍，十五胜意乐，作十事。
回向。
四事——《瑜伽师地论》卷四十七云：诸在家或出家菩萨有四事当正勤修学，谓善修事业，方便善巧，饶益于他，无倒
实相——《瑜伽师地论》卷四十七云：哀愍，爱语，勇猛，舒手惠施，能解甚深义理密意。
利，大乘性，摄，菩萨十应知。（以上皆初持菩萨瑜伽处。《瑜论记》云：「出彼菩萨所觉之法，若因若果。」
实功德，善调伏有情，受记堕于决定，定应作，常应作，最胜，设施建立，寻思，如实遍智，诸无量，说法，果胜
功德——《瑜伽师地论》卷四十六云：希奇，不希奇，平等心，饶益，报恩，欣讚，不虚加行性，无颠倒加行，退堕，胜进，
师地论》卷八十六云：「第一第二依无願解脱门建立，第三依空解脱门，第四依无相解脱门。」
考《十地论》卷一二）。四法嗢柁南：一切诸行皆是无常，一切诸行皆是苦，一切诸法皆无我，涅槃寂静，《瑜伽
实，是名菩萨能得菩萨忍陀罗尼。四正愿者：一受生愿，二所行愿，三正愿，四大愿。大愿又有十种（十願，更
静虑于夜分中少眠多寤，于佛说得菩萨忍诸章句，能谛思惟，自然通达，乃至一切言说诸法自性之义皆不成
成就自然坚固因行，具足妙慧，独处闲静，寂无言说曾无有物见路而行，知量而食不杂秽食，一类而食，常极
不忘是名法陀罗尼。二、于彼法无量义趣能持不忘是名义陀罗尼。令诸咒章句皆悉神验是名咒陀罗尼诸菩萨
止、观、性巧便、陀罗尼、正願、三三摩地、法嗢柁南。此中陀罗尼有四：一得念慧力持次弟结习无量经典能持
菩提分——《瑜伽师地论》卷四十四至四十六云：惭、愧、坚力持、无厌倦、善知世间、正四依、无碍解、资粮、菩提分、
慧而不能入……菩萨菩提悲所建立。
无有少分而不能舍，无戒律仪而不能学，无他怨害而不能忍，无有粗进而不能起，无有静虑而不能证，无有妙
伽，善趣所摄，一切邪行所生，一切流转，无智，增长，随逐，受，粗重等苦。）菩萨以所修悲熏修心故，于内外事
苦发起大悲，十九苦云何，谓愚痴异熟苦，行苦所摄苦，毕竟苦，因，生，自作逼恼，戒衰损，宿因，广大，那落
悲境——《瑜伽师地论》卷四十四云：供养三宝，亲近善友，修四无量。（二十种苦是菩萨悲所缘境界，又诸菩萨缘十九
果。（圆测疏云：自利之行摄前六度，自利无漏，须有利人，故次明摄品。）
佛法极清净果。如是菩萨施等善法能感无上到究竟果，当知亦感生死流转顺菩萨行所余无量无边可爱无罪胜
能感如来四一切种清净果，谓所依净，所缘净，智净，心净，亦能感如来三不护十力、四无畏、三念住一切不共
此所有二世乐施乃至同事，若……能感如来最胜静虑解脱等持等至乐果，此中所有清净施乃至同事，若……
夫相，八十随好，庄严身果，此中有遂求施乃至同事，若……能感如来坐菩提座一切魔怨不能恼触不倾动果。
于此一切有情类中最尊胜足。此中一切种施乃至一切种同事，若……能感如来无量殊胜福德所摄三十有二丈
此中所有一切门施乃至一切门同事，若……能感如来于诸有情无足二足四足多有无色想及以非想非非想处

（注十一）《七种菩萨》——《菩提资粮论》云：「菩萨有七种：谓初发心，正修行，得无生忍，灌顶，一生所系，诣觉场，最后生。初发心者未得地，正修行者，从初地乃至第七地，得无生忍者，住第八地，灌顶者住第十地，一生所系者方入兜率陀，最后生者，兜率陀处住，诣觉场者，欲受用一切智智。」

次第——诸菩萨要先安住菩萨种姓，乃能正发阿耨多罗三藐三菩提心，既发心已方正修习，自他利行，于自他利正修习时，得无杂染方便渐次能得正等菩提，其余次第，广如《瑜伽师地论》卷五十中说。

（以上皆持究竟瑜伽处，修习满足故。）

建立——《瑜伽师地论》卷四十九至五十云：依如来住，及依如来到究竟地，诸佛有百四十不共佛法。

行——《瑜伽师地论》卷四十九至五十云：一切菩萨地中，当知略有四行：波罗蜜多行，菩提分法行，神通行，成熟有情行。

地——《瑜伽师地论》卷四十九云：如前说十三住中，随彼建立七地：种姓地，胜解行地，净胜意乐地，行正行地，决定地，决定行地，到究竟地。前之六地唯菩萨地，第七菩萨如来杂立一地。前种姓住名种姓地，胜解行住名胜解行地，极欢喜住名净胜意乐地，增上戒住至有加行有功用无相住名行正行地，无加行无功用无相住名决定地，此地菩萨堕在第三决定中故。（三决定者，谓种姓定，发心定，不虚行定。）无碍解住名决定行地，余名到究竟地。

摄受——《瑜伽师地论》卷四十八云：于一切住菩萨行中，当知菩萨略有六种于有情无倒摄受，谓顿善，增上，摄取，长时短时，最后六摄受。

生——《瑜伽师地论》卷四十八云：菩萨生略有五种摄一切生，于一切住，一切菩萨受无罪生，利益安乐一切有情。五者，谓：除灾生，随类生，大势生，增上生，最后生。

（注四）（以上皆随持法瑜伽处。《瑜论记》云：谓随前法而起修故。）

分相应增上慧住，诸谛相应增上慧住，缘起流转止息相应增上慧住，有加行有功用无间缺道运转无相住，无加行无功用无间缺道运转无相住，无缘起流转止息相应增上慧住。有加行有功用无间缺道运转无相住。无加行无功用无间缺道运转无相住，无碍解住，最上成满菩萨住，凡十二种。復有如来第十三住，由此住故现前等觉广大菩提名无上住。（按种姓住谓住菩萨本性种性，二胜解行住从初发心乃至初地，已后十住各是一地。）（考《瑜伽师地论》卷一注十。）

菩提资粮及心

《智论》种菩提考（注三）（五

资粮

不证涅槃——于三解脱门善成熟已，欲取涅槃如在手掌，为悲愍故不证涅槃。若无巧方便摄，行三解脱门时即堕二乘解脱中，因二乘人涅槃为性，以攀缘涅槃得沙门果故。诸佛不以涅槃为性以烦恼为性，以菩提心由此生故，声闻得无为法已，不生菩提之心。（以上《菩提资粮论》）

余资粮——巧方便、愿、力、智四度，皆初所摄。此巧方便中有八善巧：众、界、入、谛、缘生、三世、诸乘、诸法。愿有十，力有七，谓福报生、神通、信、精进、念、三摩地、般若七力。诸菩萨法，从般若度生已，为巧方便所持，不令趣向声闻独觉险岸，以是持菩提故，说巧方便为菩萨父。

第二资粮——陀那度（财法、二）、尸罗度、羼提度（忍若自在说谓三：身、心、法、住持）、精进度（或作毗梨耶。从初发心菩萨乃至究竟觉场建立一切菩萨分相应身口意善业）、禅那度（于四禅中离证二乘回向佛地）。

《发》论施有三：多、一、无畏。

初资粮——般若波罗密为诸菩萨母，亦为诸佛母。以不与二乘共故，于上更无所应知故，此智到一切彼岸故。

三乘差别（注二）

5、通达差别——《瑜伽师地论》卷七十九云：「声闻乘由差别相通达法界没入正性离生，不由自相（于五事所摄一切法中，由遍计所执自性故，自性不成实法无我性。）由无没想及安稳想于法界中得寂静想，于一切行一向发起厌背之想，又复不能于彼相等所摄诸法性不成实法无我性如实了知。唯即于此法界定中，由缘法界差别作意无相心转，非由缘彼自相作意。菩萨俱由二相通达法界。」

4、立大乘——与上相违三因缘。（以上《瑜伽师地论》七十三卷）

3、立二乘

c、法性故——补特伽罗本性已来慈悲薄弱于诸苦事深生怖畏，由此二因于利他事不深爱乐。又觉法性故，谓于一切安立谛中多分修习怖畏行转，由此因缘，证得圆满。

b、誓愿故——补特伽罗于声闻乘已发誓愿即建立彼以为声闻。

a、变化故——随彼彼所化势力如来化作变化声闻。

2、大乘断

c、所知障品在心粗重——由断彼故永害一切随眠，遍于一切所知境界无障碍智自在而转。

b、烦恼障品在肉粗重——由断彼故一切种极微细烦恼亦不现行，然未永害一切随眠。

a、恶趣不乐品在皮粗重——由断彼故不往恶趣，修加行时不为不乐之所间杂。

1、二乘用阿耨多罗三藐三菩提乘以为根本，又彼二乘随缘差别随所成熟无决定故，证得时量亦不决定。

（注一）《三十四念》□□□云：「何故不许菩萨同出世？复云何有二无漏根者？答：但据后身坐菩提树而说，三十四念得成佛故。三十四念者，如菩萨先欲界有漏心，断见道修道八地烦恼，唯除非想天一地，以难断故。后身欲成道时，先观十六心，至第十六断非想一地，见道惑断了，然后依上界根本定起无漏智，断非想一地修道九品惑。谓有九无间九解脱道。二九成十八，兼前十六，成三十四念，前三十三总是二无漏根，第三十四心即是成道也。」参考《有寻有伺》（三）

(注四)《二障三住过》——《成唯识论述记义蕴》卷二云：「一、极喜住，出过分别二障故；二、无相无功用住，出过前六识中烦恼所知二障现行并第七识中烦恼现行故；三者如来住，出过一切烦恼所知二障现种习故。」按二障三住过为《成唯识论述记》卷四文，《成唯识论演秘》卷四「过」作「通」。

卷五十三

心

离一切性——谓离蕴处界诸取舍法无我平等，自心本来不生，自性空故。故常觉了菩提心者，即能安住诸法空相……所言心者但有名，彼名亦复无别可得，但以表了故，彼名自性亦不可得以是义故，当观菩提心自性如幻，若内若外及二中间求不可得……无能所觉，能如是观菩提心即见如来……一切无生一切无我，说名为空，若以无生及无我观为空者，是观不成。……又菩提心住等引心从方便生，若了是心生死平等，自利利他二行成就。(以上《菩提心离相论》)《金光明》云：「即于菩提，现在心不可得，未来心不可得，过去心不可得，离于菩提，菩提心亦不可得，菩提者，不可说，心亦不可说，无色相无事业，一切众生亦不可得。何以故？菩提及心同真如故。能证所证皆平等故，非无诸法而可了知。(《疏》卷十二云：「无一法能离真如，故离始心亦不可得。又菩提义及菩提心同依真如无能说得离计执故。)……以不可得故，于一切寂静法中而得安住。此依一切功德善根而得生起。(《疏》云：以不可得故，知一切皆名言施设，能如是知名于一切寂静法中住，依此假缘世俗道理一切功德善根而得菩提生起，即称正理名为菩提故。文义大同《文殊问发菩提心经》。)」

无相心——修集四无量六度仍不离生死，不向菩提……当观心空相，即心无心相亦无作者于一切法即无执著。无执著故，于诸善恶解无果报，于所习慈了无有我，于所习悲了无众生……若知阴界入性即不取著是名法忍，空中无善恶乃至亦无空相，是名为空。(以上《发菩提心论》)

因及助成——六度是菩提因。四无量心三十七品诸万善行共相助成。

发心——菩萨最初发心，便是人天二乘诸佛菩萨一切善法禅定智慧之所生处，当以慈悲为首。(《发》)。为令一切息回轮苦，未得度者普令得度乃至未涅槃者令涅槃、(《离》)又可约成四因缘。思惟诸佛，观身过患，慈愍众生，求最胜果。(《发》)

《显扬论》菩萨行
- 到彼岸行——十波罗密总摄说为到彼岸行，皆是大乘出世义故。
- 遍觉分行——三十七菩提分法总摄说为遍觉分行，如实觉了一切所知义故。
- 神通行——六神通，化有情界，令生恭敬入圣教义故。
- 成熟有情行——四摄事总摄说为成熟有情行，若已入圣教所化有情界，以财法二种摄受义故。

《显扬论》菩萨十地（附一）（附二）
- 极喜地——住增上喜 → 增上意乐清净
- 离垢地——对治一切微犯戒垢 → 增上戒清净
- 发光地——大智光明之所依止 → 增上心清净
- 焰慧地——取法境微妙慧蕴烧一切烦恼。
- 极难胜地——成极难成不住流转寂灭圣道。
- 现前地——多分有相任运相续妙智现前。
- 远行地——已远入一切现行诸相解脱。
- 不动地——得无功用任运相续，道之所依止。
- 善慧地——解脱一切无碍辩障无过广慧之所依止。
- 法云地——发起大神通，智障如云，法身圆满所依。

（焰慧地至法云地）→ 增上慧清净

（以上）「得地相」如《金光明最胜王疏》卷十三，《无性论》卷七，《庄严论》卷十三，明「各地所摄三摩地及陀罗尼」如《金疏》十四卷说。

十波罗密多（附三）（注五）
《显扬论》（卷四十九《行品》中有说）（考《瑜伽师地论》卷六十九所修因。）《菩萨藏》卷八——二十亦有详释，应考。）
- 施——饶益（《辩》）
- 戒——不损害
- 忍——忍受
- 勤——增长功德
- 静虑——起神通等引有情入正法
- 慧——因对治烦恼，发起功德，由此行故而永断障及种子，又教授有情令解脱
- 善巧方便——回向无上正等菩提，令施等功德无尽。
- 愿——恭敬供养常地施等。
- 力——伏障令施等常决定转。
- 智——依慧速能发起出世无分别不住流转，寂灭道所摄慧波罗密多。又离如闻言诸法迷谬受用施等增上法乐无倒成熟一切有情。

（善巧方便至智）《瑜伽师地论》卷七十七云：「愿与精进为助伴力与静虑，智与慧亦尔。」（考《大经》卷五六七末）

（附三）《释十度总别名》——《识述》卷十九云：「波罗所至义，或所作义。密多能至能作义。又到所知彼岸名波罗密多，安住佛性故。又波罗是所知，彼岸义，密多是到义，又济度自他最极灾横，故名波罗密多。又最胜所至最胜所作名波罗密多。此总释名。《瑜伽师地论》卷七十八、《解深密》等说由五缘故，谓无染著，无顾恋，无罪，无分别，正回向。《对法》卷十一说由十二最胜相应。谓广大，长时，利生，无尽，无间，无难，大自在，摄受，发起，证得，等流，圆满。若别释名，如《摄》云：能裂悭吝贫穷得广大财位福德资粮名施乃至能除遣一切见趣诸邪恶慧及能真实品别知法名慧。《对法》卷十一云，由大施故离过故，离垢故名施波罗密乃至慧由三因故。如彼广解。」又《摄》云：「于世间二乘施等最胜，能得彼岸故，通言波罗密多。」《智度论》云：「度悭贪等烦恼海到彼岸，二生死为此岸，涅槃为彼岸。」又分别有无此，反为彼。

（附二）《明十地自性及地义》——《成唯识论》云：「如是十地，总摄有无为功德以为自性。与所修行为胜依持令得生长故名为地。」《成唯识论述记》卷十九云：「能证所证以为地体。无性云：法无我智分位名地，以真如无分位，智有分位。《瑜伽师地论》卷四十七云：由能摄持菩萨义故名地。即真如等亦名为地，能摄持故，即是实法为假者所依等，故实法名地。此即真如正智皆能生长为依持故名地。真如何名令得生长。今者不言如为能生，但言行是所生，彼为增上缘。行自从种子生故。即以胜功德与行为摄持功德名地。此约果与因，因地功德，是行之所得故。然以假者总法为能依，别法功德为地胜。」《义演》卷廿三云：「五蕴假者名总，真如等名别。…即依别实法，假者依此而修行故。故曰别法功德与总假者为地。」《成唯识论学记》卷八云：「测云：总为别依，十行生长，胜依持故。此顺文相。」

《十三住》及《三乘十地》（考《智论》卷七十五初及其余）——《疏抄》卷一云：「十三住者，十地为十，资粮、加行二，佛地一，总十三。……三乘十地者：一、乾慧地，从初发心乃至种三乘顺解脱分已来。二、种姓地，三乘人在加行位中得种姓定故。以上二地通三乘，三、第八人地，即须陀洹向，以阿罗汉果为第一故。四、具见地，须果。五、薄地，一来果，以断见惑及欲界六品烦恼转薄。六、离欲地，即第三果。七、已办地，罗汉果，所作已办故。上四为声闻。八、独觉地（以独觉人一座成觉故，又不出观故。不分出向道。）九、菩萨地，谓菩萨十地。十、如来地。」《义演》说十三住同《瑜》。三乘十地少异《疏抄》。彼云：「一、乾慧地，亦名湿慧地。二、八人地，谓四果四向。三、具见地，即是见道十六已修道见谓见道已者即是修道位。四、薄尘地，谓一来果，断俱生六品惑讫后三品未断。五、离欲地，不还果，离欲界故。」余同《疏抄》。按《疏抄》说是。又《瑜》卷一百，十地云：「一、资粮地，积集出世资粮。二、方便地，为尽漏勤修方便。三、观行地，修随顺决择分时随观诸谛。四、见地，能证入正性离生。五、修地，渐证四沙门果，证离生已一切世间渐升进道名修地。六、有学地，前三是。七、无学地，第四果是。八、圣者地，总摄见学无学地。九、异生地，若未加行，若已修加行，若已离欲一切界生。」按此共九地，上言十地者非也。而范围又较三乘十地为广矣。又《对述》卷四云：「《理趣等经》说一净观地（余九地同《疏抄》。）…初二地中略有二释：有义净观地唯在声闻解脱分位及顺决择分前三位中，种姓唯在世第一法。有义净观地唯在解脱分等未为谛观。种姓未定但净修心观身受等名净观故。种姓通在顺决择分暖等四位中。至此位中种姓方定不可转故。」（余同《疏抄》。）（又此所说十三住与本页《注》中所说者少异。）（更考《瑜伽师地论》卷一《注十》。）

《受记》——（《法华玄赞》卷五有五门分别，可考。）《资粮论》云：「得无生忍，即于得时佛为授记。」《胜述》卷一云：「三身中，有云：唯记变化身，他受用身，法身自受用不可记故。有云：自受用身可有记也。」

（注六）《威力与神通》——《瑜伽师地论》卷三十七云：「诸佛菩萨威力有三：一、圣威力。二、法威力。三、俱生威力。又可分为五：神通威力、法威力、俱生威力、共诸声闻独觉威力、不共声闻独觉威力。……声闻但以二千世界及有情界为神通境，独觉则以三千。」其六神通分别如下：

《六神通》《显扬论》

- 神境智见作证通
- 天耳智见作证通
- 心差别智见作证通

是通非明（《瑜伽师地论》卷六十九）（更考《瑜》卷四十九《注一》《瑜》卷二十三《附三》。）

- 宿住随念智见作证通
- 死生智见作证通
- 漏尽智见作证通

亦通亦明，以能对治三世愚故按《深密疏》卷五云：「直知过去宿命事是宿命通，知过去因缘行业是明，直知死此生彼名天眼通，知行因缘念不失是明（此据《智论》卷二说三明有天眼而无宿住。）直知尽结使，不知更生不生是漏尽通。若知漏尽更不复生是明。广释如《法集》卷三，《杂含》卷四十三，《中含》卷五十一，《毗昙》卷六，《俱舍》卷二十七，《顺正》卷七十六，《婆沙》卷八十一及一〇二。」（又考《智论》卷廿八，《华严》卷四十四，《十通品》。）

《五眼》——《智论》卷七云：「肉眼所见不遍，慧眼知诸法实相。法眼见是人以何方便，行何法得道。佛眼名一切法现前了知。天眼缘世界及众生无障碍。」（更考《智论》卅九卷下半，四十卷上半）、（又考《智论》卷六十七下半）、（又考无著《金刚论》下卷《初》、（又有十眼考《华钞》卷一六三中）、（五眼考证《华严》卷六）。

（续注二）

三乘果别（辩）

十果：
- 如来地——无上果
- 菩萨地——有上果
- 神通等殊胜功德——殊胜果
- 学无学位如次远离烦恼系——离系果
- 能灭障——障灭果
- 因渐次应知即是后后果摄——随顺果
- 诸无学位——究竟果
- 诸有学位——数习果
- 最初证出世间法——最初果
- 因种性得发心果如是等果展转——后后果

五果：
- 净（障断得永离系。）——离系果
- 增长（现世数修善力合所修善根速得圆满。）——士用果
- 爱乐（先世数修善力，今世于善法深生爱乐。）——等流果
- 异熟力（由彼器增上力合诸善法成上品性。）——增上果
- 器（随顺善法。）——异熟果

五果不同，与有为之

《学记》卷一云：「胜而非果，菩萨智断，果而非胜，罗汉智断，亦胜亦果，佛二果，非胜非果，异生有学。」据此则五果或十果中又可以胜，果四句分别矣。

（注七）《显扬论》

无碍解：
- 法无碍解
- 义无碍解
- 训词无碍解
- 辩才无碍解

《无性》云：「由法无碍解自在了知一切法句，由义无碍解自在，通达一切义理，由辞无碍解自在，分别一切言辞。由辩无碍遍于十方随其所宜，自在辩说。」《义演》卷二十三云：「法无碍解于一切能诠教法而无滞碍，义无碍解于一切所诠教义理而无滞碍，伺无碍解，分别一切言词，即分别一切诸方众生难言说。辩无碍解即四辩七辩能为有情，随法说法。」（考《瑜伽师地论》卷七十一（卷九又《菩萨藏》卷十七云：「义无碍解者谓一切法胜义处智，诸觉智。因智、缘智、和合智、遍随行智、广大缘生智、法性无杂智，安住实际智　（凡三四十智）　……法无碍解者，谓于善不善法，有罪无罪，有漏无漏，生死涅槃等一切法中随能证入法性平等，菩提平等，以如是解心智证入如是八万四千烦恼行门，当知成就心广大智，及随行说智，不增不减智，不过时说智，根器有差别智，立言不虚说智。」）（余二可悉。）《十地品》云：「法无碍智，知诸法自相，又无碍智知诸法差别相，辞无碍智知不坏说法，乐说无碍智，知请法次第不断说。又初知诸法无体性，次知诸法生灭相，三知诸法假名而不断假名法说，四随假名不坏无边法说。」大好。又有多义如《十地论》卷十一说。又考《智论》卷二十五，《涅槃》卷十六，卷十七。

(注八)菩萨地诸语之梵名

菩萨 Bodhisattvoh, (G) Bodhisattva, (S) Bodhisatta, (R)
摩诃萨 Mahāsattrah
菩萨十力 Bodhisattra-lalāni
菩萨十自在 Bodhisattrava'sitaḥ
菩萨四无畏 Bodhisattvanām catsāri vai'sāradyani
菩萨八十八不共法 Aṣṭāda'sāveṇika-bodhisttvo-dharmaḥ
四无碍解 Catasraḥ pratisaṃridaḥ
六神通 Ṣaḍ abhijña, Abhijñña (R) (supernatural talent)
菩萨十地 Da'sa-bhūmi
十到彼岸行 Da'sapāramitāḥ, Pâramitâ (perfection or vitrtne)
四摄事 Catrari Saṃgraha-vastūni
法无碍解 Dharmapratisamrvit
义无碍解 Arthapratisamrvit
词无碍解 Niruktipratisaṃrvit
辩无碍解 Pratibhanapvstisaṃvnt
天眼 Divyaṃcaksuḥ, (Celestial eye)
天耳 Divyaṃ'srotraṃ, (Celestial ear)
他心通 Paroacittsjnānaṃ, (intuitive knowledge of the mind of all beings)
宿命通 Pūrvanivāṣānusmṛtijnānaṃ, (knowledge of all facts of pre-exvotence of one's self and others)
神足通 Ṛddhiridhijñāsnaṃ (The power of assuning any shape or form)
漏尽通 Āsrsvaksayajxānaṃ, (knowlodge of the finality of the steam of life)
双喜地 Pramuditā
现前地 Abhimukhī
离垢地 Vimalā
远行地 Duraṃgamā
发光地 Prabhākarī
不动地 Acalā
慧地 Arcivmatī
善慧地 Sādhumatī
难胜地 Sudurjayā
法云地 Dharmameghā
施波罗蜜 Dānapāramitā (Almsgiving)
戒波罗蜜 'Sītlāparamitā (morality)
忍波罗蜜 Rsāntiparamita, (patisuce)
精进波罗蜜 Vaīrryapāramitā, (Bealar enegy)
禅波罗蜜 Dhyāna pāramitā, (medictation)
慧波罗蜜 Prajñāpāramitā, (wisdom)
方便波罗蜜 Upayapāramitā
愿波罗蜜 Praṇidhānapāramitā
力波罗蜜 Balapāramitā
智波罗蜜 gñānspāramvitā
布施 Dānaṃ
爱语 Priyarāditā
利行 Arthacaryā
同事 Samārārthatā
胜解行地 Adhimukticaryabhūāmiḥ
乾慧地 'Suklavidarhanābhumiḥ
种姓地 Gotrabhūmiḥ
第八地(八□地) Aṣṭamakabhūmiḥ
央见地 Dar'sanabhūmiḥ
薄地 Tanūbhūmiḥ
离欲地 Vitarāgalbhūmiḥ
已办地 Krtāritbhūmiḥ

（续注一）《疏抄》卷四说少异《秘释》，如下：「若佛成道有三十四心，先入见道十六断见惑尽既离欲界惑，直越四禅三无色七地，直至有顶地。有顶地有九品惑须起九无间九解脱断九品惑，九顶二九意总十八心合前成三十四心而得成道，亦是一生。」

（注九）《十地菩萨断所知障义》——《讲》卷三引《疏抄》卷五云：「欲界所知障分作十品十地分断，乃至有顶亦作十品十断，是为九个十品，十个地断断。每地断九个中之一品，有顶障初地亦断，欲界障十地亦断，地地通三界，故地地有九品。此总三界分九个十品，不释约九地分八十一品也。如下表：

	上上 欲	上中 初禅	上下 二禅	中上 三禅	中中 四禅	中下 空无边	下上 识无边	上中 无所有	下下 有顶	
初地	品									
二地		品								
三地			品							
四地				品						
五地					品					
六地						品				
七地							品			
八地								品		
九地									品	
十地										（金刚定）

依上表菩萨生上界还起欲界现行惑，按《疏抄》卷五云：「三界九地所知障通十地障，有障初地入见道心，即入初地时即通断三界九地分别所知障，如三界九地中有一类所知障能障初住心时，入初住心时，即亦通断三界九地俱生所知障，满心亦尔，如初地中入住满三心，乃至十地之心亦然。故十地中，地地入住满心，一一皆通三界九地所知障也。故知欲界中所知障分作十，次（当有依字。）通障十地，即将一地为一品，故欲界所知障能障十地故作十品，乃至有顶地所知障亦分作十品，故不可说初地断欲界所知障，二地断初禅所知障等。何以故？有顶有一类细所知障初地亦断也。」其分品已如上表中说。

（注十）《不退菩萨》——《识述》卷六云：「不退有二，一已得不退，二未得不退。前初地得，后八地得。初地已去证不退，八地以去行不退。初地已去尚有相续趣求所得未能念念转增进。说回心名不退者，即地前位皆名不退，不退起烦恼故。由是不退总有四，一信不退，即十信第六心；二证不退，入地已住；三行不退，八地以上；四烦恼不退，谓无漏道所断烦恼一切圣者，亦说回心不退。以得证净故亦名信不退，然未至彼位。若十住第七心等亦名住不退，即应有五，论直往者唯四。」《疏抄》卷六云：已得不退即证不退。未得不退即行不退。……二乘无学初回心已去，虽未至十信等，其人即唯得名不退菩萨。若至十信第六心时，即得名信不退及烦恼不退。若至十住第七名心已去，名住不退亦名烦恼不退。若至初地已去亦得名证不退及烦恼不退。若至八地已去，亦名行不退及烦恼不退。

若直往菩萨唯有余四，无烦恼不退。」又《佛地论》卷六云：「又有三种菩萨：一，初发心，谓在初地，已入见道。二已修行，谓上六地。三不退转，谓上三地。」

《十地行别》——《识述》卷六云：「《十地》云：初地至六地名少行，第七名大行，八地已去，名广行。前六地一行中修一切行故名少。第七虽亦然以能即空方便智发起有中殊胜行故名大（六？）。前五地中虽合此识合，真俗双行，然极用功方始能起。此第七虽未任运少用功力即能现前，故名大。八地以去，一切行中修一切行，名广。《四（旧？归？）地持》云：胜解行已去名少。初地至六名大，七地以去名广，以见修前一行中修一切行名少。次六地中于一切行中修一切行名大，七地已去，真俗双行名广……初地已前于六波罗密一行中修一行，初地已去于六度一行中修一切行，八地以去一切行中修一切行。七地以前于六摩唯有修一，以一切行而庄严之。八地以去于万行中具修万行，然所修愿力智度渐次胜前非唯修此。」《疏抄》卷六云：「空方便智等者，即菩萨起空根本智观真如时，由根本智上方便起后得智。」《义演》卷六云：「一切修者，谓四无量，四摄，四无畏等。」

《现报及后报利益》——《义演》卷十五云：「顿悟菩萨八地已上方受变易生死身之上而得成佛名现报利益。后报利益者，即第十地菩萨生第四禅中作第四禅中王。此王业即是已先地前在四善根位作此十王业，入初地已去更不造业，即从地前造得十王业已经百生千生至第十地生第四禅方受地前所造王业果各后报。即依此后报身上成佛名后报利益。十王位者，初地作阎浮提王，位当铁轮王，二地作四天王，亦作金轮王，不作银轮铜轮王者，今约一倍一倍胜前故，从铁轮王（天？）即越入金轮王也。菩萨者生四天王，每日一度朝帝释，以是臣故。第三地作忉利天王，第四地作夜摩王，第五都使王，第六化乐王，第七他化王，第八作初禅梵王，若小菩萨及二乘人皆不生大梵王等天，以是破执处故。第十作第四禅王，不作第三禅王者，以是极乐处故。又或有初地作铁轮王，或有异生作第四禅王，（此中有说不作四天王，以是帝释之臣故。又《人王经》说亦作第三禅王。考《十地品》等。）此異生虽作第四禅王所有功德不及地前四善根位菩萨，何况初地？又虽说十地菩萨功德位次合当作十王，未必要受十王位，即一类初地顿悟菩萨智增者，不作铁轮王即生第四禅中下无云福生广果三天托宫为依而受变易生死。乃至顿悟者至第八地不作初禅王，直生第四禅中下三天受变易生死。若二乘有学无学回心向大，至地前不能新造十王业，以诸有学不共无明永断故，不造新业，亦不受十王位也。」

《異生菩萨及圣者菩萨》——《疏抄》卷十二云：「若顿悟直入菩萨初地等名異生菩萨。若不定性先得二乘有学圣果，或得无学圣果后回心入初地名圣者菩萨。答：因为名也。」

《菩萨受变易生》——《义演》卷十五云：「悲增菩萨七地已前即生欲界受分段身，至第八地必生第四禅中下三天中随受一身，托胜身故，方受殊胜变易身。此约决定说，若初地菩萨智增者，初地即生第四禅中下三天中得胜身已受变易身故或有初地二三四五六七地已来生第四禅下三天受变易者，皆依智增说。此诸菩萨受变易已更不向余处实受生。若悲增者，初地必不生第四禅。」

《菩萨与大自在宫》——《识述》卷十四云：「大自在宫者，谓净居上有实净土，即自受用身，初于彼起证，是第十地菩萨宫，出《华严》、《瑜》卷七十八、《瑜》卷七十九、《对法》卷六、《解深密》等。此唯他受用土，十地菩萨报身往彼。然由异熟同一地故。论说为生，据实受变易在上三天处，未得生净土，今往故名生。《瑜》卷四说超过净居天大自在住处，第十地菩萨极熏修故，得生其中。既成佛已，身充法界。又《佛地论》云：此他受用身所居净土，为第十地等说法处，故即色究竟天摄。以极胜处，净居不知，亦不至彼。故经云有妙净土，出过三界。」《成唯识论了义灯》卷十一云：「《十地经论》后报利益摩醯首罗智处生者，据第十地初往而说，第十地满欲受佛位所居之土非必住自在宫处。又菩萨有漏诸现起识犹是有漏属界地故，非离三界有别众生。随生何土约第八识皆属界故。约此而言，十地菩萨由极熏修超五净居生自在宫亦无失。然自在宫非净居摄。《瑜》卷四色界之中十八住处，无想天者，广果天摄，非别处所。既云十八住处，复言无想广果天摄，故自在宫非五净居，不尔，应十七非十八。」《义演》卷十五云：「智处者，菩萨一切智及一切種智之处也……彼天处三藏二解：一云正在净居上，亦属色界有别所处。如《大品经》说。二云即是菩萨净土，住处不定，或在色界净居天上，或东西方等，如说西方极乐世界等，此即他受用土也。以自受用土周遍法界，菩萨不见故。若菩萨于中作佛而即成自受用佛土也。即十地菩萨于他受用土中，而成自受用身佛。故第十地未成佛即在他受用土中，若已成佛即诸根遍于法界是自受用身也……此中言报者，即是異熟果名报身，非是三（王？）身中报身。此第十地先是第四禅中下三天中身，后往大自在天，虽天有别，同是第四禅中一地故……若八地以上顿悟菩萨等于第四禅中下三天中受变易身未得失大自在宫至第十地满方得生大自在宫，今言生者，但往故名生……极熏修者，若不还果即有漏无漏杂修静虑生五净居。今第十地即不作杂修，但由愿力定力智力等极熏修往大自在宫也……此净土亦界系亦不系。如佛变及第十地后得智所变，即是无漏，三界不系。若第十地有漏第八识所变，是有漏，三界系。」《疏抄》卷十二云：「《佛地论》说等者，谓此他受用佛居他受用土为第十地菩萨说法，若论处摄，此他受用土即是色究竟天摄，若论系即不系：知受用佛摩菩萨顶七返动等，于时菩萨即入金刚定，一刹那中顿断三界二障種尽，至第二念既成佛充法界。如《华严十地品》说。」又按《成唯识论记义蕴》卷四，十八天义同《成唯识论了义灯》卷十一。（考《瑜伽师地论》卷五十九，第八。）又《义演》卷廿一云：「菩萨虽得无漏法无我，未满足故，不离变易身，不同如来，如来满足法无我故，不受变易身而证得不思议界无漏法身。」

(附一)《广明十地》——一、《极喜地》，《成唯识论》云：「初获圣性，具证二空，能益自他，生大喜故。」《述》卷十九云：「初断凡性得圣性，即依无漏无分别智等俱行五蕴种子为圣性体異生性体，唯二障種，若此圣性，取三乘初智种正能生现功能名为圣性，依分别二种立異生性。俱生二障種，虽有亦非凡夫。二空简二乘等唯证一空。今从诠说，说如为空，如非空也。预圣之流乐住於道厌出生死。一来受诸有，无量生，不还安住静虑，还生欲界，故菩萨不名此三果，亦不名阿羅汉。」《义演》卷廿三云：「俱行五蕴者但无漏戒名色蕴，俱时身不名色蕴，以有漏故……此地中喜为初二禅及欲界喜，然菩萨人入见道要依第四禅，第四禅唯有捨受。故有释云：捨有二种，一顺益捨，二违损捨，违损捨与忧相应，顺益捨亦假名捨，非实喜也，如第二禅中见下火交，起而生於忧亦假名忧……一来受诸有者，一来果大生唯有一生，小生即有四生。谓两个中有菩萨，不尔。受无量生化有情类。（此恐讹。）……初地以上又名威德菩萨，不生无色界，以非成熟有情处故。」

二、《离垢地》、《成唯识论》云：「具净尸罗远离能起微细毁犯烦恼垢故。」《成唯识论述记》卷十九云：「初地时，已离粗犯戒垢，然此二地能全离故，净尸罗者谓别解别道定共也。」《义演》卷二十三云：「尸罗译清凉，别解脱戒即能离性罪，定道共戒能离贪等烦恼，若第八地无相观恒相续，又无间断。」《仁王经》云：「第七地得罗汉果者，分段后边，假名罗汉。」

种种言说所说相名为无相。又前三地相同世间，次三地相同二乘……第七地入无相观时，即无相恒相续，若出观时还起有相及即不能如是。」《义演》卷二十三云：「前五地有相观多，无相观小（少？），第六有相观少，无相多，第七纯无相观，观真如中无有所治细相现行障，执有生灭流转还灭相故。未能空中起有胜行，今此地中远离彼障亦能空中起有胜行，能治彼障，二乘世间功用。

七、《远行地》，《成唯识论》云：「至无相住功用后边，出过世间二乘道故。」《述》卷十九云：「前六地中虽有缘起，染净无二，犹功用。第六地中虽观缘起支等无染净相，然于观心上还有无染净相现。若第七地无无染净相，故有差别。」

六、《现前地》，《成唯识论》云：「住缘起智，引无分别最胜般若令现前故。」《述》卷十九云：「观十二诸缘起支，有最胜智，观无染净令现前故。名无分别。七地成有，八地成无。」《义演》卷二十三云：「第七地虽是无相而有功用，第八地中虽是无相而无真如。」（按《成唯识论述记》云：前四地观二谛境有差别，此观彼境更无差别，令俗真智既不相乖名相应也。）

五、《极难胜地》，《成唯识论》云：「真俗两智，行相互违，合令相应，极难胜故。」《述》卷十八云：「以前不如名极难胜。非望后。」《义演》卷二十三云：「释相应有二解：一，约智辨相应，谓于真观为俗令境相入。意说一念中起根本智正观真时即起后得智於此真上而能观俗。后得正缘俗时同念，即起根本能观真，但以真俗不相离，非谓真即俗也。二，约境辨相应，谓起根本观真时即起后得于真上而观于俗，以俗不离真故。若以后得观俗时，起正智观真，真不離俗故，故二谛无差别。故五地真如名无差别是慧之燄故名慧也。」

四、《焰慧地》，《成唯识论》云：「安住最腾菩提分法，烧烦恼薪，慧焰增故。」《述》卷十九云：「既除第六识等中俱生边见等摄非谓一切。」《义演》卷二十三云：「此但断所知障，不断烦恼，云断烦恼障即伏令不起名之为断……与二见邻近俱起贪痴慢等亦伏不起。若贪痴等由二见势力所引起者即第五地中伏，若贪痴慢独头起者即第六七地中伏。然此地中亦伏八大随惑而不伏小随。三十七菩提分法中四念处，五根中慧根，五力中慧力，七觉支中取择法觉支，八正道中取正见。此八皆慧，余二九总名燄，

三、《发光地》，《成唯识论》云：「成就胜定大法总持，能发无边妙慧光故。」《成唯识论述记》注（下文《述》均与此同。）卷十九云：「定谓三摩地，三摩钵底。无性云：静虑名等持，无色名等至或等持者心一境故，言等至者正受现前故。陀羅尼此名总持，总持有四：法、义、咒、能得忍，今此地无忘彼法名大法之总持。总持以念慧为性，谓以闻思修三慧照了大乘法故因得定断障。闻思转胜，非由定力亲能起二。」《义演》卷二十三云：「离沉掉持心一境故名等持，於定中正受定境现在前名等至。此据增胜现说不尽理……以小文句请佛加持能除定障名咒，以文句讚佛等所有功德於菩萨道速得不退名能得忍……妙慧光者即闻思慧也。」

而立定道共戒也……初地菩萨必不犯性罪，少分犯遮罪，不同初二果人犹有妻孥故。有云初地犹实有妻孥。未见文。设有皆是示现。」

或云：据防性罪遮罪三戒障立别解脱，据防性罪身语七支立定道共戒。若依此诸根本即性罪，此解有理。不依遮罪加行后起即有戒，心无即无戒。若不在定即无功用而能防非。今此别解脱戒一切时能除防性罪遮罪加行，后起根本，立别解脱防非故。依别解脱戒说，以能离三戒障故（如持刀名「加行」）殺生以后罪增名「后得」，正殺时名「根本」。）其定道共戒名随心转戒心有得定增上然十地中皆得定故，若望定共戒即此二地满，定障亦除，然第三地中断定障名发光地者掳定增上说。或今第二地唯犯戒贪等烦恼。性罪者但制不制皆结罪，如杀等十不善业，若制有犯，不制无犯名遮罪，如制不得妇人同道行等。虽第三地中

八、《不动地》，《成唯识论》云：「无分别智任运相续，相用烦恼不能动故。」《述》卷十九云：「相者有相，用者功用。第七地不自在任运而转有加行故，犹有烦恼。此任运而转不依加行，无功用故，亦无烦恼。」《成唯识论掌中枢要》卷四云：「八地以上菩萨不生欲界，何不名不还，顿悟菩萨还于欲界利生故不名不还。」《十地论》卷十云：「得无生法忍。有四种无生忍，谓事无生，自性无生，数差别无生，作业差别无生。」又《佛地论》卷六云：「八地以上得无生法忍亦受用和合一味事智（四智）。」

九、《善慧地》《成唯识论》云：「成就微妙四无碍，能遍十方善说法故。」世亲云：「此慧妙善可名善慧。」无性云：「智即是慧，得最胜无碍解，于诸智中最胜故名善慧。」

十、《法云地》，《成唯识论》云：「大法智云含众德水，荫蔽一切，如空粗重，充满法身故。」《述》卷十九云：「无性云：由得总缘一切法智，总缘一切契经等法，不离真如，此一切法共相境智犹如大云，陀罗尼门，三摩地门，犹如净水，智能藏彼，如云含水，有能生彼胜功能故。又如大云覆隐虚空。如是法智。覆隐如空广无边惑智二障覆隐者隔断义。又如大云澍清净水充满虚空，如是法智，出生无量殊胜功德，充满所证所依法身故。」（以上十地，更考《十地论义记》卷六至卷二十四末，然此二十四卷中仅明三地，自第四地至第十地，当更考《十地论》卷六至十二。）

李师政《法门名义集》大乘四果向：…须向地前三贤菩萨是，来向须果初地，须果斯向二至五地，斯向斯果六地，斯果阿向七地，阿果八地，罗汉向九，罗汉果十地，佛是大乘阿罗汉，不知何所据。

三十二丈夫相——顶上肉髻，发右旋，额广平，眉间白毫，眼色绀青，睫如牛王，四十齿，齿齐平，齿无隙，齿白净，咽中津液得味中上味，颔如狮子，舌广薄，声如梵王，肩善圆满，七处平满，两腋满相，皮肤细滑金色，正立不屈，二手过膝，上身如狮子，身相圆满如诸瞿陀，身毛右旋（或青色，柔软），毛上靡，阴藏如马王，腿美圆，足不露踝，手足柔软，手足缦纲，指纤长，手足具千辐轮相，足下安平，足跟广长，腨如鹿王。（考《涅槃》卷二十九初。）

八十随好——爪如赤铜色，指甲阔滑，指甲高起，指长纤圆，诸指丰满，诸指渐细，筋脉不露，筋脉盘结不现，踝不现，足无不平，威仪如狮子，进止如象王，行步如鹅王，行步如牛王，回顾右旋，行相美妙，行不歪邪，手足圆满，身支光悦，身分相称，身清洁，身柔软，身清净，隐处圆满，身润泽，行步安平，身色嫩软，身无退屈，身丰满，身支坚实，支节均平，两目明净，腹圆，腹光泽，腹不偏曲，腹圆满，脐深，脐右旋，见者生喜，行事洁净，身无痣点，手软如棉，手纹润泽，手纹理深，手纹长，面不长大，面如满月，舌柔软，舌广薄，舌色红，具象声雷音，音韵和畅，牙圆，牙快利，牙白，牙平正，牙渐细，鼻高修直，鼻净，目清净，目广，睫稠密，眼青白分明如青莲花叶，眉如初月，两眉细软，眉毛平齐，眉毛润，耳厚广修长，耳齐平，耳根平均，额广圆满，额宽平正，头顶圆满，发绀青如黑蜂，发稠密，发细软，发不乱，发润泽，发香洁，手足吉祥，德相妙好具足，犹如树文。（上二皆据《梵汉辞典》，而八十随好中有八十一种，该书附记云：「今の文の第八十一は第八十に摂すべまなソ然らずりば总计八十种ぬにれして八十一种ぬとはらり。」）（考《涅槃》卷二十四末。）（考《华严》卷四十八及《疏抄》卷四十八之二）

（考《华钞》卷五三（之?）二初

（考《大经》卷三八○卷末至卷三八一中（考《唯识详究》卷中之《究竟位》及《菩萨藏经》卷十六）

如来诸相

（注一）（注二）

十八不共佛法（《俱舍》卷二十七云：十力、四无畏、三念住及大悲名十八不共法。）

- 一切意业、一切语业——如身业说。
- 一切身业智为导首随智而行。
- 于现在世无着无碍智。
- 于未来世无着无碍智。
- 于过去世无着无碍智。
- 慧无退，解脱智见无退。
- 念无退，等持无退。
- 欲无退，正勤无退。
- 无不择已舍——究竟不舍有情事
- 无种种想——大悲所摄
- 无卒暴音、无不定心、无误失业、无忘失念——此四是无忘失念及拔除习气所摄。（《瑜伽师地论》卷七十九。）

——一切种妙智所摄。（考《智论》卷二十六。）

四无畏（考《智论》卷二十五）

- 说出离道定出离、说障碍法必为障——依利他德（按《大般若经》于此下下亦说四无碍智，如《智论》卷二十四说。）
- 诸漏尽、正等觉——依自利德（按《华钞》六三一卷云：菩萨有十无畏。）

（基《无垢称疏》卷四各以五门解十力、四无畏、十八不共法。应考。又《法华玄赞》卷三亦然。）

十力（考《智论》卷二十四颇要）

- 漏尽智力。
- 生死智力。
- 宿住随念智力——一切相前际趣差别中无碍智性。
- 遍趣行智力——一切相乘出离差别中无碍智性。
- 种种界智力。
- 种种胜解智力。
- 根上下智力。
- 静虑解脱等持等至智力。
- 自业智力——于一切相各别处所相续所起业及得报中无碍诸心心法。
- 处非处智力——于一切相因果中能如实问记无碍智性及彼相应等持诸心心法。

四清净——依止、境界、心、智四一切相清净（《瑜伽师地论》卷四十九作所依、所缘……）

佛名号——如来、应供、正遍知、明行足、善逝、世间解、无上士、调御丈夫、天人师、佛、世尊、觉者、有德、法王、导师、一切知者、功德藏、人中最上、悉达(义成)、瞿昙(纯淑)、无我相、无取、离爱、吉祥、得清凉、清净、主、释迦牟尼(释十号考《涅槃》卷十七末，卷十八初。)

调御十身——十身者，《资鉴》云：「无着、弘愿、业报、住持、涅槃、净法、真心、三昧、道性、如意。」(考后。)

如来三不能——《景灯》卷四云：「元珪禅师谓岳神曰：佛能空一切相成万法智而不能即灭「定业」，佛能知群有性穷亿劫事，而不能化导无缘，佛能度无量有情而不能尽众生界，是谓三不能。」

《显扬论》增上力

- 诸念住——摄化徒众增上故。
- 诸不护——所摄众无偏觉增上故。
- 无畏——摧伏一切他论增上故。
- 诸力——一切问记增上故。
- 四清净——三障(所依障、所缘障、心智障)清净增上故。
- 诸相好——他信增上故。
- 一切种妙智——或(成？)诸如来所作事增上故。
- 诸不共佛法——超过声闻、独觉增上故。
- 大悲——日夜六反观察世间增上故。
- 无忘失法——于所应化不过时增上故。
- 永拔习气——即显现一切智者所作增上故。

如来大悲因缘——依止一切种妙善清净转依所作成就故，长时修习所得故，妙善清净智所引故，缘极深固种种坚牢一切相共(苦？)境界故。(《智论》卷二十云：「如《网明菩萨经》中说：大悲是一切诸佛菩萨功德之根本。是般若波罗蜜之母，诸佛之祖母。菩萨以大悲心故，得般若波罗蜜。得般若波罗蜜故得作佛。」)(更考《智论》卷二十七初。)

三念住——摄受所化众时于三种徒众行差别中住最胜舍不爱不恚不染心性(《瑜伽师地论》卷五十云：三众者一向正行，一向邪行，一向一分正邪行。)按《对法论》卷十四云：三念住者，如来说法□(以上诸相，《显扬论》列于功德中，《瑜伽师地论》卷四十九—五十云：「一百四十不共佛法，谓三十二相、八十好、十力、四清净、四无畏、三不护、三念住大悲、无忘失法永害习气，一切种妙智，而《显扬论》论则以后四摄十八不共佛法，详略有异也。据《瑜伽师地论》卷七十九说：十八不共佛法，□对阿罗汉之游戏人间作种种骇异听闻之举动等而说者。)

三不护——身业妙善清净不护，语业妙善清净不护，意业妙善清净不护。

(按《智论》二十六卷云：「十力、四无畏、四无碍智、声闻、辟友佛有分，于此十八无分，故曰不共。)若有一分信受，一分不信受，亦不喜欢及不恚恨。于信受奉行，于彼心不喜欢，若弟子不听受亦不恚恨。

(注一)如来诸相之梵名

觉者 Buddhsḥ, Buddha Jib. Sangs Rgyas
(Awokensh one), (H.)

有德 Bhagar ān, Bhagarât (bleased one)

如来 Jath āgatah, Jathâgata　　应供 Arhan

正遍知 Samyaksaṃbuddhaḥ

明行足 Vidgācmaṇasaṃpamnaḥ

善逝 Sugataḥ, Sugata (happy one)

世间解 Lokavit　　无上士 Anuttarah

调御丈夫 Puruṣadamŷasārâthth

天人师 'Sāsta, Satthâ (p) Shastar (s) (teacher)

佛(胜者) Jinaḥ, gina (conguerор)

世尊 Lokajyesthaḥ, Loka-nâtha (Lord of the world)

法王 Dharmasr ōmi, Dhanmaraja
(King of the tvuth)　　导师 Nāyakoḥ

一切知者 Sarrajñah, Sarvajña (ommicient one)

功德海 Gwṇasajarsh　　人中最上 Narottamaḥ

悉达 Siddhāthah, Siddhârtha
(Hewho has reached his goal.)

乔答摩 Gautamaḥ, Gautama

无我相 Nirmamah　　大圆境智 Ādar'syajñaṃ

无取 Niradapah　　平等性智 Samatãnān aṃ

离爱 Vitaṭṣranaḥ　　成所作智 Katysangthajuanam

吉祥 Sivaṃkaraḥ

妙观察智 Pratysarksansjñanam

得清凉 'Sītibhūtaḥ　　清净 'Suciḥ　　主 Prabdaḥ

释迦牟尼 Shâkyamuni (S.) Sakyamuni (R)
(Shâkyasage)

法身 Dharmakāyaḥ, Dharmâkaya
(The body of law)

报身 Sambhogakāyah, Sambhôgaksya
(The body of bliss)

化身 Nirmānakāyaḥ, Nirmâkaya
(The body of trasformation)

（以上）三身

如来十力 Da'sa tathāgata-lālāni

如来四无畏 Catrāri tath āgatasyavai'saradyāmo

十八不共佛法 Astāda'sārenika Budshadharmāḥ

三不共念住 Trīny āeṇikāni
Smatyapauthāna:

四不护 Cart āryārakyani

三十二相 Dvātrim'sanṃahāpuruṣa-lakṣarāni (大丈夫相)

八十随好 A'sīty anuryañjanani

普光佛地 Samantaprobhā buddhsbhūmiḥ

《五种解说》

(考，38注7，50广舍)

《□抄》卷六云：「1、佛果第八现行识，恒转此流，亦有前少分，有前水为喻，然无漂水下上等事。——《恒转》——

2、因位第八识及所缘之境，佛皆知之，即是可知，望余异生不知故，即不可知。——《可知》——

3、因中第八与舍受俱即是异熟报主，若佛果位舍受，非异熟报主。——《舍非报主》——

4、凡夫一念不能缘过未，佛果上一念之中欲能缘未来，念能缘过去。因位中第。识虽一念、一时不能缘过未，唯缘现在，若因中第六能少分缘过未，不得多时。若佛果位，一刹那时，八识皆缘三世。故大乘中说，六通十力于一刹那中即得并起。——《缘三世》——

5、《镜智》——镜智不可动摇，平等性智有间断名动摇。又镜智唯是舍受，余三智或喜乐俱。」《识述》卷六云：「此智或说通四无色，色界六地游观无漏通此地故。起现行者，唯第四定，多依天？住故此智，多分起大悲故。大悲唯在第四静虑，此为功德本。……虽色无色皆有此智修彼种增必不现起，如六类边所有等智不易脱故，无动摇故。设通十地无漏地有于理无妨，此唯游观，于理无违。」又《疏抄》卷六云：「色界六地者，四根本禅及中间禅，初禅未至，不取余上未至者，无无漏道，不能断惑故。……色无色皆有此知至所有等智者，若在因位十地，即修彼种增。若在佛果位，不能修种增。余九地虽有余不能生，唯现行第四禅根本地能生，如小乘之类边智。（苦类、集类、灭类三，以在后边名之为边。）」《义演》卷六云：「此智无漏种子十地皆得增明至后时现行。唯依第四禅，多依天住故。……镜智种在余地毕竟不生现行，如三类智。等者，等世俗智。」《成唯识论学记》卷三云：「基云：有流道四无色，色界六地，游观通此地故。起现行者，唯第四定。（此解不然，余地种子，应非佛性，应无用故。）有说通下六定，唯遍缘，非无色故。有说唯是第四定有，余地总无。（圆）测存最后。老和尚云：测解为胜。」《成唯识论了义灯》卷七云：「西明《要集》取第三说不同见道，见道后起故可得增，佛果不增，今谓不尔。本疏不云佛果更增故，诸地有如见无漏，虽遍五地大乘唯依第四定，后亦不重起，余无漏镜智亦尔，在无间道但令彼增，佛位不起故第一胜。」

《三业化》——《述》卷十云：「身化有三：一现神通化；二现受生化；三现业果化。语化亦三：一庆慰语化；二方便语化；三辩扬语化。意化四：一决择意化，二造作意化，三发起意化，四领受意化。」《成唯识论演秘》卷八云：「如来示现种种工巧等处摧伏诸伎傲慢众生，以是善方便力引诸众生令入圣教成就解脱。」如《佛地论》卷六广解。又《识述》卷十云：《佛地经》说：现业果化现根心等。然《瑜》说根、心、心所、业果不可化。依二乘等说，在佛通能化。」又《述》卷廿云：「又化色根心心所法，无根等用，故不说之。」又《佛地论》卷七（六？）云：「身化有三：一自身相应，谓化自身为轮王等；二他身相应，谓化魔为佛等；三非身相应，谓现大地为七宝等语。化亦三应知，心化唯二，无后一。」

《四住》——《疏抄》卷九云：「一、佛于天住之中多依第四定。二、梵住之中多住大悲心，梵住者修四无量心故，后得生初禅第三天作大梵天王。梵天中住故名梵住。佛住之中多住十力，为降天魔故。佛住者即一百三十不共法。四于圣住之中多住空三昧，能对治烦恼魔故。圣住者即空无相无愿解脱，皆通三乘得，然此中皆约自受用佛身作，不约化身。」

《三身始终别》——《疏抄》卷十一云：「法身本来先有，无始无终，今约初成自佛时断障所显得法身，是有始无终。若自受用身成佛时，即是有始无终。此不约无漏种子说始终，不约身故，若无漏种子，亦是无始无终。若他受用及化身，是有始有终。」（此须更参考他书。以原书多讹脱故。）

《三化身义》——《疏抄》卷十二云：「化佛总有三：一往余趣作鹿王身等；二即丈六化佛，即一四天下唯一丈六化佛，此小化佛即化二乘人及异生等，及化地前资粮位菩萨，欲入暖位菩萨等；三者大化佛，即一三千界，唯有一大化佛，此大化佛唯化地前加行位中暖顶忍世第一法菩萨乃至欲入见道时，亦见此大化佛。出见道时不见此大化佛教化，此即是他受用佛。此他受用佛为地上菩萨唯说一切法如幻如化。」

《诸相决择》——《疏抄》卷十六云：「十力，四无畏皆是后得智，根本智上无。为魔王故起十力。为伏外道起四无畏。佛十力中自有一切智，谓明十力中言谓一切智，无净（诤？）智、清净智、离增上智。若一切种妙智即摄得根本智。后得智，若余处言，一切智即是缘理智，一切种智即缘事智。……若小乘说，相好皆共功德摄。以相好转王亦有也。……四清净者，一所依谓佛身六根；二所缘谓净所变净土，及五尘等；三心谓定；四智谓诸慧。是四一切清净。一切如来受肉身智别。」

《如来差别》——《别抄》卷十云：「如来一切功德平等平等，唯除四事：一者寿量；二者名号；三者族姓；四者身相。一切如来于此四位有增有减，非余功德。」《佛地》卷二亦云。（按《大经》五六卷左右又有六身，可考。又五六八四卷亦可考。）

《佛身诸说》——《义林》卷十三云：「诸经论中『或总名一』佛宝，觉性、觉相、觉用三种，同觉满故合名为佛。《涅槃经》等唯说三宝真体同故说一法身。『或说为二』：《宝性》卷四云：有二种法身，一寂静法界身；二得彼因身（法身因故亦名法身，即余二身所起作用。）《佛地》又说：一生身，二法身，自性实报皆名法身。余二名生身。又说，一、世俗佛即变化身；二、胜义佛即

（□法藏（智？）《法身佛》。）（按《大经》五六○卷左右又有六身，可考。又《瑜》五六八□卷初亦可考。）

法报身。天亲《般若论》说：一真佛；二非真佛。初是法身，后余二身。《瑜伽师地论》卷七十八等亦说一法身，二、解脱身。『或说为三』：《金光明》说：一化身；二应身；三法身。《佛地经》等亦说三身，皆有多复次，说三所由。无著《金刚般若论》说有三种身，一言说法身即般若教；二智相至得法身即菩提智；三福相至得法身，除智余施等果余定余善。此三住处即无相理真如法身。前因果身俱依此身方能证得。虽彼亦说色身住处化身之体，经言不应以相具足得见如来遮破色身，非佛真体，故此不说，不遮法报，故说有三。《胜曼》说如来色身等即化佛。如来色无尽等即受用佛。一切法常住即法佛。《法华》云：出释氏宫是化身，成佛以来实无量劫是报身，如实知见三界之相是法身，与彼说同。『或说四身』：《楞伽》说一应化佛；二功德佛；三智慧佛；四如如佛。初是化身，次二受用身，福慧异故分成二种，后是法身。《金光明》亦说四：一、有化身非应身；二、有应身非化身；三、亦应亦化；四、非应非化身，是佛法身。观此经文前三是化，后是法身及自受用，他受用身。第二句摄。《佛地论》亦说四：一受用非变化，二变化非受用，三俱、四俱非谓自性身。『或说十』：《华严》云：一、无著佛《佛地论》卷三云、现等觉佛；二愿佛，《地》云：弘誓愿佛；三业报佛，彼云业异熟佛；四持佛，彼云住持佛；五涅槃佛，彼名变化佛；六法界佛；七心佛；八三昧佛，彼名定佛；九性佛，彼名本性佛；十如意佛，彼云随乐佛。前五世俗，后五胜义。前五变化身摄，后五中法界本性，法身所摄。余三受用，于变化中现成正觉示灭立初及第五，示修正行及发助愿而得胜果立第二第三，灭后形像舍利立第四。于法身中功德法本及三身本性分成法界及本性佛。自受用身异世间识及起功德分成心佛及与定佛。他受用身名随乐佛。又《大般若》卷五六八说十身：一平等身；二清净身；三无尽身；四善修身；五法性身；六离寻伺身；七不思议身；八寂静身；九虚空身；十妙智身。如是十身。（色？）如次配十地。今此十种皆法身摄，随其十地能证德异说故。理实菩萨报身亦有十，应物化身亦十。德用既异名亦应别故。十地之称即报身名……至若『三身形量』法身无边，犹如虚空遍一切处，不可说其形量大小，就相而言如空无际，自受用身，有色非色，非色无形不可说其形量大小，随身及境亦得说遍一切处。有色诸法，大劫修因得胜根境，一一相好周遍法界，不同生死业有分限所感身形有小有大。他受用身为诸菩萨现种种身言音相好，形量不定，其变化身，化地前众资粮加行二住见别，随众所宜，形量不定。」余门如《唯识》中及《十地经》、《无垢称经》、《摄论》……说。（考《究竟位》）（考《瑜论》卷七十八注三。）（《华手》卷十二云：「若有众生欲见佛形色，即见种种身，不能取定相见佛变化身，种种称赞，为大错。真佛身相，不可思议。」颇可玩索。）

《佛土》——《义林》卷十四云：「《佛地论》卷七云：二佛身，故土亦二，生身土通净秽，法身土唯清净。或身有二：一实二权。实即法身，权即生身。土随亦二。《佛地经》说佛身三，土亦三：一法性土，二受用土。此二唯净。三变化土通净秽。《唯识》说如《究竟位》说。又《大般若》卷五六八说十身皆唯法身，是故真如随于胜德亦成十土，谓遍行土、最胜土等。诸教说土种种不同，差别不过三四……『亦因行者』，总而言之，净因者，一者由善根，二由大愿，若不修善根，佛土无因。不发大愿，佛土无缘。不尔，便无见佛闻法生佛土义。然佛四土胜因各别，谓法性土，唯以二空无分别智为其因缘。自受用土唯以自利后所得智为其因缘。他受用土唯以利他后所得智为其因缘。若约菩萨初地已往证会法性名生。自受用土，十地不生，知而不证。他受用土，十地菩萨后得智为因因，无分别智，加行智为助因。若变化土，地前凡夫以加行智。二乘以后得智为正因缘。然上皆说正因缘，

《事觉妙觉之分》——考《华严疏抄》卷四十初。

故。第四除小善生足障等。四秘密中初为怖断障，二为愚痴执障，三为除八障，四为除显语障。」懈怠障，第三治轻治障。《摄》卷五又有说，若已逢事尔所殑伽河沙等佛于大乘法方能解义以证相大乘与教相大乘甚有差别秘密者，谓经所说隐密名言。」《述》卷十云：「意趣即为教初发心者。发心已为令入道名为秘密。初意趣治轻佛障。第二治谓于三自性说一切法皆无自性无生无灭。对治秘密者谓为调伏诸过失者，宣说种种密教，如为对治八种障故说最上乘。转变严，为慢行者称赞诸佛等。『四秘密者』，一令入秘密，谓于声闻乘说色等诸法皆有自性，为令无怖畏渐入圣教故。二相秘密，言，不可如文便取义故。四、众生意乐意趣者，谓于一善根者或时称赞令勤修，或时呰毁令上进。为贪行者称赞佛生富乐庄别故。二、别时意趣，如说若有愿生净土皆得往生等。如是等言，意在别时故。三、别义意趣者，如说一切法皆无自性，如是等

《如来说法意趣秘密》——《对法论》卷十二云：「『四意趣者』，谓一、平等意趣，如说我于尔时曾名胜观如来应、正等觉，与彼法身无差

通境。声闻但以二千世界诸有情。独觉但以三千世界为神通境。」余义如《章》及《十地品》、《瑜》廿五卷、廿七卷等说。萨于诸有情及彼方便诸利益事皆如实知无不能作。二大乘于一切神通威力品类皆悉成就。三大乘以一切世界一切有情为神行，已修行者令得得果，故名三轮。轮者摧伏义，摧伏他身邪见等故。『三乘起别者』三乘皆起三神变。然有共不共，一诸佛菩说，知彼所化于漏尽得离增上慢。或说五，或即令离欲示现教导赞励庆喜。『释总名』者今说摧未信者令生净信，已信者令修遮止、开许、谏诲、呵摈、广慰。」又《义林》卷十二云：「教诫相者，谓能实知，烦恼尽得若自若他于诸漏尽已得未得乃至广记一；以一记多心。五诸佛菩萨记诸有情诸根胜劣种种胜解种种界行随应安处菩萨行中。后『教诫轮相』者，或说有五，所谓他。）次『记心轮相』者有五差别，一记有缠有随眠离缠随眠心。二记有染邪愿无染正愿心。三记欲色无色五趣等心。四以一施忆念、能施安乐，放大光明。能化有三，谓化为身（化自化身，似他自身或一或多。）或化为境，或化为语（妙音粗音系属自能变有十八，谓振动、炽然、流布、示现、转变、往来、卷、舒、众像入身，同类往趣、显、隐、所作自在、制他神通、能施辩才、能

《三轮》——《对述》卷一云：「初『神变轮』相有二：一能变；二能化，能转所余有自性物成余物名为能变。随欲化为曾未有事名能化。

故。」按基云：随心净是也。《地论记》卷十四云：「证会名入，能入实智是净土因。」

（基《无垢疏》卷六，八门分别佛土，应考）（考《佛地》卷一净土十八圆满）

即净土处。化土必随三界处所任物化生即便现故。以所化必有第八识在。第八识在必是三界摄，何得出界，言超者，随所化三界处即三界处。若他受用土或在色界净居天上或西方等处所不定欲令众生起胜欣心别指处所。同《佛地》一说。随心净处，示现。二解任情。……『亦处所者』，古人以为，三界之外别有净土。理必不尔。自受用土，周遍法界无处不有。不可说言离父母、子、魔，若非化身，宁有此事。故《观经》九品生中有阿罗汉须陀洹等。若依前释、父母王国九品生中阿罗汉是他受用身佛身量毫相如五须弥，非他受用，何容乃尔。二云：西方通于报化二土。报土文证如上，化土证者。《鼓音王经》说弥陀佛有菩萨方得生故。如是十念为因后方渐生，非由十念死后即生。为除懈怠不修善者，令其念佛说十念因生净土故。文说阿弥陀《观经》所说诸观及孝养父母乃至十念为净土因者，此有二义：一云：准《摄大乘》，西方乃他受用土，经自言阿鞞跋致不退若兼助因缘，随应理土以事行及愿为缘助得。若事土以理行及愿为缘助，生有漏净土以无漏为助，无漏土以有漏为助至若

（注八）（考《瑜伽师地论》卷七十四《所转得》之《所显得》。）

（注六）

（注五）

（注四）

（注二）

（注一）

有余依涅槃《瑜伽师地论》卷五十

- 罗汉比丘诸漏永尽住有余依地相应别
  - 非相应非不相应——与所余依。
  - 全不相应——流转依，障碍依。
  - 不共相应——与六摄受事。
  - 苦相应——与后边依苦相应。
- 余依（《金疏》卷七）
  - 假实余——应化假故。
  - 道谛余、灭谛余、集谛余、苦谛余——当有所断，如次苦灭道集即无作四谛，望不定姓有余不了，当可修断等，非望定姓。《胜鬘》云：有余生不尽，当有生有余，梵行不成故，事不纯，不究竟故，当有所作，不度彼故，
  - 不善业余——无学之人不善业尽，余善无记业在。
  - 因果余——惑因已尽，苦果未亡，有余苦依《成唯识》云：无余依涅槃谓即真如，出生死苦烦恼既尽，余依亦灭。
- 依设施安立
  - 后边依——阿罗汉相续诸蕴。由依此故说诸罗汉任持最后身。
  - 适悦依——依静虑等至乐。
  - 苦恼依——一切欲界皆名苦恼，由依此故令诸有情领受忧苦。
  - 障碍依——天魔随有彼彼修善法处即往其前为作障碍。
  - 流转依——依四识住及十二缘起，即色趣识住乃至行趣识住，及无明缘行乃至生缘老死、依此故有情于五趣生死流转。
  - 住持依——依四食
  - 摄受依——七摄受事谓自己、父、母、妻子、奴婢、作使僮仆、朋友、眷属，依此了知诸有情类，有所摄受。
  - 施设依——五取蕴由依此故施设我及命者等诸想，假用言说及依此故施设名字苦乐寿量等诸想，假用言说。
- 寂静设施安立
  - 舍寂静
  - 不损有情寂静
  - 烦恼寂静
  - 苦寂静
- 地设施安立——除无心，修所成，声闻，独觉，菩萨地一分□无余全分所余诸地名有余依。《论释》云：「此地即是二乘无学身中有无漏诸法总为自性如来，虽无真实身心有漏余依而有变化似有漏依，故就化相亦得说名有余依地。」

(注三)无余依涅槃(注七)《瑜伽师地论》卷五十

地施设安立——先所除五地一分，谓无心地，修所成等。《论释》云：「于此地中唯有清净真如所显甚深功德，离诸分别，绝诸戏论，不可说为蕴界处人天等，若即若离，若有若无，所有名相，皆是假说有义。」又《本论》卷九十二云：「说一切余依都无所有，不住此身，不住余身，不住中有，证得一切众苦边际，当知是无余依涅槃界。」

寂灭施设安立

- 寂静寂灭
  - 数教寂静——数等教也，是言教也。(《圆测疏》)
  - 一切依寂静
  - 依依苦寂静——依前八依所生众苦。(《圆测疏》)
  - 依依(苦？)生疑虑寂静

由无下劣心，能忍受勤苦，彼所趣解脱，譬如灯尽灭。又《瑜伽师地论》卷八十六云：「由三种相诸行灭故，说无余依：先所生起诸行灭，自性灭坏诸行灭，一切烦恼永离系。」

- 无损恼寂灭——谓与一切依不相应，违背一切烦恼诸苦流转生死，转依所显真无漏界。如说比丘永寂灭名真安乐住。又如说实有无生无起无作无为无等生起。亦有有生有起有作有为有等生起，若当无有无生无起无作无为无等无(生？)起，我终不说有生有起有作有为有等生起有永出离。由实有无生无起无等生起，是故我说有生有起有等生起有永出离。有非有不可说，即色离色，乃至即离识亦不不可说。所以者何？由此清净真如所显一向无垢。

寂灭异门安立——灭谛异名中说。

《涅槃等》

(注一)《枢要》卷一云：「大般涅槃三事圆满，三事有二：一、体三名三事；二、义三名三事。能观智慧，所观法身，离系择灭名体三事。一真如上慧性名般若，德作名法身，离缚名解脱。名义三事。」《学记》卷一云：「如来一切有为功德，有余摄，无为功德无余摄，然唯无住性常圆寂，具体三事名大涅槃。」(注二)按《瑜》六十八卷云：「何等法灭故名灭谛？有二种：一、烦恼灭——得有余依灭谛；二、依灭——得无余依灭谛。」

[《地论义记》卷十云：「般若法身解脱，如次对烦恼，生、业，三说。」]

又《瑜伽师地论》卷九十三云：「于缘起如理思惟，由能分别堕自相续触所生起诸受分位差别性故，便能悟入最极微细识无常性，安住毕竟二涅槃界。」

《四涅槃与二涅槃……》《涅槃非真解脱》

《疏抄》卷一云：「若尽烦恼障故得有余涅槃，身智尽处显无余涅槃，不住生死涅槃，即名无住涅槃。此二涅槃即是择灭摄故。二乘住是二涅槃中又是假故，不住菩萨无住涅槃。《维摩经》云：非凡夫行非二乘行是菩萨行，即是无住涅槃。……疏中既简十地菩萨所得涅槃非真解脱，二乘有余无余，二乘涅槃是假择灭解脱非真。今取佛果有四种涅槃中取何等涅槃以为真解脱？答：佛果上有余无余涅槃者亦是择灭。即同二乘解脱非真。若取自性清净涅槃，凡夫二乘菩萨皆悉得自性清净涅槃。应二乘等亦得真解脱，若取无住涅槃为真解脱者，准下第十论一师云：断所知障亦得择灭，即四涅槃中初一即真如后三皆择灭，即无住涅槃亦是假解脱也。若言四涅槃皆非真解脱者，何故次疏云：二所障体，即四智品及四涅槃？思之。」《义义》卷一云：「假体择灭者，意云择者智也，灭者烦恼也，由智灭却烦恼，名为择灭。所以有无除择灭等名并是假也。以随所建立多依小乘断八十一品烦恼得八十一品无为，故知约能诠名目说是假也。」

(注三)《瑜伽师地论》卷七十七云：「有二种受无余永灭：一者所依粗重受；二者彼果境界受。所依粗重受有四：有色所依受，无

无余依所灭受等

色所依受，果已成满粗重受，果未成满粗重受。果已成满者谓现在果。果未成满者谓未来果。彼果境界受亦有四：依持受，资具受，受用受，顾恋受。于有余依涅槃界中果未成满受一切已灭。领彼对治明触生受领受共有，或复彼果已成满受有二种受。又一切已灭唯现领受明触生受，于无余依界中此亦永灭，是故说无余依涅槃界中一切诸受无余永灭」。又《瑜伽师地论》卷八十云：「说于无余依界涅槃者所有无漏界非异非不异而得自在，领与受等与一切一界、行、趣，亦尔。」。又《瑜》（五？）十一卷云：「损伏有三：远离，厌患，奢摩他，若入无余依涅槃诸法种子皆被损害，不感异熟，亦不生自类果，是名第四损伏。」

（注四）

阿罗汉与二涅槃界 卷80

住心——于一切相不复思惟，唯正思惟，真无相界渐入灭定灭转识等。次异熟识舍所依止。由异熟识无有取故，转识不生，唯余清净无为，离垢真法界在，于此界中般涅槃已，不复于天人等数。

生界差别——住有余依堕在众数，住无余依不堕众数。住有余依犹有众苦，住无余依永离众苦。住有余依所得转依，犹与六处相应。无余界不尔。（无余依涅槃界中已般涅槃所有转依永与六处不相应者。彼既无有六处所依而云住者，非阿罗汉所得转依六处为因，然彼唯用缘真如境修道为因，是故六处若有若无，尚无转依成变异性，何况殒没？又復此界非所遍知，非所应断，故不可灭。）

障——住有余依涅槃界时，一切众相非患永灭。异熟粗重亦非永灭，由彼说有烦恼习气即观待彼相及粗重安立有障，住无余依涅槃界时，彼永无有。

回向——回向菩提声闻，唯住有余依界可有此事，或于学位即能弃舍求声闻愿，或无学位亦能舍弃，由种姓众缘而有差别，此能回向菩提声闻种姓（一？）唯不定。

（注五）

《涅槃与生》——《百喻经》卷一末云：「人从谷生，五谷从四大火风生，四大火风从空生，空从无所有生，无所有从自然生，自然从泥洹生，泥洹者不生不死法也。」按此文上冠闻如是，乃佛在王舍城对梵志说者。然理与道生答佛陀跋陀罗之问相似，恐中国未明佛法者所窜入。姑存疑。

《涅槃义》——《瑜伽师地论》卷四十六云：「先因永断后无余灭。其余毕竟不生不起，说名涅槃。一切众苦毕竟息故，一切烦恼毕竟灭故。」《佛地论》卷五云：「涅槃即是真如体上障永灭义。由无漏慧择理断染而证得故亦名择灭，如是择灭于真如上假施设有无别实物，至究竟位说名涅槃。」大好！

《佛及声闻无余别》——《识述》卷六云：「问佛及声闻无余何别？彼（《决择分》）言不别者，彼答若依尽真如为论，非谓入寂为同答也。」《疏抄》卷六云：「言无别者，即约三乘皆无苦依身故。二乘入无余已身智俱灭。佛虽无苦依，而得无漏五蕴常身等也。」《成唯识论述记义蕴》卷三云：「佛及声闻无余不别故，一苦依尽不别，二所显真如不别。此合为文，故云依尽真如，非谓厌身灭智佛亦同也。」

附一《更考涅槃梵名》——《成唯识论学记》卷八云：「梵云波利匿缚喃，波波翻「圆」，匿缚喃翻「寂」。」按此说是也。□亦作Paninimana，大般涅槃则作mahanarinivana□□（入《楞伽注》卷七云：「古翻无为亦云灭度，唐云圆寂，谓德无不具，障无不尽也。」）

（注六）《诸部涅槃不同》——《成唯识论了义灯》卷十四云：「大乘具四，余部但二，有余无余，萨婆多，体虽无别俱，择灭为体。然体有多，虽有漏法各一择灭故。大乘依一真如假立。『经部』无体，但苦因灭处名有余依，苦果灭处名无余，皆是假立，不说有

※诸梵名

涅槃 Nirvāṇsṃ(附一)

有余依涅槃 Sonadhi'seṣanirvāṇaṃ

无余依涅槃 Niraunodhi'seṣonirvāṇaṃ

无住涅槃 Ahratiṣtluitanirvānaṃ

体，无为亦尔。」又《慧沼》《金光明疏》卷五云：「《涅槃》说有二种，一小，二乘所得；二大，大乘所得。《十地论》亦说二：一同相，二别相。即余三涅槃。《胜鬘》约三乘同断烦恼因果说二，谓有无余。《梁摄》依证不证别说二：一自性净，二方便净。四中后三。《金光明》依共不共说三，谓有无余及无住。说四可知。」

《出体》——《金光疏》卷五云：「蜀，基法师云：昙无谶及道朗等盖涅槃者常乐我净为宗义之林，开究竟玄致为涅槃之本。此释得义，非正明体。真谛云：涅槃有四：三是道果，一非道果，为成菩萨般若大悲涅槃而为道果故。从初地以上无分别智为涅槃体，亦有云：悲智为体，此但是相，此为能证。非正涅槃。邺城河朔诸师或说涅槃具四体。一、理灭，谓真如法界；二、事灭，谓离三障数灭之灭。三、德灭，谓功德寂灭；四、应灭，谓在双林示同众生无常之灭。初三可尔。《成唯识》皆如为体，即是理灭。又云中二择灭摄，即数灭之灭。然古人意择灭是事识之所变，即非涅槃。大般涅槃古人多以如是般若性说如为般若，与理无别，不劳别说。今正出体，有四门：一、性相别论。《唯识》云：四涅槃皆以真如为体，有为德非。又体义分，自性无住即真如体。中二皆择灭，又断智障许得择灭，即无住亦择灭收。虽是其假，对依他相，俱得名性，俱了因得，体义俱常，故三事大般，并取义三，并如为体。二性相合论，即般若、解脱、及以真如，并涅槃体，即《涅槃》三事名大般。《杂集》云：灭谛相者，谓真如圣道烦恼不生。若灭依、若能灭，若灭性是灭谛相。相谓体相，能灭即般若。灭性即解脱择灭。灭依即真如。然彼论复云：真如境上有漏不生名灭谛者，即尅性说。前据相从，相性合说。三、摄假从实，即《唯识》云：此依真如离障施设，故体即是清净法界。故四涅槃皆如为体。四假实合论，即《唯识》论云：四中初后即真如据实体，中二择灭摄择灭是假，或无住处说是择灭，即三假一实，并涅槃体。又准《成唯识》卷二云：「无为有二：一、依识变；二、依真如。四涅槃亦既许后三是无为摄，亦通识变。又六无为俱许识变，自性清净体即真如。应同择等亦许识变。然有余无余虽俱择灭，望义有别，分为二种而有五对：一、烦恼因果对，烦恼因尽名有余，烦恼果尽名无余。二大小对。小乘所得名有余，大乘所得名无余。《胜鬘》云：罗汉断有余集，证有余灭。三、二死对，分段灭名有余，变易灭名无余。四、满不满对。菩萨所得名有余，如来所得名无余。《胜鬘》云：后身菩萨无明所覆断有余集，证有余灭名小分涅槃。小分即有余也。五、三身相对。《金光明》言应化二身名有余，法身名无余。诸经论中多说初对为二涅槃，余义如《本法华》及《唯识疏辨》(按慧沼《金疏》卷七云：依法身说无余者有二解：一云依如如法身，无一切依名无余依涅槃，若尔涅槃法身何别？答：功德所依义边名法身，诸依寂静义名涅槃。又解，四智心品是如如智，即自受用，亦名法身，依此自受不现托生双林唱灭，无一切依名无余依。依此显名无余依涅槃。

(注七)《释寂静寂灭》——《金疏》卷七云：『寂静寂灭』者，谓先于有余依地获得触证四种寂静。今无余依涅槃界中亦有寂胜四种寂静。此意以重得寂静，故言由寂静灭故。一、『数教寂静』者，数谓智慧，因数起教。教生于数名数教。无余依中名言绝故名数教寂静。二、『一切依寂静』者，如前八依，无余并寂名一切依寂静。三、『依依苦寂静』者，谓由前八依所生众苦亦得永灭。如依彼依生此苦依名依依。四、『依依生疑虑寂静』者，谓依八生疑虑。无余皆寂。」

(注八)李师政《法门名义集》云：「二种涅槃：一性净涅槃，二、方便涅槃。」

- 真实所显九
  - 有差别故（染净因果）因果真实
    - 道谛
      - 证得道——有遍知及证得
      - 永断道——有遍知及永断
      - 遍知道
    - 灭谛
      - 本性灭——谓垢灭二，即择灭及真如
      - 二取灭——能所取二不生故
      - 自性灭——自性不生故
    - 集谛
      - 未离系集——未离障真如
      - 等起集——业、烦恼
      - 习气集——谓计执自性习气，执彼假立彼名
    - 苦谛——如上说
  - 四颠倒（由此对治）无颠倒真实
    - 无我
      - 自相无我——无我所显以为自相，即此自相说无我
      - 异相无我——此相虽而遍计所执，即此相说为无我
      - 无相无我——此相本无，说为无我
    - 空
      - 自性空——二空所显为自性故
      - 异性空——如妄所执，不如是有
      - 无性空——无理可说为有
    - 苦
      - 和合苦——苦相合故
      - 事相苦——三苦相故
      - 所取苦——我、法所取故
    - 无常
      - 垢净无常——位转变故
      - 生灭无常——有起尽故
      - 无性无常——此常无故
  - 相真实
    - 于有非有所有增益及损减见若知此故彼便一转——圆成实所执自性真实相
    - 诸所取能取中所有增益及损减见若知此故彼便一转——依他起所执自性真实相
    - 于一切法，众生所有增益及损减见若知此故彼便一转——遍计所执自性真实相
    - 中无倒颠于根本真实相
- 能显——根本真实（注六）
  - 圆成实自性——亦有非有，唯有非有，许为真实，有空性故。
  - 依他起自性——有而不真，唯有非真，许为真实，有乱性故。
  - 遍计所执自性——常非有故，于此性中许为真实，无倒颠故。
  - 依此建立余真实。

（图中诸项分别连线至：依他起自性；遍计所执自性）

无自性故无有生，由
五。」按无性云：「由
灭等中如《无性论》卷
无性也。一切法无生
非除三自性外有别三
故且说相生等无性，
是无，但对外执除非
生实缘生执等，此皆
计名亦生执及依他上
执名无，或有谓于遍
十云：「此等但无所
涅槃亦尔。」《述》卷
灭亦尔。如无生灭，本来寂静自性
如无自性，无生亦尔。如无生，无
性。非一切种性相俱无说为无性。
故，名为无性，由此说一切法皆无
性所显故名胜义无性。胜义无性
相所显自体故，胜义为自体故，无
所缘故，于依他起中无遍计所执
故名为无性。圆成实性自性清净
生，无自然生故名生无性。生无性
相无故名相无性。相无性故名为无性。二自性待众缘生，非自然
又《对法论》卷十二云：「一切法即三自性。初自性定无自相，自
法性自性。」（注八）
起自性亦名分别自性，圆成实自性亦名
依此建立余真实。《无性》卷四云：「依他

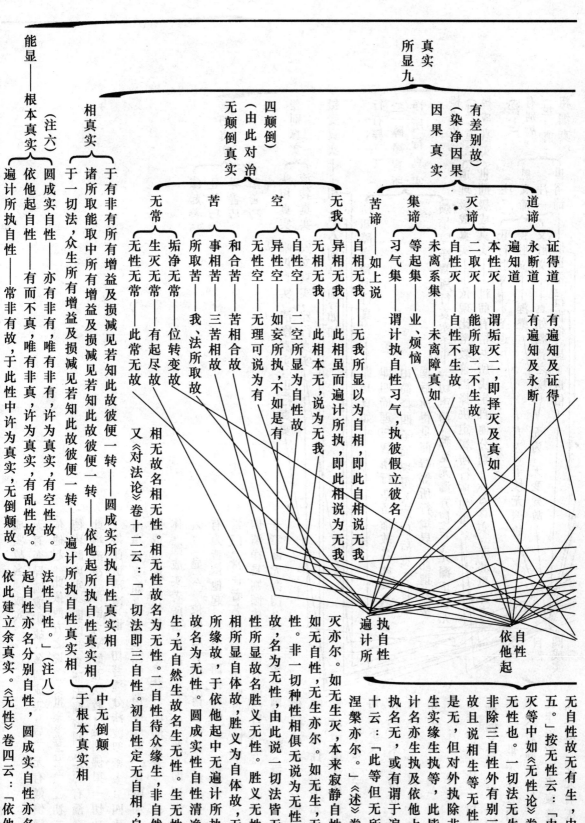

二、四）（注五、《辩》）真实

- 善巧真实
  - 缘起善巧等
  - 处善巧
  - 界善巧
  - 蕴善巧
- 差别真实
  - 实相真实，唯识真实，清净真实，正行真实
  - 流转真实，安立真实，邪行真实
- 摄受真实——相，名，分别，正知，如如
- 净所行真实（二障净智所行有异。）
  - 所知障净智所行真实——即是真如
  - 烦恼障净智所行真实——一切声闻、独觉无漏方便智，无漏正智无漏后所得世间智等所行境界。此谓真实，由简择四圣谛现得入观位后真实智生。即四谛理三智所行四圣谛故名此真实。
- 极成真实（世，道二极成故。）
  - 道理极成真实——依现比至教善思择决定智所行所知事。
  - 世间极成真实——世间有情共所决定自他分别，共为真实，非邪思择者。
- 粗细真实（世，胜二有别故。）（注七）
  - 胜义谛（注三）（注一）
    - 正行胜义——圣道——有为，于境无倒故
    - 得胜义——涅槃
    - 义胜义——真如胜智之境——无为，无变异故
  - 世俗谛——假世俗，行世俗，显了世俗

自性圆成实

成实故名圆成实。」无有变异圆成实故，名圆成实，后二无有颠倒圆依他起。此依西方之说。」《世亲》卷五云：「初二德皆圆成实。即以此文证无漏者圆成实，有漏者此境清净，谓诸大乘妙五法教，是则佛果一切功三得此道清净，谓一切菩提分法波罗密多；四生清净谓真如；二离垢清净谓即此离一切障垢；圆成，无常者依他。《摄》卷五，四清净者：一自性体，圆成实者所谓诸法真如自体，此文即证常者云：「显云：依他起者所谓诸法依诸因缘所生自有为皆依他起，依众缘而得起故。」又《对述》卷十常门。常住者名圆成实，即唯真如圆成实摄。一切四清净是则圆成实。诸有漏法皆依他。二者常无一者漏无漏门，无漏法皆名圆成。故《摄》云若说他圆成各有二种：唯我法性相都无依性之中遍计所执体《对述》卷一云：「三切法不灭。」相故，不可得故，一无自性，一切法无性相不可得故，一切法不生；以证智观自共所作无作者故一切法《楞伽》云：「以离能槃。」世亲亦云然。本来寂静故自性涅无生灭故本来寂静，无生故，即无有灭。

世间缘故，不尔便减。真如是所知障净智所行真实。或初谓一切异生外道，第二在七方便四十心等位。第三通三乘圣位，「世间共许事名世间真实，二量四道理名道理真实。四圣谛理名烦恼障净智所行真实，亦取无漏智体是净法，即是道谛后得二。由无二故说名中道，亦名无上。不增不减，不取不舍，如实了知如实真如离言自性名善取空者。」又《识述》卷十七云：槃假说自性。无事无相假说所依，一切都无，假立言说，依彼转者皆无所有。有及非有二俱远离法相所摄真实性事，是名无所安立假说自性，即是世间长时所执，亦是世间一切分别戏论根本。或谓色受乃至涅槃。非有者，谓即诸色假说自性乃至涅法无我，入已善净于一切法离言自性假说自性，平等平等无分别智所行境界。此真实义，即是无二所显，谓有非有。有者谓定所行所知事。三者，谓一切声闻独觉若无漏智，若能引无漏智，若无漏后得世间智所行境界。四者，谓诸菩萨及佛世尊入如此非不如此一切世间从其本际展转传来共所成立。不由思惟观察然后方取其名。二者，诸聪慧者依止现比及至教思择决所知障净智所行真实。一者，谓一切世间于彼彼事随顺假立世俗串习悟入觉慧所见同性，谓地是地火是火等。以要言之，即

(注五)《真实义》——《瑜伽师地论》卷三十六云：「真实品类有四：一世间极成真实；二道理极成真实；三烦恼障净智所行真实；四取第三，是无漏故。第一胜义，第四胜义收，第二胜义，第三胜义摄。第三者第二胜义收。理少胜故，若随事者，亦初胜义。」胜义亦世俗故，故名为行；四世俗中第二第三摄。第三谓断染依他遍计执无二空门显真如名圆成实，四世俗中第四世俗，或

(注七)《八谛摄二谛》——《识述》卷十七云：「假世俗者，实无体，可名世俗唯有其名。四世俗中第一俗摄。第二体有，为行正体是世俗简

如非灭即摄法不尽故或灭之实性真如名本性灭亦性谛俱实。」

……依《中边》择灭为本性，性谛俱实，真如二说，若唯据诠性实谛智。诠旨合说，性谛俱实。准《涅槃》谛摄法尽，真灭。此意《中边》二取不生谓二取灭，本性灭谓垢寂二即择灭及真如。所依即二取，所得即断二取已，得择灭故。《中边》约所依所得二各别故。所依依他假名为二取灭，所得属本性。《唯识》不约所依但亦所得假名依他，故分择自体分是依他起。二取所依自体分断得不生，不生是灭，假名依他。今言二取意取所依识之自体。……『本性灭』中

《续四谛与三性》——所得不生，是择灭，由依依他起而得于灭假说为依他起。此意即性假谛实。安慧云：二取即遍计所执，二取所依识

所显九果
- 入成执事，一切秘密所显真实
- 显不虚妄真如所显真实
- 入一切种所知出离所显真实
- 显了大乘出离所显真实
- 伏他论出离所显真实
- 无上乘出离所显真实
- 声闻乘出离所显真实
- 对治颠倒，所显真实
- 离增上慢，所显真实

第四唯大乘位。」《义演》卷廿一云：「第二真实即四道理中第三道理。此真实位在三分人散心已去未入见道以前三十心七方便皆名处异生位，亦名智者，若入圣位非此真实。……言无漏方便智者，有二解：一取前七地中无漏加行望后无间加行故，故加行无间解脱胜进四道前后相望，所以加行智亦通无漏；二、无漏方便智者即有漏方便智为能引无漏正体智假名无漏。无漏后得世间智者谓无漏后得能缘安立四谛等故名世间智，或由前无漏智所起有漏世间缘事智，亦假名此智。

（续注六）《四谛与三性》——《成唯识论》云：「二取灭谓择灭二取不生故。本性灭，谓真如故。道谛三者，一遍知道，能知遍计所执故；二、永断道，能断依他起故；三作证道，能证圆成实故。然遍知道亦通后二，七三三性，如次配释，今于此中所配三性，或假或实，如理应知。（余三三性，如上说。）」《述》卷十七云：「『无性无常』以体性常无，即初性也。实非无常，假名无常行，观此性故，实是初性，假名为谛；二起尽无常中观生灭法为无常；三垢净无常，实是后性，假名为谛，此约诠分位为垢净，假名无常，行无常行实不缘之，又依一切无常为，非苦下行此三性。《显》圆成实性无无常义。据实无常有二义，一有生灭体之无常；二无他常故名无常。此唯在二性，圆成实性二种俱无。《显》据此言一性无无常。此及《中边》约诠为论，圆成实性亦名无常。体是常法非无非有，为但约诠为论故也。又此中垢净约诠谈旨。《显》转异谈诠之体，故文乖义同。……『所取苦』为我及法二能执心之所取故，能执是苦，此无假立，故亦名苦。苦实有法，此是无故。名为假苦。性实而谛假，非苦谛收。和合苦者谓即真如与一切有漏有为苦相合故，故名苦体实非也。性实而谛假……『初空正是空行』，异性空，即有为有体之法与计所执体性不同，异于彼无，无无性故，说之为空，体实非空，缘之为空，空无所执。自性空，二空所显为自性故。此三皆是空行所行，故名空行。三无我相义同空释。此三如次三性。∴苦谛诸行义通诸谛故名分三。行相宽故。余行相局故总为三。『习气集』《中边》云：此谛实而性假，执彼我法之习气，体是依他，从所因为名，假立遍计所执，或缘此起执，名为执彼作所遍计，假所执摄，从能依为名假也。等起集者，平等而起故，烦恼起业，业起果故，未离系集，假名集性实而谛假。『自性灭』灭不生义；故性实假名为灭，定非谛摄。二取灭，能所取无，故护法、安慧各有别解。从所无得灭依他，假名灭谛，实如依他故性假。本性灭《中边》云：择灭及真如，与此相违。『遍知道』从所知为名，谛实而性假。永断道但说染分名曰依他能断，圆成实摄，从所断名依他性。谛实而性假。或能断体即是依他，性谛俱实。作证道或假或实，如依他说。此皆如次配三性。∴然遍知名宽，故《瑜伽师地论》卷七十四云三性皆应遍知。」《义演》卷廿一云：「真如实无垢净，若在生死位中即名有垢真如，若断烦恼断生死时即无垢真如，约分位假立无常，实是常法即名性实，不是苦谛下无常名为谛假。『所取苦』者谓能执心是苦为有体法故今此性虽无，假名为苦，所取亦名苦即谛假也。然性实者，即实我法是无常，即遍计性故性实也。『二取灭』谓择灭力令依他起二取不生故名二取灭。二取不生即是择灭实是灭谛而非依他起。但从所灭二取依他性名依他起故，谛实而性假。以择灭无为非依他起故。」《蕴》卷五云：「护法二取所谓依他，断染依他所得择灭名二取灭。安慧二取所谓遍计此自性灭非是择灭。」《灯》卷十二云：「空有三者等，本疏不分假实，《要集》云：或空无我初中性谛俱实，后即性实谛假。有说空无我皆性谛实者非，二空所显及所执性非苦谛故。今谓不尔。若云非苦谛者，何云空无我初中俱实，岂计所执苦谛摄耶？今云三俱实者，以空无我二种行相与彼相似亦此行相所行境故遍计性无名空无我。圆成实性空无我性亦空无我，苦谛本性非我所故空非一常故，无我能观所观行相俱通故说俱实。据实二性非苦谛摄，初后二行性实谛假应知苦下四行各三。初后皆性实，中边说即彼性故，从谛皆假，中则性谛俱实。然无漏依他是道谛摄，故摄少分有漏依他。苦谛摄故。……然据三乘苦集等谛不摄真如，如依大乘亦摄圆成实性，《涅槃》云：声闻之人有苦有谛而无其实，菩萨之人亦有其实，实即真如，菩萨亦能依四谛舍观圆成实故。……护法云断此二取。(续于前)

《四俗谛、四胜义谛》

(注一)《识述》卷一云：「世俗谛者，世谓覆障可毁，俗谓显现，随世流义，谛者理也，真俗二谛，名有四重，俗谛四者，一、假名无实谛，谓瓶盆等但有假名而无实体；二、随事差别谛，谓蕴界等，随彼彼事立蕴等法；三、证等安立谛，谓苦集等由证得理而安立故；四、假名非安立谛，谓二空理，依假空门，说为真性，由彼真性内证智境不可言说名二空如，但假设故，此前三种，法可拟宜，其第四谛，假名施设。胜义四者：一、体用显现谛，谓蕴界等有实体性，过初世俗故名胜义，随事差别说名蕴等，故名显现。二因果差别谛，谓苦集等，知断证修因果差别，过俗道理，故名胜义。三依门显实谛，谓二空理，过俗证得，故名胜义，依空能证以显于实，故名依门。四废诠谈旨谛，谓一实如，体妙离言，体妙离言，已名胜义，过俗胜义，復名胜义，俗谛中初都无实体，假名安立无可胜过，故不名真，但名为俗。第四胜义，不可施设可名俗，但名为真，由斯二谛，四句料简，有俗非真谓最初俗，有真非俗谓最后真，有亦真俗，谓前三真，后三俗，其第四句翻上。」(考《瑜论》卷六十五，三无性)又《义林》卷四云：「俗是真家俗，真是俗家真，有俗亦有真，无真亦无俗，故非遣依他而证圆成实，真俗性相依而建立。」此实道理也，余义尚多，当考。

《离言自性》

(注二)《真实义品》当补足云：「云何真实义，谓略有二种：一者依如所有性诸法真实性，二者依尽所有性诸法一切性，如是诸法真实一切性，总名真实义……此復云何？(在第三下)谓四圣谛。即于如是四圣谛义极善思择证入现观，入现观已如实智生。此谛现观，声闻独觉能观唯有诸蕴可得，除诸蕴外我不可得。数习缘生诸行生灭相应慧故，数习异蕴补特伽罗无性见故，发生如是圣谛现观……以何道理应知诸法离言自性？谓一切法假立自相或说为色或说为受乃至涅槃，当知一切唯假建立非有自性。亦非离彼别有自性，是言所行，是言境界，如是诸法非有自性如言所说，亦非一切都无所有，如是非有，亦非一切都无所有。云何而有？谓离增益实无妄执，及离损减实有妄执，如是而有，即是诸法胜义自性。当知唯是无分别智所行境界。若于诸法诸事随起言说即于彼法彼事有自性者，如是一法一事应有众多自性，何以故？以于一法一事制立众多假说而诠表故，亦非众多假说诠表决定可得，谓随一假说于彼法彼事有体有分有其自性，非余假说，是故一切假说若具不具于一切法一切事皆非有体有分有其自性。又如前说色等诸法，若随假说有其自性者，要先有事然后随欲制立假说，先未制立彼假说时，彼法彼事应无自性，若无自性，无事制立假说诠表不应道理。假说既无所有，彼法彼事随其假说而有自性不应道理。又若诸色未立假说诠表已前先有色性，后依色性制立假说摄取色者，是则离色假说诠表于色想法于色想事应起色觉，而实不起，由此因缘由此道理，当知诸法离言自性……于一切色等想法色等自性，都无所有，亦无有余色等性法，而于其中色等想法离言义性真实是有，当知即是胜义自性，亦是法性……若不起言说，则不能为他说一切法离言自性。」

(注三)

1、离名言相
2、无二相

如《解深密经》云：「一切法无二：一切法者，一有为，二无为，是中有为非有为非无为，无为亦非无为非有为……决定实无有，无为有为，然有分别所起行相，谓诸圣者以圣智圣见，离名言故现正等觉，即于如是离言法性为欲令他现等觉故假立名相，谓之有为或无为也。」《疏》卷六云：「行为见分，相即相分，有为无为此明依他相分所摄，假有非无，犹如幻事。」

胜义谛相

《瑜伽师地论》卷七十五（考《深密疏》七——十卷）

3、超过寻思所行相——胜义无相所行，不可言说，绝诸表示，绝诸诤论，萨迦耶灭，究竟涅槃，不能比度，不能信解，内自所证，寻思反此。（此言寻思谓三界有漏心。）

4、超过诸法一异性相——一切行上无常性，一切有漏法上苦性，一切法上补特伽罗无我性，不易施设与彼行等一相异相，胜义谛与诸行相亦尔。

5、遍一切一味相——于一切蕴处、缘起、食、谛、界、念住、正断、神足、根、力、觉支、道支中清净所缘是胜义谛，此清净所缘于一切蕴中是一味相，无别异相。若异相者，此真如胜义法无我性亦应有因，从因所生，若从因生，应是有为，若是有为，应非胜义，应更寻求余义谛。（引《解深密经》）

(注四)自相与共相——《成唯识论述记》卷四云：「真事非谓心外实体，但心所取法自体相，言说不及，假智缘不著，说之为真，此唯现量知，性离言说及智分别。言共相者，如言色时，遮余非色，一切色皆在所言，乃至言青遮非青，一切青皆在所言，贯通诸法，不唯在一事体中，故名共相说为假也。遮得自相名得共相，若所变中有共相法是可得者，即得自体，应一切法可说可缘，故共相法亦说缘不及，然非是执，不坚取故。如五蕴中以五蕴事为自相，空无我等理为共相，乃至不可言说体名自相，可说为共相。以理而论，共既非共，自亦非自，为互遮故，但各别说。说空无我等是共相者，从假智说，此但有能缘行解，都无所缘实共体……此谓假智唯缘共相而得起，法之自相离分别。今大乘宗唯有自相体，都无共相体，假智及诠，但唯得共，不得自相，若说共相，唯有观心现量通缘自相共相，若法自相，唯现量得，共相亦通比量所得。」《疏抄》卷四云：「如第六识与五识同时缘五尘，此是现量得自相故，为离名言，前念六识及所缘境落入过去已，后念第六识缘前念六识所缘之境，后念第六识即名假智，遂发语言诠前境，即是假诠也，而得共相……唯有观心现量等者，十地菩萨佛无漏后得智中，缘青等是自相，亦现量得。若苦空无常共相亦自相，亲证法体故，俱是现量也。因苦空无常下自证真如相理故。缘共相亦名自相，即佛菩萨无漏后得智现量心中缘青等自相，及为众说法时，亦起名言诠诸众生第六识上假相即名共相。佛菩萨亦缘之而成遍知故，即说苦空无常等理共相，唯是定心中亲证得苦无常等共相理也，余散心中无不亲得苦无常共相理。唯现量得者，其自相即通散五识及第八识等，皆亲得自相，是现量故。比量所得者，说第六识解青等共，唯是散闻思慧及余位散心，唯得假青解共相……有部唯有苦无常是共相，无有假解。」《成唯识论演秘》卷四云：「唯有观心者，大乘共相体性是无，唯观心中作共相解，约此行解，名为共相。」《枢要》卷二云：「《佛地论》第六云：「若共相境二量所知，云何二相依二量立？有义二量在散心依二相立，在定心缘一切相皆现量摄。有义定心唯缘自相，然由共相方便所引缘诸共相所显理者就方便说，不如是者名知自相。由此道理或说真如名空无我诸法共相，或说真如二空所显非是共相，如实义者，因明二相与此少异，彼说法上所有实义皆名自相，若分别立一种类能诠所诠通在诸法名为共相。此要散心分别假立是比量境，一切定心离此分别皆名现量。虽缘诸法苦无常等亦二法各别有故名自相，真如虽是共相所显，以是法实性故自有相故，亦非共相，不可以其与一切法不一不异即名共相，自相亦与一切共相不一不异故，是故彼论说法上所有实义名自相，此不尔故无相违。」（考《瑜论》卷四十九。注二之三）（按《深密疏》卷十三云：「谓所诠相，与能诠名，互相系属以为缘故，妄所执相遍计所执而可了知，广详如《三无性》，谓执遍计所执相，分别以为缘故，依他起性而得生起，故《佛性》云：缘执分别性，故得显现，然依他亦正智摄，此依杂染分说，非清净分，当知彼缘无执故。」

三自性决择（考《苦谛》《无我》注）（更考《瑜伽师地论》卷六十五、六十四及《佛性论》卷二）

（附一）

释三自性——《瑜伽师地论》卷七十三云：「遍计所执自性，缘于相名相属，依他起缘遍计所执自性执，圆成实缘遍计所执自性于依他起自性中毕竟不实。（说缘不执著遍计所执自性者，依得清净说，此依相说。）……遍计所执自性有五：谓遍计义自性，遍计名自性，遍计杂染自性，遍计清净自性，遍计非杂染清净自性。遍计义自性有四：遍计自相，遍计差别相，遍计所取相，遍计能取相。」又《显扬论》云：「于依他起自性执著初自性故，起于熏习则成杂染，即有漏性，圆成实性无执著故，起于熏习则成清净，即无漏相，此无漏相当知即是转依相。」又《显扬论》云：「计执依名言假立自体，为欲顺世间言说故。一、能生依他起自体（此等是五业，如《瑜论》卷七十四说。）二、即于是中起诸言说。三、能生众生执。四、能生法执。五、能摄受二执习气粗重，依他从缘所生法自体，（《瑜论》卷七十六云：由此生故彼生，谓无明缘行乃至招集纯大苦蕴。），一、能生诸杂体。二、能为余二自体所依。三、能为众生执所依。四、能为法执所依。五、能为二执重（熏？）粗习气所依。圆成，圣智所生圣智境界（《瑜伽师地论》卷七十六云：诸法真如自体能令解脱一切相缚，粗重缚，亦能引发最胜功德。）亦有五业，谓能为上二种五业对治生起所缘性故。」

（注六）

释三无性——《显扬论》云：「遍计所执自性，毕究无故不可得，依他起自性虽復是有，不可取相，故无所见，故曰相无性，生无性。于依他起自性，由异相故，亦得建立为胜义无性，由无胜义性故。」又《瑜论》卷七十三云：「相无自性性者，谓一切法世俗言说自性，生无自性性者，谓一切行众缘所生缘力故有，非自然有。胜义无自性性者，谓真实义相所远离法，由此胜义说无自性性。」《瑜论》卷七十四云：「由相无自性性故遍计所执自性说无自性。由生无自性性故及胜义无自性性故依他起自性说无自性，非自然有性故，非清净所缘性故。圆成实自性说无自性，何以故？由此自性，亦是胜义亦一切法无自性性之所显。」又《瑜论》卷七十六云：「所谓诸法由生无自性性故，说名无自性性，即缘生法亦名胜义无自性性，何以故？于诸法中若是清净所缘境界我显示彼以为胜义无自性性，依他起相非是清净所缘境界是故亦说名为胜义无自性性，復有诸法圆成实相亦名胜义无自性性，一切诸法法无我性名为胜义，亦得名为无自性性……是一切法胜义谛故，无自性性之所显故……相无自性性譬如空华，生无自性性，一分胜义无自性性譬如幻像……依相无自性性说一切诸法无生无灭本来寂静自性涅槃，亦依法无我性可显胜义无自性性说。」又《料简》卷三云：「《深密》卷二云：非由有情别观三自性为自性故立三无性，由于依他圆成二自性上增益遍计所执自性，立三种无自性。」（考前

总空性相——《瑜伽师地论》卷七十七云：「于依他起相及圆成实相中一切品类杂染清净遍计所执毕竟远离性及于此中都无所得，如是名为大乘中总空性相。」

五事摄——初自性五法中都非所摄，第二性四所摄，第三一所摄。（《瑜论记》云：《楞伽》、《中边》皆云第三摄正智真如者，据不颠倒义属圆成实。）问：若依他起自性亦正智所摄，何故前说依他自性缘遍计所执自性执，应可了知？答：彼意唯说依他起自性杂染分非清净分。若清净分当知缘彼无执应可了知。」（自此以下乃《瑜论》七十四—七十五卷）遍知、永断、证——一切应遍知，一应永断，一应证得。

了知——无生无灭唯一味，遍一切等无量行相，应正了知遍计所执自性。正了知一切所诠有为事，谓蕴处等事乃至不共佛法事，又当了知犹如聚沫等如是应知，了知第二，若了知第三，当正了知如上所说差别之相，所谓真如实际法界如是等类无量差别，復当了知所余差别谓不可现显，不可了别，不可宣说，离诸戏论，无取无舍，亦差别无量。

执无执相——第一有二种：一、彼觉悟执或无执；二、彼随眠执或无执。若由言说假立名字遍计诸法决定自性，当知是名彼觉悟执，若善了知唯有名者，知唯名故非彼诸法有决定性，是名无执。未拔随眠是随眠执。永断已是无执。第二执无执相者，由遍计所执自性觉悟执故，复遍计彼所成自性是初执。若善了知唯有众相不遍计彼所成自性是无执。若于相缚未永拔于诸相中有所得时是第二执，已永拔者于无相界正了知故于相无得或于后时如其所有而有所得，当知无执，第三无有执。

生——第一是不生能生于生（本来无生而能生依他故云生生）第二是生，能生：生、不生（能生依他及遍计所执）。第三非生不能生生及不生。

体——第一是无体，能转有体。第二是有体，能转有无体，（能生自类及起人法二尘。）第三有体非能转（绝戏论故）。

粗细——第一微细，难见难了，当知亦尔。第二是粗，然难见了，第三极微细，极难见了。

无有之过——若无第一应无名言执，此若无者应不可知杂染清净，若无第二，不由功用一切杂染皆应非有，此若无者应无清净而可了知，若无第三一切清净品皆应不可知。

依止——第一依止相名分别，第二依止遍计所执自性执及自等流，（《佛性论》卷二云：依相、名、分别、圣智。）第三无所安住无所依止。

品类——第一随于第二中施设建立自性差别所有分量即如其量，第一亦尔。是故当知第一无量差别，又于第二中有二种遍计所执自性执，一者随觉，二者串习习气随眠。第二之种类为相品类差别，复有二种：一遍计所执自性执所起，二即彼无执所起，第三于一切处皆一味无有品类差别。

悟入——如实悟入第一时随入圆成实性，入第三时除遣第二（按《深密疏》卷十三云：《佛性》卷二云：分别依他二性极无所有故缘此显现真实性，此译家谬，遣「依他起违自所宗《瑜伽》等故。」非也，此固云悟入第三时遣第二故，考附一）（又卷十四云：「《三无性论》云：一切有为法，不出分别依他二性，此三性既真实无相无生，由此理故一切诸法同一无性，此一无性，真实无此分别依他二有，真实有此分别依他二无，故不可说无不可说有。解云：通遣依他，故不同《显》、《瑜》说胜义无自性性，又《显》、《瑜》及《深密》依三性立三无性，《三无性论》云：由三无性，应知是一无性，即于一真如遣三性故说为三种无自性性，于中圆成实性安立谛摄，三无性者皆非安立，然玄奘、护法乃至世亲、无著皆说依三性立三无性，故知《三无性论》译家谬也。或可真谛《三无性论》即《显论》《无自性品》，然彼真谛译为别本。」

通达门——若以世间智通达遍计所执自性时行于相，以（出？）世智而通达行于无相，余二亦尔。

所行门——遍计所执自性非凡圣二智所行，以无相故。第二是二智所行，然非出世圣智所行，第三唯圣智所行。

无生忍——由遍计所执自性故，立本性无生忍，由依他起立自然无生忍，由第三立烦恼苦垢无生忍，当知此忍无退转。

染——一自非染能令他染，一唯自染，一唯自清净令他清净，苦亦尔。

喻——第一譬如虚空，第二譬如害如怨，第三如无尽大宝藏，又《瑜论》卷七十六引《解深密》云：遍计所执如眩瞖人眼中所有眩瞖，第二如眩瞖人眩瞖众相或发毛轮等相现前，第三如净眼人。（按《严密疏》卷三云：「《深密》有二，复次：一、眼瞖眩如遍计性，所见毛轮如依他，准知依他依遍计性方得立之；二、颇胝珠近青似青色现，喻依他，凡夫不识执为实青，喻分别性，此言由依他性方有遍计。」）

所由——遍计所执自性，由依他起故遍计，第二由因缘故依他，第三由一切烦恼众苦所不杂染故，又常，故圆成实。

假实——色等想事色等施设是假名有者，谓诸名言熏习之想所建立，识缘色等想事计为色等性，此性非实物有，非胜义有故非真实有，唯是第一，当知假有，若遣名言熏习之想所建立识离言说性，当知此性是实物物，是胜义有。

断灭——《瑜伽师地论》卷七十六云：「如实了知依他起相即能如实了知一切杂染相法。如实了知圆成实相，即能如实了知一切清净相法。如实了知遍计所执相，即能如实了知一切无相之法，如实了知无相故，断灭一切杂染相法，断灭一切杂染相法故证一切清净相法。

（续注一）《义演》卷十二云：「第一世俗即遍计所执，有名无实，第二俗，即说蕴处界等各别。第三俗明四谛因果，果非因，因非果，因果各别。第四俗即二空各别，由断我执显生空，由断法执显法空，真如虽无别，由断二障显。若第一胜，蕴处界等皆如幻化水月等，皆不真实。第二胜，因果不即不离，以苦集是一切因果故二空，又心王为因，心所为果，或种子为因，现识为果，皆非即离。若第三胜，真如体是一，但约诠显了故即假说二空有别。第四胜即一真法界，心言路绝，故第二俗与第一真法体虽是一，但约真实如幻等故有差别。后三俗与前三真体是一，于一法立真俗者，佛为入佛法众生及余有情说世俗法定有蕴处界等实有因果等事，各各真实，若久修道行者，佛即约现行次第说诸法如幻，因果不离等四胜义也。」（考《无垢称疏》卷一末）

（续注六）《无为与三性》——《成唯识论》云：「虚空择灭非择灭等，何性摄耶？三皆容摄。心等变似虚空等相，随心生故，依他起摄，愚夫于中妄执实有，此即遍计所执性执，若于真如假施设有虚空等义，圆成实摄？（应细究）有漏心等定属依他，无漏心等容二性摄，众缘生故，摄属依他，无颠倒故，圆成实摄。」《成唯识论述记》卷十七云：无为法有言无漏收，有言苦谛摄，今谓言无漏者，无漏心变，言苦谛等摄，有漏心变，既言苦等心所变者依他起摄，此唯定也，不多执空而感生死，略不说集，理亦集摄，不善心执，如胜论等，此说多分，故苦谛收，为显此义，因述上来依他义亦不定。故云有漏心等及所变空等，定属依他，以相与见必同有漏。无漏性故唯依他起。无漏心等及所变空等，容二性摄，以有缘起无倒理故，即由二重三性体异，故摄不同。若说空等无漏者，容二性摄，体不定故，苦谛等收，唯依他起。体即定故，此但分别有体假空等，非计所执，彼无体故。」《义演》卷廿一云：「胜论执九实中空，故能执心亦是集谛，少故不说。二重三性者，一云若有为有漏名依他起，若有为无漏净分依他亦圆成实，遍计所执二性，实是遍计性。二、一切有为若有缘若无缘皆是依他，即无为真如是圆成实故颂取真如名圆成实，若妄执此二性为实即是遍计执性。」《成唯识论学记》卷七云：「《显》卷一：八种无为皆通三性。」

《七真与三性》——《成唯识论》云：「七真如者：一流转真如，谓有为法流转实性。二、实相真如，谓二无我所显实性。三、唯识真如，谓染净法唯识实性。四、安立真如，谓苦实性。五、邪行真如，谓集实性。六、清净真如，谓灭实性。七、正行真如，谓道实性。此七实性，圆成实摄，根本后得二智境故。随相摄者，流转苦集三，前二性摄，妄执杂染故。余四皆是圆成实摄。」

《述》卷十七云：「如《解深密》《瑜论》卷七十七，《显》卷三，《佛地》卷七、《中边》卷二说真如。此七从能诠说，非真如体，可名差别……约诠名生灭，言性即彼如下准知，《瑜论》卷七十七云：由流转安立邪行三真如故一切有情平等平等。此约除佛，非有情故，佛法身体离生灭亦无流转。又流转如虽通有为法，唯约有漏，故佛言无由实相分别(唯识)二如故一切法平等平等，皆唯识故，皆无我法，由清净如故三乘菩提平等平等。此约灭谛三乘，皆得有二涅槃故。由正行真如故听闻正法缘总境界胜止观所摄受平等平等。故此如若废诠谈旨，一一皆具，无不平等……约增上实相分别清净三如根本智境，余后得缘。若谈如体，七皆根本智境，约诠论，七皆后得境……若妄所执，三皆遍计所执摄，若约诠杂染，三皆依他收，遍计执心唯染依他，故三如之相染依他，故三如之相体杂染摄。约诠无漏余四皆圆成实摄。遍计执多不执唯识，依他性少能知唯识，故非前二摄，正行约离过义不言通依他，又七皆三性，于理无违，所执心变，如体异故。」

《六法与三性》——《成唯识论》云：「六法中皆具三性，色受想行识及无为皆有妄执缘生理故。」《成唯识论述记》(注：下文《述》同此)卷十七云：「六法皆有妄执缘生之理，理即真如，亦圆成实。此约通义辨，若别谈者，前五通前二，后一唯成实，此除假无为，假无为如前通三性，或通说假亦唯圆成，如上假故，此辨有法，非计所执。」

《五相与三性》——《成唯识论》云：「所诠能诠各具三性，谓妄所计属初性摄，相名分别随其所应所诠能诠属依他起，真如正智随其所应所诠能诠属圆成实，后得变似能诠相故。二相属相唯初性摄，妄执义名定相属故，彼执著相唯依他起，虚妄分别为自性故。不执著相唯圆成实，无漏智等为自性故。」《述》卷十七云：「五相者，所诠、能诠、相属、执著、不执著，若妄所计，所诠诸法，能诠诸名计所执性；前五事中相名分别之中取分别全，相名少分是所诠相，由名亦所诠故，相名少分是能诠相，由名亦相故。今此三法随其所应所诠能诠，属依他起，唯说染分依他起故；真如全，正智少分是所诠相，正智少分是能诠相，此依无倒释圆成实性，此随所应能所诠皆圆成实，后得正智亦能变似能诠相故。前言离过无漏无能诠，今谈法实，无漏亦能诠，能所诠二相属相唯计所执。能执著者虚妄分别为自性故，所执著者，即所遍计，皆依他起，无漏二智及俱行品相见分等及无为法圆成性故，不执著相，是此性摄，据实第三亦有后之二性。今约所执语，第四亦通余二。今据能执著心说，第五亦通余二。今约全非能执著语。然《瑜论》卷八十一及《显》卷十二云：「所诠相谓相等五法，能诠相谓计所执相。解云：彼所诠相即依他圆成有实自体，可为诠故。能诠非所诠者，此是遍计所执性，亦名和合，乃至亦名唯有音声，显彼无体，唯有能诠名故。与此各据一义，后三与此同，理不违也。」《义演》卷廿一云：「无漏亦能诠者如善慧地者于后得智中变起无量名句字故。《中边》云：无漏心等离戏论故总名正智不说能所诠，今谈法体实亦能诠。」《秘》卷十三云：「亦名遍计所执，亦名和合所成，亦名所增益相，亦名虚妄(乃？)所执，亦名言说所显，亦名加行，亦名唯有音声，亦名无有体相。」

《四实与三性》——《成唯识论》云：「世间，道理所成真实，依他起摄，三事摄故，二障净智所行真实，圆成实摄，二事摄故。《中边》说初真实唯初性摄，共所执故，第二通三性，理通执无执，染净故，后二唯属第三。」《述》卷十七云：「初二，五事中三事所摄故，有漏心变作道理相故依他收。三事谓相名分别。此依三法有漏相，不取正智等相为相。后二五事中后二所摄，前言后二真实四圣谛理及取真如。今并智者，亦取能缘，以后得世间智等亦缘无漏诸事智故，烦恼净智故不取染依他。《中边》谓初，初性摄，一切世间共依此一处执故。体即依他，假名所执。又解即共所执我法为初真实，世间执实故名初性摄。

若约前解体是有法，同《瑜》等四皆有法，假名所执，后解即通有法无法为四真实体，亦不相违，道理之法通执无执，执中有所能执，所执是初性，能执是染依他，无执中通染净，染是依他，净是成实，此约通凡圣故通三性。」

《三解脱门与三性》——《成唯识论》云：「理实皆通三性，随相各一，空无愿相，如次应知。缘此复生三无生忍，一本性无生忍，二自然无生忍，三惑苦无生忍，如次此三是彼境故。」《述》卷十七云：「皆通三性，谓缘依他上无计所执，因显成实，成实因空所显，即为空境，俱不于此起愿求故，为无愿境，非缘遍计所执真如起愿求故，如空缘此三为无相故。为无相境。《瑜论》卷七十二云：相通三种，谓空、无愿、无相，亦三种境，此中既言三解脱门，即唯出世修所生慧以证故说。既尔，有无漏五事中相为三种境，依他圆成，皆通三境，净分依他，属圆成故，缘之亦为无相道四行名无相故。《瑜论》卷十二云，若于此处无有彼物，观之为空名空性，即所观空无可希愿故名无愿，即此远离一切行相，故名无相，即缘遍计所执为三解脱门……忍者智也，证印名忍，缘此三性，生三忍也。遍计所执本体无生，依他缘起无自然生，证圆成时，惑苦不起。不说依他因缘亦无，名无生忍。《显》云：此三忍在不退地，即初地已去，证三时时得此三也。」又《演》卷廿一云：「缘依他上至即为空境者，明三性俱为『空解脱门』，所以，遍计所执及我我所以体空故，说为空境。缘依他上无计所执者，此显依他起为空境所由。意说依他起上无我我所执即说依他名空境。因显成实至即为空境者，此显圆成是空境所由。意说圆成要由我法二空所显，即说圆成名空境。俱不于此至『无愿境者』，此明三性为无愿境所由。即前三空之境，为此无愿内境也。意云前三空境皆约遍计，故于此空皆不愿求，依他起上无实我法故名空。不可求愿故依他为无愿境，如遍计心中执实圆成。此性既是遍计执之真如，故此真如不可愿求，即圆成为无愿境。然《瑜论》卷七十二据实真如不名无愿境亦不相违，如空此至『无相境』者此即说三性为无相内缘境即前空境为无相内境也。遍计无实体相，即初性为无相境，依他起上无计所执我我所，此依他为无相境，遍计所执真如无实体，即圆成为无相境……相通三种者意云，五事中相通三解脱门，以相通能所知，所知俱三解脱门故。解云能知即三能门智，所知即三解脱门境，其相通所知，多是所知境故，通能知少分，故《瑜》文与此少异，引《瑜》文为明依他圆成亦三解脱，意云，相既是三解脱门之境，依他圆成既有有漏无漏相，真如以寂静为相，明知亦三解脱之境也。《瑜论》卷十二等文明遍计执为三解脱门境。」《蕴》卷五云：「五事中相通能所观，故为三解脱门亦为三境相为三解脱门者有无漏俱名为相。有漏之相非解脱门，唯出世慧故……门者因由之义，智、境皆得为门，忍者印证之名非智行能引境，门宽忍狭。」

《二法与三性》——《成唯识论》云：「世俗具此三种，胜义唯圆成实性，世俗有三，如次即此三性，胜义亦三，皆圆成性。」（考注七）

《凡圣智境》——《成唯识论》云：「遍计所执都非智所行，以无自体，非所缘缘故，愚夫执有圣者达无，亦得说为凡圣智境，依他起性，二智所行，圆成实性，唯圣智境。」《述》卷十七云：「初性亲所缘缘，即不缘彼，非有法故，以无本质，别变似无，名应知缘无，如缘他心。《二十唯识》说不知，如佛不可思议境。护法解云：缘他心等时虽一种变相缘，佛缘实知佛亲证相故名现量，圆明圆极胜声闻等名之谓知，非亲证也，彼心心外取故。圣者以此达为无心外无，无故但见自心之上依他起相，不见心所取上实我法，实我法都无所有。作此无相，故名应知。《瑜论》卷七十四说初性非凡圣智行，以无相故，此论解胜彼。《佛地》卷七说初非圣所行。依他非出世智之境，有为法故，是世间无漏圣智之境。」（按疏意，初性凡圣智所行为是，教理无违故。）

相而说，处自相等多种色故。」（此义应思）又《义林》卷十二云：「证自相自相唯修慧得，余自共相通闻思慧。」别故；三自相自相，一青黄等有多极微，体各别故。释五识缘长短等者，依处自相亦不相违，不许五识缘假色者，依事自云：五识唯得自相非共相耶？解云：自相有三，一处自相，谓青黄长短等色，同是色所故；二事自相，青黄等色，体事一云：「问：五识现量得自相境，如何说复五识得等耶？答：如长短等虽是假法，五识亦缘，此有何失？若尔，何故诸论缘所变相分可言有体，亲所缘缘，定应有故，亦不同余相分体实与见同种，义分所缘。若据本质，即是無体。」又《别抄》卷故；一云法同分摄。今谓可通五蕴所摄，随能变心，不可离心判属同分。同分依相似众多法立而全无体，此云共相，若据佛遍缘亦无有失。」又《补缺》卷八云：「问：此共相及定心缘常无常等所带相分，百法何摄？答：一云百法不收，以无体同名句诠所依共相。若诸现量所缘自相，即不带名言，冥证法体，彼即有体，即法性故。若佛心缘比量，共相亦无有体，许自相，以分别心假立一法，贯通诸法，如缕贯花，此名共相。亦与经中共相体别。此之共相，但于诸法增益相状故是无体。《唯识》等。除因明理摄诸说尽。据因明亦四说（略）。」又《因明大疏》云：「一切诸法各附己体即名自相。不同经中所说通明。三、诠非诠对，非诠对者名自性，名言诠者名差别，即《唯识》等。四、名句对，名所诠者名自相。句所诠名差别，即对，泛名为色即是自情，如有漏色無漏色等，名为差别，即前第一体之与义俱有总别，自共如次更无别体，即诸经论皆悉一、依诸经论，二、直据因明。第一有四对：一、体义对，五蕴等法名自性；苦、无常等名差别。如《佛地论》等说。二、总别自共二相俱是因明所说自相，各附法体，别别证故，名现量缘。如斯分别，妙符经论……今者总摄自相差别，略有二门：不同因是先陈后说自性差别摄立我为有無，名立自相故。因明自相，亦与经别。虽经自相，亦现量得，名为自相，然彼经中彼不作想贯余法故，彼设通余，各自类故，今此贯余，通异类故。《瑜伽》等中言自共相，因明论中共相所攝，比量立故，然共相，不立比量言，不诠三相故。智缘彼不相违故。虽知此言及比量智亦于增益共相上转，意不说彼名因明中所立共相，同类念此定有，于彼无处念，此遍无，是故由此生决定解。此即于彼假智及诠共相之上更起共相，不可说彼定即因明所说（他）心总贯诸法名为共相。《因明论》中藉因三相，贯通宗喻，如缕贯华比智方起。故《理门》云：若所比处此相定遍，于余即通于经所说二相起诠之时总名共相，非所诠者即名自相。亦不同《因明》所立共相，彼约增其诸法自体相通自类不由作体，如诠色时，以其色言通一切色，智增彼相，不得自体，诠于此转，名为共相，不同无常等义贯通一切，不唯色故名共相，故。《唯识论》云：名诠自性，句诠差别，少与彼同，亦谈彼二相故。然言假智，及诠唯依诸法共相而转者，此约能诠不得彼

（《续注》卷四）《自相与共相》——《入正理义断》云：「《佛地论》所明自共。即三科等皆名自相，各守自性，苦无常等名为共相，理通余

性，不可说三性异。非不异可知，故不可言非不异。」（考《瑜论》卷六十五《解法》）

《异不异》——《成唯识论述记》卷十七云：「若言异者，无别体故，谓妄所执名初非离依他别有初体体，圆成实性是依他之实若胜义中非有非非有，不可说故。」

因而施设故。即应破坏假实二法，二法坏故，应无杂染，杂染既可得，应知必有依他起性……《显》云：由世俗故说为有，施设故。」《述》卷十七云：「清辨等依胜义谛，依他等并名假者，依他之中，自无实法，假法亦无，一种类中，假法必依实故，说为假有，心心所色从缘生故说为实有，若无实法，假法亦无，假依实因而施设故。圆成实性，唯是实有，不依他缘而

《假实》——《成唯识论》云：「遍计所执妄安立故，可说为假，无体相故，非假非实。依他起性，有实有假，聚集，相续，分位性

(三续注一)由清辩、护法《宗广会二谛》——《料简》卷二云：「清辩宗云：世俗谛中诸法可有，随情建立，许非无故；胜义谛理一切皆空，就智所缘性非有故。然名空者遮俗非無，不说言空别有空体。此理微妙，唯圣智知。但假名空，实无言说。故大经言，一切诸法皆本性空，愚夫于空有中起别异相，谓色等法，异本性空，不如实知诸法本性，以致轮转生死。广如《掌珍》第一颂云：真性有为空，如幻缘生故；無为无有实，不起似空花。护法等云：既于真俗分别有空，应先了知二谛差别，然二谛相差别無边，总说不过二种：(一)依法体以明二谛，于诸法中微细难知名胜义谛，粗浅易了名世俗谛。或于诸法总作二门，于于门中复有多义，一、常无常异；二、漏无漏殊；三、色心差别；四、假实不同。此乃诸法真如名胜义，依他缘起名世俗；无漏，心心所法、有实体者名胜义，余名世俗。(二)约迷悟，两智境殊真俗二谛对心成别，谓佛菩萨胜智所知一切皆名胜义谛。二乘异生世情所度一切皆名世俗谛。此意总说无漏智境皆名胜义。有漏所缘咸称世俗，不简有为无为差别。……且依法体二谛不同。唯护法宗非清辩许，彼依胜义一切皆空，世俗随情法无别故。依迷悟说，两宗俱有，然于义理，彼此复殊。护法胜义但俗相无，非俗相无，全无法体；清辩胜义，了俗相无，非真相无，亦无法体。所以者何？建立俗谛有差别故。

(考《遗珠集乙》二十四页等)

护法等云：妄情所缘通执非执，执体相无，非执所执，虚幻可有。故证真智，相虽不行，据体言之，但无所执。清辩等云：但妄所缘皆由情执，非于妄境执非执殊。既俗所缘，理无情有，非于所取有空不空，故正智生遣妄所取，由是俗境说体全无……且依法体二谛门中唯世俗谛可说有空，所执法我唯世俗故。于胜义谛不可言空，依他圆成非所执故。又于法体二谛若无，如何说三性别？不应法体无别有三，说三但依俗立，俗谛随情，真理非有，可唯所执，宁得有三。又二性无，亦无所执，如何说有三性殊？既《楞伽》等说有三性殊，故知法性体有三差别，由是法体，二谛不同，不应但随迷悟建立。故于法体二谛门中，所执随情可说非有，二性真俗，不可名无。然虽不无，离名诠表，故经亦说非有非空。由是法体，俗通有无，以有所执及非执故，胜义唯有，以胜义情非所执故。若依迷悟，世俗非无，随妄情乃至我法可言有故，胜义非无，圣智证空，一切诸法相皆无故，虽后得智缘有无为证法有空亦名胜义。然今且依根本智境，故说一切皆空。若清辩解，有为无为，恒随俗情假名安立，证真智起，了俗都无。故于所缘无一切相。护法等云，诸法法性非唯妄情，证智合如，故俗相无。非由正智不缘相生，即说诸法都无自相，依智境说，故道皆空，不言俗境性相非有。缘俗识生，有俗相故。我宗俗相，从因等生，虽体不坚，非如所执，所执随情，可说非有，因等生相，体不全无。故真智起，诸相皆无，不由相无，法体非有，《般若》等言本性空，依密意说。……《深密》等经依法性相，唯说所执空，依他圆成有；《般若》等依真智境，言依胜义谛，一切皆无，此由依他起性，虚幻非实，圆成实性，有相不行。」又《深密经疏》卷一云：「清辩双遣一切有无为。曰真妄俱遣宗，护法存二谛三性等义，曰真妄俱存宗。」

(附一)《空与三性》——《料简》卷三云：「《摄论》云：以依他起圆成实觉别除所执依他起觉，若不观察依他起空，如何论说除依他觉？

(考《瑜伽伦记，真实品恶取空记》)

故知加行亦遣依他。若不观空，如何除遣？故于有无总观为空方得名为圆成实觉，于此能证圆满真如。又《摄论》云：菩萨悟入意言似义相故，悟入遍计所执性，悟入唯识故，悟入依他起性。云何悟入圆成实性？论本解云：若已灭除意言闻法熏习种类唯识之相，尔时菩萨已遣义相，一切似义无容得生，故似唯识亦不得生，由是因缘住一切义无分别名，于法界中便得现见相应而住，乃至故悟入圆成实性。梁《释论》云：若菩萨依初真观入依他性，由第二真观，除依他性，则捨唯识相。故有云：

真谛释论除依他性，失论所宗者，未识真谛意，遣依他言，自论观境，非是法相说依他无故。此真谛善得论宗。《瑜伽师地论》卷七十四亦云：行者随入圆成实自性时，除遣依他起自性，由是因缘于所缘境分别不行，住无分别，方能悟入圆成实性。故知加行，亦遣依他，不由观空，如何除遣？又《摄论》等所引《分别瑜伽》颂，及所引《莊严论颂》等皆云初观名等假有实无，以依他觉除遣所执，后观依他空无所有，圆成实觉除遣依他。世亲释论多与本同，无性释文，时乖本意，其无性难词（？）观二性空无染净者，菩萨观空但遣心相，岂由遣相，法性皆无。又菩萨根本智生，境相皆无，应无染净……说法相许有空不空，舍妄证真，空有遣俱，虽真智境一切皆空，法相言之。有空自别，知于法相应定说言所执是空，不得称有，妄情施设性都无故；故。故所执性非空非不空，由此三性各成四句，谓有及空，俱不俱故。若细分别，自他相望，三性一一成三四句，故知诸法迷真俗是有，不可名空，真理缘生，体不无故。依他圆成，可说非有，于二性中所执无故，遍计所执可说非空，当情我法，现似有情发语，四句皆非，悟解而诠，发言咸是，空有之教本无相违。有空之空，乖诤何极？谤空既沉沦，拨有定当流转。」（考《瑜伽师地论》卷十二，附六。）又《义林》卷二云：「说要观空方证真者，谓要观彼遍计所执，空为门故入于真性，真体非空。此唯识言既遮所执，若执实有，诸识可唯。既是所执，亦应除遣。」又云：「《摄论》颂云（按《摄论》颂是《无性》卷六所出）：于绳起蛇觉，见绳了义无，证见彼分时，知如蛇智乱。此中所说起绳觉时遣蛇觉，喻观依他遣所执觉。见绳众分遣于绳觉，喻见圆成遣依他觉。此意即显所遣二觉皆依他起，断此染故，所执实蛇实绳不复当情。非于依他以称遣故，皆互除遣。蛇由妄起，体用俱无，绳藉麻生，非无假用。麻譬真理，绳喻依他。」又《对述》卷四云：「有义二觉俱所执觉，遣所执觉如说唯识，遣依他觉如遣执识。所取能取先后遣故。不尔，依他便同所执，体亦非有，遣断同故，后得智品亦应不成。」又一义同《义林》（考注六悟入）

（续注六）《三科与三性》——《补缺》卷四云：「若约漏无漏门分别，五蕴通二性，若约常无常门分别，唯依他（考《瑜论》卷五注一《三性别》及卷八注六《辨体》）十二处中法处少分唯圆成，余十一处法处一少分通二性。十八界中法界一少分唯圆成，余通二性。」又《补缺》卷七云：「一切俱通计执为体，依他起性。法界法处二各一分非以为体，所余皆通。以无为法非缘生故，圆成实性，二各一分，以为其体，余不通。此据常无常门，若约漏无漏，一切一分亦圆成为性。」（此仅约处界二□）

（续附一）《补缺》卷四云：「空有二：一、空境，二空行。境有三：一、非有故名空。如计执，情有理，人法二我，故皆名空，依此义空说相无性；二、空显故名空。如依他起，理有情无，体性非空，观此依他不见所执，所执空显亦名为空，依此意说生无性；三、空性故名空。如圆成实，亦理有情无，体性非空，观此所执本性，有作于空行观二我空，方证真理，真理即是空，空本性故名为空，依此义说胜义无性。前二空名舜若空，初实是空，次假名空，后之一种舜若多之本性，因空无门，而证空理体实有性。空显故名为空，由此说有为无为名之为有，我及我所名之为空。能观空行，随其所应，观此三境亦名为空，体实非空。三慧摄故。（考《瑜伽师地论》卷十（三？）、注八，附六。）

（续三续注一）《对述》卷一云：「清辩说诸法空，虽一切法皆不可言，由性空无，故不可说为空为有，且如有无为二法，依世俗谛差别体有，依胜义谛性相皆空，故颂言：真性有为空等。此真性言自胜义谛，依胜义谛诸法空故。彼宗世俗皆性非空，故龙猛等说世俗有。经说唯识三性等者，皆依世俗非胜义门。世俗谛中，识心最胜，故言唯识非无境等，如言王来非无臣佐。此师宗意真俗空有。如眼有翳，见有空华，眼翳若除空华遂灭，真空俗有，其理定然。虽大乘宗，然非此意。天亲等说，依真俗谛，说一切法

(四续注四)《自相与共相》——熊子真《删注》云：「稽诸经论，察类秉要，凡言自共，当分三种：(一)、于量中，凡由分别心于境安立分真如，名为一味。」大好。

曰：阿陀那识甚深细，一切种子如瀑流，我于凡愚不开演，恐彼分别执为我。」《金光明慧诏疏》卷十四云：「净不净性，体即彼为于心意识一切秘密善巧菩萨。若于内各别如实不见阿陀那，不见阿陀那识，不见眼色乃至意识，是名胜义善巧菩萨。颂止，建立故六识身转，谓眼耳鼻舌身意识。如是菩萨虽由法住智为依止，建立故于心意识秘密善巧，然诸如来不齐于此施设子心识成熟展转和合增长广大。依二执受：一者有色诸根及所依执受，二者相名分别言说戏论习气执受。……阿陀那识为依亦非有为是胜义谛，唯有常常时恒恒时，如来出世若不出世，诸法法性安立，法界安住。」又云：「六趣四生，于中最初一切种所生，(《疏》云：准此圆智等从因生故，是有为摄，非胜义谛，亲光等释受用身即是无常。生者必灭，一向记故，有说是常。)(胜义有众多义。此说三名为一味。《疏》云。)由此道理当知胜义谛是遍一切一味相……真如胜义法无我性不名有因。非因相，《深密》有文云：「观行比丘通达一蕴真如、胜义、法无我性已，更不寻求各别余蕴，诸处乃至道支真如、胜义、法无我性，已，为他宣说显示开解施设照了。」《深密疏》卷九云：「法与法性，非一非异，理必应然，胜义世俗相待有故。」又遍一切一味堕杂染相。若胜义谛相与诸行相一向异者，应非一切行相共相，名胜义谛相。我于如是超过诸法一异性相胜义谛相现正等觉

(附二)《补胜义谛义》——言胜谛超过一异性相，《深密》有文云：「若胜义谛与诸行相都无异者，如诸行相堕杂染相，此胜义谛相亦应真如，是空之真性，因空所显，故云空性。非体性空，依他亦名空性名无生性故。」

有所得故。」(考《瑜珈师地论》六十七卷《释颂》。)又《金光慧诏疏》卷十五云：「空即是性，即遍计所执我法二种。空之性即遣。如《成唯识》第九卷云：现前立少物，谓是唯识性，以有所得故，非实住唯识。长行释云：以彼空有二相未除。带相观心

(三续附一)《深密疏》卷八云：「问，见胜义时如何能遣依他起相？解云：真如观时众相不现，故说除遣。非如所执无自性故，名之为槃，无变异故。二、有为总摄一切圣道，于境无倒故。」

执为常无常等，无量差别。」又遍计复有九种，不要。又按《深密疏》卷十三云：「依《中边》卷二自性有二：一无为总摄真如涅谓有垢真如。清净真如谓离垢真如。」世亲云：「自性遍计，如于眼等，遍计执为眼等自性，差别遍计者如即于眼等，自性遍计无性云：「一依他由托因缘而得生故名依他起；二即由分别时成杂染性，无分别时成清净故，依二分故名依他起。自性圆成他别故名依他起。遍计执亦二：一者自性遍计执故，二者差别遍计执故。圆成亦二：一者自性圆成实，二者清净圆成实。」

(注八)《三自性种类》——《摄》卷四云：「依他起有二种：一者依他熏习种子而生起故；二者，依他杂染，清净性不成故。由此二种依时，若自体义即非自共相。第八法体唯缘自相，处即通自共，色等种子有二类故。」

缘假实二义，若缘假者依处自相，唯缘实者，依自相自相，不依余义。意识名一切时者约多相说故。又七识若处自相亦一切界能取(第六根所生)。《述》卷六云：「后二以根从识取，自相有三：一、处自相，同小乘；二、事自相；三、自相自相。西方

(三续注四)《自相与共相》——按《对法》卷三有四能取，谓不至能取，至能取，自相现在各别能取(五根所生)，自相共相一切时一切境非空非有，中道义立。」

一切法体性不可言而寄言诠说为空有，非胜义谛唯一真如，真谛四重，论所说故。由斯唯识三性理成，我法境空，真俗识有，有空不空。世俗谛理遍计所执空，有为无为有，胜义谛中虽一切法体或有无，由言不及非空非有，非由体空名不可说。依胜义

通——相通五种，名唯心，不相应行，分别正智通心及心所，真如唯无为。

相——分别所行相是相相，言说所依相是名相，相所行相是分别相，正智所行相是真如相，真如为所行相是正智相。

行相——相有多行相，如色相心相等。又有二种，谓本性相，影像相（注二）。本性相者先分别所生，及相所生，共所成相；影像相者谓遍计所执，胜解所现，非住本性相。名亦有多种，若略说有十二：假说名，实事名，种类相应名，各别相应名，随德名，假立名，共所知名，非共所知名，显了名，不显了名，总名，别名。分别行相略说有七：有相分别，无相分别，于境任运分别，寻求分别，伺察分别，染污分别，无染污分别。（考《瑜伽师地论》卷二，附二。）真如之相不可说行相，正智之行相亦尔。

异不异——相与名为异不异俱不可说。若异，名应实有，不异则若取相时亦取名。如是相与分别乃至正智亦尔。名、分别、正智与真如亦尔。名与分别，正智，分别与正智，当言是异。

生——相，相所生及先分别所生；名是众生欲所生；分别是分别所生及相所生；真如无所生；正智是听闻正法如理作意所生。

实假别——一、相：实有行中当言实有，假有行中当言假有；二、名：唯假有，于相中假施设故；三、分别：二俱有；四真如，实有，胜义摄故；五、正智，俱有。此中智是实有，若智眷属诸心心所亦名为智，说之为假。

有无别——一相：自性差别假立故当言是无，分别所行境当言是有。又此相若如语言安立足处，如是以言说义当言是有，若如自性差别假立不成就义，如是以离言说义当言是有。（《圆测疏》云：有离言说诸法自性。）名、分别亦尔。二、真如正智当言是有。（又初三世俗有，第四胜义有，第五俱有。）

总举

正智
- 世出世间——此智未曾得义名出世间，缘言说相为境界义亦名世间。
- 出世间——三乘等通达真如，彼诸菩萨于五明处善修方便多住如是一切遍行真如智故速证圆满所知障净。

真如——法无我所显圣智所行，非一切言谈安足处事。（注一）（注三）

分别——三界行中所有心心所。（考《瑜伽师地论》二页注六《不定抉择》。《断》第八行以下，及《附二》。）又《对述》卷五云：「据实而言，诸无漏心不名分别，印证法故，诸有漏心皆悉虚妄，谓有宗心印证于境，犹未分明，相从总说并名分别，唯谈自性，唯应立一，俱名虚妄分别故，如《中边》云：「三界心心所，是虚妄分别。」《瑜伽》解五法中亦立一分别，此以一切有漏心心所为体。」

名——即于相所有增语。（《杂含》卷卅六云：「名者映世间，名者世无上，唯有一名法，能制御世间。」颇可体会。）

相——言谈安足处事。

齐相貌者，此自共相，比量境及非量境皆是也。自相则有二义：一约世俗。凡有体显现，得有力用，引生能缘者，是谓自相。二约胜义。凡离假智及诠，恒如其性，谓之自相。自相虽有二，而皆现量境。（恒如其性者，谓一一法，法尔本然，不由想立，不由诠显。）（二）于名言中，凡概称者为共相，特举者为自相。如于色中而特举其青，则青为自，而色为共。于青中而特举衣青花青则衣青花青为自而青为共。（三）于因明中，立一义类，通在多法，如以因法贯通宗喻，若缕贯衣，此为共相，特举一法，匪用通他，是为自相。」大好。

五事（注四）

摄——三蕴所摄，相摄不摄，真如不摄。（名是行蕴，分别正智通四蕴，相通五前四是蕴。）一切皆是界处所摄。三缘起摄，相摄不摄，真如不摄。处非处摄及相摄亦尔。谛有二。一安立谛即四圣谛。二，非安立谛即真如。此中三是安立谛摄，相摄不摄，真如唯非安立谛摄。相一切缘所摄，名但除等无间缘，分别正智四缘所摄，真如唯所缘缘摄。（相四安立谛摄；名一苦谛摄；分别三，除灭，正智缘安立非安立境，道谛摄。）

色无色——相通二，分别正智唯无色，名与真如俱非二，是假有故，不可说故。有见无见有对无对亦尔。有无诤，有无爱味，依耽嗜出离亦尔。

漏无漏等——相通二，二唯有漏，二唯无漏。又相通有无为，三唯有为，一无为。又三是世间，真如是出世间，正智世出世间，堕摄亦尔。

异熟——相通异熟非异熟，名非异熟，分别通二，真如俱非，正智非异熟。

善等——相及分别通三，名唯无记，真如正智唯善。

闻思修——相及分别是闻思修三所成是三种境，名是闻思所成是三种境，真如唯是修所成境，正智是修所成是三种境。

空等——相通空、无愿无相三，亦三种境；名非三种是二种境（除无相境）；分别通三是二种境；真如非三是空无相境；正智通三，是空所行境。若无差别，总说为空无愿无相，当知此中通闻思修所成为性。若唯以三摩地名而宣说者，当知唯修所成，性通世出世，若唯以解脱门名而宣说者，唯出世间修所成为性。

增上戒等——相是增上戒，增上戒眷属，是增上心慧，亦心慧所行；名是戒眷属，亦是增上心慧所行；分别是增上心慧亦心慧所行，是增上戒眷属；真如是增上心慧所行，非三种；正智是增上心慧所行，是增上戒眷属。

学等——相及分别通三，名唯非学非无学，真如亦尔。正智通学无学。

断——名唯修所断，分别通见修所断，真如正智不断，相通一切。

四念住——缘相为境修四念住，缘名法念住；缘分别，正智，三念住，谓受心法；缘真如，法念住。

捨——缘相名分别为境，当言伏断故捨，非永害随眠故捨；缘真如正智，当言亦由永害随眠故捨。

五根力等——五根分别为自性，名相为所缘。真如正智为增上，故而得根名，力名亦尔。若得菩提支名为觉支，此是世间觉支以分别为自性，若依菩提支为觉支此是出世间觉支以正智为自性，真如为所缘，于觉悟安立谛为增上。又正见等诸道支若是世间如上应知；若出世间，以正智为自性，除诸戒支安立非安立，真如为所缘，于所证得一切遍尽。现法乐住为增上。八解脱用世出世正智为自性，初及第二于诸色中以显色相及真如相为所缘，第三即诸色中以摄受相及彼真如相为所缘，次四各以自相为所缘及彼真如，最后无所缘，于能引发一切圣神通功德为增上。诸胜处中，前四如初二解脱，后四如第三解脱。

（以上《瑜伽论》卷七十二）

自性——诸法自性不可言说。如是诸法体性，唯有名相可得，无有自性差别施设显现可得相，乃至真如自性亦尔。……若谓诸相自性安立即称其量假立名言，此假名言依相而立是则于相假立名前应有彼觉。如已立名，又于一相所立名言有众多故有差别故，应有众多差别体性，是故名言依相而立不应道理。若谓诸相如名安立，由名（各）势力相自性

本性相

分别所生及相所生，若据增上，应云先分别及相所生。及是合义，义既各言生，明各别种。」《集》云：「共所成者，增上缘用，谓能熏
所生新熏之种，□□本质故云共所成相。不尔，本质据现行说，后种生现，见分久灭，何得云共所成相！亦不可云据增上说。论云先

（注二）《义灯》卷四云：「所言相者，非唯色相，若名所诠总名为相，如前七识亦名本性相，俱为第六缘为质故。先分别所生即本有种，及相
有俱非，谓离如理所引作意思惟其相。又《秘》卷十云：「第二句，即根本智，言非思惟，明无寻伺，不同加行后得智等，云非思惟。」
通达后作意思惟安立真如；有观真如非思惟真如，谓通达真如时由胜义故非思惟其相；有俱有，谓通达后相续思惟非安立真如；

（注一）思惟，观真如四句分别：有思惟真如非观真如，谓以分别所摄如理作意思惟真如，但见真如相不见实真如，乃至未至正通达位，及
《瑜论》卷七十三）

次第——由初三法显杂染品次第圆满，从此乃容修清净品，谓即观彼所有杂染诸法真如。由正智故能正观察能得清净（以上

则依于一切无自性性，或不依于无自性性说如是言。

至意所识法中，无谛无实无无颠倒无不颠倒，复说有圣出世间谛，又说静虑者静虑境界诸佛诸佛境界皆不可思议，

切处遣一切想，帝释天等亦不能知彼依何处而起静虑，则不依于无自性性说如是言。能随顺喜忧舍处眼所识色乃

异相性说为无我当知亦尔。至若说：于是中眼永寂灭，远离色想乃至意永寂灭远离法想，及说他若说由彼故于一

生等二无自性性说等随观色乃至识皆有苦，即彼皆空。诸法由远离相无自性性说如是言，如依远离性说彼为空，依

法皆如幻。又依相无自性性说等随观色乃至识有无常，又说色乃至识如理观故，审思虑故乃至观彼非有显现。又依

说为一谛。）又世尊依相无自性性说一切法无生无灭本来寂静自性涅槃，一切法等于虚空。依生等二无自性性说一切

真如不由无自性性说无自性。故世尊依此说：我说一谛更无第二。（《圆测疏》云：真如非三无性故，唯是不变真实

密意——此中五事非由相无自性性故说无自性，然由余二无性故，随其所应说无自性。谓相名分别正智皆由二种无自性性，

位，遍满位，有动位，有加行位，成满位。

除遣所缘境相，于诸所知境界影像先审观察，后由胜义作意力故转舍有相，转得无相，此无相转，复有五位：少分

除遣——除遣五种所知境界，无上转依无为涅槃以为其相。涅槃者谓法界清净烦恼众苦永寂静义，非灭无义。…由正定心，

无相取——言说随眠已远离故。此取虽复取无相界，不取相故成无相取，…取胜义故，取无相故，五种事相皆不显现以为其相。

能所取——三是所取，分别正智亦是能取亦是所取，…此二展转更互为果。

他之分别应无其果，彼虽不灭，得清净者于彼事中正见清净。

若由不共分别所起无分别者。彼亦随灭；若共分别之所起者，分别虽无由他，分别所任持故而不永灭。若不尔者，

照了因缘于一切事无有差别，种种亦尔，能取因缘，名言不尔……相等诸物或由不共分别为因，或由共分别为因。

性，亦不应理，若取相已假立名言便不成显；不尔，无事名言不应道理。又照了喻，不相似故不应理。不相似者，因

性生，彼于诸相或于名言或二中间应现可得，然不可得。由此因缘随言自性于一切种皆无所有。若谓名言能显自

又依他过，由彼诸相但依于他假建立故，是故一切假立名言如其自性不应道理。若谓离彼相及名言二种初合有自

起，是则彼相假立名前应无自性，彼既无有，假立名言亦应无有。又假立名言有众多故，差别故应有众多差别过性。

见分力故。相分能熏赖耶见相种子。非如异熟心心等不能熏，相亦不熏，故亦先分别等。」

真如别名

（注三）《识述》卷四云：「《大般若经》、《辩中边论》说真如名有十二种：谓真如、法界（界是性义）、法性（诸体性）、不虚妄性、不变异性、平等性、离生性、法定、法住、虚空界（能容含万法）、实际（谓法竟际）、不思议界。」《深密疏》卷十云：「胜谛离言，云何说名真如？解释此难，如《成唯识》卷二云：真如亦是假设施名，遮拨为无故说为有，遮执为有故说为空，勿谓虚幻故说实，理非妄倒故名真如。」（考《佛地论》卷七初）

（注四）《释名及相》——《识述》卷五云：「十卷《楞伽》说阿黎耶识缘名及相犹如毛轮者，名体即声，声是能诠，说缘其名，意说缘声，如言缘相，意在根等。不尔，心所相应是彼所缘。又相者，即色蕴，有相显故，名谓非色四蕴。第八缘初相现行及种，但缘名种，不缘现行，亦名缘名。又解相者，即执受处俱名为相，相即相分，见分所取。名者四蕴即心心所法，自证分缘，许自缘故。又相者即器有根身，现可知故；其诸种子总名为名，相难可知，唯以名显，故名为名。」《疏抄》卷五云：「疏中有四解，第一解即约五法中相名以解，以下三解即是泛解，不是五法中相。」《成唯识论学记》卷三云：「真如无种，正智无漏，虽依此识，此识不缘，故非执受，有漏相分所诠色等总名为相，能诠声体，名之为名，能变心及心所自体，名为分别。」

《五法与三性》——《成唯识论》云：「诸圣教说相摄不定，谓或有处说依他起，摄彼相、名、分别、正智，圆成实性摄彼真如，遍计所执，不摄五事。彼说有漏心心所法变似所诠说名为相，似能诠现施设为名，能变心等立为分别，无漏心等离戏论故，但总名正智，不说能所诠，四从缘生，皆依他摄。或复有处说依他起摄相分别；遍计所执唯摄彼名；正智、真如，圆成实摄。彼说有漏心及心所相分名相，余名分别；遍计所执都无体故，为显非有，假说为名；二无倒故，圆成实摄。或有处说依他起性唯摄分别，遍计所执摄彼相、名，正智、真如圆成实摄。彼说有漏心及心所相见分等，总名分别，虚妄分别为自性故。遍计所执能诠所诠，随情立为名、相二事。复有处说，名属依他性，义属遍计执，彼说有漏心心所法相见分等，由名势力成所遍计，故说为名；遍计所执随名横计，体实非有，假立义名。诸圣教中所说五事，文虽有异，而义无违，然初所说不相杂乱，如《瑜伽师地论》广说应知。」《述》卷十七云：「初是《瑜伽师地论》卷七十四，《显扬》第六，及十六卷，《三无性论》卷一、《佛性论》卷二，今不依后二本。问：若依他起亦正智摄，何故前说依他起，而缘遍计所执？自性执应知？答：彼唯说染分依他，非净分者。若净分者，亦缘无执，许通二性。第二谓《中边》卷二文，前约诠门，今依见、相，设能诠名，亦相中摄，见分相故，余自证见分等名分别。名假无实体，余二无倒体无漏故，能缘所缘，俱断漏故，圆成实摄。前依缘生，故摄正智。第三即十卷《楞伽》卷七，然四卷《楞伽》文胜。第四即世亲《摄论》卷五，义即相及分别，名所诠故，能所取故。彼说有漏心心所法、相、见、自证、证自证，此是依他起心心所法，由名能诠势分力故，随能诠名，缘之起执成所遍计，故说依他是名所摄。所遍计言，非计所执，所执之依，故依他起。……《楞伽》、《中边》所说五法，或通有无，或体实有，遍计所执，假亦通有，《瑜》等不然。《显》卷十六，计所执无，五不摄故，即五法体唯是有也。」《义演》卷廿一云：「应知者即遍计所执，无体故，但可应知。依他起名应断，圆成名应证。答：净分依他亦缘无执无，执者即缘二空。故有漏染分缘遍计性，无漏净分缘二空如故，知无漏依他通圆成摄。……五法有二解：一、或通有无，遍计执者无，从缘生者，体即有。二、五法体总实有，然计所执尅体虽无，随其妄情假说亦通于有。」

《释真如名义》——《识论》云：「真谓真实，显非虚妄；如谓如常，表无变易。谓此真实于一切位常如其性，故曰真如，即是湛然不妄义。」《成唯识论述记》卷十八云：「《对法》卷二有七名，谓真如、无我性、空性、无相、实际、胜义、法界。体恒无我，无有改转，名曰真如；性离二我名无我；由缘此故，杂染空寂说之为空；谓色乃至菩提诸相寂灭名无相；无倒究竟，无倒所缘，名为实际；圣智所行，名为胜义；三乘妙法所依相故，名为法界。界者体义，但妙法依。性者体义，一切法体，故名法性。湛然离倒名不虚妄。」《成唯识论演秘》卷十三云：「由无分别智证彼真如令彼烦恼悉皆安寂，而言染法所不行者，不为染法亲所缘著名不行也。」《料简》卷三云：「真如之理，性不空无，然离戏论，必假空观断诸有见，修行正道，方乃证真，或以修空，内生空相，即以空心作意除遣，非以有相除空。」

《二种分别》——《疏抄》卷十六云：「五事中分别有二：一、修生死虚妄分别，二、修出世如理相应分别。」

《漏无漏别》——《成唯识论述记》（注：下文《述》皆同）卷十八云：「真如是真智所缘，名无漏，非漏尽相义。正智漏尽，对治义故，名无漏摄。」《疏抄》卷十六云：「今应言正智如如唯无漏，分别唯有漏，相、名通通漏无漏，佛得无漏名句文身。若十地以来菩萨所有名句智皆是有漏，即以第八识是有漏故。」

《十真如》——《成唯识论》（注：下文《论》皆同）云：「『一遍行真如』，谓此真如，二空所显，无有一法而不在故。」《述》卷廿云：「此中真如，约诠辨体，若不尔，且如初如，非先不遍，今者方遍，亦非真如，可说遍故。若不约诠，说遍何法。」《义演》卷廿五云：「行谓有为诸行，即我法二空所显真如，于一切行无不遍故。有云：行者在也。即真如遍在一切法中名遍行真如，理实二空通余九地，今约初证位故说初地真如名为遍行。若不约诠说遍者，真如离言不可说遍也。十地菩萨证此如时皆约所生功德以立真如名，故十地真如皆约诠辨体也。」《论》云：「『二最胜真如』，谓此真如具无边德，于一切法最为胜故。」《述》卷廿云：「由杂犯戒，证此真如德庄严故。」《成唯识论》云：「『三胜流真如』，谓此真如所流教法，于余教法极为胜故。」《述》卷廿云：「由得三慧照大乘法，观此法教根本真如名胜流如。」《论》云：「『四无摄受真如』，谓此真如无所系属，非我执等所依取故。」《述》卷廿云：「此如无系属，非我执、我慢、我爱、无明、边见、我所见等所依取故。」《论》云：「『五类无别真如』，谓此真如类无差别，非如眼等类有异故。」《述》卷廿云：「由生死涅槃二无差别，皆平等，故无差别。」《成唯识论述了义灯》卷十四云：「五地之中作四谛观得无差别如者，虽作四谛观而不言唯，通八谛观而复坏缘，不以真如别属谛故，知理通，非如小乘定执观故，证无别如。」《论》云：「『六无染净真如』，谓真如本性无染，亦不可说后方净故。」『又云：「七法无别真如』，谓此真如虽多教法，种种安立，而无异故。」《述》卷廿云：「由离生灭细相现行，故虽多教，安立真如无别，由达此如，即空方便智，发起有中殊胜行。」《论》云：「『八不增减真如』，谓此真如离增减执，不随染净有增减故，即此亦名相土自在所依真如，谓若证得此如已现相现土俱自在故。」《论》云：「『九智自在所依真如』，谓若证得此如，于无碍解得自在故。」《述》卷廿云：「问：此地已得智自在，何故十度第十地修智？答：无性云：此地中得无碍辩所依止故，分证智波罗蜜多，于一切法不随其言，善能了知诸意趣义，如实成就一切有情受法乐，非谓全得智度。」《论》云：「『十业自在等所依真如』，谓若证此如已，普于一切神通作业总持定门皆自在故。」（《述》中广会无性，世亲及新旧《中边》诸说，然无多大出入，据基师自云，此论说胜也。）又《论》云：「虽真如性实无差别，而随胜德，假立十种。」《学》卷八云「测云：无分别智，亦不别证，遍行等义，约诠说故，名证遍行，余九亦尔。今此未了证者何诠？若后智门，十地唯应后智分位，若正智门，除二空外，遍行是何？解云：亲证空理，唯二空行，然断述真十无明时，法空正智，外胜分明，所引后智十德明显，虽此十门，后智所行，皆通因果，情非情如，不同佛性，唯因有情名为理诠，非入空诠，故下结言真无差别，随德立十，非泯相之门故。晓云：更有佛证（一作性）第十一如，非也，无诚证故。」

《分别与二量》——《补缺》八卷云：「且约三七二类分别以明二量。先且明三：谓自性分别、随念分别、计度分别。准《对法》卷二，约六识明唯在第六，五识皆无，若《唯识》及《摄》破第六识依色根中，皆云意识应无随念、计度，不云应无自性分别，准此故许五识中有，依色根故。…若计度一定无现量，可有比量，随念虽缘过去，不简定散二位通有，定心缘过去，可现量收，散心缘过去可比量摄。自性若在第六识者，唯有现量，或亦有比量，然前解胜，缘自相行，合理门故。此据《对法》、《唯识》、《摄论》，若设纵者亦同《对法》。…次约七明，准对法七分别，任运分别唯现量，有相通现、比，即自性、随念二分别二分别故，无相等五皆无现量，可通比量。《瑜》七种唯在第六，不通余识，有相通现比，无相亦通现，又解不通，任运通现量，寻求伺察可通现比，染污通比不通现，不染通二。」

《真如三说》—《料简》卷三云：「一、谓清辩说一切俗谛随情可说名有，依真智境一切皆无，空无之理，不生不灭，性非虚妄，如虚空故。

说名真如，故一切于真谛中皆真如也。然说真如，但随俗论，胜义非有。此师意云，俗谛何如？不如有故，称之为妄，胜义无故，名之为真，今摄俗妄归真胜义，故言诸法性即真如，非是别有真如自性，故诸部般若经云：一切诸法本性皆空，咸同一相，所谓无相。《掌珍》卷二云：于胜义谛真如亦空，非别实有正智所行离言法性，若言实真如虽离言说而是实有，即外道我名相差别，所以者何？彼亦计我虽是实有而离分别，以非语言所行处故。故我不能信受，如是似我真如。二，谓『此方分别者』说真如自性寂静离言，体性周圆，清净微妙，非如清辨其体空无，然俗谛中妄情境界，可说有为无为差别，于胜义谛真智所缘一切有为，即真如性，体无生灭，本来涅槃。此意说云，约世俗谛，差别成妄，若真智境，一切皆如，今摄妄归真故一切法性即真如，由此成佛断差别妄，唯有真智独存。此方古来涅槃师等，不了经意，多作是言。三、弥勒、无著及护法等说法与法性，虽不相离，然不得言依他诸法，即其如性。常与无常，能证所证，因果圣凡，杂染清净，真妄二境，其体非一，有差别故。若言胜义，诸法即如，一切皆应成颠倒故，如《深密》卷一说。又若成佛唯有真如，无色心等生灭法者，真如之理，既即涅槃，如何复说有菩提智？应同二乘，永入圆寂，如何得果？故不得说唯有真如。是故性相虽不相即，然不相离，性为根本为性，真智断差别执，所以摄相归其真性，说一切法体即真如，依此解，不可说摄妄归真，净分依他，体非妄故。」

《五法与三科》——《补缺》卷四云：「五蕴中色蕴少分名为相，识受想行蕴一少分名分别；行蕴少分、色蕴少分，即名句文名为名；行蕴少分名正智。二十处五根四尘全法处一少分名相，法处一少分声处全名为名；意处全，法处少分名分别；法处少分名正智，法处少分名如如。十八界中九色界全，法界少分名相，法界少分及声界全名为名，七心界全、法界少分名分别，法界少分名正智，法界少分名如如。」又《补缺》卷七云：「约界处说，一切是相皆所诠，法界法处一分用名为体，谓名句文……圆成为体如三性说。」又云：「若依缘生，五蕴皆相，行蕴小分以名为体；假实合论色行少分用名为体；名、声二法蕴摄别故，受想识三行蕴少分分别为体；唯八心及诸心所是分别故，无漏五蕴容四为体；后得变似能所诠故，能变彼者，正智为体；无漏离倒圆成为体；常无常门三，除圆成实，或离戏论，非彼相名虽有能所诠皆正智为体。此依涅槃，舍无常色获得常色，受想行识亦复如是。及《唯识论》第三师义，故以正智为五蕴体。」

《释三七分》——《对法》卷二云：「任运分别谓五识身如所缘相无异分别，于自境界任运转故；有相分别谓自性、随念二分别，取过现境种种相故；无相分别谓希求未境行分别；所余分别皆用计度分别以为自性。所以者何？以思度故，或时寻求，或时伺察，或时染污，或不染污……自性分别谓于现在所受诸行自相行分别，随念分别谓于昔曾所受诸行追念行分别。计度分别谓于去来今不现见事思构行分别。」余义广如《对述》卷五说。

《十种分别》——《摄》卷四云：「总摄一切分别略有十：一根本分别，谓阿识；二缘相分别，谓色等识；三显相分别，谓眼识等并所依识；四缘相变异分别，谓老等变异，乐受等变异，贪等变异，逼害时节代谢等变异，及欲界等诸界变异；五显相变异分别，即如前所说变异所有变异；六他引分别；七不如理分别；八如理分别；九执著分别，谓不如理作意类萨见为六十二见趣相应分别；十散动分别，谓诸菩萨十种分别，谓无相、有相、增益、损减、一性、异性、自性、差别，如名取义、如义取名十散动，为对治此十散动说无分别智。」（列释如世亲、无性二释论）

《五法古释》——《宗镜》卷廿三云：「五法者，《瑜伽》云：一名，二相，三妄想，四正智，五真如。古释云：前三成凡，后二成圣，名相是凡夫境，妄想是凡夫识，迷事缘境而起故名妄想，正智是圣人对治金刚缘修无漏断惑智亦名能觉智，真如是圣人心中所证之理，真如是体，正智是用。……正智现前不立名相，真如者即此正智心性真故，故知但是一法，无中执有成凡，达有本空成圣，不唯五法乃至恒沙义出无边，理恒一道，此唯心之法，即是如来行处，履法空，无所得故。」

《智与如》——《金疏》卷七云：「智如二种不一不异，何以故？如是智境，智是有为故不一，然智托境生，如是智性故不异，若如异智，不是彼性。」

（注四）
（注二）

义，义依于体名总，即总一自证分上说有我法二别也。护法第一解有二种我法，然但据能诠言说为名，不据法体及与内识等上有我法《义演》卷一云：「圣教中我法即依识自证分体上说有我法义，即义依于体假，别依于总者，我法名别，自证教所说依识见分质上立我法也。故难陀师宗中亦有立无体随情假，有体施设假，以无依有假，义依于体假，同护法也。」说。……圣本质为我法者，亦心上变现亲相为缘。护法依本质见相分上立我法，盖不依亲相分由心立为我，即依疏所缘现，佛实不知有。难陀解我法二种，不依见相本质上立我法，此即唯依亲相分，不依本质见分上说为我法。设有执见分上聚集显说法体义上而立我法，皆是别无依于总无。安慧意我法二种，依见相分，其自相分是识体故，又离言故，唯佛等释闻者识也，以所诠法上都无我法体也。第二解即有我法体，世间即依所说妄情体上立有我法，若圣教中我法即就所此应同无性法故。」《疏抄》卷一又云：「第一解不尽，相分中有说，见分之上即无说故。第一解云我法乃属能诠言语立说耶？答：体都非。二、以无依有世间说情以为我法，以义依体，圣教说体以为我法，假我及法不在于言，以所说为若我相见，谁能萨皆所不起。」《识述》卷一又云：「护法有二解：一、说为我法而体是无。随情假说，唯假言说以为我法，彼一云：佛无多分世间外道执，少分亦通小乘执，谓小乘中犊子部、根本经部、正量部。非得初果已而起此执，四果十地菩《了义灯》卷随彼执所缘相分，亦名我法，然外道依相分等上而执我法，其相分即具五蕴……无体随情假，既是分别我法，《疏抄》义。若计色是我，即依相分上立为我法。又如外道执离蕴我，我体虽无，而有相分。我是独影，唯从见众同分收，无我法也）道即计相见以为我法，如执我是思，执我为能知者，及执受是我，乃至识是我者，皆是依见分上立为我法；见分也，别诸相，非依离识实有我法而起假说，但依内识所变相见而假说。此但说识，义兼心所。」《疏抄》卷一云：「外（总无者相我法，即依所变依他上，施设为圣教我法。」「《识述》卷一云：「彼我法相，依内识等所变现相，而起假说我法（注二）云：世间依无起妄执无，圣教依因缘道理假施设为我法。难陀云：依相分上起所执我法，随计妄情说为世间已外诸异生等于计所总无（注一）之上别执为我法。世尊为除此妄实执于总无上义施设为圣教我法。护法

我法与识——《枢要》卷一云：「安慧云：佛身诸法不可说为若我若法，证不可言故，执习俱尽故。施设我法唯在于余，佛别报果中即心心所有见相二分故。色果中即无二。但障非执，即业果中非心心所者（色等）但取业中身语，果中色果。）」业，是色似业，身语非应思为实业体，不名色也。取一分者，意云取心心所者有见相二分，果中亦尔，谓别报果，业及果非心心所者无二分故。《秘释》云：取心心所一分，如何一分，且如业中有色业有非色业。色业谓身语二由斯总对所知障性及于业果而为二句：一但执皆障，谓障自性及业果中心心法者有二分故。二但障非执，即于障，故不得言是执而非障。《佛地论》云：障所发业及所得果，亦名为障，故不得言有漏障皆名执。《秘》云：有异熟生无记贪等心心所法。（又云：夫论执者，于境坚蔽不了是虚，取相不捨，存既有相，即中道难明，覆蔽

执障别——《秘释》卷一云：「五识但有障而非执，六七识障执俱有，执则染慧，障即贪等。意识亦有是障而非是执者，谓由他引生，行相不猛，非必慧俱故，第七识中都无法执。」《学记》卷一云：「是则由重轻障具生，证空断重，余轻随灭。」故。第六识中所知障名重，计深解广，由与慧俱引生五故，为引业因，生第八故，行相猛故。五八识障名之为轻，执浅解略，

轻重别——《枢要》卷一云：「安慧本义，六七识中烦恼障名之为重，分别广故，计执深故。五识之中烦恼名轻，由他引故，无众生执

安慧又云：所知障中种习为重，现行名轻。基云：非是。《义灯》卷一云：「若断种子现行必无，故现行轻，文极相符。」

证真如说。」
说，□约正智
变似真如相
「此约后得智
《义演》云：
识所变故。」
说法非法，非
实真如不可
亦名为法，若
「心变真如，
《述》又云：
(注七)

变。」又《抄》卷四云：「变易而熟者，此解通等流，三性种子皆变异也。」又《述》卷四云：「言异熟者，或异时，
故曰熟属种子。」《学记》卷一云：「彼谓我法，识即自体，所变即相见，此能变者，此相见之能变，此自体即能
识者异熟，即第八现行识。故云熟属现行。有言异熟之识，识者第八现行识。异熟者，即是第八名言无记种子，
果，无记种子果，异于善恶种子因，故云异即是熟。若异属因者，熟即属无记种子果，故异云熟后文云异熟，即
之熟。若异属果，熟亦属果，即无记果，异于善恶业因即异，是持业释。若异属果，果即第八识名言无记种子
果不通于因。然此疏中即约异通于因果，若熟唯在于果。初之异属因，熟即世果。善恶业性，異于无记果，即异
恒与身同在现在世。…若异属因等者，谓五果中有异熟果，六因中有异熟因，若余五因之名不通于果，若余四
同时今所异世名熟因者，其遍行同类二因，亦许异类而熟。若大乘中，说造异熟业因时，即是异时，异熟种子
二异时而熟，萨婆多计也。大乘依《维摩经》虽云：若言异时即名异熟因者，其遍行同类二因，与果之时虽有
种欲生时要变异故则名为异熟因者，若尔余同类因，相应因等果欲生时亦变方熟。故云五因应名异熟因也。
粗境，不尔，滥第七。」《疏抄》卷一云：「一变异而熟即经部师计，要种子变异之时果方熟。大乘难云：若言
异熟之识，熟属种子，故余能变不得此名。(二)谓思量识即第七识。(三)谓了别境识，唯前六。然此六了别
三异类而熟，与因异性，果酬因故。今取，若异属因，即异之熟。若异属果，异即是熟。异熟即识，熟属现行，
(注五)
果时皆变异故。二异时而熟，与因异时果方熟故(注三)。今者大乘约造之时，非约种体，许同世故，皆不取。
略释能变——《识述》卷一云：「(一)谓异熟识即第八识，名有多义，一变异而熟。要因变异之时果方熟故。此义通余种生
不离识自证分，故识所变，所以依相见分为我法，真如非识所变故。」
一云：「此约说为我及法不离识故不离识，故者，此中约相见分上立为我法，不依真如等立为我法，其相见分
故。」《義演》卷一云：「外难云：我法不实名唯识，真如非不实，应当非唯识。不离识等者答也。」《疏抄》卷
真如与识——《识述》卷一云：真如应非唯识。不离识故，真如名唯识，非识所变故，不说为我法，若说为真如，亦心所变
(注六)
圣教中我法，谓义依于体假，有体施设假是也。)
二分既执，佛便无，所以我法不依佛立，依余圣者有漏心说名无依无。」(又《疏抄》卷一云：依他起性，即是
故。)
故。第八论云八识心心所有漏所摄，皆有执故，已简无漏或无漏心皆无相见，疏中且取前二释中第一义。说
义为所说能变，我法是所变。《秘》卷一又云：「无漏心相传有二释：一云有执有二分故；一云无执无漏二分非虚妄
在言有彼体(「未」疑讹)说名相见二分。」《秘释》卷一云：「无漏心无相见二分，言分别说有能所变者，意云：自证分是
为我法故不佛所现者，此等皆依自证假说。又此亦得依识所变自证分中分别说有能所变，故若依此释说所变言未皆
此既，说义以执故。若诸菩萨无漏心现及佛现者，皆强施设，义依于体，不违正理，说依二分且依世间一分圣教。若无漏心
义以为我法，依于体。」《演秘》卷一云：「安慧解世间所说我法及一分圣教菩萨二乘所变现者，此无依无，由有漏心皆名
别依总故，别云：「义依体者，此圣教我法相见体上有主宰义即立为我，有作用义即立为法。我法二义依相见体，故言义
识体是总，以属于本不离于识等法体，所以法体上有我法也。故与前二解殊，别无是我法，总无则见相二分。」《义蕴》卷一
，即义是别，假立为我法也。第二解二种我法者，但约能缘见分及所变相分并自证分上有我法义说为我法，即此我法摄

或变异，或异类，或异熟因所摄名异熟果。第三、四依士或持业释，异熟即果故。《抄》云：四无持业。」

识数异说——《识述》卷一云：「依胜义心言俱绝，依第二第三胜义不可言一多，真故相无别，依世间中可言八别。以类同故有三种：一类菩萨说识唯一，诸小乘等执心意识义一文异，又复执识唯有六，《楞伽经》说有九识（按即唐译《颂品》文）经中兼说识性故，或以从第八染净别开故言有九，非是依他识体有九，亦非体类别有九识。小乘不知心意识三种体别，又未除所知障不了依他故唯说六。然依根境别体相故说十二处十八界等，非唯六识。经部独立有细意识，即是第六别位起故。然显依他识，略有三种，广唯有八，离于增减，故说唯言。」《疏抄》卷一云：「第一胜义约事性，许蕴处界等各别；第二言因果不一异；第三言二空性不一二，一切法唯有二空；第四胜义则心言俱绝。小乘所谓文异者，小乘以为若在过去名意，现名识，未来名心。又在蕴门名识，在处门名意，在界门名心。立细意识等者，即彼宗此处生分结终时方起细意识也。」按《宗镜》卷四立第九净识。（考《瑜伽师地论》卷三十七《续注六》）。（又《宗镜》卷五十六广明诸识数异说，及三细六粗九相之法等。）（注八）

又《疏抄》卷一云：「疏云诸识皆通异熟等名者，前六有异熟生心可名异熟，如罗汉独觉第七识中有其法执，皆异熟生摄，得名异熟。异生不尔，何以故？法执与烦恼望二乘是染污，法执望二乘是无覆无记，故法得异熟名。或云但约前六识有异熟名，不说第七。」

四分与识——《识述》卷一云：「相见识变名唯识，自证不言变，应非是唯识，解，若立三分，种所变故，名唯识，若说四分，三四更互变名唯识，又即识体故名唯。」《疏抄》卷一云：「若立三分种所变故者，自证分即从种子变故，亦名

(注五)(注三)

唯识，此解不当。既说种子如何名唯识？若说四分三分更在变名唯识者，即自证证自证，自证而缘自证缘故。名变识体，如是一说更互变者，是义说也，其体实不更互变也。此应四句分别：有缘而不变，如本质境他心本质等，但作疏远而不变他本质故。有变而不缘，如种生现行，种子不能缘现行识故。有亦变，谓相见分也。然护法师有第四分者，即无用也，岂是一识而立有见分自证证自证分而有三重？…下文立证自证者，为护比量过故，故建立之。」

唯识性与相——《述》卷一云：「唯识性略有二种：一者虚妄，即遍计所执；二者真实，即圆成实。于前唯识性所遣清净，于后唯识性所证清净。又有二种：一者世俗，即依他起；二者胜义，即圆成实。于前所断清净，于后所得清净。又唯识性相不同，相即依他，唯是有为，通有无漏，性即是识圆成自体，唯是真如，无为无漏。」《枢要》卷一云：「三性有二体：一常无常门，常为圆成，唯是真如，一切有为皆依他起。二、有漏无漏门。一切无漏皆圆成实，诸有漏法皆依他起。」又云：「遍计所执，情有理无；依他起圆成，理有情无。」《疏抄》卷一云：「若有遍计所执当情现者，即名不清净。若有染分依他亦尔。问：计执体既无，云何是识性？未解。此中言依他起是唯识性者，即约事性。若圆成实，即约理性。…无漏依他于四俗谛中即后三俗谛摄，谓蕴处界四谛因果中道谛摄。二空门中，亦有无漏依他，于一切法中无有我故。即名我空，法空，当知。故无漏依他于四真中即在前三中摄。」又云：「言唯识性摄一切唯识性尽者，一切唯识性如《枢要》说：或唯识性能诠所诠，能成所成，如其次第。（下接301页《唯识详究》㈡）。

附六

即此相分，亦是性境，相从质故。如此相分有四不随：一、不随能缘同善染性。二、不随能缘同一界系。三、不随能缘同一种生。得彼自相，名为性境，如身在欲界。第八所变五尘之境，以实种生，复因缘变名为性境。眼等五识及俱第六现量缘时，得境自相，不相杂乱。『三藏法师云：「性境不随心，独影唯从见，带质通情本，性种等随应，何名性境？』从实种生，有实体用，能缘之心，相与见同种，以无自体，相分復假，不别熏种。但随见力带同熏种，如缘五根有为实体，相与见分即别种生。以十八界定异因故法能熏失，既假想慧立极微，相分是假，许能熏种即违第二假法如无，非因缘故。(三)见相二分随其所应种或同异，如缘龟毛等有生灭。缘不相应，过亦同此。二、违教生。如《瑜伽师地论》卷五十四：极微但由假想非有体，若别种生，即成有体。三、假(二)见相别种，有三过：假法种生失，如缘极微，极微无体，但假想慧析为极微。若此相分别熏成种后生现行，极微有体，亦不生本质，本质唯旧(?)亦有二失：一、违教失，经云：诸法于识藏识于法亦尔，更互为因性，亦常为果性。二、界杂乱失。种。若尔二，诸法杂乱失。如第六识一刹那中缘十八界，质与相见既同种生，故十八界成杂乱失。亦有三界杂乱失。若依第二同种起。第八不能熏，相见各别起。问：若尔，眼不缘八见，八见相别起，六既通能缘，八见相同种？答：第八见相，亦同一能熏故。三法同种，有二过失：一第八相例失：眼识亲缘色，相见同种生，本识亲缘色，亦应同种起。答：眼识自能熏，相见二、生自相分。三、生自见分。两法同种者，但自相见不生本质，如缘过未，龟毛无等。或虽有质，质本有(「有」疑「不」)生，不质，影像及见分三。b、两法同种生，谓相见分。三法同种者，且眼识起时缘于色境熏成种子，种子有三功能。一、能生本质，生为别种起：有三师不同：(一)见相同种生起名唯识，若别种起既与识殊，何名唯识？此有二类：a、三法同种，生谓本释。护法、亲光虽立四分，且依共许，陈那三分，第三分内摄第四故。」《了义灯》卷二云：「相见俱依自证起，相见二分为同种《学记》卷一云：「释中有二：三分故，二分故，此初也。三藏云：安慧唯立一自证分，火辨、亲胜唯立相见，此除彼三余师共

又云：「变谓识体转似二分，相见俱依自证起故，依斯二分施设我法。」

卷一云：「心所与心种子各别疏言，能生彼者，增上道引名生也。」

非识所变，如何如色亦唯识？所以解云：彼能变性，识言所摄，定相应故，谓诸心所各自变境，隐劣显胜，不言唯所。」《疏抄》起之时，随与一俱非一切时恒并，故举心王摄于心所，不举心所摄于心王，西明之说非是。」《学记·一》据西明说：「外难心所变见相，依此上立我法，心所变相何不依彼立我法？今答此难此中识言亦摄心所定相应故，心起之时非定有所如贪信等，心

《识述》卷一云：「识谓了别，此中识言摄心所定相应故。」《了义灯》卷二云：「外问我法所依内能变相岂无心所？此意难言心能二云：「今古同许，大小所成唯依见相，此据实依，故并自证。」漏，真如后得变无漏故。(反乃变讹)」《学记》卷一云：「测云依识所变相见而立，基云：通依种所转变自体分立。」《枢要》卷依他不，立我法者，相见是依他近故。自证分隔相见分故。又相见识所反，依上立我法，真如亦六识反，不立我法者，相见有即变七识现行自证分，七识自证分复变为见相二分，依二分上假施设我法，变为种子者，七识熏成种也。」又云：「自证分亦变。问现行中以摄得见相分，下文又熏言见相分者，见相分即是变相意也。」《义演》卷一云：「种子识即第八识，变为现行者，

(注二)《疏抄》卷一云：「变谓种子识变为现行者，第八识中种子而生八识现行。现行识变为种子者，即前七识为能熏。熏成种子即是转

我法与识

（附六）

立》。」（按《宗镜》四不随心外，又有第五三科不随。）此一颂，定诸法体于八识中，若因若果二行相于五蕴法各别牒出。」）（上当更勘。）「考《瑜伽师地论》卷四八之《废自界五尘，或种同而系不同约聚论之即有，一法论之即无。如第八识聚心所所缘与见同种，心王所缘而系不同，由色为本质故。二者又性种等随应者，或性虽同而系种不同，如在下地缘上界天眼耳地，或系同性种不同，如五识缘故。有三合者，如因第八缘定果色，心所所缘，唯独影像，心王所缘是实性境，亦得说为带质之境。第六所变定果之自地五尘是初性境，亦得说是带质之境。如第六识缘过未五蕴，得是独影，亦得说是带质之境，熏成种子，生本质三同聚。唯有一者为前已说，有二合者，如第八识缘自地散境，心王所缘是初性境。心所所缘是独影境。五识所缘心性不随，有三俱随有俱不随。（《枢要》云：「随应是不定义，有二随应，一者义显三境，诸心聚生有一有二，合有句通释』前三句，谓前三句中随其所应判性种不同，不可一例。有性界随心种不随，有性种随心界不随，有界种随「非现证境推求力生，故小见种说通有覆而有本质。似质而生，故从质种说通无覆，以得熏生本质种故。」）『第四同故，余识但有带质义，不可说而通情本也。别种说故，得从本质。等者等平等性智，随见善故。」《学记》卷一云：《要记》上卷云：「若第七识可通情本，六如上说，俱生思，准相分熏三种故，谓随见质及自熏故。种性如文，界不变相分，得从本质是无覆无记等，从见分是有覆所摄。亦得说言从本质种生，亦得说言从见分种生，义不定故。」第八无漏，相分从见是善无漏。从质即是无记。（《枢要》卷二云：「带质之境，谓此影像有实本质，如因中第七所同种，或复别种名带质通情本。如第七缘第八见摄相，从见有覆性，从质无覆性。又如有无漏互相缘相，如第七缘能缘心，缘所缘境有所扶质而不得自性。此之相分判性不定，或从能缘心，或从所缘境，种亦不定。或质同种，或见见。」《学记》卷一云：「知彼影无法尔种，无法尔故，新熏亦无，新种必托法尔熏故，无为亦尔。」）『解第三句』谓本质由不实、熏生现行。皆唯从见而名独影，即第八所是不熏，不生六互仿故。缘无为及他界，使影无实用，故唯从识所变，此之相分由能缘心故。是此界性等摄，相从见故名独影唯从见。（《要记》云：「即一切无本质相分，谓有句。缘空华等此等影像有四从见：一从见分同是善染，二同一界，三同一种，四同异熟及非异熟。以不生本质但意意识缘彼空华及无为等，皆与分见分同一种起，或无为缘是第三句或是第四缘。第八识相应五数所现相或第四彼本质，是不生法等，此等相分及第六识缘第八识相应五数所现相分，但与能缘同一种生故名独影。唯从见如独及第七识皆随心不善、有复摄故。）『释第二句』谓能缘心但独变相无别本质。第二虽有本质，然彼相分不生本质以随。能缘见分故，谓有性系同者，不由心故，亦名不随心，有不定言意在于此。即别种义，如第六意识起分别我见，境自地系，如是等类，亦不随心一种所生，由见相，种各别体故。《要记·上》云：体性不随有三：谓性、种、系不子通三界系，身在下界起二通时，缘天眼耳。身在上地，眼耳二识见欲界境，二禅已上眼耳识缘自他境。识初禅系，要》卷二云：诸真法体名为性境，色是真色，心是实心，此真实法不是随心。三唯三□如第八识通一界系，所缘种彼能缘心故，方成无记性。若独散意识缘自界五尘等，但是彼境自住自性，非得自性。然性种等亦同五缘。（《枢五识通三性，相质俱无记。不随于五亦通三性。虽五识身无记性者缘五尘境其性虽同而相见分各守自性，不是随四、不随能缘是异熟等。于中虽有与能缘心同界同性是境自性，不由能缘心力是此性界地等名性境，不随心且如执相见二分施设我法，世尊能知识自证分及真如等。法性离言非我非法，为除愚夫所执实我法于彼识所变二分之上假说为我或有执故，无明俱故，转似二分，二分即是相及见分依识体起，由体妄故。变似二分。……彼我法二离此相见无所依故，依所起论中末后决择，说无明支许通三性，故除如来，皆有二分是计所执。……相见俱依自证起，由识自体，虚妄习故。不如实故，实，有法执故。似二分起，即计所执，似依他有，二分体无，如自证分相貌亦有，以无似有即三性心皆有法执。彼引世亲所造缘又《识述》卷一云：「安慧解云：变谓识体转似二似，二分体无，遍计所执，除佛以外，菩萨已还，诸识自体即自证分，由不证正义质影二相与见分三，此三三性种子界系等未要皆同，随所应故。故知上皆护法说。）

别心方得生者，如四大种子生时，所造色种子方起，自证不生，相分不能起也。」《义蕴》卷一云：「相见二分虽不同种，自证生时系彼相种亦令生起，故得说言转似二分（？）色，非大种同，即言亦是大所造。相非识种起，何妨言识变。」（《枢要》云：护法第八识见分无利熏种故。疏云：相别有种，何名识变？不离识故。由识变时，相方生故，如大造色由分别心相境生故。非境分因缘生故，亦名无为，不是业烦恼所为故。今此亦尔，其所熏得种子，不必生第八识见分，以是染污故。不必不生第八识见分，子摄论第八识见分，即名无覆无记。若摄从第七识见分，即是有覆。如何一法半染半净？由如对法论中明道谛亦名有为，从言通情本者，若种子生善染心上相分，即名通情。若生异熟心心所见分，即名通本，由如第七识缘第八见分所熏得种子。此种染心心所相分也。若相分强本质弱者，其异熟种子即生第六识中能熏善染心等相分，即通情也。不生异熟无记心心所见分，情本摄，若本质强，相分弱，其新熏异熟种子，即生他第六识中相分异熟心心所。异熟心心所是本质，故通本也。不生能熏，善识中正起善恶心时，即缘前念第六识中异熟心。而相分中熏成自第六识中无记种子。此第六识中异熟无记种子，即是带质通心或已落谢故，或未生故。亦不得熏成自第六识中异熟心种，若第六识起异熟心时，亦不能熏成种，无记不能熏故。故知第六第八识见分而熏成第八识见分种。其第六识中异熟无心种子，如何熏成第六识中异熟心种？前第六识正起善恶心时，其异熟他见分带故，其相分亦能熏成种。由如弱兵虽不能打贼，由前强兵打破贼故，亦说弱兵能打贼。今此亦尔，若第七识必同时缘中异熟无记种子，由如第六识缘第八见分时，或同念缘第八识见分。而相分中熏成他第八识见分种也。其相分自不能熏，由能自熏。由此义故，其五识中异熟无记心种子，不能自熏，即由第六识，或同时缘他五识中异熟无记心，而相分中熏成前五识心，不能自熏成种，故下六谓，若有势用增盛可名能熏。即善恶心有其势用强盛，可名能熏，其异熟无记心，无势用强盛故，不云何？第八识见相分种不得自熏，即由五识及六识熏成第八识相分种。若第六七识熏成第八见分种。如前第六识中异熟无记一分缘现在境，即摄得性境不随心，又如第六识自熏成第六识中异熟无记种子，是带质通情者，大乘中极难解道理也。其义亦摄得带质通情本。若同种者，即摄第六识缘无为及离蕴计我，独影唯从见。若别种者，即摄得五识及第八识及第六识中见也。相见分别种生者，即是性境不随心。此二皆有过不摄，不摄带质通情本故。故今双取相见亦同种亦别种生，即摄法尽，二故摄似也。实非二分者，实非是遍计二分也。）似计所执见分二相故立似名。」《疏抄》卷一云：「唯同种生者，即独影唯从有，实非二分。（《义演》卷一云：非有似有者不同真如是实有也。似有遍计所执二分故云似也。意说但缘缘生似妄心所计实二分，论说唯二依他性故，此除真智缘于真如，无相分故。依止依他相见二分施设遍计所执我法二实分。此依他起，非有似《述》一云：「此说识体（自证分）是依他起，转似相见二分非无无，亦依他起，依此二分，执实二取，圣说为无，非依他中，无此

我法与识
（附五）

法，方便引诱，令知假说。」《疏抄》卷一云：「无明支q许通三性者，即安陀偈佛义，其人先是外道，后向佛法出家，是外道义也。」《义演》卷一云：「如自证分相貌亦有者，意云此是安慧许相见二分，虽是此计所执，不同龟毛全无，故有似自证之用：…自证体虽离言，而亦有缘用，见相体虽是无，何妨似自证之用。？护法云：相见二分似妄情所计实二分也。安慧用此二分虽无似自证亦有缘用，故二师有别。…即三性心中皆有法执者，意云有漏自证既不证明，知三性心中皆有执也。」《义蕴·一》云：「似依他有，二分体无者，此相见分似依他有自性是无。…无明支通三性者，相传有三释：初解为胜。初解云何？约第七识中无明说，第七无明与前六识三性俱故，云何胜？第七无明非正支摄，助支可通，下论云正发业者，唯分别助者不定故此无明。亦有支摄，如说有漏业与漏俱由第七漏令善等得成有漏，故此无明得通三性。」《演秘》云：「第七无明力故，余六识等方起无明能发于业，虽非支体，为支远缘，假名为文，据此义边，名通三性。」《秘释》云：「护法不许善心等而有执。」又《识述》卷一云：「前护法解，后安慧解，何故我法但依二分，不计自体，以为我法？答：若护法说据实亦计，且举所变二分为依，非无依于自体计也。略有三义所以不说：一、二执遍，我执不依自证起故。二、共许遍，今古大小皆不许有自证分故。三义已说。若计自体即能取执，见分中收，但言二分，摄能所取，非不依于自体分计，今显自证，离见体无，故但说二，见分中摄，显能所取摄法尽故。若安慧解，凡是所执，体皆是无，若执自体，即执能取，不异见分，故更不说为我法依。以自证分体是有故，或离言故，不可依说。」《疏抄》卷一云：「相见二分，即有作用，若我亦有作用故，依相见二分作用之法上，而执我也。若自证分，唯是法体，而无作用故。」《义蕴》卷一云：「自证但守自体，有执（轨？）持义，故得有法，不取外境作受义隐，故不说我。」《义演·一》云：「不异见分者，若执自证分为我法，应同见分是无。」

又《识述》卷一云：「或复内识转似外境，我法分别熏习力故。诸识生时变似我法，此我法相虽在内识而由分别似外境现。诸有情类无始时来，缘此执为实我实法，如患梦者，患梦力故，心似种种外境相现，缘此执实有外境。」…又云：「即是难陀亲胜等义，依摄论说唯二义也。但立见相，以为依他，不说第三、第四分也。相分体性虽依他有，由见变为，故名唯识。此相分体实在于内，不离于识。妄情执为似外境现，实在内也，即以依他以计所执，依此似外相分之上。世间圣教执说我法，见变似能取，亦相分摄。…初后有义理教皆均，取捨难知无偏胜也。」又《别抄》卷一云：「难陀谓依所变依他相分执为我法，此即无依于有假，乃世间执实。圣教所说我法，此即依他义依于体。」

《学记》卷一云：「第二二分家释，我法分别熏习力者，测云，由六七熏八识生尔或可我见名我熏习。有支名言名法熏习。」《枢要》卷二云：「我法分别熏习力故等文中有二难。一云诸识生似我法时为皆由我法分别熏习之力为皆不由？若皆由者，八识五识无二分别，后生果时应不不似二。若不由者，此中何故但说我法熏习为因？答：二解俱得，其皆由解者。一切有漏与第七中二分别俱故，或第六识二分别引故，后生果时皆似我法。其不必由解者，此说第六根本遍缘一切为因缘发诸识令熏习故。后生果时似我法相起，或非外似外，六七计为似外起故。若安慧师八识有执，不须此问。」《要记》云：「其不必由解云此说第六根本。根本者，五由六引发，八由六感生，故说为根本。言因缘者，即增上缘，非亲因缘也。此解但由六不言我法二，分别引故。与

心缘心所变之心所亦相分摄故，此师我法唯依相分。……不许末那有法执者。论说末那四惑相应谓我痴等，不言法痴法难陀等但说识上变似我法之所由，然不约能所熏，今约所能熏，故与上有别。」《义蕴》卷一云：「见变似能取亦相分摄者，如一云：「见变似能取亦相分摄者，由后念见分计前念见分为我能取时，即此所变见分亦相分摄。……然护法至皆有执故者，前于法。八识生时皆似我法，若难陀解：六七识中唯相分上能执我法，后八识生时皆似我法也，二种相即相见二分。」《义演》卷法解六七识中见相分上皆能执我法。由熏习故，八识生时皆变似我法，若安慧解，第七执我，第六通执我法，除第七余七皆执中皆有执故者。此疏文不是第三解，此文但重料简以前护法、安慧义也。……疏云即依他起缘所生法名似我法二种相者，若护意说其似我法，即是立他，他起性故。以下论文中喻依他性有，明知似我似法即是依他，然护法等云第，第六七识乃至八识之名似我法，即于依他性上坚执为我法，方是相见二分，是遍计所执也。即是安慧不正义也。……疏云以下约喻依他性等者，安慧见分名妄情。即一见分，分能所似……诸识生时变似我法者，即自证分上有似我之相，安慧第二解也。解云：安慧此自证分体见相故立似名。今言似彼妄情者，似彼妄情所执二分亦不相违也。以妄情相见二分，似彼妄情，以有似有，即自证是妄情，或起遍计所执，不说依于圆成起计所执，亲不得故。」又《疏抄》卷一云：「疏前言此依他起非有似有，实非二分，似计所执二分云：由七识熏习分别力故，八识生时，变似我法，八识之中皆有执故。……诸有情由无明力无始时来执似为实、自体即依依他他性有，故识所变似我法是识自体。虽有二解，后解难知，前胜。然护法等云：第六七识妄熏习故，八识生时变似我法。安慧似我法者。即自证分上有似我法之相，体变为相，但依他性，依此坚执为我法者，方是二分。其似我法不名二分，以下约喻依六七似我，圣教愍诸有情，说凡愚所计为假我法，亦依总无假说为别我法。由闻此熏习八识生时变似我法，又解诸识生时变七识起执于我人，除第七余七识起执于法，不许末那有法执故。如是总说执为我法、种种别相熏习力故。八识生时变似我法，他相分，执为我法，故说变似我法。安慧云：「变似我法有二解：一若世间圣教皆是计所执，世间依八识所变总无之上，第六毛似彼龟毛故不说似彼但说似情。难陀等言，诸圣愍凡不知自识，便于识变强名我法，令断实执，解了离言法性。凡夫依此依(强？)目彼，世间凡夫依识所变相见二分。依他性上执为我法，此所变者似彼妄情名似我法，彼妄所执我法实无，非可说牛诸识起变似我法，护法释云：「识自证分所变相见依他二分非我非法。无主宰故，无作用故，性离言故。圣教名我法者，是横计我法，种种分别熏习力故。若安慧解七识相应诸心心所皆名分别，能熏习故。即由分别熏习种生，由数熏发有此种故。后上变此所执见分，亦是相分收，所以不见分计为我法。」又《识述》卷一云：「先法后喻，若护法、难陀等解，由无始来第六七识《疏抄》卷一云：「见变似能取亦相分摄者，难陀师说，唯依相分上执为我法，不见分上立为我法，谓执见分为我法。即能缘心缘起故，有相见不由于执方见相生。」

二生执为我法，不依无漏，无漏之心虽有二现不执我法，但随假说。问：执位分别有似二生，无漏不执，应无相见。答：心二作生观七法执行故，心起时恒有我法。问：有漏位有执漏位似我法，无漏位无执起无似我法？答：前依执说分别熏习，后似法，五八可得无由他染熏成识生似我法。问：执心有分别由彼故有似我法？无执无分别，非一切时似我法？答：地上菩萨独前别说，不必由也。」《义灯》卷二云：「问六七有分别，后识生时有我法，五八无分别，后识生时无我法？答：今约分别解我

用显现谛摄。」（参考《瑜伽师地论》卷四〇、注二一。）

是假名无实谛摄，故说唯言，决定义故。实我法名如瓶盆等唯初俗摄。识境所依亦胜义有者，是俗随事差别谛摄，复是体变生名曰依他，非是从种所生之依他也。若作此解相分即非因缘，前解是本。」又《识述》卷一云：「外境随情唯世俗者，即也。问：假法如无非因缘故，如何相分是依他？答：假非因缘乃护法义。此师假法亦作因缘，故是依他。又依他者，依识分等依识变现，非如识性依他中实者。此师一切相分皆非实有，然是依他。虽是依他非如见分依他中实，即许依他通假实

□七页之我法是遍计，无种是假摄。根尘说种生如识是有非假收。故下第十云，自证相见三分俱实。」《义蕴》卷一云：「疏云：然相识，此约内境如识有义，即下第十三分俱实者。意释外难难云我法妄情变，依识是假摄。根尘亦识变，应当是假摄？答：云：「以无内识所变我法故者，安慧内识变似我法一切皆是遍计。……《疏》云：「此中色等内识相分因缘所生，从本名假，依见起假境依识唯世俗有。见分是实能起相，是假境依胜义有三，胜劣对，四凡聖对。此中但依初对。」《义演》卷一《义灯》卷二云：「境依内识等者，有四解：一云有无对，遍计虚妄唯世俗有，依他是缘生境依亦胜义。二相见对，相分是故，亦非非有。

识体是依他故，必依种子因缘所生，非体是无如遍计境。色等相见二分内识所变，不离识故。总名内识，由此真如是识性施设，义依于体，外境随情等言遍计所执心外实境。由随妄情施设为假，体实都无，非与依他内识相似。内识必等者由内妄情所执实我法性，此缘起法无主宰作用故。然由似我法能执妄情有主宰用现，说此依他为假我法。此显圣教假我法有体显无体随情无依于有。内识所变等此显依他我法名假，先显其体实非我法。内识所变似我法，虽体依他缘起是有而非是彼识是假境所依事故亦胜义有。……唯是难陀、护法二说，无安慧解，以无内识所变我法，故护、难二义准解。但随妄情等此故说为假，外境随情而施设故。非有如识，内识必依因缘故，非无此境由此便遮增减二执。境依内识而假立故。唯世俗有，又云：「愚夫所计实我实法，都无所有，但随妄情而施设故。说之为假，内识所变似我似法虽有而非实我法性。然似彼现，许尔者不殊护法由此难知，若尔，前解即自证分无亲缘失。答：有体为缘是护法义，安慧许假得成缘故，故前解胜。即与护法何别？）护法岂许所执二分是依他耶？又自证变依他性者名为相见，依此坚执为我法者名似我法，复有何失？若答若以坚执方无体者，护法何别？（释云：自证真变，为依他二分似自证分，若执此二分实者，方是遍计所执，其体是无者，用之义，故似也。又五八相见似六七现，非以有执名似我法，故不相违。」《演秘》卷一云：「疏又解至识自体者，问（同《蕴》）相分种是假变故。……问：五八既不执，如何似我法？答：今言五八识变似我法，不约执说，或似六七妄情所执或似主宰作似法许缘也。此师无不缘有，有得缘无。若论相生，假实皆互相生义，自证生相见，实生假也。种子生自证，假生实也。第八若无此者，自证便无所缘以见相分无实体故。然而既有似我法相，又非二分所收故难知也。此师自证得缘假法根尘等相皆名法执耶？答：即有我执，故成虚妄。……又解至我法之相者，此师意云：自证分上别有依他似我法相，以为自证亲所缘境，爱故 知无法执也。余之七识有法执者，诸论皆说三界虚妄心心所等，若无法执何言虚妄？若尔，即第七识亦是虚妄如何无

所依，余已舍。」《枢要》卷二云：「执藏在前四地（此约七地说）异熟通六地半，第七地摄第位即与三界一切种子及因位无漏种，果位无漏而作所依。若在果位，唯与果位无漏种而作舍。……阿陀那识，种子识，所知依识及心，四名通因果位，其所知依即因位宽果位狭。若在因其异熟识与二障种一时顿断。有义其异熟种金刚心已除，其识与金刚心俱起至解脱道方顿《疏抄》卷四云：「菩萨金刚心等者，此文有二师说：有义异熟识与二障种至金刚心起时，二乘无学位。四、十地菩萨位。五、如来位。异熟一名通前四故云多。又十三位通十二故。」因有虚妄位，不说于佛。故说异熟识多异熟性。又为五位：一、异生位。二、二乘有学位。三、者，此中意说熏习位识，若说宽时佛无熏习。若说狭八地以后犹有熏习，便为不足。又但说位，谓名执持，或名心等长短分位，以异熟名亦通初位，故云多。初狭后宽，故皆不说。不说余依位，谓名异熟，至无所知障位。三、相续执持位，谓从无始乃至如来，尽未来际利乐有情赖耶至无人执位此名执藏。二善恶业果位。谓从无始乃至菩萨金刚心或解脱时乃至二乘无有三位：一、我爱执藏现行位，即唯七地以前菩萨。二、乘有学一切异生，从无始来，谓名阿

一、异熟——《瑜伽师地论》卷二云：「即第八识，多异熟性故。」《述》卷四云：「多异熟者，谓此识体总

解三能变

「极微等者，极微虽假，影像必有可持体故得名法。当拆之时亦依粗色变成种子，其我要须有主宰用，故但名法。」多，不得名一。有生灭法不可名常，故云依他无我。无别种者，但依五蕴法种子立为假我，无别种不同于法。」《义演》卷四云：相分有执持故。但可名法，以无常一主宰之义，不可名我。相分非主宰者，非自在故，不可名主，无割断故亦非是宰，相分类别种生，谓虽极微，亦名法故，我则不尔。」《成唯识论述记义蕴》卷二云：「法有本质，我无本质，故似事中，有法无我。又所变中有法，我谓主宰，依他之中无我，法无主宰故。若和合时名假主宰，此即是我，无别种生，依他假我如瓶盆等。不同于法，有

（注四）《明我与法》——《成唯识论述记》卷四云：「似事之中，有法无我，我但有名，无相分故，法则不尔。依他性故，法谓轨持，依他之下地善及与加行，无记之心，此心亦是异熟，又此异熟于一切处唯是无覆无记。」

心，亦是异熟，从此以后所有一切自性住心皆是异熟。除善染污及除加行无记之心所余皆名自性住心。若心离欲犹故随转，除

《异熟》

（注三）《瑜伽师地论》卷六十六云：「若善不善未被治断，其异熟果非先已熟名有异熟法。又临终时最后念心是异熟法。结生相续无间之言，前解为胜。」

体别也。又更解云：六识所变相无，有多瓶体差别。但一种是相分收，离识无体，所心一种，同是法同分收。虽有二解道理而以无体故，所以法同分收。若是识所变青等之相，似有体故，不向法同分中收，随心所心王是四蕴择故二种相别也。谓有体无差别，相分是假故同分收。同分宽故，前解为胜。」《义蕴》卷一云：「若唯独影唯从见，后解为胜。」《释》云：「计我遍常之相，所以判于蕴即四蕴摄。疏言同分且据离蕴所计之我当情显现遍常之相名法同分，不说所变相分之体，在法同分又所变相无多差别，随五蕴摄，心变似我无多差别，众同分摄。」《演秘》卷一云：「即蕴计我相实随蕴，离蕴计我，既无本质相随能变心王心又《识述》卷一云：「法体实无，然立五蕴，我体非实，何法摄耶？法依作用可立五蕴，我无一常，故不别立。又心变似法，有多

识俱具，各就其胜而互显其俱，不连上读。」显以位解但举一位，余二俱显，则以此句但说八识事也。然是说七识事，应言心意识三诸境六识以明，后一不通佛净识明。（申《述》六义也。）……非所熏故，又互显故。《疏抄》互易共知故。二、共许有故。三、行相粗故。四、所缘粗故。」《讲》卷一云：「前五义合佛缘细三能变识互显也。」《枢要》卷二云：「了境者，一唯见分行相而现自体，二简他识四义：一云：「互显者，举通净名显第八亦通净阿陀那识是举异熟染名。显六七二亦唯染也，此约八识。相粗非了境，六识心所。俱非，七八心所，俱句第六心王，亦粗亦了故。」《义演》卷四二亦得，举中异熟，影取前后名亦得也。」《秘》卷四云：「作四句别：一、了境非相粗，第七能缘五根细境，互显故者，举狭名取赖耶，影取后异熟执持亦得。不于后陀那宽名，影取前缘真如细境，若佛五识虽亲缘真如二（疑错）变影像，缘真如亦名缘细境。其佛六识等，亦义故，七八二识不粗了故，亦通净名非所熏故，又互显故。」《疏抄》卷四云：「佛第六识亲故名粗？答：一多分故，二易知故，三有情共悉故，四外道许有故，五大小极成故，六不共

三、了境——《瑜伽师地论》卷二云：「即前六识，了境相粗故。」《述》卷四云：「佛前六识亦缘细境，何那为意识根依。」（按以缘少故，《讲义》作多，谓第七执第八见为我，八见恒起故。）六识根依非无间灭识，以无间灭识过去非现在，现在乃能有实体故。……染意不行时，出世未意，依兼能所故不取，以自行相显自体性思量独胜故取。又《摄论》第一义是无间灭识此论《讲义》卷一云：「依止义即六识根依，《摄论》第一意也。思量义即第七。《摄论》第二染污以思量行相而显自性不名依止，又现正思量名之为意。今此思量是现正思量显无间故。」第六能依止。）思量之名，自行相义，以行显体，以缘少故，相续恒起，行相深远名之为审。故量。依止之名是共他故，今不共。又依止名兼他显自，以能显所故。（《记》云：第七所依止，第七亦缘外五尘故。言恒审思即通摄因果位。」《枢要》卷二云：「意有二义：一依止。二思《疏抄》卷四云：「此中间意第七识恒缘第八为自内我。何不言实内思量？若佛果无漏位，恒审思简第五。若言此识实内思量，何故此中不言内者？通无漏。说佛此亦缘外境相故。」

二、思量——《瑜伽师地论》卷二云：「即第七识，恒审思量故。」《述》卷四云：「恒简第六，审思简第八，七，有覆性故，俱非即六识中非业招者，俱句，第八。」多非异熟。」《秘》卷四云：「有异熟非多，谓六识中业所感者，有间断故，有多非异熟，谓第第七虽多非异熟。又多者广义，即是总义，异熟之义虽通六识非总报主不立多名。第七虽十二。…多者相续义，一切时行名之为多。异熟者业果，五果中业果。六识虽有异熟非多，十地故，执持通七地。然依杂染多分异熟通阿赖耶故。又十三住初通九，三通十三，二该

略释能变（注五）

（考卷58《略》）

因能变——《瑜伽师地论》卷二云：「因能变谓第八识中等流，异熟二因习气。等流习气由七识中善恶无记熏令增长。异熟习气由六识中有漏善恶熏令生长。」《述》卷四云：「因谓种子，为现行生之所由，此名唯望现果为名。据理应名果变，种及现行所引生故。今望果说现行因故。变谓转变，所依止能持之识有等流异熟二习气。习气者，现气分熏习所成。自性亲因名等流种，异性招感名异熟种，一切种子，此二摄尽，士用、增上於中假立。谓因即能变名因能变，谓能生后自类种同类现行及异熟果故。……等谓相似，流谓流类，即此种子与果相同，性似名等，果是彼类，此不以等流所变之果，显其自性，但举等流能变之因以显自体，义显所生通诸有漏三性之法各自种子所引八识，各各自果名言熏习种子，以第八识不能熏故说七生。七唯无记，六通三性。又等流因是因缘种，其所生果，即通八识种，异熟因是增上缘种，即是有分熏习种子。此亦但举能变之因以彰自义。显所生除第七识，可通余识及五蕴等无记之法。此体唯通善恶二性，果唯无记。前因因果皆通三性，此中不说七八者。七唯无记非异熟因，八不能熏故。又此明因能变，即是种子，转变生果，果通种子及现行，自类种子亦相生故。《瑜伽师地论》卷五种子七义云：与他性为因，亦与后念自性为因，非即此刹那，举因能熏意显七识等诸现行法，亦名为因，亦名能变。故二习气各举能熏诸因缘体，辨体生果者名因能变，故转变之义通现种。种因变，唯在第八，现因变通余七识。不说我见熏习种子，离此二外，无别体故，于名言中别离出故，不能别招后果生故。」《秘》卷四云：「此名唯望者因能变名唯对所生现行果说，种及现行所生者释种得名果变所以……善恶种子生自现种名为等流，有余缘助感后异熟即名异熟。虽体无异，有别胜能故开为二，我见熏习方此不如故不可说。由此异熟必是等流，自有等流不名异熟，即无记种及彼善恶不招果者。」《疏抄》卷四云：「据理等者此种被前念同类种为因，引起后念种，念种即是果也。又现行为能熏二成种别果，应名果变。今说种子望与现行为因故。……论文举七识能熏之因即摄得现种子。即显能熏之因即摄法，亦类种子生现行。现行亦得通三性。此因能变中则摄得种了生种、现。现行亦得通三性，此因能熏七识之因，即通三性，亦显种子生现行，现行亦通三性。此因能变中则摄得种生种现，现生种子皆名因能变……等流习气由即取威仪工巧变化三性种子，除异熟生，余皆名等流，习气即是有分习气。即是法同异熟习气，名言习气者，即是此中等流习气也。举因能熏者，谓能熏现行七识熏成种故，亦因能变，二习气乃至义通现者，论文举二习气能熏现行识，即现行法辨体生种为其因缘，现行七识，亦名因能变，则是现行生种子名因能变。种生种现，现生种皆名因能变也。」《义演》卷四云：「有分熏习种子，即业种子。」

现行。」

六七种及之种，唯第因位无漏之心，若在因位有漏三句并在一□以前「能熏七识卷四作：（附）《述》

（附四）解能变义

异熟果通七识有，今初能变唯真异熟，我所藏故，持染种故，非说一切业所感者皆初能变。果事名之为满，亦通因果皆有满义……第七识非异熟种之所引生，因位唯染，果无漏故……唯立异熟名，感前六者，显异熟因所生未尽，此是别果，亦非是主，不名真异熟，成圆果事，具足名引，引余业故，报亦名引，引余果故；业胜名引，果无间故，说恒相续，由恒相续及是引果八是总果故，是果之生，余果方生，主引故，由强胜业引总果故，余别弱业方能生果据其胜业者。因缘之法必同性故。增上缘者，不亲生故，所生真异熟，唯第八增上缘生，性不同故，唯第……习气者种子也。今显所生道于八识，体谓体性，相谓相状，自证见，相俱名为识，果似因性赢劣要二因所生名果能变余不尔。种种相者显相应等见相分法，五蕴非一，言种种也。力故。八识三性因缘果生，由前异熟能变力故，除第七识余之七识无记果生…无记之法，体即自证分能变现生见相分，此变又名有缘变，识中种子，果之所变，识所缘故。由前等流能变现种种相，故知但说现行果法名果能变，由以变现名能变故，种子但以转变名变。此果能变中果变，谓有缘法，能变现义，故种子非。若体是果而能转变，种子亦是。今论但说有八识生果，果异因故。此中且说我爱执藏持杂染种能变果识名为异熟，非谓一切。」《述》卷云：「此名；感前六识酬满业者从异熟起名异熟生不名异熟，有间断故，即前异熟及异熟生名异熟差别而生，名等流果，果似因故。异熟习气为增上缘感第八识酬引业力，恒相续故，立异熟

（附二）果能变——《瑜伽师地论》云：「前二种习气力故，有八识生现种种相，等流习气为因缘故。八识体相，云六七熏言意显能熏亦因能变。不正义也。」又云：「因果变，《枢要》卷四句为不正义。」故。虽有别义，现亦种因，种亦现因，各具二变，然杂乱故，三藏存前《义灯》义以为正义，准此基种子，此二变中何变所摄？答：种生种现皆因变摄，种能变故，现生现种皆果变摄，现能变示？）作。《义灯》卷五云：「因变但种子，果变为现行。」《学记》卷一云：「问现行熏种，种生六识业果现种，有俱非谓七六识非善恶并业果心，俱句无。」第五异熟等流相对为句（未？有俱非，谓佛果相分。四、异熟，有唯异熟因非果变，谓有漏善恶种，有唯异熟果非因变。谓八种，有唯等流果非因变，谓佛果现八识，有俱句，谓因第七及六识无漏并威仪工巧变化因种，熏现及能生种故，俱非佛果相分。三、等流，有唯等流因非果变，谓大悲菩萨之果，无漏法尔无漏种，更无现熏生故。有果变非因变，第八、六识中业果并佛一切现王所，俱句，谓因七识。异熟相分，六识业果相分，及一切第八佛果诸王所相分。二、因果，有因变非果变，谓佛有为位八识及六识中业果现行并佛功德，一切诸心王所。有俱句谓因位（附一）七个识，有俱非谓二变（据讲义一分）有唯转变名变非变现名变，谓一切种子，有唯变现名变非转变名变，谓因《枢要》卷二云：「体相沉隐名之为因故唯在种，体用显现立为果名，此中开为五四句：一、

（附二）异熟及异熟生——《成唯识论述记》卷四云：「问六识报者，非真异熟名异熟生者，善等三性法应名异熟生，并从真异熟起故。答曰：不然。对法第五说，若法是异熟从异熟起者名异熟生。善等唯从彼起，不是异熟故不名异熟生。若尔，即真异熟，从自前念及种起故，应名异熟生，合具二义故。答曰：可然。《瑜伽》卷六三有心地广说如彼。今义义释：（一）若法异熟从异熟起无间周遍者名为异熟，不名异熟生。（二）若法异熟从异熟起，有间不遍者名异熟生，不名异熟。（三）若法非异熟，有间不遍虽从异熟起，不名异熟，不名异熟生。（四）若法有漏依异熟者，可名异熟生不名异熟。有漏种子皆名异熟生，无漏种子不名异熟生。（五）若法有为依异熟有，不名异熟，名异熟生，因中无漏并名异熟生故。《瑜伽师地论》卷五十七云：二十二根一切皆有异熟种子，由是佛果诸无漏法非异熟生。（六）若法缘合与本性别，变异而熟，果始能生名异熟生，即一切有为皆异熟生，故具知根名异熟生，佛果无漏，诸有为法，皆名异熟生。今五义中，取第一义，唯第八识不取于余。」《成唯识论演秘》卷四云：「若尔真异熟者问按彼《论》云：阿识相应受於一切時唯不苦乐，是异熟生，不言识体亦异熟生，言异熟生岂不乖彼？答：相应之受，即异熟生即从于彼必定同也。……此中有六义，取五者除第三，非异熟生，复即异熟故。」《义演》四云：「合具二义者，一、自欲前后相引，二、现从种生，意云凡具二义皆异熟生，异熟且具此二义应名异熟生。若法非

（附三）持杂染种，即显善恶业果名识，能变果识，显非因能变，不能熏故…此中所言异熟生者，一切色法非第八品亦异熟生，此但举心，心为胜故。」《疏抄》四云：「一切色法者通身上根扶根器皆名异熟生，若言异熟生皆是有情，四无记亦是有情，若外山河等皆增上果，若异熟果，唯是有情，若等流果通情非情也，若大乘中一切等流果皆从前同类因生，若小乘中唯除初无漏，苦谛法忍智不从同类因生。」《成唯识论述记义蕴》卷二云：「有缘变现为义，相分二俱缺，见分雖是有缘而无变现之义，以不能现见相分故非果变，故果变即自证分。」《义灯》五云：「目论我爱执藏等者，西明约引满异熟果简不异，本释有解别简我爱执藏目阿赖耶，持杂染种即目陀那，最初能变异熟果识名为异熟，今谓不尔，陀那通佛非持杂染故。《要集》云：谓我法所依能变於二位中别简六识至第七地显我执位真执藏处，八地以上除金刚位持杂染种显法执位俱唯第八，故颂偏说第八异熟。今谓不尔。若兼法执依即初能变非最先捨，违下文故，故今本释意有二简：一简他，谓余六识非真异熟。二简自，八地已去虽真异熟，非是我执恒爱著处已捨我执故。故但取我执所依持杂染种异熟果识名为能变，非皆摄尽，故云且说。」《讲义》卷一於强弱业等立表如下：

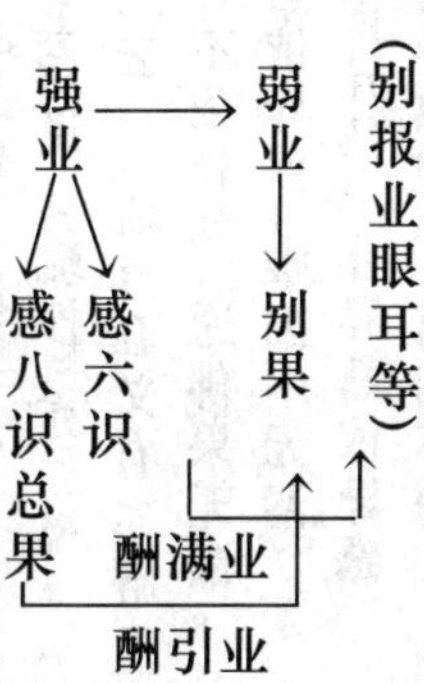

按《述》四云：「总报果故是异熟，别报果但名异熟生。」

感之谓引——强业引总果（有支感第八名言种）

酬之谓引——总果引别果（第八种生现引次有支「别业，又即弱业」果。）

胜之谓引——强业引弱业

异熟有间至异熟生者，如善等三性望自等流，非异熟故。」《枢要》卷二云：「真异熟具三义：一业果，二不断，三遍三界。第七具后二义非初，第六报心具初后义非中，非报心具后一义非初二，五识报心具初非后二非报心具无，故唯第八独得其名。」《疏抄》卷四云：「若法异熟，从异熟起无间断遍者名异熟，名异熟生者（按「断」应「周」讹，「异熟生」应曰「不名」）。即是第八识体是无记故，名为异熟。次即是六识中业所感者，异熟生心体是无记，名为异熟生（本无「生」字）仍依真异熟生故。（无心定中无六识中异熟生心，故言不遍第三即是善恶种别体，非异熟故，其恶皆为欲界有，遍上二界也……前三个即约摄一切法皆尽，其第四，即约摄相归性归性故，有漏三性种子依第八识故，即有漏之种子与第八识同是有漏性故，三种性即随第八识名异熟生也。」《讲义》卷一云：「异熟六义，实三：一、异熟，二、异熟生，三、善等。復从异熟生中开有漏为有二义，又从有为中开依异熟时，别缘变熟時，分因无漏果无漏二义。《疏》言五义者，异熟，异熟生，善等。有漏、有为，不就有为所开者言也。六义如下：

一、异熟	异熟非异熟生	现前俱异熟	无间周遍
二、异熟	生异熟生非异熟	现前俱异熟	有间不遍
三、善等	非异熟非异熟生	前异熟现非	有间不遍
四、有漏	异熟非异熟生有漏依异熟。非异熟依异熟		
五、有为	异熟生非异熟	有为依异熟，唯因中无漏。	
六、有如	异熟生非异熟	缘合不依异熟，通佛果无漏。	

（按《成唯识论述记义蕴》卷二云：「疏言五义有二解，」一捨第六言五，一捨第六（三？）言五，判后说正，以末后义明异熟故。《成唯识论演秘》卷四亦主后说，《疏抄》亦二说：一云取前五义，不取皆名异熟生。一云可言六义，不合言五义。」宜黄亦主捨第六言五，慧亦谓然。」又按《对述》一云：「一、若法周遍……得名异熟，从自类起亦异熟生，故此捨受二名俱得。」

（附三）《補果能变遗》——《疏抄》卷四云：「果能变者，即取现行自证分，能变起见相，非初从因所生者皆名果能变。若不尔者，现行为因，言成种子果时，其种子应名果能变。识中种子，果之所变识所缘故者，种子既是第八识相分，被本识见分缘故。果者是现行见分，所变者，是所缘也，种子相分，见分缘也……七识能熏生种子故，其七转识名转变；由七识上自证分变起见相分故，其七识亦名变现变。若前六识异熟生心不能熏者，唯名变现变。初起已去无漏种子，若六七现行识熏无漏种，种生现行，唯有等流因能变，即是转变，若六七无漏识，变起见相，唯有等流果能变。即是变现，无异熟因果能变，业别报果，亦是有漏果义。」

《真如与识》——《成唯识论述记》卷四云：「真如是识实性摄故，既称无相，不同种子。种子非是识实性故，故为相分。」

（注六）《更释变义》——《识述》卷五云：「变有二种：一者生变，即转变义。变谓因果生熟差别等流异熟二因习气名因能变，所生八识现

（附四）

种种相是果能变，故能生因说名能变。二缘名变即变现义。且第八识唯变种子及有根身，眼等转识，变色等是。若生名变。种子第八识生七识等，并名为变，七识生第八亦尔。若缘名变即唯影像心上现者，有漏诸识等各自相分是。……大乘缘无不生识心，影像之中，必定变为依他法故，故行相仗之而起。非缘本质法名缘，有生心，以或无故，如过未等，若影像心不定有者，即应识起无有缘义，境无体故，此如我见。」《疏抄》卷五云：「生者因能变，熟是果能变……此生变即因能变，谓种生现，现生种，种生种。缘变中即唯取果能变。有漏诸识等者，八识之上，变起见相分，本识缘

自相分，前六识皆同缘相分。……种子具二义，谓有生故名变，执故名变，而无缘故名变。五根有余二无生故名变。外器但有一缘故名变。七识亦尔。若影像心不定有者，若言心起之时带彼相起，此对小乘法许说，不尽理，如缘真如不带相故。若言有体生心，若缘真如若因证缘见分皆有体生心，此解尽理。」

（续附二）《更明异熟生》——《瑜伽师地论》卷六十六云：「若从一切种子异熟，除其已断未得之法，余自种子为因所生，若三性一切皆名异熟生法。复次一切处最后谓心及随初第二相续心，於三界中当知唯有非苦樂受，除初相续心应知此受于一切处异熟所摄，余苦乐受应知皆是异熟所生。」又《瑜伽师地论记》云：「异熟生有二种：一从异熟种子生，二从异熟相续生。第六识中是异熟种子生名假异熟，如眼根非真异熟。其第八识是异熟相续生，前念后念皆异熟故。今前念后念皆是异熟者能执持非六种识故。」（考《瑜伽师地论》卷九《自性无记》。）

（续注四）《法我执》——《成唯识论述记》卷四云：「护法云：法执宽故，人执俱时必有法执，有法执时可无人执，与前人执不同性起，体宽广故。有唯法执种子生故，无有唯从人执种起。又俱所变似我法亦尔。又能持自体说名为法，即一切法皆持自体，有常一用方名为我，故非一切法皆是我。如计外境为法非我，即显内法有，非一常。」《义演》卷四云：「有唯法执种子生者，如阿罗汉及八地已去菩萨所有法执但从法执种子生，不从我执种生，我执已断故。」——《二执宽狭》

《成唯识论述记》卷四云：「我本相即唯言蕴，其法本相言界处者，我作用义，故说言蕴，无为无用，计为我少，故不说处界。然说我为一常者，亦说有于作受之用，其法不然，但计有体，即计为法，故亦依处界。处界即真如择灭等不了此界处而执有法

「考五五之科简及破法执十四，破我执七」

故。又《涅槃经》，外道以佛性为我，此不相似，非我相故，无作用故，但名缘蕴法可与同，佛性不失法自体故，故于我中唯言缘蕴，虽无作用缘有少功能故，法体不然，故通界处。又依于本质与相分，相似不相似合说我中应言界处，故计佛性为我，若但依相似法为论，法中应但言蕴，以亲所取与本质真如不相似故。以前唯后，前加处界，以后准前，应除界处。以亲相分唯有漏，故我执加『取』字，后依本质有无漏故，减『取』字，又我总执，故缘五蕴，法通总别，故说三科。」《疏抄》卷四云：「我本相者，即我本质相，不计处界为我者，以为法处法界摄得无为也。唯《涅槃》计佛性为我……疏文分三解，自我本相至法体不然故通界处为第一解，又依于本质至减取字为第二解，余为第三解依于本质与相等者，彼《涅槃经》计佛性为我，相分与见分相似，同是有为故。不相似者，执我相分是有为，佛性本质是无为，不相似也。依相似说者，此论说计蕴为我相分，与蕴本质相似，同是有为相故。」《义演》卷四云：「然说我为一及常至不然者，意云，但计我为一常即计我中亦有处界，若约作受之用计为我者，法即不然，蕴既有作用，明知但计蕴为我也。外道计佛性为我，约不相似说，以我有作受主宰用，佛性无故。但名缘蕴者，说此同我中约相似计我名缘蕴也。法可与同者，佛性不离法自体故。依相似法但言蕴者，法执心缘蕴时所变相分与本质相似俱有漏故，处界即不然。缘界处变真如时所变相分是有漏有为是依他起，然本质真如是无为无漏圆成，故曰亲所取相分与质不相似，前加界处者，若计真如为我时，本质真如与所变相分虽不相似，然以前我准后法执，前应加处，以相似不相似合说故。除界处者，若论计法时，蕴处界总通，今约相分与质相似为论，故除处界，以蕴本质相似，处界本质与相分不相似故。论总计三科者据不舍法自体说，除界处，据质相不相似说。」——《二执三科》。

《法执善心取境不同》——《成唯识论述记》卷四云：「法执之心非但不称本质，亦不称影像，亲所缘缘共相之法依他性者，故名为执或坚著此亲相分，故说之为执。善心等缘共相时，虽不称自相本质，而称于影像所变，亦不横计执著，故异。」《疏抄》卷四云：「若缘境时称本质影像者即名现量而得自相，若不，即比量心而得共相。其相分是智，第六识上假解智，即与相分相似也。或云，若称影像即是现量而得自相境，若不称本质亦不摄影像，不起执心者，即比量心而得共相，若不摄本质，亦不摄影而起执者，即非量。」

（附五）《更明安慧变我法义》——《别抄》卷一云：安慧师宗分成两释：一、见相自体，俱从种生，以无体故。解云：虽无别种，然由无始虚妄熏习，执法自生体时，内熏习力变似我法，说从种生，非谓别有种子而生。名种生自体，依他二分所执。二云，唯自体分有实体故，说从种子生，二分所执，本来无体，但无始以来，虚妄熏习，自体生时有二分起，即所执性。颂假说我法者，或世间圣教不同。且世间以释云，谓自体分虚妄熏习种子生时，变化见相，遍计所执都无自体，依此执为实我法。依圣教所说，我法释者，此亦依于见相分施设我法，亦得说为无。此二虽同依于无，义意有别。世间我法唯计所执，毕竟无体，圣教我法，为对遣彼世间我法，故于见相假名施设。又世间我法依识所变见相二分，圣教我法，但言依识，义依识体而施设故。问：安慧见分相分无实体，施设世间我法可尔，圣教依他我法，如何得有依也？……由假说者，有二义：一约说，谓遍计所执我法，二种俱由倒情横计为实，依彼倒情随起言说，谓为实有，所说我法毕竟无实，如空华等。二约义者，唯有倒心横计为有，此所执我法，从本来无，如空华等。此二别者，倒心所执，由约所说无体有，但能说即为约说，由自体上毕竟我法实无，名为义也。圣教我亦二种：一、由言说，安立施设相见二分，似我法二种相现，名为约说，二由依他体上自有，似我法相，不由言说安立方为有，即是约义，犹如鹿爱安立似水，自体非水。」

（注七）《唯识与念佛》——《料简》卷四云：「契经说西方国土清净者，由诸有情不了唯识，常行秽行，不修净因，故大悲尊随凡所解，别指方所令其系心，渐断秽因，次第修学，其相若成，或令了达唯识无境，故欲修习，应依圣言，先随一方取相观察，如自意乐相现分明，无别境相，名为善相，相既成已，观察唯心，如梦所缘皆自心变，前如境相，随自想生，后观唯心，易了知故，既了唯识外境无，审谛思惟，遣除所取，次于识相作意思惟，以空除之名遣能取，故此成者，随愿往生。此即取相之心作唯识等加行，其唯识等观，所取相心空，若不系念随方，唯识等观难立，如但竖其外境，心空之理令乖学者于中应善观察，其罪者终时念佛，相未成就，不了唯心，能所取空，岂自观察？如何经说亦得往生？解云：修心定生净土，不言得生佛国，要须一切现成，故彼经言，不惶念佛，但称名号，亦得往生。」

《立唯识道理》——《料简》卷三云：「诸愚夫从无始来虚妄分别熏习力故，执别实有所取外境是及有能取外境，实心惑起造业，轮回生死，故大悲尊授以甘露，外境非实，唯有幻有，故识有非空，境无非有，非空非有为论所宗。」又《料简》卷四云：「随法相，本质虽非无，行者修心，要总观唯识，如论法性虽有空不空，行者修空必总观非有密意，唯识理在斯焉，甚深空门，由兹更显。」《大乘法苑义林章》卷二云：「此有二种：一所观体，二能观体。『所观唯识』以一切法而为自体，通观有无为唯识故。略有五重：（一）遣虚存实识，计执虚，依圆实；（二）舍滥留纯识，内境亦有，由境有滥外，故言唯识；（三）摄末归本识；（四）隐劣显胜识；（五）遣相证性识，识言所表，具有理事，理为性体，应求作证，事为相用，遣

（此中兼明唯识观及唯识之范围）

而不取，理事既彰，我法便息，『能观唯识』以别境慧而为自体，……若总言唯识通能所观，言唯识观，唯能非所，通无有漏，散是，以闻思修加行根本后得三智而为自体……总遍详诸教，所说一切唯识不过五种：一、境唯识，二、教唯识，三、理唯识，四、行唯识，五、果唯识。此五总摄一切唯识皆尽，然诸教中就义随机于境唯识种种异说，或依所执以辨唯识，《楞伽》说由自心执著似外境现，以彼境非有，故说唯心；或依有漏明唯识。《华严》云三界唯心。或依所执随有为以辨，《唯识三十颂》言「由假说我法」，「彼依识所变」；或依有情以辨，《无垢称经》云心清众生清，心染众生染；或依一切有无诸法以辨，《深密》说诸识所缘，唯识所现；或随指事以揖辨，《阿毗达磨经》颂云：鬼傍生人天，各随其所应，一切此六门摄。又五种唯识或束为三，谓境行果，如《心经赞》明。……识自相，识相应，识所变，识分位，识实性，五法事理，更不离识，故名唯识。亦非唯一心更无馀物，摄馀归识，总立识名……其能观识因位唯第六，通真俗三智，第七由他引亦为此观，通中后智，佛果通八识能为唯识观，三智通真俗理事二门，成事非真，唯观俗识。地前唯是有漏依他能观，七地以前有无漏二性能观，八地以上唯以无漏二性能观。」按：《宗镜录》卷四亦有详说。又敦煌《三十论要释》云：「言所宗者，总相分别，唯识为宗，由依唯识非有非无，无所得理，造正论故。若执有空，非住唯识，有所得心是戏论故。」

〔注九〕《下》

《更明三相》——《摄大乘论》卷二释三相较简明，云：「自相者，谓依一切杂染品法，所有熏习为彼生因，由能摄持种子相应。因相者，谓即如是一切种子阿赖耶，于一切时与彼杂染品类诸法现前为因。果相者，谓即依彼杂染品法，无始时来所有熏习，阿识相续而生。」《世亲》云：「依一切杂染品法所有熏习，即与彼法为能生因，摄持种子者，功能差别也。相应者，是修义。因相中谓阿识由彼杂染品类诸法熏习，所成功能差别为彼生因。此中自相是依一切杂染品法，无始熏习为彼生因，摄持种子识为自性，果性因性之所建立。」无性云：「摄持种子相应者，谓有生法俱生俱灭故成熏习。如是熏习摄持种子应正道理。此相应故能生于彼。……果相即是由转识摄，贪等现行杂染诸法，熏习所持名为果相。阿赖耶识因果不定，故云：言熏习所生，诸法此从彼。异熟与转识更互为缘生。」按：无性释相应大好，余义当从世亲，如《摄本论》义故。（考《瑜论》卷二十一注八）

《阿识诸差别及相》——《摄大乘论》卷三云：「第八差别或三或四，三即三种熏习。四种者：一引发差别，谓新起熏习。二异熟差别，此若无者则无种子，后有诸法生应不成。三缘相差别，即意中我执缘相。此若无者，染意中我执所缘应不成。四相貌差别，即此识有共相等。共相谓器世种，不共相谓各别内处种。共相即是无受生种，不共相即是受生种。对治生时，唯不共相所对治灭，共相为他分别所持，但是清净。复有粗重相及轻安相。一谓惑种。一谓有漏善法种。复有有受尽相无受尽相，一谓已成熟异熟果善不善种，一谓名言熏习种，无始时来种种戏论流转种子故。复有譬喻相。谓此识以幻炎梦翳为喻故。此若无者，由不实遍计种子故，颠倒缘相应不得成。」世亲云：「新起熏习者，谓彼最先所起熏习，若此能引阿赖耶识差别无者，诸行生灭熏习成识，由取摄受生有现前，应不得成。」无性云：「器世种者，是器世间影现识因，又共相者，所谓相似自业异熟增上力故，一切可有能受用者，皆有相似影现识生。又不共相谓各别内种者，我执所缘，故名各别，即是各别内处因义，故名种子。共相即是无受生种子者，是能生起无苦乐等，无损益所依之因，非器世间。有苦乐等损益事故，有受生反此。……唯不共相所对治灭者，各别内处种灭，以相违故。共相为他分别所持，但见清净者，由此共相是器世间故，修行者虽复内处分别永灭，而他相续分别所持，但可于彼证见清净，观如净虚空。」

《阿识相见分》——《摄大乘论》卷四云：「若处安立阿赖耶识，识为义识，应知此中余一切识是其相识，意识识及所依止是其见识，由彼相识是此见识生缘相故。似义现时能作见识生依止事，如是名为安立诸识成唯识性。」无性云：「义是因义，即是安立阿识以为因识，余一切识者谓身等识，是其相识者，是所缘相，是所行故。若意识识及所依止者谓第六识及所依止无间过去意及染污意，此二能作生起杂染所依性故，是其见识者，能分别故。由彼相识是此见识生缘相者，谓阿识所变异相，是二见识生缘相故。」（考《瑜伽师地论》卷四十六，二分）。又《宗镜》卷二云：「夫过去等三世境界，元是第八阿识亲相分，唯本识所变。」

（续注六）

《真如与识》——《宗镜录》卷四云：「且约一心，古释有四。一纥利陀耶，此云肉团心。身中五藏心也。二缘虑心，此是八识，俱能缘虑自分境故，色是眼识境，乃至根身种子器世间，是阿赖耶识境，各缘一分，故云自分。三质多耶，此云集起心，唯第八识。四乾栗陀耶，此云坚实心，亦云贞实心，此是真心也。然第八识无别自体，但是真心，以不觉故，与诸妄想，有和合不和合义。和合者，能含染净，目为藏识。不和合者，体常不变，目为真如，都是如来藏。经云：隐为如来藏，显为法身，故知四心，本同一体，但从迷悟分多。……有执真如与赖耶体别者，是恶慧，然虽四心同体，真妄义别，本末亦殊。前三是相，后一是性。性相无碍，都是一心。即第四真心以为宗旨。（按大师所云「都是如来藏」，非无据，《楞伽》云：此是圆成自性，如来藏心，即指真如说也。）（按：上四行释心乃宗密禅源诠序一文。）（按：该卷广释一心之义凡十门）又《瑜伽师地论》五卷云：「《唯识论》偈云：『又诸法胜义，亦即是真如，常如其性故，即唯识实性。』明知天亲，亦用如来藏为识体，但后释论之人，唯立不变，则过归后人。以要言之，真妄和合，非一非异，能成一心二谛之门，不堕断常处中妙旨，事理交彻性相融通，无法不收，尽归宗镜。」又《瑜论》二十卷云：「《大庄严论》偈云：『已说心性净，而为客尘染，不离心真如，别有心性净。』不离心之真如，别有异心，谓依他相说为自性清净。此中应知，说心真如，名之为心，即说此心，为自性清净，此心即是阿摩罗识。」（按：大师所云阿摩罗识非唯识家所云无垢识也。）又《瑜伽师地论》二十九卷云：「《同性经》中，彼取真如为第九识，今取净位第八本识，以为第九。」则与上说相违者，所约各别也。故《瑜伽师地论》三十三卷云：「阿摩识有二种：一所缘，即是真如；二本觉，即真如智。能缘即不空如来藏，所缘即空如来藏……唯识有二：一方便，谓先观唯有阿赖耶识，无余境界。现得境智二空，除妄识已尽，名为方便唯识。二正观唯识，遣荡生死虚妄识心，及以境像，一切皆净尽，唯有阿摩罗清净心也。……又本识有二义：一妄染义，凡夫所住。二真净义，八（明藏作「入」）地所住，佛地单住真如，但名无垢识。」又《瑜伽师地论》五十七卷云：「真谓本觉者，即八识之性，经中故名独觉有于八识外立九识名。若约性收，亦不离八识，以性遍一切处故。」可知矣！（又按：真谓本觉者，从四卷《楞伽》，七卷本无真识。）依真相说可尔，以七卷本云：「若真相灭者，藏识应灭，即不异外道断灭论。」必如大师之说，方可通也。诸疏亦从之。

（附六）

《三境》——《宗镜录》卷三十六云：「假相分从能缘见分种生，自无其种，故名独影。不同性境是实色、心，各有种生，如眼识缘色等。又不同带质境，心缘心时定有质故，中间相分，从质见起。如独影境，自有二类：一有质，即此观心，托彼为质。二无质，缘龟毛等。问：既有彼质，何非带质？答：带质有二：一真带质，以心缘心，如第七缘第八，第六缘余识。二似带质，心缘色故。」又《瑜伽师地论》三十七卷云：「质影有无，四句分别。一唯质无影，『有部』等；二唯影

广，通色心及无为法。据理而言，凡法有实用及现量证者（续于《瑜伽师地论》卷四十万。）义灯》云：「四分相望亦得名相，虽非相分，而是境相，准此则见及内二分为所缘时，亦得说为性境，故性境名义宽之心，无虑用故。」（考《瑜伽师地论》卷五注十）又熊十力《境相章》云：「性等三境，本唯依相分立，然《成唯识论了独。如分别心缘无为相，及第八识心所相分，余准此知。带质之相分，虽有能熏自及质种，然无实用，如缘心相，相分心所变相分，无实，但带质故……缘龟毛等相名独影，或虽有质，相分不能熏彼质种，望质无能，但有假影，亦名为缘。所变相分俱名性境，或能缘心，而非妄执分别构画，名为真心。真心缘真色等境，所变相分，方名性境。若心缘心心所为体，带质境即变起中间假相为体，若能缘有漏位中唯六七二识心心所为体。又《枢要》云真色真心，俱是所约有为说，若能缘有漏位中，除第七识，余七皆用自心心所为体。独影境将第六识见分所变假相分为体，能缘即自是似带质真独影境。问：『三境以何为体？』答：「性境用实五尘为体，具八法成故。八法谓四大、四微（色香味触）。起五识，缘五尘故，即是性境。四、梦中意识，唯是独影境，第七识唯带质境。第八心王唯性境，因缘变故，第八五所亦通三境。通缘三世有质无质法故，是独影境。又能缘自身现行心心所故，是带质境。又七地已前有漏定位，亦能引自身五根，及缘他人心心所，是独影境，亦名似带质境。又若初刹那缘五尘，少分缘实色，亦名性境。三、定中意识，色，即有质独影，亦名似带质境。二、散位独头意识，亦通三境，多是独影。若缘自身现行心心所时，是带质境。若缘六意识有四类：一、明了意识，亦通三境，与五同缘实五尘，初率尔心中是性境。若以后念缘五尘上方圆长短等假说。又『约八识分别者』，前五转识，一切时中皆唯性境，不简互用不互用。二种变中，唯因缘变，又与五根同种故。第显得，非生因所生法故，名非别种。性种等随应者，性即性境。种谓种类，识于三境中，各有种类不同，今皆须随应而独影境。三俱句，即带质境。四俱非，即本智缘如。以真如不从见分种生故，名非同种。又真如当体是无为，但因证者，即有覆性。情即第七能缘见分，本即第八所缘见分。又四句分别：一唯别种、非同种，即性境。二唯同非别，即八见分境时，其相分无别种生。一半与本质同种生，一半与能缘见分同种生。从本质生者，即无覆性。从能缘见分生六识缘五根种现，是皆托质而起故。其相分，亦与见分同种而生，亦名独影境。三带质者，即心缘心是。如第七缘第独影有二：一无质独影，即第六缘空华等所变相分是，其相分与第六见分同种生，无空华等质。二有质独影，即第与见分同种生，即如第六识缘空华兔角过未，及变影缘无为，并缘地界法，或缘假定果，极略极迥等，皆是假影像。自相，不带名言，无筹度心。此境方名性境，及根本智缘真如时，亦是性境。以无分别任运转故。独影境者，谓相分异熟等差别不定。『又广释云』：性境者，谓有体实相分，即前五识及第八心王，并现量第六识所缘诸实色，得境之分同一种生。情即能缘见分，本即所缘本质。性种等随应者，随应是不定义，谓于三境中各随所应，有性种界系三科过去未来，诸假影像法，但从能缘见分变生，与见分同种。带质通情本者，即相分，一半与本质同一种生，一半与见缘见分种生故。独影唯从见者，影谓影像，是相分异名。为此假相分，无种为伴。但独自身，故名独影，即空华兔角。又《瑜论》卷六十八卷云：「性境不随心者，性是实义，即实根尘四大，及实定果色等相分境，皆自有实种生。不随能无质，即龙军、无性；三俱，护法、亲光；四俱非，龙猛、清辩。彼计胜义门中，不辩教体，全拨菩提涅槃为空。」

唯识详究（二）（注八）

第八识（注七）

释——八段 十义（注一）

第一段

唐地婆诃罗译《密严经·阿赖耶建立品》第六云「密严诸定者，与妙定相应，能于阿赖耶，明了现见。」不空译云：「即此赖耶体，密严者能见，由最胜瑜伽，妙定相应故。」

前接283页《唯识详究》㈠

教理行果，乃至惟识性也。」《成唯识论演秘》卷一云：「遍计所执，体虽无，然是虚妄识之所执，亦名唯识。」《义演》卷一云：「计执虽无，然不离识，性者体性，非真如性性。又真如体一，约义分三。遍计依他，名唯识性者，依主释，圆成实名性者，持业释。」《成唯识论述记义蕴》卷一云：「遍计无体，由妄识变，亦称唯识。遍计道依他识净，合而言之，名所遣净……无漏有为。既是依他，名所断者，据染说，不言净分，或净依他，圆成摄故。」《秘》释云：「无漏依他，既名圆成，然有漏善法，虽非是染，断亦无失。」《讲义》卷一云：「如幻义，用义，生灭义是识相。」（考《上·续注六》）

自相——《成唯识论》云：「初能变识，大小乘教名阿赖耶，此识具有能藏，所藏，执藏义故，谓与杂染互为缘故。有情执为自内我故，此即显示（注二）初能变识所有自相，摄持因果为自相故，此识自相分位虽多，藏识过重，是故偏说。」《述》卷四云：「藏义，《摄论》第二云：谓与染法互为缘故，为染末那所缘义故……能持染种，种名所藏，此识是能藏，是杂染法所熏所依，染法名能藏，此识为所藏。」《摄论》又云：为染第七等之所执藏，以为内我名执藏义，即此论云，谓与杂染互为缘故。诸有漏法，皆名杂染，非唯染法。有情执为自内我故，解执藏义，唯烦恼障，非所知障。不尔，无学应有此名。……藏虽具三义，正取唯以执藏为名，不尔，二乘八地菩萨应有此名。三名缺一，即不得名。不尔，七地以前，二乘有学入无漏心。我爱不执，应舍此名。……说为能藏，即是因义，言为所藏，即是果义。自体相是总，因果是别，自相摄持因果二相为自体。别为总所包，总为别所依，故名摄持……因果两相，合之为自相，自相可成假，既离自相，无别因果相，故说非假。问：前言第八有三位名，何故于三能变中乃举异熟果相之号，于别释中遂致染分藏识之名？答：有二义说阿赖耶，一、以彼藏名三位之中初位所摄，自从无始乃至七地二乘有学最初舍故。二、以是名我执，所执过失重故，虽染分名亦通异熟，异熟之名，望此仍轻。」《疏抄》卷四云：「第八识与前七识作二缘性：一、为彼所依，二、法识中种子为彼七转识作因缘，前七识与第八识作二缘性：①长养彼种，②为摄持彼有习气。最初舍者，有学金刚心无间道时正舍我执，若言无学舍者是已舍，即解脱道已舍我执，有学是正舍也。故言最初舍。」

《讲义》卷一总论三藏四义如下：

一、八识非种是能持种义——《摄论》第一杂染品法于此摄藏为果性故，又即此识于彼摄藏为因性故。无性于此摄藏者，显能持习气由非唯习气名阿赖耶，要能持习气。

二、本识不与转识为因缘，由所持自种与自生种为因缘，名因缘种，而持义有关系得为因缘，名依持种义——《摄论》卷二诸法于识藏识于法亦尔，更互亦为果性，亦常为因性。无性引《大论》文释：「阿赖耶识与诸转识作二缘性：一、为彼种子故（因缘，生起因）。二、为彼依故（增上缘，摄受因）诸转识与赖耶作二缘性：一、于现法中能长养彼种子（生起因），熏成三性名言种），二、于后法中为彼得生摄殖彼种子（牵引因，摄殖彼种子者，谓彼熏习种类能引摄当来异熟无记阿赖耶识

唯识详究（二）（注八）

第八识（注七）

第一段

破西明义也，参第四当知）。

俱能藏，意取第二，要集亦然……然种子识，不目种子，由现第八能摄种子名种子识（按此卷五云：「能所藏西明三释：第一、八现望余现，二、以杂染种为能藏种能持果故。三、现种藏，不共余故。由此通取以为善说，总缘我见亦缘种故。」（按《讲义》所引疑错解。）《义灯》藏识，然性所许，故有别义。持种之义，名为能藏，受熏之义名所藏，被六七时所执，名为执谓七转识种生熏种，亦彼种故（《讲义》作转识转生熏种，熏种亦彼转种。）既具三义，应名藏，若唯取现，无因缘，谓不但由（牙）因缘性得藏识名，勿滥除故（按「牙」疑无，除疑余。）果，三、相续执位。」《成唯识论学记》卷二云：「护法宗藏识理须具三，若唯取种现，欠三持，无漏可有能藏之义，因缘义即无。」《义演》卷四云：「三位者，一、我爱执藏，二、善恶业所治为因果故。」《蕴》卷二云：「无漏六七所熏之种不能生彼第八现行无因依义，若望能「无漏净种初依第八现净因生，复熏成种，第八望之不言二藏者，能摄为因，所摄为果，非能现望于种何不许耶？岂现望种无有力乎？又《疏》后解因相之中三相皆通种现。」又云：《秘》卷四云：「现望于现，因缘岂立？现不亲能生于现故。若言非因，由有其力与因名者，名。」（按此《义演》卷四义）展转，此即三法展转，因果同时义。」又云：「二乘有学，出观时还被我执所缘，故不舍此生彼故。又《摄论》言互为因缘，《述》云：「由炷生焰，如种生现，由焰烧炷，如现熏种，名为子，能熏名能藏。《成唯识演秘》卷四云：三云以种望现能熏七识，名能所藏，从七识生，能藏。三、本种转现家如西明云：识中种子能生转识，种名能藏，果名所藏；杂染转识熏成种云：现行第八与所持种互为二藏，谓现持种（本现持染种），种名所藏，种生现识，识名所识能藏染种，第八为能藏，或杂染现行是能藏，本识是所藏。二、转种本现家。如《秘》卷四

四、能所藏唯现及唯种识三家义——一、唯现家如《述》云能所藏。《疏抄》卷四云：第八现行自类异时生。种为异类同时生；若种望现，旧种望新种而有异类，亦即此刹那，异时宗云种望现，现望种云：现行能熏之识与第八识同生同灭，熏习第八，非现种同时生灭，又同时家种生现，现生相，为熏种异时家。同时家以《大论》长养彼种之于一依止上同生灭文为证。异时家解文则法因，又识显现，种子沉隐，以识能持彼种子故，说识为因，义显种子。

三、现熏识成种二家义——一、熏时即成种，为熏种同时家。二、能熏住灭相时，所熏种起住生说也。《灯》问现八但为种依，不生杂染，何名彼因？答：种体识用不一异故，摄用旧体说为生灭，因彼此有随顺能生能熏种类果法习气。此则融括长养摄殖二义于一句而说，不曾分种）。」然《摄论》谓：依彼法俱生俱灭，此中有能生彼因性。无性释谓此所熏与彼能熏同时

唯识详究（二）（注八）

第八识（注七）

果通一切有，异熟果唯是无记，不通余法性，唯是第八识有故名不共。若第二师引，皆通有等流果。若三性心心所生，有所相望，皆有士用，三性种子生现皆有士用果。增上及五蕴假者，人本识无故……初师（护法）说第八识有四果，若等流果，三性种子，各自相上果。异熟果可知者，由善恶业所感第八识现行，第八识现行亦名异熟果也……除士用果者，若约杂乱解，此中士用、等流、异流三果，皆得通名增上果。故有取第八识现行识为增八识为士用果也。（《讲》卷一云：此是同类种望后念现为无间士用，如注五）亦名增上果

（注五）定俱时，种为同故，名俱有因，此即取能亲生第八识名言无记种子为俱有因，所生得现行第是作意种望心法现为俱生士用，如注四图。）种子生时，亦名士用者，本识种子生现行时，心俱有因。此中唯明第八识现行，从他生故，名之为果。不明五心所名果。（《讲》卷一云：此

（注四）而动作者，皆名士用。）此师即约法士用果说，即取心王为士用果，同时五果心所为相应因，他生也。余异熟果士用亦然也，同时心所望此心王名士用果者，（《讲义》卷一云：凡法为用言果，即从他生名果，若言因，即从他生名因。今者既说第八识为果者，即约第八现行识，从此不然，此中唯取后念现行第八识为等流果，不取前念现行第八识为果，前念但是同类因故。（《讲义》卷一云：虽同类因，然现唯生种，种乃生现，中有间隔，非等流果。）今此文若望现行为等流果者，即是假等流果，非实。如杀生得短命，名等流果，十恶业皆是假等流。今因，后念现行为等流果。据实而言，唯取种生种，种生现，现生种，为同类因等流果，若现行四云：「前后望为等流果者，此中不约前念现行，望后念现行为等流果，前念现行为同类狭者，种为果相，果相种狭，唯业所招，方名为果，即第八亲名言种，是果种体。」《疏抄》卷种果狭，唯业果故，因相亦通一切种子。今此文三相，皆唯取现行识。」《秘》卷四云：「果种及余种非真业果，不恒相续故。或此唯说现为果故，种相隐故，据实种现俱通果因二相。然果不尔，故言不共……此明有漏第八心品除相分外取余三分，并自种子为果相体，余相分本识由三四果，故言多种：三位通二位，五位通四位，故说为宽，有余三果，可通余法，异熟有得士用故，亦名增上果、异熟果当知。有义具三，除士用果，五蕴假者所得名士夫果。由此系果。谓前望后，为等流果，同时心所望此心王名士用果，种子生时，亦名士用，故下言如俱分识等。果相虽多位者，如前二位或复五位，故言多位，多种者，即五果。中有义具四，除离分是真异熟，破化地部等别有穷生死蕴；大众部，别有根本识；上座部分别论者，别有有《述》卷四云：「此意说是总业之果，明是总报，故名异熟。离此等者，即破萨婆多命根众同时相续胜异熟果不可得故。此即显示果相，此识果相虽多位多种，异熟宽不共故偏说之。」

（注三）果相——《成唯识论》云：「此是能引诸界趣生善不善业异熟果故，说名异熟，离此命根众同分等恒

因相

第一段（注六）（注九）上卷

证

第八识（注七）

释——八段十义（注二）

八识□。（下接309页后半页《唯识详究》㈢）

无此因。）故若唯取现行第八识为因相者，唯三因，谓相应能作，同类……第后念自名言种与前念现俱有而生后念，现自名言种为俱有因，若约前念现，识即为果相，失因相名。又第八现行识不能熏成种子故。（《讲》卷一引云：果。若约唯取现行第八识为因相者，其第八识即无俱有因。不尔，第八现行亦为俱有因者，即从自亲名言种子生现行第八识故，即种子为因，现行为即前念现行识为同类因，后念现行识为等流果，前念生他，后念从他生故，抄》卷四云：「谓为同类因者，即为前念现行识望后念现行识，为同类因，种之能不共余法，又此识亦为清净种依。」（因相体义见注六第二节）。《疏种不共，又不须于六因十因为论，但通说因相，谓依持因、生起因等，但持于能作因中辨持种因，是不共故，于十因中随义可解，故论说言因相虽多持虽望种，非种望之，是如四小相望本法等。又亦为相应因，望心所法故。今种者，谓为同类因，前后自生故，亦为俱有因，即是种子故，如下自说，现行中有色根种子等，以于有色无色界生时，互能持种故及假类能持等。因相多《瑜伽师地论》卷五十一说：彼计色根中有心心所等及四大种种子，心心所一切种……此识因相即种子识，今望能持且说于现……经部譬喻师等，如说。」《成唯识论述记》卷四云：「以现行识执持诸法自他种子令不失故，名持诸法种子，不可得故，此识因相。此识因相虽有多种，持种不共，是故偏

略释——《成唯识论》云：「此能持诸法种子令不失故，名一切种。离此余法能遍执者，如作意为士用因，心王为士用果。此师法士用，后师人士用。」

八名言无记种子为果相，种相隐故。」《成唯识论述记义蕴》卷二云：「同时心所等现果相体故。二、果体唯现家，唯取现行第八识为果相，不敢（取？）第八识能生第非是真异熟种子故，及余七识种亦非真异熟也。又不取未来世中第八名言种子，非分。相分中有山河器世间及五色根，五色根或有间断，或于今身中眼盲耳聋等，又证分，并取生，今生中第八现行识名言无记种子，彼业他引故，为果相体，不取相续者，系明果相体，有二解：一、果体兼种家，即取第八识现行见分，自证分，证自心，虽亦有四果，以间断，非真异熟故，此中不说……此明有漏第八心乃至不恒相（安慧）说第八识上唯具三果，即余二果可通余法，唯异熟果不通余法。第六识上异熟生

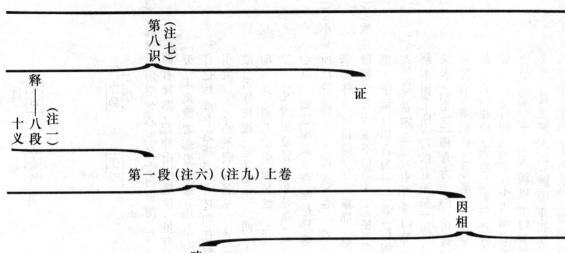

(注一)《十义八段》——《三十颂》以二颂半明初能变识云：「初阿赖耶识，异熟一切种，不可知执受，处了常与触，作意受想思，相应唯舍受，是无覆无记，触等亦如是，恒转如暴流，阿罗汉位舍。」

《述》卷四云：「本颂以十门解释：一、自相，谓初阿赖耶识；二、果相，谓异熟；三、因相，谓一切种；四、所缘，谓执受处；五、行相，谓了，不可知者，即于所缘行相之内差别之义，既无别用，故非别门，若别开者，束五受门相应中摄，俱心所故；六、相应，谓常与触作意受想思相应；七、五受，谓相应唯舍受，一相应言通二处也；八、三性，谓是无覆无记，九、因果譬喻，谓恒转如暴流；十、伏断位次，谓阿罗汉位舍。触等亦如是者，俱时心所例同于王，非是分别第八识也……八段十义者，初之三相合为一门，所缘行相合为一门，余门各别。七门正解十义，一门别解触等。于八段中，文复有二，初以八段别解本识王所，后以有无漏二位，总明本识王所。」

《疏抄》卷四云：「束五受门等者，云若不可知别开为一门，即束五受门，心所相应门合为一门，为离出不可知，故成一门也。所缘行相合为一门者，行相为能缘心，界色所缘境，二相须故（此当为故合一门。）

(注二)《数论摄藏义与大乘不同》——《秘》卷四云：「法性若未变时藏在冥性，不异冥性，若已变异，亦复不离，冥性为因，大等为果，因果同体以时摄藏，今立赖耶，摄藏因果而非即异故不同彼。」

(注三)《小乘所执异熟》——《讲义》卷一云：「一、有部离八有命根，众同分为异熟，不得取色，无色界无有色故，不得取心，无心定无有心故。如彼颂云：命唯是异熟，忧及后八非（二十二根中不敢（取？）忧根及后信等五及三无漏。）色意余四受，一一皆通二。（凡六根通异熟非异熟。）二、化地部离八有穷生死蕴为异熟，说有三种蕴：一、一念顷蕴，谓一刹那有生灭法；二、一期生死，谓乃至恒随转法。三、穷生死蕴，谓乃至金刚喻定恒随转法。三、大众部离八有根本识为异熟，根本识者，余识因故，譬如树根，是茎等因。四、上座部分别论离八有有分识为异熟。说九心轮者：a、任运转境名有分；b、境至警觉名能引发；c、心既瞩照名见；d、便起寻求名寻求；e、察识善恶名贯彻；f、起语分别名安立；g、随有动作名势用；h、作已休废名返缘；I、还归任运名有分体。见通五六，余唯意识，有分通死生，返缘唯起，离欲者不生顾恋，无返缘，唯有分，未离欲者恋爱返缘，境至心生，无则有分，任运相续（有为三有，分是因义。）」按一，是《疏抄》卷四义，又有众同分者，即有异熟，若外山河等法，虽有因分，即说异熟。」数言申众同分，然顺文势，即说异熟，当为即不说异熟。

(注四)《同时心所望此心王名士用果图》与下皆据《讲义》卷一：

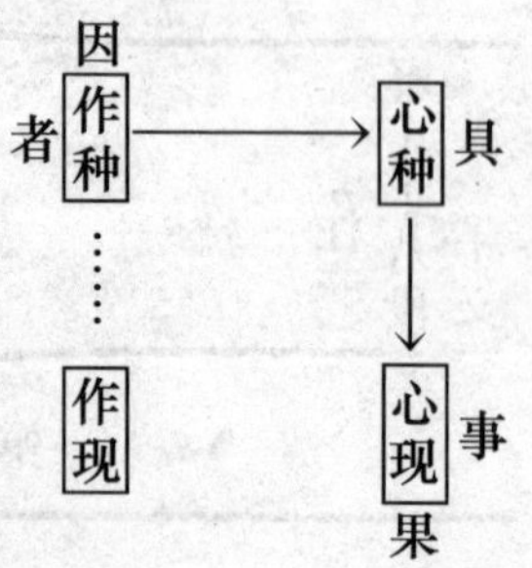

(注五)《种子生现时亦名士用果图》：

(按二图当改作)

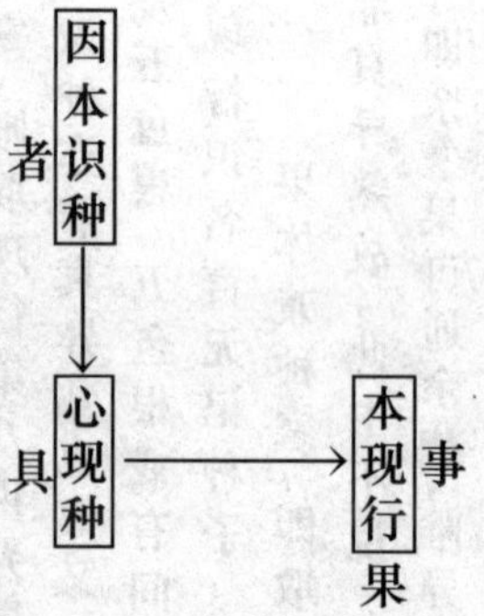

（注六）《三相宽狭》——《疏抄》卷四云：「有三释：（一）最宽。谓因果俱通现种，中开为四句：a、现通因，识现行与一切法种（《讲》引无「种」字。）为依持因；b、种通因，识中种子与一切现行（《讲》引「现行」二字作「法」）为因缘因，诸法现行，各从自种生也；c、种通果，前七现行识为能熏因，方生种子，或前念种为因，引生后念种果；d、现通果，现行本识是果，由自名言种为因生故，或由善恶业性种因生也。又云：七转识现行识，与第八识作二缘生性：a、于现在长养彼种，即由七转识为因，熏成现在第八识中新熏种子，即七转识为因。种子为果。其新熏种子能生第八识现行，即种子为因，现行为果；b、於彼法摄植彼种，即由前七识为能熏，成第八种别，种别生第八现行，亦是七转识为因，新熏种为果，既能现行，则种子为因，现行为果。（按此：即种通因果义）。第八识与前现识亦作二缘性：a、为彼种子果，亦得名因，能熏七识因，亦名为果，即现行第八，从所持种子名为其现行第八识，亦得名种子识；b、为彼所依，即现行第八识，与前七识及种子等作依持因，余七识方得生故，即现第八名因，前七名果。（按：此即现通因果。）若约第八与前七作二缘性时，其种子即属第八识，若约前七与第八作二缘性时，其种子即属前七识，故曰与杂染互为缘。

（二）处中，谓种子狭，唯业果故，因相亦通一切种子。即唯取第八识现行及能生，自第八识名言无记种子为果相体，不取余，善恶业所感得故。此第八识现行及种名现果也。

（三）最狭。即唯取现行识为三相，不取余。此从善恶业势力方得生故，不约现行本识，从亲名言种子生，已同性故，但名等流果故。即此现行第八能与他作依持因，名为因相。即一现行识，望业招名果相，望能持一切种名因相，故知第一、二解泛，通解一切三相，不唯约第八识三相……佛果相唯有三果，谓等流，士用，增上。若准后师，唯二果，佛因相若约六因，即有俱有，同类，相应，能作。故自相无有熏义，不被业感故。」

又《述》卷四云：「三相皆唯现行之识，所望义别，实无宽狭，实通现种，故下论文，一切种相应更分别，即通一切三性种子。其第八识若现、若种，皆是因相。现行为种等依持之因，种子即是诸法因缘，皆因相也。问：何故果相唯异熟法，因相通耶？答：余法非异熟故，余非果相。诸法皆为因。因无别名，故现种皆因相，此即通出因相之体。由此三相宽狭有别。自相、因相通一切法，果唯异熟，约互为缘，果相亦通，三相一种。」

《疏抄》卷四云：「三相皆唯现等者即第三解，相唯取现行本识变通种现故，故下论文乃至皆因相也者即同第一第二解。其第八识若现若种皆是因相者，七转识若种若现，皆依本识为依持因，识中种子与一切现行法为因故，因相通种现故。问答即前文中第一解（疑第二解），约互为缘者，即同第一解。」又《枢要》卷二云：「三相俱唯现行者，现可见故，执持胜故，从胜为相，第八三相《摄》卷二以种为因相，因缘故，现行为果相，二种所生故，现种俱为自相，现种俱为自体故。又说唯现行所藏处名所藏故。论本之文，本意如此，又说自相因相，通择第八现行及一切种子能藏所藏故。因相亦通其果相，唯第八现种除余种子，非异熟故。第四说三相俱取现行及一切种与转识互为因果故……佛果唯自相因相，无果相，非熏非异熟故。若准《摄论颂》不唯异熟名果相，但从他生名果相，佛果现行可知果相，自种生故。前解为胜，望他为因果故。

《学记》卷二云：「既云自相合取因果，佛无果相，唯应因相，无总相故。」慧按：基说为正，因相亦一分自相故。

又《成唯识论了义灯》卷五云：「问：既无果相，摄何为自？答：从旧因生为果，摄一切法为因，包此二种，名摄二相。」

（注七）《第八二位》——《论》云：「第八识总有二位，一有漏位，无记性摄，唯与触等五法相应，但缘执受处境；二无漏位，唯善性摄，与二十一心所相应，谓遍行别境各五、善十一，与一切心恒相应故。常乐证知所观境故，于所观境恒印持故，于曾受境恒明记故，世尊无有不定心故，于一切法常抉择故，极净信故，常相应故，无染污故，无散动故，此亦唯与舍受相应，任运恒时平等转故。以一切法为所缘境，镜智遍缘一切法故。」《述》卷六云：「有漏位即十地菩萨二乘无学以前诸位，唯无记性异熟所摄，虽无学等已断诸业，先业招故，旧业势分亦名异熟。无漏位唯如来地。二十一所相应，若实而论唯有十八，不放逸，舍皆三善根精进少分，不害无嗔善根故，与一切心恒相应，谓遍行五，次五句释别境故。无染污谓无烦恼，无散动谓无四不定。镜智通缘十八界有无为心等自性及相应法皆悉能缘，见分亦现。自证分影及相应影故名遍智。」（考《瑜》卷三十三，注二）

（注八）《真唯识量研究》——奘师真唯识量，据《成唯识论》卷七唯识所因难之理证，《学》卷六云：然。理证云者，《论》云：「极成眼等识，五随一故，如余不亲缘离自色等，余识识故，如眼识等，亦不亲缘离自诸法，此亲所缘，定非离此，又随一故，如彼能缘，所缘法故，如相应法，决定不离心及心所。」

《述》卷十四云：「此中有四比量，第一比量谓极成眼等识，不亲缘离自色等，五随一故，如余。此中取五识中眼识，极成之眼简不共许，大乘他方佛眼识，小乘佛非无漏眼识，最后身菩萨不善眼识。亲缘言简他身中自心外色及第八等所变为眼识本质，彼亦疏所缘缘故。第二量谓余识亦不亲缘离自诸法，是识故，如眼等识。余者第六五识之余，若别言第六，即恐他以七八二识为不定过，总总言余，别取第六，兼七八亦在其中。」第三量谓此亲所缘至如彼能缘，意云此六识亲所缘缘，定非离此六识，相见二分中随一摄故，如彼能缘见分，见分不离识，体即是识故。第四量谓所缘法故等，意云一切自识所缘，决定不离我之能缘心心所，以是所缘法故，如相应法。若谓此中亦有一分相符极成过，以他心智境等，即是心故者，此亦不然。今此所成，我识之境，定不离我现在识所缘，非谓他心亦即我心，以是法故，即有体法，非是空花，彼无法故，不可为因。又解，除彼亦得相应者，谓心心所，非言与心相应，但总言相应，故通心也。」《义演》卷十四云：「若余中中不摄七八识，外人将以七八二识为过。以小乘虽不信有第八，然将此识亲缘心外法故，为不定过。据现实非不定，既不信有七八，何更得缘心外法耶？……疏言以是法者即显他心是所缘，明不离，非即我心。又解除彼空花所缘法，余所缘有体法决定不离心，亦无有过。」《学》卷六云：「第四量者，色不相及无为等诸疏所缘不离心等，以是法故，如相应法。《瑜》卷五十一说，无亦法故，测意通取，基云：唯取有体，以空花等，百法蕴等所不摄故，因不成也。」《蕴》卷四云：「如彼能缘者，此文意兼自证缘见亦不离能缘，能所缘中，二随一故，如自证……但总言相应者，若论中但言如心相应法，即唯心所，今但言相应法，即兼有心王也。」《因明入正理疏》云：「大师立唯识比量云：真故极成色，不离于眼识宗，自许初三摄，眼所不摄故因，犹如眼识喻。」有法言真，明依胜义。极成之言，简诸小乘后身菩萨染污诸色，一切佛身有漏诸色。又十方佛色及佛无漏色他所不许，极成言为简于此，立二所余共许诸色为唯识故。因云初三摄者，显十八界六三之中初三所摄。若不言初三所摄，但言眼所不摄，便有不定言极成之色，为如眼识，眼所不摄故。定不离眼识，为如五三，眼所不摄故，极成之色定离眼识。若许五三眼所不摄故。亦不离眼识，便违自宗。其眼所不摄言，亦简不定及法自相决定相违，谓若不言眼所不摄，但言初三所摄故，作不定言。极成之色，为如眼识，初三摄故，定不离眼识，为如眼根，初三摄故，非定不离眼识。由大乘师说彼眼根，非定一向离眼识，故作不定云非定不离眼识。作法自相相违言，真故极成色，非不离眼识，初三摄故，犹如眼根，由此复有决定相违。

前接305页《唯识详究》（二）

第八识

释十义八段

第一段

因相

缘余生，若又功力即是士用依处。亦取定异因，定异因中即约一身同起，同界类故，即性皆是现行识持种不共也。又十因中即取摄受因，摄受因中亦取作用依处，即由第八识疏为种。七、引发因，亦有亲种。八、定异因，亦有种。若不相违同事二因，亦通亲。前四疏因，唯取此上四因。若兼说取种现则说。五、牵引因，于中有名言种故。六、生起因，亦有亲因法，皆同事故。四、不相违因，通一切法故。此上四是疏因，若说本识是依持因，是现行识，余七转识方得生。二、摄受因，此因中有根依处，八为通依，七依得生。三、同事因，揽前因非因。）……十因中随义可解者，大乘十因亲疏，今说有八因：一、观待因，藉第八现行识，种八种俱是能生，（八种疑八现）七种实不生八现也，俱是能生故，是俱有，不生八现，故曰熏种，非自前名言种，而望本识，俱有而非因，如小相望本法体。……七种于八现亦尔，七七识能熏成种子故。故今者唯取名言种子生本识现行说。（《讲一》云：余七识三性新作能此中约识中种不生前七识为俱有因者，即引如小四相望本法俱有而非因，其喻不成，以前非因故。其小四相不能生本法，以疏远故。今亦不取识中余种子能生前七识为俱有因。若因，如大生望八法是俱有因故。其种望现有俱有而非因。由如小四相望本法，虽有俱有而中言俱有因即约亲名言种子为俱有因，能生现行第八识故。即现行望自名言种子为俱有（注一）第八识无遍行因，（合上五成六）彼唯是染故，第八唯无记故，故第八不从此因生。……此记故。今疏中□取本识现行及亲名言种子为因相，有四因。（按此据小乘六因中说。）又此类皆名能作，今不尔，离前三别立。其现行第八识无异熟因，异熟因是善恶业，第八体唯无其现行第八识中，能持种子故。第八识现行与诸法作依持因故。若相滥解者，相应、俱有同时五心所）若种子望现，唯有俱有因，若现行心心所得有相应因，俱有因，亦有能作因者，相应因，能生同时五心所，同时五所即士用果（《讲一》引云：前念现为相应因，生后念同

《前记》卷中云：「小乘后身菩萨染污诸色者，小计后身菩萨纳妻（余在三一五页表后）许，依共量简他有法差别相违，故言自许，显依自比，故不相符顺。」不许，彼自许眼识不摄故，因于共色转故。又同喻亦有所立不成，大乘眼根，非定离眼识。根因识果，非定即离故。立言自立，即一切量皆有此违。故不可依自比对共而为比量。又宗依共已言极成，因言自许，不相符顺。又因便有随一不成，大乘明法，若自比量，三支中皆须依自，他共亦尔。立依自他共，敌对亦须然。名善因明无疏谬矣。前云唯识，依共比量。今依自……顺憬于此比量立决定相违量云：「真故极成色，定离于眼识。自许初三摄，眼识不摄，犹如眼根。」师时为释云：凡因为如自许他方佛等色，初三所摄眼所不摄故，是不离眼识色，若不言自许，即不得以他方佛色而为不定，此言便有随一过不摄故。犹如眼识，为遮此过，故言自许。与彼比量作不定言，极成之色，为如眼识，初三所摄眼所不摄故，非不离眼识色。自许言为遮有法差别相违过。立者意许是不离眼识色，外人遂作差别相违言。极成之色非是不离眼识色，初三所摄，眼所

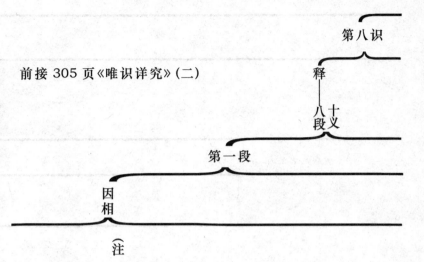

宽而界狭。其定异因中，即除异性相，招善恶业，招得异熟因，第八识即在其中，亦有同事不相违二因，十因中唯取四因，谓摄受，定异，同事，不相违也。……谓依持生起二因者，依持即是宗中方便因。第八识现行与前现行七识作依持因故，余七识得生，又识中能生诸法，故识中种子与现行法为生起因，是相名不共，余法无此二因相故。」「《秘》卷四云：「于能作因中辨持种者，持种因义，八因之中，能作因摄，能作宽故。」《讲》卷一则云：「小乘六因若同类相应为前现，若俱有为自种，若异熟遍行为善染，而此八现是后现非前，是后现非种，是无记非他，则唯于能作因中别辨持种，故为不共。」又有一表释小四因，如下：

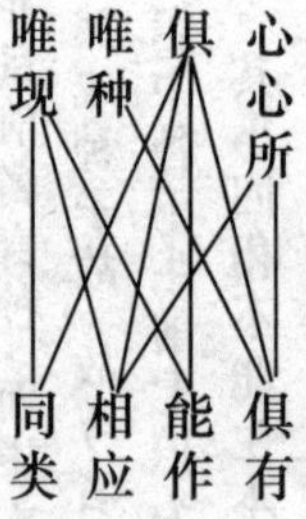

又《枢要》卷二云：「八现望诸法为四因，一、观待，二、摄受作用依处相摄受故，三、同事，四、不相违。非言说故，非润未润生后果故。非引发定异。不亲引他生非定分别生故，不相违思可知。种识望诸法为八因，除四随说相违二种。」《义灯》卷五云：「非声性故，非随说因，是现行故，非牵引生起。八除二者，种非声性，是无记故……现行识望彼诸法为能作因，能作因宽。又《对法》云：依因自性，建立能作因，故当知一切因皆能作因。所摄虽现行识，非诸法种据能持种说为因相。《摄》云：因相者谓即如是一切种子阿识于一切时与彼杂染品类诸法现前为因，此虽说现识亦得摄用归体名因，望七转识既同生灭即俱有因，望自心所即相应因。（若自心所俱时而生为俱有因，所缘体等即相应因，望自后念即同类因，通生诸法即遍行因。故无性云：「因相即是增盛作用，熏习功能，能为因性，现前能生杂染法故。」

（注三）

种子

一、出体——《论》云：「一切种相，应更分别，此中何法名为种子？谓本识中亲生自果功能差别。」《述》卷四云：「上来虽言能持法种，与法为种仍未尽理……亲生自果简异熟因，望所生果非种子故，要望自品能亲生故。功能差别简现行七转识等，望所生种虽是因缘，亦亲生果，是现法故，非名功能。」《抄》卷四云：「上来明第八现行识能持他，一切种子名一切种，是其因相，仍未明所持一切种子，与自现行法为因故。（自上有名字，此二句疑讹。）故今以下论文即明识中持一切种，一切种子与他诸法为因。」《秘》卷四云：「问：异熟习气为因相不？若是，如何说生自果？不是，如何果名异熟？传有二释：一、因相论举亲生影显业种。二、但取等流习气，故今此云亲生自果，异熟因果依别义说。后说胜。」《蕴》卷二云：「现法能熏非功能者。一、种子难知以功能显其义，现行易了故不说功能。二、种能生种现可立功能名，现但生种，故非。前解正。」（按后说正。）《学记》卷二云：「亲生自果，测云：理实有发（《讲》引作「支」）亦是因相，然且说亲名言种子。（《讲》引添是因相）如等流果亦是果相，然且说疏（《讲》引添异熟）以为果相。」

二、一异——《论》云：「此与本识及所生果不一不异，体用因果，理应尔也。」《述》卷四云：「种望所依及所生果为不一异……本识是体，种子是用，所生是果，种子是因。本识望种四出体中摄相归性，故皆无记，种从现行望于本识，相用别论故通三性，若说是一，不可说为有因果法，有体用法，若一向异，应谷麦等能生豆等，以许因果一向异故。不尔，法灭应方有用，以许体用一向异故。用体相似、气貌必同，果因相似，功能状貌，可相随顺，非一向异。然《瑜》卷五十一末、五十二末广说，而彼但言种望现法，即是此中因望果义，非种子望本识义，约因果门，此亦体用门。《抄》卷四云：「《瑜》中无种子望本识体用门。」《秘》卷四云：「《摄论》唯望体用明之，《瑜》但据因果以辨，此论兼而有之。《摄论》本云：阿赖耶识中诸杂染品法种子为别异住，为无别异，非彼种子有别实物于此中住亦非不异。无性论第二释云：一切种子是阿赖耶功能差别，如法作用与诸法体非一非异，此亦复尔。《瑜》卷五十二云：云何非析诸行别有实物名为种子亦非余处，然即诸行如是种姓，如是等生，如是安布，名为种子，亦名为果，果与种子不相杂乱，若望过去诸行即此名果，若望未来诸行即此名种子，望彼诸法不可定说异不异相，犹如真如。」《世亲》卷二云：「如麦子生芽，有功能故有种子性，若时久功能损坏，麦虽住如本，势力坏故，无种子性。故论云：有能生彼功能差别名一切种子识。」

三、假实——《论》云：「虽非一异而是实有，假法如无非因缘故。此与诸法既非一异，应如瓶等是假非实。若尔，真如应是假有，许则便无真胜义谛。」《述》卷四云：「生等假法如龟毛等体是无法，非因缘故，种子望法即是因缘，故体实有，此与诸法等者，安慧等难，若尔等者，难清辨、安慧等。」《疏抄》卷四云：「安慧见相分俱是遍计所执，虽立一识，种子既是相分，故是假也。」《学记》卷二云：「第三假实门，测云：西方二释，一月藏等说是假非实，自体分上有能生用名为种故，如《摄大乘》非彼

唯识详究（三）

四、二谛——

种子，别有实物于此中住，亦非不异。然《瑜伽师地论》卷五十二说实物者约所依说。二、护法等说，是实非假说实物故，假无自体如兔角故，然附识体说无实物，故月藏等比瓶立量。（窥）基云清辨、安慧等难。」《讲义》卷二引云：「安慧种是相分故假，清辨种唯是俗假，月藏即护月。」

《论》云：「然诸种子，唯依世俗说为实有，不同真如。」《述》卷四云：「真如唯是胜义，种子不然，非唯胜义，亦通世俗，道理世俗，故今显异于胜义，故说唯依世俗，非不通胜义也。又依《瑜伽》等胜义唯一非安立谛故，种言唯真唯胜义，据实种子亦通胜义。又于俗谛中可名实有，推入胜义，虚妄假法真如随在，二谛皆实依诠胜义亦是实故。若非安立，唯有一种，此即谛唯不通真故。若立四胜义，此是实唯，胜义谛中假故。此助《瑜伽》会于此等。《瑜伽》并有诚文同此，此则通说一切有漏无漏种子，义皆同故。」《疏抄》卷四云：「《瑜伽》依立一重胜义，谓非安立，即是一真法界，若立四重，真二空门，亦通四重俗中有，既立一重，则真唯胜义有。彼论立四重猎俗（疑胜俗之讹），种子唯俗中有，即是第二世俗中摄。若非安立乃至谛中假故者，解云：若彼论立有四谛真种子，则亦通胜义有。彼论既唯立有一重胜义种子，不通胜义有。即有且二唯，谛唯者种中唯世俗谛中有故，名为谛唯种子，不用通胜义有也。彼论立四重俗也。若立四重胜义种子，则是第一第二胜义中摄，其第二立俗蕴处界种子，其第三俗中唯除灭谛余之三谛皆有种子，若集谛即有漏种子，若道谛即无漏种子，若立四重世种子则是第二世俗收，其第一胜义蕴处界皆有种子，其第三胜义，既除灭谛，余之三谛皆有种子。实唯者，种子唯于俱谛实，故名实唯。若在四真中种子是假，虚幻法故。初胜义如幻性，依他起法，如幻化故，故初胜义即是假也。第二胜义因果亦是假有……若二定一是见虚无体，亦是假立者，唯第四胜义，胜义而是实也。故种子唯俗谛中得，实名，实唯也。」《蕴》卷二云：「《瑜伽》云种子世俗有者，彼论世俗谛中有四安立谛。胜义唯一真如应名非安立谛，今种子唯在安立谛中故云谛唯。……种子在世俗谛中唯是实有故言实唯，若推入胜义谛中，种子亦是假有。」《义演》卷四云：「并有诚文同此者，意云，若约非安立谛即说彼此二

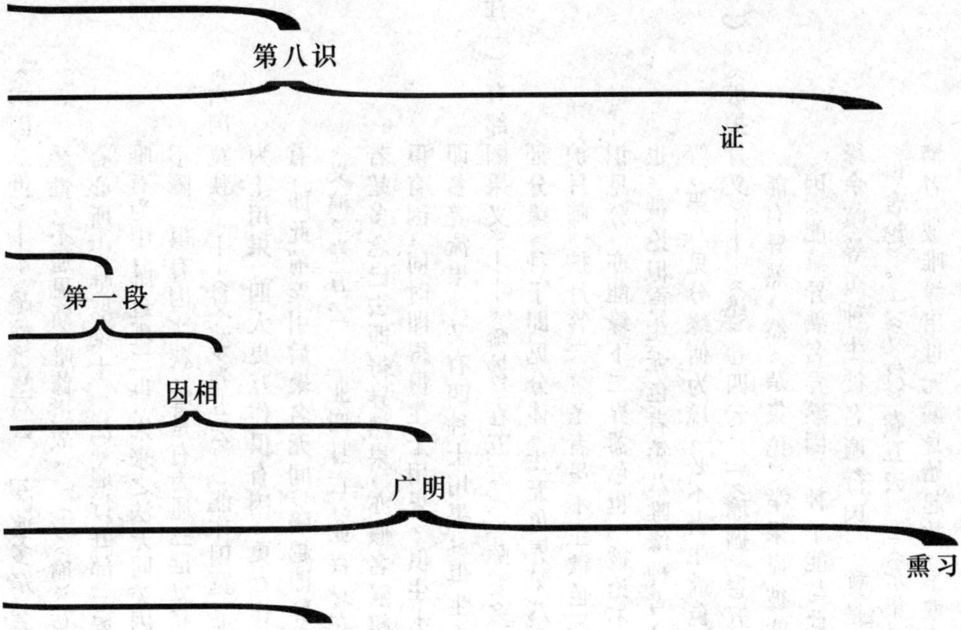

页18行《唯识详究》(四)

缘下界器，《瑜》隐之，但言缘种……以自证分为能(下接317页后半师，故知上界缘下界色也。」《秘》卷四云：「隐器色不论者，无色见分彼论但言缘种子者非尽理也。下文一切有情业增上力共所变，即是此伽》但言生无色者，第八唯缘种者，隐器色不论，无色亦无缘下界色。立。瑜伽文非尽理者，彼许生无色界，亦许缘下二界器世间色故，《瑜熏种，后便自证分住异。无证自证分者，若见分缘自证分体者，即不须故。」《疏抄》卷四云：「不可见分等者破护月师义，彼种依见分初受余(注二)伽》文非尽理也。若旧相传护月师唯种依识见分而住自证分缘唯三分师今解，无色界以无内身色，先厌色故，且说缘种，隐器色不论，《瑜分……见分恒缘，故是相分，即是识体功能义分，故成相分……若护月自证分差别功能以为相分，非是缘于自证分体。若不尔，即无证自证住。此论依附，即依自体，若据别摄即相分摄，非见等摄，即是见分缘依识自体，自体即是所受熏处，不可见分，初受余熏种，后便依自体分见分，见分一向缘前境故，是自体分，义用别故，非受熏故。此言种子故。」《述》卷四云：「此种虽依实异熟识体，即是依于自体分也，亦非

五、四分——《论》云：「种子虽依第八识体而是此识相分非余，见分恒取此为境变现故。胜义即阿识，是一切法实种故。」

信实，而俗不共。」《世亲》卷二云：「外种唯就世俗说种，亦是阿识所因果施设相对起故假也，三之二空见虚无体亦是假立，唯四一真然后唯。若在四真中则假。初之三科依缘而起，如幻化故假也。次之四谛之除灭余谛种为胜义第一第二所摄。又种子唯于四俗中则实故名实有，故名谛唯，不通胜义中有，若四重胜义则俗，第二之三科种及第三论皆说种子是假故。」《讲》卷二引云：「一重胜义种子唯世俗谛中

立，故此二因唯现在世及过去世中有。过现二世唯在于前位，未来无此二因，是后性。」相体故，即有俱有因，为有增上缘法体故，即有能作因，现在过去亦尔。若遍行同类二因，不约法体上立，唯约前后位上能作异熟此四因即约法体上建立。未来世中有此四因者为未来中有异熟因，由有心心所故即有相应因，为有得四

《六因三世》——《疏抄》卷六云：「萨婆多宗，若谓却（此字讹）因作用，即现在有因作用，若论其体，即三世中皆是因体。相应俱有恶性，不通见断，唯修道故。」（考《瑜》卷十《因缘》）《对法论》卷四云：「一切因皆能作因所摄，为显差别义故复别建立助伴等因。」心心所中唯取染十一法。遍行五部三界九地为染因故，但同地染非异地染。此遍行因通五部见断二断。异熟因最狭，唯善唯有为中，唯过现二世，未来之法无同类因引等流果故。相应因次狭，唯取心心所决定同时。合心心所同依一根等。遍行因次狭，就相应不障。俱有因次狭，唯是有为通三世更立为果，且互为因名俱有。通色心及不相相中四相等法，唯除无为，非互为因故。同类因次狭，

《六因宽狭》——《义演》卷五云：「能作因宽，通有无为法，但除自体与余为因，自体同时不俱有故。能作有二功能：一、与力；二、为士用果，四大更互作俱有因，更互作士用果。然不望造为俱因，乃至心所更互俱有因，士用果。」有，即此前聚引后聚名无间，隔越即异熟，无间即等流。」又《疏抄》卷五云：「小乘水大能生地大，则水大而俱有因，地大《义演》卷五云：「业谢身亡，业存身在，因果与俱名俱有，即此隔世异熟果名隔越，当念心王望当念心所相应与俱名俱若超多念已去即得异熟果，亦假名隔超士用果。若无漏道起，断烦恼永不生得离系果亦假名不生士用果。」《讲》卷三引俱有因，同时即得俱生士用果。俱生士用果即实得士用之名，若渐次超越已去即得等流果，等流果亦有假名无间士用果。即名等流果。又有四种士用果：俱生士用果、无间士用果、隔超士用果、不生士用果。若善恶心心所起时，同念即为相应

（续注一）《有部因果义》——《疏抄》卷五云：「萨婆多说若善心或不善心起时同时即为相应因，为俱有因俱时即得士用果。若后念已去证分缘，种子即见分体，生无色界第八见分即无所缘，故彼界第八见缘下二界器等，以是共业故。护月师。护月答云：圣者虽不生欲色界，还许第八见分缘下界色。」按《讲二记》引《伦记》卷五十二云：护月学，种子为自识见分，亦能缘下二界器色也。彼论不约见分说，但约自证分所缘种子境说也。彼论不尽理。既尔等者，此文即护法缘破也。彼论但言生无色者第八唯缘种者，以种子依见分住。自证分缘种以为境。《瑜伽》约此道理说第八唯现种。若约第八等，第八见分缘何为境，必不当生欲色故。虽当不生，许通缘故。」《疏抄》卷四云：「生无色者等者，护月师释《瑜伽》文

（注二）《破护月义》——《述》卷四云：「《瑜伽》卷五十一说生无色者，第八唯缘内种子者，依自证分所缘境说。既尔生无色不还圣者能有异熟，然《杂集论》举果显彼能有异熟，云能摄受自体故，即有异熟因，名与小同，义意有别。」因，能感异熟名异熟因。种子能与此异熟因为因，亦名异熟因，或能有異熟立異熟名，与此为因名异熟因。现行善等是缘余嗔等熏种生彼名遍行因。种是此因，亦名遍行因。如似生因，因故名生生因。异熟因亦尔，现行善等为方便《俱舍论》。」《义灯》卷五云：「《杂集》通说四谛诸惑能为遍因，无性《摄论》即通说一切……或可与遍行为因，以现贪等恼者，彼唯缘出世无漏身始起故，不取贪嗔者，钝故，此利。《对法》解遍行因言贪起时，嗔亦增长，则贪为因生嗔也。不及三：一、身见，二、边见，三、戒取，总成十一。此十一法，遍与五部烦恼为因，能缘一切染污法故名遍行因。不取余二谛烦

（注一）《释遍行因》——《抄》卷四云：「如有部说十一种：苦，集谛品无明；苦，集谛品疑；苦，集谛品邪见；苦，集谛品取；苦谛取

若将意就言，即立得相分色也。又解，若小未征问前，即将言就意立，若大乘答后，即将意就言立也。问：即分相分本小乘不许有四分故。恐犯随一等过，故但言眼识。问：此量言陈立得何色？答：若但望言陈，即相质二色皆成不得，后陈眼识，意许是自证分，同喻眼识，许是见分，即见不离自证分故。不立量云，相分定不离自证分，同喻如见分者。及佛无漏色，经部虽许他方佛色而不许无漏色。余十九部皆不许。问：后陈眼识，与同喻眼识何别？答：意许名别，『小乘二十部中，除一说，说假，说出世，鸡胤等四，余十六部皆许最后身菩萨染污色，及佛有漏色。大乘说他方佛色所不摄之眼根，以识不见眼根，是远离义，声香味触若为有法宗依，宗体因喻，取法同前……《宗镜录》卷二十一云：许离义，唯取二界以显色识不离，同喻如眼识者，谓眼谓见分缘色时，亲取色体是不离义。异喻如眼根者，是因中眼眼识。摄者持也，谓根尘识三，各有六界，言初三摄者，且取眼家三界，眼所不摄者，谓眼根不摄，以眼识不见眼根，是置自许言，非是破他，故有差别。」《比量义钞》云：「色原为眼识自证分所变，既从识变，本不离识，故立宗云，定不离云：「凡自比量者许得置自许之言，若敌者出过即不得置自许言也。顺憬即是出过之人，三藏于正胜军立佛说比量，上转故，言共色也，大乘不许又同喻亦有所立不成者，即大乘不许眼根定离识，为此同喻，缺无所立。」又《后记》卷中又因便有随一者，大乘不许色离于识，小乘自许色离识故，是随一。因于其色转者，即小乘自许初三摄，因于极成色定中决定相违也……时为释者，慈恩法师为憬释也……不得将已义于他量中而出其过，道理必然，若尔者皆无正量。眼识非色是故非即，眼根是因，眼识是其果，故不相离。故言非离……复有决定相违者，决定有法自相相违，非六不大许小不许……疏眼所者，即眼也，即此眼根不摄于色但识摄得也……大乘眼根望于眼识非即非离，没谓眼根是色，

（续三十八页《真唯识量研究》注八）——有子诃调达爱罗俱是染也。佛十五界一向是有漏，此等诸色小许大不许。十方佛色及无漏色，识等，又言望者即本识中种子是能望，望彼现行不一不异。实物有者是实唯也，言世俗有者即谛唯也。」

转依力所任持故，然此转依与阿识互相违反，对治赖耶名无漏界离诸戏论。《义蕴》卷二云：「彼诸法者即现行七转烦恼障种子者，一分立声声（闻？）种姓，一分立独觉种姓。不尔，立如来种姓。若出世间诸法生已即便随转，当知由有毕竟障种子者，建立为不般涅槃法种姓众生。不尔，建立为般涅槃法种姓众生。若有毕竟所知障种子布在所依非犹如真如，即此亦名遍行粗重。诸出世间法从真如所缘缘种子生，非彼习气积集种子所生。若于通达真如所缘缘中

种子（注三）（《瑜》卷52）

- 安立——于赖耶中一切诸法遍计自性，妄执习气是名安立种子。然此习气是实物有，是世俗有，望彼诸法不可定说异不异相。
- 种类——已与果，未与果，果正现前，果不现前，软品，中品，上品，被损伏，不被损伏。
- 损伏
  - 损伏善法种子——习邪见等。
  - 损伏染法种子——《瑜论记》云：「由金刚定时永害染种，合福分善不能牵报名为损伏。」
- 相——非析诸行别有实物名为种子，亦非余处。然即诸行如是种姓，如是等生，如是安布，名为种子亦名为果。当知此中果与种子不相杂乱。若望过去诸行即此名果，若望未来诸行即此名种子。譬如谷麦等物所有芽茎叶等种子于彼物中磨捣分析求异种子了不可得，亦非余处。

质两种色，便是不极成故，前陈何言极成色耶？相分非共许故。答：若望言陈有法自相，立敌共许色，故著极成，若相分色是大乘意许何关言陈自相，宁不极成乎？诸钞皆云不得分开者非也。若尔，小乘执佛有漏色，大乘佛无漏色。等在于前陈，若不分开，应名极成色耶，彼既不尔，此云何然？』……皆成不得者，谓于言陈色时，色之一字，于眼识上非不远离，故不得成定不离宗，是明共诤言陈时，若将意就等者，谓将意许相分之色，就于言陈本质色立。此明已立意许时。（按此等义，似滥。）」《量略解》云：「将言就意，谓意许本是相分而言陈但可云色，将意就言，谓言陈虽但言色而意许之相分已得成立也。」按《宗镜》卷五十一述唯识量之表遮，较详《因明大疏》。《瑜序》云：「依相不离见立宗，依相不摄相立因喻，谓如眼识非眼根摄。」（考《因明入论瑞源疏》卷四）

（再续注一）《明六因》——《对述》卷六云：「能作因言自性差别显余因皆能作差别，立二十种差别为是后五。俱有因云助伴显非同一果及互为果唯助伴故。相应因者显非辨体但行同境，亦显种因更皆为因。同类因言增益者显与等胜为因非劣故。遍行因言障碍者非唯遍行烦恼但障圣道为此摄故。异熟因不同余宗，唯据内自体有异熟因也。俱有因彼云二门分别，一成立义依《俱舍》必具四义，一生住灭，一世，一果，一性。即十随转，然彼师不解极依分别，然应思准；一约法分齐，小乘可知，今大乘一切皆有为法共有而生，即是此因，体性宽于小乘。然众多种生一现，即同得一果立俱有因，若种子等所有现行法为因名俱有因非同一果义。相应因中等行中同一所缘不同行相，应如《唯识》卷二解本质影像。然唯现行为因，乃至（是）增上缘，若种子与相应心等法为因名因缘。同类因五蕴相互望皆得谓无表色等，或准小乘，善不善五蕴皆得。如《俱舍》说。然准此文唯与胜为因，不与等劣为因，唯言增胜故，或唯同小乘与等为因，论言能为相似因故。若现相望皆增上缘，若种望种等皆因缘。遍行因中彼师立苦集下各十烦恼为体，增益五门惑故，此论云由贪等嗔等增故今言四谛下皆是有，一烦恼通迷四谛见四谛断能为因故。如迷谛相修道不能不通迷故，无力不能增长诸惑。若遍缘行在五门名遍行因：即增上缘唯现望现故。此同小乘，今大乘若贪与贪为遍行因何等亦是所增烦恼通因缘增上摄。自他二类别故。若种与现遍行法为因即唯因缘。异熟因彼以二门，一止诸部，二品数感果不同，如『可信弟子部』三善根中除无痴但余二善无心定体是报亦能得三不善根，前二唯欲界，痴通三界，感果亦尔。『正量部』欲界身起上二界业，受二界报，以无漏业得无漏报，『譬喻师』离思无报因，离受无报果，复有说报熟因亡未熟因在。『大众部』唯心心所成报非余法。『萨婆多』三业皆报因，一业感一果，不得多身等依。今大乘四蕴为报因，五蕴为果，然无表既是色蕴。五蕴今为因。品数者，如《瑜》卷五十九，《对法》卷七、《瑜》卷六十、卷九等说。今大乘唯增上缘……大乘余五因皆增上缘摄，依《摄》俱许异熟因即第八识。非许亦因缘摄，如上所说亦有因缘义唯除异熟因，从多分故认彼也，以异熟因即本识种子故。」……又云：「《无性》卷二云：若离如是俱有因摄内外种子阿赖耶识，所余因缘定不可得。此中总说本转二识为因缘俱有因，今以义详，然有差别。若在果位，七以八为因，八不以七为因，非能熏故，若非因缘者，唯以七为俱有依故。若在因位前七以八为因，八以七识为因，除六识中异熟果者。非能熏故，前六以七为因，七不以六为因，不依六现故，五识以六为因，六不以五为因，五识互不以为因。于一一识聚中相应心心所更互为因。其所缘相有二说：一云八识相缘，本识相分随所立七识为因，非七为八因，七相非六因，六相非七因，六相非五因，五相非六因，五相望亦尔。其本识中心王相分与心所相分为因，非心所相分与王相分为因不扶托故。余七心王心所相分互为因相扶生故。『有义』诸相分虽由余故有，余非俱有因，俱有因者相亲依而俱有者仗诸相分相望皆非种故，与见分既非亲合，非俱有因，见自证等其现亦非，非异体故。于相分中大种与造色为因，造与大同聚者为因，大造自望随应皆得为因。其种子如异性异熟因种，名言种为因，名言与业种异为因，大种与造色为因，非造色与大种为因，不托生故。眼种与眼识种为因，非种识与眼为因，余相扶者皆如是。若托为因唯同地，因若俱者通他地，此中依因缘为俱有因……相应因，此论依现行相望为论，无性云：相应因者心与心所更互相待受用境界有自功能。阿赖耶识能依种起即与相应法为因，是因缘种，此通因缘非因缘。同类因界唯自界，色唯色蕴，四唯四蕴，善不善无覆唯自性，其有覆身边见等亦与不善烦恼为因，由习增故，其不善烦恼不现增俱生身边见故非因，或与等非因不增胜故，异性非因，不相似故。」（按无性据《摄本论》云：唯俱有因是因缘。若说五因为因缘者，即异门说。）

（注四）《瑜》四十五页《真如受熏救破》——《宗镜》卷四十八云：「言性非坚密者，即问马鸣真如受熏，论主云无为体坚密，如金石等而不受熏。马鸣救云：我言真如受熏者，以真如是性，第八是相，性相不相离，著熏著时兼熏著性，或摄相归性故，真如受熏何失。如将金石作指环等，护法破云：熏相不熏性，如火烧世界，不烧虚空，今唯第八心王，体性虚疏，方可受熏。」按下即无救，大师亦未下断，则此义有别释无疑，熏相不熏性之破，弦外微音，颇耐寻味。故下又申释曰：「夫能所之熏，约有二宗：一法相宗，二法性宗。护法依法相宗难，马鸣是依法性宗。今法性宗言熏者，是不熏之熏，不变之变，即熏生灭门中真如随缘之用相，若真如门中即不熏，此熏变义俱不可思议，以不染而染故。」余义尚多，要不出随缘不变，不变随缘之义。宝臣、正受，诸《楞伽》疏明不思议熏变亦尔。（续十，《瑜》四十注）

（前接313页《唯识详究》㈢）

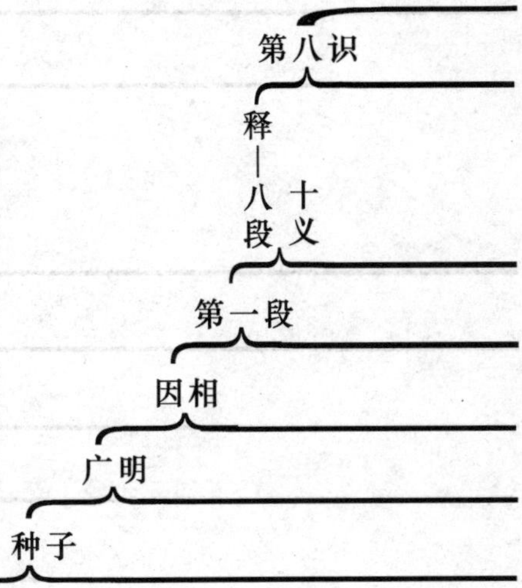

缘故，故依见分，见分不许缘于种子不依自证，其第四分不离第三别有体性，故但三分。有说护月种无别体，但依赖耶识上功能假说种子，故自证分缘见分时，亦名缘种无别相故，非见所缘。复有说云：「依心自体故自证缘。问：此师种子何分所收？答：有三说：一云即自证分收，由假说彼无实体故，顺第二释。一云见收，自证境故，顺疏所叙。一云虽依自证而立，亦见分收自证缘故。顺第三释。译曰取舍任情。」《蕴》卷二云：「护月许种子依见分，自证能缘种……不许见分缘种。无色自证缘种，见分实缘下界器色。」《义演》卷四云：「相分是自证分，分上生果差别功能即种子也。见分恒取得相分……见分缘自证分上功能不缘自证，若缘自证者，即应无证自证分。问：何故不缘自体分耶？答：且说见分但缘外故。」《学记》卷二云：「测云：熏自证分，有实种子相分所摄非余三分，见分恒取此为境故。净种净识相分类故，虽见不缘，而相分摄（既见不缘而附自证，从体分摄，理有何妨？」（按此是太贤增语。）《讲义》卷二云：「基云：种子依自体分，所熏处故，然见分缘功能为别，非是缘自证分体。此说七转识熏所到之处而已。见分是自证分上义用别。相分是自证分上功能差别。」

熟名为异熟名不齐……前解通已熏未熏乃至有不许故者。若前解论文，异性相不是异性相依故……与眼识异性相依义齐名义齐解。但约无漏由熏习力转变成理，违生死恶法也。除佛无漏即齐义者，佛位能依种子，所依第八识同是善法，则故知但约因中无漏种子所引故，因果亦是善……顺理违生者，无漏法顺善法道是善故，令所资无漏种亦是善者，则不善无记所引亦将令无漏种成不善无记故。有漏闻思慧为因故，又是善故，令所资无漏种亦是善法者，即不尽理，由有漏闻思何假种子熏令其增长？虽有漏因增上缘中为果增长然亦名善者。《疏》中若谓因因……若法尔种等者，疏文太繁大也。何以故？种子但约因果是善，是得明三性，即约新旧种子说。若新熏即因果俱有善等性，若本有种，即果有善等性而无能熏异熟，无处而言皆通无记，不可为难。」《疏抄》卷四云：「因果俱有善等性故者，者诸皆许故。前约本有等义，此约新熏等义故文差别，故《瑜伽》论二十二根皆名显偏说，又前解通熏已未熏，今解据三家种子无诤义，法尔自类有不许故。若言熏唯自类未熏时义。今此中解，即熏已位。又复前解通熏未熏，此解但据已熏之种据但言经熏习气非未熏时，自类变异而成熟位，所以者何？如前所解，如眼识等，即果，性别云异，果起酬因，说名为熟之异熟也。此通佛果诸无漏种。又谓除佛，此中变已而方成熟，能生现行，非如善恶而为因故。所招无记性所摄之异熟，非是因无记。此除佛无漏即齐义解，又有不齐释……转变成熟与本种异立异熟名，即转违生，无恶无记……由所依识是异熟，故名异熟种，由异性相依，如眼等识，故非增长，然亦名善。见道已去理显可知故唯善性，非恶无记，法尔一切无漏之法顺理果亦尔。既法尔力非第八性之所摄故因是善性亦无有过。此即种子未熏习位自类相望有如是义。若后熏习，由见道前闻思等熏令其增长，虽有漏因，增上缘中为果种子……若法尔种，前念同类因本性是善，后念等流果是善亦然，乃至后生现行初等起善等即是种子此三性同及《瑜伽论》卷九十六云：谓十八界各决定有差别言因果俱善等性，即是功能差别门说，非依体门性唯无记。《对法》卷三末及第四异熟。」《述》卷四云：「此种子本能熏习现行之因及后所生现行之果皆通三性。故熟种，异性相依，如眼等识。或无漏种由熏习力转变成熟立异熟名，非无记性所摄分说二十二根一切皆有异熟种子，皆异熟生？虽名异熟而非无记，依异熟故名异等。诸无漏种，非异熟识性所摄故，因果俱是善性摄故，唯名为善。若尔，何故决择

六、三性——《论》云：「诸有漏种与异熟识体无别故，无记性摄。因果俱有善等性故，亦名善

唯识详究（四）

记义，阿识于善不善二性明了通有记故，或于杂染清净明了。」种子亦由熏习令增长故。」按《世亲》卷二云：「外内不明了者，不明了谓外种是无无漏种生现行时亦由因中熏习力故，至佛果位转变成熟。……三师皆许熏习，护月习不说佛也。因中无漏有熏习故，佛虽不熏，种生现时亦须转变，故通佛也。又云佛佛果诸无漏种者。问：论云由熏习力转变成熟，佛无熏习，如何言通？答：此言熏分，相分所摄。」（《讲二》引云：因位染见不缘，果位净见亦缘）《蕴》卷二云：「此通漏，方相分收，净见缘故。断云前解为胜，虽在因位，非见所缘，是相分类，从余相心所缘之相是真无漏，为此不缘。二云：既非见缘，依自证分，自证分摄，若至无皆名相分，不言诸相皆见所缘，不离识故，唯识无违……因位第八唯是有漏，非有漏尔第八应缘此种。答二解，一云许缘无失，此释不正。一云不缘，但说见分亲所缘者诸无漏种既非异熟识性所摄，依护法义是识分不？答：传有两说：一、相分收，若十八可得，然一一界业趣有情种种品类有差别故，当知无量三性各有多类差别……强盛依附相续，由是为因，暂遇小缘便能现起，定不可转。复次以要言之，虽界种类种子，习增长界者，谓即诸法或是善恶于余生中先已数习令彼现行，故于今时种子可尔。故《瑜伽师地论》卷九十六云：住自性界者，谓十八界堕自相续各各决定差别约新熏种解。」《秘》卷四云：「问：既随因果以判于性，应随因果有多差别？答：难陀不许故。前解虽名异熟如眼识等，即唯约本有无漏种子说，后解或无漏种等即漏种子，方始生现。今此论文中，后解三家，皆除熏习，无有净义。若法尔本有家，次时，即从本令有无漏现行，入初地已起无漏现行，亦能资旧无漏种子，亦能新熏成无新熏本有种家，在加行位由有漏闻熏习，资无漏种，无漏种由熏习转变，初入见道成无漏法，而生无漏现行。若第二念已去，即无漏现行，熏成无漏种子。若护法令用行位由数数多闻熏习令有漏种渐渐殊胜转变；加行位满见道初生时，即有漏种转增，更不新熏成种。（《讲二》引云：现起资本更不新熏。）若难陀唯新熏种家，即加转变；加行位入见道时，即本有无漏，方能生现行，入初地起无漏现行，唯资有种护月师唯本有种家，在加行位，本有有漏种生现行时，亦能熏成种本善无漏种增长依，若十地菩萨无漏种子，若已熏若未熏，皆依异熟识。若论文后解，转变成熟，若

第八识（注二）
证
第一段
因相
广明
种子
熏习
七本始（注一）
本有
引证

论生——《述》卷四云：「初唯本有，上古已来多说如此，令护法论师叙近护月等义。」《义演》卷四云：「护法与护月同时，故云叙近。」《学记》卷二云：「初月藏释也，亦名护月，十释之中，无此师释，欲显义别，护法引述。」

标宗——「一切种子皆本性有，不从熏生。」《述》卷四云：「一切有无漏种子皆法尔有非是本无，今从熏生。」

会教——《论》云：「熏习力但可增长。」《述》卷四云：「此中本有宁异僧佉，彼是常故，此有生灭。」

（注七）

通有无漏——《论》云：「如契经说，一切有情无始时来，有种种界如恶义聚，法尔而有。界即种子差别名故。又契经说无始时来界，一切法等依。界是因义。《瑜伽》亦说，诸种子体无始时来，性虽本有，而由染净，新所熏发。诸有情类无始时来，若般涅槃法者，一切种子皆悉具足，不般涅槃法者，便缺三种菩提种子。如是等文，诚证非一。又诸有情既说本有五种性别故应定有法尔种子，不由熏生。」《述》卷四云：「初契经引《无尽意经》，次引《阿毗达磨经》。《瑜伽》亦说等者，引第二卷。然新染净熏发之中有漏净染熏于有漏，本有种增有漏净及无漏复发本有，无漏种增也。诸有情类引第三卷，又诸有情引《入楞伽》第二、《无上依经》卷上《善勇猛般若》第一、《大般若》卷五九三、《庄严论》第一末及《瑜伽》，皆说有五种姓。」《疏抄》卷四云：「《毗婆沙》中不许种子，故引《无尽意》界字不约种子也，彼处有种种界者，谓三界十八界等……有漏净染熏于有漏乃至无漏种增长者，此即护月唯本有种，有漏染，如起贪行时，即熏旧贪本有种子，心心增进，不别熏种也。余亦尔。有漏净熏无漏种者，发心已成资粮加行位中，由起有漏闻熏习加行善熏习故，即熏本有无漏种增长也，更不熏成无漏种子也。」

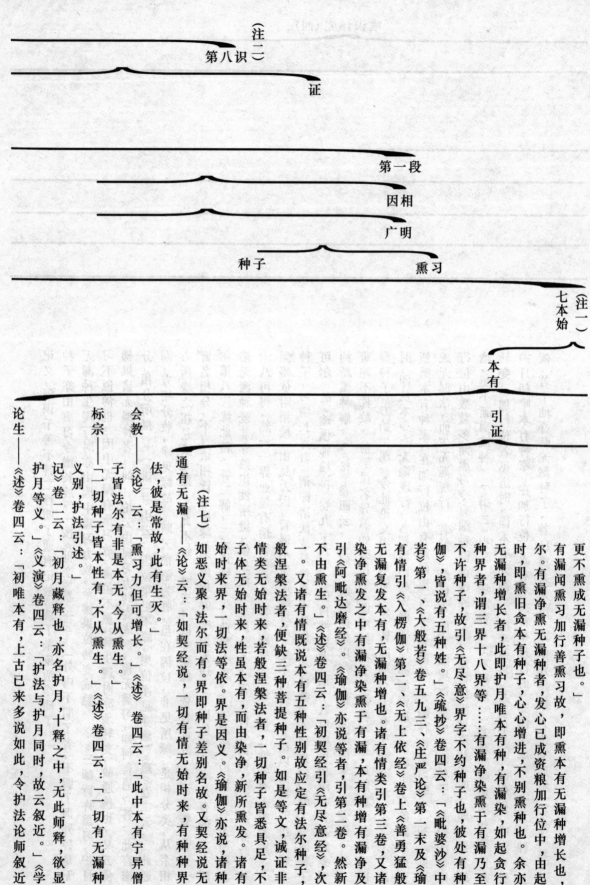

新熏

释难——《论》云：「所熏能熏俱无始有，故诸种子无始成就。种子既是习气异名，习气必由熏习而生，如麻香气，华熏故生。」

立宗——《论》云：「种子皆熏故生。」《述》卷四云：「一切有无漏种子，法尔新生。」《疏抄》卷四云：「法尔新生者，非是法尔本有种，但依法尔道理，一切种子法尔新熏生也。」

论主——《述》卷四云：「即胜军祖师，难陀尊者义。」

立理——《述》卷四云：「诸法种子，初但有一物，后生果时，可无杂乱，若更有新熏，或唯新熏者，种子便多，后生果时，从何种起。新熏法尔，有生不生因果便乱，若二种子共生一芽，外麦豆等例亦应尔。若新唯一种理亦不然，不可初熏后不熏故，比量齐故。如我所立因果不乱。然无漏种未增长位名本性住姓，后增长已，各习所成姓，见道亦漏亦尔。若唯新熏，说何以为本性住姓？若无本有无漏种，见道如何生？」《义演》卷四云：「但有一物者，诸法各有一本有种，不说更有新熏种。」

有漏——《论》云：「有漏亦应法尔有种，由熏增长，不别熏生。」

无漏——《论》云：「又《瑜伽》说地狱成就三无漏根是种非现。又从无始展转传来，法尔所得本性住姓。由此等证无漏种子法尔本有，不从熏生。」《述》卷四云：「初引《瑜》卷五十七，次引《地持善戒经》、《菩萨地》并是第一种姓品云，又从无始展转传来，法尔所得本性住姓即是菩萨本性住姓，彼有六处言取，唯第六处阿赖耶中有此种故。」《讲二》云：「西方解六处殊胜有六家：一、无漏殊胜为六处所摄。二、六处摄二障种，断障称殊。（以上二家是随转门，真实唯第六有无漏种。）三、意处于六处殊，（心意识三八识通有）第六意于意处殊，无漏种于第六意殊，（举体取用）。四、八之相分是眼等五处，八之见分是意六处，此相见六处所依自体上有无漏种殊。（举相显体）。五、八中具无漏六根种殊，亦具无漏六尘种殊，就强不说十二。六、实有无漏十二处，种子不过六，故但云六。」

故。我爱缘之为执藏义，即识为所藏。（约阿赖耶说。）又始终为论，此能执藏亦通无漏，所藏不通无漏诸佛位中非所藏故。脱一切障，圆境智相应。」《述》卷六云：「所知者即三性，与彼为依，名所知依……杂染能所藏中唯有能藏，令杂染等法不失故。此名唯在如来地有，菩萨二乘及异生位，持有漏种可受熏习，未得善净第八识故。如契经说，如来无垢识是净无漏界，解善不善业异熟果故，此名唯在异生二乘诸菩萨位，非如来地，犹有异熟无记法故。或名无垢识最极清净，诸无漏法所依止不失故，我见爱等执藏以为自内我故。此名唯在异生有学，非无学位不退菩萨，有杂染法执藏义故。或名异熟识，能引生死染净所知诸法为依止故。或名种子识，能遍任持世出世间诸种子故。此等诸名通一切位。或名阿赖耶，摄藏一切杂染品法令

（注二）第八识别名——《识论》云：「或名心，由种种法熏习种子所积集故。或名阿陀那，执持种子及诸色根令不坏故。或名所知依，能与识体，亦无妨或五个种子或二界同类共生一现行亦得，如一麦中多极微，同生一芽，必无多异类种子共生一现行，正义。」也，即是一个名言种子生本识现行也。无多种生一芽过，此解亦不正义。又等者是护法正义，后时或十个同类种子共生一本子生一个本识现行，即众多同业感种为增上缘，傍或感本识种故，一个识种为其因缘。言本有种者，非是本有种子，名本有解，唯立本有种子。若尔，众多新熏种生本识，则有多种生一芽过，即不正义。又解多业感得本识一个本有名言种子，名言种各各熏一本识种子，虽为六种，六种共生一果亦无妨，能持之识体是一故。」《疏抄》卷六云：「增上缘等者，不正义，是护月

（注一）《护月护法异义》——《述》卷六云「缘本识熏种之时，能熏心聚，共熏成一本识之种，此增上缘，本有种子为因缘故。……又设能熏

据实而言约第三师正义者，（此半句接《唯识详究》㈤P329后半页）

从有漏种生无漏现行故。在凡夫位，其之熏习，总摄一切有漏种尽，意说，若未得入圣在凡夫位中，无有本种子，至世第一法已去初念为见道因故。」《疏抄》卷四云：「名言等者，即唯立新熏师义。此师地前既是有漏为出世法之种子性，故知无有法尔无漏种，唯以有漏又《瑜》卷五十二说真如所缘缘种子生，与此文同。又《摄论》说闻熏论》第三卷出世净章中说闻熏习，闻净法界，等流正法而熏习起故。熏习……等流正法，正法从法界平等流出，从正智等次第生故。《摄藤青莲花根及蒲，非彼俱生俱灭互相熏习，苣藤等生名为外种或无无内种不由熏有。外种之中，华熏苣藤，香气是有，从炭牛粪毛生苣卷无著云：外或无熏习非内种应知。闻等熏习无，果生非道理。故子性故。」《述》卷四云：「契经者引《多界经》。论说者，《摄论》第二，种生亦由熏习，说闻熏习闻净法界等流正法而熏起故，是出世心种总摄一切有漏法种。彼三既由熏习而有，故有漏种必藉熏生，无漏积集。论说内种定有熏习，外种熏习或有或无。又名言等三种熏习，

引证——《论》云：「如契经说，诸有情心染净诸法所熏习故，无量种子之所

又此中名藏不取能藏，唯在因中以得其名。此在异生二乘有学七地以前菩萨，现行我爱缘故……金刚心菩萨云何有异熟识名，有漏皆舍故，由此义故，种子生现异时说云此心，菩萨未舍此识。」《疏抄》卷六云：「种生现异时等者，此师说入金刚心时，舍异熟识种子，唯有异熟识现行今与金刚心俱起。此是不正义，护法门人释。……金刚心菩萨有二说，如《十卷》云：「一、金刚心时起大圆镜智，以时促，但言解脱道。二、金刚心不起圆镜智，解脱道方起。」《蕴》卷三云：「金刚心既是菩萨明知唯舍种子，未舍现行。」（按疏抄说不正义者，论上文中皆言因果同时故。）《枢》卷三云：「依《无相论》、《同性经》无垢识是自性识心，即真如理故，知无垢通二种也。」《学》卷三云：「测云：「其《无相论》真谛谬。今存《枢要》，此既云镜智相应知通有为。《庄严论》卷六云：「此中应知说心真如，名之为心，即说此心为自性清净，此心是阿摩罗识知通无为。」《灯》卷七云：「第八识名总有十八，颂曰：无谓本宝藏，种无垢持缘，显现转心依，异识根生有。释曰：初无谓识者，《无相论》云：一切诸种无所隐没。二名本识，谓是一切法之根本。三宅者，《无相》云是种子之宅舍。四藏识者，谓执藏识。五名种谓种子识，六无垢识，七执持识，八名缘。《辨中边》云能缘事识故。九名显，《无相》云为显五根四大等。十名现识者，《楞伽》云：诸法皆于本识上现。十一转者《无相》云，与诸法为依而起故。十二名心谓集起义，十三名依谓所知依，十四名异谓异熟识，十五名识，《无相》云分别事识也。十六名根识者，大众部立为根本识。十七名生者，化地部名穷生死蕴，十八名有者上座部分别说部立有分识。准旧人释有十七种：一、阿梨耶此翻无没，二阿陀那，三穷生阴识，四了别识，五质多（心识），六意识，体是意根故，七第一识，八第八识，九种子识，十缘识，十一根本识，十二有分识，十三果报识，十四智相识，以有解性闻熏习故。《楞伽》云一转相识，二业相识，三智相识，十五真相识出《楞伽》，十六藏识，十七现识常现不断亦出《楞伽》。」《对述》卷五有十九名，中有受者识，如来藏，善恶趣生死识，三名未见于此。又《宗镜》卷五十亦出十异名。

证成

依止执受不可得——赖耶先行因生，眼等转识现缘因起（《圆测疏》云：以先世所造业行为因故能执持身，从现缘生者，不能执持。）又六识身善不善性可得，一类异熟无记所摄必不可得。（《瑜伽师地论记》云：六识中异熟之心但一念生非无有间，既非一类，是异熟生。）又六识身若各别依转，于彼彼依，彼彼识转，应有执受，余无执受不应理，虽许能执亦不应理，识远离故。所依止应成数数执受过失眼识一时转，一时不转故。

最初生起不可得——若言有赖耶，应有二识同时生起，有过，容有二识同时转故。所以者何？且如有一俱时欲见乃至欲知，随有一识最初生起，不应道理，由彼尔时作意无别，根境亦尔，以何因缘识不俱转？

明了生起不可得——若时缘过去生起忆念，尔时不明了意识现在前行非于现境意识现行，得有如是不明了相故，应许诸识俱转或意识无明了相。

种子不可得——诸转识身各别异故，又长时间断相续经久流转不息，不能持种。

诸业不可得——四种了别业用（《瑜伽师地论记》云：了别器业谓外器世界，二、了别依业即内五根扶尘五及内种子，此二第八之业，三、了别我业即末那常计第八以为我，四、了别境业即余六识）刹那刹那俱

《瑜伽师地论卷五十一》及《显扬》之赖耶义

- 建立
  - 识俱转相
    - 此识或与第六、七二俱转，如是乃至一时与七转识俱起。此第六依染污意生，彼未灭时相了别缚不得解脱，未那灭已相缚解脱。又能缘他境（总缘五识身所缘境，或顿不顿别缘五识身。）缘自境
    - 此识于一时或唯与意根（《瑜伽师地论》卷五十一作末那）俱转，由意根与我见我慢等相应故，若有心位，若无心位，恒缘第八为其境界。
  - 互为因相
    - 转识与阿识为二因——一、于现法中长养彼种子，二、于后法中为彼得生摄殖彼种子（熏习此识引摄未来）。
    - 阿识与转识为二因——一、种子因（三性转识生时，皆用此为种子），二、所依止因（此所执色根为五识身所依止。又由有此故有第七，由第七为依止故，意识得转。）
  - 相应转相——阿识与遍五心法相应，此五亦异熟所摄，最极微细，亦常一类缘境而转。此识相应受一向不苦乐无记性摄，余心所法行相亦尔。
  - 所缘境相
    - 于欲界中缘狭小执受境，色界中缘广大……空识无边处，无量……，无所有处微细……，非想非想处极细微……
    - 于所缘境念念生灭相续流转非一非常。
    - 此识缘境无废时无变易从初执受刹那乃至终命一味了别而转。
    - 由了别二所缘境故转
      - 了别外无分别器相——了别依止缘内执受赖耶故于一切时无有间断。器世间相如灯焰生时内执膏炷外发光明，阿识内缘执受，外缘器相生起道理亦尔。（《瑜伽师地论记》云：一切众生赖耶所变外器，一时一处，无差别相，同一器故名无分别。）
      - 了别内执受——了别遍计所执自性，妄执习气及诸色根根所依处（四大及四扶根尘）谓在有色界；若无色界唯有习气执受了别。（《圆测疏》卷十三云：习气通二种，谓现行及种子，此中约种子名习气。言遍计习气者，三性有漏法所有种子皆名遍计所执。）

诸无心定不可得，命终时识不可得。（此二同《识论》）

身受不可得——若如理思惟，不如理思惟，或无思虑，或随寻伺，或处心定或不在定，尔时于身诸领受起非一众多，若无此识应不可得。

现可得，非于一识一刹那中有如是等差别作用，故有诸识俱起。

(缘法境)。

此识于一时与三受俱转，此受与转识相应，依转识起，从此识种子生，于人趣，若于欲缠天中及于一分鬼畜趣中俱生不苦不乐受，与彼三受转变身相应，杂相续受一时俱转。(《瑜伽师地论》卷五十云：与转识相应，三受相杂俱转。)于地狱趣中他所映夺，不苦不乐受与彼转识相应，纯苦无杂相续受俱转，于三静虑乐受俱转，四乃至顶一向与不苦乐俱转。

此识或时与转识相应善等诸心法俱时而转，如是此识一时与诸转识俱转亦与彼心法(《瑜伽师地论》卷五一云：客受客善等心所)俱转(不能说相应)然互不相违如瀑流有多波浪。

意根常与此识任运俱生四烦恼(萨见、慢、爱、无明)相应，此四若在定不定地当知恒行不与善等相违，是有覆无记性。

杂染还灭相

此识是一切杂染根本，故是有情世间生起根本，能生根，根依及转识等，亦是器世根本，亦是一切有情互相生起根本，一切有情相望互为增上缘故，所以者何？有情互相见等时，无不生苦乐等更相受用故。

此识具一切种子，于现世是苦谛体，未来世苦谛生因，亦是现在世集谛生因。

彼所摄受自类种子转有功能势力增长种子而得成立，由此种子故，彼诸善法转明净生，又复能感后世增上可爱异熟。

此识体是无常有取受性，转依是常，无取受性，以缘真如境圣道能转依故。

此识粗重所随转依反是，又此识是烦恼生因，圣道不生因，转依反是，又此识令于善净无记法中不得自在，转依反此。

此识正断灭故，便舍二种取，其身虽住，犹如变化，所以者何？未来后有苦因断故。便舍未来后有之取，于现法中一切烦恼因断故，便舍现法一切杂染所依之取。一切粗重远离故，唯有命缘暂住，由有此故，佛经中说尔时但受身边际受，命边际受，乃至现法一切所受究竟灭尽。

成就

成就赖耶非转识——无心睡眠，无心闷绝，入无想定，灭尽定，生无想天者。

成就转识非赖耶——住有心位阿罗汉独觉不退转菩萨及如来。

俱成就——住有心位有情。

俱不成就——阿罗汉独觉不退菩萨及如来入灭尽定若处无余依涅槃界。

四十六页

(注三)《明四分异说》——《补缺》卷八云：「小乘诸部，除一切部，余师十九，皆立见分而无相分，除正量部。虽皆云境，即是一切所缘相分为行相，见分名名事，彼立行相，准当大乘所立相分，然彼本计，属能缘心所有行相。故《唯识》卷二云：诸有达无离识境者，相分是所缘，见分为行相，自体名事，正量部计心亲取境更无行相。然有释云：除正量部无能缘行相，余十九部皆立相分者非善宗计故也。大乘中，清辨世俗谛中有二无见，但有虚幻境相现在，何有其心，

三，又相分有二：一识所顿变，即是本质。二识等缘境唯变影像不得本质。二见分者，《识论》云：于自所缘有了别用。此
（四十六页）相状名相，此唯有为法，有相状故，通影及质，唯是识之所变。四、义相名相，即能诠下所诠义。相分于上四相中，唯取后
（续注三）《明四分分齐》——《宗镜》卷六十云：「相分有四：一实相名相，体即真如，是实相故。二境相名相，为能与根心而为境故，三
四十八页 相应行，以是无实体故。不与能缘同种生故。」
《瑜》 漏第七及第八五心所，是为所变相分唯从分别心生故，又俱与即有漏第六及无漏八识，以能通缘假实法故。四俱非即不
（注五）《二变四句》——又云：「一因缘变非分别变，即五识心心所及第八心王，为所缘相分，从自种生故，二唯分别变非因缘变。有
相分，因虽不缘是果中之相分流类故。」
境即须藉本质，第八不尔，不尔即心外有法……问：无漏种亦是相分不？答：有二：一云第八不缘非是相分摄，二亦是
种子义。为境从种生识，任运缘名因缘变，今第八所缘境，定以见分别种生是因缘变。其前五识虽因缘变，以非根本识缘
四十七页 远故。三俱句，即内身根尘，四俱非，即前七现行：因中第八见分定不缘假，唯因缘变故，因缘变具二义：一任运义；二
（注四）《第八所缘》——《宗镜》卷四十九云：「第八或持或缘，应具四句三持而不缘，即无漏种，二缘而不持，即器界现行，以与第八
覆性。」又《瑜论》五十二卷云：「第七中间相分是假，无实种生。」
种，定不熏相分种，其中间相分但从两头合起仍通三性，一半从本质上起者是无覆性，一半从见分上生者是有
不？答：若缘无为不相应及心所中一分假者，皆不熏本质种，实者即熏。若第七缘第八见分熏者，但熏见质二
第六能缘第八四分，何唯言见相分种？答：以内二分同是心种，于见分中摄。问：第六缘一百法时，皆熏本质
五根及种子境时皆是独影境。有说是性境者，即须相分是实，便有两重五根现行，犯有情界增过，故不可。问：
第八三境相分时，皆与熏得三境种不？答：只熏根身器界种，缘种子境，即不熏种，恐犯无穷过故。其第六缘
得能缘见分种，若现量时亦自熏得相分五尘种，又与第八熏得五根尘本质种，多分只熏见质二种。问：第六缘
种，即与第八熏得见分种，又自熏得第六见分种，中间相分即不熏，若第六缘第八相分时或熏三种子，为自熏
缘自他五尘境，皆熏三种子，以是性境收，本质同是第八相分故。若第六缘第八见分时，熏得见质二种，皆是心
上地三境时，亦各熏三种，其相质种二禅已上收，见分种即属初禅系，以越界地地法无故言借，若得诸根互用，
熏三种为不尔？答：皆熏三种，纵异界相缘时，五识须记自第八相而熏本质种。又如二禅以上借初禅三识缘
有三境，今熏何相分种？答：但熏内身及外器实五尘相分种。余即不熏，以不能缘故。问：五识于一切时为皆
何能熏种？答：但是见分与力令相分熏种，又见分是自证分与力。问：前五与第八熏相分种者，其第八相分
种。末那熏第八见种。问：前七四分，何分能熏：答：相见二分能熏种。以此二分有作用故。问：相分是色，
《四分与熏习》——《宗镜》卷四十八云：「七能熏中熏第八，四分之中约熏何分？答：前五熏第八相分种，第六意识熏第八相见
为第三果，故立第四。第四即以第三为果，能互相缘俱现量故。」
去之心。护法等加证自证立四分。此意如相分为所量，自证为量果，自证若以见为所量自证为能量，不可说见
所量，见分为能量，即应有量果故立自证。如绢为所量，见等为能量，记彼数智为量果，若无能记，应不记忆过
等，世俗胜义，俱有见相，即立二分，即相分为所量，见分为能量，即智为量果。陈那《集量》中即立三分，以境为
胜义谛中及小乘一说部，见相俱无。一说释云：一切诸法，但有假名，即无其体，清辨胜义，一切皆空。若世亲

凡诸经中如此等文，随处可见。愚者谓何，可哀也矣。若不异者转识灭，藏识亦然，而自真相实不灭。」故《评林》云：「此喻从真起妄，妄灭真显，乃一经之要，所谓佛语心者。」是。若泥团微尘异者，非彼所成，而实彼成，是故不异，若不异者，则二应无别。如是大慧转识藏识真相若异者，藏识非因，故，绝喧动故，体圆寂故。」岂作者当时，亦惑于华严家之说哉？又《经》云：「譬如泥团微尘，非异非不异金庄严具，亦复如作而无物不周……三空三句，即藏之异字，无二无别故，诸边不动故，理无变易故，净法聚故，离生死故，非所有故，本不然亦云：「如来藏性，本自清净，具佛相好，备在众生，约因说果，称为转入……能兴造趣生，虽处秽缠，不为所染，复性非为本性清净，客尘所染而为不净」故。）然而或者犹以为惑于宋代诸师之说也，则有智俨古注在（考《□音》目卷一注十三），彼萨欲得胜法，应净如来藏藏识之名。若无如来藏名藏识者，则无生灭，然诸凡夫及以圣及以聖人悉有生灭。此如来藏藏识，住地，譬如大海而有波浪，其体相续恒注不断，本性清净。其余诸识念念生灭，妄想为因，境相为缘和合而生……菩萨摩诃八，如唐译（宋译词简，意同唐译，魏译，有时难解）云：「如来藏是善不善因，无始虚伪恶习所熏名为藏识，生于七识无明性，不生不灭，本来寂静，自性涅槃，如是等句说如来藏。」魏唐二译，词与此少异而意则同故。第四卷所说之如来藏则指第来藏者指真如。宋译云：「我说如来藏，不同外道所说之我，大慧，有时说空，无相，无愿，如实际，法性，法身，涅槃，离自幻？无执著相故，即说此妄名真如哉。于此当三致意焉。（按此言如来藏与第四卷所说意易混淆，兹彼详言之。此所谓如家妄，真是妄家真，以妄故有真，因真乃立妄，而实非妄亦非真，若执实妄实真，斯成邪见。不尔，何以云妄法为常？妄法如故即妄即真，即妄即真故，说之为常，愚者执著有无，局其见而以为定量，故即真即妄，即真即妄故，说之为颠倒。故妄是真幻事不生过恶，大慧此妄惑法，唯是愚夫心所执著非诸圣者。」以有有无，乃生妄法，圣者离有无之惑，忘有无于言诠之表，离分别者，悉离一切诸分别故……所说妄法，如幻，无执著相故。……夫幻事者从他明咒而得生起，非自分别过习力起，是故智……即彼妄法，诸圣智者心意意识诸恶习气自性法转依故，即说此妄名为真如，是故真如离于心识，我今明了显示此句不颠倒……妄法现时无量差别，然非无常，离有无故……诸圣者于妄法中不起颠倒非颠倒觉。若于妄法有少分想，则非圣之徒耳。然上所引，犹未言真如受熏之理，兹复《楞伽》文以明之，经云：「世尊所说常声依妄法说，以诸妄法圣人亦现，然异。」则真如受熏，非熏习之熏，乃不思议熏耳，唐贤于可熏性条下说译者误是也，亦非也。后之人乃说《起信》系妄谈，不学众生身中有佛三十二相，但为烦恼所覆，故未能得……佛说如来藏或名为空，无相无愿乃至自性涅槃，斯则体一，应物名衣所缠，贪恚痴等妄分别垢之所染污。」故《楞伽纂》云：「如来藏者，如来无相之真心也。」《集注》云：「《宗镜》云：经云

（续三十九注四）

《真如受熏破救》——又《楞伽》卷二云：「如来藏本性清净，常恒不断无有变易，具三十二相，在于一切众生身中，为蕴界处垢

配安立于有无漏心中，义易知而式可取。无漏心安立四分如《瑜论》卷六十七正智中说。有漏心同应知。

《四分体性》——又《瑜论》六十一卷云：相分，所变色心为体性，若内三分即用现行心所为体。」按《瑜论》卷二十述四以四分自证，镜背如证自证，面依于背，背复依面。故得互证，亦可以铜为证自证。」见分缘相分不谬能作证故。四证自证分，能亲证第三自证分缘见分不谬故。……若以喻明，镜像为相，镜明为见，镜面如缘故。四、念解名见，以念解所诠义故。五、推度名见。此五见中除五色根及内二分，余皆见分摄。三自证分，能亲证自分五类：一、证见名见，即三根本智见分是；二、照烛名见，此通根心，俱有烛照义故；三、能缘名见即通内三分，俱能

（续三十七附六）

《三境》——即属性境。问：性境中，前六能熏，为熏自种，为亦熏质种？曰，据理通熏。若不熏质，第八无新熏种故。若尔，即一相分熏生二种，曰否相分与质为同类故？即此相分熏生一种，此种入本识是为尘种，或时随缘生自能熏后念现，或时随缘生本质法，故义说相分亦熏质种。……带质境一分因缘变者，力能熏质种，一分分别变者，望于彼分（因缘变者）有和合及相似义故，即与之共熏质种。问：第七缘我，云何此相熏成质种耶？答：带质相有，而我实无，所谓我者本见分上妄作此行解，即以相带质起故还熏质种，我实无故，不复熏种能生我……旧说带质由见质两头烁起，此应有辨，带质境特由质之增上力起，又能熏成质种，故判为质种所生（间接生起），非真质种与见种合生此一杂物也。又带质境熏质种亦应有辨，带质相分本属别分，与见别用，熏成功能亦异，以其极似质也，判为质种，即随质种收也，后经胜增上缘如业感等，此质种势力增盛乃得生质，如第七缘八见是相分心无受熏持种用，而熏成质种后生第八即有彼用亦以此，至于有质独影与带质之辨在一带实质，一有质而不实。此义自《枢要》发之，《义灯》更判为四句，遂瞭然如指诸掌一、无为，此以不起用为虚质，二、他界法，此以自不现行为虚质，又他心等亦为此类。三第八心所相分，此以其为独影故不实。由此言之，则第六缘第八相见（缘根等。）皆带质也，非有质独影也。第八触等不能仗第八相为质（三所质必同一故。）则无质独影也非有质也。三境有二合三合之义，为《枢要》、《义灯》中最难解者，然观《学记》则甚易知，盖二三合中有义是假说也，假说则不必具备某境定义之全而亦得某境之名矣。若其实际，则决无二三种境合而为一者，如第六缘过未蕴为独影与带质合境，其实为带质而亦假说为独影也。独影是假说者，因无现行之实法为质，与独影之定义合，而能熏质种，则非独影也。带质是实者，以种为质是实质，又熏相分，种判属于质，全与带质之定义相合也。云以种为质者，此据法相三世之理，于种子之已现将现边，立过去，缘过未蕴即仗此种蕴种子而变过未相，熏成种子亦即为过未蕴种。此非熏成彼蕴法，乃熏成一种过未蕴法之言诠种子，故熏种与仗质同一，真是带质境也。」

三七页（注八）

《识数异说》——《深密疏》卷十一云「：龙猛等但说六识，故清辩《中观心论·入真甘露品》云：离六识外无别阿识，眼等六识所不摄故，犹如空华。此量有自教相违失。《楞伽》等中说第八阿赖耶故（按即此可见《楞伽》之出后于清辩）。问：若尔，如何大品等唯说六识，护法今释如《成唯识》卷五说？然有经中说六识者，应知彼是随转理门或随所依六根说六，据实龙猛等信有七八。弥勒宗依《金光明》等具立六识。然此宗有三说：一、菩提流支《唯识论》云：立二种心，一法性心，真如为体，此即真如心之性故名之为心而非能缘，二相应心与信贪等心所相应。解云：唯识意之性故，识之性故亦名意识，于理无违。二、玄奘依《楞伽》，护法唯立六识。三、真谛立九识，依《决定藏论·九识品》说。九识者眼等六，第七阿陀那，此云执持，执持第八为我我所，唯烦恼障而无法执，定不成佛。第八阿梨耶，自有三种：一、解性梨耶有成佛义，二、果报梨耶缘十八界，故中边分别偈云：根尘我及识，本识生似彼，依彼论等说，第八识缘十八界。三、染污阿梨耶缘真如境起四种谤，即是法执而非人执，依安慧宗作如是说。第九阿摩罗识，此云无垢识真如为体，于一真如有其二义：一所缘境名为真如及实际等，二能缘义名无垢识亦名本觉。此有多失，如第七有二失：阿陀那者第八异名而非第七，故此经等说第八识名阿陀那，二义相违，所谓唯烦恼障便违此经八地以上有染末那，或不成佛违《庄严论》等转八识成四智义也。第八赖耶能起法执或云缘十八界皆不应理，心所法中无无明数如何得与法执俱起？又新翻《辨中边论》云：颂曰识生变似义，有情我及了，此境实非有，境无故识无，长行释云：颂云变似义者，谓似色等诸境性，现变似有情者，谓似自他身五根性，现变似我者谓染末那与我痴等恒相应故，变似了

40 页之附 1

者谓余六识了相粗故，具说如彼，故知第八不缘心等，广论如《成唯识》。又真谛云阿摩罗识反照自体，无教可冯，复违《如来功德
庄严经》，彼云，如来无垢识是净无漏界解脱一切障圆镜智相应，准经可知无垢识者即是净分第八识也。又《决定藏论》即《瑜》，
彼论无《九识品》也。」
(注六)《余尸骸议》——《金光明》云：「法身性常住，修行无差别，诸佛体皆同，所说法亦尔，诸佛无作者，亦复本无生。世尊金刚体，权
(四八页)
现于化身，是故佛舍利，无如芥子许(慧沼疏卷四云：有三义故无舍利，一坚固难坏，二是权化身，诸化身者尚无余骸，佛
权现身故无舍利如芥许。)佛非血肉身，云何有舍利？(此第三义。)方便留身骨，为益诸众生。法身是正觉，法界即如来，此
是佛真身，亦说如是法。(结佛身常，功德所依及以积聚名为法身，通三身故。觉性觉相俱名正觉。是诸法因依，故名法界。
真身有二义，一对舍利三身俱真，二望所变，应、化非真。慧按，无舍利，真佛身当指自性身说。化身如幻，理无舍利，为益
众生，方便留余，则舍利仍幻化耳。)
《明界义》——慧沼《金光明疏》卷十六云：「《摄论》及《成唯识》以第八为一切法因(界)，《阿毗经》云无始时来界，一切法等依。《中边
(注七)以真如理为诸法因。则一约流转还灭依故说第八识是一切法因，持彼种故。一约迷悟依，故说真如性。《胜曼》云：如来藏为依为
持为建立，《宝性论》即依此义说真如理为无始时来界。问：既迷悟依通生染净，云何《中边论》云圣法因义说为法界？答：不说
唯言故无有失。又复染法不由证如始得生，若圣法因根本智之所引生无分别智必证如起是故偏说。此增上缘因，非亲因缘。」

(前接322页前半页《唯识详究》四)

第八识
十义
释—八段
第一段
因相
广明
种子
七本始
新熏

其三熏习，总摄一切有无漏种皆尽。若我执熏习，有支熏习唯是有漏，若名言熏习
中，总摄一切有无漏种皆尽也。从正智等次第生故者，犹佛有大定，遂起根本智证
真如，从根本智流出后得智，从后得智起大悲，大悲观诸众生，即起化生八相成
道，说十二分教。此教法是真如家平等所流出，相相邻近，由闻此教，遂熏得出世
心种子性。此法取此文者，意证由地前闻熏习有漏种子而得生出世无漏心也，如
十力中种种界智力能缘本识中种子，若余智力，不能缘种，若十地菩萨皆不能缘
种，唯缘过去、未来、现在，善恶业果，无有种种界智力故，不能缘种。二乘等亦不
见种子，……从真如所缘缘等者，佛证真如所缘缘故生根本智等。等流教法者，一
云等者等取大定等，二云等者相似也，真如能断烦恼，闻教伏烦恼，故名等。」
《秘》卷四云：「真如所缘缘种子生者，相传天竺有三释：(一)、新熏宗胜『军
论』师，自有两解：1、诸佛菩萨由证真如展转流出十二分教，见道已前胜解行
地缘彼经教作所缘生，从本而名，名从真如所缘缘生；2、初地出世圣道，一从
世第一法为增上无间二缘而生，二从真如所缘缘生。(二)、本有宗护月师亦两
解：1本有无漏种子为增上缘，真如为所缘缘，故顺解脱等善根得生。2、本有
无漏种子为因缘，解脱分等为增上缘，真如为所缘缘，世第一法为无间缘，故初
地出世间法得生。(三)、新旧合戒贤师，与第二师文意同。」

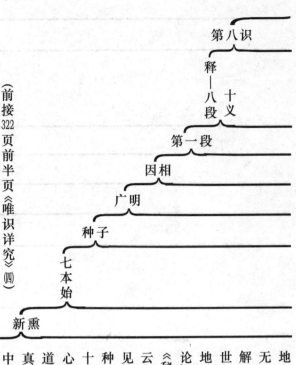

尔，与前转识转时，一切皆用阿识为种何别，又是转识与转识为耶为因缘性言与赖耶为因缘，影显生现持诸熏习令转识生，不彼种子故谓同生灭熏习阿赖耶识即熏八识义，且此意望种子赖似与后后转识为因缘，不言与赖耶而作因缘。今解此意言长养识，后后转识转更增长，转更炽盛转明了转，此因缘也。准此但子者谓如如依止阿赖耶识善等转识转时，同生同灭熏习阿赖耶子故，因缘也。为所依者由执色根五识依转等增上缘也。长养种云：「为种子者，谓所有善等转识转时，一切皆用阿赖耶识为种略故也。如《摄大乘》卷二、《瑜》卷五十一广说。」《义灯》卷五此而有因也。故常言亦通果，常为果故，于果说互，于因说常，影显互亦能为因也。常为因性故，显此二法更互亦常为因，显非异于现法长养彼种，二于后法摄植彼种。互相生故，所生为果，即所依，识于法亦尔，所摄藏也。谓诸转识，与阿赖耶亦为二缘，一法于识藏能摄藏也，谓与诸识作二缘性：一为彼种子，二为彼为果性亦常为因性。」《述》卷四云：「此引《阿毗达摩经》也。诸

本始

破斥

本有

引教成理——又云：「如《契经》说，诸法于识藏，识于法亦尔，更互

总标难意——《论》云：「若唯本有，转识不应与阿赖耶为因缘性。」

（考《瑜伽师地论》卷五十九、《注四》。）

所量集，诸论亦说染净种子由染净法熏习故生，此即名为习所成种。」

数现行，熏习而有，世尊依此说有情心染净诸法所熏习故，无量种子之而有，余所引证，广说如初。此即名为本性住种；二者始起，谓无始来数蕴处界功能差别，世尊依此说诸有情无始时来有种种界如恶义聚法尔

立宗——《论》云：「种子各有二类：一者本有，谓无始来异熟识中法尔而有，生

论主——《述》卷四云：「护法自意，难破前师。」

种，所说成就无漏种言，依当可生，非已有体。」竟二障种者，即立彼为如来种姓。故知本来种性差别，依障建立，非无漏毕竟所知障非烦恼者，一分立为声闻种姓，一分立为独觉种姓，若无毕立。如《瑜伽》说于真如境，若有毕竟二障种者，立不般涅槃法姓，若有

解违——《论》云：「有情本来种姓差别，不由无漏种子有无，但依有障无障建

本有

藏之唯现家，太贤从圆测是能所藏之本种转现家。」）以识为因，诸法为果，次句翻此。」（《讲》卷二云：「基师是能所「基云初句能藏，次句所藏，非也，二句各具能所藏故。测云初句转识善恶业中熏习种子为增上缘，方得生也。」《学记》卷二云：子为因缘也。于后法摄植彼种者，谓于当来异熟阿赖耶识，由今念现行第八识皆由前念转识能熏彼种子，即能熏现行与所熏种行识执受色根为增上缘，生眼等识。于现法长养彼种者，谓于后种子者，谓阿赖耶种子识与三性转识为因缘，彼所依者，第八现得种子，即前念熏得种子，后念即能生现行。」《蕴》卷二云：「彼种子，此所熏得无记名言种子，必须随世生现行，若善恶心所熏熟果等，其无记名言种子，不能自熏，要藉他善恶心相分中熏成子，若见分心中所熏得种子，此种子能有势力为善恶业能感异分等。若约熏名言种子，即三性心中皆熏成种子皆得名名言种自证分种子，此种子生时即能生第六识见分等，亦能生本识见本识相分。若第六识缘第八识见分自证分时即能熏成第八识见尘境即熏成第八识相分种，种子生时即能生前六识相分及能生子，亦与前七识作因缘也。若能前五识及与五识同时意识缘五分，前七识与第八识种子而作因缘。又所熏得种子生前七识种见相分种，种中摄得第八识现行。此种能生后法第八自体见相识能傍资旧本有种名养。摄殖彼种者，即前七识为能成第八识故。」《疏抄》卷四云：「自长养七识能新熏成种故名长，又前七为彼得生，摄殖彼种子，即显由业，彼方得生，不尔，异熟不能生种引当异熟为增上缘，言谓彼熏习种类者业种是彼名言种类，子者，谓彼熏习种类能引摄当来异熟无记阿赖耶识者，此约业说言于现法中能长养彼种子故，即现熏种，现是种因。摄殖彼种生转识种现能熏胜隐八不言生现第八种子因胜隐现不言故，但因，此中转识且望赖耶种子为因，影显亦与现行为因。何故如是因，非赖耶因也。又前赖耶且望与现转识为因，影显亦与彼种为

唯识详究(五)

释颂——《论》云：「此颂意言阿赖耶识与诸转识于一切时展转相生，互为因果。《摄大乘》说阿赖耶识与诸杂染，互为因缘，如炷与焰，展转生烧，又如束芦，互相依住，唯依此二建立因缘，所余因缘不可得故。」《述》卷四云：「染法通三性，即一切有漏法，余七识品既为能熏亦所生故，互为因缘……唯种与现实名因缘，不以现行七识望第八现为因也。但取种子望后为因。又此中望体，因缘体尽，若望果别，亦有种子生于种子，岂非因缘，故但约体说，又说不尽，不说无漏故。」《义演》卷四云：「因缘既三法，如何得二法为喻？但喻因果二法故，既有三法，如何言依二？据展转相生有三法，论因缘体唯种现二法。若望别果说种生种且得名为因缘，但前后相别，因果不同。种现相生言但约体说者，但取所熏得名言种子望第八现为因缘也。」

难他——《论》云：「若诸种子不由熏生，如何转识与阿赖耶有因缘义？」

破救——又云：「非熏令长可名因缘，勿善恶业与异熟果为因缘故。」《述》卷四云：「彼若救言，但熏增长名曰因缘……初二句牒彼计非，次三句难。勿善恶业与异熟果为因缘故，汝言诸法各但一种，若异熟果因但是一种生，善恶业现行熏果种增时，善恶业与果应为因缘故。又汝若言善恶业体是一种生，异熟果体是一种生，各一种者，而异熟果现不自熏，但善恶业现行熏令果种增长，其种本有业于果种能令增长应名因缘，如自业种但令增长为因缘故，或复业种增名言种应是因缘，既非因缘故非增长名曰因缘，果种如业种亦增长故，故非唯本有，亦有新熏。若尔，谓俱新熏，岂俱新起，俱名因缘，并新生故。此难不齐，如无记心熏无记种，复善恶业自熏自种，亲辨体故，故是因缘，但缘资彼无记种子，故非因缘。汝之种子俱不辨体，但资增长不辨体齐故应俱是因缘摄也。然观本意后解是本。今难本意由是义显应诸现行望本有种不名因缘，熏增长故。此本有种唯以自类为其因缘既尔，此

种子

五果名言种子果故业种子是不尽理也。应云三性心相分中自许业种子为其因缘。此业种子即是行支，即体能感得一具言种子已后时起善恶业现行时熏成种子，即善恶业现行望缘？此难不齐乃至故非因缘，此答外难也。必先熏得无记名恶业种亦是新熏，二个种子俱名新熏一时熏故，如何名因至并新生故者，此唯本有家。问曰：名言无记种是新熏，善种，又能傍资本识名言种增长，应名因缘，此后是正。若尔乃也。后解意言，由善恶业现行熏自业种增长，此被熏增长业相似善业现行熏自业种增即是因缘，恶业现行本识种亦尔熏本识名言种增善业现行，望本识应是因缘性，如熏因业种记果种，增长善业现行亦熏自业种增长。今难云：善业现行种子，应是因缘也。然前解异说，由善业现行熏本识名言无缘。意显（本无「显」字）业种子能熏资异熟名言种，增长其业又能傍熏本有业种子，增长善恶业现行，望本有业即是因其业种子又能傍熏资异熟果名言种子令其增长已，其业种本有业种子令其增长为因缘也。此本有业种子即得增长已，难，即三藏法师解也。又汝若言由善恶现行起时，即能熏自如现行业望业种子故。或复业种增名言种应因缘者，此第二名言种子令其增长，其善恶业现行望名言种子应是因缘，由业现行望本有业种子为其因缘，其善恶现行亦能熏异熟果现行。今难曰，善恶业现行熏本有业种子令增长，即说善恶时，亦能傍熏异熟无记名言本有种子令其增长，令有势增生长，即善恶业现行起本有业种为其因缘，又由善恶业现行起种子，即由现行善恶业起时，即能熏自本有业种子令其增疏云汝若言业现行后一个业种子，其异熟果现行不能自熏若言至但令增长为因缘故，此即第一难。此第一解即是……言诸法至应为因缘故，此文但总申难意，次下有二难，又汝亦因缘摄。不同唯本有故，彼非因缘。」《疏抄》卷四云：「汝因应不生现，有新起种生故，此义应思，然以生种，类同于新

第八识

证

第一段

因相

广明

熏习

七、本始

本始

（六八）

子，种子生现行是亲因缘，汝宗（下接335页《唯心论识详究》心熏等者，此是答意云如无记心熏三性心，自熏善恶等种现行增长种子名因缘要熏成种，种生现行为亲因缘故。无记业现行增第八种应名因缘，此就他宗为难，以护法不许善等《义演》卷四云：「但令增长者意云业现行增自种名因缘，应二以现业增果种，第三以业种增果种，故后二解是其本意。」子增长名为因缘，初解望现故非本意，又行支体，通于种。第现强种劣，由此故知第二解正。又后解是本者，本意但令种现业望果无增长义，若第二难令业种增名言果种亦为不可，义隐故，所以然者，初难现业望于现果为因缘者其理不然。因缘故取第二。问：初后俱有增长之义何不取之？答：增者，前三解中第二名后，初之后也。彼师本意现熏种增名为旧合生今且随不正答。」《蕴》卷二云：「然观本意后解是本义者释旧种生种，类同新种生于现行得名因缘，然据护法新是本者本有师义虽两解，后释是本：然以生种类同等者正生，此有一难；第二即又汝若言至各一种，此难有二。后解四云：「本有师宗自有两解，第一即汝言诸法至但是一种有种子家现行不能熏故，现行望种子不是因缘也。」《秘》卷若现行熏成种子为其因缘即唯新熏种子有其因，若初唯本故者，若种生种，种生现为其因缘，即新熏本有种皆相似故，种逢缘，令即新熏本有合生现行，亦无过也。然乃至非因缘熏生现行，或本有逢缘合唯从本有种生现行，或有新熏本有是护月师难。此义应思者答外问，或有新熏种逢缘令唯从新云：后解即是本有师家之本意。有种乃至有新起种生故者，然观本疏后解是本者前疏中第二解，即三藏法师解。又解熏得无记名言种子也。但除业也，异熟无记心不熏成种也。皆能熏得无记名言种子也，即威仪工巧法执心相分中皆能

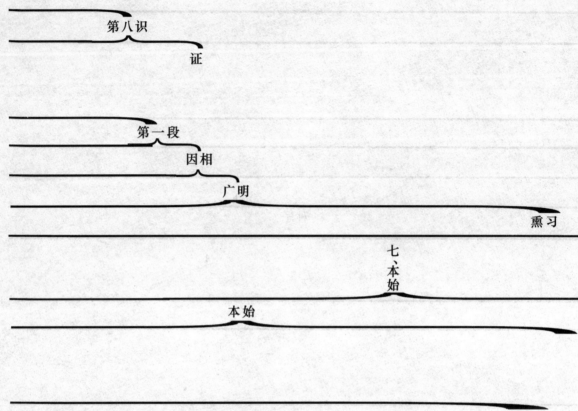

（此前接334页《唯识详究》（五））

唯识详究（六）

- 第八识
  - 释—八段 十义
    - 第一段
      - 因相
        - 广明
          - 种子
            - 七，本始
              - 本始
                - 破斥
                  - 本有
                    - 违教理
                  - 新熏
                    - 正难本宗

正难本宗——《论》云：「若唯始起，有为无漏无因缘故，应不得生。有漏不应为无漏种，勿无漏种生有漏故，许应诸佛有漏复生，善等应为不善等种。」《述》卷四云：「有为无漏即见道等……若彼救言以世第一法为其因缘，有漏法中此为胜故。此义不为。若有漏生无漏，应无漏生有漏。如有漏善生于无漏，无漏既不得生于有漏为相违者，如何有漏生于无漏？此初无漏，许无因缘亦有何妨？答曰：不然，佛说无一法非因缘生故，若无因生，便非释种……亦有有学圣者等对治生有漏，然世尊全是无漏，故但举之。外曰不然，以胜劣故。劣可为胜因，胜非劣因。若尔不善应为善因。又若相违得为因者，

故唯本有，理教相违。」

违教理——《论》云：「又诸圣教说，有种子由熏集生，皆违彼义，故唯本有，理教相违。」

缘，又自不能长。长绝而因缘绝，则长不能为因缘，绝救。」因缘，夫自不能熏长，则熏义不能屏他，他非因缘，则长非因至亦有新熏…本有家自体，以自种为因缘，而又救言熏长为为因缘故。）二谓业种增自业种亦旁资而增果种（或复业种二家：一谓果种不能熏增自种而业现熏增之（又汝若言至果是果体，异熟因是因体。）次业体果体各自一种生难分为云：「疏家有谓是三解：初以果体、业体共一种生难（异熟无果故，故但增种令有力生现异熟果以为正义。」《讲》卷二增应至后念非刹那灭。又生已方增不见此理，若未生增，现今谓不尔。阿赖耶识随先业转，种生现已，更若为增若至现集》云：现业熏有支种，此种能增长现异熟果故，应是因缘，「西明云：善恶业与异熟果应成因缘，能增长异熟果故。《要正是因缘，望本有种为增上缘，不辨体故。」《义灯》卷五云：故，如何可说种子现行互为因缘？护法既存新旧望新熏者也。」《枢要》卷二云：「护法现行望本有种无因缘义，但增长起，但名因缘耶？故汝难不齐，但言无记熏者隐善恶不论但令果种及业种增长即名因缘何得难我，谓俱新熏岂但新

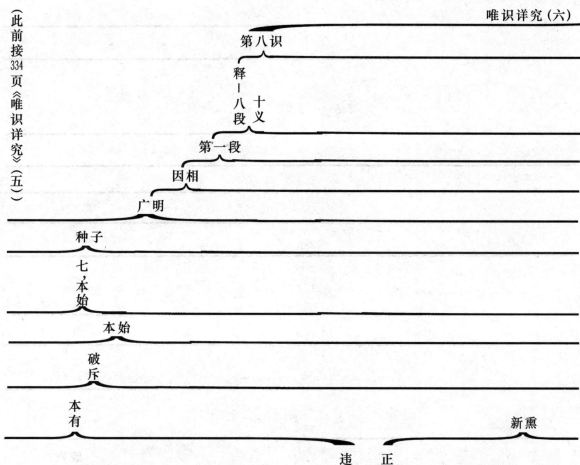

破分别论

叙宗——《论》云：「分别论者虽作是说，心性本净，客尘烦恼所染污故名为杂染，离烦恼时转成无漏，故无漏破大乘师，三、始终俱破小乘师大众部等。」一、破大众等四部，因便破大乘异师；二、始终俱此论下文分别论者是说假部。故今此文有三释：分别论者是化地部。婆沙中分别传说是正量部。故，或小乘诸部皆名分别，不定一部。故《摄论》中论，亦作是说。」言分别论者或大乘异师有种子今亦叙破；本即大乘唯说新熏心，溷师等名分别众，一说，说出世，鸡胤四部，因净无漏无因缘故，

释名——《述》卷四云：「诸耶分别皆名毗婆阇婆提，即大法与有覆无记为同类因，如执身边二见有覆法起嗔等。」乘可尔者疏主错引也，小乘宗无善与不善为同类因，唯有不善种子唯一品故也。乃至无学位即转修道种子生无学道……小作「转灭」。）家义，至后修道此见道新熏种子亦能生现行，以是故，即是转齐家八（人？）种子有三品故。若转状（《讲》卷二引道亦不能生现行，以是见道种子，不生修道智也。此种唯增长解欲界苦谛智种子，则不生缘上界苦类智，道各别故。乃至修也。入初地初念，新熏无漏种子有第二念不生现行，何以故？不是实，唯名刹那。若大乘见道取本有无漏为等流，则有因缘等流体；是无漏善，不是无记故，不是异熟体；不是无为故，漏不是色故；非长养，无有无漏为因故，不从同类因生，不是养，二、等流，三、异熟，四、刹那，五、实。小乘初念苦法智忍无类因，等流果。此师义状似萨婆多刹那，彼宗有五种法：一、长故，无同类因，无同类因故，亦无等流果。若已后无漏亦容有同刹那六因中唯有相应，俱有，能作体是净故，无遍行因，新智生，至第二念，取前第一念为因。此苦法智忍名曰一刹那，此一四云：「此初无漏者，初入见道，初一念无漏苦法智忍，无有因善等应为不善等种，小乘可尔为同类因，大乘不然。」《疏抄》卷

破他

- 起非净心难
  - 不俱非善难——《论》云：「不许便应非善心
    善故，无漏等也。」
    云：「如色声，善无信者，色声是等起
    法等者？论主微破。」《疏抄》卷四
    四云：「若如至等者，牒外救，此是何
    所，必应与善等心所相应。」《义演》卷
    性，若是色法，故非心性，若说心心
    信等，此是何法？若是不相应亦非心
    应。」《述》卷四云：「若如色声，善无
  - 恶与善俱难——又云：「许则应与信等相
    故，不善无记亦应名善，心性净故。」
    善。」《述》卷四云：「以有漏善心性净
  - 二性应同难——又云：「恶无记心，又应是
    四云：「依他起心名为起心。」
    数论，相虽转变而体常一。」《秘》卷
  - 相转体常难——《论》云：「若即说心，应同
    真如，非心因缘，因有生灭取与故。」
    不为因。下六义中，第一刹那灭，即简
    取与，以体前后无转变故。无取与，故
    即是真如，此真如体，若许为因，应有
    转变故。」《述》卷四云：「此中空理，
    因，常法定非诸法种子，以体前后无
- 空理非因难——《论》云：「心性言若说空理，空非心
  净位也，既无净熏而有因生，故今论主引遮破。」
  《婆沙》卷二十七分别论者心之染净如铜器等，垢
  「《瑜》卷二十七叙彼计」。《学记》卷十一云「测云
  中有略性。《无垢称经》亦有此说。」《秘》卷四云：
  本净，离烦恼时即体清净为无漏因，如乳变酪，乳
  法非无因生。」《述》卷四云：「彼计无法尔种，心性

部别有种子，萨婆多因义种子义未来者而言成种者，别破大乘异师。又经二云：「大众部等无种子，破分别论子，性之与相，皆类同故。」《枢要》卷生唯成无漏种，不言成现行，现行种同故。」《述》卷四云：「彼论说诸异唯得成就无漏种子？种子现行性相则心种亦非无漏，何故汝论说有异生无漏，而相有染不名无漏无斯过者，

起心非净难

现种应同难——《论》云：「若异生心，性虽无漏现行，许心性净故，如佛等圣。」心性等，今应改量云：诸异生位，应因喻，其因于喻上不转。佛先无有漏如何今者明有漏心性净为因，将佛为者。」《疏抄》卷四云：「有有漏心性，有漏心性净故，如佛等圣应名圣无漏，诸异生位应无漏现行，许现行者。」《述》卷四云：「若心性净即是无漏，则异生位，无漏现行，应名圣

凡夫起圣难——《论》云：「又异生心，若是可得故。」

治障性同难——《论》云：「若有漏心性是无漏，应无漏心性是有漏，差别因缘，不因也，言杂染者，为诸烦恼所缘缚义。」云：「此杂染言通一切三性有漏法，得为漏为因。勿善恶等互为因故。」《述》卷四

例恶非因难——又云：「有漏善心既称杂染，如恶心等性非无漏，故不应与无体，尚不名善，况是无漏。」

唯识详究（六）

心所等亦尔。」《疏抄》卷四云：「六识心王及遍行五，
令断染惑或说等者，如《瑜伽师地论》卷五十四说。
中解心转依真如说为心本性净，以起烦恼覆此净心
经等者，《胜鬘经》中具说此义。《对法》十卷三转依
非有漏心性是无漏故名本净。」《述》卷四云：「契
真如是心真实性故。或说心体非烦恼故名性本净。
自解——《论》云：「契经说心性净者，说心空理所显真如，
《枢要》三解，皆不可依。」
无漏种名随眠？故知此破分别本师，
生纯无漏故。或彼烦恼种名随眠，如何
行性同，以现例种，明知今生，其当所
失？或若当生名为种子，何言种子现
本净，虽同分别论有种无种不同何
既言汝论，宁知此破大乘师义。大众心
或不相应随眠名种者非也，对分别论
生义，名为种子，不同经部有种子，
子，今破大乘异师之义，或大众部有当
例破。）《枢要》云：大众部等不立种
熏，初道无正无漏因缘，同难经义，故
（彼本净种曾生有漏。新所熏种有漏所
种通生有漏无漏，初生无漏以此为因。
漏，本性净故，所熏成种，即成无漏，此
证云：彼三性心，由现有染，虽非无
本性（然彼不许有第八识，种子无依。）
一本性因，即无漏种；二击发因，即心
《学记》卷二云：「测云：彼宗二因：
经部等。又不相应随眠，亦名种子。」
有可当生无漏之因义名为种子，不同
有无漏因故，大众类此亦然，凡夫身中

种子

不和合条然各别但聚一处而为生一也。」一者，二种同依一识和合似一，如一麦子众微共生，非故。若尔，如何护法破他言不见二种生一？然二种生尔种。见修以后所起无漏新旧共生，转齐势力二种等但初念见道起是法尔种生，初念修道起或见或相亦法证理智种，则现行自为证理。感现有别，视其种别。非生现行，盖初念是断惑智种，其现行亦为断惑，二念是法尔，见道有新熏也，见道初念所熏之种于第二念不法尔生。传说护法宗如此。」《讲》卷二引云：「地前但修道始起随初起时，或为见分或为相分，皆名初起，唯时必熏种故，非但见道名初无漏，若与见道异地无漏，依。（谓初无漏唯法唯生，后必法尔新熏合生，初现起同依一识，和合似一，如麦子众多极微共生，可不同别生，势力等故，若尔，如何彼破他言不见二种生一？可漏，用此为因，后起无漏，以何种生？护法正宗新旧共《学记》卷二云：「测云：发心已后用增非体，初起无后多时以去方能生现，总得名性本净。」（此中多讹）。行，或无间道智种，后念能证理，不将断或智种子，而生证理智现行，断成证灭智各别故。此初念新熏种至漏种，此新熏种，至第二念不生现行，何以故？初念是见道。」《疏抄》卷四云：「初入见道，初念现行，熏得无卷四云：「解脱分善根已去名胜进位。复熏成种，谓入为因，无漏起时复熏成种。有漏法种，类此应知。」《述》由熏习法尔成就，后胜进位熏令增长，无漏法起以此

申正义——《论》云：「由此应信有诸有情无始时来有无漏种，不藏。」

者法是法界藏法身藏，出世间上上藏，自性清净得名性本净。」《秘》卷四引《胜鬘经》云：「如来藏别境五，不定四等，虽通三性，以体非是烦恼故总

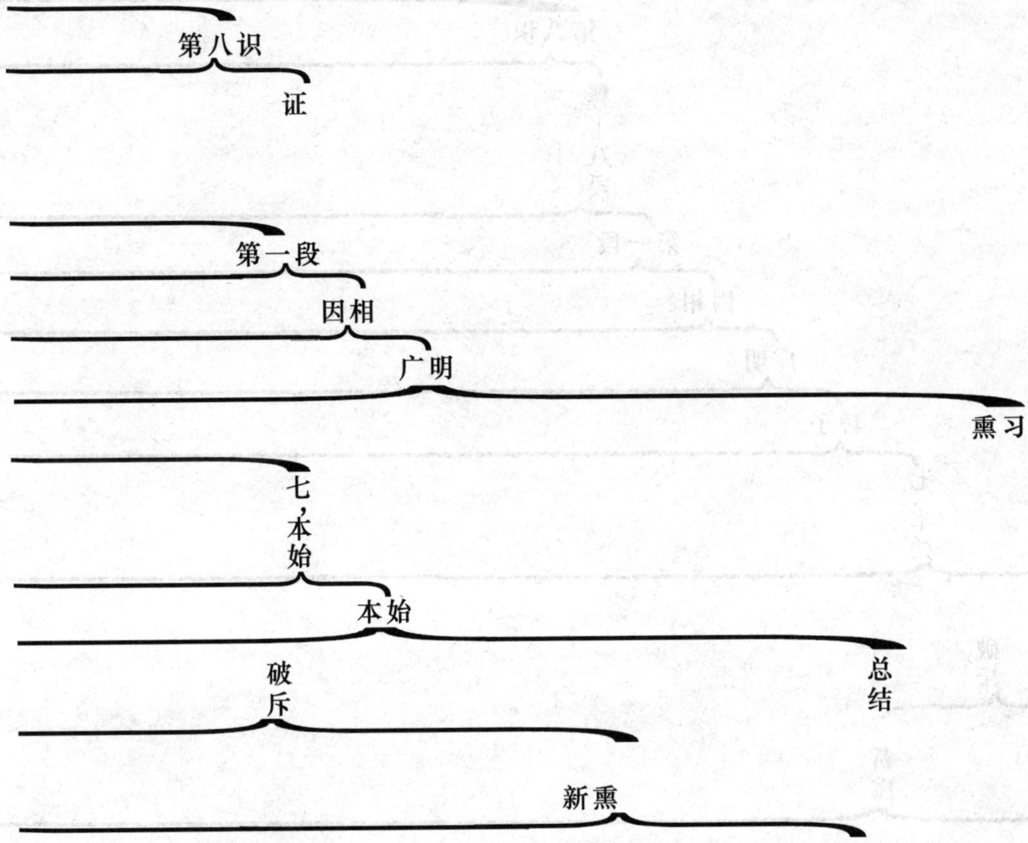

《唯识详究》(七))

漏及自因缘所熏有漏种为增上缘，令其本有（后接342页

《述》卷四云：「种解脱分善根已去闻正法时，由现行有立种姓别？既彼圣道必无生义，说当可生亦定非理。」法种，则诸圣道，永不可得，谁当能害未障种子而说依障若谓法尔有此障别，无漏法种宁不许然。若本全无无漏障显性差别，不尔，彼障有何别因，而有可害不可害者，有无，障有可断，不可断义。然无漏种微隐难知，故约彼彼二种障俱可永害，即立彼为如来种姓。故由无漏种子一分立为声闻性，一分立为独觉性，若亦有佛无漏种者，为非涅槃法，若唯二乘无漏种者，彼所知障，永不可害，子有无。谓若全无无漏种者，彼二障种永不可害，即立彼缘，方便说为出世心种。依障建立种性别者，意显无漏种出世法正为因缘。此正因缘微隐难了，有寄粗显胜增上断感胜异熟，为出世法胜增上缘，无漏性者非所断摄，与出世心，故亦说此名闻熏习。闻熏习中有漏性者是修所有漏，闻正法时亦熏本有无漏种子令渐增盛展转乃至生全其增盛方能得果，故说内种定有熏习。其闻熏习，非唯种子皆熏故生，宁全拨无本有种子。然本有种亦由熏习

释难——《论》云：「诸圣教中虽说内种定有熏习，而不定说一切

唯识详究（七）

第八识

释一八段十义

第一段

因相

广明

种子

七、本始

破斥

新熏

释于资粮位，通感总别报果，在加行位有二说：一云唯造别报业，者，若小乘解于资粮位通感总别报果，于加行位感别总果。若大乘王等，小乘七返胜异熟也……《瑜伽师地论》卷五十一说感总别果论》资粮加行多说菩萨，或总说感胜异熟，不须分别大乘变易身十三果起名胜异熟果。若《对法论》资粮加行位多说二乘，若《唯识异熟果者，即是资粮位所作善，能感人天七遍往来，不约变异身十子，此现行及新熏种子有势力方能资他无漏种子令增长……感胜种子皆不能资他无漏种子令增长。今取资粮加行位现行及新熏种子，即不能资无漏种子令增长，以无始来虽有本有资粮加行有漏行，为是有漏种子能资无漏种？答：若资粮加行位中本有有漏种现行有漏及自因缘所熏有漏种为增上缘者。问：今者为有漏现今第三师有三品种，即转齐义，有漏亦尔。」《疏抄》卷四云：「由转灭下等作中等故若本有家唯一种子，若新熏初时唯一种生故。种，为一品种？答：若据唯本有及唯新熏，皆唯一品，此是转灭，何者前生，何者后生，故随缘合即能生果。问：若本有者为三品其同类种随遇缘合，即便能生，不合不生，如三世有未来应生法，上品增故。问：此无漏种，本有既多，后生果时，何生不生？答：解脱分中，下品增故，决择暖顶，中品增故，其增上忍，世第一法，由是善得《对法》等意。解脱、决择二善根中，其无漏种增长有别。第一就实正因缘解，第二就胜增上缘解。故《摄论》文无相违失，缘种，若无有漏闻熏者，无漏之种不生现行，故寄有漏胜者说也。闻熏是无漏胜增上缘者，方便说此为出世心种，此增上缘非正因了，未起现行故，相状难知，故摄大乘诸论等处，但寄粗显。有漏等亦同《对法》第四卷文……此无漏种望出世心是正因缘，微隐难论》卷五十一说感总别果，如《瑜伽师地论》卷九说，无漏性者非分善修道所断义，感胜异熟为出世法胜增上缘，即如《瑜伽师地是有漏，亦名无漏，据各别故。是修所断即同《对法》第四卷决择心，亦说无漏所增长种名闻熏习。《对法》第四卷云决择分善根亦无漏种子亦得增长展转增胜，即以所增无漏胜种，后时生出世之

（前接340页末行半句）

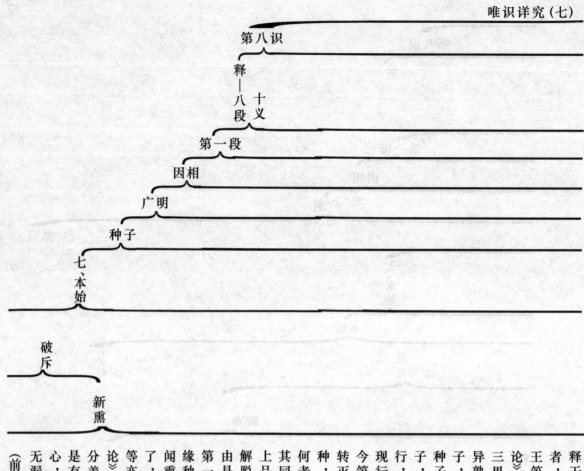

近资加行位种子，亦能远资见道种子，不能资修道，无学道种子以如是总说如资粮位起现行时，其现行即能正资资粮位种子，亦能时，其下品种，更不能生起现行。次加行位中品起现行皆应准知，中上品种子令其增长，巧生现行，已后准知，以次修习中品种子生时，即能熏成种也。其下品现行正资自下品种子令其增长，若能资行位各有三品本有种子令其增增起道。资粮位中下品种子起现行住出三心，佛地四智等，此等诸法各各皆有本有种子，即如资粮加佛。若护法师义，无始以来即有资粮加行见道十六心及十地中入去，唯起无漏现行，资无漏本有增长，乃至灭却金刚心种子而成行心，资无漏本有种子增长，以为更不熏成新熏种故。若八地以品亦然。即资加行位现行傍资本有无漏种增长后入见无漏而生现由现行资故，即灭却下品而成中品，又灭中品成上，乃至加行位三无漏种，即由起闻思故，资本有下品解脱分种子增长令生现行，又立本有家，无始以来成唯有一品有解脱分种，决择分种，唯有一品刚心而成佛，唯有成佛不灭。故新熏家唯有一品种子而转灭。若唯脱分种子，后渐熏修即灭却前下品种而成中品，如是乃至灭却金习即无顺解脱分种及无决择分种子，后时由闻教法即熏得下品解有漏顺决择分善种子即无漏种。二云无始已来既未发心，未经熏品种子有其二说：一云无始已来唯有有漏顺解脱分善种子及有道，修道，无学道三转齐义可准判。又解，若唯立新熏家，唯立一力齐也。准上品无漏种能生现行，中品种种果不能生现行也。见乃至上品无漏种生时，便能资下品中品种子气力殊胜。与上品种殊胜不能现行也。由中品无漏种起现故，彼能资上品无漏种增感，胜。下品与中品，气力相似，唯中品种能生现行，下品种子，气力起，即资中品种殊胜，至后中品种生时，中品种亦能资下品种力殊三品种即转齐义者，是新熏本有合用之家，种有三品，由下品无漏种，被熏渐胜即须灭却下品体而转作中品种，余亦尔。今第三师有资无漏亦是下品……唯本有唯新熏家种，唯有一品上中下品无漏不造总业报，二云通感总别果……解脱分位能资有漏是下品，所能感别报果，若在资粮位迷因果可造总业报，在加行位不造因果，地等，其十地中可有第六识妙观察智，第七识即有平等性智。欲成唯本有家，既唯有一品种子，即灭见道成修道，乃至减九地成十可新熏成大圆镜智，成所作智，即违《论》文转八识成四智义。若若唯新熏家义，可许十地之中有妙观察智，平等性智，若欲成佛，若地上是无漏，无漏不是可断之法故，资下品成上，即有转齐义。可知……地前是有漏法可断舍故，故不资下中成上而无转齐义，齐也，体是无漏故，不是断也。有亦断亦舍，谓贪等深法。第四句行有漏善及无记法，有舍而不断，谓十地舍劣无漏而得胜，即转此应作四句分别。有断而不舍，谓有漏善及无记法，地地之中皆品。约极处言成佛解脱道时舍劣无漏，据实地地皆舍劣无漏。由品，即有三十一思，十地各有入住出三心，佛地为一，都三十一地种子，总名佛地，以种为得胜舍劣故。余可知。今者即有三十一之而不生现行故名转齐。然佛身中，虽有前十地种子，不得名十地入住满三心亦尔，乃至成佛亦尔。故前十地种子佛身中皆悉有资前见道种子气力与修道智力齐，其见道种子更不现行，如是初与第十六心力齐，即名转齐也。如是入修道已生修道智现行时即已得胜舍劣无漏也。如是乃至道类智种子令前十五心种子气力智种子与苦类智忍力齐，其苦法智忍，苦法智种子更不能生现，苦类智忍生现行时，即能资苦法智忍，苦法智种子气力，令前二次入苦法智忍种子，得其势力此苦法智忍种子，与苦法智力齐。念苦法智生时，其苦法智忍种子，更不得起其苦法智现行，即能熏得种子，不能生后念苦法智等，以后亦然，前不生后也。次第二种生也。如是苦法智生时，唯从苦法智忍种子生，其苦法智忍所后得智现行，后得智种不能生根本智现行，唯能生后得智，皆同从初地至五地已来，其根本智种子，唯能生根本智现行，不能生所熏得种子，其种子不能生后得智现行，证理缘事智各别故。若现行以断惑远起种子与证灭道智种子故，自利故。又根本智中中行位满初见道生时，初无间道中所熏得种子，不能生第三念解脱疏远故。如是乃至修道种子生现行时，亦能近资无学种子。从加

唯识详究（七）

引云：「闻正法时，亦熏本有无漏子令渐增盛者，此熏为疏熏：分善互相增益令感报故，实义如《本母释》及《瑜记》。」《讲》卷二有支一切皆唯非学无学故。《瑜伽师地论》卷六十七名集谛者与福摄。此亦不然，若感总报应有支摄，即违《瑜伽师地论》卷十二：虽复自性厌背后有，然能随顺后有身语意妙行，是故亦是集谛所助伴，非有异熟故。范云：通感总报，如《瑜伽师地论》卷六十七熟故。此未尽理，若总若别唯助余业无正感者，应知无漏唯有异熟因，能对治彼故，即增上果假名异熟，由此资粮熏余有漏业令感异宗，测皆感引满（《讲二》引作感别报引满。）如无性释此非异熟《俱舍》二十三卷、《正理》卷六十一等唯感色界五蕴满果，若大乘未可为定。」《学记》云：「言感胜异熟者，萨婆多言，但感别报，如不生现故一修道已能断。余无用故，一心中无多慧故。虽有二解，可许生现至金刚位必不现行，自有修道法尔种故，彼见种不遇缘故不断惑，言转齐者约种说亦不相违。或云：见道种子于修无学背有漏故名为无漏……见道种子至修，无学虽有种子不生现行，种子名顺决择且为无漏。二云：此顺决择体非是无漏以能顺无漏四卷。此顺决择为无漏性者，有二解：一云取顺决择位本有无漏《蕴》卷二云：「《对法》第四卷亦名无漏者，按第三卷准解，非第

（按种与现中当作：现←种，以表种生现，现正资种等。）

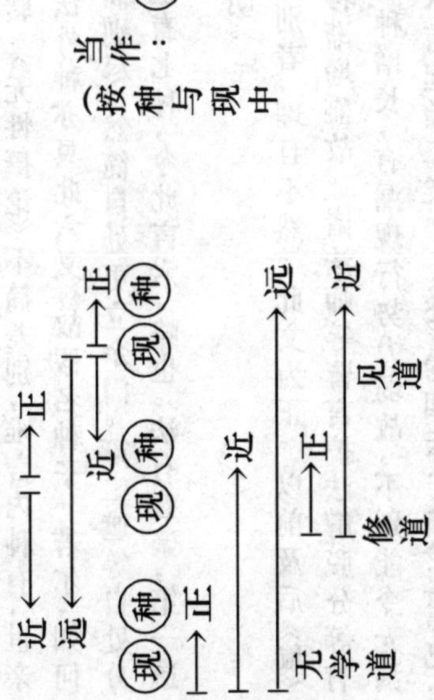

故知佛果上阙二智也。」《讲》卷二于地上兼退资。绘图如下：

佛时种子既有心更不新熏生种，如何得有大圆镜智，成所作智，

种子

八，六义

六义总释——《述》卷五云：「《瑜》卷五说有七种，今此言六，略也。法有五聚，第一遮无为，第三遮心心所等。即简别尽，然简自处更立余门。第二遮等自处分别更不叙之。不遮色者，色法外种亦具此六义，故假名种子。若尔，如何与果俱有，复如何言常恒随转。《无性摄论》不简差别，唯言内种有，世亲即通。如莲花根生莲花等，根茎同时。」《义演》卷五云：「五聚法中但遮无为，心心所即简尽，不相应法不可为种，外色法可具六义故，显余法不

总结——《论》云：「应知诸法种子，各有本有起始二类。」《述》卷四云：「入见道已，别熏生种，无漏行故，地前但令旧种增长，有漏现行势力弱故，不别能令无漏种起，此中但言由闻熏习令本有种渐增盛故。诸法师等皆言护法解脱分等有新种生，护月但令种子增长，故有别者，理且不然。此文为正。以前及后《瑜》卷五、《摄二本第二》勘读其理方明。」

结——《论》云：「诸圣教处处说有本有种子，皆违彼义，故唯始起，理教相违。」

又云：亦是有漏亦名无漏者，一说闻思能增为有漏，净种所增为无漏，二说取此位本有无漏种名无漏，三说此体非无漏以能背有漏顺无漏名无漏。《对法》：漏随顺者谓顺抉择分虽为烦恼粗重所随，然得建立为无漏性。基解：一新熏家言善体有漏能为增上，或因缘生见道故建立为无漏性，二本有家言，此位无漏增长之种名无漏性，三五用家言同本有家。」

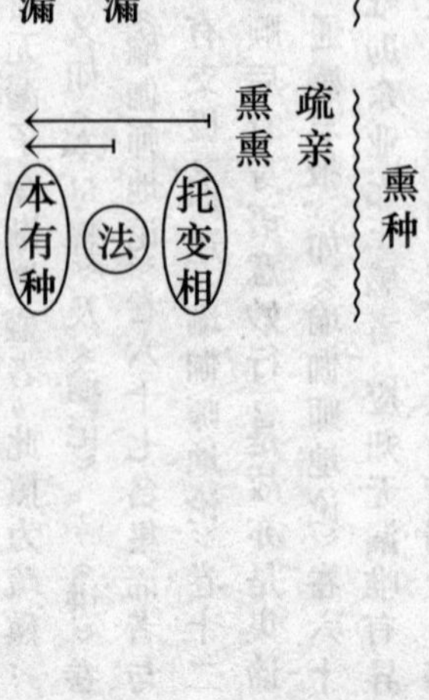

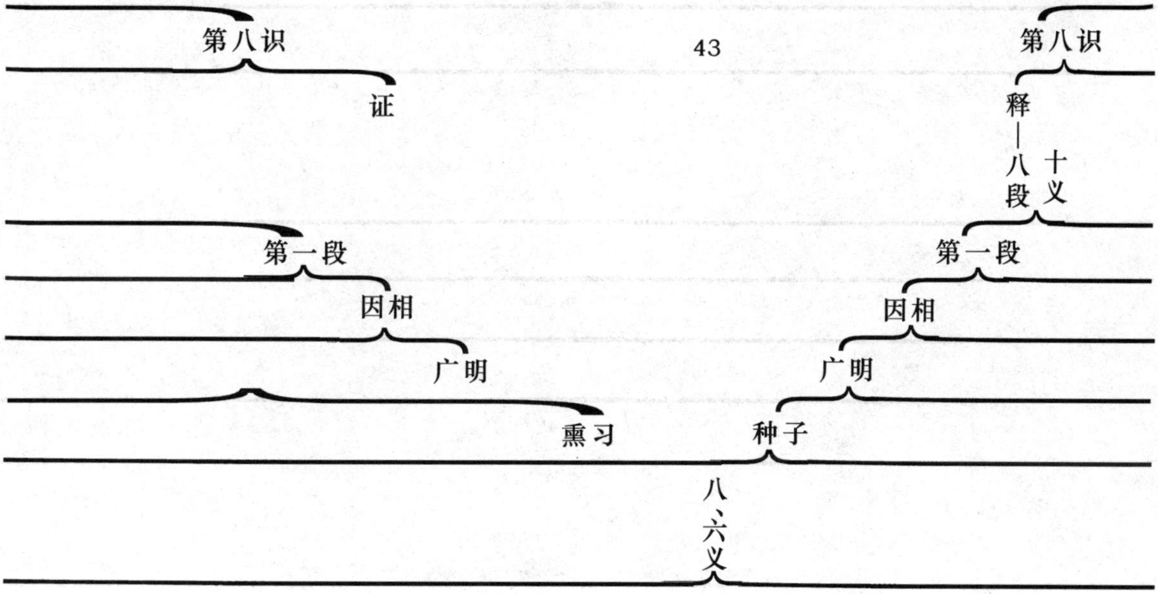

名种子。此中唯第一第三遮简种子义已成立，简自种子处更立余门。第二门等随立种子处分别不悬叙也，不简差别者，不简外种差别，但简内种差别。」《蕴》卷二云：「七种者，一无有常法能为因，即此刹那灭；二无常法与他性为因，亦与后念自性为因，即此果俱有；三虽与他性后念自性为因，然已生未灭，方能为因，即此恒随转；四得余缘方能为因；五成变异方能为因，此二即当待众缘，六必与功能相应即性决定；七必相称相顺，即引自果。」《秘》卷五云：「世亲即通等者，彼论第二云：一切种有六义，刹那灭者谓二种子（内外种）皆生无间定灭坏故。所以者何？不应常法为种子体，一切时其性无差别故。俱有者，谓非过未亦非相离得为种子，何以故？若于此时种子有，即于尔时果生故。恒随转者，谓阿赖耶识乃至治生，外法种子，乃至根住，或乃至熟。决定者，谓此种子各别决定，不从一切，一切得生，从此物还生此物，待众缘者，谓此种子待自众缘方能生果，非一切时能生一切，引自果者，谓自种子但引自果，如阿赖识种子唯能引阿赖耶识。」《枢》卷二云：「种望于现名为他性。」

一、刹那灭——《论》云：「谓体才生，无间必灭，有胜功力，方成种子，此遮常法，常无转变，不可说有能生用故。」《述》卷五云：「有为法有生灭故，于转变位能取与果，有胜功能方成种子。无为不尔，非能生也。亦显大众等四部，化地部十二缘起，非是无为，无取无与无转变故。即遮正量部长时四相，非刹那灭故。又遮外道自性神我等常法为因，无转变故。」《疏抄》卷五云：「为因义生于现行名为取果，酬因名为与果。」《秘》卷二云：「言十二缘起非是者，非种子也，言无为无取等者释其所以。有义亦遮上座现在一念心心所法而有前后，先生后灭，色法四时生住异灭。及古萨婆多现在一念住异灭三先后次第者详曰理未必然。然傍义简，理亦应通。」《义演》卷五云：「四部者，大众，一说，出世，鸡胤。计有缘起支无为。然化地部共计有缘起支无为，今时二部虽不同，所计是一，故一处明。」《蕴》卷二云：「大众等缘起是有为法，非即无为，然缘起支有无常生灭之理是常是一说名无为。由此无为令缘起诸支隔别有转变故，显彼非是无为也。」（按诸师之说，多有出入，后当详勘。）

二、果俱有——《成唯识论》云：「谓与所生现行果法，俱现和合，方成种子。此遮前后及定相离。现种异类，互不相违，一身俱时有能生用。非如种子，自类相生，前后相违，必不俱有。虽因与果有俱不俱，而现在时可有因力，未生已灭，无自体故。依生现果立种子名，不依引生自类名种。故但应说与果俱有。」《成唯识论述记》卷五云：「此种子要望所生现行果法，俱时现有。现者，显现、现在、现有三义，由此无性人第七识不名种子。果不显现故，即显现言简彼第七。现在简前后，现有简假法，体是实有成种子故。显现唯在果，现有唯在因，现在通因果，和合简相离，即简前法为后法种。有说种生现行之时，必前后念，非此刹那，如何解此彼师意说如上座部心有二时，即因在生，果在灭故，同在现在，亦不相违。此即胜军假明上座非实用之。《瑜伽》云：法与自性为因，非即此刹那，此必异时，非果俱有。若因在灭果在生相仍名俱有，即有二趣并生之妨，由此故名种生现时，定必同世，种生于种世不必同。虽必同世，若与现行和合之位方成种子，简与他身现行为因，不和合故……遮者，遮经部、上座部等，因果异时故……因果体性，不相似故名为异类，不相违故，得同时有。种望种体性相似，名为同类，以相违故，不得俱时一身和合……种望于种许同时生，体便无穷，自类许有同时生故，即一刹那有多种生，都无因缘，不许后种更生果故。现行望种名为异类虽亦熏种，后种未生果故非无穷，于一刹那无二现行自体并故，所生之种，由此不可更望现行，种望于种类亦应尔。问：若尔，如何本有同念得生新熏？本有种望新熏种非其因缘，现行能熏为因缘故。即是本有唯望现行，现行唯望新熏为因缘故……其因与果有俱者，谓生现，不俱者谓生自类。虽俱不俱而要现在可有因用，以有体故……种望于种非能熏生，非异类故，非现起故，相非易知，不必种子。必能熏生等方名种子。故《摄》卷二云：不生现行名为种类，生现行时名为种子。胜军如何释？非即此刹那，以彼许执因果同世故……现行能熏转识等，应名种子。」《疏抄》卷五云：「外难云：有性人第七现行识后时圣道有其转易不名种，如无性第七现行灭已彼必无为圣道，既恒随转，应无性人第七现行识应名种子。今解谓：种子者，因则沉隐，所生现行果类现名为种子。今无性人第七现行识为能熏因，因则显现，种子果沉隐，故不说以为种子……胜军师计生时引果，灭时酬因，因在灭相，果在生相。上座计义则生时酬因，灭时引果，因在灭相，果在生相。此约一个法体上以辨生灭因果，而灭有体非无，即如现在，此法体在初生相时，即名为果，以酬前念灭因故，故果在生相，故云生时酬因。若此现在法，至在灭相即名为因，此灭相即名为因。此灭相为因，能引后念法故云因在灭相，故云灭时引果。胜军义即约两个法体，相望化法。谓前念法至灭相时即能为因，引后念法至灭相时即后念法至生相（《讲》卷三引前法灭相因引后至生）前灭相因与后念生相果并，故云在生。果在灭者，反前应知……经部因果亦是异时，即前念种子生后念现行……种望于种许同时生，不许前念种子生后念种子，即后念不续，其种子即绝，故起前念种子生后念种子为其因缘，即种子不断绝也。种望于种类亦应尔，即是外难……正生现行时名为种子，若种子今时未生现行种，以后生现行种，亦是种类摄。」《义演》卷五云：「有性人第七识缺二义故不得名种子，一缺恒随转入见道已而有转变故。二缺显现义。无性人毕竟不发菩提心，以第七无无漏，故不间断，故有恒随转义，唯缺一，果种沉隐者，第七识不通三性一类无记恒与四惑相应。任运内执我，所以熏种种相沉隐……胜军假明上座部虽立因果生灭二时，仍同在现在故与果俱有，又不相违。」《学》卷二云：「测云种现同时名俱现，必依一身名和合，故遮过未及他身。」《讲》卷三云：「种望于种类亦应尔者，前念种为因缘生后念种，前后刹那各自段落，故非无穷。然现行望种时，现带有所熏种，不犹是种望于种耶？答：此有二义：一新旧是异熟而非等流，旧种生现因果体异，现熏生新，能所熏异，二对现名种，犹如对果名因。现熏种时，能所熏虽是同时，却正构结，为正成种，姑亦名种，非已成得名。若已成种，则属第二刹那后因后果又俱时有。是故新旧种异熟相望与新旧种等流相望不同。种望于种类亦应尔者，等流相望也。」

三、恒随转——《论》云：「谓要长时一类相续至究竟位，方成种子。此遮转识，转易间断，与种子法不相应故。此显种子自类相生。」《述》卷五云：「得对治道，名至究竟位。遮七转识及色等法，经部六识等能持种，亦此中破，以三受

唯识详究（八）

谓瞋不善性法与有覆身边见为同类因。（错云与善者错也。）若遍行即《抄》卷五云：「萨婆多执异熟、同类、遍行三因皆是因缘性。同类因者果，遍行因等是异性果。俱有因取异熟，无间，士用等果，为因亦然。」性相随顺。善与恶不尔，何义是因缘？又异熟因，通善恶性，生无记婆多等善法等与恶无记等为同类因，有因缘义。夫因缘者，辨自体生，因，生异性果，有因缘义。」《述》卷五云：「功能决定，非杂乱生。遮萨

四、性决定——《论》云：「谓随因力生善恶等功能决定方成种子，此遮余部执异性等。实亦应简本识现行，亦有界地转易义故，然种所依，且不简也。」者，且染法种至见道等对治生位，余有漏法至涅槃，佛种乃至穷未来义。）《学》卷三云：「摄七义中第三分亦与后念自性为因。至究竟位类。」（《讲》卷三引云：暂非果俱，缘至可俱，但隐非缺，种生种是种子虽不具六义，若以后逢缘生现行即具六义。若毕竟不生现行者即名种虽未生现行果，以后时能生现行果义者，皆名种子。即今时未生现行，者亦是不正义……约正义说者，云种子今时逢缘，即生现行果，若今时别烦恼至见道究竟即断，俱生惑至修道究竟即断……显前种生后之义至究竟对治道，不约无漏种说。或云即无漏种得胜舍劣。（前说正）分生不善等。」《疏抄》卷五云：「言究竟位者，或曰此中唯约烦恼等种说毕竟不生当果为论，如见道中无想定等。若恒随转得名种子，应善种等那而说，约后能有与果俱义以显自性。无性所言不生果时名种类者，约正义云：显种子具斯六义，非说念念皆具六义，故皆名种。故名不约刹差别，果俱名种，不名种类，今此约非现行，谈其体说总名种子。第四后果，若缘具胜种子势增有胜与果用起之时方名种子，无性显此二位生果必俱时故，若论其体自类之时亦名种子，非现行故。此但任运牵生性摄论名种类，此显自类至对治位非得种名，生果之时可名种故，但若有四答。一、二、三不正，第三答云：此自类亦非种子，不与果俱故，无生果，恒随转即是与果不俱有名种，此缺恒与果俱一义如何名种？此故，缘境易脱故，未对治已即转变故，种子不尔。难云：此等种唯有类论》无此。问，第七识亦至金刚心方断何不名种？答：十地等中以转变转变，缘境易脱故。显者，显前种生后之义，此非俱有俱种摄故，《摄

种子

在集下十一法，能生五教，余烦恼乃至因缘，如前已解，异熟因可知。今言士用四种中取隔越士用有异熟因，是因缘性，不取余三士用。遍行因等是异熟性果者，遍行既是烦恼，即不善性与不善性为因，如嗔与嗔为因。余如有覆性与不善等三句可知。俱有因等者，同念即是相应俱有用摄，异念即是异熟因，亦是隔越因士用也。」（考《瑜伽师地论》卷三十九、《注一》、《续注一》）《秘》卷五云：「五部染中，既有不善故得因果成异性。得等流果者，俱是染故。」《义演》卷五云：「能作因，彼宗自云非因缘。又彼计善不善业感无记五根身果是因缘，故唤五根身名异熟果，异因故，异时故得异熟名。」

五、待众缘——《成唯识》云：「谓此要待自众缘合，功能殊胜，方成种子。此遮外道执自然因不待众缘，恒顿生果。或遮余部缘恒非无，显所待缘非恒有性，故种于果，非恒顿生。」《成唯识论述记》卷五云：「三世有执缘体一切时有，即恒非无。今言待缘，种方生果，故遮彼执。」《疏抄》卷五云：

「三世等者，破萨婆多宗。」《义演》卷五云：「自众缘者，谓作意、根、境等。」

六、引自果——《论》云：「谓于别别色心等果各各引生方成种子。此遮外道执唯一因生一切果。或遮余部执色心等互为因缘。」《述》卷五云：「谓于别色别心等果各自引生，方名种子，非善等色种，生善等心果可名种子不相应故。萨婆多以善色望四蕴为因，四望色蕴亦尔。此即不然，唯引自果，因果随顺，功能同故名为因缘，若增上缘等义则可尔……一切种子识含藏一切法，能生一切法名一切种。非彼现行能生自种。种虽依识现行，自体是识所缘不同于识，故识现行非名种子。此缺何义？与果不俱故。」《秘》卷五云：「八非能熏故缺果俱。问：言引自果即色心等各自种生，第七相分云何生八？答：是心相故，故能生心。」《讲》卷三云：

「种依于持种者，现行之谓持，种是所缘，持种是能缘。」

总结——《成唯识论》云：「唯本识中功能差别具斯六义，成种非余，外谷麦等，识所变故，假立种名，非实种子。」《述》卷五云：「唯内种具有六义，内种识变已，

复生外种麦等，麦等复识变，以重变故，故非种子，如眼根等。故因缘唯内种。」《学》卷三云：「所识种生，更所变故。」

44

第八识——释八段——十义——第一段——因相——广明——熏习——所熏

坚住性——《成唯识论》云：「若法始终，一类相续，能持习气，乃是所熏。此遮转识及声风等。」《述》卷云：「遮七转识及彼心所，若许持种，初地见道无漏生（？）心时，应失一切有漏种子。声风等即遮根尘法处色等。生无色界，色即无故，入灭定等，心亦无故，此简经部色心可熏，不坚猛（住？）故。」《义灯》六云：「西明二解：一曰（同？）本疏，一云不简七转识心所，第三门简。今谓不尔。第六（三？）门但简第八相应心所。《要集》云初但简前六转识，第二义中方简第七，亦不尔。但言相续不简第七，既言一类，即简。」

释名——《述》卷五云：「熏者发也或由致也，习者生也，近也，数也，即发（业？）致果，于本识内令种子生，近令生长故，此略标有三：一所熏四，二能熏四，三令种生长。」又《宗镜》四八云：「熏有二种，一习熏，谓熏心体成，染净等事，二资熏，谓现行心境及谓惑相资等。」

第八识——证——第一段——因相——广明——熏习

十、四缘——《成唯识论》云：「内种必由熏习生长，亲能生果，是因缘性。外种熏习或有或无，为增上缘办所生果，必以内种为彼因缘，是共相种所生果故。」《成唯识论述记》卷五云：「法尔种子必由熏长方能生果，故新熏熏生方能生果，有情法故。外种如无性《摄论》卷二说如从炭牛粪毛等，如次生苣藤青莲根及蒲无熏习，有当知。然外种非无因缘，从内共相种子生故。」《义演》卷五云：「从内共相种起者，意说外麦等种子。从内识麦等共相种子生，即有情共缘麦等熏种，后种藉此为缘，复生故外种子，非无因缘生（《讲》卷三云：实是现行。）按外种即谷麦等，内种即阿识。《无性》卷二云：「由稻等外法种皆是众生感受用业熏习种子，依阿赖耶力所变现，是故外种离内无别，乃可云阿识是一切法真实种子。」

九、内外——《成唯识论》云：「此种势力生近正果名曰生因，引远残果令不顿绝即名引因。」《述》卷五云：「无性云：如内识种生现识等名近果，是生因，望名色等是远果，是引因，外种望芽是近果是生因，望茎等是远果是引因。天亲云：如内种子生正果名生因，生残，果名引因，即现在种生现在身名生因，生六处等亦尔。引余枯丧死骸等名引因，虽生他界等势力分故，余骸尚有。外种生芽茎等为生因，是正因生，枯死时草等是引因。势力分故。即义说彼生因之种，名引因。若无引因势分力者，一切死后皆应顿绝，如化生死；又应无枯丧果，如任运后灭。若遍四生具二因者，无性理胜。故天亲解略，无性释广。」《疏抄》卷五云：「无性解当，天亲解疏略，即不通上二界及六欲天及诸地狱等解。以此方处化生死后无尸骸故。唯通人鬼畜趣中一分胎卵湿生。然如上云：约法体者即天亲解广，以约有情无情上皆生因等。无性但约有情上立生引因解，不约无情，故略。

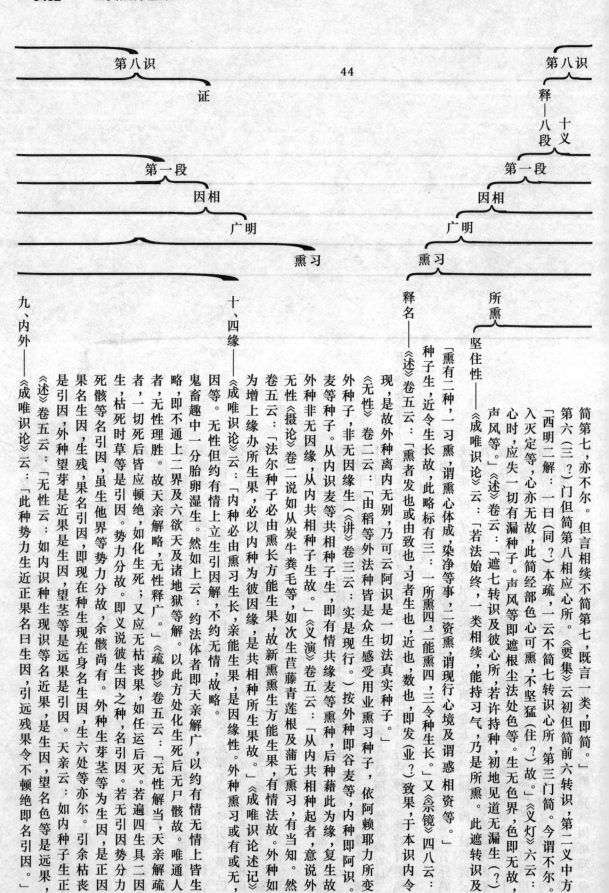

无记性——《成唯识论》云：「若法平等，无所违逆，能容习气，乃是所熏，此遮善染，势力强盛无所容纳，故非所熏，由此如来第八净识，唯带旧种非新受熏。」《唯识论述记》卷五云：「无记性不违善恶，如舍行人不违事故，亦遮识类善等受熏，第七识内并非所熏，此同于后，唯是无覆无记中释，如来净识唯在因中，曾所熏习，第此旧种非新受熏，以唯善故，违于善等。」《疏抄》五云：「此同于后等者，若后且解于八识是无覆无记性乃能受熏也，同亦此二无记性也。」

可熏性——《成唯识论》云：「若法自在，性非坚密能受习气乃是所熏，此遮心所及无为法，依他坚密，故非所熏。」《唯识论述记述》卷五云：「本识俱时心所五数，体非自在，依他生故非所熏，亦遮无为以坚密故，不受熏习，若尔，识上生住异灭假法应可熏，今依他摄，自无实体，依实说假，又此不言实有体者，假法先无更何须简，若尔，空等无为，如何若言真如即非无记，言非择灭等假，同生等假法不论，由此故知，应第一说善。无明熏真如，由此知非也，亦遮熏于假识类等，若可熏习，即是所熏，亦应异身得成熏习。」《疏抄》五云：「（前坚）约一类相续名坚，此约胜故别，若言真如等者，文中无为即摄得六无为，若言真如是之有性者，真如则不受熏，择灭非释灭，是假法故，由如生等，亦不能受熏也。无明熏真如者，即是《起信论》中「天亲」菩萨引不正师义，由善法熏真故，则能得涅槃，由无明熏故，众生则流转生死。」《成唯识论演秘》卷五云：「若尔空等，至假法不论者，此质意云，若假是无故不须简，无为应尔，真如无为善言摄故，非择灭等同生等故，虽善等摄犹更别简，假法虽无遮亦何失，第一说善者，即前言依他摄假，此解胜也，无明熏真如，自古诸德多为此行，此论明简，故知古非。「马鸣」亦言真如受熏持种，恐译者误。」《成唯识论述记义蕴》卷二云：「古师说真如受熏为诸法种，此遮无为，故简非也。」《义演》五云：「假识类等者，经师计。」（注四）《瑜伽师地论》三九页。

新能熏共和合性——《成唯识论》云：「若与能熏同时同处不即不离乃是所熏，此遮他身刹那前后无和合义。」《成唯识论述记》卷五云：「所熏之体非即能熏，亦和合相离，在他身上识为能熏等，此遮他身许为可熏及刹那前后不相应故。异经即师，前念之识熏后念类。」《义演》五云：「此遮等者，若依世亲约同时义释相应言，故彼释之与能熏相应方可名熏，当知是无间生义。无性云：非别异住同时同处不即不离名曰相应，故同处言遮熏他身，同时简前后念。」

唯识详究（九）

能熏

有生灭——《成唯识论》云：「若法非常能有作用生长习气，乃是能熏，此遮无为，前后不变，无生长用。」《成唯识论述记》卷五云：「即前六义简无为因，以有作用，故方能熏，犹如种子，有生灭用故能生果。」《义演五》云：「前六义简无为因者，意云今此间简无为者，即前六义中第一义简无为所以也，又云简无为因者，若有法体而有作用为因，方是能熏，若法是无，因无作用故非能熏，故有作用言，简无法也，二义任情取舍。」

「《世亲摄论》四外别立有自在义方能受熏。」

思是中说，问意，生不离自证，识熏生亦熏。」又《成唯识论述记》卷六云：心不受熏，不相应不熏，本识固受熏，生物假受熏。三问答，若假说者至亦瓶依四尘，尘不持种，瓶即不持。二问答，若尔本识至假法应得，问意，色假不能持，色等四尘实法持物，不相应行色心分位，色心不持，分位不持，五》等云：「一问答，如瓶至亦不受熏，持物则可，持种则不可，瓶唯形总自相训因边名果相，持种边名因相，唯自相是正所熏。」《讲三》引《疏抄熏果报识即当果相，或云熏自相，是自体故后义正，依体立无别性故，但以熏。」《成唯识论了义灯》卷二云：「第八具义说为所熏，三相熏何？答云证分上有生等，即能不离于识且许受熏，又云或即麻衣等虽是假法等许受本识上生等假法体即本识，且应受熏，若假说者，亦得受熏者，意说本识自师，若尔本识假物等者，唯之不相应是色心上假体即色心不受熏者，即应行灭已方始种生，俱生灭义不成。」《义演》五云：「若言因果异时，即应现若许熏他身，即自作罪令他受果。」《疏抄》五云：「若言现行等者，难大乘亦得受熏，唯自体分能受余熏，如上心所不能受熏，如下触等亦如是中说，已受熏，何须假法，如碍于心，假法亦得，如受于熏，假法应得，若假说者等故，如色等不能持种，亦不受熏，若尔，本识上假物生等，应能受熏，实别，色等能持，以别成总，说瓶能持，瓶体即是实色等故，诸不相应即色心非可熏故，不能持种，问瓶能持物，假法称不然，答曰不然，总假不能持今言无记，唯无覆无记。假法心所无为不能受熏者，以无体故，不自在故，现行，生种异时，如何释此。其无性此七识四义具足，以染无记违善恶品，记》卷五云：「非同时五心所等及余转识。言异熟识者，正是熏位故，若言

结所熏义——《成唯识论》云：「唯异熟识具此四义，可是所熏非心所等。」《成唯识论述

解胜异熟能熏，但等取劣，道理无据。」《成唯识论学记》卷三云：「若为相心心所法带相分俱不能熏为非业感心心所法缘变影熏，一切不遮故言第二遮异熟心心所等者，举异熟无记，等取威仪工巧业所盛者，心心所法及此等熏，不假业力强分别起者，此异熟生及感仪工巧非业引者，亦能熏摄，论云此生，异熟生宽，业非业盛俱异熟生，此简异熟是业盛者，性徽劣故，不是能果，何独等劣，应胜劣俱等，若非业引，但分别生即是能熏性非异熟是异熟果有别。为业引同俱名异熟并不能熏俱异熟故，论不简故，无文证故俱是满影熏成转识不应与赖耶为因缘性，第二解若是业招名为异熟，虽复引漏，二「三藏」取后，又云初释不许影像熏本质种，今谓此说俱不应理，初释本质非所感心心所等，一云业感有二，强者能熏，劣即不熏，若依此说等取劣者。一云业感定不能熏，唯法尔起必用业助，若依此说异熟心心所等取六识满业卷六云：「西明」重业感异熟心心所等，「护法」无异分别，门人分成两释：而不能熏，但强盛心讬之变相而熏于种故言为相分熏。」《成唯识论了义灯》五》云：「即简至非能熏者，即除第七余六识中劣异熟无记心心所虽有能缘第八心所亦应能熏。有所熏故，又第八相应，应非心所，非能所熏故。」《义演二俱非理，初如《成唯识论了义灯》斥，后师言余六识有所熏故，能令能熏，六有所熏无不熏者，又心心所若非能熏，即是所熏，何有心法非能所熏，译曰又有说云，此中但遮第八心品，六识异熟无非能熏，故八无所熏，可非能熏，故，苦乐受具名行相胜，或舍受中分三种，违顺中容，中容不熏，余二能熏，「有说业感六识之中有胜有劣，劣不能熏，胜者何谓受三分，舍受具者唯是劣生时一由无记名言种生，二由他善恶业种所由。」《成唯识论演秘》卷五云：「异熟心种所生，无胜用故，或此法尔皆非能熏，以无用故。」《疏抄五》云：「异熟心识中业所引者非谓一切异熟生心，法执等类皆不能熏，唯业所感异熟心等二过。心所等者，等彼相分，或六识中异熟生无记，此举第八异熟心心所等，六致熏习，如强健人能致功效，故第八俱五心所等亦非能熏，若为他缘，一切无用，异熟心等有能缘用无强盛用，不相应法二用俱无，皆非能熏，即胜势用可心等。有缘虑用，无强盛用，为相分熏，是能缘熏，由斯色等有强盛用无能缘势用，即简诸色为相分熏，非能缘熏；二强盛用，谓不任运起，即简别类异熟所等势力赢劣，故非能熏。」《成唯识论述记》卷五云：「胜用有二：一能缘

有胜用——《成唯识论》云：「若有生灭，势力增盛，能引习气，乃是能熏，此遮异熟心心

第八识

证

第一段

因相

广明

熏习

分，即第八识为六七识之所缘故为相分熏，「测」云威仪等三定是能熏，异熟二释，一云，一切业感定不能熏，唯法尔生，劣故业助，一云业感有二，强者能熏，劣即不能，三藏存后。」

有增减——《成唯识论》云：「若有胜用，可增可减，摄植习气，乃是能熏，此遮佛果，圆满善法，无增无减。」《成唯识论述记》卷五云：「第七末那至无漏位，亦有增减，因中无漏为例并然，可致上中下种子故。」《疏抄五》云：「因中等者，十地中无漏第七识，亦有增减。」

与所熏和合而转——《成唯识论》云：「若与所熏同时同处，不即不离，乃是能熏，此遮他身刹那前后，无和合义。」《成唯识论述记》卷五云：「和合即相应异名，若说异时，如何释此。」（云：第七识毕竟无有动转之时，阙无第三有增减应非能熏，「基」师虽广答辨，烦而不要，「慧」按有增减者，非必如菩萨等断惑证果，为义方成，《论释》说无种姓者依人天乘修世间善得人天果，脱苦趣故有增减义，何所乖反。）

结能熏义——《成唯识论》云：「唯七转识及彼心所，有胜势用而增减者，具此四义，可是能熏。」《成唯识论述记》卷五云：「能缘中七转识，心所等为能熏，若为相分，何法为碍，即第八识为六、七识之所缘，故为相分熏。何分为能熏，唯自体分。如自体分，唯受熏故，见分体故。」《疏抄五》云：「若为相分等者，相分中熏更有何法为碍，意说不障也，其能缘三性法相分中，亦得熏成三性种，若能缘自证分心中熏成善恶种，即有势力，后皆为业感异熟果，若相分中所熏得善恶种，但能生自类心，不能作善恶业，故唯前第八识自证分能受熏，前七识自证分能熏种，自证带见相分亦能熏种，其实见分但是用，用不能熏，（见分虽具四义，然依生故，无别种故，非自体故，故不能熏。）自证方是体，体乃能熏，见缘相时，相分为自证所带，故相分亦能熏。」《成唯识论述记义蕴》卷二云：「论言转识心所有胜用故是能熏，余色及异熟心等虽无胜用为相分熏，又解七转识等虽是能缘中熏，若相分熏，亦无妨碍，以第六识能缘一切心心所此且说有胜用，不妨亦得相分熏也。」《义演》五云：「第七熏第八见种，前五识熏第八相种，第六通熏见相分种，以第六通缘十八界故。」

明熏习义——《成唯识论》云：「能熏与所熏识俱生俱灭，熏习义成，令所熏中种子生长，如花熏昔藤故名熏习，能熏识等，从种生时，即能为因，复熏成种，三法展转因果同时，因果俱时，理不倾动，能熏生种，种起现行，如俱有因，得士用果，种子前后自

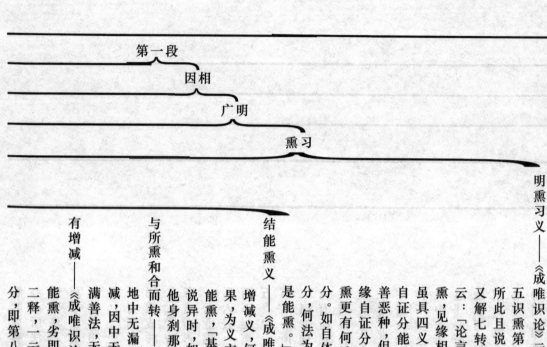

第八识

证

第二段

法因，杂染法亦为阿识因，唯就如是安立因缘，所余因缘不可得故。」因是名熏习。」按此即明异熟与转识，更互为熏习，故《摄二》云：「阿识为杂染诸现。」《世亲二》云：「即依彼杂染诸法俱生俱灭，（谓阿识。）阿赖识有能生彼诸法熏无胜用，故不即生现，又解种子不相违，起现即熏种，现果体相返，种未即生能生彼因性，是谓所诠，明是种子名为熏习……又解新现势用增，才起即熏种，新彼法俱生俱灭，释熏习体，此中有能生彼因性是谓所诠。释熏习义，既云此中有论亦识中种名为熏习，「无著」本论云：复何名熏习，熏习能诠，何为所诠，谓依称具，要由前加行势力牵引故，种子方生现。」《成唯识论了义灯》卷六云：「无性种未逢缘故不能生现，新现能熏四义具，故说现逢缘，新种未逢加行引，故不缘足余不生，种子为后因，熏亦无失。」《枢要二》云：「新现缘皆具，新种故从生，新故。」《成唯识论学记》卷三云：「问，新种从现生，亦应生新现，答，现行现用，一即约本有种望现行，现行望新熏偏为因缘，不说现行望本有种为因缘，理不许……七转识等现行相望为因缘等者，彼论随小乘假说。」《义演五》云：「偏望者，引义同其因缘，故大乘种生种实是因缘，小乘同类因不是因缘，但是增上缘摄也，若现行但是增上缘摄，今大乘种望俱如彼小乘同类因，前后相引，即前后相佛果，小乘前念善色生后念善色，前念为同类因，后念为等流因果，俱是因缘，非小乘现望现成俱，实不是因缘，亦有现行不能熏故，如异熟心心所现行，不能熏即经种子，应生现行果起也，不取生现行之种子，但取生现行为因果相依也……果同时，若新熏种经第二念已后即别现行，亦种子相别，又七转识现行果起时，依种子，即二法相依。又从现行熏成种时，即新熏种依现行，亦二法相依，此谓因缘者，假说非实，非辨体故，非亲近故。」《疏抄五》云：「从种子生现行时，即现行如彼现望现。以现望现疏远故，非因缘摄，余七转识，及《对法四》十二缘起名因体不成俱时为因故，以彼俱有因义，亦有现行，不能熏故，种望望大乘为同类因，非大乘许，《显扬》破故，然《摄三》亦说是因缘，即是本识同此无妨，如彼俱有因为因缘，非说现行与本有种为因缘，此以大乘俱有因与此相似，言如，是因缘摄，等更互皆等，即约同时，士用果说，本种与现，唯作因缘，现行闻新熏亦尔，偏望现行，能熏生种，种生现行，如小乘俱有因，与俱有法为其因故，以种望现能熏心者，心等一时不可并故，又生彼缘未和合故，若许生者便无穷故，不可此时遂生缘，应知假说。」《成唯识论述记》卷五云：「色法无俱有义，无有四法新种生现类相生，如同类因，引等流果，此二于果，是因缘性，除此余法皆非因缘，使名因

唯识详究（十）

第八识

释八段 十义

第二段（所缘行相）

因乃明——《成唯识论》云：「了谓了别，即是行相，识以了别，为行相故，处谓处所，即器世间，是有情所依处故，执受有二，谓诸种子及有根身，诸种子者，谓诸相名分别习气有根身者，谓诸色根及根依处，此二皆是识所执受，摄为自体，同安名故，执受及处俱是所缘，阿赖耶识因缘力故，自体生时内变为种及有根身外变为器，即以所变为自所缘，行相仗之而得起。」《成唯识论述记》卷五云：「识自体分，以了别为行相，故行相见分也，相者体也，即谓境相行于境相，名为行相或相谓相状，行境之相状名为行相，前解通无分智，后解除彼，执是摄，持义，受是领，觉义，觉义者，能生觉受。《瑜伽师地论二一》《瑜伽师地论五三》《瑜伽师地论七六》同此，《对法五》不说种子及声处，《圆测疏》卷六说五根全，五尘一分，无表色心心所非执受者，非所缘故，无领受义，外器界非执受者，非是相近，不执为自体故，与诸识相违，不为依故，种子者，一切有漏善等诸法种子，相名分别，三唯有漏，无漏种子此识不缘，但为彼依，故非执受，《瑜伽师地论》卷七十六《解深密》同——《瑜伽师地论》卷五一、《显扬》等别。彼言遍计所执自性妄执习气者，有二说，护法云：「唯染无记心中，有法执，善无记心不能起执，因执心所，执为所遍计，熏成于种，此种名妄执习气，即见相分，而熏种生，又解：染无记心有遍计所执，自性妄执，故此种子名遍计所执，自性妄执习气，善无记心，但是遍计，故此种名遍计习气，而非所执自性，妄执习气，以有漏心皆名遍计故。非善等心中许有执故，或此文但约染语，以有漏中多起执故，若不尔者，一切色法非能熏者，皆非能遍计，亦不起执相分之中，即无种子，又此不说本识，应不缘，既尔，第八应亦能熏，有力能执故，由此知此解胜。「安慧」等说，有漏八识皆能遍计而起于执，即以此文为证，今此师意有八识种子，唯自体分复生现行，以有能所诠相现，说为名相，名相现行，遍计所执，相似有故，说自证种能生名相因缘，名为名相等习气，非离自证种外，别有名相种或名与相虽无实体而别有种亦不相违，故此说胜通一切有漏三界之性乃至决择，分等种皆是执受阿赖耶识性所摄故……此种此有能生现行功能，亦有厌心差别功能，即无想定，然第八识虽缘种子不缘无想定……为称于身，名有根身，根通五根，依处即是诸扶根五处不可以教，《对法》卷五说，非执受故，唯为外境缘，然实亦内缘，又缘他五境等即非执受，如外境故……因缘乃故等者，显由亲因种，又业缘种，变内外相，在识行相必仗境生，此唯所变，非心外法，本识必缘实法生故，若无相分，见分不生，大乘影像，即是所变，缘有生心，非缘无也，有处说诸识必依缘有本质方生，即以名教等为本质故。」（变义如《瑜伽师地论三十七》附说）《疏抄五》云：「由身心上有怡适劳损故此言觉受，五根及种子等依第八识能执持五根故方具五根等而生，苦乐觉受也，欲色界中第八识依五根，第八识亦得生长不断，若无五根，第八即舍，然若无第八，五根亦断，故安危同，若生无色。第八不依五根，故本识依五根不定，五根依本识即定，无第八即断故，又如欲界令生中本识既是现行识，现行识即依令生自名言无记种即名定，若本识中能生后后身中第八识种子及余七识种，皆非本识所依，故名

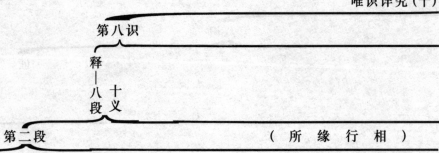

所依，故名不定，……一切无漏种子皆正智所摄……唯染无记至而熏种本者，此第一解，即约能执心是染无记，所执相分中通善等三性，相分所熏成善等三性种，皆是所遍计，今但言遍计所执，即是有体，若言遍计所执自性，可言无体，夫言遍计所执成者，若能遍计心所遍计境，皆不名所执性，故云性成也，此中第八识体及异熟劣无记自体不能熏，皆被余三性心中相分中熏，惟不能强感，不能感果熟果（原义非此六字，作二不能为义能感异熟果）能缘见分中熏成善恶等种皆是强感，能感异熟果……不尔者一切色法至此解为胜者，皆是立理，意云若不约多分染语者，既彼论唯说遍计所执种子，不说有余色种子，一切色法既不能起执，又色法不能熏，应无色种子，其第八相八中说无色法种子，第第八应不缘色种，若言心等有执能熏心种子，色法无执，不能熏色法种者，第八亦应有执，亦有能熏，「安慧」之言未足为证，故知第八识普能缘色心三性等种子，言染者约多分说……或名与相至亦不相违者，「安慧」说自证分是他他起性，从实种子，相名是遍计所执，虽相名等不如自证分体，是依他起从实种子生，若相名等无种，如何第八识变有五根尘等。故相别有种也，此后解胜……名教等为本质者，如《显扬》等论云：若六识缘五尘则以本质五尘而为本质，若本识缘器世间，即以他所变而为本质，若本识缘种子及五根即无本质，若缘龟毛等皆以缘名为本质。」。《义演五》云：「见分有了别用，自证分亦有了别用，见分通缘内外，自证缘内不缘外，此二差别。」《枢要》卷二云：「《瑜伽师地论六十六》说五相名执受，初三，一唯色名有执受，此遮心心所等非执受故，二于色中所有内根根所依属说名执受，此遮外不属根色非执受，三心心所任持不舍说名执受，此遮过未及现世依属根发爪等及死后所有内身非执受，故执受有三义，一生觉受义，即《对法》文，二能生觉聚类，即《瑜伽师地论五六》文，三亲领为境，安危同故，即此文及《瑜伽师地论五一》文。」《成唯识论了义灯》卷六云：「汎言行相有三：一，境名行相，即十六行谛。二，能缘行相，即十二行法轮。三，行于相名行相，即无分智，前二是局，后一即通，今此了言，虽能缘行，释从通解，第三能变即依局辨，了境相粗故，第二能变亦从通解，恒審思量无我相故，或相影显随其所应在因在果故……本论意取心起行于境相，名为行相，即通一切，不取行解，名为行相，不通一切故，若以行相貌以为行相，深乖论旨，本识任运无行解故，若局后得及分别心释行相者，得约行解名为行相。」

第二段

广解

申正义——《成唯识论》云：「此中了者谓异熟识于自所缘有了别用，此了别用，见分所摄。」《成唯识论述记》卷五云：「于自所缘者，即所变影像，是亲所缘相分所摄，于此有了别用，非于心外法等。行相有二：一者见分，如此文说，即一切识皆有此行相，于所缘上定有，二者影像相分名为行相，其一切识或有或无，所缘不定故，如下论文出二所缘缘体，又《瑜伽》等说同一所缘是也，今此且约诸识定有者说，或与小乘别体者说，以影像相为行相者，小乘同故，然唯初解无第二者，第八俱时五心所法，如何可说同一所缘，不同一行相

唯识详究（十）

明四分

立二分

（注三，在《四十》页注）

《义演五》云：「安慧计见相二分是遍计所执，无体故，正量部计，心直取前镜相得名为缘，不同萨婆多等许有行相，但取心外所缘，无心心所自能缘故。」等方显发之，依他二分，似遍计所执，情计二分现也，不同「安慧」正量无所缘慧等古大乘师，多说唯有识自证分，无相见分，「护法」说见相有依。《集量论》尔，似所缘相说名相分，似能缘相，说名见分。」《成唯识论述记》卷五云：「安

申自义——《成唯识论》云：「然有漏识自体生时，皆似所缘能缘相现，彼相应法，应知亦相。」

虽变根身等不同，以影像相分相似名同一所缘，据心心所体了别领纳等各异名不同一行心所托本识所变为质自方变为影像，无实用，故不可说同一所缘，若以影为行相，心心所相各别，若第八及俱时五所所变既不同，如何可说第八变根身等时亲变根等有实用，五第八所变为本质，自眼识心心所同托本质，自变为影像相分，然后复受等了别领纳等行一所缘失，如七识等见分名行相者，即有同一所缘，不同一行相义，如眼识变青时，皆依质影像者皆成两解，故须双取二义。」《义演五》云：「但取第一即有第八心心所有不同缘，见分各异，名不同一行相，以第八心心所本质各异非同一故，除第八识余心心所有本不成前解（本质是一相分各异名同一所缘，不同一行相。）但有后义（相分相似名同所一，如何说同不同。」《成唯识论述记义蕴》卷二云：「若唯以见分为行相者，第八俱五数同一行，第八非定缘本质境，后云何说同一所缘，若云相分相似名同，若尔，所缘行相是八王所相分相似名同所缘，见分各别名不同，若以相分名行相者，即行相同如何说云不即亲相分体，虽各别相似名同一见分体解。各各异故名为不同，由此故知见分名行相，第云：若影像名行相，即以本质为所缘，体一名同，行相体别故名不同，若以见分名行相，失，且下会《瑜伽》云：据质名同所缘，此约影像名所缘等，岂可前后相违，又《略纂》应云然唯第二无初解者等，详曰，后释□。见名行相，相但相似名同所缘不名行相，何质起，故不可言本质是同名为同一，由此应言相名行相，行相相似名同所缘。二云疏错，初解等者，有二释，一云如因第八缘自三境，但相无质心所杖八相为质缘，或所更互托为时，即无分故，故不定有，其见分唯见蕴，相分具五蕴」《成唯识论演秘》卷五云：「然唯相者，即约一切识皆有见分故，谓见分缘真如时亦有见分，若说相分为行相，后智证真如名行相，自证名事，若《集量》即说本质境是所缘，相分名行相，见分名事，此说见分名行时，亦有见分。《瑜》说同一所缘即约亲相分说……此《唯识论》中即说相分为所缘，见分谓境变起相分，则有相分，若自证缘见分，正智缘真如皆无相分，若见分若行相证真如，故须二解，第二解出《集量》文。」《疏抄五》云：「若亲分为行相者，即诸识有无不定，

以上唯解行相

明四分

境，如灯照物而无相分，」《成唯识论学记》卷三云：「测云：佛唯识教多说一分，如契经言三界唯心，佛灭度后至九百年「无著」「世亲」开为二分，谓见及相，次陈那等加自证分，十一百年，「护法」依《厚严经》（密严）造《成假论》更立四分，开合虽异，理无乖返（谓无著开二分相传修矣，《金刚般若论》云三分故。」按《摄四》云：「若眼等识以色等识为相，以眼识识为见，乃至以身识识为见，若意识以一切眼为最初，法为最后，诸识为相，以意识识为见。」无性云：「于一识中一分变异似所取相，一分似能取见，俱时而起。」（考《瑜伽师地论三七，注九之三》）（按「无著」《金刚论》来谈见相自证分，世亲《金刚论》亦尔）

立四分

破他——《成唯识论》云：「若心心所无所缘相，应不能缘自所缘境，或应一一能缘一切，自境如余，余如自故，若心心所无能缘相，应不能缘如虚空等，或虚空亦是能缘，故心心所必有二相。」《成唯识论述记》卷五云：「破「安慧」正量等，缘自境时，心上必有带境之相，如镜面上，似面相生，方名所缘，不尔，便有前说过，除正量外，余共大乘同，而真如无似境之相，下令，破能缘中《佛地论》三，四智三净但论相分有无，不论见分，与此别……「清辨」云：若约胜义，诸法皆空，唯有虚伪，如幻化等，若约世俗，见相俱有，许有外境，故非唯识，识离于境有何体用，故知诸法有境无心，若言心等有缘作用，许有实作用，便非释子，亦违圣教，今且违汝一切唯境故能缘相，决定是无，小乘诸师此相皆有。」《成唯识论述记义蕴》卷二云：「《佛地论》有三叩义，一师无相分，二师有相分，三师若根本智缘即无相分，若后得智，即有相分，识离于境者，此清辨师强违中道立唯境义，心若无境，必不起故，若言心等者，此清辨牒中道救也，汝护法若云有实缘作用故知有见分者，即同外道执我及自在天，故我今违汝中道且立唯境。」

经证——《成唯识论》云：「如契经说，一切唯有觉，所觉义皆无，能觉所觉分，如自然而转。」《成唯识论述记》卷五云：「引《厚严经》上二句明内心有外境无，下二句明自内心见相分有，自然转者，从其因缘和合而起，不必待心外之境。」

解三分

辨相差别——《成唯识论》云：「执有离识所缘境者，彼说外境是所缘，相分名行相，见分名事，是心心所自体相故，心与心所同所依缘，行相相似，事虽数等而相各异识受想等，相各别故，达无离识所缘境者，则说相分是所缘，见分名行相，相见所依自体名事，即自证分，此若无者，应不自忆心心所法，如不曾更

第八识

境，必不能忆故，心与心所同所依根，所缘相似，行相各别，了别领纳等作用各异故，事虽等而相各异，识受等体有差别故。」《成唯识论述记》卷五云：「执等谓除大乘正量外十九部，又大众部心得自缘，见分缘相与此等同，自缘体者，则不如是，以缘自体，不须别起行相，以能缘见者为行相，所缘见为所缘及事，此等取境者，以大乘相见分，即彼宗立名，非是彼定许有见相分名也，达等者大乘义，谓相离见，无别條然各别自体，此二若无一总所依者，相离见应有，但二功能，故应别有一所依体，大乘心得自缘，别立自体分，如无自体，若曾未得之境，必不能忆，心昔现在曾不自缘，既过去已，如何能忆此已灭心，以不曾为相分缘故，我今虽不令为相分缘，然自证分缘故，如曾相分所更境故，今能忆之。《瑜》云：「同一所缘于同一行相据了别领纳，各各不同，故相分虽不同，然极相似境据总故，名之为一，见据别故，名为相似，此卷据实为言，故与《瑜》异，又彼约疏所缘缘，此约亲所缘缘，此心心所许时依同所缘事等，亦据所缘各相似义，非是相违。」《疏抄五》云：「自缘体不如是等者，大众得四部同说，若萨婆多宗，不许同时心心所得相缘大乘自证分缘自证分名心得自缘，二更者经也，如曾经境，后时能忆念，即是曾更忆，若见分曾不依自证，后时自证，不能忆已灭见分……疏所缘缘者，本质体是一故，或约正体智，缘真如说，若本质，若真如，俱是一体故名同一，此论约亲影像相分说，又此论约后得智，《瑜》约根本智证真如说。」（同一义有五释如《枢二》、《成唯识论述记》卷六明。）

明三分——《成唯识论》云：「心心所一一生时以理推征各有三分，所量，能量，量果别故，相见必有所依体故，如《集量论》伽他中说，似境相所量，能取相自证，即能量及果，此三体无别。」《成唯识论述记》卷五云：「相唯所量，见为能量，自证为果，体是一识，功能各别，故说言三，小乘量果即是见分，行相为能量，外境为所量。」《疏抄》五云：「护法出已，以自证，证自证为果。」

言理——《成唯识论》云：「此若多者，谁证第三，心分既同，应皆证故，又自证分，应无有果，诸能量者必有果故，不应见分是第三果，见分或时非量摄故，由此见分不证第三，证自体者必现量故。」《成唯识论述记》卷五云：「第三第二心分即同，应立别有能证自分，若第为三能量，立谁为量果，不可见分为第三果，

第八识
释十义—八段
第二段
广解
明四分
有四分
分别

心至或前后心者，自证缘见分，一体义分，又唯是四蕴，若相分心体即是则与分，相分定心，亦不能缘也……如他心智缘他心，即见分名所缘缘，若为相分者，说此见分拟起现量时，见分亦不能亲缘第三自证分也，以见分缘起心相第三果，见分纵现量为缘外故，又是末，不得作第三果，故此现量亦不缘三即，无别种生，一体用异，故名非离。」《疏抄五》云：「第四是内，又是本，得为违，据功能别，名为非即，四用一体，名为非离，又说四分能所缘异，不可言第四，此不应然，此能缘虑有量定故，彼但成就生长功能，非缘虑法，无量相摄，难云，得得非得，生生非生，不立第四得及生，何妨见分缘相及自证，不立三分得缘第四，现量等定，复不缘外，佛即不尔，三四二分，由取自体，故现量然不缘彼自体分上能缘功能，过如前说，仍以第三自证为果，此例应同……第分，缘种子等更无余相，种子搏附识自体分，即以自证为相分缘，缘彼种故，同故，功德应尔，若更立者，过无穷故，唯尔所者，分限足故，如无色界本识见如缘见分，见分非果，此义应思，即以所缘第四为果，第四缘第三为果，例此第三缘见。以第四为果，能量可知，缘第四时，以谁为果，不可即以第四为果，能缘性故，见分等心，故能缘虑，相心不然，谓第二分以第三为果，自为能量，上，义别分故，若为相分心，必非一能缘体故，或别人心，或前后心，由此必非见，应相分心，不能缘虑，所缘心故，如相分心，此义不然，自证缘见，一能缘欲显由见缘外，不得返缘，立第四分，故立外名，理实非外，因论生论，自证缘外，见分缘唯所缘，从唯所缘名所缘，答此义亦可，为色等难，皆应准思，今意者，纵缘于心，以心为相，亦唯所缘，相分之心不能缘故，问见分缘外，从境名故名为外，非体是外，故此现量亦不缘三，后二名内，体是内，缘内故，初等无无穷过，非即非离，唯识理成。」《成唯识论述记》卷五云：「见分似外缘外，三，非第二者，以无用故，第三第四皆现量摄，故心心所四分合成，具所能缘，第二分但缘第一，或量非量，或现或比，第三能缘第二第四，证自证分唯缘第

《成唯识论》云：「此四分中，前二是外，后二是内，初唯所缘，后三通二，谓现量以为果，现量证自体，不以比为果，故比不为现果。」

不定故，现量为果义，即定故。」《成唯识论述记义蕴》卷三云：「比量缘共相果，不可见分一时之中为量非量，以相违故，纵许见分或比非量为第三果，亦自证，复是现量……夫证自体必现量摄，故不可说见分缘相或量非量，为自证应言见分为果，不可非量法为现量果故，不可见分，或缘于相是比非量，返缘或时非量摄故，又诸体自缘，皆证自相，果亦唯现，见缘相分，或量非量，故不

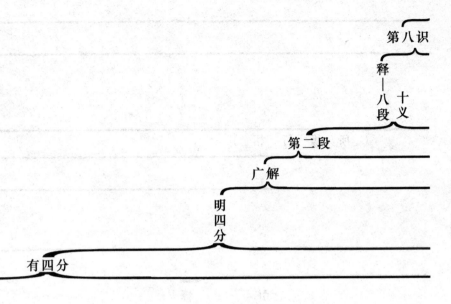

（所缘行相）

能缘见分是别种生，或相心缘他别人心起惑后心缘前，前心缘后，皆是相分心，则不能缘虑，以谁为果者，外难曰如自证缘见，不可以所缘为其四，若第三缘四时亦应不可为果，即以所缘至例此同故者，此答语也，第二通二量有别，第三第四唯现量，故一可一不可，佛等者，此解成杂乱，其佛果上，唯见分能缘一切境尽，故成遍智，第三、四分亦唯缘内不缘外也，得生等者即萨婆多难（如《有部四相义》）……相分是所取功能，见分为能取，自证分能缘见分之功能，第四即是识体功能，二解中前解胜。」《成唯识论义述记蕴》卷二云：「无量相违者无现比等量相违也。」

引教——《成唯识论》云：「故契经云：众生心二性，内外一切外，所取能取缠，见种种差别。」《成唯识论述记》卷五云：「即《厚严经》此内外一切分皆有所取能取缠绕，故有四分。」《疏抄五》云：「非第八缠，但是心心所见相分起时，相扶相诧相勺边义，名为缠也。」

释颂——《成唯识论》云：「此颂意说：众生心性，二分合成，若内若外皆有所取，能取缠缚，见有种种或量非量，或现或比多分差别，此中见者，是见分故。」《成唯识论述》卷五云：「唯见分有种种差别，或量非量，既言见分或非比故，别立第四，此唯众生四分，故言缠缚，相及粗重，二缚具故，无漏心等虽有四分而非缠缚，问如佛及因五八识等唯现量者应但三分，见分即得为三果故，不然，见分缘外用外也，一心见分，用不得通缘内外故，内心非外果。」《疏抄五》云：「若真如与诸法为实性边，其真如即名为内，若真如是所缘境边，即是法处法界摄，即真如名外，此疏言不得缘者错也。」《成唯识论学记》卷三云：「证难基云：若内外定，无漏见分，不应缘第三，应说现量必具四分，缘虑识故，如非量识，此难不尔，「基」疏六云：谓佛见分缘于自证作影像缘，不尔，便无四分之义，故六第八唯除见分，非相所缘，许见亦缘，自证分等，但不亲证故。」

解二分——《成唯识论》云：「如是四分或摄为三，第四摄入自证分故，或摄为二，复三俱是能缘性故，皆见分摄，此言见者，是能缘义，或摄为一，体无别故，如梦《入楞伽》伽他中说，由自心执著，心似外境转，彼所见非有，是故说唯心，如是处处说唯一心，此一心言，亦摄心所。」《成唯识论述记》卷五云：「心所与心相应，色法心之所变，真如识之实性，四分识义用分，此上四类各一别义，又皆不离识，故并名唯无漏种子但俱一义，谓不离识，故说名唯。」

唯识详究（十一）

证

第二段

广解

所缘　四十页（注四）

外境

诸师说

答

他方此界诸净妙土又诸圣者厌离有色生无色界，必不下生，变为此土，复何所

2、《成唯识论》云：「有义若尔诸佛菩萨，应实变为此杂秽土，诸异生等应实变为

「观」云：「月藏」在「难陀」后，在「护法」前。」

情自地他地，已及外身契经者，即《立世经》。」《成唯识论学记学》卷三云：

故。」《成唯识论述记》卷五云：「护法假叙计同「月藏」，此言一切通凡圣五趣有

1、《成唯识论》云：「有义一切，所以者何，如契经说，一切有情业增上力共所起

问——《成唯识论》云：「谁异熟识变为此相。」

光，此如何通，此随小说，彼据大乘体义，亦不相违。」

句。」《枢》二云：「论如众灯明，各遍似一相各各别，《对法第二》眼识于二根，如二灯共发一

学记》卷三云：「不共中不共如五根等，不共中共，根所依处，此言共相，溯立初二

时，即缘四大，假依实故。」《疏抄》五云：「形者长短等，影者明闇等。」《成唯识

并缘青等，更不别缘离青等外别有长等，……所造触是四大种分位差别，缘所造

著彼俱有四大故此由四大实不造触处以果假故，但有造五根四尘四大，绿长等时

所造触，若缘，但缘本实物著。即触处中，第八所变唯能造，非所造，以无体故，但缘

用，共中不共谓如己田宅等，此中言共者即共中共……色中形影假法第八不缘，如

不能用，《瑜伽师地论》卷六十六云：共中共，谓如山河等，非唯一处用他处不能

于此物为增上缘，令多人可共受用，如山河」等，不共相者，唯自心变，自身能用，他

外大种，非心外法，诸种有二，一共，二不共，共者，受人所感，有相似共受用义，我

《成唯识论述记》卷五云：「由自种子为因缘故，本识变为器世间相，唯外非情，言

外大种及所造色，虽诸有情所变各别而相相似，处所无异，如众灯明各遍似一。」

总释——《成唯识论》云：「所言处者，谓异熟识，由共相成熟力故，变似色等器世间相，即

六识善无记心是明量。」

修慧。」又云：「五识中虽有贪嗔痴，为亲证自体故，故皆现量，余识中自证分亦尔，不废第

比量，修慧是现量，若八地已去，义说皆现量，若余七识即无三慧，若至佛果位，八识中皆有

量，第七唯量，若至果位，八识皆现量，三慧者，若因位中第六识中即有闻思修之慧，闻思是

所缘，所缘即四体，如四缘第三，返覆理齐。」《疏抄》五云：「因位五八识唯现量第六通三

二名所缘，第四名自体，能缘第三，以能缘法为自体故，又第三分为行相缘第四时，第四为

相，第三名所缘，亦名自体，能缘自体故，不可以见分为自体，不缘第四故，第三为行相，第

他性，非余师说，此四分相望为所缘，各为自证及行相者，所缘可知，遂难说者，第四名行

「安慧」唯一分，「难陀」二分，「陈那」三分，「护法」四分，今此皆依四教理说四差别，俱依

总结——《成唯识论》云：「故识行相，即是了别，了别即是识之见分。」《成唯识论述记》卷五云：

内境

别有行相，然识相应，亦不离识，问，有漏种中有三界种如在欲界，上界善等种，不故，不相顺故，依自体分，非即是识，自体分收，性相乖故……心所不依识之自体，实缘器者非，有解无色缘种即为自体分，见分缘器故，无漏法种对治识故，体性异缘之，然是识之相分所摄，若言缘种是相分者，正义，无色界本识唯缘内种不缘或识，种子是用，又性者性类，并有漏，类同故，又性者性也。若住本识同无记性，故能违唯识。」《成唯识论述记》卷五云：「有漏法种谓三性有漏种子，性者体也，体即本无漏法种，虽依附此识，而非此性摄，故非所缘，虽非所缘而不相离，如真如性，不

种子——《成唯识论》云：「诸种子者，谓异熟识所持一切有漏种子。此识性摄，故是所缘，

云：「此文中说实成坏，不据变化。」

云：「准此应知，随类共变，不变他类，所见异故。」《成唯识论了义灯》卷六是悬隔。」《义演》二云：「此约有惑种在名一切共变。」《成唯识论学记》卷三得持身，故须变作，非谓现身即令得持用，言可持用故，以业同故，以粗细等不他三千界欲界等中，自地无用不能持身变之何益，今言现虽无用，身若往彼，可见异故。」《成唯识论述记》五云：「若尔圣者于梵宫自地及地狱自地若诸异生，成，虽无有情，而亦现有，此说一切共受用者，若别受用，准此应知，鬼人天等所

5、《成唯识论》云：「由是设生他方自地，彼识亦得变为此土，故器世间，将坏初

必依色根，然此色身细故，得名无色。」

有情当生者变。」《疏抄五》云：「《俱舍》论说大众部四无色界有六识，六识身何故但言现所居者，又成器时，他方三禅等有情当生亦有感等，何故但言此界故若于身可有持用，便变为彼。」《成唯识论述记》五云：「现他欲界变为故者，地器粗细悬隔不相依持，此变为彼，亦何所益，然所变土，本为色身，依持受用，土，又诸异生厌离有色生无色界，现无色身预变为土，此复何用，设有色身与异

4、《成唯识论》云：「有义，若尔器将坏时，既无现居及当生者，谁异熟识变为此

居当生者，故不尽理，此似「月藏」义，非实彼计，似为有救，狭于「月藏」。」

变，随其凡圣可生者变，由此即无成劫之时先器成过，若依此说，劫将坏时既无现识变为现所居界及当生界，当生界者，一云次生者变，远者不变，二云可变生者诸业同者皆共变故。」《成唯识论述记》卷五云：「此述正义，现身所居及当生者本

3、《成唯识论》云：「是故现居及当生者，彼异熟识变为此土，经依少分说一切言，

土，若圣力加或大愿力变亦无失，菩萨第八变是有漏净土，佛所变是无漏净土。」诸小菩萨。」《成唯识论述记义蕴二》云：「云：「教闻异生彼但见化而不能变实净用。」《成唯识论述记》卷五云：「「护法」假为别义，破「月藏」异生等者，等取二乘

离于识体，即名无记性，体不离于识，应名欲界系，此义应思，答不然，系据缚义，即法体上差别义故三界系别，然性即是体类义故同无记性，仍未了知，此中三性种随识皆无记，亦应烦恼种随识非烦恼，如是一切，皆如理思，问大乘所缘本是心变，随心何系，地境亦随之，故如在欲界，命终生上，此润生爱是上界系，依欲界身缘欲界身，仍相分中所变相分是上界系，随见心说，第七缘第八相分亦然，何故不如此中缘种，境是异界系，心是异界系，答不例，如本识异地身异地器，异地身者，在下界起他界地天眼等，异地器者如缘于彼无色诸天，泪下如雨……此并得缘，故同种子，相见地别。」《疏抄五》云：「此义应思者，若生现行则通三界系，若是种子唯是一界系，又解系等者三种不可随识一界系，后解胜——此润生爱等者，在欲界欲命终，第六识起上界爱见分，上界爱见分，缘欲界身爱起相分，相随见故，是上界同地系也，何故不同第八相见地，第八是一界系种，通三界系，第七缘第八相分亦然者，即第七识缘第八识所起相分亦与见分同地系。」《义演五》云：「不例等者，不例于八，第八是因缘变，有实用故，别地系，前七是分别变，无实用故，见相必同地系，天眼耳等者，即欲界赖耶识缘上地二根，故见相各别地系也。」《成唯识论学记》卷三云：「境是随心所系，如生上界，上润生爱，依缘下身而影上系，何故本识缘三界种亦缘异地身及器，谓在下界起天眼耳等，相见地别，七识不尔，彼自解云：本识必有实用，故变他界身器见相得别，七系不尔，故随系同，前后相违，许二禅以上起初禅眼耳身识缘上地色，见相别。」（按《成唯识论述记》卷五云：「若本识所变皆有实用，变他根等，应为识依有实用故，如自眼根，应设劬劳，他之实根，心外法故，所变之根，便无实用，此缘他法，但似彼根，非实有用，若变自法，即实有用，以无用故，不变他根。」）

第八识

证

料简

有根身——《成唯识论》云：「有根身者，谓异熟识不共相种成熟力故，变似色根及根依处，即内大种及所造色，有共相种成熟力故，于他身处亦变似彼，不尔，应无受用他义，此中有义，亦变似根，《辨中边》说似自他身，五根现故，有义唯能变似依处，他根于己，非所用故，似自他身五根现者，说自他识各自变义，故生他地或般涅槃，彼余尸骸，犹见相续。」《成唯识论述记》卷五云：「此中不共相种，谓不共中不共，如即自根，不共中共如在身色等，今此具二，若许变他根，他根亦是不共中共……不共中共名共相种，由受用他故，变他身即前不共今名为共，「安慧」等许为欲受用他身依处，故变他根……色界鼻舌根虽不能生识，本识亦变故，生育等亦尔，故知本识定变他根，然无实根用，非他识依故……「护法」唯变根依处，若不能变他依处，若生

第八识

释一八段

十义

第二段

广解

所缘

料简

若八地已去定之与通差别者，通力由先加行思惟，定力但是任运生，或是根本及变化心，可说与彼定境为异，一根本境，一解脱境，一善心境，一无记境故成差别，变五尘，四为唯造色亦变大种，五与定力差别，二乘异生，若为嬉戏通果无记，即变色触亦变余尘，此通五尘，《瑜伽师地论三十七》说通能变为色香味触又净土中变为色身令彼等见……第八识一唯缘有漏，不缘无漏，二此在色界亦通无色，三唯入梵天，彼所居及衣服等皆器收。」又《成唯识论述记五》云：「色界天等以通力故，识力唯眼耳身三识，大愿力唯意识，法威力通六识，定通力意识亦通第八……马胜是无漏，非是界摄，亦非趣摄，不得名异界地，今言有情第八。」《义演五》云：「借定八亦缘定果色，唯除第七若通者，即通五识，谓第六及眼耳识……如来八识，皆由闻法华经而得六根清净，唯第六识中有定力，若由定力变起五尘，即通前六识，若十地中第七皆无定通法威力，若五识中亦生借识力，即是天眼耳若法威力，亦有《疏抄五》云：「第八有定通力而变身境等，若约根本智，如是诸力，皆由六识引起由定力变异身器者，如《瑜伽师地论五四》云：色无色天，变身万忆共立毛端。」但是定力，八地以去及在佛身，通定无差，一念俱起变为身者，理即不遮其定通力，胜上入色界见梵王等，第八识缘彼身中扶根大等，无色界无通，佛边听法令他得见时，第八缘彼为境无上地起下天眼耳，以无用故，通力所变异地器者，如以通力马力，更无别能故，通力变异地身者，得有漏通者，身在下界地起上天眼耳及大扶尘起，或大愿力或法威力，此通诸识有五种力，第八变唯有定通，或总四力，大愿即法界地差别，唯缘自地，以随识系能受用故，故此申义，言定等者，等取通力，或借识变教光等，多分暂时，随现缘力系发起故。」《成唯识论述记》卷五云：「上来所说

申未尽义——《成唯识论》云：「若定等力所变器身界地自他，则不决定，所变身器，多恒相续，

有发义，不应齐难，「基」云：若无用亦变，何不变七识，无缘虑用而得缘故。」「测」云「月藏」「难陀」等释，又云：他根于已无发识用，彼同分根，色界鼻舌，容知变他依处，若不变者，死后即应顿灭。」《成唯识论学记》卷三云：「亦变似根所变根尘故。」《义演》五云：「余尸骸者，收可舍利是涅槃后余尸骸，余可知，故即无情摄，不能扶自身五根故，若尔，何故煞生而得煞罪，虽杀前有情，还自损识五扶根，扶亦无自身上扶尘依处故，故根无依亦无，若自第八向他身上变作扶尘，扶尘，尘即是有情数，以扶自身五根故，自第八识若不受用身上五根，即自身上无《疏抄》五云：「在色等者，即扶根尘，身为自情变等者，若自身第八识，变自身上二根，如何会释，身为自情变，无根依亦无，他尘非已情，何必须根有此理应思。」他地，或上或下，或八无余，应无余尸骸义，由此故知变他依处，如生色界，鼻舌

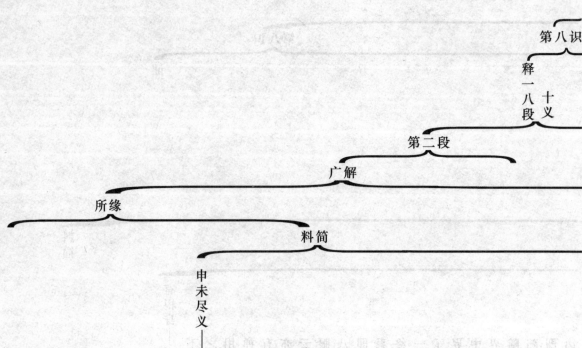

果所变，在佛无别，六依神通变根等者，《瑜伽师地论九十八》云：不变四事，一根二心三心所，四业果，设复变作，似而非真。」又《抄》五云：「借识力者，身在上三静虑借初禅眼耳身三识以见色等，若约第八识所变者，即唯取定通力，若通前六识言之自地兼取借识力，大愿力者，如他前菩萨化鱼救灾等，法威力者如《法华》云：由闻法华得六根清净等。」

唯识详究

第八识

释八段十义

第二段

广解

所缘

料简

总来前义

依处分齐——《成唯识论》云：「略说此识所变境者，谓有漏种十有色处及堕法处所现实色。」《成唯识论述记五》云：「十色处中五尘通外内，五根唯内，唯缘实境，第八亦缘法处实色，谓威德定所行实色，言堕者是摄义，极略极迥但是第六意识分析为极微故第八不缘，受所引色中若定道共色即此不缘，唯以现行思为体故，别解表业，此亦不缘，以亦思故，无表色可尔，是思种故，若尔如二无心定皆依种立，应亦得缘，由此即是心等种上差别功能，但缘种体，不缘别能即不缘者，无表是思种上差别功能亦是防色之别能，故知如彼亦不得缘，遍计所起色，不缘唯第六遍计起故，若唯意缘通根尘者亦此中摄故，第八所缘诸根尘等，以总从别，以暗从明皆本处摄，故说不缘遍计所起色，定所生色中如十一切处观亦此中摄，第八不缘，假想色故，第八不缘等法，此任运缘非分别故，无筹度故，后得智等有筹度故，诸六识等有分别故，由此知第八识体不缘我，第八识变，变必有用，又此不缘无为，若实无为，因未证故，若假无为，无体用故。」《成唯识论演秘五》云：「唯意缘等者，独巧意识缘根尘等由分别生亦名遍计所起摄。」《成唯识论述记义蕴二》云：「法处名总，余处名别，第八名暗，六识名明。」《义演五》云：「缘无之心有二因，一妄分别，二有筹度，故第六识得缘无。」《成唯识论学记三》云：「测云，色处有二十五皆有本影，此识缘本，眼意识影违「护法」宗，本识眼识不缘假故。」

废立（注五）「四十」页——《成唯识论》云：「有漏时变略有二种一随因缘势力变，二随分别势力变，初必有用，后但为境，异熟识变但随因缘所变色等必有实用，若变心等便无实用，相分心等，不能缘故，须彼实用别从此生，变无为等亦无实用，故异熟识不缘心等，至无漏位胜慧相应，虽无分别而澄净故，设无实用亦现彼影，不尔，诸佛应非遍智，故有漏位，此异熟识但缘器身及有漏种。」《成唯识论述记五》云：「因缘生者，谓由先业及名言实种，即五八识随其增上异熟因为缘，名言种为因故变于境，八俱五数，即无胜力，设任运生，境无实用……分别等者谓六七识随自分别，作意生故六

唯识详究（十二）

前义总来

全及带质一分是因缘变，独影及带质一分是分别变，带质境通二门者，从种及应妄执不了故分别变，五识及同时意识据性境说亦因缘变。」《枢二》云：「性境于见有覆无记摄，从于境无覆无记故言通情本，情即妄情，即第七识与四惑相有影像在心上现名独影唯从见，带质通情本者，即第七识缘第八本质时摄从耳等与意识因缘，上地时相见别地系，独影带质者，如缘过去未来无本质境唯故，性境不随于心同地系也，即如第六识与五识因缘有时见相别地系如初禅眼者唯分别变……性境不随心者，性者体也谓根尘等体见虽以相缘或见相别地系发识等用，以青等是依他法假藉因缘所生，故是有用……第六报心若自任运起独头意识横生分别是也……分别变青等相分虽不如他本识所变有质碍用而有少分者一取五俱意识，此解稍宽，非唯业感，但任运有力变者皆因缘变，二即用无用，现量之中五俱者一向有用，定心及报心通用无用。」《义演五》云：「六缘变，触等分别变，有漏位中第七无用六亦通用无用第六之中比量无用，现通十八界唯缘实五尘因缘变，根及心心所等皆无实用并分别变，一念之中心王因通于二变，今言有用且约缘色等说，不尔，八俱五数应有实用亦报心故，定心缘数不入因缘变中，疏第六报心五识俱者，亦随因缘变，其境或有用者，此同定心缘七心界分别变摄。」《成唯识论述记义蕴二》云：「五数不随实种故知八俱五多过，第三可通，详曰，三亦有多过，疏一念心得成二种者，缘根尘等名因缘变，云但现量心名因缘，诸比非量皆分别变，二、第八王所名因缘变，余心心所名分别变，三、唯第八心王是因缘变，相应心所亦分别变，此「护法」义，自判前二有以亲证故，佛第八现诸法影名一切智。」《成唯识论演秘》五云：「或有三释，一、从第八生，无为等者等取不相应行，至无漏位，即缘于无及心等影，无为影等，因缘变摄，独影，带摄皆分别变……心心所法从第八生者须七识等受用于境，心任运起有力，彼所变相从实种生名因缘变，不尔名分别变……性境不随心，定心所，缘有实种生者，皆因缘变，余无实用，但名似色心等，此解为正，由能缘故变，彼但为境，无漏亦尔非必有用，五识相应心心所及第八识体，五俱意识或实种生，但假种起，但为境分别变摄，分别变者心心所之总名，随心心所之势力有用种子若用此种子故生诸法，心缘变之，变必有用，其八俱五数所变之相，非因缘变必有实体用，后随分别变但能为境必非有体用……因缘者，是诸法真实七缘无等时，影像相分无有实体或初通五八全及八少分，后七全六少分，初随

第八识

释分段十义

第二段

广解

不可知

解——《成唯识论》云：「不可知者，谓此行相极微细故，难可了知。」

演

1、《成唯识论》云：「或此所缘，内执受境亦微细故，外器世间量难测故名不可知。」《成唯识论述记五》云：「内执受境即有漏种及有根身……《瑜伽师地论五一》说于欲界中缘狭小境，此中谓约身器为小，色界广大亦约身器，初禅器。等小千界，故身大可知，空识无边处缘无量执受境，即约种子生现行识时作此行解故，缘此无量行解之种，名缘无量所执受境，无所有处等，准此应知，所言缘者，从果为名，非缘此种子无量行解，故不缘无心定等。《成唯识论述记义蕴二》云：「《瑜伽师地论五一》云：于欲界中缘狭小执受境，于色界缘广大执受境于无色界空识无边处缘无量执受境，于无所有处缘细微执受境，于非想非想处缘于微细执受境……无色无身器可唯约种明，欲色有器身，种现通为境。《义演五》云：「初禅器等小千界者于萨婆多宗说，若依大乘初禅盖四天下，二覆小千界，三覆中千，四覆三千大千，此中器言约内身非外器。」

2、《成唯识论》云：「云何是识取所缘境行相难知，如灭定中，不离身识，应信为有，然必应许灭定有识，有情摄故，如有心时，无想等位，当知亦尔。」

总前来义

明三界境别——《成唯识论》云：「在欲色界具三所缘，无色界中，缘有漏种，厌离色故，无业果色，有定果色，于理无违，彼识亦缘此色为境。」《成唯识论述记五》云：「护月等于无色界亦变器身，此中但有「护法」正义。」《义演五》云：「月藏许无色异熟缘下三界。」

见二门摄故。《成唯识论学记三》云：「测云有二释一，第八识聚五及同缘一切定位名因缘变，理实虽心分别所变，然皆现量，分别劣故，从胜为名，名因缘变，除诸现量五后意等，虽因缘生，名分别变，实用有三，一、六根发识用，二、境生现量用，三、六识缘虑用，本识所变有初二用此论意者，诸法实用理难成故，初中有用非因缘变，皆有实用，问若因缘变定有用，可以实用证不缘，既许因变容无用，何妨变心而无用，解云：第八自在亦相续，由此所变必有相分，心等不能缘，是故第八不变心（此释不然，若生现量亦为实用，应如无漏变似心等自在相续，故亦应变心令有实用，故不成证。）一云、因缘变者唯本识心以具自在相续义故，以外心等皆名分别，言有用者根发识用，识缘虑用；二释、一云质碍用，一云本质用，本识所变，但根境用（犹不分明）……基自许之正义今谓不尔，影色无碍，影心无缘，若许亦是因缘变者，此论本识因缘故，变即有用，如不成识缘虑质碍为实用故，如实之义，如本母释……带质二分者，一从质生分，二见种生分。」《成唯识论了义灯二》云：「测自云，初解如胜。」一

第三段—相应

释相应位—《成唯识论》云：「此识常与触作意受想思相应，阿赖耶识无始时来乃至未转，于一切位，恒与此五心所相应，以是遍行心所摄故。」《义演六》云：「阿赖耶识于三位中唯二位与五心所相应佛果与二十一法相应，三位者，我爱执藏，善恶业果，相续执持，前二唯因，后一通因果……二乘无学既舍赖耶之名，但与五法相应者，法执未除故。」《成唯识论学记三》云：「未转者未至三乘无余灭也。」

别解五所

触

释—《成唯识论》云：「触谓三和分别变异，令心心所触境为性，受想思等所依为业，谓根境识更相随顺，故名三和，触依彼生，令彼和合，故说为彼，三和合位皆有顺生心所功能，说名变异，触似彼起故名分别，根变异力，引触起时，胜彼识境，故《集论》等，但说分别根之变异，和合一切心及心所令同触境是触自性，既似顺起心所功能，故以受等所依为业，《起尽经》说。受想行蕴，一切皆以触为缘故，由斯故说识触受等由二三四和合而生，《瑜伽》但说与受想思为所依者，思于行蕴为主胜故，举此摄余《集论》等说为受依者，以触生受近而胜故，谓触所取可意等相与受所取顺益等相极相邻近，引发胜故。」《成唯识论述记六》云：「根可为依，境可为取，识二所生，可依于根而取于境如此交涉名三和体，从触之因及所和果说触为彼三和合，变异即是三体上用，分别之用，是触功能，分别即是领似异名，此显根等三法有能顺起心所功能名为变异，此触亦有顺生心所功能作用领似彼三是故名为分别变异……根独胜者，一由主故，有殊胜能名之为主，二由近故，生心及心所，三由遍故，不唯生心所，亦生心，四常相续有，识境不尔……触能和合一切心心所法不令离散，各别行相，同趣一境，是触自性……触引发受，胜余心所。」《疏抄六》云：「说三和名触，但依现在根境说，不说前念等无间……今上说根境等是识亲依，不说余空明等疏依，又不说识种子，种子依是识因依，今说增上缘依，然此中但说亲缘即不说亲因，亲缘谓根境，亲因为种子。」《成唯识论演秘六》云：「根等为依无所似故，据生能名变异，触是能依似所依但名分别非变异。」《成唯识论了义灯七》云：「问六八境根别可说三和生，第七根境同应从二和起，一云可尔，二云根境义殊亦三和起，又据极成说三和起，依大不共亦二和生。」《义演》二云：「触现行方有用。」

破—《成唯识论》云：「然触自性是实非假，六六法中心所性故，是食摄故，能为缘故，如受等性，非即三和。」《成唯识论述记六》云：「今大乘同一切有部触体是实，唯经部一师难触是三和，何有实体，六六者，即《界身足论》之六识、六触、六受、六想、六思、六爱，经部计爱亦是实有，思分位故，又四食性故，如余三食，又缘起支中心所摄故，定是实有……此中大乘触别有体，非即三和，一切有部触虽别有不能分别变异而生心心所等，但以受等所依为业，经部又一师说三和生触，触非三和，一师则曰触即三和」《疏抄》六云：「经部虽计粗食是假，其香味触极微是实，又触中许四大为实触，涩滑等为假触。」

唯识祥究（十二）

第八识

证

释八段十义

第三段相应

相应义

别離五所

作意

释——《成唯识论》云：「作意谓能警心为性，于所缘境引心为业，谓此警觉应起心种，引令趣境，故名作意，虽此亦能引起心所，心是主故，但说引心。」《成唯识论述六》云：「作意警心有二功力，一令心未起正起，二令心起已趣境，故言警觉应起心种引令趣境，正理师说作意之用在未来起，此在种子义势亦同，由作动意立作意名，作意种子能警心种，此解依文，或现作意与识同时，义说警彼应生令种令起趣境，亦无违。」《疏抄六》云：「作意是心所，不藉他成警。」《义演六》云：「或现作意者，义言作意警心种理实现行，此非正义……作意能警，何劳更须警。」《成唯识论学记三》云：「测云：同时为胜。」《成唯识论了义灯七》云：「警种警现，诸师说通二位，本疏通种位非现行，「西明」《要集》俱非，……若正现在即正已起，何名应起，即已现起何更须警，若警令解，此是慧能，警令趣境，不异于业……大乘观当生现假说未来，故种位能警是。」

破——《成唯识论》云：「有说令心迴趣异境，或于一境持心令住，故名作意，彼俱非理，应非遍行，不异定故。」《成唯识论述六》云：「《顺正理十一》云：谓解令心迴趣异境，但住此境行相微隐，《集论》初说于所缘境持心令住亦非尽理。」《成唯识论学记三》云：「《集论》但言持心，不言令住，证云：测释但破小乘，于理为胜。」

受

释——《成唯识论》云：「受谓领纳顺违俱非境相为性，起爱为业，能起合离非二欲故。」《成唯识论述记六》云：「此业可通有无漏，今依无明触所生受，说此唯是爱，有漏受能为爱之缘故，此释一切染受作业，非第八识，不生爱故，又第八俱受触起六识中爱，义亦无妨，受善恶境，起诸爱故，如想起言疏亦起故，欲非遍行，不决定起，故受业用，非是遍理，此五数中唯受想业约胜能说，余之三业，乃是遍能。」《疏抄六》云：「受善恶境等者，由第八识生地狱中受得恶境本质已，余六识起诸爱，而爱起相分受诸苦也，若第八识生人天中受得善境为本质故，谓得五根胜境界故，亦生余六识根起爱，方受起相分也，想起言等者第八识中想，亦能疏起六识中言……触作意思业，即通八识，即通有七起名言起爱，则不遍故。」《《成唯识论学记三》》云：「证云：此中五数性通一切，业则不定，受除第八及诸无漏，想唯第六。」

破——《成唯识论》云：「有作是说，受有二种，一境界受，谓领所缘，二自性受，谓领俱触，唯自性受是受自相，以境界受共余相故，彼说非理，受定不缘俱生触故，若似触生名领触者，似因之果，应皆受性，又既受因，应名因受，何名自性，若谓如王食诸团邑，受能领触，所生受体名自性受，理亦不然，违自所执不自证故，若不舍自性名自性受，应一切法皆是受自性，然境界受非共余相，领顺等相定属亡者名境界受，不共余故。」《成唯识论述六》云：「大乘中虽领于触，约领境胜以立受体，萨婆多亦领于境及同时触，故《俱舍》说受领随境，《正理论》师有二种受，领所缘境名境界受，领同时触名领自性，余心心所皆能领境界相若触能生受，即是受因，既领于因，可名因受，何名自性，若谓如王食邑从禾稼者，即自缘名领自性，而彼计心等不能自缘。」

唯识详究（十三）

第八识

释八段十义

第三段相应

应义解相

五所别解

云：「依谓开导俱有，一分心所亦用俱识为依，而彼心体不自依故。」本质者有为缘相似名同一，无为缘境一名同一此据实缘，故不相违（疑有讹脱）」《学·三》等各二体事，寻伺唯一，故云不等。」《枢》卷三云：「有本质者，影像名相似，本质名同一，无所引生无主义故。今为依者必是心王故可名同，说为意根非心所故……五识俱意许同心王受「同依俱有，可说依同，心王心所前念各别，如何无间亦说为同？答：若开导依定非心所，于唯一，体不尔故，不得相应。或第六与五识，所缘亦不等，第六通缘十八界故。」《蕴》卷三云：相应，故所缘等简诸见分……如五俱意识所缘虽等，体有多少不等，五识即多，意即六，其境各别故，缘简别见者，见同缘此所缘即名相应，若诸灭见分各各别缘不同此者皆不名名相应……许有二者，许有亲疏二缘。行简依同者，行相名行，如第六第八同依第七，今简第五与意唯依事简，或但四义，除行相，以各别故。」《义演》卷六云：「行相既不同，以根境同亦得前后，依简别识，行简依同，其境各别，缘简别见，事简体多。虽具上义，若事不等不名相应，如缘等。相各别故，彼约本质说所缘故名同，亦不违。下文有二议故。此中五义各有所简，时简似说名为同，其实各别。此约实义名所缘等，彼约相同名同一所缘。又此约影像说为相分名所故。即以四义解相应，谓除行相，或虽不同亦兼取《瑜》卷一，云同一所缘不同一行相。以境相本质名所缘，亦非影像名行相，时谓刹那，定同一世，依谓依根，俱有无间。不取种子，以各别相相似，故所缘事皆名为等。以触等五相，托本质相生，所缘既相似故名为等。唯识为宗，不约依定一，名之为等。今约见分为行相，影像相分为所缘，自体名事，等者相似义，体各唯一，境「《瑜伽师地论。五十五》云：「由四等故，说名相应，谓事等处等时，等所依等，事处相似，时

应义解相——《论》云：「此触等五。与异熟识行相虽异，而时依同所缘事等，故名相应。」《述》卷六云：

说思名遍，无失。若准《瑜·三》所说，思之行相，是别非遍。」

……行相实同作意亦令心所造作，以心胜故，但说作心。」《秘》卷六云：「无记通于八识善等。」《述》卷六云：「由了善恶境相故思作诸业，起善等事故云取境正因等相是思之业

思——《论》云：「思谓令心造作为性，于善品等役心为业，谓能取境正因等相，驱役自心令造因非语加行，由想境像方立名言，此势用疏，寻伺用亲，正起语故，说为语行。」无有业，或可疏起名言为业。」《灯》卷七云：「名言为业，何非语因？准《杂集》说为随说者，第八识想如何起名故知此业不遍。」《义演》卷六云：「本识相应想但任运取境为体而是青等，性类众多，故名种种。此业但是意俱之想，余识俱想，不起名故。谓疏起名亦无失名言。」《述》卷六云：「施设者安立之异名，此中安立取像异名，由取此他便起名言，此

想——《论》云：「想谓于境取像为性，施设种种名言为业，谓要安立境分齐相，方能随起种种

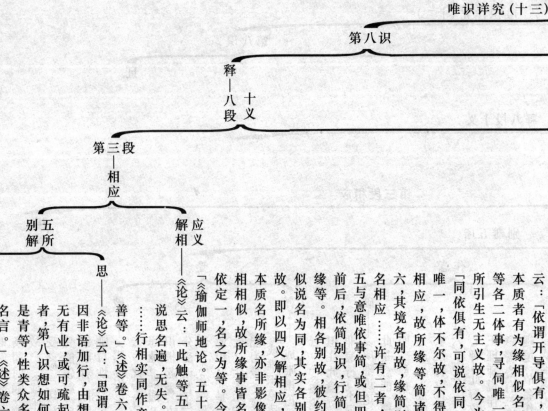

第四段—五受

解——《论》云：「若尔，如何此识亦是恶业异熟，既许善业能招舍受，此亦应然。舍受不违苦乐品故，如无记法善恶俱招，又此识非别境等心所相应者，互相违故。谓欲希望所乐事转，此识任运，无所希望，胜解印持决定事转，此识瞢昧，无所印持，念唯明记曾习事转，此识昧劣，不能明记，定能令心专注一境，此识任运，刹那别缘，慧唯简择德等事转，此识微昧，不能简择。又此识唯是异熟性故，染善污等亦不相应，恶作等四无记性者，有间断故定非异熟。」《述》卷六云：「萨婆多等难……定虽影像相分刹那新起，其加行时所观本质前后相续，恒专注缘，此识恒缘现在影像，所缘但新新起。」《疏抄》卷六云：「萨婆多许舍受、喜受、乐受唯是善业感，舍受等是业果，恶业不感得舍受。」

释——《论》云：「此识行相极不明了，不能分别违顺境相，微细一类相续而转，是故唯与舍受相应，又此相应受唯是异熟随先引业业先转，不待现缘，任善恶业势转故，唯是舍受。苦乐二受是异熟生，非真异熟，待现缘故，非此相应。又由此识常无转变，有情恒执为自内我，若与苦乐二受相应，便有转变，宁执为我。」《述》卷六云：「一极不明了是舍受相，二不能分别违顺境相取中容境是舍受相，三由微细，余受行相粗，四由一类，余受易脱，五相续转，余受间断。」《秘》卷六云：「果位虽明了，而是寂静，故得名舍。」《蕴·三》云：「佛果非不明了，亦能分别违顺境相，不尔，非遍知。」

第五段—性别

《论》云：「法有四种谓善不善，有覆无记，无覆无记，此识唯是无覆无记，异熟性故。异熟若是善染污者，流转还灭应不得成。又此识是善染依故，若善染者，互相违故，应不与二俱作所依。又此识是所熏性故，若善染者如极香臭应不受熏，无熏习故，染净因果俱不成立，覆谓染法，障圣道故，又能蔽心令不净故，此识非染，故名无覆，记谓善恶，有爱非爱果及殊胜自体可记别故。此非善恶，故名无记。」《成唯识论掌中枢要》卷三云：「蔽心者，一法性心，二依他心。」

第六段—所例王

破异说——《论》云：「有义触等如阿赖耶亦是异熟及一切种，广说乃至无覆无记。彼说非理，触等依识不自(在？)故，如贪信等不能受熏如何同识能持种子。又若触等亦能受熏，应一有情有六种体，若尔果起从何种生？理不应言从六种起，未见多种生一芽故。若说果生唯

申正义——《论》云：「阿赖耶识是无覆无记性摄，触作意受想思亦尔，诸相应法必同性故。又触等五如阿赖耶亦是异熟，所缘行相俱不可知，缘三种境，五法相应，无覆无记。」《学·三》云：「皆护法释，初释近例无记，后且例五事：一、异熟，二、所缘行相俱不可知，三、所缘境，四、五法相应，五、无覆无记。」《疏抄·六》云：「所缘行相不可知其所缘即是第三门中缘三境，更无别体，行相即是心王了别，唯取不可知也。若除却不可知，门唯例四门，一，异熟，二，缘三种境，三、五法相应，四无覆无记……心王常与触等五心所相应，若约互通触等亦与五法相应，然论中不得心所望于心王为相应，故触等唯得与四相应，谓除却心王及自相应。……了别唯在心王，触等心所不可例王同其了别。」

第七段——譬喻
因果

果生故非断，因灭故非常，非断非常是缘起理，故说恒转如流。」《述》卷六云：「经部师等持种随流不舍，此识亦尔，与内习气，外触等法，恒相随转。此识性无始时来，刹那刹那果生因灭，起诸波浪而流不断，此识亦尔，虽遇众缘，起眼识等而恒不断，又如暴流漂水，上下鱼草等物，所漂溺，此识亦尔。从无始来生灭相续，非常非断，漂溺有情，令不出离。又如暴流，虽风等击识熏成种故。恒言遮断，转表非常，犹如暴流，因果法尔。如暴流水，非断非常，相续长时，有本故，性坚持种今不失故；转谓无始时来念念生灭，前后变异因灭果生，非常一故，可为转

正释——《论》云：「阿赖耶识非断非常，以恒转故。恒谓无始时来一类相续，常无间断，是界趣生施设六也，破异说中之六门中有一切种，不正义也。《疏抄》有第六，故成七，今去第二复成六。几门，即有六门，前第二师例同五门，今加断舍。」按此谓六即申正义中之五门加断舍成触等为我，然是烦恼所杂之法，心王舍藏，心所能杂亦复不有。」又《述》卷六云：「此例熟识时亦舍心所故，亦得取断舍门也。」《秘》卷六云：「言断舍者，据舍缚说，虽复不执以义通取，则得下言异熟识体，菩萨将得菩提时舍，二乘入无余依涅槃时舍，故知彼舍异例取阿罗汉位舍，罗汉位唯断心王阿赖耶名，不断五所名也，故不得取断中若复长行中舍受门，亦须除之，受不得与舍受相应故。除受外余触等得与舍受相应。若断舍位，不得触等五数缘种为例。」《疏抄》卷六云：「除一切种门，除识行相门，除常与触相应门，若

结正宗——《论》云：「一切种言，定目受熏能持种义。」《述下》云：「不目缘种似种等义，故不可以七门，八门中唯除自相。」（考《瑜伽师地论》卷四十注一）应门，七、无覆无记。」《学·三》云：「测云破火辨、亲胜等，证云破安慧义，又测云：此例除自相门，即一，异熟，二、一切种，三、不可知，四、执受处，五、触等相应门，六、舍受相种后，执受处中方应相例，如何于前一切种中乃例缘境？」《疏抄》卷六云：「疏并不可知种者，此何所缘？……若谓触等缘似种相名一切种，即是第四缘境之门，在第三门一切但缘本识相分之种，自不须变，即无亲所缘缘。自无相分故。又生无色界既不缘色，不缘变种能生果故名为真种，触等与识同一所缘故，彼亦能变为种子，不能生果名为似种。若从异熟乃至无记，除识自相行相受俱……此非对经部，经部说心所亦非所熏故……本识应与识而相例故。」《述·六》云：「此难陀论师等解。此例上五门并不可知，即有其六，谓上似眼根等非识所依，亦如似火，无能烧用。彼救非理，触等所缘似种等相，后执受处方缘等故，无色触等有所缘故，亲所缘缘定应有故，此似种相，不为因缘生现识等，如触等生，勿一有情一刹那顷六眼识等俱时生故。若谓触等五有似种相名一切种，触等与识所从一种，则余五种便为无用。亦不可说次第生果，熏习同时势力等故，又不可说六果顿

唯识详究（十三）

色心，无色无心有时断灭。僧佉自性仍体是常为简彼宗，言非常断。一类者常无记义。四义受熏习：一无记，二坚，三可熏非常一是，四相应可为识熏是。」又《述·八》云：「如流之言义生余识，即是依义，与他为依也。他与为依义隐，故不出其所依。」

破斥

有部　正量部

答辨——《论》云：「过去未来既非实有，非常可尔，非断如何？断岂得成缘起正理？现去未来若是实有，可许非断？如何非常？常亦不成缘起正理。前因灭位，后果即生，如秤两头，低昂时等。如是因果相续如流，何假去来方成非断。因现有位，后果未生，因是谁因？果现有时，前因已灭，果是谁果？既无因果谁离断常？若有因时，已有后果，果既本有，何待前因，因义既无，果义宁有，无因无果，岂离断常，因果义成依法作用，故所诘难非预我宗，体既本有，用亦应然，所待因缘亦本有故，由斯汝义因果定无，应信大乘缘起正理。」《述》卷六云：「有部正量，皆过未有体性故……不假去来，但一种在现在时流入过去，此之种子，后念即起，刹那刹那恒时现在而是无常，因果不断。依法作用等者，外人解质，谓未来因果虽先有体，名因果时，要依作用，不依于体。未有作用名未来，正有作用名现在，作用已息名过去。现有因用，果用未生，因义既成，果义便立，故所诘非预我宗……若许有体无作用，应如无为，若谓未来用体，虽皆具有，缘不合故用不起者既言法本有，所待之缘亦应本有，则未来一切法用应常起，因缘具故，如现法，若谓未来有生相用，过去有与果用者，过未有用，应名现在。今言用者，谓取与用，难云：等无间缘过去取果，《婆沙》正说，即应过去有半作用，有取果用故，又言未来世有三法作用，光明生相及苦法忍，《婆沙》正文应名现在，彼与果用，灭复灭失，取果之用，生复生过。若谓与果但是功能非作用者，阿罗汉末后之心应不名现在，无取果用故。又若此心初无作用，应名灭，如何后时更言灭？若言非是无学末心不能取果，后念缘开者，终心后果既定不生，如何定知现在之法有能生用？」《疏抄七》云：「古有即许未来三法有作用，对顺正理师则无过。半作用者，除相应俱有五因等，皆现在取，不能过去取，余三缘亦尔，唯等无间缘能过去取。此文应言，现在能取果，过去有与果用，无取果用，唯等无间缘有取果用，即名半作用灭复灭等者，如异熟因或同类因等流，至于现在世，已一回灭已落入过去，过去世中又一回有与果用，即又一度灭。故云灭复灭。生相时中已一度生，至现世中又能取果，即又一回生也，即生复生。」《秘·六》云：「灭复灭失者，现在与果而由于灭，过既与果，应更须灭，若无灭者障彼果生，何名与果？又复与现有相例失，若许有灭复灭失。生复生者，现取果时生相生已，方能取之，过既取果，还须待生，方能取也。许有复

第八识

证

上座部

亦不相违。若云明为因而暗得灭亦是因果者，许即无一法不是因果，便成大过。」

生灭是因果，此二不相违者，应难云生有灭是无，即许非相违，昼明夜是暗，应灭若异，宁说体同，故生灭时俱现在有同依一体理必不成。」《蕴·三》云：「若云既现有，灭现应无。又二相违，如何体一？非苦乐等，见有是事。生灭若一时应无二，生若现在生应未来。有故名生，既是现在，无故名灭，宁非过去。灭若非无，生因非有。生

破——《论》云：「彼有虚言，都无实义，何容一念而有二时？生灭相违宁同现在。灭生次住，后法未生至异相时后果方生，测云，前法住时，后果方生。」灭引果，后生酬因，连速？起故因果不断。胜军恐有断过亦云现在三时别，初一法体初生后灭。二异体同时门，谓前灭时后果体生，生灭虽殊而但有体。前法如色等法，具生住灭，虽一刹那而有三时，论速法有二，一同体异时门，谓种，一极迅速，如心心所，但有生灭，虽有一刹那而有二时，谓生及灭，二迟钝若色及心皆有三相，三相虽别而体是一。」《学·三》云：「上座部许有为有二计心心所法生灭二时，时二体一时灭名灭，胜军所说依《瑜伽》等已灭名灭，六》云：「此亦同胜军种子法等，前果后因，俱时而生。」《秘·七》云：「上座正生，体相虽殊而俱是有，如是因果，非假施设，然离断常又无前难。」《述·有初后生灭二时。生时酬因，灭时引果，时虽有二而体是一，前因正灭，后果

立宗——《论》云：「有余部说，虽无去来，而有因果恒相续义，谓现在法极迅速者，犹依他性有，故言非因非不因等。」

因，性离言故，非定是因，有功能故，非定不因，果亦尔。除遍计所执，说名为因，未来为果，故言假。而实所观之法，非因非不因，非果非不果。且如于法之时，寻所从生说之为因，说现为果，寻现世法及所生法变似未来之相，现「大乘中唯有现法，观现法功能而假变未来，似未来，实是现在。识缘于此现现在法有酬前因，假立曾因，对说现果。假谓现识似彼相现。」《述》卷六云：

正义（注一）——《论》云：「因果等言皆假施设，观现在法有引后用，假立当果，对说现因，观第八识俱生灭故。如秤两头以影略说前但云因灭，后但举果生，此解为正。」

种因灭位，后种果正生，三约前念现种因果灭位后念现种因果生，以诸种子与七》云：「前因灭位有三解：一约等无间前因果灭后念识果生，二约种子前《婆沙》三法应名现在。」《学三》云：「因果依用，有部四师，此世友义。」《灯·生过，不许现取果应不待生。」《蕴·三》云：「若言过未名功能，现名作用者，

经部——《论》云：「经部师等因果相续理亦不成，彼不许阿赖识能持种故。」《述·六》云：「彼云色心中诸功能用即名种子前后生灭，如大乘等因果性相续不断。」

第八段（注二）——伏断

略释——《论》云：「此识无始恒转如流，至阿罗汉位方究竟舍。谓诸圣者断烦恼障究竟尽时名阿罗汉，尔时此识烦恼粗重永远离故，说之为舍。」《述·六》云：「诸圣者通三乘。断烦恼障究竟尽者，彼位若是永害随眠，皆在金刚心时断已，若伏断永不起，此言断者，即通八地已去。此据位全除二乘，金刚心少，故不说。八地菩萨，随应二释，此中唯依断烦恼障名阿罗汉，非所知障，已害烦恼贼故，非是缚故，又依除分段生，以名无生，此中粗重，取种子非余。由种断故，现行执藏润发之惑皆不起故。说名为舍，又毕究无现行粗重，亦说为舍，通八地故。若说习气，四位不成。」四位，《疏抄》、《义演》作上位，言十地菩萨方断烦恼种上习气，至佛位方永断。《秘·六》云：「若习气名粗重，二乘无学八地菩萨悉皆有之，即不得言赖耶之名四位舍。」

广释

（注一）详三世义——《述·六》云：「五十一、六十九、《显》十、《对法》三、《中边》卷、皆说三世依种子立，约曾当现义说其世。文文《瑜》卷六十六、《对法》卷四及十三，《萨遮尼乾子经》皆说有六通，三乘差别，宿命智缘过去，生死智缘未来，他心漏尽缘现在三世等，虽非种子，亦有三世。总（东？）而言，莫过三种：一道理三世，即依种子曾当义说，当有名未来，曾有名过去，现有名现在，于现法上说三义故。二依神通，其智生时，法尔皆有如此功力，由圣者功能各殊，既非妄心，所见皆实，但由智力，非是妄识之所变也。前第二说，由澄净故，亦现彼影，由多修习，此去来法，法尔能现，随其势分多少时节，理实能缘及所缘法，唯在现在，三依唯识，此义虽通，然前二外别有义体，多分分别妄心所变似去来相，实唯现在。或复更释，唯二种无别神通，恐滥妄缘，故分三种。《疏抄》卷六云：「三依唯识等者，此义唯通前二种，谓道理神通皆名唯识三世体，前二种外别有实体，其唯识三世，多是妄分别心所变，以去来今据实能缘皆是现在。」《义演》卷六云：「前第二说等者，前第二卷说无漏智而澄净故，亦现彼去来等影。」《演秘》卷六云：「说六通者《瑜》卷三十七、《大般若》卷九、《璎珞经》卷六、《十地论》卷五、《对法》卷十四、《无性摄论》卷九皆悉明之。」（又《对述》卷六广明。）《瑜》卷三云：「建立三世谓诸种子不离法故《圆测疏》云：不离第八识法如法建立。又由与果未与果故。（现种子已与果义名过去，未与果义名未来，二所依体名现在。）又《瑜》卷四十六云：诸菩萨观过去行已生已灭，由彼诸生无因可得，亦无自性，观现在行已生未灭，由彼诸行因不可得，已与果故，自性可得，犹未灭故。观未来行未生未灭，由彼诸行有因可得，未与果故，无有自性，犹未生故。」又《瑜》卷五十二云：「若已与果种子相续名过去界，未与果当来种子担绩名未来界，未与果现在种子相续，名现在界。」又《显扬论》、《瑜》六、七、八十七卷等说三世各十二相：「未来十二相，谓：因所显，体未生，待缘，生种类，应生法，不生法，未生杂染，未生清净，应可求，不应求，应观察，不应观察。现在十二相谓果所显，体已生，缘会，已生种类，刹那，不复生法，现杂染，现清净，可喜乐，不可喜乐，应观察，不应观察。过去十二相谓，已度因，已度缘，已度果，体已坏，已灭种类，不生法，静息杂染，静息清静，应顾恋处，不应顾恋处，应观察，不应观察处。《灯》卷七云：「一说部三世都无实体，出世部依法立世，世间是假，世亦假。

见道断。所依果无，因亦亡。」《义演》卷廿云：色性非染污，但是离缚断，如根等被缘烦恼断彼烦恼，眼根得离染污法，二离缚断，三不生断，此有二：一谓因亡果，谓之恶趣果，名见道断。二果尽因断，谓三恶趣别报善业亦趣体，第八识等唯见所断，无想定等，等取无想天，半择二形，北洲等……断有四，若道理论唯三：一自性断，谓所有染分，入随烦恼中，皆体非漏，假立漏名不尔，便无缚相应法也。……《瑜伽师地论》卷六十六云「诸恶趣异熟五见便非漏体，乃至不知正亦准此问。答：遍行别境中是见体者是缚非见者，非见是能执故，由此十除慧，余九漏？此义应思问：如五见是慧分，慧体是应断不？应断者，即相应法，无离相应法得断，体皆可断故。若非可断，不生，以自性强故，说之为断。其善等法类亦应然。缘彼烦恼强故。不待断杂惑，亦名为断。既尔，如何由之名有时，但能缘尽说之为断，非杂烦恼。既尔，生上圣者，不断烦恼亦自然无如见惑，修惑缘缚未尽，亦名为断，断已永故知前二说善。若说七识名杂烦恼，离欲九品未得无学欲界善等应不名断。以杂烦恼犹未断故，若准此义离欲之恼缚。烦恼断时，彼心王遍行等心为得断。离相应惑故，名断杂彼烦恼，此解违下唯修断文，见道岂无相应缚也。所缘境名得断也。杂彼烦恼，谓第七识起烦恼时虽不缘彼六识等法，六识等由之成有漏性名染污依，故六识等三断，谓断缘彼烦恼杂彼烦恼。缘彼烦恼，谓有烦恼，缘彼有漏而生，随彼七识所缘有漏善等境是，若断能缘烦恼说故，然相顺者名为杂，无漏第六七不顺烦恼，正相违故不名杂。又解相应缚心及遍行等，性非染法与烦恼俱名烦性位中彼惑恒起，第七烦恼断时，六识等法名为得断。又相间起者名杂。此解即有平等性智等间第七等烦恼生此断即通诸心心所，不染污法谓善及无覆无记。非性应断，体非暗法。然此善无记有二义，故说之为断。一、离缚依离缚断说有漏善，无复无记唯修所断，依不生断说诸恶趣无想定等唯见所断。」《述》卷十六云：「色性非染污，法，非性应断，不违道故。然有二义说之为断。一、离缚故。谓断缘彼杂彼烦恼。二、不生故谓断彼依令永不起。染时，亦舍亦断。四非舍断谓无漏法。」又《论》云：「染污法，自性应断，对治起时，彼永断故。一切有漏不染污后戒名终形改二形生善根等（有讹）。但名舍别解脱，而不名断，三亦捨亦断，如欲界恶不善法，谓烦恼若离欲界等。即不还果罗汉，虽断欲界中能缘烦恼，则有欲界中善无记法及眠二有捨而不断，如有人受得别解脱律仪戒已今遍行之。第八识虽名为舍，亦通名伏断也。」又《疏抄》卷十一云：「有断而不舍，即欲界中善法无记法及睡眠

（注二）《伏断舍释》——《疏抄》卷四云：「有舍不名断及伏，谓舍于等，有断不名、舍伏，谓断烦恼等，有伏而不名断舍，谓伏烦恼现行。

用果是现在义。」又云：「三世依何性者据实道理唯依他，若据随缘假施设者，通依三世性。」

又云：「《辨》二云因果已未用是世义应知，释云谓于因果俱已受用是过去义，俱未受用是未来义，已受用因，未受明中，妙音所立世相杂乱三世皆有三世相故，觉天所说前后相待一世法中应有三世。婆沙同《俱舍》、《正理》。」有异。四、觉天说由观待有别故三世异。观待后故名过去，前名未来，俱名现在《俱舍》破法救所说执法转变异数论有一类世相不同三世有异。二云世相有用时名合相虽无用而随于法，其体非无。三、世友说由位不同三世有异非体世最善。一、法救说由三类不同，三世有异，非体不同。二、妙音说由相不同三世有异。相不同者一云不相应中别出世间实，世亦实，大众经部等过未是假，现在是实。萨婆多三世俱实，如《俱舍》卷二十然有由师别。第三约作用立

气及此业果而为体性。然此所断体是染者，自性应断，非染业果皆离缚断。《唯识》由此说二障种名所断舍，非染有漏道力伏其现行令不相续或害其现行，又不生义是断义。三义具足得立为断障。（二）出体，所断障以二障现，种习《断障章》云：「（一）释名，障者覆义暗义，断者不续义、除害义，由无漏道断其种子令不相续及除其害，由有漏无此道理及前加行，并能诠说。然诸法上各自有理内各别证不可言共。」

违。」又《义林》卷二云：「其圆成真性识，若加行后得现是共相，根本智观是别相非共相。云共相作意能断惑者依现量智离分别故，正证真如，实自相故，名缘自相，由观证理能断惑故，故云共相智或自相智能断惑故者，互不相廿四云：「第三师是正义。」又《别抄》卷九云：「对法等说共相作意能断惑者，如真如遍通诸法之理名为共相，然相不可以其与一切法不一不异即名共相。自相亦与一切共相不一异故。故据实言即别相智，能断惑也。」《义演》卷量。虽缘诸法若无常等，亦一一法各别有故，名为自相真如虽是共相所显，以是诸法，自实性故，自有相故，亦非共心立一种类能诠所诠通在诸法，如缕贯华名为共相。此要散心分别假立，是比量境，一切定心，离此分别。皆名现相观方能断之。第三，说云：《因明论》，一切法上实义皆名自相。以诸法上自相共相，各附已体，不附他故。若分别道理或说真如名空无我，诸法共相，或说真如二空所显，非是共相。《对法》说缘共相智能断惑者，依方便说。实自二说云：「定心唯缘自相，然由共相方便所引，缘诸共相所显理者，就方便说名知共相。不如是者，名知自相。由此二相立，不说定，心若在定心缘一切相皆现量摄。由此总缘智亦现量摄。即由定照共相自体，故说定心为现量也。第《佛地天》说：「云何佛能知共相，共相既依比量而立，岂佛能知共相是比量耶？彼有三说，有义二量是散心位，依法》卷七云：总缘作意观一切法皆无我性，能断烦恼。师子觉云：总缘作意者，合缘一切法共相行作意？答：如（断二障分别种。）为总缘智能为别缘智能断，若总缘智，彼非自相智，如何共相比量之智能断惑，若别相智，违《对不染污法，不生断者，恶趣异熟无想定等。」（考《瑜伽师地论》卷七十《障道俱不俱》），又《述》十九云：「此言断者善业相应断者有漏八识五遍行全，别境不定二各少分，自性非染，由与惑俱。断相应时心等解脱。缘缚断一切有漏断，三缘缚断，四不生断。（按《义演》等四断无相应断，于不生断中，间为二。）自性断者谓本随惑，性是染故。及不性，即自性断，不正知。慧分是别境中者，即不断，痴分者即是断法。」《灯》卷十云：「断有四：一自性断，二相应依门即入见道时，无想天果不生。《疏抄》卷十四云：「若五见依慧立者，即是别境中慧分，是不断法，若五见是见见为体者，应断，非五见体者，非自性断……若无想定业等入无记门中即修断，以善无记法，不障见道故。若摄入所宽第三解唯取有漏善业，不取无记名杂狭。今取第二解会第三解少分名杂彼烦恼，理胜，第四说当知。……慧以五起第二解。第三解云：杂者谓有漏善业，烦恼引故。成有漏性，不同无记。第二解通有漏善，业及无记法总名杂，所缘缚摄。若烦恼心中缘烦恼及有覆无记，即自性断，相应缚摄……离彼烦恼至名为得断，□中第一解又相间起识中烦恼唯缘无记五尘境，第六中烦恼能缘三性，若第七中烦恼即缘无记境。此等七识烦恼心中，缘善等者皆是……此缘者但认王前七识与烦恼相应，缘彼亲相分名缚缘，不约第八，第八不与烦恼相应故。大乘五尘是无记，五

集中，参考时当与他处已见者，一一对照，方悉其蕴。）通色六无色三，若断俱生惑障品，唯第四定，以金刚心依第四禅，入断惑故。」（此所言者，总摄而谈，实已详见诸所地，色界六（加中间）无色三。有顶无漏□故，不能断惑。菩萨若断分别二障，唯第四定，若断俱生所知障及二习气故。若正断者，二乘断分别烦障，唯依色界五地，必无漏道，慧猛利故。中间虽有无漏真道不入见道，若断修惑通九地，非无色，菩萨不生无色界故。二依地者，若伏烦恼障色界六地无色四地，方便根本具能伏之。六行及无漏皆能伏界九地身，菩萨二义，一通欲色，不定性者所留之身通二界故。二是色界第四禅。若断俱生所知障，通欲色二界五别二障，唯在欲界六天及人趣三天下非余处。色界圣者回心向大，断所知障亦通色界。若断俱生烦恼障，二乘通三乘非大乘，大乘断惑唯依欲色界身，非生无色，此圣菩萨，凡即不然。此总说也，若别说者，其三乘者直趣自乘断分别：有二，一依身，二依地，依身者，若伏烦恼障初唯欲界后通八地，生有顶地，更不伏故。断通三界九地。此说二伏之为十品断十地断故。其第七识中所知障与习气，说有九品或无品，皆一品断，金刚心为永断故。（五）所依分气，亦有九地八十一品，若与烦恼俱行者亦可言伏他执不行，不俱生者，虽有九品，皆非六行所伏。其加行智，即能知障，若六识之分别者并其习气，虽有九品，有说定一品，或二品断。一心，三心见道别故。六识中俱生所知障并习如预流果。四、三界九地合为一品断谓金刚心大乘断位。若说第七识中，九品，一品要三乘金刚心一刹那顿断其所九品时断。二、随其凡位已伏多少，后入见谛见道俱断不伏不断以分品数入见已后便次第断。三、九地合为九品断，除其习气，虽有九品断即不同。其随眠等略有四类：一、八一品类别断，此依二乘者，断及异生断，然身边见等当第心顿断。故知前六识中分别九品，三乘皆定唯一品断，谓一心见道。有说二品断谓三心见道等。其六识中俱生烦恼金刚始断有九品故，体有增减，故成能熏，有义九地各有一品，细分便成八十一。势力所障皆同非想下下品惑，金刚痴等八十一品，地名九故。第七识中九地烦障有二说：有义九地唯同非想第九品类然于其中自类有九，唯障无学。道十惑九品定然。俱生六惑即不同，身见边见及此相应唯第九品，九地而论，但有九品，瞋唯一地九品，余独头贪慢识真性，非依他识。（四）依品分别，七识之中有二障，烦障中除第七识，所余六识三界九地，各有九品成八十一，见实论》非六识，识是无记，但依第四末后行心智慧正断。大乘唯在第六，若伏若断，非在余故。若能断性，唯第九识，道，有部唯第六《俱舍》等同，大众等四部及化地部，六识皆能为断障道，说五识身有离染故。犊子部亦唯第六，《成唯前六识，第七自非业性，不能业，果在余七，非第七，非他所生故。此说异熟增上士用业势生者，非等流果若能断乘所断安慧所知障除第七，在余七，烦恼障除第八在余识执即差别。护法二障皆通前之七识，执即差别。障所发业得此择灭故，若不尔者，应无解脱。（三）依识分别。所断在何识？有部等通六识，犊子部唯在第六，五识无染故。大漏名所弃舍。至能断障体，如《唯识》能，《转道》说。若能断性，即以二空所显真如为体。若随其假择灭为体，三乘同

第八识

释——八段

十义

第八段——伏断

广释

第一师

取直往八地佛所故，故诃迂会者名不退也。（有讹脱。）」赖耶，不退亦八岂不相违？顺此三说中八地不入第一师以此为证故不许种子未永害故。」《枢》卷云：「般若毁菩萨不令入灭定，瑜伽说四人不成六云：「决择分中不将顿悟菩萨（直往）为第四人（烦恼不退）者，以烦恼退。迴心已去，即名菩萨。」（考《瑜伽师地论》卷三十二，注十）。《义演》卷阿赖耶名者，即正取烦恼不退，从初发大乘心乃至成佛已来皆名烦恼不有学，回心向大不名不退，起烦恼故。」《疏抄》卷六云：「此言不退菩萨舍「三乘有学金刚心位，虽断烦恼我执种无以时少故，彼论，此亦不论二乘赖耶，即摄在此阿罗汉中故彼文不违此义。」《成唯识论述记》卷六云：大菩提者，必不退起烦恼障故，趣菩提故，即复转名不退菩萨，彼不成就耶识，何故说不退菩萨亦不成就阿赖耶识？彼说二乘无学果位，回心趣向

释难——《成唯识论》云：「若尔，菩萨烦恼种子未永断尽非阿罗汉，应皆成就阿赖识？答：约前六说，不约第七。」

也……异生在无心位有第七识，三乘人入灭定皆有第七，如何言不成转位摄，至解脱道已方成无学。八地菩萨据初师说亦得名罗汉，亦舍赖耶名罗汉位舍。若二乘人至金刚心时，毕竟断我执现行其金刚心时仍是有学名为舍，少故不说，又八地以上大一僧祇劫不行，全约全处为论，故言阿无学，我爱种尽乃名为舍。」《疏抄》卷六云：「金刚心位，我执已不行，应意说不退菩萨虽不起现，我爱执藏暂时伏离，种犹有故，未名为舍，三乘留，二不障地，其所知障分分除之，故烦恼障即言顿断，所知障不然。此师入无心位……十地菩萨不能少断俱生烦恼，金刚定时方顿断尽，一者故有学一切异生入无心位。有俱成，第二句不入无心位，有俱不成，第一句耶，谓三乘无学，不退菩萨，不入无心位，有反于第一，谓七地以前，二乘缚得解脱故，无分段死。《决择分》中部一卷四句分别，有成就转识非赖用故。不言离变易死者，二乘无学有变易生，以非烦恼所招起故，已离系无学位，余位未满，故非有学，不言离所知障者，不障解脱，无能发业润生障，成阿罗汉及如来故。」《成唯识论述记》卷六云：「阿罗汉通摄三乘唯来，皆不成就阿赖耶故。《集论》复说，若诸菩萨得菩提时顿断烦恼及所知受世间妙供养故，永不复受分段生故。《决择分》说，诸阿罗汉、独觉、如

释义——《成唯识论》云：「阿罗汉者，遍摄三乘无学果位，皆已永害烦恼贼故，应

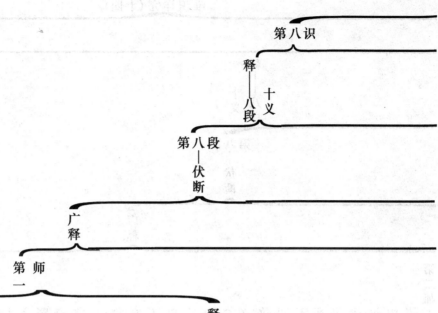

唯识详究（十四）

释——八段
十义
第八段——伏断
广释
师
第三

「此意双说生法二空根本后得，不是偏取，或生或法根本后得名为二智。」

释——《成唯识论》云：「有义初地以上菩萨，已证二空所显理故，已得二种殊胜智故，已断分别二重障故，能一行中起诸行故。虽为利益有情起诸烦恼，而彼不作烦恼过失，故此亦名不退菩萨。然此菩萨虽未断尽俱生烦恼而缘此识所有分别我见爱等，不复执藏为自内我，由斯亦舍阿赖耶名故说不成阿赖耶识，此亦说彼名阿罗汉。」《成唯识论述记》卷六云：「难陀等解，二智即正体后得。」《疏抄》卷六云：「正体，后智亦摄得法空智，生空智。」《义演》卷六云：

增进？观云：生空后智断通障等，平等性智增熏种故。证云：尔时利他除粗熏故。」入灭定时转识赖耶俱不成故。然佛诃毓非彼不入，既许入定亦有生空，尔时如何念念释，一云实八地上不入灭定，般若毁不令入故，谈自在力彼入。二云定入，不退菩萨应有超切。（此释违论，菩萨地云，后二僧祇时必等故）。《成唯识论掌中枢要》卷二空观入灭定时不断法执，应不增进，何说念念？测云：据法空位说念念增，唯八地上入由自在故，亦说不退入定其实不入。」《成唯识论学记》卷三云：「问八地以上入生佛诃毓玩无胜利故，非彼不入。又解经正瑜伽依不退者成就而就，初已曾入后诃故不刚心位。」《成唯识论掌中枢要》卷三云：「第二明直往者名不退有二义，一瑜伽为正不约断种名舍，即八地已舍，故不说大乘金刚心，第二师要断种名舍故，通会三乘金以前，初师不退据无学迴心，第二据顿悟不退。」《成唯识论述记义蕴》卷三云：「此行者通简十地。问：八地已去常入无漏观相续，何得烦恼现行？故十地言，意取七地十地菩萨烦恼断者约第六识说非第七识。第七识烦恼犹许现行。今言一切烦恼永不《义演》卷六云：「初因至通七识者，意说初因简解行地已前，谓许地前烦恼行故。然之为舍，故七地前不名舍。」（诸行中起诸行考《瑜伽师地论》卷三十二、注十之二）故。此亦名阿罗汉，三义具故……初师名舍断种名舍，此第二说若断若伏毕竟不行说四因故直往菩萨八地已去方名不退，舍赖耶名，无现执藏，即名为舍，以赖耶是藏义不行，非第七识，今通七识。第二因简前六地，第三因简第七地，第四因简一切地。由那更倍于前念，如是展转胜进倍前……初因简解行地以前，十地菩萨能伏恼烦毕竟萨地》等，谓从八地已去，于初刹那能得过去前二阿僧祇所行功德智慧一倍，第二刹往菩萨，八地以去，亦舍此识名不退者，于未得法亦复不退……《十地》、《地持》、《菩识，此亦说彼名阿罗汉。」《成唯识论述记》卷六云：「此即护法菩萨，言三乘无学直中烦恼种子，而缘此识我见爱等，不复执藏为自内我，由斯永舍赖耶名故说不成赖耶诸行中起诸行故，刹那刹那转增进故，此位方名不退菩萨。然此菩萨虽未断尽异熟识

第二师——《成唯识论》云：「不动地以上菩萨，一切烦恼永不行故，法驶流中任运转故，能

□□□□□阿罗汉

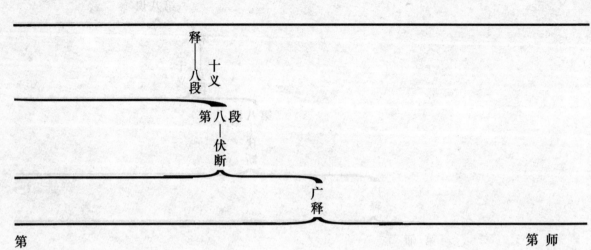

破——《成唯识论》云：「彼说非理，七地以前犹有俱生我见爱等执藏此识为自内我，如何说舍？若彼分别我见爱等不复执藏名舍，则预流等诸有学位亦应已舍赖耶名，许便违害诸论。若谓地上菩萨所起烦恼皆由正知，不为过失非预流等得有斯事宁可以彼例此菩萨者，彼六识中所起烦恼虽由正知不为过失，而第七识有漏心位任运现行执藏此识，宁不与预流等同，故彼说非理。」《成唯识论述记》卷六云：「六识我见，四地不行。第八地去，无漏相续，一切烦恼皆不现行，虽有种子，现行皆舍，故前二师是。」

申正——《成唯识论》云：「阿罗汉断此识中烦恼粗重究竟尽故，不复执藏阿赖耶为自内我，由斯永失阿赖耶名非舍一切第八识体，勿阿罗汉无识持种，尔时便入无余涅槃。」《成唯识论述记》卷六云：「初释直往菩萨八地已去非是此中阿罗汉摄有染种故。三乘无学方名为舍，第二说直往菩萨八地以去是此中摄……无第八体，即阿罗汉无识持种，于□刚心正断此时即便应入无余涅槃，以有漏果尽，无识持种故。」《疏抄》卷六云：「然阿罗汉等者，应是初师义，以第二师说直往八地菩萨，犹伏第七识烦恼现行名舍赖耶。」

广舍——《成唯识论》云：「阿赖耶名，过失重故，最初舍故，此中偏说。异熟识体，菩萨将得菩提时舍，声闻独觉入无余依涅槃时舍，无垢识体，无有舍时，利乐有情无尽时故。心等通故随义应说。」《成唯识论述记》卷六云：「无间解脱将得正得，二释此中皆名将得，然有二释：一云种生现同时有二：护法云，金刚心与异熟识俱生，解脱道是菩提与圆镜智俱起，如世第一法舍异生性，正舍名舍，菩提在未来故名将得。二云亦种生现行同时义，金刚心生，异熟识灭，菩提在当解脱道时得与成熟，既无别体，其时已舍异熟识，菩提将成熟故名为将得，其种生现异时同前初师，初得名得，得已成熟，金刚心与异熟识俱生，解脱道在未来名为将得。尔时舍异熟识，异熟识虽在现在名为正舍，如世第一法舍异生性等义说，成熟与得差别实无别体。此并护法弟子种生现时二家异说……心等随染爱藏，随是何乘金刚心位及或八地已去方舍，若异熟位亦舍心者，即二乘入涅槃时舍，无漏心者，无有舍时。」《疏抄》卷六云：「初云金刚心时与异熟识俱，其金刚心即与异熟同时灭故。金刚心舍异熟识，即是正舍名舍，如小乘中说世第一法与异生性俱起，即世第一法能容异生性，异生性与世第一法同时而舍即正舍名舍。此师即是正义……菩提是解脱道，解脱道是第六七平等妙观二智。若第六识起金刚无间道时引第七识中解脱道，若约断惑名无间解脱道者，唯第六有无间解脱道，圆镜成事智中，唯有胜进道。故今第六识解脱道与圆镜智俱。第二说其种生现异时同初说金刚起时，异熟识种已灭，唯有异熟识现行与金刚心俱起。初得名得得名成熟者，即约萨婆多说。今此亦尔，在金刚心时即名得菩提，即将得名得，若至解脱道时，即名正得，即成熟菩提也。」《成唯识论了义灯》卷七云：「言得者唯萨婆多有二说：一云体别以初得名得，后名成熟。二、体是一，初得名得，得已相续名成熟。（上言成熟恐皆成熟。）若大乘论得获成熟体一名别。释此将得有二师，一云因果别时，即论引无种已生之师计也。以果与无间道俱生，因在灭相释将得言如疏，二云因果同时俱与无间同时生灭，此二师各分为二，一无间道舍，二解脱道舍，合成四释。」《义演》卷六云：「护法云至圆镜智起者意云菩萨第七地（疑十）金刚心初生时而异熟义种现俱在，若后灭时与金刚心一刹那俱灭……如世第一法至故名将得□金刚心是能害，异熟识是所害，既舍已解脱道与镜智俱起望前舍时而在未来名将得，此一解也。有云舍异熟识时，由二义故舍，一由解脱道正□力舍，二由无间道亦有力故舍，望无间道，正舍名舍，以俱时故，望解脱道已舍名舍，生灭二相不并故……无间道虽有菩提未圆明成熟，若解脱□道时已圆明成熟，今望解脱道，故名将得。哲云：无间道既新得菩提但名得不名成熟，解脱道既曾得亦名得及成熟，今望成熟故名将得……种生现异时至无别体者，意云种生现异时义与护法解中有两师第一师同。」《成唯识论演秘》卷六云：「菩提约成就等者，意遮外难。外难意云，若无间道舍异熟识，此时何不名佛？故约成就以释彼疑，彼未圆满故，异时同等者，取无间道有异熟识少分同故，不言种现俱名同。」又《义演》卷六云：「异时同名，如金刚心生时异熟识种已舍，唯现行识与金刚心俱生名异时，与第一师同。第一师种现在故别，余更多别。种生现同时，种现同时舍，异时先舍种，现行在后舍。」（考《瑜伽师地论》卷七十、《二道》。）

第八识
证
教

1、《成唯识论》云：「《大乘阿毗达摩契经》中说：「无始时来界，一切法等依，由此有诸趣，及涅槃证得。」此第八识自性微细，故以作用而显示之，颂中初半显第八识为因缘用，后半显与流转还灭作依持用。界是因义即种子识，无始时来展转相续，亲生诸法故名为因。依是缘义，即执持识，无始时来，与一切法为依止，故名为缘。谓能执持诸种子故，与现行法为所依故，即变为彼及为彼依。变为彼者，谓变为器及有根身，为彼依者，谓与转识作所依止。以能执受五色根故，眼等五识依之而转。又与末那为依止故，第六意识依之而转末那意识转识摄故，如眼等识依俱有根。第八理应是识性故，亦以第七为俱有依。是谓此识为因缘用。由有此第八识故，执持一切顺流转法，令诸有情流转生死，虽惑业生皆是流转而趣是果，胜故偏说。或诸趣言通能所趣，诸趣资具亦得趣名。诸惑业生，皆依此识，是与流转作依持用。由有此第八识故，执持一切顺还灭法，令修行者证得涅槃。此中但说能证得道，涅槃不依此识有故。或此但说所证涅槃，是修行者正所求故。或此双说涅槃与道，俱是还灭品类摄故。谓涅槃言显所证灭，后证得言，显能得道。由此断道，断所断惑，究竟尽位，证得涅槃，能所断证，皆依此识，是与还

50

理

前等无间等之所系故。或自境界虽非能熏为须受用，故亦说本识生，故言境等。此是亲所击发，如自等无间，虽不熏种，
「此第八识自境不熏成种，不能击发藏识，是七识境相分熏种也。等者谓非但所缘缘击发亦为增上，七识见分种子因缘
击，恒起诸识浪，现前作用转。眼等诸识无如大海恒相续转，起诸识浪，故知别有第八识性。」《成唯识论述记》卷七云：
4、《成唯识论》云：「《入楞伽经》亦作是说，如海遇风缘，起种种波浪，现前作用转，无有间断时，藏识海亦然，境等风所
识波浪，恒无间断，犹如暴流。」

我。以能执持诸法种子及能执受色根依处，亦能执取结生相续故说此识名阿陀那。是一切法真实种子，缘击便转
3、《成唯识论》云：「《解深密经》亦作是说，阿陀那识甚深细，一切种子如暴流，我于凡愚不开演，恐彼分别执为
藏解，佛果应名；若以能所藏解，二乘无学八地以□应得此名。故唯执藏名阿赖耶。」
藏皆具，举能摄藏显所藏性，杂染种子互为缘故。由此持能内执为我，则执藏义。三、据实赖耶但以执藏，若以能
名阿赖耶，非诸转识有如是义。」《成唯识论掌中枢要》卷三云：「此中有三解：一云但举能藏名阿赖耶。二、三
能摄藏诸杂染法，依斯建立阿赖耶名。……能依所依俱生灭故，与杂染法互相摄藏亦为有情执藏为我，故说此识
2、《成唯识论》云：「即彼经中复作是说，由摄藏诸法一切种子识故名阿赖耶，胜者我开示。由此本识具诸种子故

现，今还依疏。」（俱有依言，广有辩难，如《成唯识论学记》卷三、《成唯识论了义灯》卷七说。）
因缘义，现八如何能为因缘？不能熏故。又现与种虽不名异，亦不得一，一既不成取种何失？又前因相亦非唯
用，但说现依不说种。详曰界若现识，即依无别，论主何故别解二耶？界置亲生诸法之言依不云耶夫言亲者是
言，疏唯取种，今取现行与所持种体不异故，说现亲生名之为因。现识亦名种子识。故因相唯取现行识，故下依
又至七依第八者，此第二解，与第一解别。」《成唯识论演秘》卷六云：「界有三义，因、性、种。今依因义以释界
境，今但现行第七依现行识，第六识现行依第七识，唯明俱有根，是增上缘，不说种子因缘，亦不说等无间意根。
意说第八识与作俱有依，即第七识依第八识中种子为因缘依，又第七依第八现行识为俱有依，又第七缘第八为
者，不缘现行七识果，唯缘所变色，五根之果色法也，即五根世间等是，虽第八识至第六意识依之得转为一解，
行所依与一切色心作依，名依同。变者，第八能缘变五根及器界等。不变者，不能缘变前七现行识。不缘变之果
漏种名顺还灭法。还即道谛，灭即灭谛。」《疏抄》卷七云：「为依虽同，变不变异者第八识与五根器界及前七现
以七为依，七不断故……现行染法名流转，种子染法名顺流转。成有漏法皆名流转，资具谓器世间……身中无
增上缘根，六别依七，七依第八。诸宗不许，故立量云：七六二识亦依俱有依，转识摄故，如眼等五识。第八识亦
有之依。言与末那为所依止，第六意识依之得转。又第八识能与诸法为本依止故末那为依第六识转，如眼根等
然是因缘，今约五根增上共许显处说故。释意识者，虽第八识能与末那为俱有依，种子依根及为所缘，今但取俱
能与彼现行诸法为所依止。与诸现法为依虽同，变不变异……总七转识，不缘变之果……释五识中亦有种依，
述记》卷七云：「广缘义中，谓现行识能执持种，由此因义故与一切现行诸法为所依故，即变为彼现行诸法，及
初句显此识体无始相续，后三显与三种自性为所依止。谓依他起，遍计所执，圆成实性，如次应知。」《成唯识论
谛，即所能趣，生及业惑。清净法者谓灭道谛，即所能证涅槃及道，彼二皆依此识而有，依转识等理不成故。或复
灭作依持用。又此颂中，初句显示此识自性无始恒有，后三显与杂染清净二法总别为所依止。杂染法者谓苦集

第八识

教证

理证

亦击生故。」《疏抄》二云：「境为风所系者，不约前七识现行系第八识，但约第八如海，前七如浪，若海若一风至，即一浪生，多风至即多浪起。」

5、《成唯识论》云：「大众部《阿若多》中密意说此名根本识，是眼识等所依止故，譬如树根是茎等本。」

6、《成唯识论》云：「上座部经分别论者，俱密意说此名有分识，有谓三有，分是因义，唯此恒遍为三有因。」《成唯识论述记》卷七云：「分别论者，旧名分别说部，今说假部。无性释有九心轮，此是阿赖耶识，九心者，一有分，二能引发，三见，四等寻求，五等观御，六安立，七势用，八反缘，九有分心。」《疏抄》卷七云：「能引发者，如说初睡觉心，三见者如初睡心，初新观境界，四等寻求，观诸境寻求此色等为是黄而寻求之，逢境即缘名之为所观，御者，如观诸色实知是青，全知是黄，六安立者，知此是色已心中安立作青黄等想，七势用者，安立施设境分齐已，即作善业势用生人天善等，八返缘者，缘境已是还，还归有分心，今解云有分心即是第八识，其次六识生即法作意引发，其次五识缘境智名之为见，其次同时意识生触求境界名为寻求，其次审知此境是青黄名观御，其次审知此色施设名言智想，其次施设名言已还造善恶势用，其次造善恶业已，境还即命终，其次还从有分心生。」《成唯识论述记义蕴》卷三云：「上座部中，亦有以经为量者，谓上座部中经部也，今说假部既云蕴门世是实有界是假说名分论者，与前上座部中经部各别，彼师细第六识初受生时为三有因名有分识。」《成唯识论了义灯》卷七亦云：「非二十部中之经量。」《成唯识论掌中枢要》卷三云：「实但有八心，其中见心通于□识，余唯意识，有分心通死生，返缘心唯得死。若离欲者死唯有分心既无我爱，无所返缘不生万恋，未离欲者以返缘心而死有恋爱故若有境至则心可生□无异境恒住有分任运相续，然见与寻求前后不定。」

7、《成唯识论》云：「化地部说此名穷生死蕴，离第八识无别蕴法穷生死际无间断时，谓无色界诸色间断，无想天等余心等灭，不相应行离色心等无别自体。」《成唯识论述记》卷七云：「《无性二释》云：彼部有三蕴：一、一念顷蕴，谓刹那生灭法，二、一期生蕴，谓乃至死恒随转法根等法是，三穷生死蕴乃至金刚喻定恒随转法。」

8、《成唯识论》云：「说一切有部，《增一经》中亦密意说此名阿赖耶，谓爱阿赖耶，乐，欣，喜阿赖耶，谓阿赖耶识是贪总别三世境故立此四名，有情执为真自内我，乃至未断□生爱著，故阿赖耶识是真爱著处，不应执余五取蕴等……异生有学起我爱时，虽于余蕴有爱非爱，而于此识我爱定生，故唯此是真爱著处，由是彼说阿赖耶名。」《成唯识论述记》卷七云：「无性二云，爱是总句，余三现过未如其次第三世别说，此性恒时极希愿故，由乐欣喜是故总名阿赖耶也，世亲一解同前，第二更解谓于现在爱于过去乐，由先乐故于今世欣，欣故于未来喜。」《疏抄》卷六云：「论中取无性解，但约三世解之，若世亲后解，即不约三世总别之言。」（按无性、世亲释论皆有破执五蕴等为赖耶文。）

心与识持种

申正——《成唯识论》云：「契经说，杂染清净，诸法种子之所集起故名为心，若无此识彼持种心不应有故。谓诸转识在灭定等有间断故。根境作意善等类别，易脱起故，如电光等不坚住故，非可熏习不能持种，非染净种所集起心，此识一类恒无间断如苣藤等，坚住可熏，契当彼经所说心义，若不许有持种心，诸所起染净品法，无所熏故不熏成种，则应所起唐捐其功，染净起时既无因种，应同外道，执自然生，色不相应非心性故，如声光等理非染净内法所熏，岂能持种？又彼离识无实自性，宁可执为内种依止，转识相应诸心所法，如识间断易脱起故，不自在故，非心性故，不能持种，亦不受熏。」

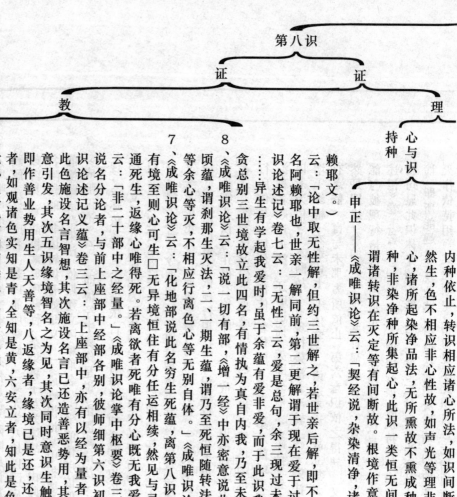

中有经为量名为经部，非本经部，许色望心等各各前熏生后类故。」成言简佛为不定，彼不极成故。」《成唯识论学记》卷四云：「无性云是经部者，上座部论述记》卷七云：「量云，极成二乘无学，后心不得入涅槃，许能为因故，如前前位，极心为后种故，亦不应执色心展转，互为种生，转识色等，非所熏习，前已说故。」《成唯识自类既无熏习，如何可执前为后种？又间断者，应不更生，二乘无学应无后蕴，死位色

破他

上座部——《成唯识论》云：「有执色心自类无间，前为后种，因果义立，彼执非理，无熏习故。彼故无持种义。」《成唯识论述记》卷七云：「执唯六识俱等者，别破大众部。」俱有，如隔念者非互相熏，能所熏必俱时故。执唯六识俱时转者，由前理趣非所熏，余法，与眼等识根法类同，应互相熏，然汝不许。又六识身若事若类，前后二念既不类定无。又阿罗汉或异生心识类同故，应为诸染无漏法熏许便有失。又眼等根或所恶心时，无无记心，此类应断非事善恶类可无记，别类必同别事性故。又无心位，此无胜用，应不能持内法实种。又执识类何何性所摄，若是善恶，应不受熏，若无记，善所熏习，能持种子，由斯染净因果皆成，彼言无义，执类是实则同外道，许类是假，便

经部异师——《成唯识论》云：「有说六识无始时来，依根境等前后分位，事虽转变，而类无别，是云，从善无间不善性生，不善无间善性生，乃至出世无间世间生。」（按上兼破经部本计）与八非一向异，简前失。由此两释皆通，故疏不判二解优劣，善等类别者，《瑜伽师地论》卷五十一种受想熏。」《成唯识论演秘》卷六云：「八识三别第八识体应非受熏，岂非过？由有此失，故云六有三种受熏：一六识，二五根，三四大，若欲色界即六识五根受熏，无色界六识，入无心定即四大定。八识三别，互相熏故，又六与八非一向异，依之而起，故许相应，彼六不然，故无自失。∴经部各别，非必刹那刹那皆具足故，非识恒起，故无熏习，不同无性。三藏解虽本，不作此解，自为不别，应不得熏，故今疏主于天亲、无性释俱不取之。疏主解云，但遮六识体非受熏，以根境等三种依相各殊，谓前五色有色根分别根等四根，第六有染净二根乃至第八唯有第七以为根，亦所依熏。世亲更加行各别。疏主弹云，若六识行相别不成熏者，八、六亦行相别，应不能熏。又本识所经部至是义之本，是三藏法师解，无性□破经部六识俱时，更互熏者，三种既别，无相应义，不成熏眼识，余亦尔名自熏。大众部虽六识俱时有，无熏习，谓经部六识俱时亦不成熏习义。……□破漏位，互相望起；四世出世位，互相望起。」《疏抄》卷六云：「若经部本计六识不俱时有，则藏自《瑜》等种子有四位：一、三性善等位，互相望起；二、三界位，谓下中妙界心，互相望起；三有无作意三种各别，无相应义，此难俱时起识熏义。世亲云，复有余义谓行相亦别，……善等类者，破经部没许六俱有熏习故是义之本。《摄论》卷二无性解云：若六转识定俱有者，不应所依所缘部六识不俱时有破大众部，然彼无熏习义，没破熏习又以经部有熏习故，没许俱时，亦不成熏，此《成唯识论述记》卷七云：「杂染法者即有漏法，善染皆是，清净法者即无漏法，五蕴并是。……经

唯识详究(十五)

趣生与识——《成唯识论》云：「又契经说，有情流转五趣四生，若无此识，彼趣生体不应有故，谓要实有恒遍无杂，彼法可立正实趣生。非异熟法，趣生杂乱，住此起余趣生法故，诸异熟色及五识中业所感者，不遍趣生，

异熟心与识——《成唯识论》云：「又契经说，有异熟心，善恶业感若无此识，彼异熟心不应有，谓眼等识有间断故，非一切时是业果故，如电光等非异熟心，异熟不应断已更续，彼命根等无斯事故，眼等六识业所感者，犹如声等非恒续故，是异熟生非真异熟，定应许有真异熟心酬牵引业遍而无断，变为身器作有情依。身器离心理非有故，不相应法无实体故，诸转识等非恒有故，若无此心，谁变身器复依何法？恒立有情，又在定中或不在定，有别思虑，无思虑时，理有众多身受生起，此若无者，不应后时身有怡适，或复劳损，若不恒有真异熟心，彼位如何有此身受？非佛起余善心等位，必应现起真异熟心，如许起彼时，非佛有情故，由是恒有真异熟心，即此第八识。」《成唯识论述记》卷七云：「别思虑者，意识别缘一深妙理，或别事等时，无思虑者，或无心时等，在定等中有身受起然无五识，故在定等中意身等识不觉，唯第八识领受此境。此等位中损益身故，故名身受。……非佛者谓菩萨二乘及异生等。佛起善心位无异熟心故，起余者，有二种：即是共许六识中异熟心，余即善无漏心位等，或是余无心位等，如许者，汝自许彼六识中业所感心是真异熟。」《成唯识论学记》卷四云：「测云：彼（经部等）计六识业所感者名真异熟，命根众同分是总异熟。」又：「此破经部萨婆多皆得。」依《婆沙百五十》等眼等五根，色等四尘，虽非总异熟而亦不许断已更续，不相应法偏对有部，依命同分立有情故。诸转识偏对经部，依六识立有情故。」

无相大乘——《成唯识论》云：「有执大乘遣相空理为究竟者，依似比量，拨无此识及一切法，彼特违害前所引经，知断证修染净因果皆执非实成大邪见。外道毁谤染净因果，亦不谓全无，但执非实故。若一切法皆非实有，菩萨不应为舍生死精勤修集菩提资粮。谁有智者，为除幻敌，求石女儿用为军旅，故应信有能持种心依之建立染净因果，彼心即是此第八识。」《成唯识论述记》卷七云：「清辩于俗谛中亦说有依他圆成有故，于真谛皆空……以我说若约世俗无为有为二俱是有，若约胜义非空不空。……我真谛中亦非法无，但不可说为因为果，言语道断故。俗谛之中依他圆成有故，遍计所执无故。」《成唯识论学记》卷四云：「测云：彼造《中观心论》入真。《甘露品》云：阿赖耶识无别有性，眼等六识所不摄故，犹如空华。又颂云：「真性有为空，如幻缘生故，无为无有实，不起似空华。」《成唯识论掌中枢要》卷三云：「清辩同喻有俱不成失，一切法非空非不空，非缘生，非不缘生，何得以空华为喻？」（尚多辩难，如《成唯识论了义灯》、《成唯识论掌中枢要》卷三、《成唯识论学记》卷四、《成唯识论演秘》卷六》等说。）

一切有部——《成唯识论》云：「有说三世诸法皆有因果感赴，无不皆成，何劳执有能持种识？经说心为种子者，起染净法势用强故，彼说非理，过未非常非现，如空华等非实有故，又无作用，不可执为因缘性故，若无能持染净种识，一切因果皆不得成。」

唯初禅欲界系故，余声亦得有之。」识中有苦乐舍是异熟，意中即有苦乐喜舍是异熟。……二禅以上亦有形色显色表色，而无语业，语业声异熟色，若小乘除除，九处是业感，今大乘五根五扶尘皆业所感。法处有五识心所无色界无也。……五分。」《疏抄》卷七云：「第七非共有者，四义具足，唯大乘有，是不共。……身中五根及扶尘皆是业感名为一。……此趣生体，若约百法，或心心所摄，或不相应摄，大乘许多，不唯二十四或同分摄，如法同有三释：一云但依心王立趣生体具四义，论相从说；二云通依王所立趣生，此正；三云通依王所总立欲界起平等智，无性之人是此类故。又约识明不据人故，唯第八具四义故，……及彼心所是正实趣生，无异熟苦。第七有云四义皆具，然非趣生。今解，第七缺一有性之人起有杂故，据界而言亦缺恒义，如生受等流乐，人受别报苦。据界无杂，趣即杂。第六缺恒无杂约三性言异熟无杂，以地狱中无异熟乐，人中业感异熟得有实无杂，余二准知。心王之中五识唯实，若约三性善如前，异熟无记或容有杂，如地狱等缺恒无杂，若别别说但有实义，如前说不善准知。无记有四，异熟无记中若非业感所知障摄，缺四义，若杂，由在人中造作善业系彼旧业感余善报，非在人中起彼寿中生得善业。二说前正，方便善中有实及遍中业所感者虽遍趣生起无杂乱者，异熟是护法文，生得善是难陀义。据护法正义许生得善杂。二云不善有实及遍，无恒，无杂。二说：一云约界不杂据趣杂乱，如人中得起天鬼趣等。论云诸生得善及意识别境唯有实遍缺恒无杂。余四缺四义，约三性别辩具阙者，且于善中分二：一生得善，二方便善。生得缺实义。命根众同分缺一具三恒遍无杂故，余准可知。三心心所法，心所之中六位差别，总而言之遍行下上五识缘上下境故。法处色中，初四缺四义，唯假不恒不遍起杂。定自在色体通假实，第二不相应总缺三义，但有一实，若五境色，一非一向实，二非是恒，三非遍，业果无色无定果欲界无，四非不杂，非心心所。色法中异熟五根有实恒起无杂然体不遍，长养等流则有杂乱在下起上天眼耳故，是长养故，便灯》卷七云：「一切法中有二种：一有为，二无为。无为非生。有为之中略有三类：一色，二不相应，三无色界中全无彼故，此举全处于别别地亦无有故，鼻舌色界无，余三识二禅以上无。」《成唯识论了义及法处，无色界中无异熟故。五识中业所感者，即苦乐舍受相应报心异熟生者，是不遍趣生，天趣化生，行，加行善及染污无记心心法长养等流色，第七识不在此中，非共有故，……遮异熟色中有九处，除声简能趣法及中有等诸经论中言烦恼等是趣生者，是假趣生。非异熟法简得善别报心心法，色，不相应离第八识理不得成故知别有此第八识。」《成唯识论述记》卷七云：「通破一切有经部诸部，此言正实，故，亦非界摄，非有漏故。世尊已舍苦集谛故，诸戏种已永断故，正实趣生既唯异熟心及心所，彼心心所心应非趣生，便违正理。勿有前过及有此失，故唯异熟法是正实趣生。是如来非趣生摄佛无异熟无记法皆不可立正实趣生，唯异熟心及彼心所，实恒遍无杂是正实趣生。设许趣生摄诸有漏生无色界起无漏无色界中全无彼故，诸生得善及意识中业所感者，虽遍趣生，起无杂乱而不恒有。不相应行无实自体，

生死与识——1、引经——《成唯识论》云：「又契经说诸有情类受生命终必住散心，非无心定。若无此识生死时心不应有故。」《成唯识论述记》卷七云：「必住散位及与有心，非住无心及非住定位。《瑜伽师地论》卷八十云：「诸无学者要先入灭定，后方入无余者，彼无六识，非无第八。」能持识也。」

种子即失坏。故现行识能持寿体，种能持现行识。又由暖亦疏远能持识也。若身无暖，即舍第八识故暖行虽不能熏望自名言种亦非因缘，非由第八现行识于种有力，由现行识方持种子，若无能持现行识，其是因缘。现行识能持诸种子，诸种子各因生现行，亦是因缘，是藉能熏，又如种现行等皆是也。然第八现其二力，能生同念现行又能引一后念种子。此后念后于同念复生现行，又能引后念种子，如是不绝，亦无记种自无力能起，要藉善恶引方能起，且如一今善业引得一今识名言种子令生现行时，此名言种有……今言因缘者，非是亲因缘，但为法生时，即藉因托缘方得起也，若恶种自力能起，不藉他力，若名言识是能缘见分，暖是相分，寿亦是种上功能，俱同无记性，同是有漏故。不可见分是无漏，相分是有漏。者，便失坏故，此中相持非因缘义，由此识寿两互相持，更互为缘，于斯义立。」《疏抄》卷七云：「大乘缘义者，非要能熏，种自类生，为例即是第八现行。虽非能熏，望彼种子亦非因缘，然称有力。若无持经中说三法互相依者，谓若是处具有三法，即欲色界无间转者，可恒相持，不尔，便无恒相持用。……因由此故知有异熟识，一类恒遍，能持寿暖，彼识即是此第八识。」《成唯识论述记》卷七云：「暖无色无

寿暖与识——《成唯识论》云：「又契经说寿暖识三更互依持得相续住，若无此识能持寿暖令久住识不应有故。……言。「西明」云：初二即一类摄，二云欲显执受非要五义，佛有执受故。此解正。」

相续上义，非善染一类上义，所以不说。二云亦简佛果，虽有执受而非业引，虽是一类，许是善故，故不转识言亦摄心所，皆非执故。基同后。」《成唯识论了义灯》卷七云：「此举三因者：一云先业所引，是故。二任取舍。」《成唯识论学记》卷四云：「《瑜伽师地论》卷五十一执受五因：一先业所引，二非善染业，三、一类，四、能遍，五相续。……测二云所破转识亦摄心所，一云异熟心言亦摄心所，皆能执故，诸现在五根有发识名有执受，过未不尔。或云现根识不起名无执受，依现发识说有执受，不言现在唯执受是自八相，第八执受，非己相分他身五根依等者，明他身五根及依不是自己第八相分，自八不执。……执受也。……佛果第八识亦能执受佛果位五根。」《成唯识论演秘》卷六云：「五根在自身者，显自五根亦能执。」《疏抄》卷七云：「若五根自身即自能执受是己相分，若五根在他身，即非是己相分，互非已「五根在自身，非己相分，他身五根，依处除声皆非执受，唯现在世是有情故，可有执受。……佛善第八转识，无如是义，……能执受有漏色身，唯异熟心，……彼心即是此第八识。」《成唯识论述记》卷七云：现在世是有执受，彼定由有能执受心唯异熟心先业所引非善染等，一类能遍相续执受有色根身，眼等

根身与识——《成唯识论》云：「又契经说，有色根身是有执受，若无此识，彼能执受不应有，谓五色根及彼依处，唯

理——证——第八识

与识生死

2、破六——《成唯识论》云：「生死时身心惛昧如睡无梦，绝闷时明了转识必不现起。又此位中六种转识，行相所缘不可知故，如无心位必不现行。六种转识行相所缘有必可知如余时故。」

3、显八——《成唯识论》云：「真异熟识极微细故，行相所缘俱不可了。是引业果，一期相续，恒无转变，是散有心名生死心，不违正理。」

4、破大乘异说——《成唯识论》云：「有说五识此位定无。意识取境，或因五识或因他教，或定为因。生位诸因，既不可得，故受生位，意识亦无。若尔，有情生无色界，后时意识应永不生。定心必由散意识引，五识他教，彼界必无引定散心无由起故。若谓彼定由串习力，后时率尔能现在前，彼初生时，宁不现起。又欲色界初受生时，串习意识亦应现起。若由惛昧初未现前，此即前因，何劳别说。」《成唯识论述记》卷七云：「死位中或因五识他教等故意识可有。唯正得以惛昧为因，初受生位，诸因不成，故独为证。」《成唯识论学记》卷四云：「破难陀义。」

5、破上座部——《成唯识论》云：「有余部执生死等位别有一类微细意识，行相所缘俱不可了。应知即是此第八识。极成意识不如是故。」《成唯识论述记》卷七云：「上座部师说有本末二计，本计粗细二意许得并生，末不然，必别时起。今此本计别有细意识生死位中一类微细，行相所缘俱不可了，异粗意识。」

6、通破——《成唯识论》云：「又将死时由善恶业下上身分，冷触渐起。若无此识彼事不成，转识不能执受身故。五识各别依故，或不行故，第六不住身故，境不定故，遍寄身中恒相续故，不应冷触由彼渐生，唯异熟心由先业力恒遍相续执受身分。舍执受处，冷触便生，寿暖识三不相离故，冷触起处即是非情，虽变亦缘而不执受，故知定有第八。」《成唯识论述记》卷七云：「《摄论》云善业从下冷，恶业从上冷。《瑜伽师地论》卷一云随下上冷，后至于心。此处初生，最后舍故……意识住身可由起触，不是决定住于身中取触等故。又第六恒常起时逢境即缘随依即止，不同本识久住一依。」

与识名色——《成唯识论》云：「又契经说识缘名色，名色缘识，二法展转相依，如芦束俱时而转，若无此识，彼识自体不应有故，谓彼经中自作是释名谓非色四蕴色谓羯罗蓝等，此二与识相依而住。眼等转识摄在名中，亦不可说名中识蕴谓五识身识谓第六。羯罗蓝等无五识故。又诸转识有间转故，无力恒时执持名色，宁说恒与名色为缘，故彼识言，显第八识。」《成唯识论述记》卷七云：「无性言此二用识为因缘，识复依此展转相续而转，即互相依义……大小共许羯罗蓝位七日以来并无五识。别有末那为名中识，第二念后意识复生。大众部言七日以后身识等身为名中识，故除初七日，余长时位说互为缘。」《成唯识论述记义蕴》卷四云：「名色有两种，一、十二支中名色唯是业感。二、与识相应名色非要业感。十二支中名色非要与转识俱时，又名色支唯据种子，此说现行。」

与识四食

立——《成唯识论》云：「契经说一切有情皆依食住，若无此识，彼识食体不应有故。四食者：一段食，变坏为相谓欲界系香味触三，于变坏时能为食事。由此色处非段食摄以变坏时色无用故。二者触食，触境为相，谓有漏触才取境时摄受喜等能为食事。此触虽与诸识相应，属六识者，食义偏胜。触粗显境摄受喜

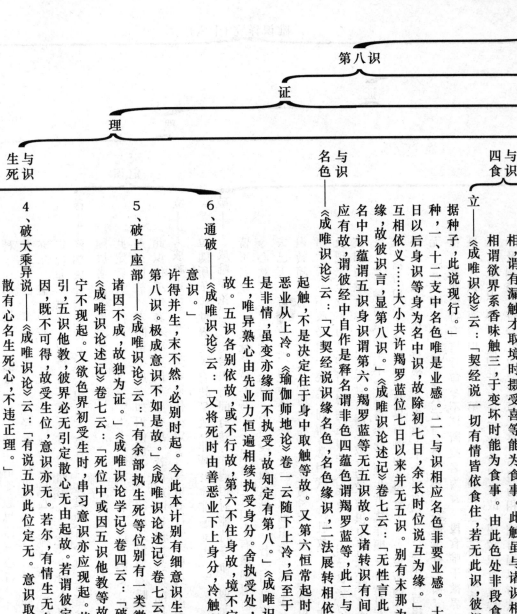

唯识详究（十六）

证

理

乐及顺益舍资养胜故。三意思食，希望为相，谓有漏思与欲俱转希可爱境能为食事。此思虽与诸识相应，属意识者食义偏胜，意识于境希望胜故，四者识食执持为相，谓有漏识由段触思势力增长能为食事。此识虽通诸识自体而第八识食义偏胜，一类相续执持胜故。由是集论说此四食，三蕴五处十一界摄。此四能持有情身命令不坏断故名为食。段食唯于欲界有用，触意思食虽遍三界而依识转，随识有无。」《成唯识论述记》卷八云：「香味触三入腹变坏之时，先资自根，后乃能资诸根。初食未坏，但触所得名为触食。色于自根不能资益，于余根亦尔，又色粗著与相离方能为境，不与根合，故非是食。声体虚疏，离质用兴不能资益故色界有触而非段食……六识所触之境相粗显，能摄受喜乐受，能生顺益身之舍受，七八触境微细全不能生喜乐受。触生苦忧非顺益舍，有非食体不资养故。然此中会取属六之触非取彼识为触食体……意思食有漏思数，与欲数俱，方是其体。余相应思无希望相故。若希可爱境，此通未及现。至欲不为食体者，思虑益根非欲能故……由三食势力资长于识，令增盛已长养诸根大种，能为食事。第八不改易恒一类，无间断，常相续执持胜故。……六相应者，随识或无，八相应者，随识恒有故依识转随识有无，显识食亦通三界。」《义演》卷七云：「若欲俱思，唯缘未来及现在可爱境方名为食以过去已灭不可合故。然约实欲通缘三世。」《成唯识论演秘》卷七引《瑜伽师地论》云：「若诸段物于吞咽时令心欢喜，诸根悦豫，尔时，不名段食但名触食。若受用已安稳消忧增长喜乐于消变时乃名段食。反之皆不名食。」《义林》卷七云：「意思食中五识中有微细思可希望，许通五识，不尔，五识应无欲俱。」

破——《成唯识论》云：「转识有间有转，非遍恒时能持身命。谓无心定熟眠闷绝无想天中有间断故。谓有心位随所依缘性界地等有转易故，非持身命非遍非恒。」

与识灭定

立——《成唯识论》云：「契经说住灭定者，身语心行无不皆灭，而寿不灭，亦不离暖根无变坏识不离身。若无此识住灭定者不离身识不应有故。若谓后时彼识还起如隔日疟名不离身，是则不应说心行灭，识与想等起灭同故。寿暖诸根应亦如识便成大过，故应许识如寿暖等实不离身。」《成唯识论述记》卷八云：「入此定者灭身行入出息，第四定上气即绝行故。行者因义，此中亦有以十大地俱为心行，随心有无故。然随胜者，唯说受想以为心行。」

破——经部末计谓此位有第六识名不离身。次更计有心所，后更转无心所。论疏广为诘难，故眼等转识于灭定位非不离身。契经言不离身者，即此第八。入灭定时不为止息，此极寂静执持识故。无想定，无心天亦尔。盖《成业》云：心有二种：一集起心，二种种心。为第二故名无心定。入灭定不止息者，即第一集起心。」《义演》卷七云：「经部本计灭定无心，后时心起由二种法而方得生，一者由心，第二由色。有种子而心得生。经部本立三大地法谓受想思即三心行。受想胜故，彼偏得名。」

与识染净——《成唯识论》云：「契经说，心杂染故，有情杂染，心清净故有情清净，若无此识，彼染净心不应有，谓染净法以心为本，因心而生，依心住故，心受彼熏，持彼种故。然杂染法略有三种，烦恼业果种类别故。若无此识持烦恼种，界地往还，无染心后诸烦恼起皆应无因。若诸烦恼无因而生，则无三乘学无学果，诸已断者，皆应起故。若无此识持业果种，界地往还，异类法后诸业果起，亦应无因。若诸业果无因而生，入无余依涅槃界已，三界业果还复应生……诸清净法亦有三种，世出世道断果别故。若无此识持世出世清净道种，异类心后，起后净法，皆应无因。若二净道无因而生，入无余依涅槃界已，彼二净道还复应生。所依亦应无因生故……若无此识持烦恼种转依断果亦不得成，谓道起时现行烦恼及彼种子俱非有故，染净二心不俱起故。道相应心不持彼种，自性相违，如涅槃故。既无所断，能断亦无，依谁由谁而立断果？若由道力后惑不生，立断果者，则初道起，应成无学。故唯此能持染净种则一切皆成。」《成唯识论述记》卷八云：「异类法后者，《摄》云：若出世心正现在前，余世间心皆应灭尽，尔时便应灭离彼趣。若生非想处，无所有处世间心现在前，即应二趣皆悉灭离等。……有漏六行名世道，无漏能治名出世道，所得无为名断果。……异类心后者，即起异界及杂染清净等心。……谓染净法以心为本等者有四释，第三释云：以心为本，若有无漏，常无常，有无为染净之法，皆以本识为本，因心而生谓杂染法，即有漏三性皆是以相顺故遂别各生，依心住者，谓清净法有为无漏不顺本识故，但说依心住，心受彼熏持彼种故，释上所由并通染净。又心受彼熏是有漏法，持彼种者，是无漏法。又第二解云初句如前，因心生者，谓有为现行法皆因种子心而生。依心住者，谓有为现行法皆依现行识法而住。心受彼熏，谓本识现行受染净有为现行之熏，释上依住持彼有为之种子故。」

第七识

释——十门八段

1、出名——《成唯识论》云：「是识圣教别名末那，恒审思量，胜余识故。此名何异第六意识？此持业释，如藏识名，识即意故。彼依主释，如眼识等，识异意故。然诸圣教，恐此滥彼，故于第七但立意名。又标意名为简心识，积集了别，劣余识故。或欲显此与意识为近所依，故但名意。」《成唯识论述记》卷八云：「恒审思量者《瑜伽师地论》卷六十三云：出世末那云何建立？答：名假施设，不必如义，此谓出世末那更不思量任运知故，无粗慧故，无散慧故，不名末那。即唯有漏，非在无漏。又云远离颠倒正思量故，即言通无漏。……近所依者，以相顺故，同计度故，六缘境时，七与力故，所以七无漏，六无漏，有漏亦尔。非七缘境第六与力，故六有识，七但名意，为简第八亦与六之力，故言近。又云以相续思量故，此但名意，第六缘境，转易间断，故加识名，又欲显此为六识中不共所依，故但名意，无间缘意亦共依故。又由六种依七种生，故名近依。」《义演》卷七云：「第中无随念等三分别，言同计度者，同有执故。不共所依者，谓第七与第六为不共所依六皆有不共根故。等无间灭意根诸识共有以前引后引前也。故识并然。为简共说不共。六依七者，谓六识种子若欲生现识时要由第七种子击发方生，如下自说，六现依七现时（六讹）种依七种。」又《成唯识论述记》卷十云：「小乘有执此即是六识入过去者。」（考：《瑜伽师地论》卷七，注三。）

2、依转略——《成唯识论》云：「此识依藏识。有义此意以彼识种而为所依，非彼现识，此无间断，不假现识为俱有依方得生故。（难陀、胜子）有义（护法等）此意以彼识种及彼现识俱为所依，虽无间断而有转易，名转识故，必假现识为俱有依，方得生故。转谓流转，显示此识恒依彼识取所缘故。」《成唯识论述记》卷八云：「难陀等云：眼识种子依眼根种，眼根种导识种生现根已，其识种方生识，故现行眼识

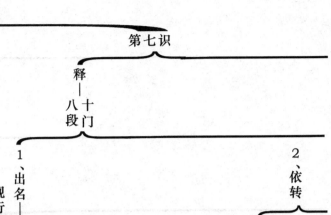

一自种依彼根种，二自现依彼根现。其第六识由第七种子导生，第七望六有力胜故，说六依七，非第六识不依本识之种子故。今第七依言但依彼种，非彼现识。护法等云：第七以种子识及现行果识俱为所依。此识随在因果位中虽无间断，于入见道等而有转易，或善或染，必假现识为俱有依方得生。如定中闻声，意识无时，耳必不转，彼必同取。若不尔者，体有转易无殊胜力，如何得生？赖相续识可得生故。」《义演》卷七云：「第六入生空时，第七但与法执相应，第六入法空观时，第七平等性智相应，此即转为善，第六出观时，第七还与俱生我执相应，即转染，第六双入二空时，第七方成无漏。」又《成唯识论述记》卷八云：「取所缘故者，第七行相取所缘境相续不断而生起义。」

广

总出——《成唯识论》云：「诸心心所皆有所依，然彼所依总有三种：一、因缘依，谓自种子诸有为法皆托此依，离自因缘，必不生故。二、增上缘依谓内六处诸心心所皆托此依，离俱有根必不转故。三、等无间缘依，谓前灭意，诸心心所皆托此依。离开导根，必不起故，唯心心所具三所依名有所依，非所余法。」《成唯识论述记》卷八云：「因缘依，约识而论唯种子识。八识俱有依，皆不过内六处。小乘唯在五内，意处说是等无间故。前灭意不取心所，总而言之，即通八识……若言种子依，即唯现行法有种，现望种子应无此依今言因缘依宽。若言俱有依即种果同时，应名俱有依，以缘简别显上缘故非种子。若尔，俱时心所应是此缘，彼非所依故，心王是所依，唯种相似，故后简之。若言无间依即前灭种子望后种子应是此依，简异彼故言等无间缘依。前念心所虽是此缘，非□所依。……唯心心所具三所依，诸色等法唯有因缘。」《成唯识论述记义蕴》卷四云：「唯种相似者，唯种果俱时与俱有依义相似故。」《成唯识论了义灯》卷八云：「所缘通内外，余三唯在内，故但说三。」《成唯识论掌中枢要》卷三云：「四缘唯三所依者，依势近胜，所缘缘疏。」（考《瑜伽师地论》卷五十六、《依、缘》）

3、所缘

叙异

种子依

难陀等引经部等义——《成唯识论》云：「种灭已，现果方生。无漏已生，《集论》说故。种与等等不俱有故。」《成唯识论述记》卷八云：「谓无学最后蕴，此时种入过去，过去是无，当果不生，现种已灭，唯有现行蕴在名无种已生。《瑜伽师地论》卷五十七云或有眼非眼界亦尔。」《义演》卷七云：「有眼非眼界者谓无学最后眼根有现行根而无根种……此师释果俱有谓据前后名俱一期生前后说可有俱义非要念念因果俱。释《瑜伽师地论》卷五之法与他性为因，谓种生现，与后念自性为因谓种生种，此两法并非同念。」

护法等——《成唯识论》云：「彼说为证不成，彼依引生后种说故……然种自类因果不俱，种现相生，决定俱有。故《瑜伽》说无常法与他性为因，亦与后念自性为因是因缘义。自性言显种子自类前为后因，他性言显种与现行互为因义。《摄大乘论》亦作是说，藏识染法互为因缘，犹如束芦，俱时而有，又说种子与果

52

证

俱有依

相分现行亦是能熏，此种名眼等与现行法互为因也。相色不离识名为色识，种名为五根，现行见分，变似境色名为色识，与种互为因，见分是能熏故，或识亦为所缘，故颂中言功能与境色，境色即前色也，互为因等者，此说见分分，有体影生名所缘者，前相亦然，有体为缘，生今识相，名为行相，故望今生今现行之色识，故说前相是今识境，不用前识为今所缘，如亲相分能生见后识境，引本识中生似自果，功能令起，不违理故。即是前念相分所熏之种，前解者见相别种，如彼论说有二境色，一俱时见分识所变者，二前念识相为色不离识故名为色识，或相分名色，见分名识，此二同种故名色识种子。然内色根非体是色，故说现识名为色识。又见分识变似色故名为色识，或相分说此识名为色识。即此种子名眼等根，能生现识故，生色识故，名色功能。言上有生眼等色识种子不须分别见相分，但总说言由现行识变似色尘等，故种；二所缘缘自，即相分种；三增上缘自，能感五识之业种也。……第八识识论述记》卷八云：「此师云见相分俱名自种，自有三种，一因缘自，即见分识无别此依，恒相续转，自力胜故。第六别有此依，要托末那得起故。」《成唯功能，说为五根，无别眼等。种与色识常互为因，能熏与种递为因故。第七八应理，功能与境色，无始互为因。彼颂意说异熟识上能生眼等色识种子名色识相分为色等境，故眼等根即五识种。《观所缘论》云，识上色功能，名五根内外处，佛说彼为十，彼颂意说世尊为成十二处，故说五识种为眼等根，五俱有依，眼第五根即种子故。《二十唯识》言，识从自种生，似境相而转，为成

难陀等——《成唯识论》云：「眼等五识，意识为依，此现起时，必有彼故。无别眼等为七中烦恼皆从第八中种子而生，即约因缘依。」

生后种说，非谓此念现行无种，种在过去名为无种。」《疏抄》卷八云：「第识及诸心所定各别有种子所依。」《成唯识论述记》卷云：「《集论》据不能必俱，故种子依定非前后，设有处说种果前后，应知皆随转理门，如是八

唯识详究（十七）
- 第七识
  - 释——十门八段
    - 2、依转
      - 广
        - 叙异
          - 俱有依
            - 安慧等——

《成唯识论》云：「彼说理教相违，若五色根即五识种，十八界种，应成杂乱，然十八界各别有种，诸圣教中处处说故。又五识种各有能生相见分异，为执何等名眼等根。若见分种，应识蕴摄，若相分种，应外处摄，便违圣教眼等五根皆是色蕴内处所摄。又若五根即五识种五根应是五识因缘不应说为增上缘摄。又鼻舌根即二识种，则应鼻舌唯欲界系，或唯二识通色界系，许便俱与圣教相违，眼耳身根即三识种，二地五地为难亦然。又五识种既通善恶，应五色根非唯无记。又五识种无执受摄，五根亦应非有执受，又五色根若五识种，应意识种即是末那，彼以五根为同法故。又《瑜伽师地论》说眼等识皆具三依，若五色根即五识种应但二依，又诸圣教说眼等根皆通现种，执唯是种，便违圣教。彼救言，异熟识中能感五识增上业种名五色根，非作因缘生五识种，妙符二颂善顺瑜伽，彼有虚言，都无实义，

缘论》同此，互为缘少异。」

处十。三，五识见相合名识，见分从种起现行，亦带相起，名似境相转。《所境即五境。二，识者五识，从种起现为五识境，实在内识似外而现，成内外生即识见分，既起现行，似彼所执外境相现，无别五根，即见种名五根，似而变似前境故云须境用。」《成唯识论了义灯》卷八云：「三解第一，自种已后熏成种，种有生识果用故云须根用。若根须境用现根而缘发生现识分也。……境须根用者，此解互为因，即由现行相分与见分为缘，见分起子也。……有体者相分缘生故是有体，影者识缘相分二变影而缘即影像相见分识变似色故名色识……似自者，似色也，果者现行色识也，功能者种即二分同种义。别种二解中，初解之识者第八识，功能者五识见分种，以一解，或想分等是第二解，此二解见相皆别种生，或相分名色等。第三解，《义演》卷七云：「从不须分别至说现识名为色识是总解。又见分等是第熏，互为能生，递为因故。此师意说识种名根，识相名色，境无别实有。」为缘，而变似境，名互为因，因者因由，非因缘义，色识是能熏，根种是所见分种与色识常互为因，境须根用，故境为缘有种子根，根须境用，故根互为因，若说前念即是境色，即显二念相似，种是一故。勘彼论说若以此说。据现在说名为色识，如长行说，故种与色识，常互为因等，即以现在更又此所言种与色识者，此亦无违，从前念说，是今识境，故名境色，此如颂

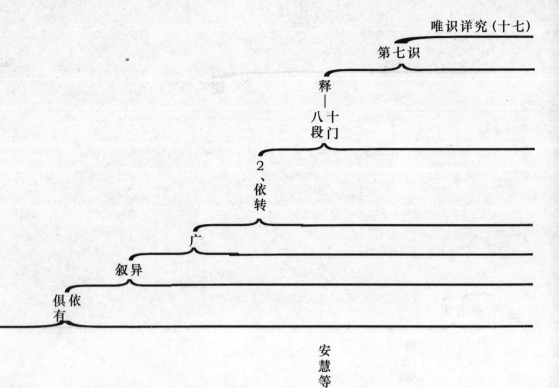

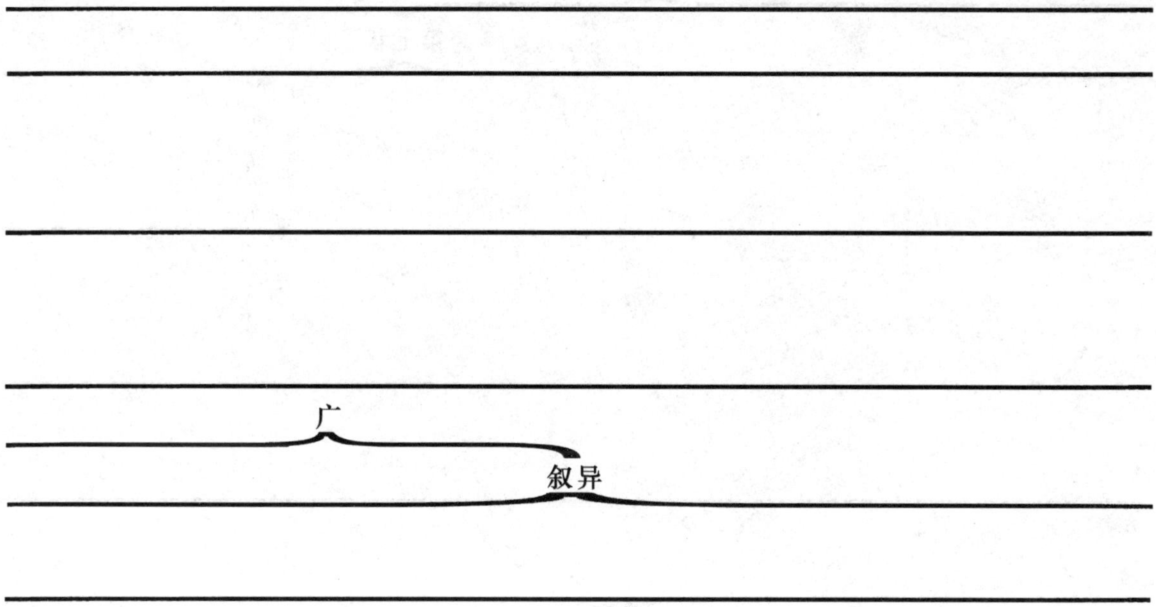

成种，非因缘依，故此不言余心现行望自种子，但言异熟现行望之，余皆非种子依，今此师成俱有依，又现望种，虽是因缘，然异熟现行，不能熏云：「虽许种望现，现望种为因缘依，然不名种子依，现非种故。既现与种种子定依异熟识，初熏习位亦依能熏，余如前说。」《成唯识论述记》卷八身，依色根转，是故藏识若现起者，定依第七，在有色界，亦依色根。若识熏异熟，为生长住依，识种离彼，不生长住故，又异熟识有色界中能执持既恒俱转，更互为依，何失？许现起识以种为依，识种亦应许依现识。能

净月等——《成唯识论》云：「第八类余，既同识性，如何不许有俱有依？第七八识，境为所依缘亦无失。」

彼见相分，虽是所执，体性都无，亦有似色之相如梦所见，故藏识所变根宗意破难陀，辨在难陀以前。」《成唯识论掌中枢要》卷三云：「安慧师义，体故。」《成唯识论学记》卷四云：「测云：火辨释也……解云，护法依辨依，谓因缘依等，汝之五识，依但应二，以种子为俱有根故，与因缘种无别通二地，三根通五地，为难亦然。……《瑜伽师地论》卷一说六识皆有三识论述记》卷八云：「鼻舌根色界亦有。鼻舌二识唯欲系……眼耳身三识第七决有一俱有依谓第八。第八恒无转变，自能立故，无俱有依。」《成唯识。第六恒有一俱有依，谓第七。若与五识俱时起者，亦以五识为俱有依。那，非由彼种。是故应言前五转识一一定有二俱有依，谓五色根，同时意藏识故得有末那。末那为依，意识得转。彼意现行藏识为依止故得有末非转识摄，故应许彼有俱有依，此即现行第八识摄。如《瑜伽师地论》说有又第七识虽无间断，而见道等既有转易，应如六识有俱有依。不尔，彼应五识俱故。若彼不依眼等识者，彼应不与五识为依，彼此相依势力等故。能，非谓色根即识业种。又缘五境明了意识应以五识为俱有依，以彼必与识实有色根，于识所变似眼根等，以有发生五识用故，假名种子及色功等藏识所变，如斯迷谬，深违教理。然伽他说种子功能名五根者，为破离色根及根依处，器世间，如何汝等拨无色根？许眼等识变似色等，不许眼非业感应无眼等为俱有依。故彼所言，非为善救。又诸圣教皆说赖耶变似又应眼等非色根故。又若五识皆业所感，则应一向无记性摄，善等五识既欲界系故，三根不应五地系故。感意识业应末那故，眼等不应通现种故，应五色根非无记故。又彼应非唯有执受，唯色蕴摄。唯内处摄。鼻舌唯应

唯识详究（十七）

第七识

能熏故。又诸识现行异熟心皆有俱有依，已如前解，种望彼现非因缘，亦同于此。今不说依，于种无力故，但今说彼第八故，唯第八种望现是依。现行有二：一是异熟识，二是能熏识，皆是依义，彼能熏六七现行，是新所熏种子生依，是本有种子长依。以能熏现行为生长依，以异熟识为住依，第八现行虽不生种，种依彼住，故以异熟识现行为住依。此令异熟种以现行为依，以种子因缘依，与现行俱有依为例，此并新旧合用之义。」《义演》卷七云：「第八一以自八现，二以能熏七为依。……虽许等者以下三解一取一切现行，二取一切异熟，三唯取第八现行识。……余心现行望自种子，是能熏，因缘依摄，故此不言，但言异熟现行望之者，辩俱有依，意取第八，以余异熟不与种为依故。」《成唯识论演秘》卷七云：「异熟六识虽不能熏同于第八，然现望种无能持力，不同八现与种为依故不取。」《成唯识论述记义蕴》卷四云：「前六识异熟及第八异熟无记现行，非能熏望彼能生之种名俱有依，余善染心是能熏，名因缘依，然六识异熟，于种无力，此中不取。」

护法——《成唯识论》云：「前说皆不应理，未了所依，与依别故。依谓一切有生灭法，仗因托缘而得生住，诸所仗托，皆说为依，如王与臣，互相依等，若法决定，有境，为主，令心心所取自所缘乃是所依即内六处。余非有境，定，为主故。此但如王，非如臣等故，诸圣教唯心心所名有所依，非色等法，无所缘故。但说心所，心为所依，不说心所为心所依，彼非主故。由此五识具四俱有所依，谓五色根，六七八识。缺一不转，同境，分别，染净，根本所依别故。第六，唯二，谓第七八，缺一不转，虽五识俱，取境明了而不定有，故非所依，第七但一，谓第八。赖耶亦但一，谓第七。论说藏识恒与末那俱时转故。而说三位无末那者，依有覆说，如言四位无赖耶，非无第八，此亦应尔。虽有色界亦依五根而不定有，非所依摄。识种不能现取自境，可有依义，而无所依。心所所依，随识应说，复各加自相应之心。」《成唯识论述记》卷八云：「新熏种，名为得生，本有种名为得住，新熏因者即现行法，缘者，即本识等余之三缘，本有因者，前自类法，缘者即现行有漏法等……皆说为依者，此即所依亦名为依，依义通故，诸无为法与有为法能为缘故，亦是有为诸法之依。可托彼生故。诸有为法非无为依，不托此等而生住故……一切种子望能熏现行，彼非所依，后无现行，自相续故……《瑜伽师地论》卷五十五云：虽有为法无无依者，然此唯恒所依为

证

2、依转

有依不名有所依。若不作斯义门简者，法有相滥。然疏云，自身识为依，非后《成唯识论了义灯》卷八云：「令心心所取自所缘，此即举显因所依，不尔名无令果取自所缘，有分位差别决定有境为主……身根望四识，四义皆无。」种子，有分位差别决定有境，无为主及令果取所缘。其八现识望自种子，唯七八一切皆无，余心心所一切现行色不相应望诸种子，亦尔。诸心所法望自识，可有分位差别决定为主，无有境。其前五识自互相望及望六七八并六望切心所随望何识唯有决定有境四种随应可具，唯无为主。其识种子望其自法处色望一切识不相应行及无为望一切识非识种子望一切识皆不具三。一所依，余者不立，于所生果非殊胜故。且色蕴中五根望余五识及六七八五尘四义，随何前三俱具即能令取自所缘故。此四义胜皆随三中能可具者，即名定有境为主，后四依义皆通前三，所依之体既具三义令所生果取自所缘为第第七于六及第八唯有分位差别决定有境为主，第八于六七唯有能起为依决定有境为主。若决定有境为主但一种不通四者，应五识无四种根，由此义言有境为主，第七于五识有分位差别决定有境为主。第八于五识有能起为依决境为主。五根于五识有顺取所缘决定有识为主，意识于五识有明了所缘决定根本。其有境为主，亦各有四，此四决定有境为主，亦随有一种即是决定有了所缘决定下名分别。三分位差别决定，下名染净。四能起为依决定，下名且决定中非定俱有名为决定。决定有四：一顺取所缘决定，下名同境。二明转八不转。」《成唯识论掌中枢要》卷三云：「依中最胜立为所依，劣者不立。转，七染不违八，七转八不转。又第八诸识本，本转七亦转，第七转识收，七六能引七，依转六亦转，第八不导七，依转八不转。又染七染于六，依转六亦智等，如增嫉灭道等皆量（七字有讹）。」《成唯识论述记义蕴》卷四云：「第所依。」《义演》卷七云：「无为为缘能起有为，亦得名依，如真如为境起无漏种子非现所依，皆得……各加等者，五识心所有五所依，乃至第八心所有二行不以种为所依，缺有境义，非现所依。此中一简现行第八非种所依，二简缘是所依义，种非心心所故，由缺一义，故可有依非有所依摄。又解，此文现道现前……种子识不能现缘自亲现行所缘之境，前立宗言令心心所取自所互得相因……三位者，《瑜伽师地论》卷六十三云：「谓灭尽定，无学位，圣义……有依非所依，所依义尽故。随宜假说所依为依，依为所依，非谓依所依此量故，唯心心所有此所依，非色等，余但名有依，非所依义。即是此中决定为前，前为后依，及他为自依。……现根用胜名为所依，种根非胜，不说。若取种根，自种应是。」又《义演》卷七云：「他为自依，非所依者，他身不决定，有时无故云非自识所依。前后相望，开导依摄。」

开导依

难陀等——《成唯识论》云：「五识自他前后不相续故，必第六所引生故，唯第六为开导依。第六自相续故，亦由五识所引生故，以前六识为开导依，第七八自相续故，不假他识所引生故，但以自类为开导依。」

安慧等——《成唯识论》云：「前说未有究理，且前五识未自在位，遇非胜境可如所说。若自在位如诸佛等，于境自在，诸根互用，任运决定，不假寻求，彼五识身宁不相续，等流五识既为决定，染净作意势力引生，专注所缘，未能舍顷，如何不许多念相续？故《瑜伽师地论》云：决定心后方有染净，此后乃有等流眼识善不善识，而彼不由自分别力乃至此意不趣余境，经尔所时，眼意二识或善或染相续而转，如眼识生乃至身识应知亦尔。彼意定显经尔所时，眼意二识，俱相续转。既眼识时非无意识，故非二识互相续生。若增盛境相续现前逼夺身心，不能暂舍。时五识身理必相续，如热地狱，戏忘天等。故《瑜伽师地论》说若此六识为彼六识等无间缘即施设此名为意根。若五识前后定唯有意识，应言，若此一识为彼六识等无间缘或，若此六识为彼一识等无间缘，既不如是故知五识有相续义。五识起时，必有意识能引后念意识令起，何假五识为开导依？无心睡眠闷绝等位，意识已断，后复起时，藏识末那既恒相续，亦应与彼为开导依。若彼用前自类开导，五识自类何不许然。此既不然，彼云何尔？平等性智相应末那，初起必由第六，亦应用彼为开导依，圆镜智俱第八净识，初必六七方便引生。又异熟心依染污意或依悲愿相应善心，既尔，必应许第八亦以六七为开导依。由此彼言，都未尽理。应说五识，前六识内随用何识为开导依？第六用前自类或第七八为开导依。第七用前自类或第六为开导依。阿陀那识用前自类及第六七为开导依。」《成唯识论述记》卷九云：「八地以去皆能任运于有漏五根能得互用。初地得者不正义。等流五识其五心中既为第三决定，第四染净，第六意识作意引生，如睹佛像专注一缘，未休睹来名未舍顷，意眼二识俱并未舍，如何不许多念相续？戏忘天等，等嗔恚天。此对遇中境不逼身心，可许暂舍五识不续……初地初心第七识俱平等性，由先念心世第一法，二空观有漏心引生。故七应以第六为依……染污意，无性说第六，世亲说第七。此约异生

总结

3、所缘

一分有学菩萨受生。依悲愿者或说通初地，或说在八地，前说胜。」《义演》卷七云：「安慧第七唯有我执，若依生空后得智为加行入灭定时即无我执，不许第七通净分，故灭定中无，此言有者，据安慧宗余师说。有学中利根从初果直得罗汉更不受生，此据钝根说。」《成唯识论学记》卷四云：「测云：净月释也。」又戏忘天等谓上四欲天，非下二。

第七识

释—八段 十门

2、依转

护法——《成唯识论》云：「开导依者，谓有缘法，为主，能作等无间缘此于后生心心所法开避引导名开导依，此但属心，非心所等。若此与彼无俱起义，说此于彼有开导力。一身八识既容俱起，如何异类为开导依？若依为依，应不俱起，便同异部心不并生。又一身中诸识俱起，多少不定，若容互作等无间缘色等应尔。便违圣教等无间缘唯心心所。是故八识各唯自类为开导依。自类必无俱起义故，心所此依，应随识说。虽心心所异类并生而互相应，和合似一，定俱生灭。事业必同，一开导时，余亦开导，故展转作等无间。诸识不然，不应为例。然诸心所非开导依于所引生，无生义故，苦心心所等，无间缘，名唯自类，第七八识初转依时相应信等此缘便缺。则违圣说诸心心所皆四缘生，无心睡眠闷绝等位，意识虽断，而后起时，彼开导依在即前自类。间断五识应知亦然。无自类心于中间隔名无间故。彼先灭时已于今识为开导故。何烦异类为开导依？圣教中说前六识互相引起或第七八依六七生，皆依殊胜增上缘说，非等无间。《瑜伽师地论》说若此识无间，诸识决定生，说此为彼等无间缘。又此六识为彼六识等无间缘，即名意根者，言总，意别，亦不相违。故自类依深契教理。」《成唯识论述记》卷九云：「开导依与无间缘别。但是开导依，必是无间缘，有是无间缘非开导依。谓前念灭自类心所……萨婆多，六识不俱起，心相障故。心与心所，心所与心等作无间缘有五义：一相应，二和合，三俱生灭，四三性等，五开导同诸识不然。若心心唯望心，心所别别望别别心所自类为依者，第七八识随其何位，初转依时相应信等此缘便缺，自有漏位，未曾有故。为成此有缘，故心望心所得作此缘。」《义演》卷七云：「若识多少不定，作等无间缘者，色法亦多少不定，亦应尔。」《成唯识论述记义蕴》卷四云：「初转依者，第七决定见道位转。第八金刚无间解脱。」

总结——《成唯识论》云：「此能变识虽具三所依而依彼转言，但显前二。为显此识依缘同故。又前二依有胜用故。或开导依易了知故。」《成唯识论述记》卷九云：「依缘同等者，此有二解：一云，但总聚言，不须分别种子，不离识自体故，亦名为缘，即是正义。二、以二所依即所缘故，即是第七缘种等义。不尔，因缘依，此便非有，无间灭依，此理定无，第七不缘自前念故。俱依

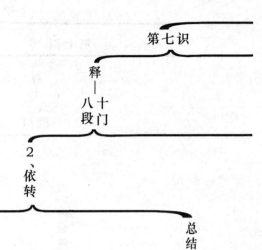

唯识详究（十八）

第七识——释十门八段——3、所缘

护法——《成唯识论》云：「前皆无理，色等种子非识蕴故。论说种子是实有故。假应如无，非因缘故。又此识俱萨见任运一类恒相续生，何容别执有我我所？无一心中有断常等二境别执俱转义故。亦不应说二执前后，此无始来一味转故。应知此意但缘藏识见分。彼无始来一类相续似常一故。恒与诸法为所依故。此唯执彼为自内我，乘语势故，说我所或此执彼是我之我，故于一见义说二言，多处唯言有我见故。我我所执不俱起故。未转依位，唯缘种识既转依已，亦缘真如及余诸法。如何此识缘自所依？如有后识，即缘前意故。」《成唯识论述记》卷九云：「何容等者，若别起我所见，即别

安慧——《成唯识论》云：「此亦不然。五色根境非识蕴故，应同五识亦缘外故，应如意识缘共境故，应生无色者不执我所故，应说此意但缘藏识及彼种子，如次执为我我所。以种即是彼识功能，非实有物，不违圣教。」《成唯识述论》卷九云：「五识缘五尘，第六与五同，名缘共境，……此但缘彼现藏及种藏。以种子是彼现行识功能。」《义演》卷七云：「安慧计种但是功能，不随十八界系，非遍计。彼若计是相分即遍行收设许是遍计亦生种故。」《成唯识论述记义蕴》卷四云：「此师种子可行蕴摄，意根所得故，或随第八摄。」

火辨——《成唯识论》云：「彼说不应理，曾无处言缘触等故，应言此意但缘彼识见及相分，如次执为我我所，相见俱以识为体故，不违圣说。」《成唯识论述记》卷九云：「我境，以能变之功，但属识之见分，我所有属他之用，但属识境，即现色蕴，非彼种子。」《义演》卷七云：「相分有发识之用，故相属见分而能发识，故云有属他之用。」《成唯识论了义灯》卷八云：「火辨不执自体以为我见者，见分作用故执我，自证沉稳故不执。」

难陀等——《成唯识论》云：「此意缘彼识体及相应法，如次执为我及我所，然诸心所不离识故，立唯识言。」《成唯识论述记》卷九云：「此显不缘相分色等及彼种子，以于三界中一类缘故，若缘彼境，我所执时有时无故。若缘彼种，无能缘用，非殊胜法不可计我故。又应我所有时断故。」《成唯识论述记义蕴》卷四云：「又等者，如见道分别种除应无我所，不还果等断欲修惑亦尔。」《成唯

相近，种子亲生，又并俱时，故论合说非无间缘异时远故，即是不缘种子等义。」《成唯识论述记义蕴》卷四云：「一者、护法义。第七但缘现八不缘种子。若尔，所依即通种现，如何缘彼不缘种？故解云不须分别种不离识即兼缘种，故二所依得名缘。二者、安慧义许缘种子。今言缘彼即二依俱缘，若唯缘现非种，应无因缘依。难陀义云我虽不以第八心王心所为第七俱依，第八持种于第七有增上力，亦得名依今许缘八故不违。火辨义云：相分色等虽缘不依种及见分为依，亦缘依狭缘宽，无违理教。」《成唯识论了义灯》卷八云：「一云依是不共依，缘是因缘依，以总聚言不须分别种现，种不离识自体分故云依缘同。又解以总聚言缘第八识因缘增上种现虽殊总不离第八，但不说等无间，非所缘故。此据染说，若无漏位，亦缘无间识。二云依即所依，缘即所缘，以因缘增上俱名为依，缘即所缘即下许第八自体及种子如次计为我我所。」

第七识

释——八段十门

缘诸蕴为我所……夫言我者，有作用相，是自在义，见分受境，作用相显。自证等用，细难知了。种子等或被损或永断……初地已去入无漏心亦缘真如及余一切法，二乘无学唯缘异熟识。」《成唯识论述记义蕴》卷四云：「三乘无学不退菩萨，此四人或断种子或断现行毕竟不执此第七识方名转依。七地以前，虽起无漏，未断我执名未转依。若分别解初地以上入无漏时亦缘余法。或云约暂转说，或约第六分别二障已永断故说。」《成唯识论了义灯》卷八云：「自证缘见体，不同邪见。」

4、自性、行相——《成唯识论》云：「颂言思量为性相者，双显此识自性行相，意以思量为自性，即用彼为行相故。由斯兼释所立别名，能审思量名末那故。未转依位，恒审思量所执我相，已转依位亦审思量无我相故。」《成唯识论述》卷九云：「体性难知，以行相显。其实思量但是行相，其体是识蕴摄。」《成唯识论述记义蕴》卷四云：「思量我无我境，唯见分故与了别同。其体是识蕴摄者，显不是心所中思也，其体即是行蕴摄故。」《成唯识论了义灯》卷八云：「我见推求并作我解，我相作我解而不推求。心王虽作相而不执之，执者是慧故。……恒审思量与思别者此但思我，彼思一切。」《成唯识论学记》卷四云：「性难知等者，此说意言，谁能量思谓识体也？思量是识之用。」（谁疑唯）

5、染具、相应（注三）五十七页

染俱——《成唯识论》云：「从无始至未转依，此意任运恒缘藏识与四根本烦恼相应。谓我痴、我见、我慢及我爱。此四常起扰浊内心令外转识恒成杂染。有情由此生死轮回，不能出离，故名烦恼。彼十此唯四者，有我见故，余见不生，无一心中有二慧故。此识要有我见者，二取邪见但分别生，唯见所断。此俱烦恼唯是俱生，修所断故。我所、边见，依我见生，此相应见，不依彼起。恒内执有我故，要有我见。由见审决，疑无容起，爱著我故，嗔不得生，故此俱烦恼唯四，见慢爱三，行相无违，许俱起。若言贪令心下，慢令心举，相违者，分别俱生，外境内境，所凌所恃，粗细有殊，故彼此文，义无乖返。」《成唯识论述记》卷九云：「无明为本，因先有故，先说；后三果故，后说。慢爱二与见俱起，爱与慢俱起。萨婆多等不许相应，各自力起故：我所见萨迦耶见摄，以名通故，非我见摄，局故：分别者，烦恼增猛，二相违，俱生者微细相续二相应。若缘外境多分见断，亦通修断，贪染生爱心必下之。此通见修，若于彼慢，即不卑下，故谓卑慢亦不许与贪相应，若缘内身为境，以自爱故心不卑下，缘之起爱以自高故，得二相应。若凌彼起慢之时必不起爱，二相违，若自恃起爱心必高举或凌他故，得相应，并通见修断。粗细可知，通见修断。或随转理门说不相应，真实理门说相应。」《义演》卷七云：「萨迦耶见，此云移转身见乃名身见，等为移转有等得摄我所见，所见亦得有转义故，所以摄也。但言我见即局摄不尽，然萨迦耶即我见也。」《成唯识论演秘》卷八云：「内心言或云第八，或云第七，或通取七八二。」《成唯识论了义灯》卷八云：「爱虽有四，是总爱，以缘我故，非余行相。七慢之中是我慢摄，我慢慢起，非九慢类。」

余俱

1、《成唯识论》云：「有义此意心所唯九，前四及遍行五。无别境者，此识任运缘遂合境无所希望，无欲；无始恒缘定事，经所印持无胜解，恒缘现所受缘无所记忆无念；任运刹那别缘，不专一无定。慧即我见，又善是净故，非此识俱。随烦恼生必依烦恼前后分位差别建立。此恒与四烦恼俱，前后一类分位无别，故无随烦恼。四不定无者，此识任运恒缘现境非悔先业，无恶作；无始一类内执不假外缘，无睡眠，寻伺唯依外门，此依内门而转，一类执我，故无。」

2、《成唯识论》云：「此意俱心所十五，谓前九法五随烦恼并别境慧。五随烦恼遍与一切染心相应。如《集论》说昏沉、掉举、不信、懈怠、放逸，于一切染污品中恒共相应。烦恼若起必由无堪任，嚣动、不信、懈怠、放逸故。虽余处说有随烦恼或六或十遍诸染心，而彼俱依别义说遍，非彼实遍一切染心。谓依二十随烦恼中解通粗细无记不善通障定慧相显，说六。依二十二随烦恼中解通粗细二性说十。至忿等十行相粗动，此约审细故无。无惭愧唯不善，此无记，非相应。散乱令令驰流外境，此恒内执一类境生，非有。不正知起外门身语意行违越轨则，此唯内执，亦非有余如前说。」《成唯识论述记》卷九云：「由第七有故，昏沉与之俱，会善心成无堪任性，非自善心有昏沉也：慧是别境通三性九地，见唯染污通九地等，即有宽狭，故此中别开。妄念邪欲邪解非遍数，别境少分，故此不说。」

3、《成唯识论述记》云：「不信、懈怠、放逸、妄念、散乱、恶慧六随遍与一切染心相应。后三若无心必不能起诸烦恼。要缘曾受境界种类发起妄念及邪简择方起贪等诸烦恼故。烦恼起时心必流荡，皆由于境起散乱故。昏沉掉举行相互违，非诸染心皆能遍起。说五法遍染者，解通粗细，违唯善法，纯随烦恼通二性故。说十遍言，义如前。此意俱心所十九谓前九，六随并念定慧及加昏沉。此别说念，准前慧释并有定者，专注一类所执我境曾不舍故。加昏谓此识俱，无明尤重，心昏沉故，无掉举者，此相违故。无余所如上。」《成唯识论述记》卷九云：「昏沉掉举，起一无一，行相相违。违唯善法者即明不信翻信等。」《成唯识论演秘》卷八云：「缘曾受境界种类者，是前率尔等流识等境之类也，过去本质虽体实无而变相缘相似于彼名缘曾受。」

4、《成唯识论》云：「放逸、掉举、昏沉、不信、懈怠、邪欲、邪胜胜、邪念、散乱、不正知此十一切染污心起，通一切处三界系故。若无邪欲，胜解，心必不能起诸烦恼。于所受境要乐合离印持事相方起贪等诸烦恼故。诸疑理者于色等事必无犹豫，故疑相应亦有胜解，于所缘事亦犹缘者，非烦恼疑，如疑人机。余不说此二遍者，缘非爱事，疑相应心邪欲胜解非粗显故。此意心所有二十四，谓前九十随加别境五。无余如上知。」《成唯识论述记》卷九云：「于理疑是烦恼，于事中必印持谓此苦等事生其印可，苦理有无，方生疑故。故疑相应定有胜解，惟于事疑是异熟生无记心摄，非染污心。若是染心，必有邪欲，故此心中无邪胜解。胜解非是遍行法故。欲解二，若缘非爱事，则不欲此事，疑于理时，不印于理，于此二时即无欲解，不说为遍，据有体，可言遍。」

54

第七识

证

受俱

5、护法——《成唯识论》云：「前未尽理。且疑他世为有为无，于彼有何欲胜解相？烦恼起位，无昏沉应不定有，无堪任性，掉举若无，应无嚣动，便如善等非染污位。若无散乱者应非流荡，非染心，无失念不正知者，如何能起烦恼现前？故染心决定与昏沉、掉举、不信、懈怠、放逸、妄念、散乱、不正知相应而生。妄念、不正知念慧为性者不遍染心，非诸染心皆缘曾受有简择故，若以无明为自性者，遍染心起，由前说故。故此意俱心所十八，谓前九法，八随烦恼并别境慧。」《成唯识论学记》卷四云：「测云：一、有愚劣时不说痴分，名义顺故，无慧分时说有痴分，遍染心故。二、总相痴慧上立一不正知，如不放逸依四法立不别别说，二相应故。基亦尔。后解胜。」又《对述》卷四云：「妄念等三（并散乱）别境分者不遍染心，痴分者染心遍起。」

1、《成唯识论》云：「有义此俱唯有喜受，恒内执我生喜爱故。」《疏抄》卷八云：「皆是护法假作异计。」

2、《成唯识论》云：「有义不然，应许喜受乃至有顶，违圣言故。应说此意四受相应，谓生恶趣忧受相应，缘不善业所引果故。生人、欲天，初二静虑喜受相应，缘有喜地善业果故，第三静虑乐受相应，缘有乐地善业果故，第四静虑乃至有顶，舍受相应，缘唯舍地善业果故。」《成唯识论述记》卷九云：「唯除苦根，唯五识故。此师说第七缘赖耶是引业果，随在彼善恶地此第七识即与彼地能引果业之增上受类相应，缘彼业果为境界故。欲界虽有舍受之果，而业劣故，此不说俱，如苦乐受，唯在五识，非引业具故今不说。初二定乐怡五根，义别说故，亦不说。」《疏抄》卷八云：「第六能造引业满业，前五唯造满业……初二定中虽有乐，即于喜受能悦五根义说为乐，故但说喜。」《成唯识论述记义蕴》卷四云：「第八识果所引之业即第六识。」又《成唯识论演秘》卷八云：「随所缘识所生之地，七与彼地第六增上受俱，俱者即喜忧等同。有义，如初转依随六增上故受俱起亦随第六。」

3、《成唯识论》云：「此无始来任运一类缘内执我恒无转易，与变异受不相应，故此相应唯有舍受。未转依位与前所说心所相应，已转依位唯二十一心所俱起谓遍行别境各五，善十一。唯舍受俱，任运转故，恒于所缘平等转故，若与四受相应，金刚心应非顿断，由前位中少分断故。」按此即正义。《疏抄》卷八云：「第七唯有顶地与下下烦恼同时顿断……入初地已去第六入法空根本智及后得智及法空灭尽定，其第七平等智性即行。若入生空观根本智等，第七有漏心位平等智即不行。若成佛已去，第七一切时常起平等智，与圆镜智，相续依，尽未来际。此智亦通色界六地，无色四地，而唯起第四静虑者，多住大悲也。然此唯在佛果位

第七识

释——十门八段

说。若第七在有漏位或在法执位，虽在下地亦与第六生空妙观察智为依，若十地位中第七无漏位成平等性智随在何地第六入法空妙观察智，且引第七必同地。」（又《成唯识论述记》云：「若在十地随第六所引何地乃至有顶，皆有此智依。」按有此智依者第六引平等智，与第七同地，第六亦依此智也，如《义演》卷八云：「有顶第六还以有顶第七平等智为依。」）又《成唯识论掌中枢要》卷三云：「若有漏位能依通九地所依一地摄随所生故，若至佛位能依通九地所依唯第四定与净第八相依续无动摇故。十地无漏能依所依俱定同地随他引故未无动故。此说法观品非生观品犹有漏故。」

6、性别——《成唯识论》云：「末那，心所，有复无记所摄。此意相应四烦恼等是染法故，说名有覆，非善不善，故名无记。如上二界诸烦恼等定力摄藏是无记摄，此俱染法所依细故任运转故，亦无记摄。若已转依，唯是善性。」《成唯识论述记》卷九云：「此识相应四烦恼等虽无定力摄藏以所依识行相微细任运转故不障善故，遍三性故亦无记摄。」

7、系界——《成唯识论》云：「生欲界现行末那，相应心所，即欲界系，乃至有顶亦然。任运恒缘自地藏识，执为内我，非他地故，若起彼地异熟藏识现在前者，名生彼地，染污末那缘彼，执我，即系属彼，名彼所系，或为彼地诸烦恼之所系缚名彼所系。若已转依，即非所系。」《成唯识论述记》卷九云：「我见随境自地所系，他地诸法非我境故，此依俱生别缘我见行相说，由此故知第七不缘本识种子，种子许通他地法故，亦不缘色等，色等亦通故。第八异熟心通缘自他地，不作自他解，第七作我解，故不缘他地。命终心第六识起爱，此别缘我，未来生即是缘自地所生处故，故唯自地：为简种子，论说异熟藏识，相从相属是此系义。此识俱惑随生处是何地即此地摄。此第七为自俱时四惑所系名彼所系。何名所生？为第八识所生之地烦恼系缚名彼所系，非他地故以上是总解，下是别解。又所系言言通法执，是彼类故。」疏抄卷八云：「色等通者如身下起上天眼耳等：若缘缚名系者，第七中烦恼能缚第八，又第六中烦恼亦能缚第七……疏中又有三释自判不若前解胜。（前解见所录中，惟不全，阅时当与论文细研，方不致有所遗漏。）第一约第七心所属心王，第二约节第七王所能缘第八，以能缘心属彼所缘之地所系，相从名系，如牛属栓，谓任运等至非他地故。第三约第八所生之地，第七即属他第八所生地中诸烦恼等，即第七属余烦恼。又第七同时为四惑缚，即第七心王属同时心所烦恼，皆属相应缚。若第七属第六中烦恼即第七属所缘缚。」《义演》卷八云：「此依俱生至行相说者，若总计五蕴身为我即通缘三界，若别缘我即随缘一蕴计为我。第七唯缘八执为我，即是别缘，故不缘种子及相分。」《成唯识论了义灯》卷八云：「《要集》云此染意唯说人执，不说法执。今谓俱说于论不违，是本意故。」

8、分位起灭

分位伏断——《成唯识论》云：「阿罗汉者，总显三乘无学果位。此位染意种及现行俱永断灭，学位灭定（考二十五卷注四之三），出世道中俱暂伏灭。此意有漏道不能伏灭，三乘圣道有伏灭义，真无我解，违我执故。后得无漏现在前时，是彼等流，亦违此意。真无我解及后所得俱无漏故名出世

第七，如何可言若起意识，定二俱转。《显》云：末那恒与四烦恼相应，或翻彼相一识则三俱转乃至七俱转。若住灭定无第七，便非恒定一识俱转。住圣道时若无故。论说藏识决定恒与一识俱转。所谓末那，意识起时则二俱转。若五识中随起

三位无义

护法等——《成唯识论》云：「出世末那经说有。无染意识（第六）如有染时定有俱生不共依准此师计即成佛第七，余七成佛。」说为识杂染依故。」《成唯识论述记》卷九云：「三位体无，故唯有人执，无法执。

安慧等——《成唯识论》云：「末那唯有烦恼障俱，圣教皆言三位无故。又说四惑恒相故，又断。」

各九品。」《义林》卷四亦云：第七烦恼障有二说，一、九品，二、八一品，然皆金刚心一时顿烦恼虽非九品，与自地第六中第九品我见相似，一时顿断。」《成唯识论学记》卷四云：「九地即加行力合八十一品总为九品，虽一道断一品，不妨一品而有九品。此亦尔。欲界自地第七下下品中一时断故。……外难同时断，品力齐，即一品无九品，故云彼由加行等，谓超二果人，即当第九品摄，地地皆尔。然欲界所系第七惑与彼有顶地下下品相似，故虽有九品皆与有顶地中一地有一品也。随地地之中最定是下品，行相微细名下品也。若望当地第六九品烦恼中第七。」《义演》卷八云：「第七中烦恼即其一类，不可分其品类，今据三界论之，得九品，即九或与有顶第七相似，俱不能若无明能发业，爱取能润生，故知四爱皆非第七。……见道不能断全不现行……菩萨二乘等，有漏智虽由无漏引生，不得名后得智，彼必无漏故。……欲界第七地以上……一分或全等者，若入生空观则一分人执不行，若第六入法空观，则第七中人法执亦尔，一品之中分九品故。」《疏抄》卷八云：「十地菩萨出世道摄，不退菩萨通八地以上及初心时与非想第九品一时顿断。由此知实有九品，如断善邪见唯第九品仍作九品能断善根，此但由此一类圣道方能断彼多品之惑。然此第七自地无九品，与自地六识中我见相似，于金刚非彼等流故。……一时顿断名势力等。此实有九品，彼由加行合为九品，此障无学故一时断，智随入法观，无分别智等流引生，一分或全亦不现行，若二乘菩萨等入有漏，后得智即不然，已去，大乘初地顿悟，二乘及菩萨人空，唯伏入染，顿渐二悟菩萨法空亦伏法染。……无漏后得在无学俱不行。二法执不染二乘但染菩萨，唯如来舍。故云现种永灭，非唯人执……二乘初果识论述记》卷九云：「不退菩萨即是出世道所摄，法执在故。此染通二，一染三乘即谓人执，无学位，永不复起。二乘无学迴趣大乘从初发心至未成佛，虽实是菩萨亦名阿罗汉。」《成唯有种子与有顶地下下烦恼一时顿断，势力等故。金刚喻定现在前时顿断此种，成阿罗汉，故现行乃至未灭。然此染意相应烦恼是俱生故，非见所断，则染污故，非非所断。极微细故，所道。灭定即是圣道等流，极寂静故，此亦非有。由未永断此种子故，从灭尽定圣道起已，此复

唯识详究（十九）

分位行相

六法空观能双缘真俗，引第七平等性智亦双缘真俗，缘俗即赖耶，非余。若八地以上观，其第七即起法执，若法二心是，法空观，其第七中即起平等智。……五地以上，第等者，正义家唯取一无间一解脱名真见道，若三心中前内遣有情假缘智，即是生空七地二祇……等流者，法空后得智及法空所引灭定，俱是根本智之等流。……非三心合，合令相应，故亦无妨。」《疏抄》卷八云：「初二阿僧祇者地前一阿僧祇，从初地至言缘异熟等，等真如等。故以后得智不亲缘真如，不名真俗双行，至五地中方合，此难缘第八，或亦缘似真如，其实唯有为通缘无漏有漏为境，由第六引到生别故。今此总智，第七一向缘如，不缘第八。唯理观故。其相见道及修道中后得智品平等性智，或唯有第七一心中双缘真俗有无漏二境界失否？答：若在真见道及一切缘真如无分别平等智故。…异熟识等者，等一切有为真如，菩萨见修道位缘异熟识及真如故。问：空观入见道故，此非三心真见道义，及一切菩萨修道位中法空智及果现在前位，皆起生，等流亦尔…从胜全论即一切如来全，一切菩萨见道全，通顿渐悟，一切菩萨必法时，果者，即此正智果，谓法空后得智及依法空后得智入灭定位…法空智起，平等智及二乘有学起有漏心时者，但起无漏，人执必无故。法空智者谓无分别智入法空观七地，渐悟菩萨二乘有学，从初发心初二阿僧祇劫，除二乘无学迴心菩萨者。此菩萨缘无垢异熟识等起平等性智。」《成唯识论述记》卷十云：「一类言简顿悟菩萨初地至缘异熟识起法我见。后通一切如来相续，菩萨见道及修道中，法空智果现在前位。彼起，补特迦罗我见。次通一切异生，声闻，独觉相续，一切菩萨法空智果不现前位。彼等性智相应。初通一切异生相续，二乘有学，七地以前一类菩萨有漏心位。彼缘赖耶

别释——《成唯识论》云：「此意差别，略有三种，一补特迦罗我见相应，二法我见相应，三平等性智相应。初通一切异生相续，二乘有学，七地以前一类菩萨有漏心位。彼缘赖耶起，补特迦罗我见。次通一切异生，声闻，独觉相续，一切菩萨法空智果不现前位。彼缘异熟识起法我见。后通一切如来相续，菩萨见道及修道中，法空智果现在前位。彼缘无垢异熟识等起平等性智。」

也。……或翻彼相应者，无我见无贪惭、无痴、如次；平等行者，证真行也。」染意说，如说四位无赖耶，非无第八。」《成唯识论学记》卷五云：「难陀、护法等无有依，五恒有依，六亦应尔。故定有无染意，于上三位恒起现前，言彼无有者，依法无我故。又第七为第六依，圣道起时及无学位，若无第七，如何通？或应五识亦若无，彼依何识？非依第八，彼无慧故。故知二乘圣道灭定无学，此识恒行，未证性故。又如未证补特伽罗无我者，彼我执恒行，亦应未证法无我者，法执恒行，此此识无者，彼智应无。又无学位若无第七，第八应无俱有依。然必有此依，如余识阿罗汉位舍赖耶便无第八。又论言转第七平等智，彼如余智，定有所依相应净识。应恃举为行，或平等行，故知此意通染不染。若由阿罗（汉）位无染意故无第七者，

漏心。」

上，唯无漏法观相续，如何起法执？故知亦起生空观。又八地已去常无有正义中唯取一无间一解脱为真见道。其三心见道皆是相见道……八地以空观，第七法执现行。若起后二心，其第六唯起法空观，第七法执不行。然抄》卷八云：「若一心见道即违第七法执不行，若约三心，初心第六唯起人……凡三无记不摄者，皆异熟生无记摄。如增上缘摄余三缘所不摄。」《疏已去所有法执是现行非种子此非第六识中法执现种，说彼彼地皆能断故圣道灭定顿渐菩萨生空智及果位，我执已伏，至金刚心方能断故……八地观故。于修道位生空智及此果，果即八空后得智所引灭定也……定性二乘见道全，此依一心真见道说，一向法观违法执故。若三心观即初念时唯人有学起圣道住灭定，二位现在前时通见修道。除此亦有人执。顿悟菩萨除名通故。如增上缘，余不摄者，皆入此摄。」《成唯识论述记》卷十云：「二乘二乘等说名无覆，是异熟生摄，从异熟识恒时生故名异熟生，非异熟果，此意，于二乘等虽名不染，于诸菩萨亦名为染，障彼智故，亦名有覆无记，于不行或已永断，或永伏故。法空智果不现前时犹起法执，不相违故。法执俱智果不现前时亦唯起法执，我执已断故。八地以上一切菩萨所有我执皆永渐悟生空智果现在前时皆唯起法执，我执已伏故。二乘无学及此渐悟法空

料简

法执——《成唯识论》云：「二乘有学圣道灭定现在前时，顿悟菩萨于修道位，有学故。观云：法空有时别起。」《成唯识论学记》卷五云：「三藏云如起我执必依法执，亦证法空必带生《成唯识实论述记》卷十云：「人狭法宽，人中可言迷理，法中不可起事执。」起，如夜迷杌等，方谓人等故。我法二见，用虽有别而不相违，同依一慧。」

人执——《成唯识论》云：「补特伽罗我见起位彼法我见亦必现前，我执必依法执而

初地通缘。基前，测后。」

故此不取。」《成唯识论学记》卷五云：「或初四地别缘真俗，五地以上容有双缘，或蕴》卷四云：「三心见道不是正义，以第一心内遣有情假缘智既唯生空不遣法执，由第六缘真如所引第七亦缘真如。前解胜者，通缘俗似真如也。」《成唯识论述记义变似真如相分，是心上影像故。通缘有无漏者，谓平等性智缘有漏异熟，无漏真如，唯缘俗……似真如即有为俗谛摄。」《义演》卷八云：「其实唯有为者，即后得智所得智作安立谛时，引第七平等后得智，有二说，一云其平等后得即缘似真如，二云八，若第六起法空后得智缘似真如，引第七平等后得智而缘似真如。第六中法空后得自在，第六起法空智双缘真俗时亦引第七双缘真俗，俗中通一切相等俗事，及第

55

六识

理证

无明不共

不共无明与第七——《成唯识论》云：「契论说，不共无明，微细恒行，覆蔽真实。若无此识，彼应非有，谓诸异生于一切分恒起迷理不共无明，覆真实义，障圣慧眼：此依六识皆不得成，应此间断，彼恒染故，许有末那便无此失。」《成唯识论述记》卷十云：「真实有二：一无我理，二无漏智。义亦二：一谓境义，见分境故；二义理，真如即理故……一切分通三性心。」

解不共义（注二）

57注

1、《成唯识论》云：「此俱我见慢爱非根本烦恼，无明名不共。」《成唯识论述记》卷十云：「此中无明不与根本共，非不与随共。余三是随惑者，随有二义：一非二十随，二十外摄。杂事说随有多种故，即诸烦恼分位差别，随其所应根本分位。二、即随惑义，说不正知为我见，骄为我慢，掉为我爱。」

2、《成唯识论》云：「彼说教理相违，此三、六十烦恼摄故。应说四中无明是主，虽二俱起，亦名不共，从无始际恒内昏迷，曾不省察，痴增上故。此俱见等，应名相应，若为主时，应名不共。」《成唯识论述记》卷十云：「显痴主自在义，为因依义。与彼为依故名不共……此义未详，不见诸论名不共贪故。」

3、《成唯识论》云：「不共无明总有二种：一、恒行不共，余识所无。二、独行不共，此识非有。故《瑜伽师地论》云：无明有二，若贪等俱者名相应无明，非贪等俱者，名独行无明。是主独行，唯见所断。如《经》云诸圣有学，不共无明已永断故，不造新业。非主独行亦修所断，忿等皆通见所断故。恒行不共，余部所无，独行不共，大小俱有。《成唯识论述记》卷十云：「独行不共，谓与忿等相应，或不与余俱起，……非贪等俱，即令知与第六俱无明，非第七。不障与忿等二十俱起故知唯在第六。……主独行迷谛理起，唯分别起，唯见道断，不与忿等十相应。若在欲界与昏沉、掉举、不信、懈怠、放逸五，无惭无愧二七随俱转，或八或十二或十。」《义演》卷八云：「与忿等相应名非主独行，不与贪俱行故，第七非有。不与余贪及忿等十相应起名主独行。……忿等十依根本立，以行相粗动数现起故名为轻相，贪等不然，故名不共。」

六二缘——《成唯识论》云：「经说眼色为缘，生于眼识，广说乃至意法为缘生于意缘，若无此识，彼意非有，谓如五识必有眼等增上不共俱有所依。」《义演》卷八云：「小乘许最后身菩萨有有漏意识，如太子纳妻生子受五欲乐等，大乘不许。又大乘有他方佛意，小乘不许，故此意识言，简此二者。……不共简现行第八与诸法为共依故。……上座部计，胸中细色物而为意根。今谓不尔，意非色故。此色根既是第六所缘。即是法处所摄

（二）教证略）

唯识详究(二十)

第七识——理证

识论学记》卷五云：「我之二解，(窥)基存初，(圆)测存后。基许违论。三性心时若如所许，唯染时缚。或云若不取因解，言自类尔者，即生空智心，是前有漏因位之类，应有相缚。」《成唯识论述记义蕴》卷四云：「因中漏俱所熏之种，至无学位引起五识现行，是彼漏俱之类，故有相缚。」《成唯识论述记》……

（按栏序：）

识论学记》卷五云：「我之二解，(窥)基存初，(圆)测存后。基许违论。三性心时若如所许，唯染时
义蕴》卷四云：「因中漏俱所熏之种，至无学位引起五识现行，是彼漏俱之类，故有相缚。」《成唯
缚。或云若不取因解，言自类尔者，即生空智心，是前有漏因位之类，应有相缚。」《成唯识论述记
无染七而是自类。亦起相缚。若唯取第七有法执名相缚尔者，二乘无漏智，即第七有法执，皆有相
分之所拘碍不得自在，体便粗重。」《义演》卷八云：「因位五识，由七而有相缚乃至无学果位，虽
缚。《瑜伽师地论》等说第六相缚，彼据亲生识语，此约实由为论。……能缘见分诸心所，为境相
外缘。二、此我外缘行相粗猛，非第七起。由第七故第六起。此举由七生增明为论，非实显之，彼是
第□六中我执，体有间断，遍三性心间杂生故，此解胜。第七不缘外境生故。……此中通言六识相
我故，外行施等分别相生。《摄》云：我能行施等，此我有二解：一、我者，即第七内缘行相，非必
依，此意未灭时，识缚终不脱。」《成唯识论述记》卷十云：「由我执故，起施等善法，由有第七内执
为识依止，彼未灭时，相了别缚，不得解脱，末那灭已，相缚解脱。言相缚者，谓于境相不能了达如
幻事等。由斯见分相分所拘，不得自在，故名相缚。依如是义，有伽他言，如是染污意，是识之所
虽外起诸业，而内恒执我。由执我故，令六识中所起施等，不能亡相。故《瑜伽师地论》说染污末那

我执不有

我执显自——《成唯识论》云：「经说异生善染无记心时恒带我执，若无此识，彼不应有。谓异生类，三性心时，
此意，我执便无。非于余处有具缚者，一期生中都无我执。彼无我执，应如涅槃。便非圣贤，同所诃欲。」

无想无漏——《成唯识论》云：「经云：无想有情，一期生中，心心所灭，若无此识，彼应无染。谓彼长时无六转识，若无
厌无想定，在圣灭故。一切圣欣，由此可言加行等别。」

二定无差——《成唯识论》云：「染意若无，无想，灭定，彼应无别，一有一无，彼二别故。若谓加行界地依等有差别者，
亦不然，彼差别自(目？)，由此有故。此无彼亦无。」《成唯识论述记》卷十云：「第七不灭于凡，故一切圣

理证

名不成——《成唯识论》云：「经说思量为意，此识若无，彼应非有。若谓意识，现在前时，等无问(间？)意已灭非有，
过去未来理非有故，彼思量用，便不得成。若谓现在曾(虽？)有思量，尔时名识，宁说为意。故知别有第七，
恒审思量，正名为意，已灭依此假立意名。」《成唯识论述记》卷十云：「萨婆多等言，思量名意，过去心是，
今破不然，识现生时，意已谢灭故。……了别名识，现在名识，汝力义定然。如何过去法曾思量名意？谓彼似
现意，故名意。应似现了别故名识。……意有二义，一、思量义；二、依止义。第七通二，过去唯依止，体虽现
无，与现依止思量之意相似，故但名意，不名为识。」

……第七与第六为生依，然今但为依亲能变起名生所依，不同种生现。」(广有答辨如《成唯识论了义灯》九卷。)
又增上者简因缘即种子依，然小乘部(都？)不许五识用种子为不共依，故今唯对经部立，许五识依种子故。
色收，非意处摄，意言显是意处所摄。又小乘皆许过去意根能生今识。故论云等无间不摄，意显今成俱有依。

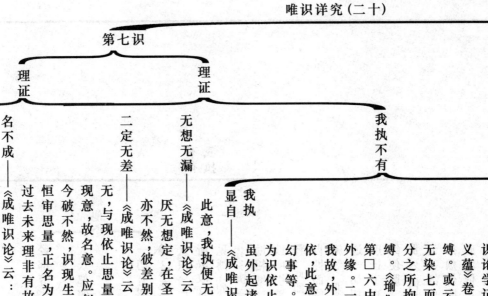

不有我执

破他

经部等——《成唯识论》云：「亦不可说从有漏种生彼善等，故成有漏。彼种先无因，可成有漏故，非由漏种彼成有漏。勿学无漏心亦成有漏故。虽由烦恼引施等业，而不俱起，故非有漏正因，以有漏言，表漏俱故。又无记业非烦恼引，彼复如何得成有漏？」《成唯识论述记》卷十云：「彼种者，彼有漏种。谓善等熏成种时既无现行染意，依何现漏成有漏种？……大乘宗无漏不与现行烦恼我执俱，虽有漏种逐，无漏之法不成有漏。故不可说由漏种随逐善等种，故善等成有漏。……大乘不缘他境，各各别变。若缘他缚他便非各各变境，即应我作他受果。此甚新义。」《义演》卷八云：「若他缘缚成有漏，即非各各自变。又若互缘

大众部等——《成唯识论》云：「又不可说别有随眠是不相应，现相续起，由斯善等成有漏法，彼非实有已极成故。」

一切有部等——《成唯识论》云：「又善无覆无记心时，若无我执，应非有漏，自相续中六识烦恼，与彼不俱起故。若谓由前及后去来烦恼发故缘故，此善等成有漏者，去来缘缚理非有故。非由他惑成有漏故，勿由他解成无漏故。」

缚，唯在我执。三、据行六度，三轮之相，但在第六。我执相应识所缘相，由此不能成到彼岸。」八识。一云据法执不了幻故。二据我执，但不了幻即为相缚，通法执，若幻不了如幻缚在生死名相所取故，虽知如幻不能无自性故，或同护法，但据我执不了如幻，非据法执。二、但有漏相名相缚，通于见缚，如《枢要》解亦许名缚。……又云：相缚有三：一、一切相分皆名缚，即安慧师据法执说，能……执三轮相唯第六识，五八任运，第七内缘故。若有漏相名为相缚，即通八识。……见缚自证，名助相缚，无学散善及无记心亦有此助，生空后得，虽有共助，无著有漏所熏之相，故云无。此释正。彼所引熏成种故。今虽断彼体尽由有相缚，然法执体非正相缚，执有相故，为依助彼我执起故，是释，此即为正。若由烦恼障，二乘无学有漏善无记心，应无相缚，然有解。谓由此相分体是有漏，是自性而能执相等，故说所由，非说即是。……若相缚由所知障，生空后得应缚。故不相顺。依安慧施等，非离无明，我执随遂，非离依止而有无明等。若即说第七我执不能亡相，应云非离无明我执通一切相，由第七我。二、执三轮相，虽亦由第七，正说第六。然《摄》据所依止故云自谓我能修行明证不自在故，由相缚，相无能证自在力非见缚。」《成唯识论了义灯》卷九云：「相缚有二：一、缚便脱。此解还有生空有相缚过。实义如本《对法论》释。」《成唯识论掌中枢要》卷三云：「见不那灭，何故五识相缚犹在？答：七中法执虽非缚体，执有相故，我执引故，令六识等相缚不脱。若断法执相云：细由生执成了别缚，唯说染意为识依止。若由法执，应生空智有相缚。疏依此问，既尔，二乘染末据烦恼障。若相缚体据法执说，故此灭已，相缚解脱。若依烦恼说有相缚，阿罗汉身应无有相。一此所依止离染污意定无所有，非即善心是无明依，应正理故。……《枢要》二释一云：若缘缚体唯故。圆测许为胜。无性论云：自谓我能行施等，非离无明，我执随逐，非离依止而有无明是心法故，

唯识详究（二十）

六识

出差别

《成唯识论》云：「此识差别有六。随六根境，种类异故。谓名眼识乃至意识。随根立名，具五义故。五谓依、发、属、助、各根。虽六识身皆依意转，然随不共立意识名，如五识身无相滥过。或唯依意，故名意识。辨识得名，心意非例。或名色识，乃至法识，随境立名，顺识义故，谓于六境了别名识。色等五识，唯了色等，法识通能了一切法，或能了别法，独得法识名。……随境立六识名，依五色根未自在说，若得自在，诸根互用。一根发识缘一切境，但可随根，无相滥失。」《成唯识论述记》卷十云：「五谓依于根，根之所发，属于彼根，助于彼根，如于根。……属于根者，属眼之识故名眼识，由识种子随逐于根，而得生故。此谓生依非染净依及根本依。引发依也。六种子随七种子。七种生现，六方得起，与彼力故。如于根者，如眼之识，故名眼识。……第六独依第七不共意根，余五即无。若染净依及俱有依，七望五八俱是所依，然近顺生不共依者，即唯第六。……或五通意色二所依，此第六若等无间，若俱有依，唯依意根，得意识名。……七八相续，当体彰名。六有间断，从依得称。……能了即是见分，别法言，是相分，或谓第六外处，别名为法。不与余境共同名故。……自在者，或从初地，即名自在。无漏五识现在前故。或成佛时成所作识方起。然有别义，入地菩萨无漏五识虽不现前，得后得智引生五识，于净土等中现神变事，何妨五识一一通缘一切异境界？不思议力所引生故。或七地以前，由有烦恼现行不绝，未殊胜故，不名自在入八地已去，烦恼不行方名自在。」《义演》卷九云：「藏为根本依。第七为染净依，第六望五识为引发依。眼根等与五识但为生依。」《成唯识论掌中枢要》卷三云：「诸根互用有二异说。第一云：实能缘诸境，中有二义：一云，一一识体转用成多，非转法体，故非受等亦能想等。取像之用一切无遮，不可难言，大种为造彼转体故。亦不难坏根，不坏境等，如第八缘五尘亦得自相

漏义

成有

《成唯识论》云：「然诸有情由与自身现行烦恼俱生俱灭，互相增益，方成有漏。由此熏成有漏法种，后时现起，有漏义成。异生既然，有学亦尔。无学有漏，虽非漏俱，而从先时，有漏种起，故成有漏，于理无违。由有末那恒起我执，令善等法有漏义成。此意若无，彼定非有。故知别有第七。」《成唯识论述记》卷十云：「自身，简他身不缚己，现简种，惟种不缚故。俱生灭简前后发，相增益者互为缘相生义。正解漏义简无漏法。」《义演》卷八云：「相增益者，第七增义余法成其有漏。其第六识若无漏时，七染不行。」《成唯识论了义灯》卷九云：「互增益者，第七与六可知，六益第七有二义：一、增长。若第六发业感八，为彼依缘，得相续住。二、不损。起有漏时虽不能增第七，而不损害亦名增益。」《成唯识论掌中枢要》卷三云：「无始法尔种，若种若现，无始皆与第七惑俱，互相增益随顺，并成有漏，非无漏种。又言法尔不要七俱，非法尔必俱增益。」

缚故成有漏，即应我行施他爱果。此三藏所解。……意谓行施等时，由第七我执与三性心俱时故，三性心方成有漏。故我执等烦恼而为有漏正因。」《成唯识论了义灯》卷九云：「若与漏俱方成有漏（漏俱即能有体名为有漏。）与《对法》卷三、《瑜伽师地论》卷六十五相违。《对法》云：漏自性故，漏相属故，漏所缚故，漏所随故，漏随顺故，漏种类故。《瑜伽师地论》云：有漏差别由五相故，谓事故，随眠故，相应故，所缘故，生起故。然此据正因，彼据别义，故不相违。」

三性

净

记》卷下（十？）云：「此师说，五识不相续，故五识不并生，亦非五识次第生，故三性不并……率尔唯一念，三性俱行，意识尔时应通三性。《瑜伽师地论》说藏识一时与转识相应三性俱起者依多念说。」《成唯识论述

1、《成唯识论》云：「六识三性不俱，同外门转，互相违故。五识必由意识导引，俱生同境成善染故，若许五识，

类，不得正威仪，谓小乘计威仪心宽，但余三无记不摄者皆是威仪心。此心即意识家威仪之类，与大乘不同。」巧体，亦能发工巧，余三亦尔。若变化唯第六有，余无。唯有通果心。」又《义演》卷九云：「小乘说五识中有威仪色尘故，声，不是威仪所依所游履故。香、味、触三是彼所依游履故。第六缘工巧体，发工巧，眼耳识能缘色声工抄》卷九云：「四无记中异熟生心通六识。第六能发威仪，亦能缘威仪体。身业表色故。余五除耳缘威仪路，缘除三成七也。又《义演》卷九云：「五识不能起心发身起二业，纵得名业，但名假业。但随第六转心发业。」《疏《成唯识论述记》卷十云：「人天乐果是无记果法。……瞋及忿等七除谄诳骄取无惭愧成十。」按忿等七者，十小中不可记别故名无记。此六与信等十一相应是善性摄，与无惭等十法相应，不善性摄。俱不相应无记性摄。」于他世，故不名善；能为此世他世违损故名不善。恶趣苦果，非于他世为违损故非不善。于善不善益损文义？

解——《成唯识论》云：「此六转识，善不善无记性摄。能为此世他世顺益故名为善，人天乐果，虽于此世能为顺益，非

若自证分，若自在五识见分境。皆如前说。」

行相

分，缘相为境，自证为见之依，缘见为境，是故总言了境为性相。此随不共所依未转依位说。分别依，染净依，根本依，

自性——《成唯识论》云：「六识以了境为自性，即用彼为行相。」《成唯识论述记》十卷云：「自性即自证分，行相即是识之见

伽师地论》卷五、《续注》卷七之四、之五。）」

别应知。」《成唯识论述记义蕴》卷四云：「佛果八识通缘十八界，故云等分别。」（与《俱不俱》在(57)对勘。）（考《瑜名意识界故。一不定者，即法界，若非为他定通力等所引，唯意识缘，若为他引，五八六识俱能引（疑缘）之。自在等分八者意界摄。六有二者，谓眼等五界六八二识所取，意界通六七所取。六一者，眼等六识界唯一意识缘。第七、八识不显别别界，随应显能缘识非决定。随其所应诸识缘故。五三者，色等五界三识所缘，一、五识；二、第六；三、第八。第皆增二。……所缘颂云：因见各随应，五三六有二，六一一不定，自在等分别，因者简自在位。见，于因中取见分。各、二依起。七八一者，七八二识各有一依，七有一谓依起，八谓分位。俱依者显俱有依。及者显此，诸识更加二依，一一导因缘，一一皆增二。五四者，五识各有四依，顺取依，明了依，分位依，依起依。六有二者，第六有二所依。一分位，

依缘——《成唯识论》及《成唯识论述记》皆不说。《成唯识论掌中枢要》卷三云：「所依颂曰：五四六有二，七八一俱依，及开

《成唯识论了义灯》卷九云：「法师意存第一解中之第二解。《要集》之说有过，应依《枢要》。」

各依自根，根不共增上境是共缘故。一云一识通缘六境。旧判取后，护法取中，若如第三因果乱故。如《对法论》释。识论学记》卷五云：「证云：旧来有三，一云，一识通依六根各缘自境，发识相用，故言互用。一云一识通缘六境，用，非一根得一切境，以诸根用各遍一切故名互用。不尔，便成坏法相故，心王亦应有心所用而取别相等。」《成唯坏根不坏境。若不至能取，坏境不坏根，余三根取色声示尔。皆损此过故。第二云：一一根处，遍有诸根，各自起故。二云，恐坏法相但取自境皆是实境，所取他境皆是假境，以识用广非得余自相，恐眼耳根得三尘时。若至能取

56

六识（注一）

三性

因位

增减

是忧受，忧受以离欲舍故，或初地以上菩萨（不约二乘，无后得智故。」第六无漏起后得智，为化众生，学。二乘无漏及菩萨，由第六识中无漏引起苦受。如目连得无学已，见母生鬼中。大叫驰还白佛，此不漏所引故。此《成唯识论述记》中第一解也。第二解则谓苦根通学无学身中皆得有，忧根通有学不通无别依，故言别依。」《疏抄》卷九云：「即苦受摄得忧受，忧苦二受，并通无漏，忧根能引无漏，苦根彼无依心故。又三皆通有无漏，苦受亦由无漏起故。」《成唯识论述记》卷十云：「五识通依色心二依，色是

二二——《成唯识论》：「苦、乐、不苦乐三受，或各分二。五识相应说名身受，别依身故。意识相应说名心受，唯

相应——《成唯识论》云：「此六转识总与六位心所相应。」

演》卷九云：「佛唯善二乘无学通无记，菩萨后得亦通无记。（后得如《疏抄》卷九详说）。」故，其五识中亦有善性无记性，无不善性，二乘无学亦尔。七地以前菩萨，第六起有漏心，得起三性心。」《义分别。」《疏抄》卷九云：「八地已去菩萨五识中有等流无记，亦名自性无记，八地以上菩萨，第六识中常无漏「初地之中，尚有不善，八地已去或时亦有无记五识。」又云：「五识，善中通（遂？）生得加行，不善中有任运

果位性——《成唯识论》云：「得自在位唯善性摄，佛色心等道谛摄故，已永灭除戏论种故。」《成唯识论述记》卷十云：

《瑜伽师地论》卷一注九）

尔寻求心，即是善性。」《成唯识论学记》卷五云：「护法正义。复广九辩难。如《成唯识论了义灯》卷九。（考意识于五心中唯起率尔寻求，若起寻求心时即出定也……定中闻声耳识率尔是无记性，若与定俱时，第六率能起：谓第六入定是喜乐受，引生舍受耳识亦得，谓第六是舍受定引生舍受耳识亦得。又有二不正义：定中多人者唯不动罗汉得起耳识，余圣者不得起……二乘人定中唯得起耳识，不得起余四识，若菩萨定中五识皆等。《疏抄》卷九云：「多分二义，一多识，二多人。多识者，五识中不得起余四识，唯得起一耳识，故言多识。生，以定中不同，证在散位。」《成唯识论演秘》卷八云：「意识能缘定境及非定境。言定境法处，非定境，五尘是率尔多念等流少也。容许五识有俱行，故得三性并。容俱者？非一切时……定中意是善，与耳性不同，亦俱重观，意复寻求，寻求未亡，不起决定，如是或多率尔，后时耳等识生，一率尔已乃至即有等流耳识次而起，故至，乃至意虽同缘，随境强引起鼻识生，即等流多率尔少，或前一眼识，久已不断虽已起寻求，寻求未了，眼更境，而声境胜。乃至起不善耳识，令彼不善耳识生前眼识善，不善未灭，如是等流多念生已，乃至余无记香等五识，或多或少，容俱起故。如眼识缘善色，至等流心多念善已，后有不善声境现前，意与耳同缘，虽亦缘色彼性同，无偏注者，便记性，故六转识，三性容俱。」《成唯识论述记》十卷云：「此师正义，言率尔等流。眼等言五俱意识亦缘五境，不说同性。《杂集》说等引位中五识无者依多分说。若五识中三性俱转，意随偏注，与在定耳识率尔闻声，理应非善，未转依者，率尔堕心，定无记故。故知五俱意识，非定与五善等性同。诸处但能取此声，若不尔者，于此音声不领受故，不应出定，非取声时，即便出定，领受声已。若有希望，后时方出。等不必同故。故《瑜伽师地论》云：若缘声缘从定起者，与定相应，意识俱转，余耳识生，非唯彼定相应意识

2、《成唯识论》云：「六识三性容俱，率尔等流，眼等五识或多或少，容俱起故。五识与意识虽定俱生，而善性三性不并，等流通多念，亦不许并生，能引之意非三性故。」

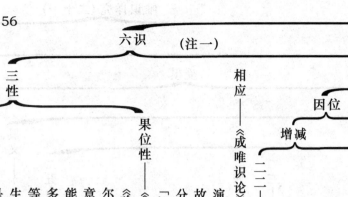

唯识详究（二十一）

受俱

果位——《成唯识论》云：「得自在位唯乐喜舍。诸佛已断忧苦事故。」《成唯识论述记》卷十云：「此中果位，谓成佛时，或转得无漏初地，即得唯乐喜舍。如《瑜伽师地论》卷五十七苦通无漏，以顺无漏法，无漏引生名为无漏，非断漏名无漏，故佛无苦，又佛六识三受并通。第六识以第三定有无漏乐故，五识唯有乐舍无喜，虽有漏三识唯二地，然无漏五识即依色界四地有，彼有所依五根故。无色界有定眼依处非实有根，亦能泪下如雨，故说有无漏眼根，色界上三定有无漏五识，以此为依。」《疏抄》卷九云：「若喜乐受即通无漏，能断漏故…无色界泪下如雨非实是眼根，但有所依之色为例……鼻舌二识唯欲界系，眼耳身三识欲界初禅系，上三禅无有漏五识，其无漏五识即通五地有。」《义演》卷九云：「一师说初地得无漏与成所作智相应有喜乐舍。今正义师说至佛地方得无漏五识。十地中五识仍苦受俱。若据第六第七识初地即得无漏，与喜乐相应也。」《成唯识论学记》卷五云：「第二果位，（窥）

俱义——《成唯识论》云：「此六转识，易脱不定，故皆容与三受相应，皆领顺违非二相故。领顺境相适悦身心，说名乐受。领违境相逼迫身心，说明苦受，领中容境相，于身于心非逼非悦名不苦乐受…有义六识三受不俱，皆外门转，互相违故五俱意识，同五所缘，五三受俱，意亦应尔，便违正理，故必不俱。《瑜伽师地论》等说藏识一时与转识相应三受俱起者，依多念，如说一心非一生灭无相违过。有义六识三受容俱顺违中境容俱受故，意不定与五受同故。于偏注境起一受故，无偏注者便起舍故。由此六识三受容俱。」

二五——《成唯识论》云：「或总分五，谓苦乐忧喜舍。」（按受俱中广有诤义，无非欲证明苦广于忧，以成颂中三受俱之义。）

二四——《成唯识论》云：「或总分四，谓善不善，有覆无覆，二无记受。有义三受容各分四，五识俱起任运贪痴，纯苦趣中任运烦恼，不发业者，是无记故，彼皆容与苦根相应。《瑜伽师地论》云：若任运一切烦恼，皆于三受现行可得，若通一切识身者，遍与一切根相应，不通一切识身者，意地一切根相应。《杂集》云：欲界系任运烦恼发恶行者，亦是不善，所余皆是有覆无记。故知三受各容分四。」《疏抄》卷九云：「第一说约三受中随一受得与四性俱即得，不约一一受皆得具四性。然疏犹总相说，若细分别，乐喜舍，三四性俱，忧唯善不善俱，若有余三，不与有覆无记俱。第二说即一一受皆得与四性俱。盖五识既有俱生贪痴（除嗔，不善故。）不发业者，即有覆无记性，第六在纯苦趣中，如论言，亦尔。故知苦与有覆无记性俱，而忧唯二性：贪嗔痴遍六识故，故云遍一切识身，若五识中贪嗔痴即与苦乐舍三受俱，若第六中贪等三即与喜五受俱。不遍一切者谓俱生身边见及慢，唯在第六中，唯与意地中三受俱。」《成唯识论演秘》卷九云：「所余者发业余俱生身边见，是有覆无记。」（按《成唯识论》引《瑜伽师地论》及《杂集》无非证明苦亦通有覆无记，忧唯二性。）

二三——《成唯识论》云：「或各分三，谓见所断，修所断，非所断。又学无学非二为三。」（考《瑜伽师地论》卷二十八注三、附三）

入地狱火中，即有苦根起，又五识中精进有疲劳苦，皆无漏所引。」又《成唯识论掌中枢要》卷三云：「苦乐通三性，忧喜即不然，行相明摄暗，异熟有不有，通六识，唯意，苦乐通无学，忧喜离欲舍，是故说苦乐，不标忧与喜。」《成唯识论述记》卷十云：五识相应，暂□利逼切，意识相应，稍降逼切，五识无分别，意识有分别。五识逼悦俱重，意识逼悦即轻。苦乐喜忧差别当知，惟舍无分别，非逼悦。」

种，第七所依所缘各各别也。第七即是四缘生。若第四师说第七依第第八见分，缘第八见分，即第七以依初根，即是等，二说第七缘第八见相二分，三说第七缘第八体及彼种子。此上三师说第七依第八，其第七遍缘五遍行及相分即唯有俱有依，而无根本依…说第七四缘生故，即不正义。如前有四说，一第七缘第八体及第八俱时相应想遍行俱定有，第六七恒生故。」《疏抄》卷十一云：「无根本依者，若前六识，以疏即以第八为根本依，若七八更互相依，…内托本识，即种子也。五或四、三、二、一识生，或五至一，生不定故，或俱不俱…七转识皆似波涛，独说五者，五第七依三，即以所依为所缘故。此据正义。若取等无间缘，即如次十、九、八、六、五、四缘而生，即所托处，皆名为缘以四缘生，一即第七八识为俱有依，无根本依，即为俱有依故。二以随所取为所缘，三作意，四种子。或说第八依四，七，复除空，以至境方取故。第六依五缘生，根即第七；境，一切法，作意及根本第八，能生即种子，五依生。第七八小乘，若加根本第八、染净第七，分别俱六，能生种子，九依而生。若天眼唯除空、明。耳识依八除明，鼻舌等三依故不言也。…小乘五识有三类，即以五四三缘而生。大乘稍别。眼识依肉眼具九缘生，谓空、明、根、境、作意，五同三俱但缘现在，四俱现量得，五俱有间断此五随缘方能现起，非是常生，缘非恒故。第六虽亦随缘方现，时缘恒具，渐故。如水涛波，随缘多少。」《成唯识论述记》卷十三云：「五识种类相似，故总言之。一谓俱依色根，二同缘色境，

俱不俱——《成唯识论》云：「五识身，内依本识，外随作意五根境等众缘和合，方得现前，由此或俱或不俱起，外缘合者有顿

菩萨等位通故。」

本识为共依者，即现行本识，识皆共故；亲依者，即种子识，各别种子故。……若言阿赖耶，位便局，净即无漏，至二乘

云：「依止有二：一依种子第八，即因缘亲依，二依现行第八，即增上缘依。六转识皆依本识种子现行而得现起。以根

共依——《成唯识论》云：「前六转识以根本识为共亲依。根本识者，阿陀那识，染净诸识生根本故。」《成唯识论述记》卷十三

极难解。」按文中有不满基师意，且下引大小须弥山之问答，故知当时诸贤间必有诤论。」

智，平等性智相续故，故知第六亦入有顶地灭定，又越等至不成。今助解云，第八第七五识五根常依第四禅，然伺，即许上地起下地，豈佛不及菩萨等？若说第六唯依第四禅者，妙观察成所作智时时同断，入灭定唯许大圆镜佛果位平等性智，不随妙观察智也。又第三中若八识皆依第四者如《俱舍》八地以上菩萨生第四禅，仍起初禅寻时故。又未知初禅五识为是借识力为是通力起，未知起何识。又十地因中平等性智妙观察智，初禅乃至有顶，若果能变之识在上地，所变五根在初禅？又下地五识，上地本识，一切时起，随有身在下地起上天眼，天眼有不起根？又未知依何地五根而发于识？又第二解，七八在第四禅，第六即许通八地有，其五识即许在初禅地，豈在佛地有，言余地有种而不起者，与无何别？若四禅中皆有五根，四禅除无想，天有十七天，豈一佛身有十七具五皆疏主解，应言有无漏八识通八地，又义七八识在第四禅，五识在初禅，有义八识总依第四。然有难云：八识八味。一云无漏五识，唯第四定，如七八识。证云：三禅五识，无色色，无文可证。」又《疏抄》卷九云：「此中三解，五识亦唯初定，如有漏故，如寻伺等，上地无故。三识可尔，何有鼻舌？有三识故，类有二识，如有三尘类有香四禅，余地虽有而不现前，如无色界见道傍修有种非现，或七八种，唯第四种，七八德依彼边际故。一云：无漏基疏三解，一云有漏三识虽唯二地，五漏五识通色四地，有五根故，如无色有无漏眼，泪下如雨，第七八识唯第

六识

所缘境，第七唯三缘三，即是正义。」《义演》卷十三云：「独说五等者，五俱定有意识，意识必依七生，故说识如浪波，七识逢缘即起。」（与《瑜伽师地论》卷五十六《依缘》对读。）

起灭分位——《成唯识论》云：「五转识行相粗动，所藉众缘时多不具，故起时少，不起时多。第六意识虽亦粗动，而所藉缘无时不具，由违缘故有时不起。第七八识行相微细，所藉众缘一切时有，故无碍缘令总不行。又五识身不能思虑，唯外门转，起藉多缘，故断时多，现行时少，第六意识，自能思虑，内外门转，不藉多缘唯除五位，谓无想天，二无心定，无心睡眠，无心闷绝，常能现起，故断时少，现起时多，由斯不说此随缘现。」《成唯识论述记》卷十三云：「违缘者，五位或厌于心，或异缘碍，遮识生起，故名违缘……无缘碍，令总不行者，谓第七识无漏灭定，违染一分不行，非体总无。又但可令转变非总不行，唯外门转者，唯缘外境，不内缘种根理等故。不能思虑无寻伺故。内外门转者，缘理事等故。」《义演》卷十三云：「第七八识一切时常行即无间断，所以第七八识但明断有漏分位，不明起灭分位。亦影显六转识亦有断时故。六识但明起灭分位，亦影取第七八识亦有起灭分位也……佛果五识具缘多少与因中凡夫相似……不内缘种根理等故者，种子根谓六根，理谓四谛理，……前师以六识对七八说解内外门者，不得约理说为内门，以五七八识同缘事境生，不缘内理生故。若后师以六识自相说，五识缘外，第六通内外，又第一师约缘理事内外门，即不得有内外门若约八识分别亦得有内外门，如五识缘外，七八缘内第六通内外。又第一师约缘理事内外门，即不得有内外门，若约八识分别，亦得有内外门，如五识缘外，七八缘内。第六通内外。然疏许第二师胜。」

57

料简八识

明俱转——《成唯识论》云：「一切有情心与末那二恒俱转。若起第六则三俱转。余随缘合，起一至五，则四俱转，乃至八俱」《义演》卷十三云：「萨婆多等立一有情唯一识起，不俱起故，若大众一说，说出世鸡胤部等许六识并生。然有部虽不许六识并生，亦许一念独头意识亦缘十八界。」当知此中所云俱转非相应，非同境故，谓同境者，彼此所依体数异故，如五根识。又识俱唯异类，同类不俱，于自所缘若可了者，一已能了，余无用故。

明一异——《成唯识论》云：「八识自性，不可言定一，行相，所依，缘，相应异故，又一灭时，余不灭故，能所熏等相各异故。亦非定异，经说八识如水波等无差别故。定异应非因果性故。然前所说识差别相，依理世俗，非真胜义，真胜义中心言绝故，如《楞伽》云：心意识八种，俗故相有别，真故相无别，相所相无故。」《成唯识论述记》卷十三云：「行相谓见分，所依谓根，缘谓所缘，相应异者即多少别，如眼识见色为行相乃至第八变色等为行相等。理世俗者四俗中第二道理世俗。真胜义中心与言皆绝，故非一非异离四句等。此中亦得如前《心所与心》以第二俗对第二真，或对第三第四真说。理实俗真第一俗，俗非真，唯粗故，第二俗，穷其至实，乃有四重，第三俗有三重，第四俗有二重，展转乃至皆有言绝故。……即曰离言，何别不别？说无别，遮有别故。以识自性能相无故，所相亦无，能所二性皆依识立。识上用为能相，体为所相，俗谛事中有此用体。若以初俗执有别，对四真皆有无别理，以四真中如计所执实用等为能相，实体等为所相无故。若以第二俗事八识有别，对三真亦尔，依他作用能相及依他法体所相无故。以第三俗八与余七互熏习为因果可别，对二真亦无，以第四俗对第四真亦尔。推入真门，理皆无别，真门但遮别言无别。无别亦无别无不别，无所相故，能相云何？能相无故，所相亦无，故无八识定不定别。」

鼻识

- 助伴作业如上应知。
- 所缘——无见有对香，谓好香恶香，平等香——鼻所行鼻境界乃至广说。
- 所依——俱有依谓鼻，等无间依谓意，种子依谓赖耶。余文如上，但易眼为鼻。
- 自性——依鼻了别香。

耳识

- 助伴作业如上应知。
- 所缘——无见有对声
  - 又声者谓鸣音词吼表彰等差别之名。
  - 可意不可意俱相违。
  - 因执受大种声，不执受，执受不执受大种声。
  - 耳所行境界乃至广说。
- 所依——俱有依谓耳，等无间依谓意，种子依谓第八识，馀文如上但易眼为耳。
- 自性——依耳了别声。

眼识

- 作业
  - 所爱非爱果——不同大众部唯无记。
  - 随意识，善染，发业转——自不善恶由意引，自不能为转，但能为随转。
  - 唯刹那——非相续不据等流。
  - 了别现在——唯因非果。
  - 了别自相——处自相故。
  - 了别自境所缘——约因位（《圆测疏》云。下同）。
- 助伴
  - 彼诸法同一所缘（《圆测疏》云：同类阿赖耶识所变相分本质尘起。）非一行相俱有相应一一而转，一切名从自种子生。
  - 彼俱有相应诸心所法——《瑜论记》云：「遍行，别境各五，善十一，贪瞋痴，无渐愧、惛沉、掉举、不信、懈怠、放逸、失念、心乱、不正知、邪欲、初胜解。」
- 所缘（所缘缘，《圆测疏》云）——谓色，有见有对
  - 表色——业用为依转动差别，谓取舍屈伸行住坐卧。
  - 形色——长短等积集差别谓长短方圆正不正等。
  - 显色——光明等差别，谓青黄光影明暗，云烟及空一显色。
  - （考《瑜伽师地论》卷五续注卷七之四。）眼所行眼境界，眼识所行眼识境界，眼识所缘。又《深密疏》卷十三云：「宗安、□慧眼第五根亦缘毛轮第二月等。《对法》云：迦末罗病眼根见青为黄，护法说眼等识缘实境起，是现量故。《二十唯识》中自有二说：一云五识唯缘实，一云五识亦缘不实，是故经中云由乱眼根及眼识引乱意识生，由不乱眼及眼识引不乱意识，故知五识见第二月及空华等。」
- 所依
  - 种子依（《圆测疏》云：因缘依）——一切种子执受所依异熟所摄阿赖耶——无始时来乐著戏论熏习为因，所生一切种子异熟识。
  - 等无间依（《圆测疏》云：开导依）——意（五识各唯取自类识为依）——眼识无间过去识。
  - 俱有依（《圆测疏》云：增上缘依。）——眼（《瑜伽师地论记》云：六、七、八识疏远故略）——四大种所造，眼识所依，净色，无见有对。按《深密疏》卷十二「有识眼名同分眼，无识眼名彼同分。」
- 自性——依眼了别色。《瑜伽师地论记》云：「此中且说不共所依，识相难了，举所依与所了果而显自性。」

（注一）

六识《瑜伽师地论》卷一至三

- 舌识
  - 自性——依舌了别味
  - 所依——俱有依谓舌，等无间依谓意，种子依谓赖耶，余文上，但易眼为舌。
  - 所缘——无见有对味，谓苦酢……舍处所（中容之味，能生舍受名舍处所）——舌所行舌境界乃至广说。
  - 助伴作业如上应知。
- 身识
  - 自性——依身了别触。
  - 所依——俱有依谓身，等无间依谓意，种子依谓赖耶，余文如上但易眼为身。
  - 所缘——地水火风轻性等——身所行身境界乃至广说。
- 意识
  - 自性
    - 心——一切种子所随依止性，所随依附依止性（《瑜伽师地论记》云：「三藏解：因相赖耶是种所随，果相赖耶是依止性。又自相赖耶是名所随，种子赖耶依附自相，故名依附。果相赖耶熏名依止。基云：前句谓种子依于现行，名所随依止性，种为能随，依于现依识故，后句显此现行所随依止识附于前种子能依止性，更互相依。」）体能执受异熟所摄赖耶。
    - 意——谓恒行意及六识身无间诚意
    - 识——现前了别所缘境界
  - 所依
    - 俱有依——第六意识以七八为依，七八识更互为依（《圆测疏》云：《大论》中无。）又《补缺》卷七云：「意根以过去六种心王及第七八心王为体，故《五蕴》云：意界者，则彼无间灭等，彼则彼六识，等即第七八。」（考《瑜》卷七注三。《无性》卷一云：「经部以色为意识俱生别依，余部胸中色物，意识别依，皆不成就，不应道理，以就思择随念分别，应一切时无分别，故譬如依止色根诸识。」
    - 等无间依——《瑜论记》云：「八识各依自类为开导依。」
    - 种子依——赖耶
  - 所缘
    - 一切法如其所应
    - 不共境（不共五识。）——受想行蕴无为无见无对色，六内处及一切种子。
  - 助伴——五十三心所有法，同一所缘不同一行相，一时俱有一一而转，各自种子所生，更互相应。有行相，有所缘，有所依。
  - 作业
    - 明对五识业（圆测疏云）：——了别自相，了别共相，了别去来今世，了别刹那，了别相续，转随转发，净不净一切业，取爱非爱果（招异熟）引余识身，又能为因发起等流识身。
    - 不共业——分别所缘，（七分别）审虑所缘（如理所引——不如理所引，非如理非不如理所引。）醉、狂、梦、觉、闷、醒、发起身语业，续善根，断善根，离欲，离欲退、生、死。
- 眼等与眼识等之关系——要眼不坏，色现在前，能生作意，正复现起，所生眼识方乃得生（《圆测疏》云：此从多说，如有人在室正眼，贼在边而立，忽而睡觉，即此见贼。又有众生不识白象，忽尔路逢等，何必须作意，眼色方生耶？）又《瑜伽师地论》卷九云：「眼识云何？谓于当来依止眼根了别色境，所有福非福不动行所熏发种子识及彼种子所生果识，如眼识余亦尔。此于欲界具六识，色界唯四，无色界唯一。」又《瑜》卷廿三云：「眼色为缘生眼识无间生分别意识，由此分别意识于可爱色染著，于不可爱色憎恚，如是耳等亦尔。」又《瑜》卷五十一云：「眼识虽与眼根俱转，然不相应。」又《瑜》卷六十云：「眼等为眼识等因，当知此依俱有依摄引发因说，非生起因，所以者何？由俱有根等

卷十一注四）

不可依经执为法处，亦过未法虽为意所缘，不可依经执法为有。」《别抄》卷一云：「又解无体法亦名为轨。」（考《瑜》假说名法。若因缘意及法，意识得生即执定有法处之法，然意识亦缘去来识为境界世现可得，则过未识虽为意所缘，卷五十二云：「若有体法唯现在，体是有故名真实法，若过去未来体非实有。然能持自无体，令五识不行，令意识转，有义，无持无义，并能生心，皆名为法，明知一切具轨持义，基云：轨唯有法，持通无法非也，亦能生心解故。」又《瑜》为缘发生行解，如立我无，我无之言亦生行解，行解者识之用也。」《成唯识论学记》卷一云：「《瑜》卷五十二云：有持当时缘无，作无相解，后时影像似无本质也。」《秘释》卷一云：「若生识体，必须有体法为缘，若但生识行解，无法亦能亦名法。今约相分，但是似无，实非无也。」《义演》卷一云：「论缘法必有相分，名无者，虽必有相分，以似无本质故，变坏，既是心法，如何名变坏？思之。」《成唯识论述记义蕴》卷一云：「疏云相分必有似无名无者，此会《瑜》，彼云无生后念识者意根，既落谢过者，现无体，应名坏。过去识不能为缘，引生后念识，识应不名根。又此意根若是色法可名若有意根及法尘现前即起第六识。问如何意根不坏？若言在现在故不坏者，如等无间意根要落入过去方得名根，引记》卷一云：「法谓轨持。《瑜》卷五十二说，意不坏法现前，无亦名法。」《疏抄》卷一云：「意即意根，法现前者法尘，缘此境界而转，不尔，于无性中不能如实智慧观察，若不观察应不生厌，应不离欲，乃至应无永尽究竟涅槃。」《唯识述见应非邪见，此若是无，诸邪见者，缘此境界，识应不转。又诸行中常恒不变无性，非有为摄，非无为摄，共相观识非不事离色香等都无所有，此无有性，非有为摄，非无为摄，自相观识非不缘彼境界而转。又若施受祠等无性是有，即如是中间都无有我，此我无性非有为摄，非无为摄，共相观识非不缘彼境界而转，故知意识缘无得生此无我观。又饮食等者，不应说意缘一切，取一切义。是故意识亦缘非有为境，即如去来事非有实相缘彼为境。如世尊说：若内若外及二若由此义而得安立，即以此义起识了别于无性义，若于于义而得安立，即以此义起识了别。若由二种不由二义起了别故皆名法。由彼意识于有性义，

（考《瑜伽师地论》卷一，注九）

意识缘无——《瑜》卷五十二云：「有性者安立有义，能持有义，若无性者，安立无义，能持无义，先所得毕竟转故，境界不尔。」

六识之因缘——《瑜》卷九十一云：「六识身以内六处为因，外六处为缘，谓内六处为彼种子所依附故，又六内处相续一类，如复次生差别有五：欲，色，无色界生，往上地生，还下地生。一切处结生相续，皆染污心方得成就。」所断。色无色界亦尔。能对治心是第十六，谓诸无漏学无学心。）如是所治及能治，识随其所应各能了别自所行法。二欣慼差别，三胜劣差别，四心所差别，五障治生差别。（所治障有十五心，谓欲界系总有五心，见苦集见灭道及修

诸识及生差别相——《瑜》卷六十九云：「一切法皆是所识，诸识能识，由五种相诸识差别，如其所应建立所识，一依缘差别，力生，由意引故。」《义林》卷一云：「如眼识生乃至身识亦尔，由初三性类同，故说三，实兼后二。」不善转，而彼不自分别力，乃至此意不趣余境，经尔所时，眼意二识或善或染相续而转《圆测疏》云：「五识不由自

眼识等与意识之关系——有三心谓率尔心、寻求心、决定心。初是眼识，二在意识。决定心后方有染净，此后乃有等流眼识，善身相应地之身。身义如此，相应者，即所属法，即自性。）」识明暗故。又同时依，必俱有故，由所依根根有形碍故，又必不离所依身故，名为身。（按：名为身，即释《瑜》五识灭能生作意为已生所生识依止。」又《论释》云：「眼等根是眼等识不共所依，不为余识依故。又是亲依，眼等利钝识，非无依止，或依助伴因说。何以故？非已灭眼为已生眼识所依，耳等亦尔，非已灭触为已生受所依止，亦非已根为依止故，眼等诸识彼彼境转非无依止，如是由俱有触为依止故，有诸受转，由俱有能生作意为依止故，所生转

见分为我为法，亦于心所变上执故。无非所缘故。以是诸识有转似外境之功名为转变……由分别之心，变作依他相外境，外境通有能取所取。此师不说自证分，即能遍计及所遍计法，其能取所取，皆是心所变相分上妄执别有。设执我法，似我法故。难佗云：转变者即是三能变内见分识，能转依他相分似外境相现，唯有见相之内识，都无所变之缘，名为分别，起分别见者，识之用也，相见俱依自证起故。其外我法离识所变依他二分，皆定非有，非谓识变是实别，故名分别，其识体所变依他性相分，似所执相分者，名所分别。是前能分别见分之所取相故，非谓我识自体能所变中，以所变见分，名为分别，是依他性，能取于所变依他相分，故起种种遍计所执分别，此是识体所变用能分护法云：「转变者是改转义，谓一识体改转为二相起，异于自体，即见有能取之用，相有质碍用等，或变是现义。前实无二分。故彼实我法，离计所执二取无。即依总无立别无也。识所变者俱计所执，然有实物，离二相有，故皆唯识。计所执，似依他有，理实无也，或转变者，是变异义，谓一识体变异为见相二分用起也。见似能取相，相似见所取，皆转变似见相二分，识自体分名为转变。转变者，变现义。即识自体现似二相，实非二相，其实二相即所执故，即遍性，决定皆无，是故一切皆唯有识，虚妄分别有极成故。」《成唯识论述记》卷十四云：「安慧云：转变谓是三识自体故，谓即三界心及心所。此所执境名所分别，即所妄执实我法性。由此分别，变似外境假我法相，彼所分别实我法切有为无为，若实若何，皆不离识。或转变者，谓诸内识转似我法外境相现，此能转变即名分别，虚妄分别为自性所分别，见所取故。由此正理，彼实我法，虽识所变，皆定非有，难能所取，无别物故，非有实物就二相故。是故一

所变

转变——《成唯识论》云：「三能变识及彼心所，皆能变似见相二分，立转变名。所变见分，说名分别，能取相故。所变相分名

54页

（注三）《第七与造业》——《入楞伽注》卷二云：「言总别报者，总属第八，别在前六。别报业亦名引满业，即能招第八引异熟果名引业，能招第六满异熟果，名满业，然其引业，能造之思，要第六所起，若其满业能造之思从五识起。虽造满业亦非自能，由第六引方能作故，其第七唯有俱生惑智二障，业障报障，彼七俱无，虽具四惑，但缘内故，属有覆无记性，则不能造善恶二业。唯第六识起惑造业，业成难逃，感诸异报，如镜观像，不漏丝毫。故《楞严》云：六识造业，所招恶报，从六根出也。唯《宗镜》七十三卷首一处因凭古注云七识造业。」

《意识四种》——《宗镜》卷卅六云：「一明了意识，谓五俱意。二定中意识，引得上定，定中所起。三独散意识，不与五俱又非定中，独于散位，而生起故。四梦中意识。」

《六识异名》——又云：「一名受用识，《摄》云：一名缘识，二名受用识，三名心识。《摄》云：从此初心生后三心等故，三名生起识。《论》云：六识随因生起受用爱憎等报故，四名转相识。《楞伽》云：五名六识，六名分别事识。《楞伽》云：七名能受识。」《摄》云：八名了别境识，九名转识，十名恒不行识。」又有异名如《宗镜》卷五十说。

（续注一）《五识体》——《对述》卷五云：「有说五识唯有漏，唯分别、相、摄。有说通无漏及余二，若有漏如前二法摄，无漏者正智所摄，《唯识》说无漏能所诠见及有为相分皆正智故。」

55页

（注二）《不共无明三》——《义林》卷四云：「不共有三：一、独行不共，随眠唯见道断，十住中第四生贵住已伏缠故。二、相应不共，忿等俱无明通分别俱生缠及随眠。三、恒行不共，谓第七识俱者，唯无漏断非有漏伏，入无漏观时亦名为伏，不起缠故。随眠金刚断。」

分假我法之相，故彼心外遍计所执所分别实我法决定皆无。所分别者，是计所执，由分别心所分别故，体实无也。唯识言但遮离识之法，非不离识心所及见相分、色、真如等。真如心所等皆不离识，亦是实有。（《成唯识论》或转变以下即难佗义。）《义演》卷十四云：「安慧二计，第二计所变之用是依他起，故与第一别。此用实非见相二分，依此二用计能所取方名二分，用是二分执所起处，二分用用名二分故。安慧、护法皆言变现，若安慧言即自体分变现起，遍计所执见相二分，即有体法变似无也。若护法言，即自体分变现起依他相见二分，即有体法变似有也。又护法，自体分变起见相二分是依他起，于中妄计分别为实有者，方是遍计所执。安慧总无者，即相见二分，别无即实我法。又彼计识自证分是实有也。余见分相分色等皆是假有；佛无二分，余异生有，护法不尔，说十地菩萨、佛、二乘，异生皆通有见相分及自证分。难佗义外境通能所取者，即能执心于相分上执有能所取相。故能所取即能所遍计，皆于心所变相分上立……难佗计二分，皆是依他有体性。谓执见分为我法，如犊子部执是思，示于心所变相分上执，亦是有所缘法。」《成唯识论掌中枢要》卷四云：行相有二，一影像相名行相，二见分名行相。初名行相见分之行解相状见分之行，但境相貌，后名行相，行于境体中故，如无分别智无状相。故似不似又未必影像相一向似境，无为缘等即不似故。」（考《第八识》《行相》）

所变

1、唯识所因难——《论》云：「如《十地经》、《华严》等说三界唯心，《深密经》说所缘唯识所现，阿昆达磨经又说成就四智菩萨能随悟入唯识无境，一相违识相智，谓于一处，鬼人天等，随业差别，所见各异，境若实有，此云何成。二无所缘识智，谓缘过未梦境像等，非实有境，识现可得。彼境既无，余亦应尔，三自应无倒智，谓愚夫智若得实境，彼应自然成无颠倒，不由功用，应得解脱。四随三智转智，一随自在智转智，谓已证得心自在者，随欲转变地等皆成，境若实有，如何可变？二随观察者智转智，谓得胜定修法观者，随观一境，众相现前，境若是实，宁随心转。三随无分别智转智，谓起证实无分别智，一切境相，皆不现前，境若是实，何容不有？（此教证，尚有理证，如理应思。）我法非有，空识非无，离有离无，故契中道。《辩中边》初云：虚妄分别有（能分别）于此二都无。（二谓能所取或我法二。）此中唯有空（真如，依空所显。）于彼（空性）亦有此（妄分别，即俗谛中有真谛空，真谛中亦有妄分别。二谛必相有无，一无时亦无二，故相形有。）故说一切法，非空非不空（二谛有非空，所能取或我法二皆无非不空。）有无及有故（有即妄分别，无即能所取，及有即俗空互有。）是则契中道。此颂且依染依他说，理实亦有净分依他。」《成唯识论述记》卷十四云：「此唯识言，无有横计所缘，不遣真如所缘。依他所缘，谓道谛摄根本后得二智所缘，由彼不为爱所执故，非所治故，非迷乱故，非三界摄。……我法离有，空识离无。」《义演》卷十四云：「唯说三界唯心，不言无漏法唯心，圆成实我法唯心者，三界中有情爱著处，同起执我法等，故但云三界唯心。无性云：为遮三界横计所缘实我法等说唯识。不遣真如等者。意云但遮妄情执实所缘说唯心，而不遣真如，依他所缘说唯识。道谛摄者，意云真如是灭谛摄，是正智所缘，能证根本智，是道谛摄，亦后得智，亦道得谛摄所缘，亦依他摄，或亦缘如。弥勒二颂明断三界虚妄生死而证于真空理，故不说无漏依他，但说有漏妄心及于空理，若通明无漏者，应言断有漏虚妄生死法得无漏依他法而证涅槃。」

唯识详究（二十二）

辩证（考38、注八《真唯识量研究》）

起故。与染净法为依处故。谓此若无，应无颠倒，便无杂染亦无净法，故识亦似色现。」

5、色相非心难——《成唯识论》云：「若诸色处，依识为体，何缘乃有似色相显现，一类坚住，相续而转，名言熏习势力故。」

证其离言，故依他圆成俱离言也。其正体智自证分，证自依他见分时，亦是正智证离言依他唯识性「依他唯识性虽有依他能诠言其法体者亦离言也。谓后得智所缘故唯有识无有心外境不带言故。此性，后得智所缘，知唯识故，证其离言，其正体智自证分亦证依他，缘见分故。」《义演》卷十四云：空。」《成唯识论述记》卷十四云：「无计所执名法空，谓依他言，法体亦离，即是说有依他名唯识无，便无俗谛，俗谛无故，真谛亦无，真俗相依而建立故。拨无二谛，是恶取空，应知诸法有空不执故，谓依识变妄执实法，理不可得，说为法空，非无离言正智所证唯识性故，说为法空。此识若

4、唯识成空难——《成唯识论》云：「此唯识性，岂不亦空？（今问依他名唯识性，即相之性，不问真理。）不尔，非所化断见说有中有。」

即是化生有情，非离心外实有化生有情。」按《瑜伽师地论》卷□□□云：「化生，有情即中有，为有情续于死后，实无有情，但有如幻化生有情。」《义演》卷十四云：「但依心前后相续，能住后世，有情，为入法空复说唯识，令知外法亦非有故。」《成唯识论述记》卷十四云：「续有情者，谓有化生有情也，以处时二亦通有情，如王处。自在时等。」

3、圣教相违难——《成唯识论》云：「何缘世尊说十二处？是依识所变，非别实有。为入我空说六二法，如遮断见说续粪鬼等无损害用也。」《成唯识论述记义蕴》卷四云：「言四通者，准理而言，身不通非情，今皆言通或此『通』字乃『过』字之误，言外人难此四皆有过也。脓河等者望见有脓河鬼，即有损害用，望彼见相望有定不定。言通定者，谓多有情，同一事业，多时共集事同得了故亦定成。或四皆通有情无情，时间有情心既有多，所变亦应有别，故于一境，变各不同，即随自心名定不定，故鬼人天等同居异居处时不定，即身及作用定……四皆通者。谓处时二亦通不定，余二亦通定。通不定者，谓于是处同一十部皆难云：若有心外境，即处时决定，身作用不定。大乘既言一切法皆唯识，无心外境者，即应血等用。由此虽无，离识实境，而处定等四义皆成，广如《二十识》。」《义演》卷十四云：「经部等二唯境无外境处时定义。）身不定（相续不定）如鬼见脓河等作用不定，如梦中境虽无实，而有损失精处见有村园男女等物，非一切处，即于是处，或时见彼村园等，非一切时。（由此故知处时定，以成身及非情用二事不决定转。据理言，情非情，四事皆通。……处时如梦，谓如梦中虽无实境，而或有

2、世事亦宗难——《成唯识论述记》卷十四云：「若唯内识无心外境，如何现见世间非情物处时二事决定，世间有情

等，故正解应云一切亲所缘，不离能缘，故名唯识。」名唯识。此一切所缘，不分亲疏所缘缘，若疏所缘缘亦不离能缘心，何须云缘他心心智名唯识中，西明云：安慧三释，护法二释。安慧无违，护法第二释云：一切所缘，不离能缘，故上相分故，相分不离心，故名为自心，非自见分还见自见分也。」《成唯识论了义灯》卷十一云：「他眼识还见自本质面也。如缘外色等时，还以自心为缘，还见自心，见自心者，即自心上见分能见自心作用能取于境，如质为缘等者，如人照镜时，以自本质面为缘，还见自面本质，由镜面明净故，即令变起相分为亲所缘。无作用等者此明缘起法，法尔从自生起未灭间势力。势力者，相续义，故言无实余相分色以为本质，亦自变相分为亲所缘，自身前六识等缘第八所变相分色以为本质，即六识等自了他心，此约影像相分亲所缘说，非心亲能了他心者，约本质说。……缘他相分等者，自识别缘他人由镜面明净故，令其眼识返引见自面向北。若萨婆多立有镜中实像……他心心影于我自心上现名心为缘，还见自心，无别见外心等。」《义演》卷十四云：「大乘，经部不立有镜中像，如人面南照镜，有二影生，相见更互相，不即不离，诸心心法由缘起力，其性法尔如是而生，如质为缘还见本质，以身别识所变色等亦尔。《无性》卷四云：「无作用故，如是心生时，缘起法威力大故，即一法体之上述记》卷十四云：「他心之影于自心上现名了他心，以无作用及实不能取外境故。缘他相分色，自密经》说，无有少法，能取余法，但识生时，似彼相现。名取彼物，如缘他心，色等亦尔。」《成唯识论是亲所缘。谓识生时无实作用，但如境等似外境现，名了他心，非亲能了，亲所了者，谓自所变。《深

8、外取他心难——《成唯识论》云：「外色实无，可非内识境，他心实有，宁非自所缘？谁说他心非自识境，但不说彼识？如梦未觉，不能自知。至真觉时，亦能追觉，未得真觉，恒处梦中。」

7、觉梦相违难——《成唯识论》云：「若觉时色皆如梦境不离识者，如从梦觉知彼唯心，何故觉时，于自色境，不知唯又说五识中贪嗔等不称本质，亦应五识起善无记心而称本质。」据实五识即唯现量境，即五识缘境俱称本质相分。又若不称本质，五识亦应有比量，许不称本质故。但随粗相说，即不尽理解，若五识中如患迦末罗病损眼根，令眼识见青为黄即是不称本质，但称相分者，小乘说五识缘色时作外境解。」《疏抄》卷十二云：「疏主约五识贪嗔等缘境不称本质称相分，萨婆多六识不许并生。又大乘宗，五识缘色等境，时不外青黄色等解，亦不作外解，但任运缘之。若故执断？然但坚深可说有异，非五识俱无有执也。」《义演》卷十四云：「大乘自宗，六识俱起，经部不做外解。然实五俱亦有，意识妄执，若不执者，若闻声等，应不执实，若五识灭方执者，后五识生何及大乘，五识俱现量，意识同于五识，此二现量不分明执，后时意识方分别执，谓为外境，现量得时，又色等境非色似色，非外似外，如梦所缘，不可执为是实外色。」《成唯识论述记》卷十四云：「大众别，妄生外想，故现量境是自相分，识所变故，亦说为有，意识所执外实色等，妄计有故，说彼为无。

6、现量违宗难——《成唯识论》云：「色等五外境，分明五识现证，现量所得，宁拨为无？现量证时，不执为外，后意分

58

因果分别

广

种等生现行法已令士夫得。等随义于上别立，以俱有为果故。若约后解等流，谓作意种望心等法是士用因，作动心等生故。若约前解等流，即等流上缘种。然约第一解等流即此二种摄一切种尽（若准前解等流中即取种生种，种生现名等流，即摄一切种尽。）下士用恶种望诸现种，异熟生，无记法，前生等流果种。但各自性，即通三性，漏无漏因缘种。此异熟果因，但是善恶有漏增与俱有法为因，非与俱有法更互为因也。）若别解者，唯前后种相望是等流，望现即士用，或增上果摄。言异熟者，即善果。）若与俱有法为因，亦通无妨（若种生现时，既是同念生，即种与俱时现法为因，或现生种，即现与俱时种为因，但因，种现即非（王与所可互为因果，现种不尔。如种生现，即旧种名因缘，现行为果，若现生种，即现为因，新熏种为等流，即此等流种生现行，非士用果。彼卷下但言如小乘俱有因得士用果，不言等流种即是俱有因。又互为果名俱有流。）问前第四卷末种生现起，如俱有因得士用果，何故此但言等流果？答：前明等流异熟二因习气摄尽诸种，彼间唯除现亲能熏之因缘，此明一切种故（现行非种故。）余因缘种体皆生等流。（余因缘种子望因缘所生现行皆是等说种子功能。此生等流谓有二解：一种子前后自类相生，二种生现虽同时，亦名等流，现行是种之同类故。于因缘中，故。」《成唯识论述记》卷十四云：「功能有二：一现行名功能，如谷中能生芽，二种子名功能，即本识中一切种子，此缘，由本识中有一切种转变差别，及以现行八种识等辗转力故，彼彼分别，而亦得生。诸净法起亦然，净种现行为缘生及彼相应相见分等，彼皆互有相助力故。即现识等总名分，虚妄分别为自性故，分别类多，故言彼彼。此颂意说虽无外是如是转变，谓从生位转至熟时，显变种多，重言如是，谓一切种，摄三熏习共不共等识种尽故。展转力者，谓八现识得故。此识为体，故立识名，种识言显识中种，非持种识，或简非种，有识非种，种非识故。此识中种余缘助故，即便如能之差别。此生等流、异熟、士用，增上果故。名一切种。除杂系者，非种生故。彼虽可证，而非种果，要现起道，断结

略——《颂》曰：「由一切种识，如是如是变，以辗转力故，彼彼分别生。」《成唯识论》云：「一切种识谓本识中能生自果功

生论》、《观所缘缘论》。

9、异境非唯难——《成唯识论》云：「既有异境，何名唯识？识言，总显一切有情，各有八识，六位心所，所变相见分位差别，及彼空理所显真如。识自相故，识相应故，二所变故，三分位故，四实性故，如是诸法皆不离识，总立识名，唯言，但遮愚夫所执离识实色等。」《成唯识论述记》卷十四云：「许有识自体者，识自相故，许心所者，识相应法故，许二分者，心所及心二体所变故。许不相应，即前三种分位差别故，许真如者，即前四种实性故。」（以上诸难，应考《宗镜》卷六十二至六十四。及《二十述记》、《宝生论》、《观所缘缘论》。

唯识详究(二十三)

士用果，此种远望士夫所作名生士用果。增上果亦二。若前解等流，即除前三果外皆增上果。若后解等流种生现等亦名增上果，此果稍宽故。(前名名杂增上果，后名杂增上果。)且依一法说者，如名言种，望第八现及自种，是同类因善恶业，望此现种是异熟因。作意种子惊觉起故，望此现种是士用因，第七种子为俱时依，势力引起。望此现种是亲增上因。第八现种望此能生，即是四果，余准知。……无漏法生亦如分别，此无漏种及无漏识相见分等现行为缘生故。」(有( )名《成唯识论疏义演》文)《成唯识论疏义演》十五云：「因中无增上因，今对增上果说……，余准知者，若第六中异熟无记业所感者，即此异熟生无记名言种望自类种及现行名同类因。善恶业望异熟生无记心现种名异熟因，作意种子位能惊觉异熟生无记令现起名士用因。考第七种子为俱有依，由第七势力能引第六中异熟无记令起即第七名。亲增上因，第八名疏增上因，五识准知。」《疏抄》卷十二云：「若约后解等者，若约后解等流种生种名等流果者，即识种生现，现名士用果，作意种能惊动心等种起现，名士用因……然此解中说种生现名士用果者，约法士用果说，实不是士用作用士用。若约前解等流乃至士夫所作者约人士用果。」《成唯识论述记义蕴》卷四云：「释等流中，初以种生种及种生现俱名等流总为第一解，即前解。若别解者即后解，若约后解，至心等生故者，今准后解既唯前后种为等流，既种生现可名士用，前已说讫故不重云。但说作意望心为士用也。以稍疏故，与力胜故，此约法士用。若前解至名士用果者，前解既以种生现为等流故远望士夫所作为士用果，此人士用也。」

因果分别

广

四缘

七页《瑜伽师地论》(注四)

因缘——《成唯识论》云：「谓有为法，亲辦自果，此体有二：一种子，二现行。种子者谓本识中善染无记诸界地等功能差别，能引次后自类功能及起同时自类现果。此唯望彼是因缘性，现□行者，谓七转识及彼相应所变相见性界地等。除佛果善，极劣无记、余熏本识，生自类种。此唯望彼是因缘性。第八心品无所熏故，非简所依，独能熏故。极微园故、不熏成种，现行同类展转相望皆非因缘，自种生故。一切异类，展转相望亦非因缘，不亲生故。有说异类同类现行展转相望为因缘者，应知假说或随转门。有说唯种是因缘性。彼依显胜，非尽理，圣说转识赖耶相望为因缘故。」《成唯识论述记》十四云：「次引自类功能，显自种相生义。简善恶种为异熟种之因缘，彼非自类故。此非间越，间越不次，便非因缘。如现行因及果熟果，现行业法望种及果非因缘故。及起同时，自类现果，亦简现受现行报异熟之因种，彼非自类故。除极劣无记，此四无记中除异熟生，望余无记是极劣故。亦除第八但业所招，并非能熏。此现望种为因缘者，但据能为能熏者是。故无第八心品，心品即通见相共有法等。无所熏故，余七并能熏故。非简所依者，谓外问八俱心所，应是能熏，有心王所熏故，答非简去所依之心而心所独能熏故。又解，因中第八，及六谛中异熟之心，不能熏者，以极微故。佛果上第八及佛身善法以极圆故，不熏成种。……随转门者，随萨婆多说除能作因五因为因缘故。」《成唯识论疏义演》卷十五云：「及起同时现果者，谓善种生善现行，即是同时自类果……小乘许现望现为因缘。……此中说六七识与第八为因缘者，以六七识为能熏。熏生第八见分自证分种，此种后时能生第八识故。五识熏种不能生第八等见分故不取。」《疏抄》卷十二云：「疏云今取亲者，同类种，种生现，现生种为因缘，余非……赖耶与七转识作二缘性，一第八现行为彼七转作所依，二识中种与七转作因缘性，即本识中种亲能生七识。若前七转与赖耶亦作二缘性，一由能熏现行，令新熏种生，旧本有种长。二、由七识现行，熏成种子而生第八现行……。七识与本识为更互熏而为因缘，其种子虽生本识现行，本识现行，不能熏成种，即更互为因缘不成，或云七识种还生现七识，七识现，生自七识种可名因缘。

唯识详究（二十三）

分别因果

广

四缘

等无间缘

释相

第八——《成唯识论》云：「阿陀那识三界九地皆容互作此缘，下上死生，相开等故，有漏无间有无漏生，无漏定无有漏生，镜智起已，必无断故。善与无记相望亦尔。此何界后引生无漏，或从色界，或欲界后，非无色界，无所依故，无利他故，谓诸异生求佛果者，定色界后引生无漏，后必生在净居天上大自在宫得菩提故。二乘回趣大菩提者，定欲界后引生无漏，迴趣留身唯欲界故，彼虽必往大自在宫方得成佛。而本愿力所留生身是欲界故。有义色界亦有声闻迴趣大乘愿留身者，即与教理相（？）不俱违是故声闻第八无漏，色界心后亦得现前。然五净居无迴趣者，经不说彼发大心故。」《成唯识论述记》卷十四云：「阿那陀言，显位通故，一切异生，既顿悟人得成佛者，定色界后，后报利益，摩醯首罗智处生故。以色界中无二乘回心者。《瑜伽师地论》卷十八云：变易生死所留生身，即于此洲故也。（瞻部洲。）彼无佛等可教化故，发心留身，唯在欲界，必生自在宫，唯异生色界后也，有学等回心，但于欲界等地，随多少生死尽，即受变异生，后往自在宫成佛。不往彼生故。其诸异生，无欲界身受变异生死不可死已更生大自在宫故，至第八地身，要生第四禅，得胜身已，方受殊胜变易身故。（若生自在宫即是第十地顿悟菩萨，即于色界后第八识引生无漏。）有义等者，护法正义，许色界中佛亦往，菩萨生彼化故，有所依身故。亦有二乘圣者色界有漏第八识后无漏现前。唯除初二果及独觉者。又论论言，留身于此洲，不言唯欲界。又但言此洲，不言余洲，余洲岂无故不违理。此中取舍任意。然无色界必无迴心向大者，无佛菩萨人生彼故，又无色身可留故。《中阴经》说佛处中阴二十年亦化无色有情者。《大众部经》也。五净居不说发心者。《大般若第一·一百二十九》文第一师言，经云广果以下发心者，据异生说，非是有学，第二师云：若生净居，必不生上，亦不迴心，取涅槃近，躭寂心坚故，无迴者，二说取捨随情。」《成唯识论疏义演·十五》云：「大众部说色无色界中有六识，及无色亦有六尘，即彼从知足天没而

出体——《成唯识论》云：「谓八现识及彼心所前聚于后，自类无间，等而开导，令彼定生，多同类种，俱时转故，如不相应，非此所摄。由斯八识，非互为缘。心所与心虽恒俱转而相应故，和合似一，故得互作等无间缘。入无余心，最极微劣无开导用，又无当起等无间法，故非此缘。」《成唯识论述记》卷十四云：「唯见自证是此缘体，等者一一心所自望为缘，非望余，又唯一心一所自望为缘，非多类起。定生者，显后界虽经久若八万劫，前眼识望后亦为缘。然要不间，不尔，八无心定心，望出定心亦应此缘。」《成唯识论疏义演》卷十五云：「等者二义，一体等，二用等。体等者，前念唯一心王五遍行，后念亦尔，疏一心一所者解体等也。用等者，若前念一个心王有势用力故能等与后念心心所间导等能引后念心心所令起故。又即前念一个心所有势用力即能齐引后念众多心心所令起，即是等能开导也。故前念心是无记法，唯有遍行别境及心王能有势用引五遍行，至成佛时能引别境善等多心所令起，皆是用等也。」

唯识详究(二十三)

释相

受人中中有，于中有中二十年化无色有情。」(考《瑜伽师地论》三十二注十之六及三十一注十二之三。)

第七——《成唯识论》云：「第七三界九地，亦容互作等无间缘：随第八生处系故，有漏无漏容互相生，十地位中得相引故。善与无记，相望亦然，于无记中染与不染，亦相开导，生空智果，前从位中得相引故。善与无记，相望亦然，于无记中染与不染亦相开导，生空智果。生空智果，前从位中得相引故，此欲界色界，有漏得与无漏相生，非无色界，地上菩萨不生彼故。」《成唯识论述记·十四》云：「初地智起，后还出现，有漏无漏，故、互相生…染者人执，不染者法执，生空智既无分别智，果即后得智。及此所引灭皆唯不染，是此句拇，与非无漏心时染皆互相生。在下二界，有漏第七随染不染得生无漏。非无色界，地上菩萨不生彼故，与第八同地系故。此言染识为缘及果，但在二界所引无漏，平等性智随其所应，亦通无色，如在因中入灭定位，能引意是有顶地所依第七彼地之智，故通无色。未得自在，要由意引方得生故。第六入非想方起无漏。不可言第七是下地者故。」《成唯识论疏义演》卷十五云：「护法师说，第七具人法二执。今言人执染，法执不染者，通望二乘说。疏主言有覆名染，无覆名不染者，约总语，以此法执若望二乘名无覆，即名不染，若望菩萨即是有覆，名为染。若兼无学迴心说者，即法执望二乘迴心亦是染有覆。(按即法执望二乘名不染，望菩萨名染，人执反是。)…此二种人身在欲界发有漏第七，随第八亦是欲界系。若入初禅平等性智时，由第六识先依初禅入法空观，所以第七与平等性智相应，即欲界染不染第七引生初禅平等性智，乃至引起二禅三禅乃至有顶平等性智亦尔。…互相生等者，如第七先有人执，后入生空观等时，即有覆引生无覆后出观时，即无覆引生有覆。又如不还身在色初禅入生空观及生空后得智，及所引灭定时，即初禅有覆第七引无覆第七，后出观时，反此。余准知。此所言非无漏心者，第六识起生空观时名也。…《疏》云：「且总相云染不染第七，应言唯染第七(今疏无此文。)以法执我执望菩萨皆是有覆染故，虽望二乘法执第七名不染，今望菩萨非余。(按《成唯识论疏义演》亦之，不染对我执说，生空智起时，我执已伏故，虽有法执在亦名不染，对菩萨名不染也。)…染识为缘及果者，一云为缘者谓第七，及果者，即第八，总报果故。与第七同地系故在下二界，二云果者即不染第七，唯与法执相应者，由染者第七引故，得果名。…所引无漏平等性智等者，即能引有覆第七是欲色界系，所引平等性智通色无色，非无色界有覆第七能生无漏，以地上菩萨，不生彼故。」《成唯识论述记义蕴卷四》云：「为缘者，谓有漏为缘引无漏，及果者，从无漏引有漏。此前后有漏第七但在欲色界，所引无漏，可通无色。」《成唯识学记》六云：「随意识导，亦通无色，如入法空果灭定，六即非想七不可下。」(按佛果第七平等性智，与第八同地，不随第六、此云因位。)

释相

故。初禅引欲眼识应知，身识亦尔。∴眼识眼根能照色，即同境依。又第七唯依第八见分，第无，不可作是说，又欲界善眼识为缘，可引生初禅无记眼识起。初禅眼识初起，是率尔心记》存后）《疏抄卷》十二云：眼耳身三识，即欲界及初禅，可言上下界互缘，余二上界上界根亦无妨，如下地三识系虽有别，仍别地依，二识亦尔。虽有此解，前师好。（《瑜下三识得依上地根，无下界识依上界色根故。故八地等菩萨诸根互用。又云：二识依识后引生无漏。八地已去菩萨便无鼻舌识。以所依根是色界系，不可下识依上根，虽知虽必在欲界。后起亦通色界。若第二师，十地中无无漏五识。异生成佛必是色界，第八得无漏五识，八地已以得变易生死于理无违，随其所应，从何界后引生无漏五识。初起显非等无间缘，无间缘根前后生故得依有漏，同境简第七为第六依∴准前师十地之中无漏五识，非佛者皆无。彼五色根定有漏故。不共简第八是共，故可为无漏识依。必俱论述记》十四云：「有无漏中，第一师计入地得成所作智。故得相生第二师唯佛地得，挕故。有漏不共必俱同境，根发无漏识理不相应故。此二於境明，取(?)异故。」《成唯识漏后起，非无漏后容起有漏，无漏五识非佛无故。彼五色根，定有漏故，是异熟识相分望，亦尔。有义，五识有漏无漏，自类互作等无间缘，未成佛时容互起故。有义，无漏有

五识——《成唯识论》云：「眼耳身识二界二地，鼻舌二识，一界一地，自类互作无间缘，善等相果已去，唯有顺决择分定。」

即唯在第四禅。若麟喻即唯第四禅中有。∴然未得初果以前，四善根中得名顺决择分善，初定。或通六，及中间禅也。若菩萨决择分善，初暖顶下忍等位，即通下三禅中，若上忍位间道六行伏惑，超初二果，无超第三果者，即决择分善即通五地，谓四根本定及初未至四善根，唯是色界修慧。若次第修者，初二果唯在，初禅未至定。若不还果利根者，先世无色爱。∴若三乘人顺解脱分善，即通欲界中间思慧，亦通四禅地闻思慧，若决择分善下，不能起下爱，至中有位方起，下生上亦尔。虽无色无中有，至无色界生有初心方起有覆无覆。大乘云下界生上，下界命终心，即起上界爱，从上生下亦尔。若小乘，从上生死，以要离下界染，方能生上有故。」《疏抄·十二》云：「欲界具三性，上二界唯有善及

注八）（考《瑜伽师地论》卷一

界，即得以三性能引生欲界有覆润生爱。若欲界死生色无色，不得以不善心及有覆心恶者，约于欲界中三性相望为等无间缘，不约上界，上界无不善法故。如欲界死还生欲「非一切性九地三界等相引，此言三名容故。」《成唯识论疏义演卷十五》云：「此言善更相引故。初起无漏，唯色界后，决择分善，唯色界故。」《成唯识论述记卷十四》云：

第六——《成唯识论》云：「第六三界九地，有漏无漏善不善等，各容互作等无间缘润生位等，